LE DROIT FRANÇAIS DE LA RESPONSABILITE PUBLIQUE FACE AU DROIT EUROPEEN

Collection Logiques Juridiques
dirigée par Gérard MARCOU

Le droit n'est pas seulement un savoir, il est d'abord un ensemble de rapports et pratiques que l'on rencontre dans presque toutes les formes de sociétés. C'est pourquoi il a toujours donné lieu à la fois à une littérature de juristes professionnels, produisant le savoir juridique, et à une littérature sur le droit, produite par des philosophes, dés sociologues ou des économistes notamment.
Parce que le domaine du droit s'étend sans cesse et rend de plus en plus souvent nécessaire le recours au savoir juridique spécialisé, même dans des matières où il n'avait jadis qu'une importance secondaire, les ouvrages juridiques à caractère professionnel ou pédagogique dominent l'édition, et ils tendent à réduire la recherche en droit à sa seule dimension positive. A l'inverse de cette tendance, la collection « Logiques juridiques » des Éditions L'Harmattan est ouverte à toutes les approches du droit. Tout en publiant aussi des ouvrages à vocation professionnelle ou pédagogique, elle se fixe avant tout pour but de contribuer à la publication et à la diffusion des recherches en droit, ainsi qu'au dialogue scientifique sur le droit. Comme son nom l'indique, elle se veut plurielle.

Dernières parutions

Françoise MICHAUT (textes traduits et introduits par), *Le droit dans tous ses états à travers l'œuvre de Robert M. Cover,* 2001.
Laure BAUSINGER-GARNIER, *La loi du pays en Nouvelle-Calédonie,* 2001.
Sophie NICINSKI, *L'usager du service public industriel et commercial,* 2001.
Marc LAHMER, *La constitution américaine dans le débat français : 1795-1848,* 2001.
Alain ONDOUA, *Étude des rapports entre le droit communauté et la constitution en France,* 2001.
Franck MODERNE et Gérard MARCOU (éds), *L'idée de service public dans le droit des états de l'union européenne,* 2001.
Martine LE BIHAN-GUÉNOLÉ, *Droit du travail maritime,* 2001.

Hélène MUSCAT

LE DROIT FRANÇAIS DE LA RESPONSABILITE PUBLIQUE FACE AU DROIT EUROPEEN

Préface

Catherine TEITGEN-COLLY

L'Harmattan
5-7, rue de l'École-Polytechnique
75005 Paris
FRANCE

L'Harmattan Hongrie
Hargita u. 3
1026 Budapest
HONGRIE

L'Harmattan Italia
Via Bava, 37
10214 Torino
ITALIE

ISBN : 2-7475-1236-3

Si la recherche juridique contemporaine ne peut plus ignorer le droit européen tant celui-ci est aujourd'hui présent dans toutes les branches du droit, l'on pouvait cependant légitimement douter, il y encore peu de temps, qu'il vienne un jour s'immiscer dans le droit français de la responsabilité publique, et *a fortiori* l'influencer.

En effet le droit français de la responsabilité publique, volet du « miracle » qu'évoque P.Weil de la soumission de l'Administration au droit, ne constitue-t-il pas l'un des plus beaux fleurons du droit administratif, une oeuvre prétorienne magistrale longuement mûrie permettant de concilier au mieux les droits de l'Etat les intérêts privés ? N'a-t-il pas fait figure de modèle au point d'avoir inspiré de nombreux systèmes juridiques, d'autres droit nationaux, mais aussi plus récemment le droit européen lui même ? En outre le droit de la responsabilité ne concerne-t-il pas directement la souveraineté de l'Etat, à telle enseigne d'ailleurs que longtemps l'irresponsabilité de la puissance publique s'est trouvée fondée précisément sur l'idée rappelée par Edouard Laferrière que « le propre de la souveraineté est de s'imposer à tous sans compensation ». Et si le principe de la responsabilité publique l'a aujourd'hui emporté - celle-ci se généralisant sans toutefois devenir absolue - , comment imaginer que des autorités non étatiques contribuent à définir ses règles et à fixer les conditions dans lesquelles l'Etat devra réparer les dommages causés du fait de son action? Enfin comment le droit de la responsabilité publique qui exprime une certaine conception, tant des rapports entre l'Etat et les particuliers que du lien social, propre à une société donnée et dont il constitue une des caractéristiques, pourrait-il être perméable aux influences extérieures. Comment, dans un tel contexte, le droit français pourrait-il être saisi et même influencé par le droit européen ?

Pourtant depuis le milieu des années quatre-vingt , le droit européen n'est plus étranger au droit français de la responsabilité publique ainsi que s'attache à le démontrer Hélène Muscat au terme d'une patiente confrontation du droit français contemporain avec le droit européen visant à mesurer précisément tant l'intervention européenne dans ce droit qu'à rechercher les évolutions qu'elle est à même d'induire dans le droit administratif français.

* * *

La tâche était à la fois ardue et délicate. Elle supposait d'allier à une parfaite connaissance des mécanismes du droit français de la responsabilité publique - ici largement entendu puisqu'englobant, à côté des règles de fond régissant les responsabilités contractuelle et extra-contractuelle, la responsabilité quasi-contractuelle ainsi que le régime de l'action en responsabilité - , la maîtrise du droit européen entendu comme le droit des deux Europe - celui de la Communauté européenne et celui du Conseil de l'Europe. Il fallait pour cela commencer par collecter les matériaux propres à la confrontation des droits; matériaux non seulement d'origine diverse, européenne ou nationale, mais aussi de nature diverse - puisque les principes et règles de la responsabilité ressortissent tant au droit légiféré au sens large qu'au droit jurisprudentiel -, enfin des droits de valeur et portée hétérogène. Il fallait ensuite dégager les grandes lignes de ces droits en résistant à la tentation de chercher à tout prix une cohérence et une rationalité dans un droit européen double et poursuivant des finalités distinctes, pour admettre les nuances liées aux ambiguïtés et incertitudes d'un droit non encore parvenu à maturité. Enfin au terme de ce long et complexe travail préalable de repérage et d'analyse, procéder à la confrontation proprement dite des systèmes, national et européens, pour tenter de caractériser les rapports qui se nouent entre eux, rapports d'assujettissement, d'influence , voire d'interaction, en écartant ici encore toute systématisation hâtive.

* * *

Le résultat de ce travail de recherche est considérable. D'abord par la contribution qu'il apporte à la théorie des sources nationales du droit de la responsabilité publique en mettant en exergue, au delà d'une source nationale, qui se diversifie pour faire place aux côtés de la traditionnelle source prétorienne aux sources législative mais aussi constitutionnelle, une nouvelle source européenne du droit de la responsabilité publique. En effet un véritable droit européen de la responsabilité publique s'affirme par l'ouverture de nouveaux recours et l'adoption de règles autonomes de fond et de procédure. Certes la limitation des compétences des instances européennes et le principe de subsidiarité n'autorisent que des interventions ponctuelles et spécifiques du droit européen dans le droit interne. Pourtant par « un retour de balancier » se développe un mouvement d'européanisation du droit interne de la responsabilité publique car le juge interne tend à assurer une protection semblable à l'ensemble des particuliers, quelle que soit la norme applicable, européenne ou non.

Mais au delà de cette emprise directe, le droit européen exerce aussi une influence indirecte sur le droit de la responsabilité publique en France d'une part sur la mise en oeuvre de la responsabilité publique, d'autre part sur ses caractères mêmes. En effet tandis que le champ de la responsabilité publique tend à s'élargir en raison du renforcement des obligations des autorités publiques résultant du droit européen, notamment en matière de régulation économique ou de respect des droits de l'homme, le droit à réparation s'étend et voit sa fonction de garantie sociale davantage marquée. De même une approche plus prospective laisse à penser que les caractères de la responsabilité publique en France, c'est à dire sa structure, ses fonctions et ses fondements, enfin son autonomie par rapport à la responsabilité privée sont susceptibles d'être affectés par le droit européen de la responsabilité publique.

C'est donc à une réflexion de fond qu'invite la thèse d'Hélène Muscat : réflexion sur les institutions, précisément sur la place des diverses instances d'élaboration du droit - et notamment sur celle du juge administratif français, fondateur de la responsabilité publique, qui pourrait être concurrencé par les juges européens ; réflexion sur le mode d'élaboration du droit aujourd'hui dans les Etats européens, marqué par un mouvement incessant d'interaction des droits nationaux et européens et une marche vers un droit administratif commun ; réflexion enfin sur l'essence même du droit de la responsabilité publique et sur sa place dès lors que la protection des particuliers se situe au cœur des préoccupations européennes et que l'indemnisation devient une exigence première.

C'est dire assez l'importance d'un ouvrage qui féconde ainsi la réflexion sur des questions centrales du droit public et constitue l'une des premières contributions doctrinales à la définition d'un droit commun de la responsabilité publique en Europe.

Catherine TEITGEN-COLLY,
Professeur à l'Université Paris Sud.

Cet ouvrage est issu d'une thèse de doctorat soutenue à l'Université Paris XI le 17 mai 1999 devant un jury composé des Professeurs M. DEGUERGUE (Professeur à l'Université de Paris XII), L. DUBOUIS (Professeur à l'Université d'Aix-Marseille III), J.-F. FLAUSS (Professeur à l'Université de Strasbourg III), M. GUILLAUME-HOFNUNG (Professeur à l'Université Paris XI), J. MOREAU (Professeur à l'Université de Paris II) et C. TEITGEN-COLLY (Professeur à l'Université de Paris XI).
La recherche a été pour la publication mise à jour au 31 décembre 2000.

L'auteur tient à exprimer ses remerciements à Mme le Professeur Catherine TEITGEN-COLLY, qui a accepté de diriger la recherche, pour la rigueur dont elle a fait preuve, son soutien constant et les conseils précieux qu'elle a prodigué et qui ont constitué des atouts essentiels dans la réalisation de ce travail.

A mon mari et à mes parents pour leurs encouragements et leur patience

« De même que les êtres vivants traversent certaines périodes où l'organisme, tout en continuant de suivre la loi générale de sa vie, subit cependant une transformation particulièrement profonde et active, de même dans l'histoire des peuples, il est certaines périodes où les idées et les institutions, tout en restant soumises à leur loi générale d'évolution, subissent-elles aussi une transformation particulière ».

L. DUGUIT, *Les transformations du droit public*, Paris, A. Colin, 1913, Introduction, p. IX.

LISTE DES PRINCIPALES ABREVIATIONS

AFDI	Annuaire français de droit international
AJDA	Actualité juridique droit administratif
APD	Archives de philosophie du droit
Ann.	Annuaire de la Convention européenne des droits de l'Homme
Ass.	Assemblée
BDEI	Bulletin de droit de l'environnement industriel
BJDU	Bulletin de jurisprudence de droit de l'urbanisme
CAA	Cour administrative d'appel
CDE	Cahiers de droit européen
C. const.	Conseil constitutionnel
CE	Conseil d'Etat
CEDH	Convention européenne de sauvegarde des droits de l'Homme et des libertés fondamentales (Convention européenne des droits de l'Homme)
CJCE	Cour de justice des communautés européennes
CLJ	Cambridge Law Journal
CMLRev	Common market law review
Comm.	Commentaire
Concl.	Conclusions (des commissaires du gouvernement ou des avocats généraux)
D.	Recueil Dalloz
DR	Décisions et Rapports de la Commission européenne des droits de l'Homme
Dr. Fiscal	Droit fiscal
EDCE	Etudes et documents du Conseil d'Etat
ELRev.	European Law review
Europe	Revue Europe
GAJA	Grands arrêts de la jurisprudence administrative
GP	Gazette du palais
JCP	Jurisclasseur périodique
JCl. Adm	Jurisclasseur droit administratif
JCl. Europe	Jurisclasseur Europe.
JCP	Semaine juridique
JDI	Journal du droit international (Clunet)
JT	Journal des tribunaux
JTDE	Journal des tribunaux - Droit européen
ICLQ	International and Comparative Law Quarterly
Lebon	Recueil des arrêts du Conseil d'Etat
LGDJ	Librairie générale de droit et de jurisprudence
LJIL	Leiden Journal of International Law
LPA	Les petites affiches
LPF	Livre des procédures fiscales
RA	Revue administrative

RAE	Revue des affaires européennes
Rec.	Recueil des décisions de la Cour de Justice
RBDI	Revue belge de droit international
RCJB	Revue critique de jurisprudence belge
RDIDC	Revue de droit international et de droit comparé
RDP	Revue de droit public et de science politique en France et à l'étranger
REDP	Revue européenne de droit public
RFDA	Revue française de droit administratif
RGDIP	Revue générale de droit international public
RIDC	Revue internationale de droit comparé
RISA	Revue internationale des sciences administratives
RJDA	Revue de jurisprudence de droit des affaires
RIDC	Revue internationale de droit comparé
RJE	Revue de jurisprudence de l'environnement
RJF	Revue de jurisprudence fiscale
RMC	Revue du marché commun
RMUE	Revue du marché unique européen
RRJ	Revue de la recherche juridique - droit prospectif
RTDE	Revue trimestrielle de droit européen
RTDH	Revue trimestrielle des droits de l'Homme
RUDH	Revue universelle des droits de l'Homme
S.	Sirey
Sect.	Section
t	tome
TA	Tribunal administratif

PARTIE I
L'ASSUJETTISSEMENT DU DROIT FRANÇAIS DE LA RESPONSABILITE PUBLIQUE AU DROIT EUROPEEN

TITRE I - L'AFFIRMATION DU DROIT EUROPEEN COMME FACTEUR D'ENRICHISSEMENT DU DROIT DE LA RESPONSABILITE PUBLIQUE

CHAPITRE I - L'HARMONISATION PAR PRISE EN CHARGE PAR LES INSTANCES EUROPEENNES DES CONTENTIEUX NATIONAUX

CHAPITRE II - L'HARMONISATION DES REGLES DU DROIT DE LA RESPONSABILITE SOUS L'EFFET DES ORGANES EUROPEENS

TITRE II - L'AFFIRMATION DU DROIT EUROPEEN COMME FACTEUR D'EVOLUTION DU DROIT DE LA RESPONSABILITE PUBLIQUE

CHAPITRE I - L'AFFIRMATION D'UN DROIT EUROPEEN AUTONOME

CHAPITRE II - L'AFFIRMATION D'UNE NOUVELLE SOURCE DU DROIT FRANÇAIS DE LA RESPONSABILITE PUBLIQUE

PARTIE II
L'INFLUENCE DU DROIT EUROPEEN SUR LA RESPONSABILITE PUBLIQUE EN FRANCE

TITRE I - L'EVOLUTION DES MODALITES DE MISE EN OEUVRE DE LA RESPONSABILITE PUBLIQUE

CHAPITRE I - L'ASSOUPLISSEMENT DES REGLES DE LA RESPONSABILITE PUBLIQUE

CHAPITRE II - L'AFFIRMATION DU DROIT A UNE REPARATION

TITRE II - L'EVOLUTION DES CARACTERES DE LA RESPONSABILITE PUBLIQUE

CHAPITRE I - L'EVOLUTION DE LA STRUCTURE DU DROIT DE LA RESPONSABILITE

CHAPITRE II - LE RENOUVELLEMENT DES FONCTIONS ET DES FONDEMENTS DE LA RESPONSABILITE

CHAPITRE III - LA REMISE EN CAUSE DE L'AUTONOMIE DU DROIT DE LA RESPONSABILITE

Introduction

L'introduction du droit communautaire et du droit conventionnel européen comme sources de droit tend-elle à modifier les règles régissant le droit de la responsabilité publique et en conséquence a-t-elle pour effet d'entraîner une évolution des rapports de l'Etat et des particuliers sur ce terrain ? Tel est l'objet de notre recherche.

Choisir d'étudier l'action du droit européen sur la responsabilité publique en France peut se concevoir de deux manières. Il est tout d'abord possible de partir du principe que le droit européen, qui est continuellement en extension et accroît de manière constante son autorité sur les droits nationaux, exerce une véritable emprise sur le droit de la responsabilité et de limiter notre étude aux seules implications directes de cette intervention. Cette démarche nous semble devoir être rejetée, et ce pour plusieurs raisons. L'apparition d'un droit européen créé hors des structures juridiques traditionnelles des Etats est un phénomène récent, et cela plus encore dans le secteur qui nous intéresse : celui de la responsabilité. Aussi paraît-il non seulement peu convaincant mais illogique de partir d'un postulat d'intervention alors que ce phénomène, loin d'être figé, est en constante évolution et que le principe même d'une source européenne du droit de la responsabilité n'est pas encore unanimement admis. Réduire l'analyse aux seuls effets de l'intervention européenne sur le droit de la responsabilité aurait également comme conséquence réductrice le passage sous silence des interactions entre les droits nationaux, notamment le droit administratif français, et le droit européen. Là encore, cela reviendrait à simplifier exagérément le phénomène puisque le droit européen n'est rien d'autre, à l'origine, que le droit résultant d'accords entre les représentants des Etats membres qui, pour l'élaborer, se réfèrent à leurs propres règles internes et qu'il est nécessaire de vérifier si et dans quelle mesure il se démarque des droits nationaux.

Il semble donc plus conforme à la rigueur scientifique de s'assurer de la réalité d'un droit européen intervenant en matière de responsabilité plutôt que d'en admettre simplement l'existence. Pour ces raisons nous essaierons, plus classiquement peut être, d'envisager la question de l'impact du droit européen sur la responsabilité publique d'une seconde manière qui recouvre, mais également dépasse, la première et de rechercher comment le droit européen s'immisce dans ce domaine de manière à y exercer une influence véritable et dans quelle mesure il implique certaines évolutions du droit de la responsabilité. Il s'agit donc d'étudier la place de l'intervention européenne au sein des sources de la responsabilité publique afin de déterminer si elle recèle une véritable originalité par rapport aux règles du droit français ou bien si elle ne procède que d'une reprise des principes qui y sont établis, mais ensuite d'analyser l'impact du droit européen sur le droit français, c'est à dire de rechercher s'il n'entraîne qu'une évolution des règles internes, ou, plus largement, s'il induit une relecture du droit de la responsabilité publique et, ainsi, contribue à son renouvellement.

Afin d'observer la portée réelle de l'intervention, en France, en matière de responsabilité publique, d'un droit européen de plus en plus précis et complexe, dont l'examen traduit d'importantes interférences entre l'action des Communautés européennes[1] et celle du Conseil de l'Europe[2], il est nécessaire d'entreprendre une étude d'ensemble, à ce jour non réalisée, et donc d'entendre sous le terme droit européen les interventions écrites et prétoriennes des organes communautaires et conventionnels. La jurisprudence des cours de Strasbourg et de Luxembourg constitue évidemment un élément fondamental du dispositif européen d'encadrement des droits nationaux et est un facteur prépondérant d'influence sur le droit français, en raison de la nécessaire prise en compte des principes affirmés à cette occasion[3] ; mais les raisonnements tenus par les membres des juridictions européennes, à travers des conclusions d'avocat général devant la Cour de Justice ou des opinions dissidentes devant la Cour de Strasbourg, peuvent aussi imprégner le raisonnement des juges internes ou à tout le moins traduire une convergence ou une divergence des vues françaises et européennes, aussi sont elles inclues dans notre champ d'observation. Les décisions et rapports de la Commission européenne des droits de l'Homme[4], qui se situent antérieurement au prononcé d'un arrêt par la Cour de Strasbourg, peuvent également induire des évolutions en droit français, dès lors qu'ils permettent la résolution d'un point de droit. A ce titre doit être souligné l'intérêt des décisions d'irrecevabilité rendues par la Commission. Celles-ci en effet, bien qu'elles rejettent la requête du requérant, peuvent éclairer des aspects de la compatibilité du droit français avec les exigences conventionnelles en ce que certaines voies de droit sont qualifiées par l'article 26 de la Convention d'inefficaces et d'inutiles, et partant sont implicitement considérées comme incompatibles avec les exiges d'un Etat de droit affirmé comme référentiel commun aux pays membres du Conseil de l'Europe. Les résolutions du Comité des Ministres du Conseil de l'Europe afin de contribuer à l'exécution d'un arrêt rendu par la Cour de Strasbourg constituent également, même si elles sont extrêmement rares en matière de responsabilité publique, un facteur d'évolution du droit français et doivent être étudiées à ce titre. Les interventions européennes encadrant le droit de la responsabilité publique ne se limitent pourtant pas là. Un autre facteur de nature à entraîner des transformation du droit français réside dans le développement des dispositifs écrits : directives, livre blanc ou recommandations. Ces dispositifs traduisent en effet un souci d'harmonisation du droit de la responsabilité, pouvant être de portée générale ou ponctuelle, et indiquent les

---

[1] Pour plus de commodité, nous utiliserons au long de cette étude le terme de droit communautaire pour désigner cette branche du droit européen.

[2] Nous emploierons alors le terme de droit conventionnel.

[3] V. not. J. Andriantsimbazovina, *L'autorité des décisions de justice constitutionnelles et européennes sur le juge administratif français*, Paris, LGDJ, BDP t. 192, 1998.

[4] Qui ont pour partie disparu depuis l'entrée en vigueur du protocole n° 11 de la Convention.

perspectives dans lesquelles les instances européennes souhaitent que les Etats membres s'engagent. Ces dispositions n'ont certes pas toujours vocation à influer essentiellement sur le droit de la responsabilité publique mais leur impact sur ce domaine mérite d'être analysé. Tel est notamment le cas de la directive de 1985 relative aux produits défectueux. Celle-ci prévoit un mécanisme de responsabilité pour risque en cas de fabrication ou de fourniture de produits défectueux. Elle trouve à s'appliquer dans le domaine de la responsabilité publique à différents niveaux. Sont soumis au régime qu'elle prévoit les litiges concernant le caractère défectueux du sang et des produits dérivés du corps humain alors que ceux-ci ont trait à la responsabilité publique dès lors, en ce qui concerne le sang, que le centre de transfusion sanguine est intégré à un établissement public de santé qui en est gestionnaire[5] et, en ce qui concerne les produits dérivés du corps humains, que ceux-ci ont été transformés, conservés ou distribués par un établissement public de santé. Tel est plus largement le cas de l'ensemble des produits fabriqués au sein d'un hôpital. Le régime de responsabilité qu'elle prévoit révèle la prise en compte au niveau européen des idées de sécurité des consommateurs et de comportement de précaution à la charge des producteurs et fournisseurs[6] et apporte un éclairage nouveau à ces questions d'ores et déjà envisagées en droit français.

Il a été choisi de traiter la question des évolutions du droit français de la responsabilité sous l'effet du droit européen exclusivement à travers les conséquences de l'intervention européenne sur les rapports entre les autorités publiques et les particuliers. L'obligation pour l'Etat de répondre des conséquences de ses actes devant les particuliers passe essentiellement, même si la question de la responsabilité politique a été ravivée à l'occasion de drames récents[7], par la responsabilité civile[8]. C'est donc à l'octroi d'une réparation pécuniaire en compensation d'un préjudice subi que les développements qui suivront seront consacrés et non à la responsabilité pénale ou politique, même si, au niveau européen, responsabilité civile et responsabilité politique sont souvent intimement liées[9]. La recherche sera également limitée aux hypothèses dans lesquelles une responsabilité imputable à l'activité interne de l'Etat est seule en cause et exclut les cas de partages de responsabilité entre les organes nationaux et d'autres organes, communautaires ou étrangers, qui d'une part posent des questions spécifiques de répartition des compétences et de détermination de la loi applicable, d'autre part ont fait l'objet de développements souvent conséquents[10].

---

[5] Les centres de transfusion sont responsables, sur le fondement du droit public, de la mauvaise qualité des produits fournis. CE, Ass., 26 mai 1995, Consorts N'Guyen, *Lebon* p. 221.

[6] Ainsi la Cour administrative d'appel de Paris a considéré que eu égard tant à la mission qui leur est confiée par la loi qu'aux risques que présente la fourniture de produits sanguins, les centres de transfusion sont responsables, même en l'absence de faute, des conséquences dommageables de la mauvaise qualité des produits fournis : CAA Lyon, 2 octobre 1997, Centre hospitalier Joseph Imbert d'Arles c/ Mme Carlotti, *LPA* 8 mai 1998, p. 9.

[7] V. not., O. Beaud, J.-M. Blanquer, *La responsabilité des gouvernants*, Paris, Descartes et Cie, 1999.

[8] Au sens retenu par P. Esmein, *Les obligations*, Traité pratique de droit civil français T. IV, sld M.Planiol, G. Ripert, 2nde édition, Paris, LGDJ 1952, n° 657 et s. La responsabilité publique est, en effet, de nature civile, c'est à dire qu'elle vise une réparation sous forme pécuniaire ainsi que l'a admis le Conseil d'Etat: CE, Ass. 7 décembre 1962, Ass. Les forces motrices autonomes, *Lebon* p. 664.

[9] Par exemple dans le cadre de l'octroi d'une satisfaction équitable.

[10] V. notamment J. Constantinesco, *Les problèmes résultant de la responsabilité extracontactuelle concomitante de la communauté et d'un Etat membre*, Office des publications officielles des Communautés européennes, série Concurrence et rapprochement des législations, n° 34, Bruxelles, 1980 ; C. Weisse-

Le terme responsabilité n'en demeure pas moins entaché d'une ambiguïté sémantique. Apparu en France au XVIIIe siècle[11], il est en effet issu du latin *respondere* qui renvoie à l'idée de débiteur, celui qui doit répondre de quelque chose, de quelqu'un, d'une manière objective. Toutefois il a été chargé dans les morales chrétienne et laïque d'une forte connotation morale, l'acte fautif rendant dans la première responsable devant le tribunal de Dieu tandis que dans la seconde, nous sommes responsables des manquements à une loi morale naturelle[12]. Par la suite la responsabilité a été entendue chez les juristes comme la sanction du manquement par l'Homme à une certaine conduite à laquelle il était obligé. La part morale était donc importante dans le droit de la responsabilité, celle-ci ayant un lien, qui dans le Code civil est devenu plus indirect[13], avec l'activité de l'auteur du dommage. Pourtant, cette première acception du terme responsabilité a été dépassée par la logique de secours et de socialisation des risques qui s'est développée depuis la fin du XIXe siècle. Sont alors apparus à la fois des régimes de responsabilité objective[14] et des régimes de réparation détachés de cette première logique de responsabilité qui visaient à garantir aux victimes de dommages, quand bien même ces derniers ne seraient pas rattachables à une activité publique, une réparation dont était débitrice la collectivité publique. Tel a été, dès la loi du 10 vendémiaire an IV, le cas des dommages causés par les attroupements puis de ceux subis par les victimes de certaines infractions pénales[15] et plus récemment encore des personnes atteintes de SIDA post-transfusionnel[16]. Ces mécanismes qui visent à aider, conformément à l'idée de justice, ceux qu'un injuste sort a frappés, font partie de la responsabilité dans le sens d'obligation de réparation pesant sur l'Etat. Aussi, même si aucune activité publique ne se trouve, dans ces hypothèses, à l'origine du dommage, c'est bien de responsabilité au sens de garantie de réparation qu'il s'agit, la responsabilité publique agissant alors d'une manière analogue à celle que l'on a pu observer à travers le développement du cumul de responsabilités de l'administration et de l'agent en cas de faute personnelle rattachable au service, en jouant un rôle de garant. Ce pan important de l'activité réparatrice doit être inclus dans le terme responsabilité afin de correspondre au mieux aux évolutions récentes de la responsabilité publique[17], même si ce faisant nous nous éloignons de sa conception stricte[18]. La responsabilité publique sera donc entendue non

Marchal, *Le droit communautaire et la responsabilité extra-contractuelle des Etats membres : principes et mise en oeuvre*, Thèse Metz, 1996, Dactyl.

[11] V. J. Henriot, Note sur la date et le sens de l'apparition du mot « responsabilité », *APD* 1977, p. 59.

[12] V. M. Villey, Esquisse historique sur le mot responsable, in *La responsabilité à travers les âges*, Paris, Economica 1989, p. 75.

[13] Par le biais de la responsabilité du fait des choses ou des personnes dont on a la garde et de la responsabilité du commettant du fait du préposé.

[14] CE, 21 juin 1895, Cames, *Lebon* p. 509.

[15] Loi du 3 janvier 1977 modifiée.

[16] Loi du 31 décembre 1991, art. 47-1.

[17] Sur ce point, cf. M. Sousse, *La notion de réparation de dommages en droit administratif français*, Paris, LGDJ, BDP t. 174, 1994.

[18] Charles Eisenmann a toutefois montré la difficulté de choisir une définition de la responsabilité publique, v. *Cours de droit administratif*, Paris, LGDJ, 1983, t. II, p. 752 et s.

comme l'obligation de réparer le dommage que l'on a causé, mais comme *« l'obligation de réparer le dommage auquel on a une quelconque relation »*[19].

L'expression « responsabilité publique » fait référence à l'ensemble des hypothèses dans lesquelles la responsabilité des autorités publiques peut être engagée, ce qui recouvre des situations tant de droit privé que de droit public. Cependant, pour tenir compte de la spécificité du droit français, il sera entendu par responsabilité publique le droit de la responsabilité appliqué aux autorités publiques en ce qu'il n'est pas purement et simplement celui que règlent et fixent le Code civil et les autres sources du droit privé. Seul le droit public de la responsabilité publique sera en conséquence au centre de nos préoccupations même si le droit européen ignore, dans une certaine mesure, la distinction entre le droit public et le droit privé. De plus, la responsabilité publique n'étant pas fonction du seul critère de la compétence juridictionnelle[20] mais de l'activité à l'origine du dommage, la mise en oeuvre de la responsabilité publique devant les juridictions judiciaires sera-t-elle envisagée dans cette étude.

La présente recherche porte sur la responsabilité publique et ne se réduit donc pas à la responsabilité administrative entendue comme la responsabilité des services dépendant de l'Etat, des collectivités locales, communes, départements, régions et de leurs établissements publics, et des agents publics dans le cadre du service[21] ; ce qui inclut la responsabilité dans le cadre de l'exercice par des personnes privées de prérogatives de puissance publique à l'origine d'un dommage

L'on ne peut en effet limiter l'étude aux seuls activités administratives alors d'une part que le recours à la mise en cause de la responsabilité du législateur et du pouvoir juridictionnel se développe et d'autre part qu'au niveau européen, le concept de responsabilité administrative ne revêt aucun sens[22]. En raison de la définition très extensive de la notion d'organe de l'Etat en droit international[23], l'action des autorités publiques y est analysée de manière globale, sans qu'une distinction soit faite en fonction de leur pouvoir : administratif, législatif ou juridictionnel. Sont donc appréhendée en droit européen de manière similaire l'action des administrations centrales[24], des administrations déconcentrées[25], celle des entités institutionnellement distinctes de l'Etat mais qui exercent une mission d'intérêt général que l'Etat leur a

---

[19] J.-C. Venezia, Les idées de Charles Eisenmann en matière de responsabilité de l'administration, in *La pensée de Charles Eisenmann*, Paris, Economica-PUAM, 1986, p. 207. Cette conception est donc plus étroite que celle d'une obligation générale de réparer, même si ses contours sont relativement incertains.

[20] Sur ce point voir : R. Chapus, *Responsabilité publique, Responsabilité privée,* Les influences réciproques des jurisprudence administrative et judiciaire, 2ème édition, Paris, LGDJ, 1957, n° 4 et s.

[21] J. Moreau, *La responsabilité administrative*, Que sais-je ? 2ème édition mise à jour, Paris, P.U.F., 1995, sp. p. 15 et 16.

[22] A la différence de celui de responsabilité publique qui est fréquemment employé. V. not. La recommandation R (84) 15 relative à la responsabilité publique.

[23] V. l'article 6 du projet d'articles relatifs à la responsabilité des Etats de la commission du droit international

[24]Voir par exemple : CJCE, 27 février 1980, Commission des communautés européenne c/ République Française, Aff. 168/78, *Rec.* p. 347 ; CEDH, 24 avril 1990, Huvig et Kruslin, série A n° 176 A et B.

[25] TA Dijon, 15 avril 1986, Société vinicole Bérard, *Lebon* p. 311.

confiée[26] ou, plus généralement, dont la mission révèle qu'elles agissent en fait pour le compte de la collectivité publique[27], les collectivités décentralisées et plus généralement toute personne agissant dans la sphère publique, ce qui inclut les personnes privées dès lors qu'elles détiennent des prérogatives de puissance publique[28]. L'activité législative tombe aussi dans le champ de l'intervention européenne[29] car la loi est soumise au respect des engagements internationaux, la Cour de Justice des Communautés européennes ayant même décidé qu'en cas de violation du droit communautaire les conditions d'engagement de la responsabilité sont déterminées par le droit communautaire[30]. La responsabilité du fait de l'activité juridictionnelle est elle aussi encadrée par l'obligation de respecter les principes découlant de la convention et notamment la règle du délai raisonnable[31], mais aussi du fait que le droit communautaire l'a inclus dans son champ d'intervention[32].

La question de la responsabilité de l'administration du fait des fautes de ses agents rattachables au service n'est envisagée que dans la mesure où à travers le mécanisme de « garantie des fonctionnaires » elle donnera lieu à l'engagement de la responsabilité de l'administration[33] ; même si d'une part les notions de faute personnelle et de faute de service qui figurent dans certaines interventions européennes n'y sont pas définies[34] et si d'autre part la distinction entre la faute personnelle et la faute de service qui existe en droit communautaire ne saurait se substituer aux règles du droit administratif français puisque l'encadrement de la responsabilité par la Cour du Kirchberg réserve les dispositions nationales plus favorables[35] -ce qui est le cas du droit français au regard de

[26] Ce qui est le cas des hôpitaux publics : CJCE, 26 février 1986, Marshall c/ Southampton and South-West Hampshire Area Health Authority, Aff. 152/84, *Rec.* p. 723 ; ou en Alllemagne des églises : Req. n° 8363/78, X. c/ R.F.A., décision sur la recevabilité du 12 mai 1980, *DR* 20, p. 163.

[27] Ce qui est le cas des organismes publics d'intervention économique : CJCE, 22 janvier 1976, Carmine Russo, Aff. 60/75, *Rec.* p. 45.

[28] Recommandation R (84)15 sur la responsabilité publique, Annexe, Champ d'application et définitions, 2b ; CJCE, 12 juin 1990, Forster, Aff. 188/89, *Rec.* p. I-3344 sp. p. 3350.

[29] Bien que les organes du Conseil de l'Europe n'aient pas inclus la responsabilité du fait des actes du législateur dans les travaux d'harmonisation des droits en Europe ; cela que le pouvoir législatif soit exercé au niveau central, local ou de manière déléguée : Recommandation R 84 (15) du 8 septembre 1984, exposé des motifs p. 12.

[30] CJCE, 5 mars 1996, Brasserie du pêcheur SA et Bundesrepublik Deutschland, The queen et Secretary of State for transport ex parte: Factortame Ltd e.a., Aff jtes C 46/93 et 48/93, *Rec.* p. I-1029. Dans cette décision, la Cour a considéré que " *Le principe selon lequel les Etats membres sont obligés de réparer les dommages causés aux particuliers par les violations du droit communautaire qui leurs sont imputables est applicable lorsque le manquement reproché est attribué au législateur national* ".

[31] Ainsi, la Cour a-t-elle alloué des dommages et intérêts en raison de la lenteur d'une procédure d'indemnisation devant le juge national : notamment Req. n° 10000/82, H. c/ Royaume-Uni, *DR* 33, p. 247 ; CEDH, 27 août 1992, Tomasi c/ France, série A n° 241-A.

[32] CJCE, 5 mars 1996, Brasserie du pêcheur SA et Bundesrepublik Deutschland, The queen et Secretary of State for transport ex parte: Factortame Ltd e.a., Aff. Jtes C 46/93 et 48/93, préc., point 34.

[33] En revanche, la question de la faute purement personnelle des agents qui n'est aucunement rattachable au service ne sera pas envisagée puisqu'elle engendre des rapports de droit privé soumis au Code civil et n'est pas prise en charge par l'administration.

[34] Recommandation R (84) 14 Exposé des motifs, p. 15, point 23.

[35] Conclusions de l'avocat général P. Léger relatives à l'arrêt de la Cour de Justice, The Queen c/ Ministry of Agricuture, Fisheries and food ex parte Hedley Lomas (Ireland) limited, 23 mai 1996, Aff. C 5/94, *Rec.* p. I-2553.

la conception restrictive de la faute de service développée par la Cour de justice à travers la jurisprudence relative à l'article 215 al. 2[36]-.

Notre étude porte sur les différents types de responsabilité. Elle concerne en premier lieu la responsabilité extra-contractuelle, c'est à dire en fait la responsabilité délictuelle ou quasi-délictuelle[37] ; ce qui relève de l'évidence puisque celle-ci, topique du droit administratif de la responsabilité, a fait en droit français l'objet d'interventions jurisprudentielles et législatives nombreuses et détaillées donnant lieu à d'importantes analyses doctrinales. Elle vise en second lieu la responsabilité contractuelle de l'administration ou plutôt *« l'obligation de réparation contractuelle »*[38], c'est à dire celle qui peut être mise en cause sur la base d'un contrat administratif, même si ce type de responsabilité a été le centre d'études moins nombreuses en raison notamment de son récent développement[39]. Elle porte enfin sur la responsabilité quasi-contractuelle. En effet, la perception par l'Etat d'une somme ou d'un bénéfice qui ne lui sont pas dus dans le cadre d'une gestion d'affaire, d'une restitution de l'indu[40] ou d'un enrichissement sans cause entraînent des conséquences immédiates dans le patrimoine d'un particulier qui ont pour corollaire un principe de réparation. Si la réparation se résout par un paiement et si le paiement n'est pas expressément visé en tant que dédommagement, il constitue la contrepartie d'une action dommageable imputable à une autorité publique. Aussi la réparation des conséquences financières découlant de situations quasi-contractuelles doit être interprétée comme une hypothèse de responsabilité. Cette interprétation trouve d'ailleurs un appui dans la doctrine classique puisque Duez faisait valoir que l'enrichissement sans cause constitue un facteur de consécration de la responsabilité dans la jurisprudence du Conseil d'Etat[41]. Partant, la question des dépossessions et des atteintes au droit de propriété sera abordée à travers l'étude de la

---

[36] Pour une meilleure compréhension, nous continuerons à utiliser la numérotation antérieure à la codification qui a suivi le traité d'Amsterdam tout en renvoyant à la nouvelle numérotation dans les notes de bas de page. L'article 215 est devenu l'article 288 du traité CE depuis l'entrée en vigueur du traité d'Amsterdam. Sur la jurisprudence de la Cour relative à l'interprétation de cette disposition, cf. F. Fines, *Etude de la responsabilité extra-contractuelle de la communauté économique européenne: de la référence aux " principes généraux communs " (art. 215 al. 2) à l'édification jurisprudentielle d'un système autonome*, préc., sp. p. 227 et s.

[37] Nous envisageons par ce terme les responsabilités délictuelle et quasi-délictuelle et en excluons la responsabilité quasi-contractuelle. Cette conception est certes terminologiquement erronée puisque la responsabilité quasi-contractuellle est extra-contractuelle, c'est à dire en dehors du domaine contractuel, ainsi que le relevait d'ailleurs Duez dans *La responsabilité de la puissance publique (en dehors du contrat)*, pp. 86-90. Pourtant la responsabilité publique extra-contractuelle est présentée en droit administratif essentiellement comme une responsabilité délictuelle ou quasi-délictuelle (v. par exemple C. Eisenmann, Sur le degré d'originalité de la responsabilité extracontractuelle des personnes publiques, *JCP*, 1949, p. 742 et 751 ; H. F. Koechlin, *La responsabilité de l'Etat en dehors des contrats de l'an VIII à 1873*, Paris, LGDJ, BDP t. 12, 1957, p. 8 ; J. Waline, La responsabilité extracontractuelle des personnes morales publiques, *RDP* 1992, p. 459). La doctrine administrative contemporaine semble considérer la responsabilité extra-contractuelle non pas comme l'ensemble des mécanismes de responsabilité opposés à la responsabilité contractuelle, comme cela est le cas en droit civil, mais comme ceux qui ne peuvent en aucune manière être assimilés à une activité contractuelle et en exclut, de fait, la responsabilité quasi-contractuelle qui peut y être rattachée .

[38] P. Terneyre, *La responsabilité contractuelle des personnes publiques*, Paris, Economica, 1989, p. 19.

[39] Cf. toutefois P. Terneyre, , *La responsabilité contractuelle des personnes publiques*, préc.

[40] L'obligation de restitution des sommes perçues illégalement est considérée en droit administratif français comme bénéficiant d'un statut contentieux autonome, relevant de la responsabilité quasi contractuelle : CE, Ets H. Olive, 25 novembre 1921, conc. Rivet, *RDP* 1922 p. 107 préc.

[41] P. Duez, *La responsabilité de la puissance publique (en dehors du contrat)*, préc., sp. p. 16.

responsabilité car, même si ce point est discuté[42], le droit à la protection des biens existe dans le patrimoine des particuliers, ceux-ci disposant de la propriété de leurs biens. De leur point de vue, l'indemnisation constitue la réparation d'un préjudice subi ou devant être subi[43]. Elle est la contrepartie de l'atteinte au droit de propriété et de l'exercice par l'Etat de prérogatives qui causent un dommage aux individus. Aussi, si elle ne peut être intégrée dans la responsabilité délictuelle[44] en raison des prérogatives de puissance publique qui la justifient, l'atteinte aux biens constitue une hypothèse de responsabilité quasi-contractuelle fondée sur l'enrichissement sans cause[45].

La responsabilité extra-contractuelle, la responsabilité contractuelle et la responsabilité quasi-contractuelle sont trois hypothèses de responsabilité dans la mesure où il s'agit bien à chaque fois de la réparation d'un dommage, même si la source de l'obligation est distincte. Le choix d'une étude de l'influence du droit européen sur l'ensemble de ces mécanismes de responsabilité peut sembler surprenant dans la mesure où il est rare que les trois mécanismes de responsabilité soient traités de manière parallèle. Il répond cependant à deux nécessités. D'une part, il est essentiel à une meilleure adaptation au thème de l'influence du droit européen sur la responsabilité publique. En effet, le droit communautaire, de par sa finalité économique, semble naturellement plus susceptible d'intervenir dans le domaine des responsabilités contractuelle et quasi-contractuelle. D'ailleurs, en raison de la finalité d'encadrement économique des Communautés et des importantes redistributions de montants versés au titre des diverses politiques européennes -PAC, Montant Compensatoires Monétaires- comme de l'harmonisation des législations fiscales et douanières, c'est dans le cadre des actions visant la restitution de l'indu que la Cour de Justice a esquissé les premières traits de son emprise sur les voies de droit nationales[46]. Il en va exactement à l'inverse du droit conventionnel qui, de par sa finalité de protection des droits de l'Homme, devrait naturellement accentuer son intervention sur les mécanismes extra-contractuels. Le choix d'une étude sur l'ensemble des mécanismes de responsabilité vise, d'autre part, à rechercher si, et le cas échéant comment, existe une généralisation de l'intervention européenne sur le droit de la responsabilité dans un souci de mesure de

---

[42] Selon une partie de la doctrine administrative, les, dépossessions si elles font l'objet d'une indemnisation qui constitue la contrepartie de la légalité de l'intervention étatique, n'entraînent pas la responsabilité au sens strict ; même si un problème de responsabilité peut se greffer sur l'indemnisation : R. Chapus, *Droit administratif général*, t II, 10ème édition, Paris, Montchrestien, 1998, n° 816 et s. Sur la notion d'indemnisation en cas d'expropriation, v. A. Homont, La réparation du préjudice causé par l'expropriation pour cause d'utilité publique, *D.* 1970, chro. p. 149. Il en va de même en droit conventionnel puisque de nombreux auteurs européens considèrent que l'indemnité ne constitue pas un dédommagement mais l'exercice d'un droit par l'Etat, celui d'attenter aux biens privés : L. Condorelli, L'article 1 du protocole additionnel, in L.E. Petitti, *La convention européenne des droits de l'Homme article par article*, Paris, Economica, 1995.

[43] Telle est d'ailleurs une des conceptions de l'expropriation que retient le droit allemand : E. Forsthoff, *Traité de droit administratif allemand*, Bruxelles, Bruylant, 1969, p. 491 et s.

[44] Les responsabilités délictuelles et quasi-délictuelles se rapportant à des hypothèses dans lesquelles une activité illicite, intentionnelle ou non, est à l'origine du dommage.

[45] Tel était d'ailleurs le point de vue soutenu par Hauriou au début de ce siècle : *Précis de droit administratif et de droit public*, 11ème édition, Paris, Dalloz, 1927, p. 335-336. Duguit considérait pour sa part que l'expropriation est une hypothèse de responsabilité sans faute : *Traité de droit constitutionnel*, Paris, De Boccard, 1930, t. III, p. 465.

[46] V. notamment, F Hubeau, La répétition de l'indu en droit communautaire, *RTDE* 1981, p. 442 ; A. Barav, La répétition de l'indu dans la jurisprudence de la Cour de Justice des Communautés européennes, *CDE* 1981, p. 507.

celle-ci. Cette vue d'ensemble, quelle que soit l'activité ou l'administration responsable et quel que soit le type de responsabilité en cause, permet une comparaison des influences exercées sur les divers pans du droit de la responsabilité afin de rechercher si des différences quantitatives ou qualitatives dans l'intervention du droit européen existent et de tenter, dans la mesure du possible, d'en rechercher les motifs. En outre, une appréciation générale des évolutions induites par le droit européen permet d'envisager dans leur globalité ses transformations, actuelles ou à venir et donc pour le chercheur de faire oeuvre utile en tentant de conceptualiser les conséquences du phénomène d'intervention européenne sur le droit français.

Le droit européen intervient en tout état de cause régulièrement en matière quasi-contractuelle et contractuelle. Le droit communautaire régit la première à travers le contentieux de la restitution de l'indu qui est une voie de droit procédant directement de l'ordre européen[47] tandis qu'en droit conventionnel, par le biais des questions de montants prélevés ou confisqués par les autorités nationales en violation de la Convention, la Cour comme la commission[48] se prononcent sur le problème de la réparation de la victime et de la restitution de la somme versée à tort[49] ; tel est principalement le cas lorsque les organes de Strasbourg sont saisis dans le cadre de l'article 1 du premier protocole additionnel ou dans celui de l'article 6 de la Convention[50]. Bien évidemment l'intervention conventionnelle dans le secteur quasi-contractuel n'est absolument pas comparable à celle qui est le fait du droit communautaire puisqu'elle ne vise pas l'élaboration de principes communs à l'ensemble des Etats membres en matière de restitution des droits et sommes perçus en violation de la Convention[51]. L'immixtion des organes de Strasbourg dans le domaine quasi-contractuel pourrait d'autant plus s'accroître que la Convention semble devoir être plus fréquemment invoquée dans le milieu des affaires, principalement par des personnes morales[52]. La responsabilité contractuelle est, de même, visée, mais de manière plus résiduelle, par l'intervention européenne. Au niveau communautaire, cet encadrement découle essentiellement[53] de la directive relative aux clauses abusives qui

---

[47] CJCE, 16 déc. 1976, Rewe Zentralfinanz E.G. et Rewe Zentral A.G. c/ Landwirtshaftskammer für das Saarland, Aff 33/76 et 45/76, *Rec* p. 76.

[48] Req. n° 12386/86, Décision sur la recevabilité du 15 avril 1991, M. c/ Italie, *DR* 70, p. 59.

[49] Tel est le cas en matière de confiscations, qui peuvent être assimilées à des sanctions pénales, qui, lorsqu'elles sont contraires aux dispositions de la Convention ouvrent droit à réparation sur la base de la satisfaction équitable : Affaire Welch c/ Royaume-Uni, arrêt du 9 février 1995, série A n° 307-A. Il en va de même des dépossessions de biens : req. n° 12164/86, décision sur la recevabilité du 12 octobre 1988, Félix Agneessens c/ Belgique, *DR* 58, p. 63 ou des restitutions de taxes perçues irrégulièrement : CEDH, 23 octobre 1997, National and provincial building society, Leeds permanent building society c/ R.-U., *Recueil des arrêts et des décisions*, 1997-VI, p. 2325.

[50] C'est bien d'une contestation portant sur le versement d'un montant pécuniaire, et donc une obligation monétaire, qui est en cause et le régime de responsabilité en question est fortement inspiré de celui du droit civil.

[51] Sous réserve de la possible harmonisation des règles de procédure avec l'article 6 et des dispositions de la recommandation R (84) 15 relative à la responsabilité publique.

[52] V. J.-F. Flauss, La convention européenne des droits de l'homme, une nouvelle interlocutrice pour le juriste d'affaires, *RJDA* 1995, p. 524.

[53] La responsabilité contractuelle, issue de l'article 215 al. 1 du traité CE a très peu été invoquée devant les juridictions communautaires, sinon pour l'exclure de leur champ de compétence : TPI, 25 juin 1997, Francesco Perillo c/ Commission, Aff. T 7/96, *Rec.* p. II-1061. En tout état de cause cet article ne permet pas, de lui même et en l'absence de jurisprudence constructive de la Cour du Kirchberg, de poser les bases d'un

est à même de produire certains effets dans le domaine contractuel[54] et de la directive relative à la responsabilité du fait des produits défectueux ou du projet de directive relatif à la responsabilité du prestataire de services dont le champ d'application concerne notamment les relations contractuelles, qu'elles soient ou non de droit public, entre le consommateur et un professionnel. Si l'élaboration de la seconde est pour l'instant, faute de volonté politique, au point mort[55], la première trouve effectivement à s'appliquer aux contrats administratifs dans l'hypothèse de fourniture d'un bien défectueux. L'on pourra appliquer ce régime dans les hypothèses où, l'administration intervenant en tant que fournisseur, il ne sera pas possible d'identifier le producteur.

Enfin, toujours pour répondre aux spécificités du droit français de la responsabilité publique, seront envisagées dans le cadre de cette étude les mécanismes de responsabilité sans faute et les mécanismes de responsabilité pour faute. Cette dichotomie entre un mécanisme de responsabilité fondé sur un manquement à une obligation préexistante d'une part et sur la mise en oeuvre de la solidarité sociale d'autre part se retrouve d'ailleurs dans l'ordre européen ; même si l'assimilation au droit privé du régime de la responsabilité publique qui existe dans certains Etats membres tels que les pays de *Common Law* justifie une intervention plus fréquente sur les mécanismes de responsabilité pour faute dans la mesure où ce sont les activités fautives qui entraînent, le plus souvent, la mise en oeuvre de la responsabilité des personnes privées, l'intervention européenne ne néglige pas le domaine de la responsabilité sans faute : tel est le cas dans le cadre de la Convention du 24 novembre 1983 relative à l'indemnisation des victimes d'infractions violentes[56].

Peut-être pourrait-on contester la légitimité de notre recherche et cela pour deux raisons. La première critique serait celle du rapprochement que nous opérons entre l'ordre communautaire et l'ordre conventionnel. Ces deux ordres avaient été érigés à la fin de la seconde Guerre Mondiale à des fins bien distinctes, en vue de permettre, pour le premier, la reconstruction de l'Europe par le biais de la Communauté Economique du Charbon et de l'Acier (CECA), et, pour le second, la promotion des droits de l'Homme dans le cadre du Conseil de l'Europe par le biais de la Convention européenne des droits de l'Homme. Pourtant ces deux objectifs apparemment dissemblables se sont rapprochés et les Communautés européennes se sont récemment réorientées dans le sens de la protection des droits fondamentaux[57] tandis que la Convention européenne des

---

régime commun aux Etats membres. Il stipule, en effet, que « *La responsabilité contractuelle de la communauté est régie par la loi applicable au contrat en cause* ».

[54] Directive 93/13 du Conseil des communautés européennes du 5 avril 1993 concernant les clauses abusives dans les contrats conclus avec les consommateurs, JOCE L 95 du 21 avril 1993. Parmi une doctrine abondante, F. Sage, Le droit français au regard de la directive 93/13 du Conseil des communautés européennes du 5 avril 1993 concernant les clauses abusives dans les contrats conclus avec les consommateurs, *GP* 29 octobre 1994, Doct. p. 1189.

[55] La Commission a retiré sa proposition et a annoncé de nouvelles orientations par une communication du 23 juin 1994: COM (94) 260, agence Europe n° 6259 du 25 juin 1994.

[56] Qui vise à éviter que des particuliers victimes de telles infractions ne puissent obtenir réparation du dommage qu'ils subissent, notamment parce que l'auteur de l'infraction est inconnu ou sans ressources et plus largement lorsque la réparation ne peut être entièrement obtenue par d'autres sources telles que l'assurance.

[57] V. notamment *Droit communautaire et protection des droits fondamentaux dans les Etats membres*, dir. L. Dubouis, Centre d'études et de recherches internationales et communautaires, 1995, Coll. Coopération et développement, série Ouvrages, 21.

droits de l'Homme intervient plus fréquemment dans la protection des acteurs économiques[58]. En matière de responsabilité publique, le droit communautaire et le droit conventionnel européen interviennent dans des domaines et dans des directions identiques. Il en est ainsi de l'affirmation d'un critère de confiance légitime qui constitue, selon le juge Pettiti, un critère commun aux deux ordres juridiques[59], mais également de l'intervention européenne en matière de réparation des dommages causés à l'environnement[60], de responsabilité du fait des produits défectueux[61], ou encore de l'action des Communautés en matière de préjudice subi du fait du traitement d'une donnée à caractère personnel[62] qui peut être fondée sur une atteinte au respect de la vie privéealors que ce domaine ressort traditionnellement de l'intervention conventionnelle[63]. L'action communautaire a alors concordé avec celle des organes de Strasbourg en mettant en place un dispositif plus contraignant pour les Etats membres. Cette convergence des deux branches du droit européen, le droit issu de la Convention européenne des droits de l'Homme d'une part et le droit issu de l'ordre communautaire d'autre part, qui n'est certes pas institutionnalisée[64] mais a encore récemment été consacrée à travers le traité d'Amsterdam qui affirme le respect des droits fondamentaux[65], rend possible une analyse en parallèle et une mise en perspective des deux ordres juridiques au regard de leurs implications sur le droit de la responsabilité.

Le centre de notre étude est un processus qui doit être intégré dans la problématique plus vaste de la formation du droit administratif et de ses sources, notamment en matière de responsabilité, dont les caractéristiques fondamentales peuvent dès à présent être

---

[58] Cf. J-F. Flauss, La Convention européenne des droits de l'homme: une nouvelle interlocutrice pour le juriste d'affaires, *RJDA*, 1995, p. 524.

[59] L.E. Pettiti, L'évolution de la Convention européenne des droits de l'Homme et son application, in *Collected courses of the academy of european law*, vol. III, t. 2, 1992, p. 1.

[60] V. les travaux de la Commission européenne et du Conseil de l'Europe par le biais du livre vert sur la réparation des dommages causés à l'environnement diffusé le 17 mars 1993: COM (93) 47, ainsi que la convention du Conseil de l'Europe sur la responsabilité civile des dommages résultant d'activités dangereuses pour l'environnement adoptée le 8 mars 1993, dite convention de Lugano à laquelle l'Union pourrait d'ailleurs adhérer (*Agence Europe*, 30 janvier 1997, p. 5 ; *Europe environnement*, 11 février 1997, p. 1).

[61] Dans le cadre de la convention européenne sur la responsabilité du fait des produits en cas de lésions corporelles ou de décès : convention du 22 février 1977, Série des traités européens, n° 91, puis de la directive n° 85/374 CEE relative à la réparation des dommages causés par les produits défectueux, JOCE 7 août 1985, L 210/29 entrée en vigueur le 31 juillet 1988. L'exemple de la responsabilité du fait des produits révèle particulièrement le phénomène de convergence du droit communautaire et du droit conventionnel puisque tous deux ne se contentent pas d'intervenir dans le même domaine mais orientent le mécanisme mis en place dans une même direction dans la mesure où ils retiennent des définitions similaires du producteur ou du produit, ont le même champ d'application et prévoient un régime de responsabilité, sinon identique, du moins assez proche, même si le droit communautaire contient des dispositions plus favorables aux particuliers.

[62] Dir. 95/46/CE du Parlement européen et du Conseil, JOCE L 281/31, du 23 novembre 1995. V. sp. chapitre trois, article 23.

[63] Un parallèle est d'ailleurs fait avec les dispositions de l'article 8 de la Convention Européenne des Droits de l'Homme, Exposé des motifs, point 10. La directive pose en outre que les Etats membres assurent la protection notamment de la vie privée, à l'égard du traitement des données à caractère personnel: Chapitre premier, Article 1.1.

[64] L'adhésion des Communautés à la Convention européenne des droits de l'Homme ayant été impossible à défaut de compétence accordée aux organes communautaires pour agir à cette fin : Avis de la Cour de Justice n° 2/94 du 28 mars 1996, *Rec.* p. I-1759, point 27.

[65] V. F. Sudre, La communauté européenne et les droits fondamentaux après le traité d'Amsterdam : vers un nouveau système européen de protection des droits de l'Homme, *JCP G*, 1998, I, 100.

soulignées et dont le champ matériel nous semble suffisamment large pour qu'une étude rigoureuse d'ensemble puisse être réalisée. La recherche de l'influence du droit européen sur la responsabilité publique en France est d'ailleurs nécessaire au regard à la fois du renouvellement des sources du droit administratif qui est souligné depuis quelques années par la doctrine[66], de l'accroissement permanent de la protection des particuliers dans le cadre de l'action en réparation et plus généralement de l'évolution du droit de la responsabilité qui est en mouvement constant depuis une vingtaine d'années. Un nouveau chapitre des modes de formation et des sources de la responsabilité administrative, qui voit la fin de la prédominance du juge administratif, s'est en effet récemment ouvert[67], en raison de la mise en exergue des sources constitutionnelles du droit de la responsabilité[68] mais surtout de la multiplication des interventions du législateur dans ce domaine[69]. Or, aujourd'hui encore, les potentialités du droit européen n'ont pas été étudiées. Certes, la question de l'influence du droit européen sur le droit de la responsabilité publique commence depuis quelque temps à être évoquée ; mais l'analyse qui en est faite reste partielle. Une partie de la doctrine a en effet rejeté le principe d'évolution du droit français sous l'intervention du droit européen[70], et la plupart des analyses, en tout état de cause, ne concernent que le seul droit communautaire ; le droit conventionnel étant considéré *a priori* comme dénué de toute velléité d'immixtion dans le domaine de la responsabilité[71] ou n'intervenant que de manière ponctuelle[72]. Enfin analyser l'intervention européenne dans le domaine de la responsabilité publique est utile compte tenu du développement constant des actions pécuniaires, des recours visant à l'octroi de dommages-intérêts de nos jours et de la

---

[66] M. Paillet, Vers un renouveau des sources de la responsabilité administrative en droit français, in *Etudes offertes à J-M. Auby*, Paris, Dalloz, 1992, p. 259 ; M. Paillet, *La responsabilité administrative*, Paris, Cours, Dalloz, 1996, n° 42 et s.; C. Guettier, *La responsabilité administrative*, Paris, LGDJ, coll. systèmes, 1996, p. 27 et s.

[67] M. Deguergue, *Jurisprudence et doctrine dans l'élaboration du droit de la responsabilité administrative*, Paris, LGDJ, Bibliothèque de droit public, t 171, p. 4 ; M. Paillet, Vers un renouveau des sources de la responsabilité administrative en droit français, préc.

[68] V. notamment M.-A. Latournerie, Responsabilité publique et constitution in *Mélanges René Chapus*, Paris, Montchrestien, 1992, p. 353.

[69] Ainsi, parmi des législations récentes : Article 47 de la loi du 31 décembre 1991 relative à l'indemnisation des dommages subis par des personnes atteintes de SIDA post-transfusionnel.

[70] Cf. notamment J. Moreau, L'influence de la construction européenne sur le droit français de la responsabilité de la puissance publique, in *L'Europe et le droit, Mélanges J. Boulouis*, Paris, Dalloz, 1991, p. 409 dont la position semble avoir évolué, cf. J. Moreau, La responsabilité des magistrats et de l'Etat du fait de la justice - L'apport du droit administratif, *Justices*, janvier-mars 1997, p. 39.

[71] En effet, la plupart des auteurs qui mentionnent l'existence d'une source européenne de la responsabilité publique ne mentionnent que le droit communautaire. Le Professeur Guettier, certes, mentionne le droit conventionnel mais précise qu'en tout état de cause, l'engagement de la responsabilité des collectivités publiques s'opère en fonction des données du droit interne, ce qui semble signifier pour lui l'absence d'influence du droit de la Convention sur ce point: *La responsabilité administrative*, préc., p. 27 et s. Seul le Professeur Paillet paraît en fait accepter la possibilité d'une influence conventionnelle, même si celle-ci ne lui semble pouvoir entraîner qu'un renouvellement « potentiel » du droit de la responsabilité : Vers un renouveau des sources de la responsabilité administrative en droit français, préc.

[72] V. notamment J.-F. Flauss, Les incidences du droit européen sur les théories du droit administratif français, *LPA*, 20 novembre 1989, p. 21 ; J.-F. Flauss, Convention européenne des droits de l'homme et réparation des dommages de pollution: Les enseignements de l'arrêt Powell et Rayner, *LPA* 6 juin 1991, p. 17.

dilatation de la responsabilité publique[73], dilatation qui pourrait être accrue du fait de l'immixtion européenne en matière de responsabilité publique.

Toutefois, envisager l'influence du droit européen dans le domaine de la responsabilité publique aurait pu paraître dès les premiers pas de la construction européenne insolite. Avant de s'attacher directement au contenu et aux conséquences de l'intervention du droit européen sur la responsabilité publique, il convient brièvement d'expliquer pourquoi son principe a longtemps été rejeté (I), alors qu'elle est apparue depuis quelques années comme une réalité (II).

I- UNE INFLUENCE DIFFICILEMENT CONCEVABLE

Il est difficile de concevoir une influence du droit européen sur la responsabilité publique en France en raison tant des liens étroits qu'elle a noués avec l'activité publique que du rôle important joué par le droit français dans l'élaboration des droits européens, rôle qui aurait pu le mettre à l'abri, sinon de toute intervention européenne, du moins d'une modification substantielle sous son effet.

1-UN DOMAINE RESSORTISSANT DE LA SEULE COMPETENCE DES AUTORITES NATIONALES

La réglementation des conditions de mise en oeuvre de la responsabilité est nécessairement proche de considérations strictement nationales, et cela à différents niveaux.

Tout d'abord, le droit de la responsabilité et la manière dont il est organisé traduisent une conception spécifique des rapports entre l'Etat et les particuliers. L'examen du droit français conforte indiscutablement ce point de vue[74] puisque le principe de responsabilité a évolué en fonction des nécessités sociales dans le sens d'une garantie, plus ou moins importante selon les domaines, accordée aux particuliers dans le cadre du phénomène d'essor de l'Etat providence et du mouvement de socialisation des risques. L'existence d'un principe de responsabilité et les modalités d'exercice de l'action en réparation dépendent donc de manière immédiate des bases qui constituent l'Etat, des circonstances de temps, de lieux, du « donné » idéologique ou social. Elle est donc intrinsèquement caractéristique dans chaque Etat de la conception des relations sociales, conception qui ne résulte traditionnellement que de facteurs purement internes[75].

---

[73] Ce phénomène paraît généralisé dans l'ensemble des Etats européens, cf. R. Caranta, Governemental Liability after Francovich, *CLJ*, 1993, p. 272.

[74] V. J.-L. Mestre, *Introduction historique au droit administratif*, Paris, P.U.F 1985, n° 161 et s. ; M. Boulet-Sautel, Une responsabilité de l'Etat sous l'Ancien régime ? Dossiers parisiens in La responsabilité à travers les âges, M. Boulet-Sautel, G. Cardascia, J.-P. Levy, J. Turlan, R. Villiers, M. Villey, Paris, Economica 1993, p. 89 et surtout G. Soulier, Réflexions sur l'évolution et l'avenir du droit de la responsabilité de la puissance publique, *RDP* 1969, p. 1039.

[75] Ces développements peuvent être rattachés plus généralement à l'étude du droit administratif comparé qui révèle une autonomie certaine. Cf. N. Herlitz, L'étude du droit administratif comparé, *RISA*, 1952, p. 797.

La responsabilité est ensuite un secteur sensible dans la mesure où elle touche de manière très intime au contrôle de l'Etat. Ainsi le Professeur Delvolvé a-t-il montré comment l'action en responsabilité peut constituer un moyen de contrôler les choix gouvernementaux en matière contractuelle dans le cadre de l'exécution de travaux, mais également en matière extra-contractuelle par la sanction d'ententes ou d'abus de position dominante contraires au droit de la concurrence mais qui peuvent avoir pour motivation la satisfaction de l'intérêt public[76]. Elle peut plus largement constituer la sanction d'importantes options politiques et administratives. Tel est le cas de la responsabilité sans faute du fait des lois, de la responsabilité du fait des conventions internationales et dans une moindre mesure de la responsabilité du fait des actes administratifs légaux[77]. La responsabilité, dans ces hypothèses notamment, constitue la contrepartie de choix gouvernementaux aux incidences fondamentales pour le développement national qui peut difficilement être soumise à une appréciation extérieure et il serait dans l'hypothèse d'un tel regard externe délicat d'expliquer sa légitimité.

La difficulté d'une intervention externe explique l'extrême circonspection avec laquelle la question de la responsabilité des Etats est abordée au niveau international. Elle n'est envisagée que dans le cadre des seuls rapports interétatiques ou entre les Etats et les organisations internationales, c'est à dire des rapports entre sujets du droit international ; ce qui exclut les personnes privées, sujets de droit interne, quand bien même les faits reprochés auraient causé un préjudice dont un particulier demande réparation[78]. Dans cette hypothèse, un dédommagement peut bien évidemment être accordé à la victime, de manière juridictionnelle ou extra-juridictionnelle -à travers des négociations des services diplomatiques[79]-, mais il faut recourir à une fiction juridique qui a pour fondement le droit que l'Etat a de voir respecter le droit international en la personne de ses ressortissants ou de ses agents[80] pour considérer que c'est un sujet du droit international qui est la victime. La responsabilité internationale n'entend en aucune manière régir les rapports pouvant s'établir entre un organisme étatique et un individu à la suite de la survenance d'un dommage. De même, si certains mécanismes institués par des traités d'arbitrage international envisageaient la question d'une responsabilité pécuniaire des autorités nationales, ils en excluaient le particulier en tant que bénéficiaire direct[81] et ne contrôlaient pas l'activité réparatrice des juridictions nationales[82]. Le droit international, même si les cas d'engagement de la responsabilité internationale se multiplient, paraît en conséquence assez loin de consacrer une intervention directe sur les règles nationales de responsabilité.

---

[76] P. Delvolvé, Les juges et les grands choix politiques et administratifs de l'Etat en droit administratif français, *RIDC* 1983, p. 473, sp. p. 491.

[77] *Ibid.*

[78] F.V.Garcia-Amador, *Ann. C.D.I.*, 1961, vol. II, p. 4.

[79] Cf. Par exemple C. Dominicé, La réparation non-contentieuse, in *La responsabilité dans le système international*, Colloque SFDI, Le Mans, Paris, Pédone, 1991, p. 191-223.

[80] CPJI, 30 août 1924, Mavrommatis, série A n° 2, p. 12.

[81] Pour un rapide mais éclairant passage en revue de certains de ces mécanismes : R. Pelloux, Le contentieux de l'indemnité devant la Cour européenne, in *Mélanges Stassinopoulos*, Paris, LGDJ, 1974, p. 397, sp. p. 401.

[82] Voir toutefois en ce qui concerne les tribunaux arbitraux mixtes nés de la première guerre mondiale, H. Rolin, Le contrôle international des juridictions nationales, *RBDI*, 1968, p. 160.

Il devait logiquement en aller de même du droit communautaire qui a été qualifié par la Cour de Justice de nouvel ordre juridique international[83] et du droit conventionnel qui constitue un mécanisme régional, certes original, mais qui se coule naturellement dans le modèle du droit international. Aussi les rapports entre les droits communautaire et conventionnel et les droits nationaux révèlent-ils un important respect de la compétence interne en matière de responsabilité.

Ainsi, si le droit communautaire a institué un contrôle de conformité des activités étatiques qui est opéré par la Cour de Justice à travers le mécanisme du recours en manquement, ce recours est fermé aux particuliers et réservé à la Commission gardienne des traités ou aux Etats membres. Il était à l'origine conçu comme débouchant sur un simple constat de la méconnaissance sans incidence pécuniaire[84], son aspect juridictionnel cédant le pas à sa vocation d'instrument d'une politique de contrainte souple dans la mise en oeuvre du droit communautaire, et procédait d'une logique de conciliation, dans la mesure du possible, de la souveraineté des Etats et du respect du droit communautaire. Aussi ne peut-il être assimilé à une action en responsabilité. De manière plus générale, une non-intervention des organes communautaires en matière de responsabilité trouvait son explication dans le principe dit « *d'autonomie institutionnelle et procédurale* »[85] qui signifie que chaque Etat procède à l'application ou à l'exécution du droit communautaire en utilisant ses propres voies de droit ; cela notamment afin de ménager les susceptibilités de la plupart des ordres nationaux, qui, ayant hérité d'un système juridique fort ancien l'assimilent à une de leurs caractéristiques identitaires. Ce principe d'autonomie institutionnelle et procédurale a pour corollaire logique l'affirmation par la Cour de l'absence d'instauration de nouvelles voies de droit internes sous l'effet du droit communautaire[86] et justifiait une harmonisation communautaire imperceptible voire inexistante.

Le mécanisme conventionnel de contrôle prévoit pour sa part une action en réparation à travers l'octroi d'une satisfaction équitable au cas où le droit interne ne permet qu'imparfaitement d'effacer les conséquences dommageables d'une méconnaissance des dispositions de la Convention, cette satisfaction équitable pouvant être de nature pécuniaire[87]. Mais le principe de l'octroi d'une satisfaction équitable qui bénéficie directement aux individus[88] a, dès les travaux préparatoires, été délicat à

---

[83] CJCE, 5 février 1963, Van Gend en Loos, Aff. 26/62, *Rec.* p. 3.

[84] Sur l'évolution sur ce point du recours en manquement, G. Issac, *Droit communautaire général*, 4ème édition, Paris, Masson, 1994, p. 278 et s.

[85] Pour la distinction entre l'autonomie institutionnelle et l'autonomie procédurale, voir G. Isaac, préc., p. 196 et R. Kovar, *Compétences des Communautés européennes*, JCl Europe, Fasc. 420. V. également, P.-Y. Monjal, Le traité d'Amsterdam et la procédure en constatation politique de manquement aux principes de l'Union, *RMUE* 1998, n° 3, p. 69.

[86] CJCE 7 juill. 1981, Rewe Handelgesellshaft Nord Gmbhl, Aff 158/80, affaire dite des « croisières du beurre » *Rec* p. 1805.

[87] La procédure de satisfaction équitable prévue auparavant par l'article 50 est depuis l'entrée en vigueur du protocole n° 11 affirmée à l'article 41 de la Convention amendée.

[88] CEDH, 10 mars 1972, De Wilde, Ooms et Versyp, série A n° 16.

poser[89]. Aussi révèle-t-il la volonté nationale d'empêcher une immixtion dans le règlement de questions internes de responsabilité.

Quand bien même les autorités européennes souhaiteraient, avec l'aval plus ou moins exprimé des Etats membres, élaborer les règles et les principes applicables en matière de responsabilité publique, le droit français pourrait être supposé, en raison de sa place parmi les droits de la responsabilité en Europe, à l'écart de toute évolution

2- La légitime conviction d'absence d'évolution du droit français sous l'effet du droit européen

Le droit français de la responsabilité, même s'il est d'élaboration récente, a en effet constitué un élément moteur du développement de la responsabilité en Europe en même temps qu'une importante source d'inspiration pour de nombreux Etats européens[90] -ce qui n'est qu'une des facettes du rayonnement du droit français à l'étranger[91]- et cela, principalement dans des systèmes appartenant à la famille romano-germanique. Certains en ont repris jusqu'au dualisme juridictionnel[92], d'autres se sont inspirés du principe d'un droit prétorien exorbitant du droit commun, d'autres enfin ont adopté le

---

[89] Sur les difficultés de l'élaboration de l'article 50, v. les travaux préparatoires de l'article 50 de la Convention européenne des Droits de l'Homme, document d'information préparé par le greffe, doc CDH (70) 17.

[90] Nous ne comptons absolument pas faire de ce travail une étude de droit comparé qui consisterait à analyser de manière exhaustive le contenu et les évolutions des régimes de responsabilité applicables dans l'ensemble des Etats européens, mais le phénomène d'influence du droit français sur les systèmes de responsabilité d'Europe occidentale est reconnu. Tel est bien évidemment le cas en Belgique, même si le droit belge s'en est depuis le premier quart du vingtième siècle en partie démarqué, v. M.-A. Flamme, *Droit administratif*, Bruxelles, Bruylant, collection de la faculté de droit, Université libre de Bruxelles, 1989, t. 2, n° 502 et s., mais aussi du droit espagnol, E. Garcia de Enterria y Tomás-Ramon Fernandez, *Curso de derecho administrativo*, II, 3ème édition, Civitas Madrid, 1991, sp. p. 354 , du droit allemand ainsi que le révèlent les travaux d'Otto Mayer qui a utilisé les théories du droit français dans la conceptualisation du droit allemand, v. not. *Theorie des französischen Verwaltungsrechts*, Strasbourg, K.J. Trübner, 1886, ou pour un aveu plus implicite de l'influence du droit français sur le droit allemand E. Forsthoff, *Traité de droit administratif allemand*, Bruxelles, Bruylant, 1969, p. 457 et s., qui fait d'intéressants renvois à la doctrine française et M. P. Singh, *German administrative law in common law perspective*, Heidelberg, Springer-Verlag Berlin, 1985, sp. p. 139 et s. V. également J. Rivero, Droit administratif français et droits administratifs étrangers, in *Livre du centenaire de la société de législation comparé*, Paris, LGDJ, t. 1, 1969, p. 199 et J. Schwarze, Tendances vers un droit administratif commun en Europe, *RTDE* 1993, p. 234.
Sur le droit comparé de la responsabilité publique en Europe : R. Drago, *La responsabilité administrative en droit comparé*, Cours de la Faculté internationale pour l'enseignement du droit comparé, Strasbourg, Printemps 1966, n° 551-552 ; Max Planck-Institut für ausländisches öffentliches Recht und Völkerrecht, *La Responsabilité de l'Etat pour le comportement illégal de ses organes*, Carl Heymanns Verlag, KG, Köln-Berlin, 1967 ; Conseil de l'Europe, *La responsabilité de l'Etat et des collectivités publiques régionales et locales pour les dommages causés par leurs agents et leurs services administratifs*, Actes du 9ème colloque de droit européen, Editions du Conseil de l'Europe, 1981 ; J. Bell, A.W. Bradley, *Governmental liability : a comparative study*, United Kingdom national commitee of comparative law, vol. 13, London, 1991 ; E. Sayagués Laso, *Traité de droit administratif*, Travaux et recherches de l'Institut de droit comparé, 1964, t. I, p. 593 et s.

[91] Cf. les développements consacrés à ce point par de nombreuses contributions figurant dans le *livre jubilaire du Conseil d'Etat, publié pour commémorer son cent cinquantième anniversaire*, Paris, Sirey, 1952. V. sp. la seconde partie sur le rayonnement du Conseil d'Etat et le droit administratif à l'étranger, p. 480 et s.

[92] Tel est le cas de la Belgique et du Luxembourg.

mécanisme de garantie des particuliers résultant de la notion de faute personnelle rattachable au service[93]. Le droit français de la responsabilité a ainsi exercé une influence prépondérante sur les droits européens, depuis la fin du XIXe siècle et jusqu'au milieu du XXe siècle, et cela même sur des systèmes juridiques, tels que le système allemand, qui lui étaient historiquement antérieurs.

Outre cette influence sur les droits nationaux, le système français de responsabilité a servi de source d'inspiration au niveau régional à travers le mécanisme de responsabilité extra-contractuelle des Communautés[94]. Ce dernier, qui découle de l'article 215 al. 2[95] du traité de Rome, a été présenté comme une « *conquête du droit administratif français* »[96] qui ne ferait que transposer, *mutatis mutandis*, ses solutions. Non pas que cette transposition soit le résultat d'un parti pris délibéré d'imitation, mais seulement du fait que ces solutions se sont montrées particulièrement adéquates aux besoins auxquels elles répondent[97]. Ainsi la Cour de Justice des Communautés européennes a-t-elle repris la formulation classique du Conseil d'Etat français selon laquelle la responsabilité est engagée du fait d'une faute de service[98] et les traités CEEA et CEE ont-ils mis en exergue la possibilité d'une faute personnelle de l'agent[99], conformément à une doctrine bien établie en droit français[100]. Plus largement, le droit européen a été présenté comme le résultat du mélange des différents droits nationaux afin de constituer un droit commun en raison de son inspiration et de la présence d'agents des Etats membres au sein des organes exécutifs, législatifs et juridictionnels des Communautés et du Conseil de l'Europe[101]. Or, en tant que compilation de mécanismes nationaux, il ne pouvait logiquement remettre en cause le droit français, à moins de renier l'idée même de droit commun dont il procède et qui le légitime en partie.

Outre le fait d'avoir été un important élément d'inspiration au niveau européen, le droit français se démarque par son avancée en termes de protection des particuliers. En effet il a été le premier, parmi les droits européens, à admettre la possible responsabilité du fait des actes juridictionnels. De plus, les conditions d'engagement de la

---

[93] Ainsi le droit allemand.

[94] V. P. Reuter, Quelques aspects institutionnels du plan Schuman, *RDP* 1951, p. 105 ; R.-M. Chevallier, Le contentieux des Communautés et le droit administratif français, *La France et les Communautés européennes*, 1975, p. 459. Cf. également L. Funck-Brentano, Bericht des Conseil d'Etat zur Bedeutung des EG-Rechts, *Europaïsche Zeitschrift für Wirtschaftsrecht (EuZW)* 1993, p. 734 et s. mentionné par J. Schwarze, *Le droit administratif national sous l'influence de l'Europe Une étude sur la convergence des ordres juridiques administratifs nationaux dans l'Union européenne*, Baden-Baden Nomos Verlagsgesellscheft - Bruylant, 1996, Introduction p. 16.

[95] Nouvel article 288 T. CE.

[96] Selon l'expression de J. L'Huillier, Une conquête du droit administratif français: Le contentieux de la Communauté européenne du charbon et de l'acier, *D.* 1953, Chro. p. 63.

[97] *Ibid.*

[98] CJCE, 14 juillet 1967, Kampffmeyer et autres, Aff. 5, 7 et 13 à 24/66, *Rec.* 1967, p. 317.

[99] Article 188 du traité CEEA et article 215 al. 2 du traité CEE.

[100] Même si il a été démontré que, dans ce domaine, la jurisprudence de la Cour de justice a rompu avec le droit français. Cf. notamment F. Fines, *Etude de la responsabilité extracontractuelle de la communauté économique européenne*, préc. ; J. Boulouis, La France et la Cour de Justice des Communautés européennes, in *L'internationalisation dans les institutions et le droit, Convergences et défis, Etudes offertes à A. Plantey*, Paris, Pédone, 1995, p. 127.

[101] Ainsi en ce qui concerne le droit communautaire : J. Rivero, Le problème de l'influence des droits internes sur la Cour de Justice de la CECA, *AFDI* 1958, p. 295.

responsabilité publique en droit français sont, de manière générale, plus souples que celles en vigueur dans d'autres Etats d'Europe occidentale. Ainsi, par son origine prétorienne, le droit français admet-il plus fréquemment la mise en oeuvre de la responsabilité publique que son homologue anglais en raison de l'exigence d'un dommage devant rentrer dans une catégorie de responsabilité qui, à défaut, fait obstacle à l'octroi d'une réparation[102]. En ce qui concerne la responsabilité pour illégalité, il accorde une réparation dans des conditions plus favorables que le droit allemand qui exige la violation d'une règle supérieure de droit. Le droit français a de même admis la réparation du dommage moral avant les autres Etats européens et il indemnise la perte d'une chance alors qu'il n'en va pas partout aujourd'hui ainsi. Ces quelques exemples attestent que le droit français de la responsabilité publique, s'il ne saurait bien évidemment être considéré comme un exemple à suivre absolument est, sur de nombreux points, en avance par rapport aux autres droits européens. Or ce rôle de « leader » dans la protection des particuliers pouvait être considéré comme le mettant à l'abri d'évolutions induites par le droit européen.

Pourtant, le droit communautaire comme le droit conventionnel ont été amenés à se démarquer fortement des droits nationaux et à les faire évoluer au regard de critères fixés au niveau européen, l'influence sur le droit de la responsabilité s'imposant aux observateurs depuis un peu moins d'une dizaine d'années.

II- UNE INFLUENCE CERTAINE

Depuis le début des années quatre-vingt dix, les droits communautaire et conventionnel ont opéré un encadrement de l'action en responsabilité en vue de satisfaire leurs objectifs propres et donc en se détachant de la volonté des Etats ; encadrement qui répond aux nécessités de la construction européenne. Son champ est aujourd'hui très étendu. Mais ses modalités sont souples puisqu'il procède d'une harmonisation des droits nationaux.

1-UNE INTERVENTION NECESSAIRE

L'intervention européenne en matière de responsabilité publique répond à deux objectifs qui résultent de la nécessité de donner aux particuliers un rôle d'acteur dans les relations qui s'établissent entre les Etats et les systèmes européens et de garantir leurs droits face aux atteintes dont les autorités nationales pourraient être l'auteur. Elle correspond à la volonté d'assurer le respect du droit européen et de mettre en commun les conditions de l'action en responsabilité.

Les ordres juridiques communautaire et conventionnel ne constituent pas seulement des systèmes régionaux qui se seraient assignés des objectifs propres : la réalisation d'une communauté d'échange pour le premier et celle d'un mécanisme de protection des droits de l'Homme pour le second. Il ont en effet pour conséquence de créer des

[102] P. Cane , *An introduction to Administrative law*, Oxford, Clarendon Law series, 1986, sp. chap. 15, liability in torts.

droits dans le patrimoine juridique des particuliers.Ainsi, le droit communautaire se distingue notamment du droit international classique par le fait qu'il crée directement des droits au bénéfice des individus[103], droits qui sont majoritairement à caractère économique mais peuvent également revêtir un aspect civil ou social. Tel est le cas en matière d'interdiction des discriminations fondées sur le sexe ou d'encadrement de l'utilisation des fichiers informatisés. Le droit conventionnel, principalement à travers la Convention européenne des droits de l'Homme, tend de même à reconnaître aux particuliers des droits, droit à la sûreté, à la liberté d'expression ou à la protection des biens. Ces droits entrent dès leur création directement dans le patrimoine juridique des particuliers qui en bénéficient en tant qu'entités juridiques distinctes, conformément au principe dit d'« effet direct » affirmé en droit communautaire[104] et en droit conventionnel[105].

Toutefois, le seul principe d'effet direct n'empêche pas que les droits affirmés au niveau européen sont susceptibles de faire l'objet de résistances internes, faute d'acceptation de leur légitimité, ces résistances pouvant avoir pour conséquence la négation des droits accordés aux particuliers. De plus, le droit communautaire comme le droit conventionnel étant en premier lieu mis en oeuvre par les autorités nationales, la protection des droits des particuliers est nécessairement « à géométrie variable » et ne permet qu'une garantie à l'effectivité limitée. Dans ce schéma des relations des autorités nationales, des organes européens et des particuliers, la médiatisation de l'Etat, plutôt que d'être une nécessité technique, peut se transformer en barrière[106]. La création de droits au profit des particuliers qu'opère le droit européen, pour être effective, doit donc nécessairement s'accompagner d'un mécanisme de protection doté d'une réelle efficacité. Or les seuls dispositifs européens de contrôle, qui sont, à l'exception des hypothèses dans lesquelles une satisfaction équitable est demandée devant les organes de la Convention, des mécanismes de contrôle de la conformité des activités nationales et reposent sur le seul constat de la méconnaissance du droit européen sans que des conséquences pécuniaires en soient directement tirées, n'assurent pas, faute de sanction effective, une telle efficacité. Les ordres juridiques européens ont en conséquence accompagné cette affirmation de droits d'un certain nombre de principes destinés à garantir une mise en oeuvre effective, conformément à l'idée selon laquelle la protection des droits des particuliers est un indice de maturité des systèmes juridiques, ce qui entraîne nécessairement une remise en cause des droits nationaux.

---

[103] Cf. not. C. Mégret, Les droits propres des personnes en droit communautaire et leur protection par les juridictions des Etats membres, *JDI* 1976, p. 367 ; M. Waelbroeck, Effets internes des obligations imposées à l'Etat, in *Miscellanea W.J. Ganshoff van der Meersch : studia ab discipulis amicisque in honorem egregii professoris edita*, Bruxelles, Bruylant, 1972, t 2, p. 573.

[104] CJCE, 5 février 1963, Van Gend en Loos, Aff. 26/62, *Rec.* p. 1.

[105] H. Golsong, L'effet direct, ainsi que le rang en droit interne des normes de la Convention européenne des droits de l'Homme et des décisions prises par les organes institués par celle-ci, in *Les recours des individus devant les instances nationales en cas de violation du droit européen, Communautés européennes - Convention européenne des droits de l'Homme*, sld. De A. Bleckmann, P. Delannay, H. Golsong, R. Kovar, P. Mertens, J.V. Louis, J. Velu Maison F. Larcier S.A., 1978, p. 59.

[106] Selon l'expression d'Henri Labayle, L'effectivité de la protection juridictionnelle des particuliers, *RFDA* 1992 p. 634.

C'est ainsi que la Cour de Justice a affirmé une possibilité de réparation en cas de méconnaissance du droit communautaire[107] dont la mise en œuvre dépendait des ordres nationaux[108] puis a aménagé les voies de droit internes pour révéler l'existence d'un droit à réparation directement issu de l'ordre juridique communautaire. Le même objectif a justifié le développement de l'immixtion de la Convention européenne des droits de l'Homme en matière de responsabilité.

L'intervention en matière de responsabilité est également justifiée par la volonté de protéger les particuliers par la fixation au niveau européen d'un niveau minimum de garanties et donc par une communautarisation, au sens de mise en commun, des conditions de l'action en responsabilité.

Ainsi, dès la fin des années soixante-dix, s'est révélée à travers les activités du Conseil de l'Europe la volonté de mettre en place une communauté de droit dans le domaine du droit administratif[109] afin de répondre à deux finalités. D'une part, la réalisation d'une union sans cesse plus étroite entre ses membres à travers la confirmation de l'accord des Etats européens sur la nécessité de garantir le respect de l'équité dans les rapports entre l'individu et l'administration ; et cela d'autant plus que plusieurs des questions opposant les administrés à l'administration se sont posées dans des termes analogues dans les Etats membres et ont justifié une réflexion dans les milieux juridiques et comparatistes sur la nécessité d'un renouvellement de la protection de l'administré face à l'administration en Europe[110]. La mise en place d'une communauté de droit en matière administrative permettait d'autre part, en instaurant un traitement uniforme des ressortissants européens, de tenir compte du développement de la coopération et de l'entraide administrative entre les Etats et de l'ampleur croissante des mouvements internationaux de personnes. C'est donc à la fois afin de confirmer la communauté d'inspiration des Etats européens et de tirer les conséquences de l'ouverture des frontières et de l'externalisation des rapports entre les administrations nationales et les individus que le droit administratif européen, et notamment le droit européen de la responsabilité publique[111], s'est développé.

La mise en commun du droit de la responsabilité peut également de manière plus pragmatique être le résultat d'une orientation européenne correspondant à la réalisation d'objectifs propres, sans rapport direct et étroit avec l'évolution des droits dans les Etats européens. Ainsi les Communautés européennes ont-elles souhaité affirmer l'existence de principes ou de régimes communs de responsabilité afin de satisfaire les objectifs

---

[107] CJCE, 16 décembre 1960, Humblet, Aff 6/60, *Rec.* p. 1125 ; CJCE, 7 février 1973, Commission c/ République italienne, Aff. 39/72, *Rec* p. 101 ; CJCE, 20 février 1986, Commission c/ République italienne, Aff. 309/84, *Rec.* p. 599, sp. p.609.

[108] CJCE, 22 janvier 1976, Carmine Russo c/ Azienda di stato per gli interventi sul mercanto agricolo, Aff. 60/75, *Rec.* p. 45. Il en allait toutefois différemment en matière de répétition de l'indu, v. CJCE, 27 février 1980, Hans Just, Aff. 68/79, *Rec* p. 501 ; CJCE, 9 novembre 1983, Administration des finances de l'Etat italien c/SpA San Giorgio, Aff. 199/82, *Rec* p. 3595, sp. p. 3612 ; CJCE, 25 février 1988, Les fils de Jules Bianco SA c/ directeur général des douanes et droits indirects Aff. jointes 331, 376 et 378 /85, *Rec* p.1099.

[109] Cf. par exemple la résolution (77) 31 du 28 septembre 1977 sur la protection de l'individu au regard des actes de l'administration.

[110] V. notamment le colloque d'Aix sur les nouveaux modes de protection en Europe *Administration et administrés en Europe*, sld. C. Debbasch, Paris, Editions du CNRS, 1984.

[111] Ainsi la recommandation R (84) 15 relative à la responsabilité publique adoptée par le Comité des Ministres du Conseil de l'Europe le 18 septembre 1984 s'inspire-t-elle des principes de la résolution (77) 31.

communautaires et d'éviter que les modalités nationales d'encadrement des conditions de l'action en responsabilité constituent un frein à la libéralisation des échanges. De même la Convention européenne des droits de l'Homme assortit-elle l'affirmation de certains droits d'une garantie sous forme d'une obligation de réparation ; cela afin, dans des domaines spécifiques, de permettre la réalisation d'une communauté juridique et d'assurer aux individus une protection analogue sur le terrain de la responsabilité - protection analogue qui est dans la droite lignée de la réalisation d'une Europe des droits de l'Homme-. Ce faisant la Convention crée des règles applicables à l'ensemble des Etats européens. Ce droit européen de la responsabilité se développe à une très grande vitesse, à l'initiative des organes communautaires ou de ceux du Conseil de l'Europe, dans des domaines divers. Bien évidemment on ne saurait y voir un retour du *ius commune europeum* qui a constitué, certes dans une mesure variable, la tradition juridique commune à l'ensemble des systèmes des pays d'Europe occidentale, qu'ils soient romano-germaniques ou de *Common Law*[112], et qui en tout état de cause ne concernait que les rapports entre personnes privées[113].

Cette communauté de droit en matière de responsabilité est donc induite par les organes des Communautés et du Conseil de l'Europe. Reste à déterminer les modalités de l'intervention européenne dans le domaine de la responsabilité publique.

2- LES MODALITES DE L'INTERVENTION EUROPEENNE DANS LE DOMAINE DE LA RESPONSABILITE : L'ENCADREMENT PAR L'HARMONISATION

Afin d'affirmer le droit commun européen de la responsabilité, les organes communautaires pouvaient utiliser deux procédés : celui rigide de l'unification qui utilise les convergences qui peuvent être constatées dans les systèmes juridiques nationaux tout en les enserrant dans un cadre juridique strict et identique et celui plus souple de l'harmonisation, c'est à dire du rapprochement des législations nationales[114].

L'unification est un mode d'intervention classique qui a servi de support à de nombreuses dispositions de droit du commerce international visant à faciliter les

---

[112] Sur la notion de *ius commune europeum*, cf. H. Coing, European Common Law : historical foundations, in *Nouvelles perpectives d'un droit commun de l'Europe*, sld. de M. Cappelletti, Leyden, Sitjhoff-Bruylant, 1978, p. 31 ; J. Gilissen, *Introduction historique au droit, Esquisse d'une histoire universelle du droit*, Bruxelles, Bruylant, 1979, p. 177 et s ; O.F. Robinson, T.D. Fergus, W.M. Gordon, *An introduction to European legal history*, Londres, Professional Books limited, 1985, sp. p. 179 et s. ; M.-F. Renoux-Zagamé, Le droit commun européen, entre histoire et raison, *Droits*, 1991, p. 27 ; G. C.J.J. van Der Bergh, Ius commune, a history with a future, in *Le droit commun de l'Europe et l'avenir de l'enseignement juridique*, Deventer, Kluwer, 1992, p. 593 et s. ; A.J. Arnaud, *Entre modernité et mondialisation, Cinq leçons d'histoire de la philosophie du droit et de l'Etat*, Leçon n° 2, Le droit, de l'universalisme à la globalisation dans l'histoire de la pensée juridique occidentale, Paris, LGDJ, Coll. droit et société, 1998, p. 47 et s., sp. p. 64 et s.

[113] B. Oppetit a montré à quel point le *ius commune europeum* se différencie du droit communautaire et à tout le moins de celui applicable dans les relations entre personnes privées, v. Droit commun et droit européen, in *L'internationalisation du droit, Mélanges en l'honneur de Y. Loussouarn*, Paris, Dalloz, 1994, p. 311.

[114] Sur ces notions, cf.; M. Delmas-Marty, *Trois défis pour un droit mondial*, Paris, Seuil-essais, 1998, p. 107-132 ; cf. également A. Jeammaud, Unification, uniformisation, harmonisation, de quoi s'agit-il ?, in *Vers un code européen de la consommation*, Bruxelles, Bruylant, 1998, p. 35.

échanges et à uniformiser le traitement de certains litiges[115]. Cependant l'unification, c'est à dire la réduction à l'unique et donc la mise en place d'un régime intangible et rigide quel que soit l'Etat auquel il s'applique, qui postule l'accord sur un texte unique dont doivent être tirées des applications au niveau interne, a montré ses limites puisqu'elle n'a pu aboutir dans la plupart des situations qu'à des accords partiels ou inapplicables qui justifiaient d'importantes réserves[116]. Une telle unification du droit de la responsabilité en Europe n'était en outre pas possible en ce qui concerne le droit de la responsabilité publique. Elle posait en effet la question de savoir comment, compte tenu de la diversité des systèmes juridiques nationaux, élaborer des règles uniques et aurait difficilement manqué de consacrer l'hégémonie d'un système juridique. Elle ne correspondait en outre pas au schéma de l'intervention européenne qui se caractérise par l'absence de volonté de substitution aux autorités nationales pour l'ensemble du droit de la responsabilité et par une immixtion justifiée par des objectifs propres de mise en oeuvre du droit européen et de protection des particuliers par la consécration ou la mise en place d'une communauté de droit. Aussi un mécanisme d'harmonisation était-il préférable à une unification du droit de la responsabilité.

L'harmonisation est fondée sur la mise en compatibilité des différents législations nationales afin de trouver une solution commune à un problème déterminé. Il s'agit donc à partir d'une difficulté concrète de rechercher des éléments de solution au regard des droits internes et de mettre en place des standards ou des principes communs *a minima* qui assurent une uniformisation du droit et donc l'instauration pour les particuliers de garanties communes au niveau européen. L'harmonisation repose en conséquence sur l'état des droits des Etats européens puisqu'elle vise la mise en oeuvre de principes partagés ou pouvant être partagés par tous, en même temps qu'elle renvoie sur de nombreux points à ces mêmes droits nationaux. De ce fait, les relations entre le droit européen et les droits internes en matière de responsabilité ne peuvent pas être qualifiées de relations de subsidiarité mais de complémentarité puisqu'elles nécessitent une coordination des interventions européennes et du droit national ; et les autorités nationales disposent d'une certaine marge de manoeuvre dans son application puisqu'elles sont libres soit d'aller plus loin dans l'assouplissement des droits de la responsabilité soit au contraire de se limiter à la stricte mise en pratique des principes énoncés au plan européen, et cela quand bien même l'intervention en cause serait assez précise ou revêtirait des aspects très techniques[117].

Pourtant cette intervention harmonisatrice qui sous-tend l'ensemble des interventions européennes en matière de responsabilité publique et la définition d'un critérium d'harmonisation sont rendues difficiles par l'hétérogénéité des droits nationaux et l'on peut se demander si aujourd'hui le droit européen, sous couvert

---

[115] Tel a été le cas dans le secteur du transport aérien : cf. La convention de Varsovie de 1929 sur le transport aérien des personnes.

[116] Cf. M. Ancel, Les nouveaux aspects de l'unification des droits, in *Miscellanea W. J. Ganshof van der Meersch, Studia ab discipulis que honorem egregii professoris edita*, vol. II, Bruxelles, Bruylant, 1972, p. 695 ; M. Ancel, Rapprochement, unification ou harmonisation des droits ?, in *Mélanges dédiés à Gabriel Marty*, Université des sciences sociales de Toulouse, 1978, p. 1.

[117] Tel est le cas en matière de responsabilité du fait des produits défectueux puisque la directive communautaire qui a récemment été transposée en droit français définit les conditions de mise en oeuvre de la responsabilité et encadre les délais de recours.

d'harmonisation, ne tend pas à l'évolution des droits nationaux dans une direction différente de celle qui était à l'origine la leur.

*

* *

L'intervention des organes communautaires et du Conseil de l'Europe induit des difficultés de compatibilité et de cohérence entre l'harmonisation européenne et l'état du droit interne aussi faut-il se demander quelle est sa nature et quels sont ses effets, tant sur l'évolution du rôle du juge administratif, qui est amené depuis toujours à élaborer le droit de la responsabilité publique, qu'au regard de la possible émergence d'un nouveau droit commun européen en matière de responsabilité publique ? Répondre à ces questions impose de jauger à la fois le phénomène d'emprise du droit européen sur la responsabilité publique, et d'étudier les mécanismes d'articulation de celui-ci avec le droit interne ; mais aussi de rechercher, de manière plus conceptuelle, dans quelle mesure le droit français peut être amené à évoluer sous l'effet du droit européen, ce qui conduit à la fois à vérifier sa compatibilité avec les exigences des Communautés européennes et du Conseil de l'Europe et à s'interroger sur les éventuelles conséquences du droit européen sur l'ensemble de la responsabilité publique.

La méthode employée dans les développements qui suivront repose sur la confrontation du droit européen et du droit français, ce qui n'implique pas la seule recherche des contradictions, somme toutes limitées, entre les deux ordres, mais plus largement la mise en parallèle des positions développées aux niveaux européens et français en matière de responsabilité ; la confortation des tendances internes par le droit européen pouvant aboutir à donner une nouvelle impulsion aux évolutions que connaît le droit français de la responsabilité publique. L'analyse est donc une analyse systémique qui repose sur des phénomènes d'action et d'interaction entre ces deux niveaux de création du droit de la responsabilité ; cela afin de mesurer les évolutions que le droit français est amené à connaître sous l'effet du droit européen et d'en déterminer les types. Cette démarche vise à dépasser la seule approche positiviste, même si la recherche repose avant tout sur l'étude du droit positif, pour analyser les conséquences de l'intervention européenne tant sur les modes de création du droit de la responsabilité, que sur le coeur même de la relation de responsabilité lorsqu'elle est publique : le lien entre l'Etat et l'individu, ce qui revient à observer les conséquences de l'intervention européenne sur le lien social.

Le droit européen exerce des effets directs, immédiats, sur le droit français, qui atteignent pour l'essentiel les sources du droit de la responsabilité. Ils traduisent l'assujettissement, c'est à dire la mainmise du droit européen sur le droit français (Partie I). Mais, à plus long terme, le droit européen intervient sur le droit interne d'une seconde manière, plus indirecte, en induisant des évolutions du sens et de la portée du droit français de la responsabilité publique. Ces évolutions révèlent pour leur part l'influence du droit européen sur le droit de la responsabilité en France (Partie II).

PARTIE I

L'ASSUJETTISSEMENT DU DROIT FRANÇAIS DE LA RESPONSABILITE PUBLIQUE AU DROIT EUROPEEN

Avant d'aller plus avant, il faut ici préciser notre propos. L'objet d'une étude de l'assujettissement du droit français au droit européen de la responsabilité publique n'est en aucun cas l'affirmation de la prévalence du droit européen sur le droit français. Cette question concerne le problème plus général de la hiérarchie des normes et l'aborder de manière frontale serait sans grand intérêt dans l'étude des rapports du droit européen et du droit français. Sous ce seul angle, il est bien évident que le droit européen s'impose en tant une norme supérieure aux organes chargés d'élaborer en France le droit de la responsabilité publique ; mais ce n'est pas pour autant qu'il entraîne des transformations de l'ordre interne.

L'étude de l'assujettissement du droit français de la responsabilité publique est celle des effets immédiats, directs, du droit européen sur le droit français. Le droit européen de la responsabilité implique nécessairement des obligations à la charge des autorités nationales. Mais le terme d'assujettissement doit être précisé. Celui-ci ne peut être, dans notre recherche, entendu dans le sens d'un asservissement du droit français par le droit européen. En effet, le droit européen procède d'une logique d'harmonisation et partant laisse une certaine marge de manoeuvre aux organes chargés, au niveau interne, de l'élaboration du droit de la responsabilité publique. De plus, l'intervention européenne en matière de responsabilité publique ne repose pas sur un principe général semblable à celui affirmé, en droit privé, par l'article 1382 du Code civil. Bien au contraire, le droit européen n'intervient dans le domaine de la responsabilité que de manière ponctuelle et non générale, ce qui balaye l'idée d'une mise sous tutelle européenne de la responsabilité publique dans son ensemble. Il n'y en a pas moins emprise du droit européen. Mais des évolutions du droit français peuvent-elles en découler ? L'on pourrait en douter. En effet, l'activité du juge administratif, principal « auteur » du droit administratif, s'est longtemps caractérisée par une forte herméticité aux influences étrangères, notamment dans le domaine de la responsabilité. Le Conseil d'Etat qui affirme pleinement son rayonnement à l'étranger[1] est peu enclin à s'ouvrir aux influences externes, qu'il s'agisse de principes issus d'Etats frontaliers[2] ou de l'ordre international[3]. Aussi pourrait-il faire barrage aux principes harmonisateurs affirmés au niveau européen. Un tel raisonnement ne tient toutefois pas compte de deux importants paramètres : en premier lieu la volonté des instances européennes d'accroître leur intervention en faisant le cas échéant montre d'un certain activisme dans la subordination des voies de droit nationales au droit européen[4], ou en ayant recours à des concepts-clés tel que celui d'ordre public européen ; en second lieu, l'ouverture de la juridiction administrative au droit européen puisque le Conseil d'Etat intègre la dimension européenne dans son raisonnement[5]. Il n'y a donc pas d'obstacle de principe à des incidences, voire à des transformations du droit français. Bien entendu, les

---

[1] On en prendra pour preuve le fait que ce sujet constitue une partie entière du livre jubilaire du Conseil d'Etat pour son 150ème anniversaire, Paris, Sirey, 1952, p. 480 et s.

[2] M. Letourneur, L'influence du droit comparé sur la jurisprudence du Conseil d'Etat français, in *Livre du centenaire de la société de législation comparée - Un siècle de droit comparé en France*, Paris, LGDJ, 1969, p. 211.

[3] Les principes coutumiers tirés de l'ordre international ont ainsi une valeur inférieure à celle de la loi : CE, Ass. 6 juin 1997, Aquarone, *Lebon* p. 206.

[4] CJCE, 9 mars 1978, Simmenthal, Aff. 106/77, *Rec.* p. 609.

[5] V. not., L. Sermet, *Convention européenne des droits de l'Homme et contentieux administratif français*, Paris, Economica, 1996 ; S. Braconnier, *Jurisprudence de la Cour européenne des droits de l'Homme et droit administratif français*, Bruxelles, Bruylant, 1997.

juridictions françaises ne se lient pas à l'intégralité des positions européennes, mais l'analyse de leurs décisions révèle un impact certain du contexte européen dans le règlement des affaires de responsabilité.

Au final, par l'absence d'asservissement du droit européen et par la marge de manoeuvre laissée aux autorités nationales, l'assujettissement du droit français au droit européen n'aboutit pas à un bouleversement des modes de « création » du droit qui relèvent toujours au premier chef des instances nationales. Mais par le développement de la dynamique classique du dialogue entre les niveaux européen et interne, l'on assiste à une transformation du processus d'élaboration et de mise en oeuvre du droit à travers l'immixtion d'instances extérieures au cadre national. Les organes du Conseil de l'Europe comme des Communautés européennes multiplient leurs interventions de manière telle que le droit européen s'affirme progressivement comme un facteur d'enrichissement (Titre I) mais aussi comme un facteur d'évolution du droit français de la responsabilité publique (Titre II).

TITRE I- L'AFFIRMATION DU DROIT EUROPEEN COMME FACTEUR D'ENRICHISSEMENT DU DROIT DE LA RESPONSABILITE PUBLIQUE

Sous l'effet du droit européen, le droit de la responsabilité s'enrichit quantitativement. Il y a adjonction d'un droit européen, doté de ses propres règles, au droit français de la responsabilité. Notre démarche ne se limite pas à dresser un tableau de l'intégralité des interventions européennes en matière de responsabilité publique. Non pas que celles-ci soient trop nombreuses pour qu'une telle approche ne puisse être entreprise, mais parce que cette dernière serait trop descriptive pour ne pas lasser le lecteur et pour permettre la conceptualisation intrinsèque à toute activité de recherche. Notre but est de révéler comment le droit européen s'impose au droit français. Pour ce faire, il est nécessaire d'analyser les différentes facettes de son intervention afin d'en démonter le processus et partant de caractériser son emprise sur le droit français. Telle sera l'option prise.

Fournir une vue d'ensemble de l'intervention européenne est nécessaire à plusieurs titres. En premier lieu, cette démarche renseigne sur la permanence du degré d'intervention européenne selon les mécanismes et les régimes de responsabilité puisque l'intervention européenne est constituée par la superposition d'actions ponctuelles et donc est fonction de chaque secteur particulier du droit de la responsabilité publique. En second lieu, compte tenu de la dualité d'intervention du Conseil de l'Europe et des Communautés européennes et au regard des différences dans leurs modalités de contrôle et d'encadrement des droits nationaux -le droit conventionnel étant de manière générale, même si cette différence tend à s'atténuer, beaucoup moins contraignant que le droit communautaire-, l'on pourrait être tenté de hiérarchiser les deux sources du droit européen en partant du principe que l'une revêt davantage d'importance pratique que l'autre. La confrontation de la manière dont ils s'emparent du droit de la responsabilité publique permet d'apprécier une subsidiarité ou une supériorité de l'une par rapport à l'autre ou bien si elles agissent de manière complémentaire.

Le droit européen enrichit le droit de la responsabilité publique en ouvrant de nouveaux recours, à un niveau supranational et donc en harmonisant la prise en charge de certains contentieux nationaux de la responsabilité (Chapitre I), mais également en proposant ses propres règles et principes juridiques applicables en matière de responsabilité (Chapitre II).

CHAPITRE I- L'HARMONISATION PAR PRISE EN CHARGE PAR LES INSTANCES EUROPEENNES DES CONTENTIEUX NATIONAUX

La délégation des contentieux nationaux à des instances européennes indépendantes des Etats membres et de leur conception de la gestion des contentieux internes se situe dans la logique de la réalisation des objectifs européens puisqu'elle permet de confier à une instance européenne la régulation d'un secteur et ainsi assure un traitement commun aux contentieux pouvant y survenir. Elle paraît pourtant difficilement réalisable. Cela relève de l'évidence : les gouvernements nationaux apprécient d'avoir un droit de regard sur la gestion de leurs affaires et les juges internes aiment à se prévaloir d'une autonomie de vue par rapport aux autres organes de la structure étatique comme au système international. Une telle délégation n'en existe pas moins et constitue une véritable révolution dans l'organisation des rapports de l'Etat et des personnes privées qui jusque là semblait « naturellement » devoir relever des seuls ordres internes.

Bien évidemment, la substitution d'une instance européenne aux organes nationaux pour se prononcer sur l'octroi d'une réparation, dans la mesure où elle emporte une importante atteinte à la souveraineté des Etats, est très circonscrite et limitée par le principe de subsidiarité. L'octroi d'une telle réparation doit donc être exceptionnel et justifié par l'impossibilité de l'obtenir devant les juridictions nationales (Section 1). Mais cette subsidiarité est depuis quelque temps remise en cause (Section 2), à un point tel que l'on peut se demander si les hypothèses de transfert du contentieux de la responsabilité aux instances européennes ne pourraient pas se généraliser.

SECTION 1 - UNE CONSECRATION DU PRINCIPE DE SUBSIDIARITE

Assujettir l'intervention d'instances européennes à une condition de subsidiarité est indispensable au respect de l'autonomie nationale. En effet, les règles de compétence en matière de responsabilité traduisent au plus haut point la souveraineté des Etats membres. Ceux-ci, en organisant les voies de droit et en déterminant les juges compétents, ne font que permettre, dans l'intérêt d'une bonne administration de la justice, l'articulation interne du contentieux. Laisser les organes européens intervenir pour fixer le montant dû aux particuliers en cas de méconnaissance d'un de leurs droits par un Etat membre revient à autoriser un tiers à s'immiscer dans la gestion des affaires intérieures et en tirer des conséquences pécuniaires qui non seulement peuvent être importantes pour les finances publiques mais en outre constituent des sanctions indirectes des politiques internes[6].

---

[6] Tel peut être le cas de projets d'expropriations correspondant à la réalisation de grands travaux.

Pour ces raisons, le droit communautaire (§1), comme le droit conventionnel (§2), ont affirmé le caractère subsidiaire de leur intervention dans le règlement des contentieux nationaux en matière de responsabilité.

§1 - Le principe de non-intervention de la Cour de Justice dans le reglement des contentieux nationaux en matiere de responsabilite

Une intervention de la Cour de justice en matière de responsabilité pour violation du droit communautaire permettrait certainement d'assurer un traitement harmonieux des contentieux et partant une protection uniforme sur l'ensemble de l'espace européen. Mais, à ce jour, la Cour du Kirchberg, bien qu'elle soit compétente pour statuer sur de nombreux litiges, par le biais d'actions en annulation comme d'actions en responsabilité, ne l'est qu'à l'égard d'actes et d'organes communautaires et non des contentieux nationaux.

En outre, à la différence de ce qui se passe en matière de responsabilité devant des juridictions internationales proprement dites telles que la Cour de Justice internationale de La Haye, elle ne peut condamner directement à une réparation les autorités internes à l'initiative d'un particulier[7]. Il n'est donc pas possible pour une personne privée de la saisir directement afin d'obtenir la condamnation pécuniaire d'une autorité nationale. En cas de méconnaissance par les Etats de leurs obligations communautaires, la Cour peut certes constater l'existence d'un manquement, sur le fondement de l'article 171 du traité CE[8]. Mais cette procédure ne peut être déclenchée que par la Commission[9] ou par un Etat membre et, en tout état de cause, elle ne débouche pas sur une condamnation pécuniaire[10]. En fait, l'unique situation dans laquelle elle est amenée à se prononcer sur les relations des autorités nationales et des particuliers est celle d'un recours préjudiciel à l'initiative des juridictions internes. Elle pourra alors donner des éclaircissements quant aux moyens d'assurer le respect du droit communautaire dans le cadre d'un contentieux de la réparation. Mais, si ses positions s'imposent aux juridictions internes, ce procédé n'équivaut nullement à l'exercice d'une compétence pour régler les contentieux nationaux en matière de responsabilité. On le voit, la Cour de Justice n'a pas de vocation spécifique à se voir reconnaître le pouvoir de fixer une indemnisation à la charge de l'Etat en cas d'atteinte aux droits de ses propres ressortissants. Une telle compétence ne semble d'ailleurs pas souhaitable en raison de la masse de contentieux qui peut être soulevée devant les juridictions nationales du fait des méconnaissances du droit communautaire. Elle entraînerait inévitablement un engorgement de la juridiction du Kirchberg dans un espace communautaire voué à s'élargir.

La compétence des seules juridictions nationales présente d'ailleurs de nombreux avantages tant pour les particuliers à qui elle procure une plus grande proximité que

---

[7] Sur le contrôle des juridictions internationales, H. Rolin, Le contrôle international des juridictions nationales, *RBDI*, 1968, p. 160.

[8] qui depuis l'entrée en vigueur du traité d'Amsterdam est devenu l'article 228 T. CE.

[9] Même si les particuliers peuvent bien évidemment attirer son attention sur un comportement étatique déterminé.

[10] Hormis l'astreinte éventuellement prononcée par la Cour mais qui ne constitue pas un mode de réparation du préjudice subi par un particulier.

pour la construction européenne car elle permet de réaliser une véritable intégration du droit communautaire au niveau interne, l'harmonisation étant garantie par la procédure de renvoi préjudiciel. Aussi ne nous semble-t-elle pas devoir être remise en cause tant qu'elle permet la protection effective des droits communautaires des particuliers.

Le même objectif de subsidiarité sous-tend l'action des organes de la Convention européenne des droits de l'Homme lorsqu'ils se prononcent sur l'octroi d'une satisfaction équitable.

§2- La subsidiarite de l'intervention conventionnelle dans l'octroi d'une satisfaction equitable

En effet, le dispositif de contrôle de la conformité de l'action des Etats contractants aux exigences de la Convention relève au premier chef des tribunaux nationaux qui, le cas échéant, accordent des dommages-intérêts en application du droit national. Il en résulte que la Cour européenne des droits de l'Homme ne peut en aucune manière imposer aux juridictions nationales d'accorder une réparation pécuniaire dans le cadre d'une action strictement interne. De même, au cas où un particulier tenterait d'obtenir un dédommagement en se fondant sur un précédent analogue ayant fait l'objet d'une condamnation par la juridiction de Strasbourg, l'issue positive de son recours dépendra uniquement, en raison de la relativité de l'autorité de chose jugée des arrêts de la Cour, de la tendance des juges nationaux à suivre les positions européennes[11].

Mais la Cour européenne des droits de l'Homme comme le Comité des ministres[12] sont compétents pour allouer, lorsque les dispositions nationales se révèlent insuffisantes, une satisfaction équitable qui peut consister en l'octroi d'une réparation pécuniaire, et est de ce point de vue assimilable à la réparation pouvant être obtenue devant les juridictions internes, afin de réparer les dommages subis par les particuliers. L'octroi d'une indemnisation a certes été contesté : comme le relevait le Professeur Pelloux, *« le rôle primordial de la Cour n'est pas d'accorder une indemnité »,* mais d'interpréter la Convention, de constater les faits et de dire s'il y a eu ou non violation ; la victime pouvant espérer que l'Etat fautif s'efforcera de réparer les conséquences de la mesure irrégulière[13]. Il n'en est pas moins indispensable puisque dans certaines hypothèses, telles les cas d'internement d'office ou plus largement de privation de la liberté individuelle, il est le seul moyen de réparer de manière adéquate le préjudice subi[14]. Depuis sa première mise en pratique en 1972[15], la Cour a même adapté son

---

[11] Sur la notion d'autorité de chose interprétée par la Cour de Strasbourg devant le juge administratif, J. Andriantsimbazovina, *L'autorité des décisions de justice constitutionnelles et européennes sur le juge administratif français*, Paris, LGDJ , BDP t. 192, 1998, p. 433 et s.

[12] Toutefois les positions adoptées par le comité des ministres sont trop peu fournies pour pouvoir faire l'objet d'une analyse systématique, c'est pourquoi nous nous attacherons dans cette étude à la jurisprudence de la seule Cour. Pour un exemple assez récent concernant la France, v. cependant la résolution DH (96) 568 à l'occasion de l'affaire Necco c/ France.

[13] R. Pelloux, Le contentieux de l'indemnité devant la Cour européenne, in *Mélanges Stassinopoulos*, Paris, LGDJ, 1974, p. 397.

[14] V. parmi de nombreux articles, v. H. Golsong, Quelques réflexions à propos du pouvoir de la Cour européenne des droits de l'Homme d'accorder une satisfaction équitable, in *Problèmes de protection internationale des droits de l'Homme, René Cassin, amicorum disciplorumque liber I*, Paris, Pedone, 1969, p. 89 ; J.-F. Flauss, La satisfaction équitable devant les organes de la Cour européenne des droits de l'Homme,

organisation à l'évolution du contentieux formé devant elle afin de régler plus efficacement les demandes visant à l'octroi d'une réparation[16] et l'effectivité des décisions accordant une satisfaction équitable est garantie par l'obligation pour les autorités nationales de leur donner entier effet sans que les organes de la Convention émettent une quelconque directive en ce sens[17]. Mais la procédure de satisfaction équitable est purement subsidiaire et ne laisse à la Cour qu'un pouvoir supplétif à celui des juridictions nationales pour remédier aux violations de la Convention. C'est le droit interne de l'Etat contractant qui doit permettre d'effacer les conséquences de la violation et ce n'est, au sens de la Convention, qu'au cas où celui-ci ne rendrait pas ou qu'imparfaitement possible le redressement que la Cour peut accorder une réparation.

L'octroi d'une satisfaction équitable est d'ailleurs limité de plusieurs manières.

Il doit, tout d'abord, être consécutif à une violation constatée[18] et c'est au requérant que revient de prouver le lien de causalité entre le manquement relevé et le préjudice subi[19]. La juridiction de Strasbourg ne peut d'ailleurs, de manière autonome, allouer une telle réparation, pas plus qu'elle ou le Comité ne peuvent soulever d'office, comme s'il s'agissait d'un moyen d'ordre public, le droit à une réparation du fait d'une violation de la Convention. De plus, la Cour comme le Comité des ministres ne sont pas tenus d'accorder une satisfaction équitable mais disposent d'une compétence discrétionnaire qui se fonde sur le caractère de mesure d'équité que revêt l'octroi de celle-ci. Si les organes de la Convention considèrent que l'équité ne justifie pas qu'une satisfaction équitable soit accordée à la partie requérante, elle sera refusée[20]. Ainsi la Cour a-t-elle estimée que la violation d'une disposition de la Convention et son constat par la Cour n'impliquent pas à eux seuls un droit à indemnité[21]. Une telle solution a pu sembler choquante[22]. Elle a surtout pour effet de rendre le bénéfice d'une indemnisation par les organes européens hasardeux ; cela d'autant plus qu'il leur est possible de considérer que la satisfaction équitable est constituée par le seul constat de la violation et qu'en conséquence les moyens de la victime tendant à l'octroi d'une indemnisation pécuniaire doivent être rejetés. Tel est principalement le cas lorsque le préjudice se réduit au seul

---

Développements récents, *Europe*, juin 1992, p. 1. Du même auteur, La réparation due en cas de violation de la Convention européenne des droits de l'Homme, *JTDE*, 1996, p. 8, et son *addendum*, p. 48.

15 CEDH, 10 mars 1972, De Wilde, Ooms et Versyp, série A n° 16 ; CEDH, 22 juin 1972, Ringeisen, série A n° 15.

16 V. les dispositions reprises dans l'article figurant sous le numéro 60 du nouveau règlement de la Cour du 4 novembre 1998.

17 CEDH, 22 juin 1972, Ringeisen, préc. ; CEDH, 23 juin 1973, arrêt sur l'interprétation à l'occasion de la même affaire, série A n° 16. L'effectivité a d'ailleurs été accrue depuis la fin de l'année 1991 puisque le Comité des ministres peut désormais assortir le versement des sommes allouées d'un délai de trois mois et contrôle leur exécution. La Cour de Cassation a pour sa part consacré le principe selon lequel un arrêt de la Cour européenne des droits de l'Homme constatant le non-respect de la Convention permet à celui qui s'en prévaut de réclamer réparation : C. Cass. 3 février 1993, X, Note J.-F. Renucci, *D.* 1993, jur. p. 515.

18 CEDH, 10 mars 1972, De Wilde, Ooms et Versyp, série A n° 16.

19 CEDH, 13 mai 1980, Artico, série A n° 37.

20 Sur l'utilisation de la notion d'équité par la Cour européenne des droits de l'Homme, cf. notamment, L.-E. Pettiti, Le rôle de l'équité dans le système juridique de la Convention européenne des droits de l'Homme, in *Justice, médiation, équité*, Colloque Droit et démocratie, La documentation française, Paris, 1992, p. 35.

21 CEDH, 10 mars 1972, De Wilde, Ooms et Versyp, préc.

22 V. R. Pelloux, Les arrêts de la Cour européenne des droits de l'Homme dans les affaires de vagabondage, *AFDI* 1972, p. 453.

préjudice moral[23]. Enfin, l'intervention de la Cour dans le cadre de la satisfaction équitable ne se justifie que dans l'hypothèse où le droit interne ne permet pas une pleine réparation. Elle n'opère donc en principe que subsidiairement, après que les juridictions nationales se sont prononcées[24] ; étant entendu que *« les conséquences d'une violation ne peuvent jamais être effacées en entier »*[25], ce qui postule une possibilité d'appréciation limitée des montants accordés par les organes nationaux.

L'octroi d'une satisfaction équitable est donc aléatoire, subsidiaire par rapport à la compétence nationale et n'accorde aucune certitude quant à son montant. Le règlement des contentieux nationaux par une instance européenne, volontairement limité, est ainsi on ne peut plus respectueux de la primauté de l'intervention du juge national et pourrait être considéré comme ayant des incidences par trop réduites en droit français. Toutefois, au regard d'orientations jurisprudentielles récentes et de certains projets discutés devant les organes des Communautés, l'on peut se demander si le principe de subsidiarité, en ce domaine longtemps affirmé, ne serait pas en voie d'être partiellement désavoué.

SECTION 2- UN DESAVEU PARTIEL DU PRINCIPE DE SUBSIDIARITE

C'est la Cour européenne qui, en précisant la portée et le champ d'application de la satisfaction équitable, a élargi la mise en oeuvre d'un principe indemnitaire devant les organes de la Convention (§ 1). Cette remise en cause du principe de subsidiarité, qui n'est aujourd'hui que le fait de l'ordre conventionnel, pourrait être relayée par les instances communautaires (§2).

§1- UNE REMISE EN CAUSE PAR LA PRATIQUE DE LA COUR EUROPEENNE DES DROITS DE L'HOMME

L'octroi d'une réparation par les organes de Strasbourg est depuis quelques temps devenu un phénomène fréquent. Il est donc possible pour les particuliers d'obtenir plus facilement réparation devant eux et les indemnisations attribuées sont comparables à celles des juridictions nationales, ce qui crée un phénomène de concurrence (A). La remise en cause du principe de subsidiarité passe également par la substitution des instances européennes aux organes internes (B)

---

[23] Pour des exemples récents: CEDH, 18 mars 1997, Mantovanelli c/ France, *Recueil des arrêts et décisions*, 1997-II, p. 424 ; CEDH, 28 octobre 1998, Aït-Mouhoub c/ France, *Recueil des arrêts et décisions*, 1998-VIII, p. 3214. Certes, sur ce point, la jurisprudence de la Cour contraste avec les positions adoptées par le Comité des ministres, car ainsi que l'a remarqué le Professeur Flauss celui-ci n'a admis que très rarement que le constat d'une violation de la convention représente à lui seul une satisfaction équitable : J.-F. Flauss, La satisfaction équitable devant les organes de la Cour européenne des droits de l'Homme, Développements récents, *Europe*, juin 1992, p. 1 ; J.-F. Flauss, La réparation due en cas de violation de la Convention européenne des droits de l'Homme, préc.

[24] H. Golsong, Quelques réflexions à propos du pouvoir de la Cour européenne des droits de l'Homme d'accorder une satisfaction équitable, préc., p. 89 ; R. Pelloux, Le contentieux de l'indemnité devant la Cour européenne, préc.

[25] CEDH, 10 mars 1972, De Wilde, Ooms et Versyp, préc.

A- UNE COMPETENCE LARGEMENT EXERCEE

Si la Cour a montré à l'origine une réticence certaine pour se prononcer sur des demandes visant à l'octroi d'une satisfaction équitable, il semble que, depuis quelques années, elle ait adopté une attitude toujours plus favorable aux réclamations des particuliers. En effet, elle a élaboré une jurisprudence constructive pour optimiser la réparation pouvant être accordée dans l'hypothèse d'une violation des droits de l'Homme, alors qu'une indemnisation limitée était préconisée afin d'empêcher que ceux-ci n'acquièrent une valeur commerciale et de marquer leur spécificité par rapport aux droits économiques[26].

Ainsi la satisfaction équitable peut-elle être attribuée en cas d'action comme d'omission causant un préjudice à un particulier[27] et réparer le dommage moral[28] alors que certains Etats européens refusent une indemnisation sur ce fondement au plan interne. La jurisprudence récente nous montre d'ailleurs l'importance de ce chef de préjudice qui justifie la réparation sur le fondement d'un *« tort moral incontestable »* des dommages subis par des hémophiles contaminés par le virus du SIDA dans le cadre du scandale du sang[29], de ceux découlant de la méconnaissance du délai raisonnable des procédures juridictionnelles[30] ou d'une détention injustifiée[31]. Les sommes correspondant à ce chef de préjudice constituent d'ailleurs, de plus en plus fréquemment, un élément prépondérant de la réparation accordée[32]. La Cour exerce d'autant plus largement sa mission de réparation qu'elle accepte d'indemniser le *damnum emergens*, le *lucrum cessans*, certains dommages purement économiques[33] de même que la perte d'une chance[34] et qu'après quelques hésitations, et poursuivant une

[26] Le développement du contentieux indemnitaire en matière de droits de l'Homme pose toutefois la question, soulevée par le Professeur Tavernier au sujet de l'article 6 de la Convention européenne des droits de l'Homme, du dévoiement de ce qui fait la grandeur des droits de l'Homme puisque tout résoudre par équivalent n'oeuvre pas pour une amélioration de la protection des droits de l'Homme et bien au contraire contribue à les désacraliser, le contentieux de la responsabilité transformant la question de l'atteinte à un droit fondamental en celle du prix de l'atteinte à ce droit. V. P. Tavernier, La Convention européenne des droits de l'homme et la distinction droit public - droit privé, in *Liber amicorum, M.-A. Eissen*, Bruxelles, Bruylant, 1995, p. 400.

[27] CEDH, 10 mars 1972, De Wilde, Ooms et Versyp, préc.

[28] CEDH, 22 juin 1972, Ringeisen, préc.

[29] CEDH, 27 avril 1994, Vallée, série A n° 289-A, § 54 ; CEDH, 4 décembre 1995, Bellet, série A n° 333-B.

[30] CEDH, 24 novembre 1994, Beaumartin, série A n° 296-B ; CEDH 9 décembre 1994, Lopez Ostra, série A n° 303-C.

[31] CEDH 26 mai 1994, Keegan, série A n° 290.

[32] Ainsi, les montants octroyés du fait de la méconnaissance du délai raisonnable dans le cadre d'actions formées par des victimes du V.I.H. sont particulièrement conséquents. Les dommages moraux résultant des traitements dégradants subis au cours d'une garde à vue ont donné lieu à une indemnisation large par la Cour européenne des droits de l'Homme (CEDH, 27 août 1992, Tomasi, série A n° 241-A) et la méconnaissance de la présomption d'innocence peut justifier l'octroi d'une réparation qui dans sa globalité s'est élevée à deux millions de francs (CEDH, 10 février 1995 Allenet de Ribemont, série A n° 308). Cette position a amené quelques auteurs à s'interroger sur le caractère punitif de la réparation accordée au titre du préjudice moral. Voir notamment J.-F. Flauss, La réparation due en cas de violation de la Convention européenne des droits de l'Homme, préc; H. C. Krüger, Reflections on some aspects of just satisfaction under the european convention on human rights, in *Liber amicorum M.-A. Eissen*, Bruxelles, Bruylant, 1995, p. 255, sp. p. 268.

[33] Qu'ils résultent de l'altération des relations de confiance nouées par la victime avec ses relations d'affaires (CEDH, 10 février 1995 Allenet de Ribemont, série A n° 308, § 62) ou du manque à gagner subi par une association qui pourtant était dénuée de but lucratif (CEDH, Open Door et Dublin Well woman c/ Irlande, 23 octobre 1992, série A n° 246).

[34] CEDH, Mc Michael c/ Royaume-Uni, 24 février 1995, série A n° 307-B.

initiative de certains Etats membres[35], elle octroie pareillement aux juridictions internes des *dommages et intérêts moratoires*, fixés sur la base des taux en vigueur devant les juridictions de l'Etat défendeur afin d'actualiser le préjudice subi[36]. On le voit, la réparation qu'elle accorde est particulièrement large, parfois même plus large que celle pouvant être fixée par les juridictions nationales, et effective puisque des intérêts moratoires peuvent être accordés en cas de refus d'exécution par les autorités nationales[37].

Certes, si la Cour a adopté une attitude favorable à l'indemnisation des victimes, elle n'accède pas, les yeux fermés, à l'ensemble de leurs *desiderata* et s'accorde une marge de manoeuvre certaine pour déterminer ce qui doit nécessairement relever d'une satisfaction équitable ou affirmer le caractère exagéré de certaines demandes[38]. Elle se montre soucieuse de préserver les *« impératifs de cohérence et de justice distributive »*[39], faute de quoi le mécanisme d'indemnisation prévu par la Convention se trouverait perverti. Mais le contentieux indemnitaire devant la Cour s'est banalisé sous deux angles.

Tout d'abord, la Cour de Strasbourg a assimilé les réparations qu'elle accorde à celles attribuées par les juridictions internes, ce qui revient à réduire la spécificité de la réparation découlant d'une violation des droits de l'Homme. Ainsi en est-il allé notamment en ce qui concerne leur caractère saisissable[40].

Ensuite et surtout, par la réparation pécuniaire au titre de la satisfaction équitable, la Cour complète l'action des juridictions internes. En effet, un individu qui a obtenu réparation sur le fondement du droit national peut tenter d'obtenir un dédommagement supplémentaire devant la Cour sur le fondement d'une violation de la Convention non réparée dans l'ordre interne, par exemple sur le fondement de la règle du délai raisonnable de la procédure. Une telle initiative est d'autant plus intéressante pour les particuliers que la Cour, lorsqu'elle examine une requête, accorde une indemnisation d'un montant analogue, qu'une réparation ait ou non été obtenue sur le fondement du droit interne. En effet, la réparation versée au titre de la satisfaction équitable est

---

35 La France avait accepté de verser, conformément à son droit interne, des intérêts moratoires à la victime : Rés. DH (91/31), Delta c/ France.

36 CEDH, 23 octobre 1990, Darby c/ Suède, série A n° 187, § 38 ; CEDH, 18 octobre 1982, Young, James et Webster, série A n° 55, § 17. Pour autant, la question de l'anatocisme reste posée dans la mesure où la Cour a pour l'instant toujours refusé de se prononcer sur ce point: Pour une jurisprudence récente allant en sens, CEDH 9 décembre 1994, Raffineries Stran c/ Grèce, série A n° 301-B.

37 Dans certaines décisions récentes, elle a, statuant sur une demande des requérants allant en ce sens, estimé qu'il n'y avait pas lieu, *« en l'occurrence »*, d'y accéder : v. notamment CEDH, 26 février 1992, Biondi et Listini, série A n° 228-C. Le souci d'une efficacité accrue a amené le comité directeur des droits de l'Homme a adopter un rapport en ce sens (Conseil de l'Europe, *Feuille d'information Droits de l'Homme*, n° 35, p. 105) et a amené la Cour à modifier son règlement intérieur puisque depuis 1996, l'article 57 du règlement A de la Cour prévoit la possibilité d'accorder des intérêts moratoires -cette possibilité a été reprise à l'article 75 par. 3 du règlement de la Cour du 4 novembre 1998-.

38 V. CEDH, 3 juillet 1995, Hentrich c/ France, Série A n° 322.

39 J.-F. Flauss, La banalisation du contentieux indemnitaire devant la Cour européenne des droits de l'Homme, *RTDH* 1996, p. 92.

40 CEDH, 7 août 1996, P. Allenet de Ribemont, *Recueil des arrêts et des décisions* 1996-III, p. 903. Par cet arrêt la Cour est revenu sur sa position antérieure : CEDH, Ringeisen, 23 juin 1973, série A n° 16-S. Cette solution a été critiquée au sein même de la Haute juridiction : cf. l'opinion dissidente du juge de Meyer sous l'arrêt du 7 août 1996, Allenet de Ribemont c/ France,, préc.

autonome par rapport à l'issue de la procédure devant les juridictions nationales[41] en ce qu'elle ne concerne que les éventuelles violations de la Convention. Ainsi, à l'occasion de l'affaire *Karakaya*[42], elle a accordé au requérant, qui n'avait pu obtenir gain de cause devant les juridictions françaises, une indemnisation équivalente à celle obtenue dans une affaire similaire par un ressortissant français auquel la juridiction administrative avait accordé une réparation[43]. Et quand bien même un particulier aurait obtenu devant cette dernière un dédommagement, sur le fondement de l'atteinte à un droit garanti par la Convention, pourrait-il ultérieurement saisir la Cour de Strasbourg afin d'obtenir un complément d'indemnisation qui ne sera pas négligeable ; même si il sera alors tenu compte de la réparation accordée au plan interne. Ce dernier point soulève un problème spécifique puisque par son pouvoir de réviser le montant de l'indemnisation accordée au niveau national, la Cour de Strasbourg constitue en fait un *quatrième degré de juridiction*, ce qui ne va pas sans poser certaines difficultés . En effet, les indemnités qu'elle accorde sont toujours plus conséquentes et peuvent parfois atteindre des montants très importants[44] alors que le recours à l'expertise afin de chiffrer le préjudice réparable n'est pas encore aujourd'hui institutionnalisé[45] ; ce qui favorise une « *mercantilisation* »[46] du contentieux devant les instances européennes et ne permet pas de garantir la qualité des décisions rendues[47]. De plus, le montant accordé au titre de la satisfaction équitable se combine éventuellement avec une réparation nationale ; ce qui entraîne un traitement à deux vitesses selon que les requérants ont ou non sollicité l'intervention des organes de la Convention[48]. De ce point de vue, la fixation d'une réparation par les organes de Strasbourg, pourrait avoir pour conséquence un alignement

---

[41] Malgré les arguments en sens contraire formulés par le gouvernement français à l'occasion de l'arrêt Karakaya c/ France, 26 août 1994, série A n° 289-B. Celui-ci a d'ailleurs repris une argumentation similaire à l'occasion d'une requête plus récente formée devant la Commission mais n'a pas plus été suivi : Req. n° 26115/95, G. Kokoghlanian c/ France, décision du 11 avril 1995, inédit.

[42] CEDH, Karakaya c/ France, 26 août 1994, série A n° 289-B.

[43] CEDH, Vallée c/ France, 27 avril 1994, série A n° 289-A.

[44] C'est dans l'arrêt du 18 octobre 1982 relatif à l'affaire Young, James et Webster que la Cour a pour la première fois appliqué la règle d'une indemnité complète et satisfaisante concernant à la fois le préjudice matériel, moral, ainsi que les frais de procédure. Depuis, l'étude de la jurisprudence de la Cour jusqu'en 1995 révèle à la fois un accroissement du nombre des indemnisations et l'augmentation du niveau de celles-ci, v. D. Gomien, *Judgments of the European Court of Human Rights*, 1959-1995, Publications du Conseil de l'Europe, 1996, v. également J.-F. Flauss, La satisfaction équitable devant les organes de la Cour européenne des droits de l'Homme, Développements récents, *Europe*, juin 1992, p. 1.

[45] Certes, pour l'examen de l'affaire Papamichalopoulos et autres c/ Grèce, CEDH, 14 juin 1993, série A n° 260-B, la Cour a décidé de faire appel à des experts.

[46] Cette expression est de J.-F. Flauss, La satisfaction équitable devant les organes de la Cour européenne des droits de l'Homme, Développements récents, *Europe*, juin 1992, p. 1. Sir ce phénomène, v. également les actualités de la Convention européenne des droits de l'Homme par le même auteur à l'*AJDA* 2000, p. 529 et p. 1006.

[47] R. Pelloux, Le contentieux de l'indemnité devant la Cour européenne, préc., sp. p. 403 ; C. Gray, *Judicial remedies in International Law*, Oxford, Clarendon Press, 1990, sp. p. 158 ; J.-F. Flauss, La banalisation du contentieux indemnitaire devant la Cour européenne des droits de l'Homme, *RTDH* 1996, p. 92. Cf. également l'opinion dissidente du juge Martens sous l'arrêt Hentrich qui a déploré que la Cour se soit basée sur le simple chiffre de un million de francs « *communiqué de façon quelque peu désinvolte et, en tout état de cause, non étayé* ».

[48] Ainsi, dans l'affaire Schuler Zgraggen c/ Suisse, la requérante s'était vu reconnaître, avec effet rétroactif, le bénéfice complet d'une rente d'invalidité mais n'avait pu bénéficier d'intérêts de retard alors que la période couverte par la rétroactivité était de huit ans, ceux-ci n'étant pas accordés en droit suisse. La Cour a néanmoins décidé d'accorder de tels intérêts : CEDH, 31 janvier 1995, série A, n° 305-A.

des autorités internes chargées de se prononcer en matière de responsabilité sur les chefs de préjudices et les montants de réparation accordés par la Cour. Tel a d'ailleurs été le cas dans le cadre dans certains contentieux de responsabilité du fait des services de la justice judiciaire pour méconnaissance de la règle du délai raisonnable à l'occasion desquels les requérants sollicitaient des indemnités d'un montant similaire à celui attribué par la Cour de Strasbourg[49] et l'ont parfois obtenu[50]. Bien souvent donc, le recours aux instances de Strasbourg afin d'obtenir une réparation ne constitue pas une action subsidiaire compensant les lacunes du droit interne, mais un recours supplémentaire permettant de « gonfler » le montant de la réparation.

Même dans sa mise en oeuvre, la satisfaction équitable n'est pas toujours respectueuse de la logique de subsidiarité qui anime l'action de la Cour.

B- LE CONTOURNEMENT DU PRINCIPE DE SUBSIDIARITE

Les modalités de réparation accordées sur le fondement du droit national sont soumis à un contrôle relativement strict de la part des organes de Strasbourg. Bien évidemment, ce contrôle n'implique une révision du montant de l'indemnisation accordée sur le fondement du droit interne qu'au cas où les juridictions nationales auraient commis une sorte d'erreur manifeste d'appréciation[51] car comme l'a affirmé la Commission, *« la Convention ne garantit pas le droit à une indemnisation d'un montant déterminé »* et *« dans le calcul du montant adéquat de l'indemnisation, une large marge de manoeuvre est laissée aux autorités nationales »*[52]. Mais la Cour n'en détient pas moins la possibilité d'encadrer strictement le dispositif de réparation. Ainsi se reconnaît-elle la possibilité de contrôler postérieurement à un de ses arrêts les mesures nationales de réparation et, si elle n'a pu se prononcer sur l'octroi d'une satisfaction équitable consistant en une indemnisation pécuniaire, s'accorde-t-elle, en pareil cas, le pouvoir d'imposer un dédommagement, alors même que d'autres mesures visant à satisfaire la victime auraient été adoptées[53].

Le contournement du principe de subsidiarité est surtout la conséquence de la possibilité pour les organes de la Convention non plus de concurrencer, mais de devancer les juridictions nationales dans l'octroi d'une indemnisation. Certes, la satisfaction équitable n'est, aux termes de la Convention, octroyée qu'au cas où le droit interne ne permet qu'imparfaitement d'effacer les effets d'une décision nationale en opposition avec les obligations découlant de la Convention, ce qui suppose antérieurement à chaque décision rendue sur son fondement un examen des possibilités de réparation offertes par le droit national. Mais pour saisir la Cour ou le Comité des ministres d'une demande de réparation du préjudice subi du fait d'une violation de la Convention, nul n'est besoin d'épuiser les voies de recours internes.

---

[49] TGI Paris, 1ère ch., 6 juillet 1994, C. et A. de Jaeger, *GP* 1994, II, jur. p. 589.

[50] TGI Paris, 5 novembre 1997, 1ère Chambre, Gauthier c/ Ministre de la justice et autres, *D.* 1998, Jurisprudence, p. 9.

[51] Cf. par exemple req. n° 12719/87, décision sur la recevabilité du 3 mai 1988, Frederiksen et autres c/ Danemark, *DR* 56, p. 237.

[52] Req. 22371/93, A. Arrouche c/ Espagne, décision du 6 avril 1994, inédit. Le prétendument faible niveau de l'indemnisation était considéré par les requérants comme étant contraire au procès équitable garanti en matière civile par l'article 6 par . 1.

[53] CEDH, 13 juin 1994, Barbera, Messeguée et Jabardo c/ Espagne, série A n° 285-C.

Cette dérogation au régime général d'intervention des organes de la Convention[54] ne fait pas l'objet d'une interprétation unanime. Néanmoins en pratique, conformément à l'interprétation qu'en ont donnée la plupart des membres de la juridiction de Strasbourg[55], elle revient à reconnaître à la Cour la possibilité de se prononcer sur le principe d'une indemnisation dont les juridictions nationales n'ont jamais eu à connaître[56] et de précéder celles-ci alors même qu'elles disposeraient des instruments nécessaires à une réparation satisfaisante. Ainsi, si la victime choisit d'abord de réclamer une indemnité au niveau interne, les instances européennes ne doivent pas nécessairement, même si bien évidemment elles le peuvent, surseoir à statuer jusqu'à ce que la décision nationale soit rendue[57] dès lors que les autorités internes ont eu la possibilité de se prononcer définitivement sur l'existence d'une méconnaissance de la Convention[58]. Une telle anticipation du dédommagement par les juridictions nationales est théoriquement envisageable chaque fois qu'une remise en l'état est impossible, ce qui est assez fréquent, et trouve écho dans une partie non négligeable de la jurisprudence européenne puisque la Cour, pour de nombreuses affaires, statue par un même arrêt sur la violation et l'octroi d'une réparation ; et cela avant même qu'une décision sur la responsabilité soit rendue par les juridictions nationales, ce qui ne laisse pas à ces dernières la possibilité d'accorder un dédommagement. La pratique récente des organes de la Convention montre toutefois la volonté de réaffirmer la primauté de la réparation par l'ordre national ; la Cour recourant plus fréquemment au règlement de la satisfaction équitable par un arrêt séparé. Ce dédoublement des décisions sur le principe de la violation et sur la réparation permet de respecter le caractère subsidiaire de la compétence qui lui a été à l'origine accordée en même temps qu'il garantit une meilleure protection des particuliers[59].

La substitution des instances conventionnelles aux juridictions nationales est donc un phénomène moins présent mais qui perdure. Or dans de semblables hypothèses se

---

[54] Elle se justifie par le fait que la longueur totale de la procédure qui résulterait d'un recours visant à l'indemnisation à la suite d'une décision interne constatant l'illicéité serait incompatible avec l'idée d'une protection efficace des droits de l'Homme : CEDH, 10 mars 1972, De Wilde, Ooms et Versyp, série A n° 16, § 16, malgré ce qu'avait soutenu le gouvernement défendeur dans son mémoire : série B, vol. 12, p. 21 et 22. Cette position a été ultérieurement reprise : CEDH, 13 juin 1994, Barbera, Messeguée et Jabardo c/ Espagne, préc.

[55] A. Drzemczewski révèle l'existence d'une dissension sur ce point : L'exécution des « décisions » des instances internationales de contrôle dans le domaine des droits de l'Homme, in *La protection des droits de l'Homme et l'évolution du droit international*, 30ème colloque de la S.F.D.I., Strasbourg, 29, 30 et 31 mai 1997, Paris, Pédone, 1998, p. 197.

[56] Sur la nécessité et les obstacles de droit strict d'une telle analyse : R. Pelloux, Le contentieux de l'indemnité devant la Cour européenne, préc., sp. p. 403..

[57] CEDH, 21 juin 1983, Eckle, série A n° 65.

[58] Pour une position répondant défavorablement aux requérants sur ce point : req. n° 15067/89, décision du 10 septembre 1992, V. Paparrigopoulos et H. Pyridouli c/ Grèce, inédit.

[59] En effet, pendant l'intervalle de temps qui sépare les deux arrêts, la Cour a la possibilité de recourir à des mesures d'expertise, de demander aux individus des justificatifs qui lui permettent d'évaluer plus exactement le préjudice subi et enfin, ainsi que l'a remarqué le Professeur Flauss, d'étudier les mesures adoptées au plan interne pour éventuellement en sanctionner l'inutilité, par l'octroi notamment d'intérêts moratoires (J.-F. Flauss, La réparation due en cas de violation de la Convention européenne des droits de l'Homme, préc., sp. p. 10). Si les requérants perdent du temps, les décisions ainsi rendues paraissent plus conformes à l'idée de justice.

pose le problème de la compatibilité des décisions de la Cour avec celles des juridictions internes.

Avant nous, M. Flauss s'est interrogé sur le point de savoir si l'attribution d'une compensation pécuniaire au titre de la satisfaction équitable est de nature à rendre sans objet une demande indemnitaire parallèle ou subséquente introduite dans l'ordre interne[60]. Il est avéré que l'Etat auquel une violation est imputée est lié par la décision de la Cour ou du Comité des ministres lui imposant le versement d'une indemnité. Aussi, la condamnation par les organes européens à des dommages-intérêts et le versement effectif de cette réparation peut-elle être considérée comme privant les particuliers d'un recours interne en raison du principe de l'autorité de chose jugée qui s'attache aux arrêts de la Cour[61] et conformément à leur caractère définitif[62]. Le litige soumis aux juges nationaux est en effet caractérisé par les trois identités qui permettent de caractériser l'autorité de chose jugée : l'identité d'objet, l'identité de parties, et l'identité de cause. Par conséquent et alors même que les ordres de juridictions sont différents, la chose jugée par la Cour de Strasbourg s'impose aux autorités juridictionnelles nationales[63] et celles-ci peuvent, selon M. de Gasquet, se fonder sur la décision de réparation des organes du Conseil de l'Europe pour refuser d'accroître le montant fixé[64]. Bien évidemment cette règle pourrait être contournée au cas où une des trois identités de la chose jugée ferait défaut. Cela pourrait être le cas de l'identité de cause si le requérant souhaite faire varier le terrain juridique de sa demande et, par exemple, après avoir obtenu réparation à Strasbourg en raison d'une méconnaissance de la Convention, engage une action interne sur le fondement du risque[65]. *A contrario*, les juridictions d'un Etat membre ne peuvent opposer à un particulier le fait que dans une affaire similaire l'autorité nationale a été condamnée par la Cour au versement d'une certaine somme pour refuser d'aller au delà. Mais hormis cette hypothèse, l'octroi d'une réparation par la Cour européenne des droits de l'Homme exclut un éventuel retour devant le juge national. Cette conclusion à laquelle nous oblige le principe de l'autorité de chose jugée semble d'autant plus satisfaisante que les missions réparatrices remplies

[60] J.-F. Flauss, Les incidences du droit européen sur les théories du droit administratif français, *LPA*, 20 novembre 1989, p. 21.

[61] L'idée d'une privation des voies de droit internes en cas d'exercice d'un recours à des fins réparatrices devant les organes de la Convention a également été exprimé par J. Verhoeven, A propos de l'autorité des arrêts de la Cour européenne des droits de l'Homme et de la responsabilité internationale liée à leur observation, *RCJB*, 1984, p. 275, sp. p. 290 et par J. Velu, Rapport sur les responsabilités incombant aux Etats parties à la Convention européenne, in *Actes du sixième colloque international sur la Convention européenne des droits de l'Homme*, organisé par le secrétariat général du Conseil de l'Europe en collaboration avec les universités de la communauté autonome d'Andalousie, Martin Nijhoff publishers, Dordrecht, 1988, p 533, sp. p. 589. Pour une opinion contraire, v. G. Ress, The european convention on human rights and states parties: The legal effect of the Judgments of the european court of human rights on the internal Law and before domestic courts of contracting states, in *Protection of human rights in Europe, limits and effects*, Proceedings of the fifth international colloquy about the european convention on human rights, Heidelberg, Irene Maier, CF Müller, 1982, p. 209, sp. p. 225.

[62] Conformément à l'article 52 de la Convention.

[63] Ainsi en ce qui concerne le respect par le juge administratif de la chose jugée par le juge judiciaire alors que ce dernier était incompétent : CE, Ass. 16 mars 1945, Dauriac, *Lebon* p. 53.

[64] Pierre de Gasquet, *Portée et efficacité de la protection juridictionnelle des droits de l'Homme par la Cour de Strasbourg*, Thèse Florence, 1986, p. 202 et s, sp. p. 204.

[65] Puisque la responsabilité sans faute n'est pas évidemment devant les organes de la Convention d'ordre public et qu'à la différence des juridictions nationales, une décision rendue sur le terrain de la responsabilité pour faute n'est pas réputée avoir également réglé la question du risque.

par les juridictions nationales et par les organes de la Convention se rapprochent en raison de l'augmentation du niveau des indemnisations accordées par la Cour.

Il n'est pas plus possible pour un particulier ayant obtenu un règlement amiable[66] devant les organes de Strasbourg de saisir les juridictions nationales afin d'obtenir un complément d'indemnisation. En effet, un tel accord est assimilable à un contrat de transaction qui tient lieu de loi à ses parties, fait l'objet d'une négociation particularisée[67] et met fin de manière définitive à tout recours devant tout ordre juridique en raison de sa nature extra-juridictionnelle[68].

La conséquence directe de l'intervention des organes de la Convention dans la détermination des sommes accordées à titre de réparation à des particuliers pourrait être une évolution possible de la part du contentieux interne de la responsabilité dans le droit de la réparation. En effet, et ce phénomène se produit surtout dans le cadre de contentieux de série, il arrive qu'une affaire ayant été jugée et ayant donnée lieu à l'octroi de dommages-intérêts d'un certain montant, l'Etat défendeur, à l'occasion d'affaires similaires portées devant la Cour, prenne le parti de procéder à un règlement amiable à la suite de la décision de recevabilité rendue par la Commission ou parfois avant même celle-ci. Cette situation apparaît tout particulièrement dans le secteur de l'indemnisation des hémophiles contaminés qui, à la suite de plusieurs arrêts de la Cour, se sont vu reconnaître un droit à indemnisation qui a pu être chiffré au regard de la spécificité de leur dommage ; cette base chiffrée est actuellement utilisée pour la fixation de sommes accordées dans le cadre de procédures non contentieuses devant les organes de Strasbourg[69].

Plus généralement, le recours à un règlement amiable se multiplie devant les organes de la Convention[70] et ce mouvement pourrait, à plus long terme, favoriser la multiplication au niveau national des transactions, conciliations, règlements amiables et donc le développement des modes alternatifs de règlement des litiges, dont on sait qu'ils sont en pleine expansion, dans la mesure où ils permettent une indemnisation efficace et rapide des victimes[71], le recours au procédé transactionnel tendant à être encadré par les

---

[66] Sur le règlement amiable, V. Berger, Le règlement amiable devant la Cour européenne des droits de l'Homme, in *Protection des droits de l'Homme: la dimension européenne - Mélanges G. J. Wiarda*, Cologne, Karl Heymanns Verlag KG, 1988, p. 55-63.

[67] Cette opinion a également été développée par H. Rolin, L'autorité des arrêts et des décisions des organes de la convention européenne des droits de l'Homme, *RDH*, 1973, p. 729, sp. p. 739 et par J. Velu, Rapport sur les responsabilités incombant aux Etats parties à la Convention européenne, préc. sp. p. 563.

[68] Bien évidemment, un individu ayant transigé avec l'administration et constatant une nouvelle méconnaissance de la Convention qui lui cause un préjudice peut néanmoins saisir la Cour afin de voir prononcer une nouvelle condamnation pécuniaire à l'encontre de l'Etat : CEDH, 22 avril 1998, Paillot c/ France, *Recueil des arrêts et décisions*, 1998-II, p. 787.

[69] Notamment dans les affaires portant sur la durée de procédures engagées par des hémophiles contaminés par le VIH à l'occasion de transfusions sanguines.

[70] A ce jour, il concerne environ 10% des affaires déclarées recevables : A. Drzemczewski, L'exécution des « décisions » des instances internationales de contrôle dans le domaine des droits de l'Homme, in *La protection des droits de l'Homme et l'évolution du droit international*, 30ème colloque de la S.F.D.I., Strasbourg, 29, 30 et 31 mai 1997, Pédone, Paris 1998, p. 197.

[71] Pour un point de vue similaire, v. C. Marchi-Uhel, Fiche relative à la durée des procédures judiciaires françaises, comme composante de l'effectivité de l'accès à la justice : Le contrôle des organes de Strasbourg, *Revue juridique des barreaux*, 1998, p. 163.

organes de Strasbourg[72]. Mais ce qu'il est primordial de retenir est le phénomène de substitution des organes de la Convention aux autorités nationales dans l'indemnisation.

Le droit communautaire pourrait également impliquer une relative délocalisation de la fixation de la réparation.

§2- Une remise en cause potentielle au niveau communautaire

La Commission possède d'ores et déjà un pouvoir de condamnation pécuniaire des auteurs de manquements aux règles de la concurrence, qui peuvent le cas échéant être des entreprises publiques, mais la sanction alors infligée a le caractère d'amende et non de réparation d'un dommage. Ce mécanisme de régulation d'activités spécifiques par les autorités européennes pourrait se développer dans le domaine de la responsabilité.

En effet, la mise en place de principes de responsabilité communs dans certains secteurs tels que le contrôle des produits alimentaires[73] ou des agréments financiers[74] soulève la question de l'organe compétent pour statuer sur la réparation due en cas de dommages causés, dans le cadre de ces activités, par les autorités étatiques. En l'absence de communautarisation des modalités de la responsabilité dans ces secteurs, les garanties accordées aux agents économiques restent variables en fonction du lieu de survenance du dommage et partant pénalisent certaines entreprises dans le marché unique. L'harmonisation de l'ensemble des modalités procédurales et des règles de fond applicables est néanmoins délicate en raison des divergences présentes dans les droits nationaux ; aussi serait-il plus adéquat de mettre en place des autorités statuant sur l'ensemble des litiges nationaux, à la manière des actuelles autorités administratives indépendantes chargées de réguler un secteur précis de l'activité nationale. Celles-ci assureraient aux opérateurs économiques un traitement commun, ce qui éviterait les distorsions de concurrence, et permettraient aux Etats de défendre leurs intérêts avec la même efficacité. La possibilité de créer des autorités européennes de régulation dans des secteurs particuliers[75] va dans le sens de la prise en charge par des entités communautaires de compétences dévolues aux Etats et témoigne de la réalité de cette question.

Le transfert à des organes européens d'une partie du contentieux de la responsabilité constitue un nouvel enjeu pour les juridictions nationales qui doivent faire face à une modification de la structure du schéma de fixation de l'indemnité. Celle-ci n'est plus nécessairement fixée dans le seul cadre. Mais ce pan de l'intervention européenne en matière de la responsabilité est-il vraiment compatible avec le souci de préservation des

---

[72] Puisqu'il ne doit pas avoir pour conséquence de faire obstacle ou de retarder l'issue de procédures opposant le particulier à l'administration pour d'autres motifs : CEDH, 29 avril 1998, Leterme c/ France, *Recueil des arrêts et décisions*, 1998-III, p. 987 ; CEDH, 22 avril 1998, Paillot c/ France, *Recueil des arrêts et décisions*, 1998-II, p. 787.

[73] Directive 89/397 JOCE L 186 du 30 mai 1989 ; Directive 93/43 JOCE L 175 du 19 juillet 1993.

[74] Directive 89/646 du 15 décembre 1989, JOCE L 30 décembre 1989.

[75] Tel est le cas en matière de sécurité alimentaire.

finances publiques qui anime l'action du juge administratif ? Seul l'avenir permettra le dire.

Le deuxième volet de l'intervention européenne en matière de responsabilité publique, et de loin le plus important, est constitué par l'harmonisation, sous l'effet des organes européens, des règles de l'action en responsabilité.

CHAPITRE II- L'HARMONISATION DES REGLES DU DROIT DE LA RESPONSABILITE SOUS L'EFFET DES ORGANES EUROPEENS

Le droit conventionnel comme le droit communautaire ont progressivement adopté des principes applicables en matière de responsabilité publique, ce qui aboutit logiquement à faire évoluer, dans une certaine mesure, le droit français.

Cette harmonisation concerne à la fois les règles de fond et les règles de procédure de la responsabilité. Cependant ces deux éléments, du fait de leur lien avec l'autonomie institutionnelle nationale, auraient dû faire l'objet d'une intervention européenne différenciée puisque, de par sa finalité de réduire les différences de traitement pouvant apparaître entre particuliers, le droit européen aurait naturellement dû privilégier une intervention sur les règles de fond et n'intervenir que de manière secondaire sur les principes procéduraux afin de préserver le principe de l'organisation par l'Etat de ses propres voies de droit.

Les règles de la responsabilité publique font aujourd'hui l'objet d'une intervention européenne équilibrée, certes variable selon l'origine communautaire ou conventionnelle, mais qui révèle une substitution aux autorités nationales dans la détermination de l'ensemble du dispositif de mise en oeuvre de la responsabilité, qu'il s'agisse des règles de fond (Section 1) ou des règles de procédure (Section 2).

SECTION 1 - L'HARMONISATION DES REGLES DE FOND

L'harmonisation des règles de fond est foncièrement duale en raison de la diversité des origines du droit européen de la responsabilité publique. L'intervention communautaire est principalement d'origine jurisprudentielle faute de volonté des Etats d'habiliter le législateur communautaire à intervenir globalement sur ce terrain[76], alors qu'en ce qui concerne le Conseil de l'Europe, l'harmonisation des règles de fond de la responsabilité est principalement écrite. La première opposition résulte donc de la présence de règles majoritairement écrites d'une part, et de principes posés de manière prétorienne d'autre part. Cette distinction n'est pourtant pas révélatrice car les principes de la Convention européenne n'ont pu produire de véritables effets sur la responsabilité des Etats qu'en raison de l'interprétation qu'en a fournie la Cour de Strasbourg tandis que le système de responsabilité mis en place par la Cour de Justice laisse place à des

---

[76] V. pourtant sa tentative via la résolution du parlement européen du 9 février 1983 sur la responsabilité des Etats membres en matière d'application et d'observance du droit communautaire, JOCE C 68/32 du 4 mars 1983, tentative qui faisait suite à un souhait de la Haute juridiction communautaire elle même (Suggestion de la Cour de justice à M. Tindemans dans le cadre de la préparation de son rapport au Conseil européen sur l'Union européenne, Bull. CE sup. 9/75, p. 17-21).

influences plus ponctuelles du Conseil ou de la Commission. Les interventions européennes sont d'ailleurs assez proches puisque toutes deux visent une finalité double, à savoir la sanction des autorités nationales en cas de manquement à leurs obligations internationales et la protection des particuliers face à la puissance publique.

En fait, l'opposition résulte de modalités d'encadrement assez différentes, à tout le moins dans leur portée. Si le droit communautaire a, pour l'essentiel, visé la mise en place d'une harmonisation efficace et volontaire des droits nationaux, dont l'exemple le plus topique est celui du régime de responsabilité pour violation du droit communautaire (§1), l'intervention conventionnelle, plus velléitaire dans son ensemble en raison de la forte présence des autorités étatiques lors de son élaboration[77], a abouti à la mise en place d'un mécanisme à géométrie variable dont l'emprise sur les droits nationaux est assez hétérogène (§2).

§1 - UNE HARMONISATION VOLONTAIRE, REFLET DES OBJECTIFS COMMUNAUTAIRES : L'EXEMPLE DE LA RESPONSABILITE POUR VIOLATION DU DROIT COMMUNAUTAIRE[78]

Le but de protection des particuliers et de sanction des Etats membres apparaît clairement à travers le régime de responsabilité pour violation du droit communautaire. Est moins explicite, et donc difficilement perceptible, l'objectif d'harmoniser les droits nationaux de la responsabilité en dehors de toute méconnaissance du droit communautaire qui anime les organes de Bruxelles. Aujourd'hui encore, l'intervention européenne en matière de responsabilité publique est principalement, pour ne pas dire quasi-exclusivement, analysée à travers le mécanisme de responsabilité posé par la Cour de Justice et il est vrai que ce pan de l'intervention européenne est de nature à entraîner les évolutions les plus importantes en droit français; aussi mérite-t-il un traitement particulier[79]. Mais à côté de l'immixtion visant à permettre le respect du droit communautaire, il est fondamental de souligner la volonté d'assurer un tronc commun de garanties. Ainsi, afin de protéger les agents économiques et en vue de pallier les éventuelles distorsions de concurrence pouvant résulter de l'hétérogénéité des systèmes juridiques, ont été mis sur pied des programmes visant à harmoniser les régimes de responsabilité au niveau de l'Union en matière de responsabilité du fait des produits défectueux[80], de responsabilité du prestataire de services[81] ou de méconnaissance des règles de passation des contrats[82]. Cette harmonisation communautaire des régimes de responsabilité peut être relativement poussée puisque la directive relative à la responsabilité du fait des produits défectueux, par exemple, entraîne une harmonisation

[77] Sous réserve de la jurisprudence de la Cour européenne des Droits de l'Homme.

[78] La responsabilité des Etats pour violation du droit communautaire a fait l'objet ces dernières années d'importants travaux de thèse : F. Zampini, *La responsabilité de l'Etat du fait du droit communautaire*, Thèse Lyon III, 1992, Dactyl. ; C. Weisse-Marchal, *Le droit communautaire et la responsabilité extra-contractuelle des Etats membres : principes et mise en oeuvre*, Thèse Metz, 1996, Dactyl.

[79] V. not Partie II.

[80] Directive 85/374 CEE du 25 juillet 1985 relative à la responsabilité du fait des produits défectueux (JOCE 7 août 1985, L 210/29). Pour une étude approfondie de cette directive : J.-L. Fagnart, La directive du 25 juillet 1985 sur la responsabilité du fait des produits, *CDE* 1987, p. 3.

[81] Proposition de directive du Conseil sur la responsabilité du prestataire de services, présentée le 9 novembre 1990 par la commission de Bruxelles, COM (90) final - syn 308 du 20 décembre 1990.

[82] En matière de marchés publics de fourniture et de travaux : directive 89/665 du 21 décembre 1989 (JOCE L 395 du 30 décembre 1989, p. 33).

des conditions de l'action en réparation tant en ce qui concerne le régime de responsabilité que les règles de prescription[83].

Ont également été mis en place des régimes découlant de normes communautaires dans les domaines de la réparation des dommages causés à l'environnement[84], des atteintes portées à la vie privée dans le cadre de l'utilisation de fichiers[85] ou de la méconnaissance par un employeur du principe d'égalité de traitement dans l'emploi entre les hommes et les femmes[86], les dispositions nationales sanctionnant la violation du droit communautaire par la condamnation à des dommages-intérêts devant dans ce domaine être dotées d'un *« effet dissuasif réel »*[87]. Ces interventions spécifiques traduisent un besoin d'harmoniser le droit de la responsabilité dans des secteurs particuliers et visent à améliorer les garanties offertes aux individus plus qu'à stigmatiser un manquement étatique. Elles révèlent une tendance à la communautarisation plus générale du droit de la responsabilité qui doit nécessairement être prise en compte pour apprécier l'impact du droit de l'Union sur notre ordre juridique sans la limiter au seul secteur de la méconnaissance du droit communautaire[88].

C'est le même objectif de protection des particuliers qui a justifié après de pressants appels de la doctrine[89], d'une part l'affirmation du principe de responsabilité pour violation du droit communautaire, d'autre part la mise en place d'un dispositif d'encadrement des droits nationaux[90].

A ainsi été consacré, dans l'arrêt *Francovich*, le principe de responsabilité pécuniaire[91] de l'Etat pour les dommages causés aux particuliers par les violations du droit communautaire qui lui sont imputables, principe qui est inhérent au système du

---

[83] L'action doit se prescrire par un délai de trois ans à compter du jour où le demandeur a eu ou aurait dû avoir normalement eu connaissance du dommage, du défaut, et de l'identité du producteur -Directive 85/374 CEE, préc., Art. 10.1- et doit, à peine de déchéance, être intentée dans un délai de dix ans à compter de la date à laquelle le producteur a mis en circulation le produit qui a causé le dommage - Art. 11-.

[84] Livre vert sur la réparation des dommages causés à l'environnement diffusé le 17 mars 1993 (COM (93) 47).

[85] Directive 95/46/CE du 24 octobre 1995 relative à la protection des personnes physiques à l'égard du traitement des données à caractère personnel, JOCE L 281/31, du 23 novembre 1995.

[86] Directive du Conseil du 9 février 1976 n° 76/207 CEE relative à la mise en oeuvre du principe de l'égalité de traitement entre hommes et femmes en ce qui concerne l'accès à l'emploi, à la formation et à la promotion professionnelle et les conditions de travail.

[87] CJCE, 8 novembre 1990, Dekker c/ Stichting Vormingscentrum, Aff. 177/88, *Rec.* 1990, p. I-3941.

[88] Nous avons délibérément choisi de ne pas développer ici les dispositifs plus spécifiques d'intervention du droit communautaire en matière de responsabilité, par exemple en matière de produits défectueux, de dommages causés à l'environnement ou de fichiers afin d'éviter certaines répétitions. Ces mécanismes seront envisagés dans d'autres parties de cette étude.

[89] D. Simon, A. Barav, La responsabilité pour violation du droit communautaire, *RMC* 1987, p. 165 ; D. Curtin, Directives: The effectiveness of Judicial protection of Individual rights, *CMLRev.*, 1990, p. 709 ; F. Schockweiler, Le dommage causé par une violation du droit communautaire par l'autorité publique et sa réparation en droit luxembourgeois, *Pasicrisie Luxembourgeoise*, 1990, p. 35.

[90] CJCE, 19 nov. 1991, Andrea Francovich, Danila Bonifaci et autres, Aff C 6/90 et C 9/ 90, *Rec* p. I-5357.

[91] Même si une réparation par remise en état, c'est à dire une *restitutio in integrum* peut suffire à assurer le respect du droit communautaire en l'absence d'application dans les délais d'une norme communautaire reconnaissant un droit à caractère pécuniaire : CJCE, 10 juillet 1997, Aff. C 373/95, F. Maso e.a. et G. Gazzetta e.a. c/ I.N.P.S. et République italienne, point 42, *Rec.* p. I-4051. Dans le même sens, CJCE 10 juillet 1997, Aff C 94/95 et C 95/95, Danila Bonifaci et W. Berto c/ I.N.P.S, *Rec.* p. I-3969 ; CJCE 10 juillet 1997, Rosalba Palmisani, Aff. C 261/95, *Rec.* p. I-4025.

traité[92] et trouve son fondement dans l'ordre communautaire. Il fait office d'épée de Damoclès pesant sur la tête des Etats membres dans la mesure où, à défaut de rendre effectifs les droits bénéficiant aux individus et à condition que ces derniers démontrent le lien de causalité entre la violation de l'obligation[93] et le préjudice subi, l'engagement de la responsabilité est automatique.

La Cour de Justice a, par la suite, à la manière d'un peintre impressionniste, précisé par petites touches le mécanisme de responsabilité applicable[94]. En découle un régime commun qui ne laisse qu'une étroite marge de manoeuvre aux Etats membres[95] et implique de ce fait des adaptations des droits nationaux.

A- VERS UN REGIME DE RESPONSABILITE COMMUN

L'encadrement communautaire est limité aux hypothèses de méconnaissance du droit communautaire par un organe de l'Etat, quel qu'il soit, dès lors qu'il exerce une activité normative. Il concerne donc l'ensemble des actes réglementaires, qu'il s'agisse de règlements de base ou de règlements d'exécution[96], les actes individuels[97] et s'applique à l'action aussi bien qu'à l'omission, ce qui fait tomber dans son champ la responsabilité du fait des décisions implicites. Il se distingue notamment du droit français par le fait qu'il prévoit un régime de responsabilité identique quel que soit l'organe de l'Etat auquel la violation du droit communautaire est imputable ; à charge cependant pour les ordres nationaux d'opérer la répartition entre ce qui relève de chaque branche de l'activité étatique. Il procède donc d'une approche pragmatique visant l'amélioration de la protection des droits des particuliers, puisque que la violation résulte d'une loi ou d'un règlement élaboré au niveau national ou local, la conséquence

---

[92] Aff jtes 6/90 et 9/90, point 35.

[93] Violation qui, nous l'observerons, doit revêtir certains caractères.

[94] La Cour du Kirchberg a confirmé la position adoptée dans l'arrêt *Francovich* le 16 décembre 1993 dans un arrêt Wagner Miret c/ Fondo di garantia salarial, Aff C 334/92, *Rec* p. I-6911 et dans une décision du 14 juillet 1994, Paola Faccini Dori, Aff. C 91/92, *Rec* p. I-3325. Puis elle l'a précisée par une série d'arrêts de 1996 : CJCE, 5 mars 1996, Brasserie du pêcheur SA et Bundesrepublik Deutschland, The queen et Secretary of State for transport ex parte: Factortame Ltd e.a., Aff jtes C 46/93 et 48/93, *Rec.*, p. I-1029 ; CJCE, 26 mars 1996, Aff. C 392/93, British Telecom (The Queen c/ H.M. Treasury, ex parte British Telecommunications PLC), *Rec.* p. I-1631 ; CJCE, 23 mai 1996, Aff. C 5/94, The Queen c/ Ministry of Agricuture, Fisheries and food ex parte Hedley Lomas (Ireland) limited, *Rec.* p. I-2553 ;. CJCE, Aff. C 178/94, C 179/94, C 188/94, C 189/94, C 190/94, Dillenkoffer e.a. c/ R.F.A., 8 octobre 1996, *Rec.* p. I-4845 ; CJCE, 17 octobre 1996, Aff. jtes C 283, 291 et 292/94, Denkavit e. a., *Rec.* p. I-5063.

[95] La mise en place d'un régime de responsabilité commun aux Etats membres était souhaitée par un part importante de la doctrine : voir notamment F. Schockweiler: la responsabilité de l'autorité nationale pour violation du droit communautaire, *RTDE* 1992, p.27 ; W. Vogel, La réparation du préjudice en cas de licenciement fondé sur le sexe, *RTDH* 1994, p. 265.

[96] F. Fines, *Etude de la responsabilité extra-contractuelle de la communauté économique européenne*, préc., p. 315 et s. ; C. Weisse-Marchal, *Le droit communautaire et la responsabilité extra-contractuelle des Etats membres : principes et mise en oeuvre*, préc., sp. p. 325 et s.

[97] Aff. C 5/94, The Queen c/ Ministry of Agricuture, Fisheries and food ex parte Hedley Lomas (Ireland) limited, 23 mai 1996, *Rec.* p. 2553. Il s'agissait là du refus, en violation du droit communautaire, de délivrance d'un certificat d'exportation. V. également concl. G. Tesauro sous l'arrêt Brasserie du pêcheur - Factortame III, Aff. C 46/93 et C 48/93, préc., point 65 qui les envisage au titre de la responsabilité extra-contractuelle des Communautés. La Cour de Justice a d'ailleurs récemment affirmé que la responsabilité extra-contractuelle des Communautés ne se limite en effet pas aux seuls règlements mais à l'ensemble des actes visés à l'article 189 du traité : TPI, 15 avril 1997, Schröder E.A. c/ Commission, *Rec.* p. II-501.

patrimoniale pour le particulier est la même, au détriment d'une balance plus abstraite en termes de répartition interne des pouvoirs et d'autorité souveraine.

La communautarisation du régime de responsabilité résulte en premier lieu d'une définition commune des conditions de la réparation ; mais elle découle également de la consécration d'une convergence entre les principes applicables d'une part aux Etats membres et d'autre part aux Communautés.

1) Une définition commune des conditions de la réparation

Les trois éléments traditionnellement indispensables à l'engagement de la responsabilité, à avoir les notions de fait générateur, de préjudice et de lien de causalité ont fait l'objet d'un encadrement communautaire.

a- Le fait générateur de la responsabilité

Le fait générateur de la responsabilité en cas de violation du droit communautaire revêt une double originalité au regard du droit français. En premier lieu il est conditionné par la violation d'une norme reconnaissant des droits aux particuliers. En second lieu, il introduit une notion originale qui est celle de violation suffisamment caractérisée.

• La violation d'une norme reconnaissant des droits aux particuliers

Afin d'assurer l'effectivité du droit communautaire, le principe de responsabilité est applicable en cas de méconnaissance de toute norme reconnaissant des droits aux particuliers. Ainsi les particuliers peuvent-ils obtenir réparation en cas de violation d'une norme réglementaire -qu'il s'agisse d'un règlement ou d'un article du traité de Rome[98] ou individuelle -par exemple une décision adressée à un Etat membre[99]-. La méconnaissance des principes généraux du droit communautaire qui engagent la responsabilité extracontractuelle des Communautés[100], tels que le principe de sécurité juridique et son corollaire le principe de la confiance légitime doit également pouvoir, en raison du rapprochement souhaité par la Cour du régime de responsabilité des Etats et celui des Communautés, engager la responsabilité publique, sur le fondement du droit communautaire. Mais l'obtention d'une réparation du fait de leur méconnaissance risque d'être aléatoire, les juridictions européennes n'engageant la responsabilité extra-contractuelle des Communautés que très rarement lorsque le contenu du principe en cause est flou ou mal défini, ce qui est par exemple le cas du principe de confiance légitime[101]. Dès lors que la norme méconnue vise à attribuer des droits identifiables à des particuliers, l'encadrement communautaire trouve à s'appliquer et cela quelle que soit la nature des droits en question, qu'il s'agisse de droits-créances sur l'Etat ou d'obligation de comportement à la charge de celui-ci, le principe de libre circulation des

---

[98] La Cour de Luxembourg a implicitement reconnu que dans ce cas, une violation suffisamment caractérisée du droit communautaire est constituée: CJCE, 11 juillet 1996, Aff. C 39/94, Syndicat Français de l'Express International (S.F.E.I.) c/ La Poste, *Rec.* p. I-3547.

[99] La primauté des décisions communautaires paraissant avoir été acceptée par le juge administratif : J. Rideau, Droit communautaire et droit administratif français, la hiérarchie des normes, *in* Droit administratif et droit communautaire, *AJDA*, numéro spécial, 1996, p. 6.

[100] *Etude de la responsabilité extracontractuelle de la communauté économique européenne*, préc., p. 332 et s.

[101] Cf. par exemple TPI, 17 février 1998, Pharos c/ Commission, Aff. T 105/96, *Rec.* p. II-285.

marchandises[102], celui de transparence des règles de passation des marchés[103] ou les règles de concurrence[104] étant des normes créatrices de droits.

Ce qu'il est surtout intéressant de relever est la volonté de sanctionner la méconnaissance des normes reconnaissant des droits aux particuliers a conduit les instances européennes à prévoir un régime unique, que la norme méconnue soit d'effet direct ou non. La généralité de ce principe peut paraître critiquable. En effet, les normes d'effet direct peuvent être invoquées devant les instances nationales alors même qu'elles n'auraient pas été transposées[105], dès lors la réparation pourrait être considérée comme non nécessaire[106]. Pourtant, la seule invocation des normes communautaires ne permet pas une remise en état rétroactive[107]. Il était donc indispensable pour une protection efficace des particuliers qu'un principe de réparation soit prévu. Une partie, certes minoritaire, de la doctrine rejette pour sa part l'inclusion dans le cadre communautaire de la réparation des méconnaissances des normes dénuées d'effet direct[108]. Il est alors avancé que dans les espèces où la Cour de Justice a dû se prononcer sur des normes nécessitant une transposition dans l'ordre interne, elle a mis en exergue l'existence d'un droit à valeur patrimoniale naissant du droit communautaire[109], ce qui supposerait, de fait, l'effet direct de la norme en cause. Mais cette position doit être rejetée car bien que la notion d'effet direct évolue indéniablement dans un sens extensif, elle caractérise des normes inconditionnelles et précises[110]. Dans les affaires soumises à la Cour, si la condition tenant au caractère inconditionnel était remplie, il en allait autrement de celle relative à la précision. Soit le débiteur du droit à caractère pécuniaire

---

[102] Affaires jtes C 46/93 et C 48/93, Factortame III et Brasserie du pêcheur, *Rec.* p. I-1029.

[103] Aff. C 392/93, British Telecom (The Queen c/ H.M. Treasury, ex parte British Telecommunications PLC) 26 mars 1996, *Rec.* p. I-1631.

[104] Pour un exemple jurisprudentiel récent, CJCE, 24 septembre 1998, W. Tögel, Aff. C 76/97, *Rec.* p. I-5388.

[105] Cela alors que la jurisprudence antérieure à l'arrêt *Francovich* s'était intéressée à des dispositions bénéficiant de l'effet direct et avait à leur sujet évoqué les obligations pesant sur les Etats membres (Aff 6/60, Humblet, 16 décembre 1960, *Rec* p. 1125, et Aff C 188/89, Forster e.a., 12 juillet 1990, *Rec.* p. I-3313, point 22). Pour une étude de l'évolution de la responsabilité et de la justification de son extension que la norme en cause bénéficie ou non de l'effet direct, C. Weisse-Marchal, *Le droit communautaire et la responsabilité extra-contractuelle des Etats membres : principes et mise en oeuvre*, préc., sp. p. 61 et s.

[106] Certains auteurs ont encore récemment affirmé l'absence d'obligation de réparation en cas de méconnaissance de leur contenu : T. Larzul, La responsabilité de l'Etat du fait de la violation de ses obligations communautaires, *LPA* 4 août 1993, p. 34. Pour une position contraire, et donc favorable à l'application de l'obligation de réparation quelle que soit la norme méconnue: Vl. Constantinesco, note sous l'arrêt *Francovich*, *JDI* 1992, p. 425.

[107] Aff. C 46/93 et C 48/93, point 34. L'avocat général Misho considérait pour sa part dans ses conclusions relatives à l'affaire Francovich, que la méconnaissance étatique de toute norme communautaire pouvait ouvrir droit à réparation (Conc. préc. point 85).

[108] Cf. G. Vandersanden, Le droit communautaire, p. 5 et s, sp. p. 32 et s., in G. Vandersanden et M. Dony, *La responsabilité des Etats membres en cas de violation du droit communautaire, Etudes de droit communautaire et de droit national comparé*, Bruxelles, Bruylant, 1997.

[109] CJCE, 19 nov. 1991, Andrea Francovich, Danila Bonifaci et autres, Aff C 6/90 et C 9/ 90, *Rec* p. I-5403; CJCE, 16 décembre 1993, Wagner Miret, Aff. C 334/92, *Rec.* p. I-6911 ; CJCE, 14 juillet 1994, Faccini Dori, Aff. C 91/92, *Rec.* p. I-3325 ; CJCE, 7 mars 1996, El Corte Inglès, Aff. C 192/94, *Rec.* p. I-1281 ; CJCE, 8 octobre 1996, Dillenkoffer e.a. c/ R.F.A., Aff. C 178/94, C 179/94, C 188/94, C 189/94, C 190/94, *Rec.*, p. I-4845.

[110] Selon la Cour du Kirchberg, le principe de l'effet direct est caractérisé « *dans tous les cas où des dispositions (...) apparaissent comme étant du point de vue de leur contenu, inconditionnelles et suffisamment précises* », CJCE, 19 janvier 1982, Becker c/ Finanzamt Münster-Innenstadt, Aff. 8/81, *Rec.* p. 53.

était indéterminé[111], soit les modalités de garantie des droits reconnus manquaient de netteté.[112]. Les normes en cause ne pouvaient en conséquence bénéficier de l'effet direct qui n'est pas un corollaire indispensable à la responsabilité en cas de refus d'application, de mauvaise transposition ou plus généralement de violation du droit communautaire[113]. Le principe de responsabilité des Etats membres pour méconnaissance du droit communautaire doit donc selon nous s'appliquer à la fois aux dispositions d'effet direct et à celles qui, n'en bénéficient pas, dès lors dans cette seconde hypothèse que leur *résultat* comporte l'attribution de droits au profit du particulier et que le *contenu* des droits[114] peut être identifié de manière précise[115]. Cette appréciation est à la fois cohérente et nécessaire à la mise en oeuvre effective du droit communautaire ainsi qu'à sa finalité de création de droits au bénéfice des ressortissants nationaux. En effet, le droit communautaire a, et cela reste encore vrai après la signature du Traité d'Amsterdam, vocation à créer principalement des droits à contenu pécuniaire, en accordant, notamment, des subventions à certaines catégories de particuliers ou en créant des fonds d'indemnisation[116]. Il n'en demeure pas moins qu'en affirmant ce principe de responsabilité qui constitue *« l'ultime limite »* [117] jusqu'où sa jurisprudence peut aller, la Cour de Justice a interprété assez librement les dispositions du traité[118].

Le principe de responsabilité en cas de violation du droit communautaire constitue une double garantie pour les administrés. Il permet, lorsque la norme méconnue est d'effet direct, le bénéfice d'une compensation pécuniaire correspondant à la période pendant laquelle un droit d'origine communautaire entré dans le chef d'un particulier n'a pu produire d'effet, faute de volonté étatique de le mettre en œuvre ; mais en même temps il assure, en cas de norme dépourvue d'effet direct mais attribuant à l'individu des droits précis et au contenu identifiable, un équivalent pécuniaire. Il constitue dans ces deux hypothèses le seul moyen de procéder à un rétablissement patrimonial intégral du droit lésé et répond à l'idée selon laquelle l'encadrement de la responsabilité pour violation du droit communautaire vise à protéger les droits des particuliers.

• Une violation suffisamment caractérisée

Afin d'éviter que la responsabilité soit engagée trop facilement devant les juridictions nationales confrontées à l'interprétation d'un droit communautaire aux

---

[111] CJCE, 19 nov. 1991, Andrea Francovich, Danila Bonifaci et autres, Aff C 6/90 et C 9/ 90, préc.

[112] CJCE, 8 octobre 1996, Dillenkoffer e.a. c/ R.F.A., Aff. C 178/94, C 179/94, C 188/94, C 189/94, C 190/94, préc. Cet arrêt concernait l'absence de transposition par l'Allemagne d'une directive prévoyant la mise en place d'un fonds d'indemnisation en cas d'insolvabilité des « tour operator », v. les conclusions de l'avocat général Tesauro, point 22.

[113] Cette affirmation semble confortée par la jurisprudence récente de la Cour de Justice qui a refusé de voir le fondement de la responsabilité en cas du droit communautaire dans le principe de l'effet direct : CJCE, 4 décembre 1997, Verband deutscher Daihatsu Händdler, Aff. C 97/96, *Rec.* p. I-6843.

[114] Et non leur débiteur.

[115] CJCE, 19 nov. 1991, Andrea Francovich, Danila Bonifaci et autres, Aff C 6/90 et C 9/ 90, préc. ; CJCE, 8 octobre 1996, Dillenkoffer e.a. c/ R.F.A., Aff. C 178/94, C 179/94, C 188/94, C 189/94, C 190/94, préc.

[116] Dans ces hypothèses, le requérant doit, afin d'obtenir réparation du dommage subi du fait du non versement des droits, entamer une action en restitution devant les juridictions nationales et ce n'est que dans la mesure où le refus d'exécution du droit communautaire lui cause un dommage d'un autre type qu'une action en responsabilité peut être engagée. Ce point sera développée dans la seconde partie de notre étude.

[117] Concl. Tesauro sous l'arrêt Brasserie du pêcheur, préc. point 33.

[118] Et notamment en consacrant une nouvelle catégorie de directives, les directives dénuées d'effet direct, mais qui lient néanmoins les Etats dans leurs relations avec les particuliers.

implications parfois peu claires, il a paru nécessaire d'encadrer ses conditions de mise en oeuvre et donc de mettre en place un critère de qualification du fait générateur du dommage[119], comme cela peut être le cas en droit français[120]. Aussi a été affirmée une notion commune et unique de faute qualifiée permettant la mise en oeuvre d'un régime de responsabilité uniforme, c'est à dire répondant aux mêmes conditions minimales dans l'ensemble des Etats membres. Ce concept est celui de violation suffisamment caractérisée. Il apparaît cependant comme une notion à géométrie variable, soumise à une importante dichotomie en fonction de la marge de manoeuvre reconnue aux Etats membres[121].

Ainsi, doit-il être compris, lorsque les Etats exercent une compétence discrétionnaire et disposent d'une large marge de manoeuvre -du fait notamment du faible encadrement par la réglementation des Communautés- ou doivent déterminer les mesures qui sont les plus appropriées pour atteindre le résultat voulu par le législateur communautaire[122], comme une *violation manifeste et grave*[123]. Tel est le cas dans trois principaux cas : celui d' " *obligations, dont la teneur est claire et sans ambiguïté dans tous leurs éléments, qui seraient méconnues* "[124], celui où la jurisprudence de la Cour aurait suffisamment clarifié les situations juridiques en cause ou des situations analogues et enfin celui où l'interprétation donnée au niveau national aux dispositions communautaires est manifestement erronée.

La notion de violation manifeste et grave dans l'exercice d'un pouvoir discrétionnaire gagnerait cependant à être précisée. En effet, parallèlement à ces trois hypothèses, la Cour de Justice a invité les juridictions nationales à tenir compte d'un ensemble d'éléments tels que le caractère intentionnel ou involontaire du manquement, l'aspect excusable ou non de l'erreur commise au regard notamment du degré de clarté et de précision de la norme communautaire violée[125], l'étendue de la marge

---

[119] Dès l'arrêt Francovich, la Cour de Justice avait affirmé que les conditions dans lesquelles la responsabilité de l'Etat ouvre droit à réparation dépendent de la nature de la violation qui est à l'origine du dommage : Aff jtes 6/90 et 9/90, préc., point 38.

[120] Cf. J.-J. Thouroude, *La faute qualifiée dans la responsabilité administrative*, Thèse Caen, Ronéo., 1974.

[121] « *une violation est suffisamment caractérisée lorsqu'un Etat membre, dans l'exercice de son pouvoir normatif, a méconnu, de manière manifeste et grave, les limites qui s'imposent à l'exercice de ses pouvoirs (...) et d'autre part, dans l'hypothèse où l'Etat membre en cause, au moment où il a commis l'infraction, n'était pas confronté à des choix normatifs et disposait d'une marge d'appréciation considérablement réduite, voire inexistante, la simple infraction au droit communautaire peut suffire à établir l'existence d'une violation suffisamment caractérisée (...)* », CJCE, 8 octobre 1996, Dillenkoffer e.a. c/ R.F.A., Aff. C 178/94, C 179/94, Aff. C 188/94, C 189/94, C 190/94, *Rec.*, p. I-4845, point 25 ; cf. également CJCE, 2 avril 1998, Norbrook Laboratories Ltd c/ Ministry of Agriculture, Fischeries and Food, Aff. C 127/95, *Rec.* p. I-1566, point 109.

[122] Sur la distinction du pouvoir discrétionnaire et de la compétence liée en matière de mise en oeuvre du droit communautaire par les Etats membres et une position critique : C. Weisse-Marchal, *Le droit communautaire et la responsabilité extra-contractuelle des Etats membres : principes et mise en oeuvre*, préc., sp. p. 331 et s.

[123] CJCE, 5 mars 1996, Brasserie du pêcheur SA et Bundesrepublik Deutschland, The queen et Secretary of State for transport ex parte: Factortame Ltd e.a., Aff jtes C 46/93 et 48/93, préc., point 55 ; CJCE, 26 mars 1996, British Telecom (The Queen c/ H.M. Treasury, ex parte British Telecommunications PLC), Aff. C 392/93, préc., point 42 ; CJCE, 8 octobre 1996, Dillenkoffer e.a. c/ R.F.A., Aff. C 178/94, C 179/94, Aff. C 188/94, C 189/94, C 190/94, préc., point 25.

[124] Concl. G. Tesauro sous CJCE, 5 mars 1996, Brasserie du pêcheur SA et Bundesrepublik Deutschland, The queen et Secretary of State for transport ex parte: Factortame Ltd e.a., Aff. C 46/93 et C 48/93, préc., point 84.

[125] Tel a été le cas à l'occasion de l'affaire Brinkmann du 24 septembre 1998 puisque, concernant la qualification erronée au regard de la nomenclature communautaire d'un produit tabagique qui n'était pas

d'appréciation laissée aux auteurs de l'acte litigieux ou l'éventuelle incertitude quant à la portée de l'obligation suscitée par des attitudes ambiguës prises par des institutions communautaires, l'adoption ou le maintien de mesures ou de pratiques nationales contraires au droit communautaire[126].

Ce « *faisceau d'indices* », selon l'expression du Professeur Simon[127] est triplement critiquable. Il révèle une ambiance de violation qui ne répond pas aux exigences de clarté et de sécurité que doit revêtir la règle de droit puisque le caractère manifeste et grave de la méconnaissance dépendra de l'état de certitude du droit communautaire et pourra être difficilement vérifié par les juridictions nationales, faute pour ces dernières d'avoir une connaissance suffisante du degré de précision de la règle communautaire méconnue[128]. De plus, il réunit de nombreux paramètres qui pris individuellement ont été rejetés par la Cour de Justice comme circonstances exonératoires dans le cadre d'une action en manquement, ce qui a amené M. Simon à affirmer que seule une *« accumulation des indices dans un sens univoque pourrait rendre la méthode opératoire »*[129].

L'exigence de violation manifeste et grave n'en empêchera pas moins l'affirmation de la responsabilité de l'Etat en cas de mauvaise interprétation de bonne foi d'un texte communautaire[130], comme de transposition maladroite ou légèrement erronée d'une directive, mais dans les délais fixés au niveau communautaire par les autorités nationales -ce qui est une situation dans laquelle l'Etat dispose d'une compétence discrétionnaire puisqu'il a le choix des moyens lui permettant de mettre en oeuvre le droit communautaire-[131] ; sous réserve semble-t-il, dans cette dernière hypothèse, que les dispositions en cause soient peu claires[132].

Lorsque les Etats sont tenus à une obligation de résultat, la violation sera, en revanche, considérée suffisamment caractérisée du fait même de l'existence d'une simple infraction au droit communautaire imputable à l'administration nationale[133].

---

prévu dans cette nomenclature, la Cour a considéré que le fait pour les autorités danoises d'avoir qualifié par erreur ce produit n'entraîne pas d'obligation pour elles de réparer le préjudice causé au producteur par cette décision erronée : CJCE, 24 septembre 1998, Brinkmann Tabakfabriken GmbH c/ Skatteministeriet, Aff. C 319/96, *Rec.* p. I-5270, points 31 à 33. Cette possibilité avait précédemment été envisagée par l'avocat général P. Léger dans ses conclusions rendues à l'occasion de l'arrêt The Queen c/ Ministry of Agricuture, Fisheries and food ex parte Hedley Lomas (Ireland) limited, 23 mai 1996, Aff. C 5/94, préc., point 160.

126 Arrêt du 5 mars 1996, préc., point 56.

127 D. Simon, La responsabilité de l'Etat saisie par le droit communautaire, *AJDA* 1996, p. 489.

128 Cette difficulté pourrait amener à un accroissement de la coopération entre les juridictions nationales et la Cour de Justice.

129 D. Simon, La responsabilité de l'Etat saisie par le droit communautaire, préc., sp. p. 496.

130 CJCE, 24 septembre 1998, Brinkmann Tabakfabriken GmbH c/ Skatteministeriet, Aff. C 319/96, préc., point 31.

131 Aff. C 392/93, British Telecom (The Queen c/ H.M. Treasury, ex parte British Telecommunications PLC) 26 mars 1996, *Rec.*, p. I-1631. C'est du moins ce que la Cour du Kirchberg a décidé en suivant les conclusions de l'avocat général Tesauro, malgré la position contraire de la Commission (point 33 des conclusions). Il s'agissait alors de la transposition incorrecte par le Royaume-Uni de la directive 90/531/CEE relative aux procédures de passation des marchés dans les secteurs de l'eau, de l'énergie, des transports et des télécommunications.

132 Telle était en effet la réserve formulée par l'avocat général Tesauro dans ses conclusions *Ibid.*, point 38.

133 CJCE, 23 mai 1996, The Queen c/ Ministry of Agricuture, Fisheries and food ex parte Hedley Lomas (Ireland) limited, Aff. C 5/94, *Rec.*, p. I-2553, point 28 ; CJCE, 8 octobre 1996, Dillenkoffer e.a. c/ R.F.A., Aff. C 178/94, C 179/94, Aff. C 188/94, C 189/94, C 190/94, *Rec.*, p. I-4845, point 25.

Ainsi, en cas de transposition tardive d'une directive, quelle que soit sa qualité, ou de défaut de transposition dans les délais, la Cour considère, et sur ce point s'oppose aux positions défendues par certains Etats membres[134], que la violation suffisamment caractérisée doit être de fait constatée[135] ; sans qu'il soit nécessaire de tenir compte des conditions précédemment mentionnées tenant à la clarté de la norme méconnue ou au comportement des autorités nationales et sans qu'une quelconque excuse[136], les hypothèses d'atténuation du lien de causalité étant réservées, puisse bénéficier à l'Etat.

Dans ces situations, la condition de gravité particulière ne revêt donc pas du tout le même intérêt qu'en cas d'exercice d'une compétence discrétionnaire car, si elle est textuellement retenue par la Cour, elle est simplement constatée et ne fait pas l'objet de débats[137]. Si en conséquence son appréhension peut être délicate, doit être rejetée l'idée formulée par certains auteurs selon laquelle la condition de violation suffisamment caractérisée pourrait être assimilable à une faute lourde[138]. Certes, elle en remplit les fonctions puisque réductrice de l'irresponsabilité de la puissance publique, elle vise également à empêcher le trop large engagement de la responsabilité[139] en permettant au juge français de moduler son appréciation de la mise en cause de la responsabilité. Mais si elle résulte de l'analyse du comportement des autorités étatiques, et notamment du caractère intentionnel ou particulièrement grave de la méconnaissance des obligations communautaires, elle n'en demeure pas moins plus flexible que la notion de faute lourde retenue aujourd'hui encore en droit français de la responsabilité administrative. La notion de violation suffisamment caractérisée, loin d'être homogène, est une notion fonctionnelle. La faute lourde du droit français l'est également puisqu'elle peut, pour sa part, être plus ou moins facilement constatée ; soit au regard de la nature même de la faute commise par l'administration, la faute est alors, selon l'expression du Professeur Paillet, « *intrinsèquement lourde* », tel est le cas du refus de respecter la chose jugée ou des atteintes aux droits fondamentaux de la personne comme un internement ou une arrestation arbitraires ; soit au regard de la gravité de ses conséquences[140]. La notion de faute lourde est donc une notion flexible[141], mais sa flexibilité apparaît à travers l'analyse de l'ensemble du droit de la responsabilité et la plus ou moins grande facilité

---

[134] Les gouvernements allemand, néerlandais et du Royaume-Uni faisaient en effet valoir à l'occasion de l'affaire Lomas qu'en cas de dépassement du délai de transposition, l'imputation d'une violation suffisamment caractérisée à l'Etat dépend des circonstances qui ont entraîné le dépassement du délai.

[135]CJCE, 8 octobre 1996, Dilenkoffer e.a. c/ R.F.A., Aff. C 178/94, C 179/94, C 188/94, C 189/94, C 190/94, préc., point 26. Il s'agissait en l'espèce du défaut de transposition par l'Allemagne d'une directive imposant aux Etats membres de garantir aux acquéreurs de voyages à forfait le remboursement des frais ou le rapatriement si les organisateurs de voyage devenaient insolvables.

[136] Sauf peut-être et dans des circonstance exceptionnelles en cas d'obscurité des textes communautaires. Sur ce point, cf. les conclusions de l'avocat général Philippe Léger sur l'affaire Hedley Lomas, Aff. C 5/94, préc., point 160

[137] Cf. par exemple, CJCE, 8 octobre 1996, Dillenkoffer e.a. c/ R.F.A., Aff. C 178/94, C 179/94, C 188/94, C 189/94, C 190/94, préc.

[138] Pour une telle assimilation, cf. G. Vandersanden, Le droit communautaire, in G. Vandersanden, M. Dony, *La responsabilité des Etats membres en cas de violation du droit communautaire, Etudes de droit communautaire et de droit national comparé*, Bruxelles, Bruylant 1997, p. 5 et s., sp. p. 60.

[139] Sur ces différents aspects de la faute lourde en droit français: v. J.-F. Couzinet, La notion de faute lourde administrative, *RDP*, 1977, p. 283.

[140] M. Paillet, *La faute du service public en droit administratif français*, Paris, LGDJ, BDP t 86, 1980, p. 345 et s.

[141] *Ibid.* p. 359.

dans le constat d'une faute lourde est fonction des secteurs de l'activité publique ; cela conformément à l'idée de souplesse dans les qualifications et de politique jurisprudentielle relevée par le Professeur Loschak dans sa thèse au sujet du contentieux de la responsabilité puisque le juge administratif dispose d'une marge d'appréciation importante pour déterminer le caractère fautif ou non des agissements de l'administration[142]. Si en matière de responsabilité hospitalière, la faute lourde a pu, à l'occasion de quelques affaires, parfois être automatiquement constatée[143] - tel n'a pas été le cas dans le domaine des services fiscaux avant 1990 pour l'activité desquels la caractérisation de la faute lourde était beaucoup plus difficile à établir. L'automaticité du lien entre une faute et sa qualification de lourde est dans la jurisprudence administrative rare et le fait de certains secteurs bien spécifiques de l'activité de l'administration. Les interventions de la Cour de Justice en matière de responsabilité pour violation du droit communautaire postulent une autre approche ; le concept de violation suffisamment caractérisée n'est en effet pas variable en fonction des secteurs d'activité, mais tout d'abord identique pour tout pan de l'activité administrative dès lors qu'il y a violation du droit communautaire par un acte normateur et ensuite variable selon la marge de manoeuvre reconnue à l'administration. Faire un parallèle entre la notion de faute lourde et celle de violation suffisamment caractérisée impliquerait une systématisation de la flexibilité de la faute lourde en fonction des circonstances de survenance du dommage -et donc en cas de méconnaissance du droit communautaire- qui est aujourd'hui trop partielle. En second lieu, la justification de la faute lourde est différente de celle de la violation suffisamment caractérisée puisque si la première repose essentiellement sur la difficulté de l'action administrative, la seconde sera en tout état de cause exigée mais son constat pourra varier en fonction de la difficultés intrinsèque de l'action administrative. En fait, dans sa mise en oeuvre, la notion de violation suffisamment caractérisée se rapproche davantage du couple faute lourde - faute simple que l'on peut constater par exemple en matière de responsabilité du fait des activités de police ou du fait des services fiscaux depuis l'arrêt *Bourgeois* de 1990[144] que de la faute lourde. Elle est donc plus souple que celle de faute lourde ; pourtant et c'est sa dernière divergence avec cette dernière, elle laisse une marge de manoeuvre moindre au juge dans son appréciation de la gravité de la faute. En fonction des circonstances de survenance du dommage, et conformément aux indices fournis par la Cour du Kirchberg, la qualification de la faute sera parfois automatique ; ce qui certes favorise l'encadrement communautaire mais limite nécessairement la possibilité pour le juge national de mener sa propre politique jurisprudentielle.

Le recours à la condition de violation suffisamment caractérisée permet la mise en oeuvre d'un unique mécanisme de responsabilité qui joue de différentes manières en fonction non seulement d'obligations textuelles, mais également du comportement réel des Etats membres, selon que l'obligation en cause est une obligation de résultat où qu'elle fait l'objet d'une compétence discrétionnaire de l'Etat. Que l'on se trouve ou non dans l'hypothèse de transposition tardive d'une directive, le mécanisme est donc, sous réserve des critères permettant de déterminer l'attribution de droits en cas directive

---

142 D. Loschak, *Le rôle politique du juge administratif français*, Paris, LGDJ, BDP t 107, 1972, pp. 145-146.
143 CE, 19 novembre 1975, Dlle Frydman, *RDP* 1976, p. 932.
144 CE, 27 juillet 1990, Bourgeois, *Lebon* p. 242.

dépourvue d'effet direct[145], théoriquement identique[146] ; même s'il a été, à très juste titre, assimilé à un dispositif de présomption variable : la présomption de violation suffisamment caractérisée étant irréfragable lorsque l'Etat est lié par une obligation de résultat alors qu'elle est simple en cas de compétence discrétionnaire[147].

La condition de gravité suffisante de la violation, par son caractère évolutif en fonction des circonstances, permet toutefois d'assurer un équilibre entre la mise en oeuvre à tout va de la responsabilité des Etats membres et la restriction des droits des individus. On ne peut que se réjouir de l'arbitrage ainsi opéré qui montre une conception plus sociale de la responsabilité. Cette idée est confirmée par le détachement des notions de violation suffisamment caractérisée et de faute, entendue comme un élément subjectif ou psychologique caractérisant le comportement de la personne à laquelle est imputée la violation. Ce détachement correspond à une évolution générale des droits des Etats européens ; la responsabilité tendant de plus en plus à être fondée sur des critères objectifs[148]. En effet, la violation suffisamment caractérisée ne doit pas, selon la Cour, tenir compte de l'attitude des autorités nationales et de leurs éventuelles négligences. Cette position ne remet pas en cause le régime de la responsabilité pour violation du droit communautaire en droit français puisque l'illégalité y constitue une faute sans qu'il soit nécessaire de tenir compte du comportement de l'auteur du dommage[149], même si cette faute n'est pas toujours de nature à engager la responsabilité ; mais elle rompt avec certaines règles nationales[150].

L'intention, fort louable, de gommer l'aspect subjectif de la violation supporte toutefois difficilement l'épreuve des faits. Lorsque la Cour analyse si le Royaume-Uni, en transposant mal, mais dans le délai, une directive a méconnu le droit communautaire, elle tient compte du comportement -subjectif- étatique pour qualifier à la fois la nature de l'obligation qui s'imposait à l'Etat membre et son corollaire, le degré de violation nécessaire pour engager la responsabilité[151]. De même, comment la violation qui doit être suffisamment caractérisée peut-elle échapper à toute appréciation subjective, compte tenu de ses caractéristiques et du fait que le contentieux de la responsabilité est un contentieux qui s'apprécie certes à l'aide du standard[152] que la Cour propose mais au regard des données de l'espèce et des comportements adoptés par chaque partie ? Ces comportements sont d'ailleurs de nature à aggraver la sanction qui peut être prononcée,

---

145 CJCE, 19 nov. 1991, Andrea Francovich, Danila Bonifaci et autres, Aff C 6/90 et C 9/ 90, préc. ; CJCE, Aff. C 178/94, C 179/94, C 188/94, C 189/94, C 190/94, Dillenkoffer e.a. c/ R.F.A., 8 octobre 1996, préc.

146 Pour un point de vue contraire : J.-N. Pardon et R.O. Dalcq, La responsabilité des Etats membres envers les particuliers en cas de manquement au droit communautaire, *JTDE* novembre 1996, n°33, p. 193.

147 Cf. C. Weisse-Marchal, *Le droit communautaire et la responsabilité extra-contractuelle des Etats membres : principes et mise en oeuvre*, préc., sp. p. 329 ; N. Dantonel-Cor, La violation de la norme communautaire et la responsabilité extra-contractuelle de l'Etat, *RTDE* 1998, p. 75.

148 Concl. G. Tesauro sous l'arrêt Brasserie du pêcheur - Factortame III, Aff. C 46/93 et C 48/93, préc., note de bas de page n°91.

149 CE, Sect., 26 janvier 1973, Ville de Paris c/ Driancourt, *Lebon* p. 78

150 Et notamment avec le droit anglais. V. J. McBride, Damages as a remedy for unlawful administrative action, *CLJ*, 1979, p. 323.

151 Aff. C 5/94, The Queen c/ Ministry of Agricuture, Fisheries and food ex parte Hedley Lomas (Ireland) limited, 23 mai 1996, *Rec.*, p. I-2553.

152 Sur l'application de cette notion au contentieux de la responsabilité, v. S. Rials, *Le juge administratif français et la technique du standard*, Paris, LGDJ, BDP t 85, 1980, sp. p. 90 et s, 288 et s.

notamment par le jeu du mécanisme des dommages exemplaires qui existe dans certains Etats membres, sans que la Cour du Kirchberg s'y oppose de quelque manière que ce soit[153]. Enfin, le « *faisceau d'indices* » à la disposition du juge national afin qu'il se prononce sur le caractère manifeste et grave de la violation du droit communautaire tient largement compte d'éléments subjectifs comme le caractère intentionnel de la méconnaissance ou le comportement d'une institution communautaire susceptible d'avoir concouru à la violation ; telle est d'ailleurs la conclusion à laquelle permet d'aboutir l'étude de l'arrêt *Brinkmann* du 24 septembre 1998 à l'occasion duquel la Cour a fait référence à l'erreur de l'administration danoise et s'est donc attachée au caractère involontaire de la violation du droit communautaire[154]. Si le raisonnement suivi à l'occasion de cette affaire n'a bien évidemment pas pour effet l'exigence d'un élément intentionnel en tant que préalable nécessaire à la responsabilité, il confirme que des éléments tenant au comportement subjectif des autorités étatiques sont pris en compte. L'absence d'analyse subjective reste, on le voit, assez théorique[155]. Le concept de violation suffisamment caractérisée est donc relativement obscur.

b- Le préjudice[156]

Afin d'optimiser la protection des victimes d'une violation du droit communautaire, la Cour de Justice rejette les limitations du préjudice réparable tant en ce qui concerne les chefs de préjudice -il n'est par conséquent pas possible à un Etat d'en exclure certains *a priori*-, qu'à travers les caractères qu'il doit revêtir. Aussi, si en matière de responsabilité extra-contractuelle des Communautés, elle exige que le préjudice soit doté des caractères de gravité et de spécialité[157], cette condition, de nature à restreindre considérablement la possibilité de succès de l'action en responsabilité, et partant, le champ et l'effectivité de la protection des particuliers dans l'exercice de leurs droits, ne trouve pas à s'appliquer en cas de responsabilité pour violation du droit communautaire[158]. Le préjudice ne doit donc revêtir que les caractères qui sont traditionnellement exigés, c'est à dire être réel et certain.

Mais la protection des droits des particuliers aurait été bien mince si la Cour n'avait pas, en outre, encadré l'étendue de la réparation devant être accordée aux particuliers afin de garantir l'effectivité du principe de responsabilité et d'éviter la pratique d'indemnisations symboliques et variables selon l'état du droit national. Ainsi a-t-elle d'abord sanctionné une indemnisation plafonnée s'accompagnant du refus d'accorder

---

[153] CJCE, 5 mars 1996, Brasserie du pêcheur SA et Bundesrepublik Deutschland, The queen et Secretary of State for transport ex parte: Factortame Ltd e.a., Aff jtes C 46/93 et 48/93, *Rec.* p. I-1029, point 89.

[154] CJCE, 24 septembre 1998, Brinkmann Tabakfabriken GmbH c/ Skatteministeriet, Aff. C 319/96, préc. point 31 à 33.

[155] V. sur ce point G. Tesauro, Responsabilité des Etats membres pour violation du droit communautaire, *RMUE* 1996, n° 3, p. 28.

[156] Nous ne faisons qu'ébaucher cette question. Pour une analyse plus détaillée cf. C. Weisse-Marchal, *Le droit communautaire et la responsabilité extra-contractuelle des Etats membres : principes et mise en oeuvre*, préc., sp. p. 383 et s.

[157] F. Fines, *Etude de la responsabilité extra-contractuelle de la communauté économique européenne*, préc., pp. 342-345.

[158] CJCE, 5 mars 1996, Brasserie du pêcheur et Factortame III, Aff jtes C 46/93 et 48/93, préc., point 92 et s.

des dommages-intérêts moratoires[159]. Elle a alors affirmé clairement sa volonté de garantir une entière réparation des dommages subis[160]. Cette solution a été confirmée dans l'arrêt *Brasserie du pêcheur* qui a posé les éléments majeurs d'encadrement de l'indemnisation découlant de la violation du droit communautaire, conformément à l'idée selon laquelle le droit communautaire établit les conditions minimales qui déterminent le droit à réparation[161]. Aussi, si les autorités nationales conservent le pouvoir de fixer, en l'absence de dispositions communautaires en ce domaine, les critères permettant de déterminer l'étendue de la réparation, ces derniers ne peuvent être moins favorables que ceux concernant des réclamations fondées sur le droit interne et ne sauraient en aucun cas être aménagés de manière à rendre en pratique impossible ou extrêmement difficile la réparation du dommage[162].

La réparation doit, en outre, être intégrale, conformément à un principe commun aux systèmes juridiques des Etats membres[163], ce qui signifie qu'elle recouvre les dommages survenus tant antérieurement que postérieurement au prononcé de l'arrêt constatant la méconnaissance du droit communautaire[164]. L'exclusion totale du manque à gagner au titre du dommage réparable, notamment dans le cadre de litiges d'ordre économique, ne peut par conséquent être admise en cas de violation du droit communautaire dans la mesure où elle est de nature à rendre, en fait, impossible la réparation[165] et la réparation ne saurait pas plus être, *a priori*, limitée aux atteintes à certains biens, quand bien même une telle limitation serait applicable aux litiges strictement nationaux[166].

M. Van Gerven a fait valoir que ce n'est que dans la mesure où une réparation adéquate est de nature à permettre la *réalisation des objectifs communautaires* que celle-ci doit être fixée et qu'il serait possible aux Etats de limiter l'étendue de la réparation dans une mesure raisonnable dès lors qu'elle répond à cet objectif[167]. Cette position appelle deux remarques. Elle doit tout d'abord être nuancée dans la mesure où l'objectif visé par le dispositif communautaire de responsabilité est la compensation du dommage causé à un individu ou à un groupe d'individu et non, à la différence du mécanisme d'astreinte[168], la contrainte des Etats dans la mise en oeuvre du droit communautaire et ainsi la réalisation de ses objectifs. Or seule une réparation intégrale est de nature à compenser l'ensemble des dommages subis et partant l'intégralité des

---

159 CJCE 2 août 1993, M.H. Marschall et Southampton and South West Hampshire Area Health Authority, Aff C 271/91, *Rec* p. I-4367.

160 Ce faisant, elle s'est prononcée contrairement aux suggestions de l'avocat général Van Gerven pour qui la réparation ne devait pas être intégrale, mais adéquate, c'est à dire suffisamment élevée pour avoir un caractère de sanction effective, proportionnée et dissuasive : Aff C 271/91, M.H. Marschall et Southampton and South West Hampshire Area Health Authority, préc., concl. Van Gerven, point 17.

161 Concl Tesauro, Aff jtes C 46/93 et 48/93, Brasserie du pêcheur et Factortame III, préc., point 50.

162 CJCE, 5 mars 1996, Aff jtes C 46/93 et 48/93, préc., point 82 et 90.

163 Conclusions Capotorti sous l'arrêt Dumortier et frères e. a. c/ Conseil, Aff. 64/76, 113/76, 167/78, 239/78, 27/79, 28/79, 45/79 du 4 octobre 1979, *Rec.* p. 3091, point 4.

164 Même s'il sera remarqué que l'arrêt Factortame III laisse ouverte la possibilité de limitation dans le temps de l'étendue de la réparation, cf. p. 410 et s., sp. p. 414.

165 CJCE, 5 mars 1996, Aff jtes C 46/93 et 48/93, Brasserie du pêcheur et Factortame III, préc., point 87 et 90.

166 *Ibid.*

167 W. Van Gerven, Bridging the unbridgeable: Community and national tort laws after Francovich and Brasserie, *ICLQ*, 1996, p. 507, sp. p. 524.

168 Nouvel article 228 T. CE (ancien 171)

chefs de préjudice et donc à correspondre à l'impératif d'effectivité de la protection des droits communautaires des particuliers. Pourtant l'étendue de la réparation peut effectivement être limitée au regard de ce qui est suffisant à la réalisation des objectifs communautaires.[169]. Ensuite, l'étendue de la réparation pourra varier en fonction du préjudice effectivement subi. Aussi, s'il est possible, en cas défaut de transposition d'une directive attribuant des droits à caractère pécuniaire, que la réparation soit obtenue par la seule régularisation dans le cadre d'une action en paiement, il en ira différemment en cas de pertes complémentaires justifiant une indemnisation spécifique[170]. Cette position montre bien que l'octroi d'une réparation est le strict corollaire d'un préjudice subi et non une sanction à l'encontre d'un Etat membre.

c- Un encadrement précis de la relation de causalité

La Cour de Justice a poussé la précision jusqu'à spécifier la nature du lien de causalité -direct[171]- qui doit exister entre la violation du droit communautaire et le préjudice. Aussi, en cas d'absence de transposition dans les délais d'une directive communautaire, la responsabilité de l'Etat ne pourra être effectivement engagée qu'à condition que la directive n'ait pas été, même de fait, introduite dans l'ordre juridique interne[172].

Le lien de causalité peut toutefois être aujourd'hui atténué dans deux circonstances : celle du fait d'un tiers[173] et d'une faute de la victime. Ainsi le fait pour la victime de ne pas faire preuve d'une diligence raisonnable afin d'éviter le préjudice ou d'en limiter la portée, notamment en exerçant en temps utile toutes les voies de droit qui sont à sa disposition, est-il de nature à réduire le montant de l'indemnisation à la charge de l'Etat[174]. La force majeure bien qu'elle n'ait pas à ce jour été expressément acceptée par la Cour de Justice parmi les circonstances limitatives ou exonératoires de responsabilité, dans le cadre de sa jurisprudence relative à la responsabilité des Etats membres comme de celle des Communautés pourrait en outre être reconnue en tant que circonstance atténuant le lien de causalité et cela d'autant plus qu'elle l'est déjà dans la plupart des Etats européens ; aussi ne semble-t-il pas possible de l'exclure *a priori*.

---

[169] Par exemple, à l'occasion d'un litige relatif à une transposition tardive de directive accordant des droits pécuniaires qui s'était accompagnée de l'adoption de règles anti-cumul et de limitations de l'obligation de paiement rétroactives, la Cour a considéré qu'une telle pratique était régulière dès lors que la directive avait été correctement transposée : CJCE, 10 juillet 1997, Aff. C 373/95, F. Maso e.a. et G. Gazzetta e.a. c/ I.N.P.S. et République italienne, *Rec.* p. I-4051, point 40 et s. ; CJCE 10 juillet 1997, Aff C 94/95 et C 95/95, Danila Bonifaci et W. Berto c/ I.N.P.S, *Rec.* p. I-3969 ; CJCE 10 juillet 1997, Rosalba Palmisani, Aff. C 261/95, *Rec.* p. I-4025.

[170] CJCE, 10 juillet 1997, Aff. C 373/95, F. Maso e.a. et G. Gazzetta e.a. c/ I.N.P.S. et République italienne, préc., point 42. Dans le même sens, CJCE 10 juillet 1997, Aff C 94/95 et C 95/95, Danila Bonifaci et W. Berto c/ I.N.P.S, préc.

[171] CJCE, 5 mars 1996, Brasserie du pêcheur et Factortame III, Aff jtes C 46/93 et 48/93, préc. point 51 et point 2 du dispositif de l'arrêt.

[172] CJCE, 24 septembre 1998, Brinkmann Tabakfabriken GmbH c/ Skatteministeriet, Aff. C 319/96, préc. point 29.

[173] CJCE, 8 octobre 1996, Dillenkoffer e.a. c/ R.F.A., Aff. C 178/94, C 179/94, C 188/94, C 189/94, C 190/94, préc.

[174] CJCE, 5 mars 1996, Brasserie du pêcheur et Factortame III, Aff jtes C 46/93 et 48/93, préc., point 89.

L'atténuation du lien de causalité en raison d'une faute de la victime que consacre le droit européen est analogue à la position retenue en droit administratif français[175] et revient à faire peser sur les particuliers l'aggravation du dommage dont ils sont responsables par leur fait en cas d'inaction[176], d'abstention[177] ou de manque de diligence[178], à tout le moins dans l'hypothèse d'un dommage matériel consécutif à une activité administrative[179]. Son application au contentieux de la responsabilité pour illégalité, conformément à l'idée selon laquelle la victime d'un dommage causé par l'administration est le *« bénéficiaire conditionnel d'une faveur (la réparation intégrale) s'il le mérite par sa conduite (...) »*[180] et par conséquent s'il se conforme à l'obligation de se conduire avec prudence et diligence qui lui incombe[181], n'est donc pas d'une grande originalité. L'atténuation du lien de causalité n'en demeure pas moins particulièrement sévère. En effet, comment un individu pourra-t-il être à même d'exercer avec une diligence particulière les voies de droit nécessaires pour éviter un dommage découlant d'une méconnaissance du droit communautaire dans un contexte de multiplication des textes provenant de Bruxelles qui interviennent dans des domaines divers ? Elle constitue toutefois un moyen de concilier les intérêts des Etats avec le principe selon il ne peut être interdit aux juges nationaux d'apprécier la compatibilité d'un acte interne avec une disposition communautaire quand bien même celle-ci n'a pas été invoquée dans un certain délai par le justiciable[182] ; aussi mérite-t-elle d'être approuvée.

Les autres causes d'exonération éventuellement prévues par le droit national devraient en revanche être rejetées en cas de violation du droit communautaire. La Cour a, en effet, affirmé, à l'occasion d'une affaire qui concernait la responsabilité en cas de discrimination fondée sur le sexe issue de la directive du 9 février 1976[183], et alors le droit national prévoyait d'autres circonstances limitatives ou exonératoires, que la seule violation de l'interdiction de discrimination doit suffire sans que puissent être retenues des causes internes d'exonération[184]. Aucun motif valable ne nous semble pouvoir être opposé à la transposition de ce principe au régime général de responsabilité pour violation du droit communautaire créé par la Cour[185] et cela d'autant plus que

---

175 Cf. J. Moreau, *L'influence de la situation et du comportement de la victime sur la responsabilité administrative*, Paris, LGDJ, BDP t. 7, 1957, p. 217 et s.

176 CE, 4 mars 1977, Ministre de l'équipement c/ Csorts Guillerot, *RDP* 1977, p. 1120 ; CE, 24 mars 1976, Csorts Zolnowski, *RDP* 1976, p. 1395.

177 CE, 16 décembre 1977, Sté des transports Rapid-Masbry, *Lebon* p. 511.

178 CE, 3 janvier 1958, Deschamps, *Lebon* p. 16 ; CE 19 mars 1965, Fouet, *Lebon* p. 183 ; CE, 16 juin 1968, Sté des établissements Février, *Lebon* p. 411.

179 V. J.-P. Payre, Faute et fait de la victime dans le contentieux de la responsabilité administrative extra-contractuelle, *AJDA* 1980, p. 398.

180 J. Moreau, *L'influence de la situation et du comportement de la victime sur la responsabilité administrative*, préc. p. 244.

181 *Ibid.* p. 199.

182 CJCE, 14 décembre 1995, Aff. C 312/93, Peterbroeck, *Rec.* p. I-4599.

183 Directive du 9 février 1976, JOCE L 39, p. 40.

184 CJCE, 8 novembre 1990, Dekker, Aff. C 177/88, *Rec.* p. I-3941, point 25; CJCE, 22 avril 1997, Aff. C 180/95, Nils Draehmenpaehl c/ Urania Immobilienservoce OHG, *Rec.* p. I-2195, point 18.

185 Mme Fines se demande toutefois si la Cour n'accepterait pas comme circonstance exonératoire l'exception d'inexécution sur son propre territoire du droit communautaire : F. Fines, Quelle obligation de réparer pour la violation du droit communautaire ?, *RTDE* 1997, p. 69, sp. p. 96. Toutefois cette éventualité nous semble devoir être rejetée tout d'abord parce que dans l'hypothèse visée -CJCE, 5 mars 1996, Hedley Lomas-, le Royaume-Uni, qui invoquait le non respect de la directive relative à l'étourdissement des animaux avant leur

l'acceptation des causes nationales d'exonération ouvrirait la voie à une hétérogénéité certaine de la protection accordée aux particuliers ; ce qui est l'objectif strictement inverse de celui souhaité par les organes de l'Union. Dès lors, et à moins que la Cour du Kirchberg décide d'harmoniser celles-ci, les circonstances exonératoires autres que celles admises par la Cour de Justice doivent être rejetées.

2) La consécration d'un phénomène de congruence structurelle

Par ces précisions apportées au régime de responsabilité des Etats pour violation du droit communautaire a été consacrée la "congruence structurelle" des mécanismes européen et nationaux de responsabilité. En effet, la distinction fondée sur la latitude d'action laissée à l'autorité à l'origine du dommage est celle déterminée par la jurisprudence de la Cour de Justice à propos des actes normatifs impliquant des choix de politique économique. Le parti pris par la Cour de Justice a pu, à première vue, surprendre dans la mesure où l'extrême rigueur de sa jurisprudence constituait pour de nombreux auteurs un sérieux obstacle à l'alignement du régime de responsabilité des Etats membres sur celui des Communautés[186]. Cette solution avait toutefois été envisagée par l'avocat général Mischo dans ses conclusions sur l'affaire *Francovich*[187] et prônée par une partie significative de la doctrine[188]. En effet, les hypothèses de mise en oeuvre de ces responsabilités étant similaires, il semble illogique que la responsabilité d'un Etat pour violation du droit communautaire soit engagée dans des conditions plus souples que la responsabilité des Communautés.

La Cour a ainsi confirmé sa volonté de mettre en place une communauté de droit ; mais plus encore, l'Union est ainsi passée dans le domaine de la responsabilité d'une communauté de droit entre Etats de droit[189] à une communauté de droit pure et simple, que la responsabilité recherchée soit celle d'un Etat ou des organes de Bruxelles. Le droit administratif européen dans le domaine de la responsabilité ne tend en conséquence pas seulement à la convergence des droits nationaux dans une même direction et à l'élaboration de principes communs, mais aussi à la mise en exergue d'un droit véritablement communautaire applicable à l'ensemble des éléments de la Communauté. La communauté de droit ne se résume plus aux Etats de droit.

---

abattage, se prévalait de sa propre turpitude puisqu'il n'avait pas pris les mesures nécessaires à assurer le respect du droit communautaire. Enfin, la formule utilisée par la Haute juridiction européenne pour rejeter ce recours semble laisser entendre que le moyen invoqué par les autorités britanniques, simple allégation, était sans grande conséquence sur le plan juridique , le Royaume-Uni n'ayant « *même pas été en mesure de rapporter la preuve in concreto* » des faits avancés.

[186] Voir notamment parmi de nombreux auteurs: D. Simon et A. Barav, La responsabilité de l'administration en cas de violation du droit communautaire, *RMC*, 1987, p. 165.

[187] Concl. sous CJCE, 19 nov. 1991, Andrea Francovich, Danila Bonifaci et autres, Aff C 6/90 et C 9/ 90, *Rec* p. I-5376 et s, point 71.

[188] Cf. notamment R. Kovar, Les recours des individus devant les instances nationales en cas de violation des normes et décisions du droit communautaire, in *Les recours des individus devant les instances nationales en cas de violation du droit européen*, Editions Maison F. Larcier, Bruxelles 1978, p. 251, sp. p. 294 ; D. Simon, Le conseil d'Etat et les directives communautaires : du gallicanisme à l'orthodoxie ?, *RTDE*, 1992, p. 265, sp. p. 280.

[189] Nous renvoyons à l'expression de J. Rideau, Communauté de droit et Etats de droit in *Humanité et droit international*, Mélanges R-J Dupuy, Paris, Pédone, 1991, p. 249.

La convergence qui semble désormais être de mise suppose l'aménagement réel, pour ne pas dire la refonte réclamée par la doctrine communautaire[190], des règles de responsabilité des Communautés. Reste à savoir si la juridiction communautaire est désormais prête à assouplir ces dernières. Les positions récemment adoptées laissent place à un certain scepticisme puisque le tribunal de première instance semble persister à n'engager la responsabilité résultant de l'exercice d'un pouvoir normatif impliquant des choix de politique économique qu'en présence d'une violation caractérisée d'une règle supérieure de droit[191], alors que cette dernière condition aurait logiquement dû disparaître. Cette situation est d'autant plus gênante que les hypothèses dans lesquelles les Communautés exercent un pouvoir normatif impliquant des choix de politique économique sont bien plus fréquentes que celles dans lesquelles les Etats membres disposent de tels pouvoirs. La jurisprudence de la Cour de Justice semble donc traduire un certain malaise. En effet, afin d'éviter un trop grand décalage entre le traitement des Etats membres et celui des Communautés en cas de violation du droit communautaire, la Cour du Kirchberg a, pour l'instant, interprété souplement la marge d'appréciation des Etats membres. Ainsi, dans l'affaire *Factortame III*, elle a estimé que la réglementation des activités de pêche laisse une marge d'appréciation aux Etats membres comparable à celle dont disposent les autorités communautaires lorsqu'elles adoptent des actes normatifs relevant d'une politique communautaire. De même, dans l'affaire *Brasserie du pêcheur*, elle a considéré que le législateur national disposait d'une marge d'appréciation particulièrement large en intervenant dans le domaine des denrées alimentaires. Ces situations montrent bien les paradoxes de la jurisprudence actuelle de la Cour de justice puisque, dans ces deux hypothèses, les Etats membres n'en devaient pas moins respecter les dispositions précises et inconditionnelles découlant des principes de libre circulation des marchandises et des services[192] qui constituent deux des libertés fondamentales de circulation reconnues par le traité de Rome et dont la méconnaissance a donné lieu à de nombreux arrêts en manquement qui relevaient à la fois leur caractère d'effet direct, leur importance primordiale dans la réalisation du grand marché, et l'immédiateté avec laquelle ils s'imposent aux Etats membres[193] -ces dispositions ayant fait l'objet de précisions par le biais de réglementations communautaires spécifiques-.

Une partie de la doctrine a tenté d'apporter une explication à ces positions[194], mais l'on peut se demander si ce n'est pas en partie la volonté de ne pas mettre en place un système dual, contraire aux principes posés en 1996, qui les justifie. La Cour de Justice n'en demeure pas moins dans une situation inconfortable qui devrait, dans un souci de meilleure logique juridique, l'amener à entendre plus strictement les hypothèses dans lesquelles les Communautés mettent en oeuvre des choix de politique économique

---

[190] Cf. not. F. Capelli et M. Migliazza, Recours en indemnité et protection des intérêts individuels: Quels sont les changements possibles et souhaitables, *CDE* 1995, p. 585.

[191] Par exemple TPI, 15 avril 1997, A. Schröder et K. J. Thaman, Aff. T 390/94, *Rec* p. II-504; TPI, 17 décembre 1997, Odette Nicos c/ Commission, Aff. T 152/95, *Rec.* p. II-2429.

[192] Sur ce point cf. D. Simon, La responsabilité de l'Etat saisie par le droit communautaire, *AJDA* 1996, p. 489, sp. p. 496 ; W. Van Gerven, Bridging the unbridgeable: Community and national tort laws after Francovich and Brasserie, *ICLQ*, 1996, p. 528.

[193] CJCE, Aff. 178/84, Commission c/ Allemagne, *Rec.* p. 1227; CJCE, 25 juillet 1991, Aff. 221/89, Factortame, *Rec.* p. 3905.

[194] V. J.-N. Pardon et R.O. Dalcq, La responsabilité des Etats membres envers les particuliers en cas de manquement au droit communautaire, préc., sp. p. 199.

impliquant un pouvoir discrétionnaire. Cela afin d'éviter des incohérences et surtout que la responsabilité des Etats membres soit, en pratique devant les juridictions nationales, mise en oeuvre plus facilement que celle des Communautés à Luxembourg.

Si les solutions récemment adoptées par la Cour ne sont pas exemptes de toute critique, elles ont le mérite d'envisager un grand nombre de difficultés concrètes susceptibles de se poser dans le quotidien des recours. Elles précisent le champ d'application de l'obligation de réparation, tant en ce qui concerne la norme dont elle vise à assurer le respect qu'en ce qui concerne l'acte à l'origine de la violation. L'ensemble du raisonnement développé en l'espèce tourne autour de deux axes principaux et complémentaires, la protection optimale des particuliers et la mise en oeuvre effective et harmonisée du droit communautaire. L'harmonisation opérée est donc bien réelle.

B- L'HARMONISATION OPEREE

Depuis les arrêts de 1996, les règles de la responsabilité consécutive à la méconnaissance d'une obligation communautaire ont été réellement harmonisées. Ce n'est plus tant le principe de responsabilité qui est commun aux Etats membres que les conditions minimales de sa mise en oeuvre. Faire tomber le coeur même du droit de la responsabilité dans l'emprise communautaire a conduit à la mise en place d'un dispositif général, qui va bien au delà de ce qui a jamais été fait en matière d'harmonisation des voies de droit dans l'ordre communautaire. Pour autant, comment cette harmonisation se concilie-t-elle avec le principe d'autonomie institutionnelle et procédurale ? Celle-ci, qui traduit d'une certaine manière la souveraineté des Etats puisqu'elle reflète le choix de leurs procédures juridictionnelles, est-elle réellement, aujourd'hui encore, de mise ?

1) La mesure de l'harmonisation

Les règles déterminées progressivement depuis 1991 en matière de responsabilité publique sont applicables de manière très générale, quel que soit l'acte à l'origine de la méconnaissance du droit communautaire, qu'il s'agisse d'un acte individuel[195] ou d'un acte réglementaire, et sous réserve des directives ne bénéficiant pas de l'effet direct qui se voient toujours appliquer les conditions de l'arrêt *Francovich* quelle que soit la norme violée. Elles aboutissent à un encadrement et à une « communautarisation » de la responsabilité qui impliquent une nouvelle approche du juge français ; nouvelle approche tenant compte de la nécessité d'assurer à la fois la pleine efficacité des normes communautaires, la protection effective des droits que ces normes reconnaissent aux particuliers et l'obligation de coopération dans la mise en oeuvre du droit communautaire qui pèse sur les Etats membres. L'harmonisation opérée n'en demeure pas moins relative en raison du principe général de subsidiarité.

La prise en charge des actions en responsabilité par le droit communautaire constitue certes un pas important pour la construction européenne. Néanmoins, l'intervention

---

[195] Aff. C 5/94, The Queen c/ Ministry of Agriculture, Fisheries and food ex parte Hedley Lomas (Ireland) limited, 23 mai 1996, *Rec.* p. I-2553.

européenne, pour originale qu'elle soit en ce qui concerne ses modalités, n'aboutit pas à consacrer des règles totalement novatrices. En effet, la Cour a opéré d'une manière similaire à l'élaboration des principes généraux du droit. Cette analogie justifie d'ailleurs la convergence avec les règles applicables en matière de responsabilité de la Communauté. Or en matière de principes généraux du droit, la Cour du Kirchberg homologue un standard qui n'est pas nécessairement consacré dans l'ensemble des systèmes juridiques nationaux et ne révèle pas nécessairement un optimum de protection juridique. Certes les règles qui ont ainsi été élaborées signifient une adaptation, au moins partielle, des dispositions nationales applicables en matière de responsabilité publique[196].

L'harmonisation consacrée n'en demeure pas moins « *a minima* », dans le souci à la fois de satisfaire l'ensemble des Etats membres et de faire se rejoindre les régimes applicables aux Communautés et aux autorités nationales. Elle se révèle donc, sur certains points, moins favorable que certaines règles consacrées en droit interne. Ainsi en est-il par exemple de la condition du caractère direct du préjudice ou celle de violation suffisamment caractérisée[197].

Se pose alors la question de savoir si les conditions d'engagement de la responsabilité définies au niveau communautaire ne risquent pas d'amener à une régression du niveau de protection offert aux individus dans certains Etats membres, qui procéderaient alors à un strict alignement vers le bas. Cette éventualité, soulevée par une partie de la doctrine[198], paraît être difficilement retenue, à tout le moins en ce qui concerne le droit français de la responsabilité publique. Tout d'abord, l'encadrement communautaire ne fixe que des exigences minimales en deçà desquelles les Etats ne peuvent descendre[199]. Il n'y a donc pas d'obligation d'alignement strict sur les principes communautaires. Ensuite, notre système n'a pour l'instant profité des ordres étrangers que de manière particulièrement réduite[200] et surtout, quand il s'en est inspiré, ne l'a fait qu'afin de parachever ses propres mécanismes, conformément à la logique même du droit comparé qui est de rechercher à l'étranger les éléments d'amélioration des systèmes nationaux.

Compte tenu du large champ d'intervention du droit communautaire, il semble toutefois utile de se demander si l'autonomie institutionnelle et procédurale, longtemps érigée en principe, notamment dans le domaine de la responsabilité, conserve aujourd'hui encore une raison d'être en tant que telle ou, ce qui paraît plus vraisemblable, si vidée progressivement de son contenu, elle n'est pas en passe de devenir totalement transparente.

---

196 Telle a été la solution imposée aux ordres allemands et anglais, dans la décision *Factortame III* et *Brasserie du pêcheur*.

197 Par exemple en droit français, CE, Ass. 28 février 1992, Société Arizona tobacco products et S.A. Philip Morris Fr., *Lebon* p. 78.

198 A. Rigaux, L'arrêt Brasserie du pêcheur-Factortame III : Le roi peut mal faire en droit communautaire, *Europe* mai 1996, p. 1.

199 Cf. les conclusions de l'avocat général Philippe Léger sur l'affaire Hedley Lomas, Aff. C 5/94, préc., point 147 et point 166.

200 M. Letourneur, L'influence du droit comparé sur la jurisprudence du Conseil d'Etat français, in *Livre du centenaire de la société de législation comparée - Un siècle de droit comparé en France*, Paris, LGDJ, 1969, p. 211.

2) Une prise en charge des droits nationaux par le droit communautaire

L'autonomie institutionnelle et procédurale a constitué, dès l'édification de l'ordre juridique européen, le fondement de l'action commune et la règle de base de répartition des rôles entre les organes communautaires et les Etats membres. Ainsi, la Cour de Justice elle-même a fixé une borne à son intervention en considérant que le droit communautaire ne vise pas à instaurer de nouvelles voies de droit au plan interne[201] et qu'il appartient à l'ordre national de désigner les juridictions compétentes et de régler les modalités procédurales des recours en justice destinés à assurer la sauvegarde des droits que les particuliers tirent du droit communautaire[202].

L'harmonisation opérée par l'arrêt *Francovich* a constitué une première atteinte sensible mais limitée aux systèmes nationaux de responsabilité. En effet, si la Cour y a rappelé l'obligation de voies de recours effectives et si elle a encadré la responsabilité, elle l'a fait dans des conditions souples en renvoyant au droit national la mise en oeuvre du principe sous réserve d'une part que le recours en question, dans ses modalités, ne soit pas moins favorable que des réclamations similaires purement internes (*principe d'équivalence juridictionnelle*) et d'autre part qu'il ne soit pas aménagé de manière à rendre particulièrement difficile l'aboutissement des actions des particuliers (*principe d'effectivité minimale*). Cette jurisprudence impliquait l'adaptation des droits nationaux, une autonomie relativisée étant laissée au juge interne. La ligne tracée par l'arrêt *Francovich* était donc une médiane qui résulte de l'équilibre entre la volonté d'une application effective du droit communautaire et la souveraineté juridique et institutionnelle des Etats membres. L'autonomie institutionnelle et procédurale, relativisée et conditionnée[203], recouvrait la détermination des règles de compétence et de procédure tandis que l'appréciation du fond lui échappait en partie. Soumise à une réelle *obligation de résultat*[204], elle devait se mettre au service du droit communautaire.

A l'occasion des affaires jugées en 1996, la Cour de Justice est allée encore plus loin puisque ce sont les règles relatives au degré de violation mais également l'essence même de la garantie accordée aux individus, c'est-à-dire l'octroi d'une réparation, qui ont été harmonisées ; d'où un nécessaire aménagement des règles nationales afin de les rendre, le cas échéant, conformes au droit communautaire. C'est même une véritable prise en charge du droit de la responsabilité au niveau communautaire qui s'est opérée puisque la Haute Juridiction communautaire, dans un souci pédagogique extrême, a poussé la collaboration avec les juridictions nationales jusqu'à « tenir la main » des juges internes en leur précisant, par exemple, quel comportement peut être qualifié de violation suffisamment caractérisée[205]. L'on peut reprocher cette attitude d'interventionnisme actif qui va à l'encontre des logiques de répartition des champs

---

[201] CJCE 7 juill. 1981, Rewe Handelgesellshaft Nord Gmbhl, Aff 158/80, affaire dite des « croisières du beurre » *Rec.* 1805.

[202] CJCE 16 déc. 1976, Comet BVE c. Produktschap voor Siegwassen, Aff. 45/76, *Rec.* 1976, p. 2043.

[203] Ce n'est qu'en l'absence d'une réglementation communautaire qu'il appartient à l'ordre juridique de chaque Etat de désigner les juridictions compétentes et de régler les modalités de la réparation.

[204] Selon l'expression du Professeur Dubouis, La responsabilité de l'Etat pour les dommages causés aux particuliers par la violation du droit communautaire, *RFDA* 1992 p. 1 et s.

[205] CJCE, 5 mars 1996, Brasserie du pêcheur SA et Bundesrepublik Deutschland, The queen et Secretary of State for transport ex parte: Factortame Ltd e.a., Aff jtes C 46/93 et 48/93, préc. point 56.

d'intervention de l'ordre communautaire et de l'ordre interne, notamment en ce qui concerne l'encadrement des dispositions nationales relatives à la réparation[206] -ces règles ne relevant traditionnellement que du droit national, par le biais notamment du mécanisme de prescription[207]- ou la condition d'un lien de causalité direct entre la méconnaissance du droit communautaire et le préjudice causé au particulier dont la Cour n'était pas saisie dans le cadre de la procédure de renvoi préjudiciel[208].

La Haute juridiction communautaire n'a en outre pas hésité, à certaines occasions, à substituer son appréciation à celles des juridictions nationales dans des domaines où ces dernières bénéficient du principe d'autonomie institutionnelle et procédurale. Ainsi, lui est-il arrivé d'affirmer l'existence ou l'absence de violation suffisamment caractérisée du droit communautaire et d'orienter le choix du juge national, alors qu'il appartient aux juridictions des Etats membres de vérifier si les trois conditions d'engagement de la responsabilité de l'Etat sont réunies[209]. Même si la Cour de Justice a réaffirmé son rôle de régulateur et d'harmonisateur des décisions nationales en rappelant la seule compétence nationale pour interpréter et apprécier si les conditions de la responsabilité étatique sont réunies[210], elle peut donc aller jusqu'à interchanger purement et simplement son rôle avec celui des juges nationaux dans la mesure où elle dispose de tous les éléments nécessaires pour se prononcer. Cette attitude n'est pas sans risque et l'on pourrait craindre une attitude trop prudente des juges internes, tentés de lui renvoyer trop fréquemment les difficultés résultant de l'interprétation du droit communautaire[211]. Son intervention a toutefois permis d'assortir le principe de responsabilité de réelles garanties.

Le principe de l'autonomie institutionnelle et procédurale n'a toutefois pas entièrement disparu. Sous réserve de l'encadrement communautaire, c'est le droit national qui régit la responsabilité de l'Etat. Il appartient aux autorités internes de préciser la complémentarité entre l'action en responsabilité et l'action en annulation et de fixer les délais de recours. C'est également au juge national qu'appartient la détermination du lien de causalité entre le préjudice et la violation du droit communautaire[212] de même que le prononcé des dépends[213] ou la décision de faire rétroagir une décision constatant la responsabilité de l'Etat[214]. L'articulation des droits

---

[206] Notamment G. Tesauro, Responsabilité des Etats membres pour violation du droit communautaire, *RMUE* 1996, n° 3, p. 15 ; J. Boulouis, Sur la responsabilité des Etats membres des Communautés européennes pour les dommages causés aux particuliers par les violations du droit communautaire qui leur sont imputables, *GP* 1er déc. 1996, p. 5.

[207] D. Simon, La responsabilité de l'Etat saisie par le droit communautaire, *AJDA* 1996, p. 489, sp. p. 499.

[208] La Cour s'était d'ailleurs prononcée contrairement à l'avis de l'avocat général Léger. Cf. les conclusions de l'avocat général Philippe Léger sur l'affaire Hedley Lomas, Aff. C 5/94, préc. , point 192.

[209] Cf. par exemple Aff. C 5/94, Hedley Lomas, préc., point 41 ; Aff. jtes C 283, 291 et 292/94, Denkavit e. a., préc., point 49 ; CJCE, 24 septembre 1998, Brinkmann Tabakfabriken GmbH c/ Skatteministeriet, préc., point 23 et s.

[210] CJCE, 22 avril 1997, The Queen / Secretary of state for social Security, ex parte: Eunice Sutton, Aff. C 66/95. *Rec.* p. I-2163, point 34 et s.

[211] V. sur ce point les demandes de décisions préjudicielles présentées par le Diokitiko Protodikeio Athinon à l'occasion des affaires C 225/95, C 226/95 et C 227/95, A. Kapasakalis, D. Skiathitis et A. Kougiagkas c/ Etat hellénique, JOCE C 229 du 2 septembre 1995, p. 13.

[212] CJCE, 5 mars 1996, Aff jtes C 46/93 et 48/93, Point 65.

[213] CJCE, 26 mars 1996, British Telecom, Aff. C 292/93, préc.; CJCE, 8 octobre 1996, Dillenkoffer e.a. c/ R.F.A., Aff. C 178/94, C 179/94, C 188/94, C 189/94, C 190/94, préc., point 75.

[214] CJCE, 5 mars 1996, Brasserie du pêcheur et Factortame III, Aff jtes C 46/93 et 48/93, préc., point 100.

nationaux et communautaire est donc conforme à la théorisation professée par l'avocat général Warner : *« Le droit communautaire et le droit national opèrent en combinaison, le dernier occupant le terrain lorsque le premier le quitte, et développant ses conséquences »*[215].

Le principe de l'autonomie institutionnelle et procédurale ne disparaît pas, mais il se réduit à la manière d'une peau de chagrin au fur et à mesure des interventions de la Cour et voit sa portée de plus en plus limitée face à la mise en place d'un véritable carcan communautaire enserrant le fond de l'action en réparation. Cela d'autant plus qu'à travers l'ensemble de sa jurisprudence la Haute Juridiction communautaire a toujours développé l'idée selon laquelle ce n'est qu'en l'absence d'intervention communautaire que les Etats membres conservent une certaine autonomie en matière de responsabilité. L'idée d'une théorie de l'immixtion procédurale avancée par Mme Dantonel-Cor[216] en remplacement de celle de l'autonomie, si elle n'est pas véritablement consacrée, paraît devoir s'imposer dans les esprits et la porte à d'importantes évolutions des droits internes est ainsi ouverte.

Pour autant, on ne saurait conclure à la mise en place à l'initiative de la Cour d'un régime complet de responsabilité des Etats pour violation du droit communautaire. En effet, si celui-ci est spécifique, il est loin d'être achevé, et sera vraisemblablement complété à l'occasion de prochaines décisions.

3) Une harmonisation en suspens

Tout d'abord, l'ensemble des hypothèses dans lesquelles l'activité étatique pourrait causer un dommage n'a pas été expressément inclus dans l'harmonisation communautaire.

Tel est le cas de la réparation du préjudice résultant d'un acte matériel dommageable. Un acte matériel imputable à un agent étatique agissant dans le cadre de ses fonctions, par exemple en confisquant des marchandises lors de leur exportation en l'absence de titre, ce qui peut constituer une violation du principe de libre circulation, ne donnera pas lieu à une réparation encadrée au niveau communautaire ; ce qui pourrait faire perdre son effectivité au droit communautaire. Il est donc nécessaire que la position adoptée en matière de violation du droit communautaire soit élargie à celles qui trouvent leur source dans un acte matériel[217] ; cela d'autant plus que la responsabilité extra-contractuelle des Communautés peut, pour sa part, être mise en jeu du fait d'une telle activité. La question qui se pose alors sera de savoir si et dans quelle mesure les conditions posées en matière de responsabilité du fait de l'activité normative seront aménagées et si la reprise des positions adoptées en matière de responsabilité du fait d'un acte matériel par la juridiction communautaire qui, en pareil cas, rejette

---

[215] Conclusions dans l'affaire 33/76, du 16 décembre 1976, Rewe, *Rec.* 1976, p. 1989, cité par G. Tesauro, La sanction des infractions au droit communautaire, Rapport général présenté au XVème congrès de la F.I.D.E., *Riv. dir. eur.* 1992, p. 477, sp. p. 498.

[216] N. Dantonel-Cor, La mise en jeu de la responsabilité de l'Etat français pour violation du droit communautaire, *RTDE* 1995, p. 471, sp. p. 496-497.

[217] Cette position semble être également celle de F. Schockweiler, Le dommage causé par une violation du droit communautaire par l'autorité publique et sa réparation en droit luxembourgeois, *Pasicrisie Luxembourgeoise*, 1990, p. 35 et de J. Steiner, From direct effects to Francovich : schifting means of enforcement of community law, *ELRev* 1993, p. 3.

fréquemment la responsabilité de Communautés pour retenir celle de l'agent[218], sera proposée par la Cour de Justice.

Tel semble également avoir été le cas de ce que la jurisprudence européenne appelle les activités administratives, qui n'ont pas de contenu normatif. Ces dernières engagent la responsabilité de l'Etat du seul fait d'une violation du droit communautaire sans même que celle-ci soit suffisamment caractérisée[219]. Or l'acte normatif est défini par le tribunal de première instance comme tout acte qui contient un principe ayant vocation à s'appliquer largement. Ne sont donc pas seulement visés les actes réglementaires mais aussi les décisions individuelles si elles contiennent des principes ayant vocation à s'appliquer de manière générale. La différence entre les actes normatifs et les actes administratifs est néanmoins parfois difficile à cerner. Ainsi une interdiction individuelle d'exportation peut-elle selon le juge communautaire constituer un acte normatif[220].

D'autres interrogations subsistent. D'une part certaines notions méritent d'être précisées. Il en est ainsi de celle de violation suffisamment caractérisée du droit communautaire dont on peut se demander si elle ne recouvre pas les hypothèses de méconnaissance de « l'esprit » du texte ; alors qu'une telle interprétation pourrait avoir pour effet une contrainte sans doute excessive pour les Etats membres. Il en va de même de la condition tenant au dommage et à l'étendue de la réparation. Ainsi, la perte d'une chance pourrait-elle, de même que cela existe en droit français ou dans la majorité des Etats membres de l'Union, faire l'objet d'une compensation ? La réponse à cette question semble *a priori* devoir être négative dans la mesure où la responsabilité extra-contractuelle des Communautés ne peut être mise en cause qu'en cas de dommage certain, c'est à dire soit d'un dommage né et actuel, soit d'un dommage futur mais prévisible avec une certitude suffisante et exclut la perte d'une chance[221]. D'autre part, si le degré de certitude ou d'incertitude de la règle communautaire permet de conclure à l'existence ou non de la violation du droit communautaire, il paraît souhaitable que les éventuelles circonstances exonératoires pouvant être retenues à la décharge des Etats membres soient précisées ; certains membres de la Cour affirmant la nécessité de fautes excusables dans certaines hypothèses[222] tandis que la Haute juridiction communautaire, pour mettre en oeuvre la responsabilité des Etats, tient compte, alternativement ou cumulativement, de l'attitude des autres Etats membres[223] ou du bien fondé de la justification apportée par l'administration nationale à sa mauvaise exécution des règles communautaires[224]. Enfin, les domaines extra-contractuel et quasi-contractuel se sont vus appliquer un régime exactement similaire en 1991 puisque dans l'arrêt *Francovich*

---

[218] Sur ce point, cf. F. Fines, *Etude de la responsabilité extra-contractuelle de la communauté économique européenne*, préc., sp. p. 227.
[219] V. par exemple TPI, 15 avril 1997, Aloys Schröder c/ Commission des Communautés européennes, Aff. n°T 390/1994, *Rec.* p. II- 0501, concernant une épidémie de peste porcine.
[220] *Ibid.*
[221] Cf.*Ibid.*., p. 410 et s. et la jurisprudence citée.
[222] Cf. les conclusions de l'avocat général Philippe Léger sur l'affaire Hedley Lomas, Aff. C 5/94, préc., point 160. Selon l'avocat général en effet, l'Etat ne peut être tenu responsable des maladresses ou de l'obscurité des textes communautaires dont seuls le Conseil et la Commission sont comptables et que l'Etat ne fait qu'exécuter.
[223] Aff. jtes C 283, 291 et 292/94, Denkavit e. a., préc., point 51.
[224] Aff. C 5/94, Hedley Lomas, préc. point 29.

la Cour de Justice a adapté les principes posés pour la répétition de l'indu. Doit-on en conséquence considérer qu'aujourd'hui, dans la mesure où l'intervention communautaire dans le domaine de la responsabilité quasi-contractuelle est moindre que celle dont fait l'objet l'obligation de réparation des Etats en cas de violation du droit communautaire, qu'un alignement du degré d'intervention est possible voire souhaitable si l'on limite l'action en répétition de l'indu à une hypothèse de violation du droit communautaire ? Une réponse affirmative serait résolument hasardeuse. Un tel élargissement dépend en fait, tout d'abord, des nécessités communautaires et ensuite des questions préjudicielles posées à la Cour en ce domaine. Cette possibilité est théoriquement envisageable. L'autonomie institutionnelle et procédurale en matière de restitution de l'indu n'est, en effet, tolérée qu'à défaut d'intervention européenne et elle est même considérée par certains auteurs[225] ou au sein des plus Hautes juridictions nationales[226], comme ne pouvant avoir qu'un caractère provisoire dans la mesure où la limitation de l'intervention communautaire dans le domaine de la restitution de l'indu suscite encore certaines difficultés. Ainsi, aujourd'hui, il est possible aux ordres nationaux de limiter la période pouvant donner lieu à restitution en application du droit communautaire ; ce qui entraîne des différences de traitement entre les individus relevant de différents Etats membres et crée une différence avec les régimes de réparation dans les systèmes nationaux qui prévoient, en cas de responsabilité extra-contractuelle, généralement une réparation intégrale[227]. Pourtant la distinction entre les deux actions a depuis l'arrêt *Brasserie du Pécheur* été confirmée[228], de manière même souvent vive puisque l'avocat général Jacobs a qualifié ce dernier arrêt de non pertinent en matière de remboursement de taxe perçue en violation du droit communautaire dans la mesure où de par sa nature, la notion de remboursement est plus simple que celle d'indemnisation d'un préjudice[229]. Le régime de responsabilité pour violation du droit communautaire ne semble en conséquence absolument pas transposable aux hypothèses de restitution de l'indu. En tout état de cause, les deux actions ont des finalités bien différentes. L'action en répétition de l'indu a une vocation exclusivement économique tandis que l'évolution de la jurisprudence de la Cour de Justice traduit une approche plus *« citoyenne »* du droit communautaire. L'avenir de l'intervention de la Cour de Justice dans le domaine de la responsabilité quasi-contractuelle dépend toutefois des nécessités de la réalisation de l'Union et la question de l'élargissement de l'encadrement communautaire à l'action en répétition de l'indu demeure posée.

A ce jour, l'intervention de la Cour de Justice constitue l'ébauche d'un véritable régime commun de la responsabilité publique. Il est remarquable que jamais dans toute l'histoire de l'harmonisation des voies de droit nationales on ne soit allé aussi loin que dans le domaine de la responsabilité depuis les arrêts de 1996. Par ces décisions, la Cour a trouvé l'occasion à la fois de mettre les Etats face à leurs obligations et de préconiser

[225] V. not. F Hubeau, La répétition de l'indu en droit communautaire, *RTDE* 1981, p. 442.
[226] Cf. La répétition de l'indu communautaire, *Rapport de la Cour de Cassation*, 1994, La documentation française, p. 227.
[227] Cette lacune avait déjà été relevée à la fin des années soixante-dix par R. Kovar, Droit communautaire et droit procédural national, *CDE* 1977, p. 230.
[228] Cf par exemple CJCE, 17 juillet 1997, GT Link A/S v Danske Statsbaner DSB, Aff. C 242/95, *Rec.* p. I-4453.
[229] Concl. sous l'affaire C 242/95, préc., sp. points 169-170.

un renforcement de la protection des particuliers. Ainsi ce sont des barrières à la fois à la liberté d'action des membres de l'Union, et donc en deçà de l'édiction de normes communautaires, et à l'oeuvre de création d'obligations communautaires par la Haute juridiction, au delà de ces normes, qui ont été posées. Un tel encadrement a permis une clarification des actions et obligations de la Cour comme des Etats qui était souhaitable. Parallèlement, l'étau s'est resserré autour de ces derniers en vue de permettre la pleine effectivité du droit communautaire.

Ce régime commun pourrait gagner en efficacité, en légitimité et également en sécurité juridique si il faisait l'objet d'une codification écrite. Politiquement moins contestable, le dispositif ainsi mis en oeuvre profiterait à l'ensemble des ressortissants communautaires. Cette idée a été développée par certains Etats membres[230] et le groupe Sutherland sur le fonctionnement du marché intérieur lui même a, dès 1993, sollicité du législateur communautaire la mise en place d'un socle minimum de règles régissant les conditions d'engagement de la responsabilité des Etats membres en cas de violation du droit communautaire[231]. Cette initiative permettrait d'améliorer la mise en oeuvre du droit communautaire, via le consentement des Etats aux principes mis en oeuvre par la Cour du Kirchberg et de pallier les carences du mécanisme actuel de manquement qui prévoit un dispositif de paiement d'une astreinte ou d'une somme forfaitaire mais ne consacre en aucune manière un droit à réparation des particuliers devant la Cour, les montants prescrits ne bénéficiant qu'au budget communautaire. Une telle opération participerait enfin à la constitutionnalisation du système communautaire et permettait d'afficher sa cohérence. Envisager le principe d'une codification du droit de la responsabilité pour violation du droit communautaire est toutefois à double tranchant ; une procédure de codification pourrait amener certains Etats[232] à exprimer la volonté d'un remaniement de l'harmonisation qu'elle opère[233].

Il n'en demeure pas moins que l'intervention communautaire dans le domaine de la responsabilité publique par le biais de l'action en réparation en cas de violation du droit communautaire participe à la mise en place d'un système général de protection des particuliers. L'on peut y voir le signe que la protection des droits des individus est devenue une priorité des instances communautaires ; la citoyenneté communautaire impliquant la garantie de leurs droits. Elle permet d'entrevoir l'émergence de fragments d'un droit européen commun aux Etats membres en matière de responsabilité et implique de ce fait une adaptation des droits internes, soumis au respect des principes communautaires.

---

[230] La France a, pour sa part, proposé de fixer une échelle de sanctions afin d'harmoniser les dispositions nationales applicables en cas d'infraction au droit communautaire : Mémorandum de la présidence française de l'Union européenne sur les sanctions aux violations du droit communautaire et son application effective, Agence Europe, Vendredi 17 mars 1995, p. 2.

[231] Communication de la Commission au Conseil et au Parlement européen, Sec (92) 27 final, 2 décembre 1992.

[232] Conformément à la volonté de les faire participer activement à la détermination des politiques et des orientations communes : cf. le rapport du groupe de réflexion présidé par C. Westendorp en préparation à la conférence intergouvernementale de 1996, Bruxelles, 5 décembre 1995, § 120 et s.

[233] Cf. le mémorandum du Royaume-Uni concernant la Cour de Justice des Communautés européennes du 23 juillet 1996, présenté dans le cadre de la conférence intergouvernementale, CONF 3883/96, Supplément.

Toutefois si le droit communautaire induit une importante réduction de l'autonomie juridique nationale, il en va différemment du droit conventionnel.

§2- Une harmonisation velleitaire et un mecanisme a geometrie variable, reflet des difficultes conventionnelles

L'intervention du Conseil de l'Europe en matière de responsabilité publique procède de deux approches complémentaires.

La première, qui s'inscrit directement dans le cadre de la Convention européenne des droits de l'Homme vise à garantir les droits qu'elle affirme. Aussi, dans des domaines particulièrement sensibles situés au coeur même du mécanisme de protection européenne et soumis à un important risque de dommages imputables aux autorités étatiques, l'affirmation d'un droit à réparation a paru d'une évidente nécessité. L'intervention des organes conventionnels dans le domaine de la responsabilité publique répond alors au souhait d'accompagner les droits affirmés d'une protection sous forme de réparation pécuniaire. Le principe d'une réparation constitue dans ce premier cas la contrepartie de la violation d'un droit. Cette forme d'immixtion européenne n'est toutefois pas le seul signe de son ingérence dans le domaine de la responsabilité publique.

Le Conseil de l'Europe en effet vise la mise en place d'une union entre les peuples par la garantie de droits communs à un niveau supra-étatique et par le biais de divers travaux d'harmonisation des réglementations applicables aux individus, notamment dans le cadre de leurs rapports avec les administrations nationales[234]. Cette démarche a été appliquée au domaine de la responsabilité. C'est donc également afin de promouvoir une communauté de citoyens et d'éviter des divergences de traitement entre les particuliers trop affirmées que les organes de la Convention ont incité les Etats à mettre en place des règles minimales d'harmonisation dans ce domaine.

La responsabilité constitue une préoccupation réelle du droit conventionnel tant en ce qui concerne la réparation découlant de la Convention que l'harmonisation générale des conditions de mise en oeuvre de la responsabilité publique ; mais quel que soit le domaine, l'encadrement opéré est toujours minimal, par son contenu ou par sa portée.

A- Une tentative d'harmonisation limitee des conditions de mise en oeuvre de la responsabilite publique

L'intervention en matière de responsabilité n'est pas un phénomène récent pour le Conseil de l'Europe[235]. Les organes de Strasbourg s'interrogent régulièrement sur les moyens d'un rapprochement des dispositions internes relatives à la responsabilité de l'Etat, des collectivités publiques régionales et locales et plus largement de l'ensemble

---

[234] Le droit conventionnel a d'ailleurs instauré de véritables principes du droit administratif communs à l'ensemble des Etats : Direction des affaires juridiques, *L'administration et les personnes privées : principes de droit administratif concernant les relations entre les autorités administratives et les personnes privées : un manuel*, Strasbourg, Editions du Conseil de l'Europe, 1997.

[235] Ainsi, le premier colloque de droit européen organisé en 1969 avait-il pour thème la « réparation du préjudice moral » et visait à mettre en exergue les principes communs aux Etats membres dans ce domaine : *La réparation du préjudice moral*, 1er colloque de droit européen, Londres 21 et 25 juillet 1969, Strasbourg, Editions du Conseil de l'Europe, 1970.

des personnes publiques[236] afin d'éviter les distorsions entre les garanties individuelles en Europe. Aussi, des études approfondies ont été menées dès 1979 en vue de déterminer les règles de responsabilité qui sont ou devraient être communes aux Etats membres, en ayant dans une large mesure recours au droit comparé. La recherche ainsi mise en champ suppose une double démarche, analytique et prospective, et vise à inciter les Etats membres à mettre en place dans leurs systèmes de responsabilité des dispositions plus conformes à l'esprit du droit conventionnel. Cette initiative ambitieuse, qui s'applique à l'ensemble des victimes de dommages résultant d'une action de l'Etat, se caractérise par son aspect novateur et son champ particulièrement large qui en font un dispositif unique et à ce jour inégalé en matière d'harmonisation des droits nationaux de la réparation. Pour autant, sa portée est extrêmement limitée.

La recommandation du 18 septembre 1984[237] est à ce jour l'unique recommandation adoptée à la suite des travaux du comité d'experts en droit administratif du Conseil de l'Europe en vue d'harmoniser les droits nationaux de la responsabilité publique. Elle entend cette responsabilité comme « *l'obligation des pouvoirs publics de réparer les dommages causés par leurs actes, soit par une indemnisation, soit par tout autre moyen approprié* »[238]. Son champ d'intervention est vaste puisque l'ensemble de l'activité normative comme matérielle de l'administration s'y trouve soumis, que le dommage résulte d'actions causant un préjudice à un individu, d'omissions résultant du refus de l'administration de prendre une décision ou de l'abstention de l'administration d'exécuter un acte matériel. Elle vise donc à harmoniser les conditions de réparation des préjudices résultant des innombrables formes que peut revêtir l'activité de l'administration et de les soumettre au même régime juridique en passant outre les difficultés tirées de l'hétérogénéité des systèmes nationaux[239] en adoptant une position favorable aux particuliers. En effet, elle préconise, en cas de manquement par les autorités publiques à leurs obligations, un mécanisme de présomption de faute[240] sous réserve de circonstances limitatives ou exonératoires[241]. Elle consacre la socialisation des risques qui pourtant est ignorée dans certains Etats européens[242], en subordonnant alors la réparation à la preuve de trois conditions cumulatives : un préjudice anormal,

---

[236] *La responsabilité de l'Etat et des collectivités publiques régionales et locales pour les dommages causés par leurs agents et leurs services administratifs*, Actes du 9ème colloque de droit européen, Université de Complutense, Madrid, 2-4 octobre 1979, Direction des affaires juridiques du Conseil de l'Europe, Strasbourg, 1981.

[237] Recommandation R (84) 15 du comité des ministres des Etats membres relative à la responsabilité publique, adoptée par le comité des ministres le 18 septembre 1984.

[238] Recommandation R (84) 15, préc. Annexe, champ d'application et définitions, point 2.

[239] Pour un examen de l'hétérogénéité des systèmes nationaux en matière de réparation: *La responsabilité de l'Etat et des collectivités publiques régionales et locales pour les dommages causés par leurs agents et leurs services administratifs*, Actes du 9ème colloque de droit européen, Université de Complutense, Madrid, 2-4 octobre 1979, Editions du Conseil de l'Europe, 1981. Voir également l'étude dans le cadre des Etats membres des Communautés de F. Fines, *Etude de la responsabilité extra-contractuelle de la communauté économique européenne*, préc., p. 163 et s.

[240] L'Etat conserve la possibilité de prouver que la violation de la norme ne constitue pas un manquement à la conduite qu'il était tenu d'observer : Recommandation R (84) 15, préc. Annexe, champ d'application et définitions, point 20.

[241] Telles que la force majeure qui doit répondre aux mêmes caractéristiques qu'en droit français, le cas fortuit ou le fait d'un tiers : *Ibid.* point 30.

[242] Tel est le cas notamment en Grèce et, dans une moindre mesure au Royaume-Uni.

spécial, et exceptionnel. Elle affirme le droit à une réparation intégrale des préjudices pouvant faire l'objet d'une évaluation économique, réserve faite de la réparation fondée sur la socialisation des risques ainsi que le droit à un recours direct contre l'administration. Enfin, elle pose comme principe directeur commun aux Etats membres le droit à l'exécution de la condamnation de l'administration dans « *les plus brefs délais* »[243], ce qui aurait pu avoir pour conséquence d'inciter les Etats à mettre en place des mécanismes de solidarité financière avec les collectivités locales de taille réduite afin que l'indemnisation ne soit pas aléatoire.

Mais si la recommandation encadre la responsabilité publique afin d'aboutir à une communauté des règles applicables dans ce domaine, sa portée est limitée. En effet, il est délicat au niveau international d'obtenir un accord sur des points touchant à l'exercice des activités publiques en raison du concept de souveraineté cher à chaque Etat. Tel est d'autant plus le cas lorsque le document à élaborer vise la mise en cause directe des Etats, c'est à dire la sanction de leur comportement et a pour conséquence d'aggraver potentiellement l'état de leurs finances publiques. La portée de la recommandation relative à la responsabilité publique ne pouvait en conséquence qu'être réduite.

L'encadrement auquel elle procède en s'appuyant sur des principes communs est extrêmement relatif. Ainsi, les activités administratives, si elles sont appréhendées largement par la recommandation, ne tombent-elles pas toutes dans son champ et l'intégralité des dispositions régissant le droit de la responsabilité ne peut s'y trouver soumise. Les régimes spéciaux déterminés par d'autres engagements internationaux qui traduisent une volonté souveraine des Etats membres dans la conduite de leurs relations internationales en sont exclus, de même que les régimes particuliers consacrés dans la plupart des Etats européens qui concernent les services des postes, des télécommunications et des transports ainsi que les systèmes spéciaux de responsabilité internes aux forces armées.

L'encadrement de la responsabilité est surtout réduit par le large renvoi au droit interne auquel la recommandation procède. La détermination des préjudices indemnisables, le caractère du lien de causalité, tout comme les obligations devant être respectées par les autorités nationales, sont fixés au regard des règles applicables dans chaque système juridique, sans qu'aucune harmonisation soit réellement tentée dans ces domaines. Or ce refus de dirigisme juridique rend l'encadrement conventionnel trop timoré.

Cela d'autant plus que l'intervention du Conseil de l'Europe à travers une recommandation, seul moyen d'aboutir à un consensus dans un domaine aussi proche des préoccupations relatives à la souveraineté des Etats membres, est par nature incitative. En effet, une recommandation n'est pas un instrument de nature à exercer une influence contraignante, mais seulement une mesure qui propose à ses destinataires un comportement donné[244]. Bien qu'elle ait une certaine valeur[245], elle est dépourvue

[243] Recommandation R (84) 15, préc. Principes, point VI.
[244] Cf. Nguyen Quoc Dinh, P. Daillier, A. Pellet, *Droit international public*, 4ème édition, Paris, LGDJ, 1992, p. 366 et s.
[245] Cf. H. Golsong, Ouverture à la signature des Etats membres de conventions et d'accords adoptés au sein du Conseil de l'Europe in *Miscellanea W. J. Ganshof van der Meersch, Studia ab discipulis amicisque in honorem egregii professoris edita*, t 2, Bruxelles, Bruylant p. 151.

d'effet obligatoire. Tout au plus constitue-t-elle un moyen de pression politique et psychologique. Elle ne procède à la détermination de grandes orientations communes aux Etats membres qu'en vue de permettre aux gouvernements de s'inspirer dans leur droit et leur pratique des principes qu'elle énonce et d'examiner les dispositifs propres à assurer le respect de ces principes. Elle n'a qu'une portée programmatoire. Il était en conséquence inutile qu'elle procède à un encadrement précis du droit de la responsabilité publique, mais en contrepartie elle ne dispose pas de moyens pour imposer la mise en oeuvre concrète des principes qu'elle affirme.

La recommandation relative à la responsabilité publique n'a, on le voit, aucune influence directe et n'a qu'une influence indirecte limitée puisque plusieurs Etats membres du Conseil de l'Europe ont souhaité réserver, en tout ou en partie, leur droit de s'y conformer[246]. Il n'en demeure pas moins qu'elle peut constituer une base sérieuse d'harmonisation des droits nationaux et les réflexions sur le thème de la communautarisation des régimes de responsabilité publique dans le cadre du Conseil de l'Europe ne sont pas achevées[247], ce qui pourrait ouvrir un nouveau volet d'intervention.

Mais à côté du mécanisme d'harmonisation d'ensemble constitué par la recommandation R (84) 15, les organes de la Convention européenne des droits de l'Homme interviennent de manière plus précise, dans des domaines ponctuels.

B- DES HARMONISATIONS SPECIFIQUES A LA PORTEE REDUITE

Certains des droits garantis par la Convention, en raison de leur importance dans le quotidien des particuliers comme de la fréquence des atteintes dont ils peuvent faire l'objet, ont amené les rédacteurs de la Convention à accompagner leur affirmation d'une réglementation minimale de la réparation pesant sur les Etats membres lorsqu'ils sont méconnus. Il s'agit de la protection de la propriété privée et de celle de la liberté individuelle.

1) La réparation insuffisante des atteintes aux biens

L'article 1 du premier protocole additionnel à la Convention européenne des droits de l'Homme affirme le droit au respect des biens. La protection qui en découle s'est toutefois trouvée, dès sa création, limitée faute de droit à une indemnité. Aussi, la Cour européenne des droits de l'Homme après avoir longtemps refusé de tirer l'ensemble des potentialités de l'article 1 pour des motifs relatifs à la souveraineté des Etats[248] a, à l'occasion de l'affaire *Sporrong et Lönnroth*, affirmé que la protection des biens perdrait toute effectivité en l'absence de droit à une indemnisation accompagnant leur

---

[246] Ainsi, la Suède a réservé son droit de s'y conformer tandis que la Norvège et le Danemark ont fait porter leur réserve sur le mécanisme de responsabilité fondé sur l'équité.

[247] La preuve en est qu'un colloque sur ce thème s'est récemment tenu, sous les auspices du Comité des ministres XXVème colloque de droit européen, Oxford, 27-29 septembre 1995, *Pouvoir discrétionnaire de l'administration et problèmes de responsabilité*, cf. notamment la contribution de C. Harlow, *Pouvoir discrétionnaire et responsabilité publique*, Doc CJ-CE/XXV (95) 8.

[248] Contrairement à la position précédemment avancée par la Commission Req. n° 187C/63, R.F.A., *Ann.* VIII, p. 218.

réglementation ou la privation dont ils sont susceptibles de faire l'objet[249]. Cette affirmation correspond à une « *protection concrète* »[250], des biens des particuliers.

La Cour de Strasbourg a par la suite détaché le droit à indemnisation de la notion d'utilité publique et donc élargi le champ de l'obligation de réparation[251]. Cette dernière pourrait constituer une garantie importante en raison de l'acception large de la notion de bien qui fait office de « *norme balai* »[252]. Dans les faits elle n'est pourtant pas toujours une contrepartie réellement effective à la privation de propriété.

a- Une appréhension large du champ de la protection conventionnelle

La Cour comme la Commission européenne des droits de l'Homme ont fait preuve d'une interprétation constructive en assimilant aux biens tout élément économique du patrimoine.

Sont ainsi considérées l'ensemble des *privations de propriété* constitutives d'une emprise au sens du droit interne, c'est à dire toute « *atteinte portée par l'administration à la propriété privée immobilière s'analysant en une prise de possession* »[253], que celle-ci soit régulière ou non temporaire ou définitive. Les expropriations, qu'elles soient directes[254] ou indirectes[255] -notamment parce que résultant d'une situation de fait qui ne s'est pas concrétisée dans une procédure administrative - tombent donc dans son champ[256]. Plus largement, *toute réglementation de l'utilisation des biens* et surtout *toute attitude de l'Etat entraînant une limitation à la jouissance du bien* constitue une atteinte aux biens au sens de la Convention[257]. Ainsi en est-il du permis d'exproprier maintenu durant plusieurs années qui a pour effet une limitation dans l'usage du bien[258], du refus par l'Etat du concours de la force publique pour déloger un occupant sans titre d'un immeuble appartenant à un particulier[259] ou pour faire respecter les réglementations relatives au domaine public en cas d'occupation privative de ce dernier[260].

Il serait enfin possible que l'atteinte à un quelconque élément du patrimoine constitue à l'avenir une violation du droit au respect des biens. La jurisprudence actuelle considère, en effet, que chaque élément du patrimoine constitue un bien dès lors qu'il a

[249] CEDH, 23 septembre 1982, Sporrong et Lönnroth, série A n° 52. Elle a ultérieurement posé de manière plus large le principe du « *versement d'une compensation pour exproprier quiconque relève de la juridiction d'un Etat contractant [car] en l'absence d'indemnisation, la protection des biens ne bénéficierait que d'une protection largement illusoire et inefficace* », CEDH, 21 février 1986, James et autres, série A n° 98, § 54.

[250] B. Stern, Le droit de propriété, l'expropriation et la nationalisation dans la convention européenne des droits de l'Homme, *DPCI*., 1991, n° 3, p. 394.

[251] CEDH, 8 juillet 1986, Lithgow, série A n° 102, § 120.

[252] Selon l'expression du Professeur Sudre, La protection du droit de propriété par la Cour européenne des droits de l'Homme, *D.* 1988, chro. p. 71.

[253] G. Cornu, *Dictionnaire juridique*, Association H. Capitant, P.U.F., Paris, 1987.

[254] CEDH, 24 novembre 1994, Beaumartin, série A n° 296-B.

[255] Not., CEDH, 9 décembre 1994, Les saints monastères c/ Grèce, série A n° 301-A.

[256] CEDH, 24 juin 1993, Papamichapoulos, série A n° 260-B.

[257] Sur la notion d'atteinte au droit de propriété et sur la qualification de l'atteinte, J.-F. Struillou, *Protection de la propriété privée immobilière et prérogatives de puissance publique*, Paris, L'Harmattan, 1996, pp. 43-56.

[258] CEDH, 23 septembre 1982, Sporrong et Lönnroth, série A n° 52.

[259] V. par exemple Req. n° 19053/91, Raymond Hayot c/ France, décision du 27 juin 1994, inédit ; CEDH, 23 septembre 1995, Scollo c/ Italie, série A ° 315-B ; CEDH, 23 septembre 1995, Spadea et Scalabrino c/ Italie, série A n° 315-C.

[260] Req. n° 15891/90, décision du 13 février 1992, G. Epler c/ France, inédit.

une valeur économique appréciable, qu'il représente un bien faisant partie de façon actuelle et inconditionnelle de la sphère juridique du particulier intéressé et qu'il se rapporte à un objet matériel ou immatériel déterminé et identifiable. Les créances des individus, et donc notamment les droits à réparation qu'ils tirent des dommages causés par les autorités étatiques, dès lors qu'elles remplissent ces trois conditions, peuvent donc bénéficier de la protection accordée par la Convention européenne. Ne rentrent certes pas dans son champ les créances, par nature incertaines, que les particuliers escomptent de l'aboutissement d'une action en réparation, à la différence de celles qui, déjà prononcées par une autorité juridictionnelle ou par une instance arbitrale, font ultérieurement l'objet d'une atteinte de la part de l'administration nationale[261]. Aussi l'article 1 du premier protocole additionnel absorbe-t-il une part importante du contentieux de la responsabilité quasi-contractuelle : un individu peut, sur la base de l'atteinte au droit au respect des biens obtenir le reversement d'une somme dont il aurait été privé à tort. Mais les créances en réparation qui naissent dès la survenance du dommage sans qu'il y ait de doute sur le sens de la décision juridictionnelle les constatant bénéficient de sa protection[262].

L'intervention conventionnelle dans le domaine de la protection de la propriété individuelle entraîne deux types de garanties pécuniaires pour les individus. Ceux-ci bénéficient d'une *garantie interne en matière d'indemnisation* dans la mesure où les Etats membres ont depuis l'arrêt *Sporrong et Lonnröth* l'obligation de mettre en place un processus de réparation en cas d'atteinte aux biens assimilable à une privation de propriété. Un manque total d'indemnisation ne peut se justifier que dans des circonstances exceptionnelles[263]. Les modalités d'indemnisation prévues au niveau étatique doivent d'ailleurs permettre aux particuliers de faire valoir leurs droits face à l'Etat ; aussi le droit au respect des biens, analysé comme un droit de caractère civil, ouvre le bénéfice du procès équitable prévu par l'article 6 par. 1. La seconde garantie est constituée par la *possibilité pour les particuliers de solliciter la condamnation de l'Etat sur le fondement de l'article 1 du premier protocole additionnel*, lorsque la réglementation ou les atteintes à la propriété rompent l'équilibre entre les intérêts de l'Etat et ceux des particuliers, ce qui conduit la Cour à contrôler le niveau de la réparation octroyée.

Au cas où les autorités internes ne respecteraient pas, dans l'octroi de cette indemnisation, le juste équilibre entre l'atteinte aux biens et le dédommagement financier accordé aux particuliers, une action en responsabilité devant la Cour est ouverte[264]. C'est d'ailleurs en cas d'atteinte au respect des biens que la Cour fixe les

---

[261] Ainsi, l'intervention du législateur pour s'opposer à l'exécution d'une sentence arbitrale définitive enjoignant à l'Etat de verser une indemnité constitue-t-elle une ingérence dans le droit de propriété, CEDH, 9 décembre 1994, Stran et Stratis Andreadis c/ Grèce, série A n° 301-B, § 42.

[262] V. également CEDH, 20 novembre 1995, SA Pressos Naviera Compania, série A n° 332, § 31.

[263] Par exemple CEDH, 9 décembre 1994, Les saints monastères de Grèce, série A n° 301-A, § 71.

[264] A travers la satisfaction équitable. Pour une illustration de notre propos et une étude de la démarche suivie par la Cour, v. V. Berger, La jurisprudence de la Cour européenne des droits de l'homme relative à l'article 1 du protocole n° 1, in *Il diritto di proprieta nel quadro dei diritti dell'uoma*, institut international d'études des droits de l'homme, Padoue, CEDAM, 1989, p. 39, sp. p. 47 et s.

réparations aux plus hauts niveaux[265], même si leur évaluation se révèle parfois délicate[266].

En raison de la conception large des biens et de la position de la Cour en matière de droit à réparation, on pourrait supposer que celui-ci est consubstantiel à toute atteinte, quelle que soit sa nature ou son degré, au droit de propriété[267]. Or tel n'est pas le cas. La garantie constituée par l'indemnisation en cas d'atteinte aux biens telle qu'elle est actuellement prévue dans la jurisprudence est en fait doublement insuffisante.

b- L'insuffisance de la protection conventionnelle

Le principe d'une indemnisation en cas de privation par l'Etat du droit de propriété n'a pas été transposé à l'ensemble des atteintes aux biens puisque d'une part la jurisprudence de la Cour rejette le bénéfice automatique d'une indemnisation en tant que corollaire d'une ingérence dans le droit de propriété et d'autre part le contrôle qu'elle pratique sur l'étendue de la réparation devant être accordée en cas d'atteinte aux biens est extrêmement limité.

• L'insuffisance de l'étendue de l'obligation de réparation

Le droit à une indemnité en cas d'ingérence dans le droit de propriété des particuliers n'a qu'une portée limitée dans la mesure où la Cour distingue les privations et les atteintes excessives au droit de propriété.

En cas de privation de propriété, l'indemnisation est considérée comme un principe[268] sans doute parce que le principe d'une indemnisation-corollaire de la dépossession est généralement admis dans les Etats membres du Conseil de l'Europe[269]. Mais, dans la mesure où de nombreux Etats européens limitent l'étendue de la réparation en maintenant certains îlots d'irresponsabilité, une distinction a nécessairement été établie, en ce qui concerne leur régime indemnitaire, entre les privations et les autres atteintes au droit de propriété qui ne donnent, pour leur part, lieu à une réparation que de manière très occasionnelle.

La conception des privations de propriété par la Cour de Strasbourg est, en outre, relativement stricte puisqu'elles résultent, selon elle, de la rupture du lien de propriété et concernent donc les nationalisations, les expropriations ou les confiscations. En revanche, en l'absence d'une telle rupture mais lorsque le contenu du droit de propriété

---

265 Voir notamment : J.-F. Flauss, La banalisation du contentieux indemnitaire devant la Cour européenne des droits de l'homme, *RTDH* 1996, p. 93 et P. Frumer, La réparation des atteintes aux droits de l'homme internationalement protégés - Quelques données comparatives, *RTDH* 1996 p. 329.

266 Ainsi a-t-elle décidé à l'occasion de l'affaire Sporrong et Lönnroth préc., § 32 que *« le préjudice subi comporte des éléments indissociables dont aucun ne se prête à un calcul exact. La Cour les apprécie dans leur ensemble et en équité ».*

267 C'est l'opinion exprimée par Frédéric Sudre, La protection du droit de propriété par la Cour européenne des droits de l'homme, *D.* 1988, Chro. p. 11.

268 V. CEDH, 8 juillet 1986, Lithgow, série A n° 102, § 120.

269 CEDH, 21 février 1986, série A n° 98, James et autres, § 54 ; Rapport du 11 mai 1984, J.N.C. James et autres c/ R.-U., § 137.

n'a été que réduit, la qualification ne peut trouver à s'appliquer[270] et l'obligation de réparation du rang de principe passe à celui d'éventualité.

La protection assurée par les organes de la Convention est d'autant plus insuffisante que la réparation, si elle est logiquement le corollaire du préjudice subi en cas de privation de propriété, n'est peut-être pas, si l'on suit le raisonnement développé par la Cour de Strasbourg depuis un peu plus d'une dizaine d'années, absolument nécessaire. Celle-ci a certes affirmé à de nombreuses reprises que, dans une telle hypothèse, l'absence de droit à indemnité est susceptible de fausser l'équilibre entre les droits individuels et l'exercice de ses prérogatives par l'Etat, mais elle a considéré que l'atteinte à la propriété peut être considérée comme légitime si les requérants ont eu la possibilité *soit* de réclamer l'abrègement des délais, *soit* de demander réparation[271]. La présence conjointe de ces deux garanties n'est donc pas requise. La Commission a d'ailleurs estimé que le droit à indemnisation en cas de dépossession ne résulte de l'article 1 que dans la mesure où l'indemnisation *peut être nécessaire* à la préservation du rapport adéquat de proportionnalité entre l'ingérence dans les droits de l'individu et l'utilité publique[272]. L'indemnisation n'est donc pas automatique et il ne peut y avoir de violation de l'article 1 due à l'absence ou à l'insuffisance d'une indemnisation que si l'existence d'une disproportion réelle et grave est clairement établie[273]. En conséquence, il a pu être affirmé qu'une atteinte à la substance du droit de propriété constituant une violation de la propriété sans versement d'indemnité peut être déclarée licite par la Cour, dès lors qu'elle n'entraîne pas un déséquilibre entre les mesures prises dans l'intérêt public et la protection du droit de propriété du requérant[274]. L'indemnisation n'est un droit que lorsqu'elle est nécessaire au respect d'un rapport adéquat de proportionnalité entre l'ingérence dans le droit de l'individu et l'utilité publique[275] ; la proportionnalité étant alors largement entendue.

Cette interprétation de la notion d'indemnité compensatrice de la dépossession a été bien comprise par la Cour administrative d'appel de Paris qui, à l'occasion d'une série d'affaires portant sur la compatibilité de l'indemnisation des français dépossédés en Algérie avec l'article 1 du premier protocole additionnel, a estimé qu'en proportionnant l'indemnité versée à la valeur des biens puis en limitant son montant eu égard aux ressources que la collectivité territoriale pouvait raisonnablement y consacrer, le dispositif d'indemnisation était conforme à la conception européenne du droit au respect des biens[276].

En cas de réglementation de l'usage des biens ou d'atteinte à la propriété non constitutive d'une privation, la place qui est accordée à la réparation est résiduelle puisque la Cour ne vérifie pas si les Etats membres ont effectivement versé une indemnité ; une telle réparation n'étant alors pas une implication de l'article 1 du

---

[270] Sur ce point, v. L. Condorelli, L'article 1 du protocole additionnel, in L.E. Petitti, *La convention européenne des droits de l'Homme article par article*, Paris, Economica, 1995, p. 971 et s.

[271] Arrêt Sporrong et Lönnroth, 23 septembre 1982, série A n° 52.

[272] Rapport de la commission adopté le 11 mai 1984, J.N.C. James et autres c/ R.-U., § 139.

[273] *Ibid.*

[274] J.-F. Struillou, *Protection de la propriété privée immobilière et prérogatives de puissance publique*, préc., p. 419 et s., à propos de l'arrêt Wiesinger, préc.

[275] G. Cohen-Jonathan, *La Convention européenne des droits de l'homme*, Paris, PUAM-Economica, 1989, p. 526.

[276] Parmi de très nombreuses affaires : CAA Paris, 11 juillet 1996, Raoux, *Lebon* T p. 1148.

premier protocole. En conséquence, elle a refusé d'affirmer que toute atteinte aux biens donnait la possibilité d'une action en responsabilité contre l'Etat et a renvoyé, sur ce point, au droit interne. Des particuliers se plaignant de l'absence de recours ou du rejet de leur action en réparation pour des atteintes non constitutives de privation de propriété ont donc vu leurs demandes rejetées, faute de droit à indemnisation au niveau interne[277] ou faute de créance identifiable[278].

Elle peut, en revanche, accorder une réparation sur la base de la satisfaction équitable au cas où l'atteinte aux biens serait disproportionnée par rapport au but poursuivi. Mais les hypothèses dans lesquelles elle a statué en ce sens sont limitées. En effet, la Cour considère que les autorités nationales jouissent d'une large marge d'appréciation dans la recherche du juste équilibre entre l'intérêt général de la communauté et les exigences de la protection des droits fondamentaux de l'individu. Ainsi, elle a admis qu'une interdiction de construire pendant une très longue durée pouvait être justifiée par la nécessité d'aménager une zone[279] sans que l'octroi d'une réparation soit nécessaire en l'absence de rupture de l'équilibre entre l'intérêt public et celui du particulier. De même, le désistement d'une procédure tendant à l'expropriation ne peut justifier la condamnation à une satisfaction équitable par la Cour dès lors que la renonciation par l'Etat était légitime[280]. La protection des atteintes au droit de propriété est donc moins bien assurée par la Convention que par le droit français puisque le Conseil d'Etat accepte dans cette dernière hypothèse d'engager la responsabilité sans faute de l'administration[281]. Le contrôle sur les restrictions à l'usage des bien semble néanmoins s'accroître puisque la Cour de Strasbourg a récemment considéré que le fait pour les autorités françaises d'avoir limité l'usage d'un attribut du droit de propriété, en l'occurrence le droit de chasse, était contraire à l'article 1 du protocole 1, faute de contrepartie suffisante et notamment de contrepartie pécuniaire pour les propriétaires[282]

• L'insuffisance du contrôle de l'indemnisation

Cette insuffisance se traduit tout d'abord en ce qui concerne le contrôle du niveau de l'indemnisation. S'il convient d'éviter toute *disproportion manifeste* entre la valeur du bien objet de la mesure de privation et celle de l'indemnité octroyée[283], la somme versée par l'Etat en cas d'atteinte à la propriété ne doit être que raisonnablement en rapport avec la valeur du bien[284]. L'indemnisation ne doit donc pas nécessairement être intégrale[285]. Elle peut en outre être limitée par des objectifs d'utilité publique[286] ;

---

[277] Req. n° 12810/87, Lars Lorenius c/ Suède, décision sur la recevabilité du 18 janvier 1989, *DR* 59, p. 172 ; Req. n° 20944/92, S. c/ France, décision sur la recevabilité du 20 février 1995, *DR* 85, p. 80, CEDH, 24 novembre 1994, Beaumartin, série A n° 296-B.

[278] Req. n° 11250/84, Giuseppe Azzi c/ Italie, décision sur la recevabilité du 14 décembre 1987, *DR* 69, p. 57. La Commission a, là, considéré que le refus de réparation par la juridiction nationale fondée sur l'absence de preuve d'un dommage impliquait l'absence de créance au bénéfice du requérant.

[279] CEDH, 25 octobre 1989, Allan Jacobsson c/ Suède, série A, n° 163.

[280] Req. n° 10537/83, Väinö Uskela c/ Suède, Rapport établi par la Commission le 16 juillet 1987, *DR* 61, p. 5 ; CEDH, 24 avril 1996, Phocas c/ France, *Recueil des arrêts et décisions* 1996-II, p. 519.

[281] CE, Sect. 23 décembre 1970, Farsat, *Lebon* p. 790.

[282] CEDH, 29 avril 1999, Chassagnou c/ France, non encore publié, § 82.

[283] Lithgow c/ R.-U., Rapport de la Commission, § 90.

[284] CEDH, 21 février 1986, James et autres, série A n° 98 ; CEDH, 8 juillet 1986, Lithgow, série A n° 102, § 121.

[285] CEDH, 21 février 1986, James et autres, préc., § 54.

aussi, son niveau peut différer sous réserve du respect d'un juste équilibre, selon la forme de la privation et donc selon qu'il s'agit d'une nationalisation ou de toute autre forme de privation de propriété[287].

La notion d'indemnité raisonnable n'est pas seulement variable compte tenu de la situation à laquelle elle s'applique. Elle est également fluctuante voire minimale dans son contenu dans la mesure où elle recouvre des hypothèses dans lesquelles le dédommagement offert aux particuliers est loin de compenser intégralement le préjudice subi[288].

Outre le niveau de l'indemnisation, le juge européen s'est octroyé le pouvoir de contrôler les modalités de détermination de l'indemnité et donc les bases de calcul appliquées par l'Etat pour fixer cette dernière ; ce qui lui permet de rétablir ainsi l'équilibre entre l'intérêt général justifiant la privation de propriété et le respect des biens individuels. Mais ce contrôle demeure extrêmement limité car la Cour se borne à rechercher si les modalités choisies excèdent la large marge d'appréciation dont les Etats jouissent en la matière[289]. Ainsi, a-t-elle accepté le remboursement des seuls terrains et non des biens sis sur ces terrains[290]. Elle ne censure donc l'indemnisation accordée que si cette dernière est manifestement dépourvue de base raisonnable[291]. Cet état de fait a amené M. Struillou à affirmer que les Etats bénéficient d'un large pouvoir discrétionnaire dans la détermination des méthodes d'évaluation à appliquer pour fixer le montant de l'indemnité en cas de privation de propriété, ce qui rend le contrôle de la Cour insignifiant[292].

Néanmoins cette attitude semble évoluer et si elle n'a toujours pas précisé quelles devaient être les modalités du calcul de l'indemnisation, la Cour européenne des droits de l'Homme a posé des jalons à la liberté des Etats. A l'occasion de deux affaires récentes, elle a notamment décidé que la présomption irréfragable existant en droit grec selon laquelle la plus-value tirée de travaux d'aménagement routier constitue une compensation suffisante de la dépossession qui a permis leur réalisation emporte violation de l'article 1 du premier protocole additionnel[293]. Dans ces affaires, la Cour de Strasbourg a insisté sur le fait que le système en cause ne tient aucunement compte de la diversité des situations, notamment en ce qui concerne la nature des travaux ou la configuration des lieux, pour le considérer comme manifestement dépourvu de base raisonnable. C'est donc à la fois l'absence de possibilité d'apporter la preuve de l'absence de profit, et donc le caractère irréfragable, et même arbitraire, de la présomption ainsi mise en oeuvre qui a été critiqué, mais également le défaut d'adaptation entre le préjudice souffert par les particuliers et sa réparation ; réparation

---

[286] CEDH, 21 février 1986, James et autres, préc. § 54 ; CEDH, 8 juillet 1986, Lithgow, préc., § 121.

[287] CEDH, 21 février 1986, James et autres, préc. ; CEDH, 8 juillet 1986, Lithgow, préc..

[288] V. CEDH, 21 février 1990, Hakansson et Sturesson c/ Suède, série A, n° 171-A.

[289] CEDH, 21 février 1986, James et autres, préc., § 54.

[290] *Ibid.*

[291] CEDH, 8 juillet 1986, Lithgow, série A n° 102, § 122. Voir l'opinion en partie dissidente de Mme Binddschedler-Robert, de Ms. Gölcüklü, Pinheiro-Farinha, Pettiti, Spielmann.

[292] Cf. J.-F. Struillou, *Protection de la propriété privée immobilière et prérogatives de puissance publique;* préc. sp. p. 467 et s.

[293] CEDH, 15 novembre 1996, Katikaridis et autres c/ Grèce, *Recueil des arrêts et décisions* 96-V, p. 1673 ; CEDH, 5 novembre 1996, Tsomtsos et autres c/ Grèce, *Recueil des arrêts et décisions* 96-V, p. 1699.

qui était identique quelle que soit l'étendue de la dépossession et ne procédait pas du paiement d'une somme d'argent. Ce dernier point doit nous amener à une remarque. La Cour européenne des droits de l'Homme a réaffirmé, à l'occasion de ces affaires, l'exigence d'une certaine *cohérence et d'un équilibre* ; même si cette notion, on l'a vu, est relative, entre l'atteinte au patrimoine et sa réparation. Elle n'est pas revenue sur la question du *quantum* de la réparation et n'a pas exigé que celui-ci soit équivalent à la valeur marchande du bien concerné, mais *« en rapport »* avec l'ampleur du préjudice allégué[294]. Cependant, elle a mis l'accent sur la *nécessaire appréciation des situations particulières* dans le cadre d'une indemnisation. Il n'est donc pas possible de fixer, *in globo*, un mode de réparation forfaitaire sans tenir compte de situations catégorielles dans l'hypothèse d'une dépossession. Là se trouve la première barrière posée à la liberté des Etats dans la détermination des modalités d'indemnisation des privations de propriété. Peut-on désormais considérer que la Cour européenne des droits de l'Homme exige un calcul particularisé du montant de la réparation pour chaque privation de propriété ? Il paraît plutôt que l'exigence dont elle semble délimiter les contours soit celle d'une distinction selon les *modalités de la dépossession* afin d'éviter des disproportions manifestes, sans qu'elle exige que chaque situation soit traitée individuellement[295].

Cette tendance à l'accroissement du contrôle de la Cour sur les prérogatives nationales par le biais de l'article 1 du premier protocole additionnel a été confirmée puisqu'elle a affirmé que l'indemnisation ne peut constituer une réparation adéquate de nature à permettre un juste équilibre entre la sauvegarde du droit de propriété et les exigences de l'intérêt général que dans l'hypothèse où elle prend en considération le dommage tenant à la durée de la privation[296] et qu'elle doit intervenir rapidement ou à tout le moins être actualisée, c'est à dire que l'indemnisation doit tenir compte de la dépréciation monétaire[297] ou de l'inflation[298] produite entre la date du transfert de propriété et celle du versement de la réparation.

Ces positions récentes ne constituent qu'une étape dans le mouvement vers l'encadrement des systèmes nationaux de réparation pour privation de propriété ; cela d'autant plus que le droit au respect des biens a vocation à être toujours plus fréquemment invoqué par les particuliers dans le cadre de contentieux pécuniaires.

2) La faible harmonisation de la réparation des atteintes à la liberté individuelle

La protection de la liberté individuelle est au coeur du mécanisme de la Convention européenne des droits de l'Homme. En effet, l'objectif de préservation des individus face à l'arbitraire explique, dans la mesure où cet arbitraire se traduit dans des situations extrêmes par des internements ou des détentions injustifiés, que l'attention des auteurs de la Convention se soit tournée vers ce domaine. Mais le droit conventionnel ne s'est

---

[294] CEDH, 5 novembre 1996, Tsomtsos et autres c/ Grèce, préc.

[295] La Cour affirme ainsi qu'un tel système, qui ne tient aucunement compte de la diversité des situations est manifestement dépourvu de base raisonnable et rompt nécessairement à l'égard d'un grand nombre de propriétaires le juste équilibre devant régner entre la sauvegarde du droit au respect des biens et les exigences de l'intérêt général.

[296] CEDH, 21 février 1997, Guillemin c/ France, *Recueil des arrêts et décisions* 97-I, p. 149, § 54.

[297] CEDH, 9 juillet 1997, Akkus, *Recueil des arrêts et décisions*, 1997-IV, p. 1300.

[298] CEDH, 23 septembre 1998, Aka c/ Turquie, *Recueil des arrêts et décisions*, 1998-VI, p. 2668.

pas contenté de prohiber les atteintes à la liberté individuelle. Il lui est apparu nécessaire de prévoir, au niveau européen, une obligation de réparation dans deux hypothèses particulières : en cas de détentions irrégulières et d'erreurs judiciaires.

a- La réparation des détentions irrégulières

Afin d'éviter les dérives autoritaires, l'article 5 de la Convention européenne des droits de l'Homme encadre la détention entendue de manière particulièrement large sous réserve d'une réelle privation de liberté et non d'une simple restriction, la frontière entre les deux notions étant souple et évolutive[299] ; cette détention pouvant avoir lieu dans le cadre de poursuites pénales[300], de la police des aliénés[301] ou de celle des étrangers. L'article 5 prévoit surtout un droit à réparation pour toute victime d'une arrestation ou d'une détention contraire à ses dispositions[302]. C'est ainsi le principe d'un recours en réparation en droit interne en cas de détention irrégulière qui est posé. Les conditions de ce droit à réparation, qui ont fait l'objet de précisions par la Cour et la Commission européenne des droits de l'Homme, encadrent les régimes de responsabilité qui correspondent à une telle hypothèse[303] ; ce qui aboutit à la mise en place d'un standard commun de la réparation des dommages alors subis. Pour autant, il serait exagéré de conclure à la complète mainmise du droit européen sur le droit national dans ce domaine.

Le dispositif de réparation prévu par la Convention ne donne aucun droit aux individus de voir leurs demandes aboutir[304] mais impose de donner à la victime d'une arrestation ou d'une détention illicite au regard du droit interne ou conventionnel, la possibilité juridique d'introduire une demande en réparation contre le responsable, quand bien même la Convention n'aurait pas été incorporée dans le droit interne[305]. Surtout, les organes de la Convention s'accordent un droit de regard sur les droits nationaux afin de contrôler l'effectivité et la qualité du droit à réparation[306].

---

[299] Ainsi le placement d'étrangers en zone d'attente constitue une restriction de liberté dans la mesure où ceux-ci ont la possibilité de rembarquer à tout moment en direction d'une autre destination ; mais cette possibilité étant fortement théorique, le placement en zone d'attente a été assimilé par la Cour à une privation de liberté : CEDH, 25 juin 1996, Amuur c/ France, *Recueil des arrêts et décisions* 1996-III, p. 826, § 42 et s.

[300] Arrêt du 29 février 1988, Bouamar c/ Belgique, série A n° 129, §47.

[301] Arrêt du 27 septembre 1990, Wassink c/ Pays-Bas, série A n° 185-A ; Req. n° 24196/94 Mary O'Reilly c/ Irlande du 22 janvier 1996, *DR* 84, p. 72.

[302] Art. 5 par. 5: *« Toute personne victime d'une arrestation ou d'une détention dans des conditions contraires aux dispositions de cet article a droit à réparation ».*

[303] Il s'agit notamment en droit français de l'article 149 CPP et plus généralement du système d'indemnisation des dommages résultant d'une voie de fait.

[304] Sur ce principe, cf. notamment CEDH, 27 septembre 1990, Wassink c/ Pays-Bas, série A, n° 185-A ; Req. n° 25338/94, A.R. c/ Danemark, décision du 28 février 1996, inédit.

[305] Aff. Brogan, Arrêt du 29 novembre 1988, série A n° 145-B.

[306] Req. n° 9920/82, M.G. Naldi c/ Italie, décision du 13 mars 1984, *DR* 37, p. 75, point 16. V. également Robert Malcom Weeks c/ R.-U., Req. n° 12000/86, décision du 10 juillet 1989, *DR* 61, p. 163. Ainsi, le dispositif italien a été condamné comme ne répondant pas de manière certaine aux exigences de cet article (Req. n° 9920/82, M.G. Naldi c/ Italie, préc.). Par la suite, la législation italienne a été modifiée : articles 314 et 315 du nouveau Code de procédure pénale italien entré en vigueur le 24 octobre 1989 ; Rés. DH (90) 13 du 14 mai 1990. Pour le mécanisme britannique de réparation en cas d'internement psychiatrique non justifié (Req. n° 24196/94, Mary O'Reilly c/ Irlande, décision du 22 janvier 1996, *DR* 84, p. 72) et pour le mécanisme turc : CEDH, 26 novembre 1997, Sakik et autres c/ Turquie, *Recueil des arrêts et décisions*, 1997-VII, p.2609.

Pour autant, le droit conventionnel n'a pas réellement encadré le régime de la responsabilité pour détention irrégulière. En réalité il accepte que de nombreuses règles de procédures susceptibles d'aboutir à des conséquences extrêmement diverses en termes de droit à réparation, telles que le délai de recours, soient laissées à l'entière discrétion des Etats ; ce qui peut nuire à l'effectivité de la réparation. Mais c'est particulièrement en ce qui concerne le contrôle du niveau de l'indemnisation que sa tolérance à l'égard des droits nationaux est importante. En cas de recours portant sur la question de savoir si le dédommagement accordé par les instances nationales est suffisant, son contrôle ne vise, en effet, qu'à s'assurer qu'aucun abus n'a été commis. Ainsi, si le recours en responsabilité du fait d'une détention injustifiée doit être effectif, le montant de la réparation accordée doit, lui, être adéquat. Or la Commission a une conception relativement large de la notion de réparation adéquate. Ainsi discute-t-elle rarement son *quantum* [307] et accepte-t-elle que la réparation soit fixée à un niveau relativement bas, à condition qu'il ne soit pas négligeable ou insignifiant[308]. De ce fait, dans la mesure où l'article 5 par. 5 ne fait référence à aucun montant précis, celui-ci peut être très inférieur aux taux habituellement accordés par les organes nationaux tout en étant conforme à la Convention[309]. Enfin, la réparation peut, dans certains cas, ne pas être nécessaire puisque la Haute juridiction européenne a estimé que, lorsque la durée de la détention provisoire a été imputée en entier sur la peine prononcée, il n'y a pas lieu d'octroyer une indemnité alors même que la détention contrevenait aux impératifs de l'article 5[310].

Il n'est certes pas actuellement indispensable que les organes européens harmonisent l'intégralité des règles de la réparation des erreurs judiciaires. La désignation de la juridiction compétente et celle de la personne responsable peuvent relever du seul droit interne sans qu'en découle un danger pour la protection des particuliers. Mais en acceptant que les droits nationaux limitent son effectivité, le droit conventionnel perd de son intérêt. Ainsi l'article 5 par. 5 est-il rarement invoqué devant les juridictions françaises. Il l'est d'autant moins que le dispositif qu'il prévoit est dépassé dans certains Etats tels que l'Italie[311], l'Allemagne[312] et la France[313]. L'on pourrait donc envisager une réorientation de la position des organes de Strasbourg et un élargissement des hypothèses dans lesquelles la responsabilité publique peut être engagée du fait d'une détention irrégulière à toutes les situations dans lesquelles il est manifestement injuste de faire supporter à la seule personne lésée le dommage, que la détention soit régulière ou non .

---

[307] Cf. par exemple Req. n° 10668/83, E. c/ Autriche, décision du 13 mai 1987, *DR* 52, p. 177.

[308] Cette condition a d'ailleurs été bien comprise par le juge judiciaire qui a considéré que la méconnaissance des principes fixés par l'article 5 de la Convention ouvre droit à une réparation sur le fondement de l'article 5 par. 5 qui ne saurait être satisfaite par l'allocation d'une indemnité symbolique, en l'espèce un franc, CA Paris, 5 juillet 1996, Agent judiciaire du trésor c/ Csorts Petit, *GP* 1998, I, p. 100.

[309] Req. n° 28779/95, Tara Cumber c/ R.-U., décision du 27 novembre 1996, inédit.

[310] CEDH, 26 juin 1991, Letellier c/ France, série A n° 207.

[311] Req. n° 9920/82, M.G. Naldi c/ Italie, Rapport du 11 mai 1985, *DR* 42, p. 63.

[312] Req. n° 7629/76, Heinz Krzycki c/ R.F.A., décision du 14 juillet 1977, *DR* 9, p. 175.

[313] Le droit français prévoit l'indemnisation des personnes soupçonnées d'avoir commis des faits délictueux dès lors qu'elles ont fait l'objet d'une mesure de détention provisoire et que la procédure s'est achevée par une décision de relaxe, de non-lieu ou d'acquittement devenue définitive.

b- La réparation des erreurs judiciaires

Les erreurs judiciaires peuvent justifier, en raison des conséquences dramatiques qu'elles entraînent pour les particuliers, la mise en oeuvre de la responsabilité publique[314]. Aussi l'article 3 du protocole additionnel n°7 organise, au niveau conventionnel européen, un véritable droit à réparation pour les victimes d'erreurs judiciaires[315]. Quatre conditions doivent être cumulativement remplies pour que cette disposition soit applicable. Le particulier doit avoir été reconnu coupable d'une infraction pénale de manière définitive, c'est à dire par une décision insusceptible des voies de recours ordinaires[316] et avoir subi une peine, sans qu'il s'agisse nécessairement d'un emprisonnement et *a fortiori* sans nécessairement que celle-ci soit réellement effectuée, à la suite d'une condamnation. Il est ensuite nécessaire que sa condamnation soit annulée ou qu'elle bénéficie d'une grâce en raison de la survenance d'un événement nouveau ou nouvellement prouvée et que la non révélation en temps utile du fait inconnu ne lui soit pas imputable. Les particuliers victimes d'erreur judiciaire tirent de la Convention un droit à réparation, dès lors que les quatre conditions ci-dessus mentionnées et nécessaires à la mise en oeuvre de la responsabilité publique sont réunies, et cela quand bien même la loi ou l'usage en vigueur ne le prévoiraient pas[317]. Cet encadrement respecte à la fois les droits des particuliers et les intérêts étatiques. Il est en effet logique qu'aucun droit à réparation ne soit ouvert s'il est prouvé que la non-révélation en temps utile d'un fait inconnu faisant apparaître une erreur judiciaire est imputable, en tout ou en partie, à la personne condamnée, conformément aux hypothèses classiques d'exonération de la responsabilité des personnes publiques en droit français.

Mais ce dispositif d'indemnisation des particuliers, s'il prévoit l'obligation des Etats membres de mettre en place au niveau interne un mécanisme permettant d'assurer une telle réparation, est loin d'entraîner un réel encadrement conventionnel du droit de la responsabilité. L'harmonisation européenne est, de par les conditions posées pour l'indemnisation, particulièrement limitée puisqu'elle ne trouve à s'appliquer qu'au cas où la condamnation est annulée ou la grâce accordée -ce qui exclut l'acquittement[318]- lorsqu'un événement jusque là ignoré révèle l'existence d'une erreur judiciaire évidente ; l'erreur judiciaire étant entendue comme un défaut grave dans un procès entraînant un préjudice important pour la personne qui a été condamnée[319]. Elle est d'autant plus relative qu'elle ne concerne que les diverses conditions à l'action en réparation tandis que la procédure à suivre pour déterminer l'existence d'une erreur

---

[314] P. Ardant, *La responsabilité de l'Etat du fait de la fonction juridictionnelle*, Paris, LGDJ, 1956, sp. p. 221 et s.

[315] Il stipule que « *Lorsqu'une condamnation pénale définitive est ultérieurement annulée, ou lorsque la grâce est accordée, parce qu'un fait nouveau ou nouvellement révélé prouve qu'il s'est produit une erreur judiciaire, la personne qui a subi une peine en raison de cette condamnation sera indemnisée, conformément à la loi ou à l'usage en vigueur dans l'Etat concerné, à moins qu'il ne soit prouvé que la non-révélation en temps utile du fait inconnu lui est imputable en tout ou en partie* ».

[316] *Rapport explicatif du protocole n° 7 à la convention européenne de sauvegarde des droits de l'homme et des libertés fondamentales*, Conseil de l'Europe, Doc H (84) 5, p. 11, point 22.

[317] Rapport explicatif, p. 12, point 25.

[318] CEDH, 25 août 1993, Sekanina, série A n° 266-A, p. 14, § 25.

[319] Rapport explicatif, p. 12, point 23.

judiciaire et identifier son responsable, de même que l'étendue de la réparation sont déterminées par le droit interne et par la pratique en vigueur au niveau national. L'harmonisation conventionnelle n'exerce donc qu'une emprise limitée sur les droits nationaux, ce qui a amené deux éminents spécialistes de la Convention à affirmer que les dispositions de l'article 3 du protocole 7, sous ce rapport, *« ne paraissent pas suffisamment complètes et précises pour déployer des effets directs dans l'ordre juridique interne »*[320]. Si le droit conventionnel fixe les bases d'un recours en réparation en cas d'erreur judiciaire, il ne semble en conséquence pas pouvoir être invoqué directement à l'encontre de la législation nationale ou pour contester une mesure interne de réparation et les juridictions françaises pourront en pratique difficilement mettre en oeuvre le principe général qui découle de l'article 3 du protocole 7. Il est à ce propos remarquable que les moyens tirés de cet article n'aient à ce jour, sauf erreur, jamais abouti à une condamnation devant les organes de Strasbourg[321].

En tout état de cause, à l'instar de l'harmonisation en matière d'erreur judiciaire, la protection que cette disposition accorde est bien moindre que celle fournie par la plupart des systèmes juridiques nationaux tels que les droits espagnols, anglais ou français. Ainsi le droit français organise-t-il un système de réparation au champ plus étendu puisque visant toute personne justifiant du préjudice que lui a causé la condamnation alors même que l'annulation de la condamnation serait fondée sur l'apparition d'un doute raisonnable[322]. Le droit allemand, pour sa part, indemnise les préjudices résultant d'une condamnation pénale annulée ou réduite[323] et le droit espagnol affirme largement que *« les dommages causés par une erreur judiciaire, ainsi que ceux qui seraient la conséquence du fonctionnement anormal de l'administration de la justice donneront droit à indemnisation à la charge de l'Etat »*[324], l'Etat ayant une obligation directe de réparation.

L'harmonisation européenne a néanmoins introduit un véritable droit à indemnisation pour les victimes et a entraîné une modification du droit français puisque l'article 626 du Code de procédure pénale dans sa rédaction de 1989 s'inspire fortement de la formule employée par le Conseil de l'Europe.

L'étude des divers pans de l'intervention conventionnelle sur les règles de fond de la responsabilité publique révèle que l'encadrement qu'elle prévoit est nettement en deçà de celui effectué par le droit communautaire. Ainsi, lorsque la Convention ou l'un de ses protocoles prévoit une obligation à la charge des Etats, les organes de Strasbourg n'exercent qu'un contrôle que l'on peut qualifier de particulièrement restreint des montants accordés par les instances nationales. Pour autant cette attitude est conforme à l'action du Conseil de l'Europe et plus généralement au rôle du droit conventionnel

---

320 J. Velu, R. Ergec, *La convention européenne des droits de l'homme*, Bruxelles, Bruylant, 1990, p. 521.

321 V. par exemple en ce qui concerne la Commission, Req. n° 22093/93, Loiseau c/ France, décision du 6 avril 1995 ; Req. n°24948/94 Y.S. c/ France, décision du 28 juill. 1995 ; Req. n° 29462/95, Rehbock c/ Slovénie, décision du 20 mai 1998. v. également CEDH, 25 août 1993, Sekanina, série A n° 266-A. Cette absence de condamnation est néanmoins souvent due à l'absence de ratification du protocole 7 ou aux réserves formulées à l'article 3. Tel est le cas pour l'Allemagne et la Grande-Bretagne.

322 Art. 626 C.P.P.

323 B. Bender, La responsabilité en droit allemand, in *La responsabilité de l'Etat et des collectivités publiques régionales et locales pour les dommages causés par leurs agents et leurs services administratifs*, Actes du 9ème colloque de droit européen, Editions du Conseil de l'Europe, 1981, p. 15, sp. p. 31.

324 Art. 121 de la constitution de 1979.

dans la réalisation d'une communauté juridique puisque, à la différence du droit communautaire, il ne vise pas à pallier les carences du droit interne mais à fixer un standard minimum commun aux Etats membres. Un renouveau de l'intervention conventionnelle qui passerait par un réaménagement de ses modalités d'intervention est cependant envisageable dans la mesure où certaines positions récentes de la Cour de Strasbourg traduisent la volonté de renforcer l'encadrement des droits nationaux[325]. La divergence entre la portée de l'immixtion communautaire et de celle des organes de Strasbourg dans le domaine de la responsabilité pourrait donc s'estomper dans un avenir proche. Il en va de même en ce qui concerne les règles de procédure.

SECTION 2- L'HARMONISATION DES REGLES DE PROCEDURE

Les règles de procédure[326] sont, du point de vue de la protection des particuliers, tout aussi importantes que les règles de fond. Elles permettent d'améliorer la recherche de la vérité[327] et protègent de l'arbitraire. Selon l'expression de Benjamin Constant, « *les formes sont une sauvegarde* »[328]. Comme les règles de fond, elles constituent des garanties de l'action en réparation dans la mesure où elles permettent son effectivité en encadrant l'organisation des voies de recours et en assurant aux individus un rapport juridictionnel équitable avec les pouvoirs publics. Pourtant elles sont considérées comme des spécificités nationales et même comme une manifestation de la souveraineté de l'Etat[329].

La Convention européenne des droits de l'Homme a, de prime abord, vocation à s'appliquer aux dispositions procédurales encadrant l'action en responsabilité. Elle organise en effet, sous certaines conditions, le droit à un procès équitable ainsi que celui à un recours effectif. Mais limiter l'intervention au seul mécanisme conventionnel reviendrait à nier les perspectives ouvertes par les récentes immixtions communautaires dans le domaine de la responsabilité. Si celles-ci visent aujourd'hui principalement les règles de fond, la nécessité d'accroître la protection juridictionnelle des particuliers suscite leur volonté d'harmoniser le droit processuel.

§1- L'INTERVENTION PRIVILEGIEE DU DROIT CONVENTIONNEL

La recommandation R (84) 15 relative à la responsabilité publique[330] affirme que la réparation des dommages imputables aux pouvoirs publics doit être assurée[331], ce qui

---

[325] Par exemple en matière de droit au respect des biens : CEDH, 5 novembre 1996, Tsomtsos et autres c/ Grèce, préc. sur ce point, cf. supra Section 2, §2, B, 1.

[326] Bien que le droit européen distingue rarement sur ce point les règles procédurales devant le juge administratif et le juge judiciaire, nous nous intéresserons principalement aux influences européennes sur la procédure suivies devant les juridictions administratives puisque la responsabilité publique est plus fréquemment jugée par les juridictions administratives que judiciaires

[327] Nous renvoyons sur ce point aux développements de Rudolf Von Jhering, *L'esprit du droit romain dans les diverses phases de son développement*, t IV, p. 13 et s. , sp. p. 14. s.

[328] Benjamin Constant, *Principes de politique*, 1806, rééd. Pluriel, 1997, p. 163.

[329] Cf. M. Storme, *Approximation of judiciary Law in the European Union*, 1994, Rapport demandé par la Commission européenne, p. 39.

[330] Recommandation R (84) 15 du Comité des ministres, préc.

[331] *Ibid.* Principes, art. 1

implique, d'une part, l'existence de voies de recours dans toutes les hypothèses où les activités étatiques entraînent un dommage et, d'autre part, que les délais de recours ne soient pas de nature à compromettre l'exercice effectif de l'action en réparation[332]. Elle induit donc un encadrement des règles internes de procédure[333].

Plus largement, la Convention européenne des droits de l'Homme organise des garanties applicables aux recours contentieux par deux dispositions particulières : l'article 6 qui prévoit le droit à un procès équitable, dont le champ ne cesse de croître et l'article 13, aux exigences moins strictes[334], moins connu, et par conséquent pendant longtemps rarement utilisé, tant au niveau du droit interne que devant les organes de la Convention[335], qui rend obligatoire la mise en place de recours effectifs pour les personnes dont les droits résultant de la Convention auraient été violés[336]. Ces deux articles prévoient des règles concernant le déroulement du procès et des dispositions relatives à l'accès à une instance juridictionnelle. Mais avant de montrer comment ils agissent sur la procédure applicable à l'action en responsabilité, il est nécessaire de délimiter l'applicabilité au contentieux de la réparation de l'encadrement procédural auquel procède la Convention.

A- L'APPLICABILITE DE L'ENCADREMENT PROCEDURAL DE LA CONVENTION AU CONTENTIEUX DE LA RESPONSABILITE

L'article 13 de la Convention ne pose de problème particulier d'applicabilité au contentieux de la responsabilité publique, à la différence de l'article 6.

L'article 13[337] garantit un droit qui a pu être qualifié de « *droit de recours générique* »[338], pour toute atteinte à un droit ou à une liberté reconnue par la Convention. Cela quel que soit l'organe à son origine, l'administration étant visée au premier chef par cette disposition, et quel que soit le litige en cause, ce qui implique qu'il soit applicable aux litiges en matière indemnitaire, sans distinction en fonction de la nature ou l'origine de ces derniers.

---

332 *Ibid.* Principes, art VII.

333 Sur ce point, voir supra Section 2, §2, A.

334 Pour une réaffirmation récente de la subsidiarité de l'article 13 par rapport à l'article 6 et du caractère plus souple de ses exigences en matière indemnitaire, CEDH, 28 octobre 1998, Osman c/ R.-U, *Recueil des arrêts et décisions*, 1998-VIII, p. 3124, § 158.

335 En raison de ses termes vagues, la garantie résultant de l'article 13 était fréquemment délaissée par les organes de Strasbourg au profit de celle résultant de l'article 6. Pourtant il apparaît aujourd'hui qu'en raison de son champ d'application plus large que celui de l'article 6, il est de nature à exercer des effets très contraignants à l'égard des législations nationales. Il tend d'ailleurs depuis quelques temps à connaître un nouvel essor, cf. par exemple J.-F. Flauss, *Justices*, janv-mars 1997, p. 188.

336 Pour une analyse de ces dispositions et de leurs conséquences en contentieux administratif: L. Sermet, *Convention Européenne des Droits de l'homme et Contentieux administratif français*, Paris, Economica, Collection Coopération et développement, 1996.

337 Il stipule que « *Toute personne dont les droits et libertés reconnus dans la présente Convention ont été violés, a droit à l'octroi d'un recours effectif devant une instance nationale, alors même que la violation aurait été commise par des personnes agissant dans l'exercice de leurs fonctions officielles* ».

338 A. Drzemczewski, C Giakoumopoulos, Article 13 in *La convention européenne des droits de l'homme article par article*, sld. de L.E. Pettiti, Paris, Economica, 1995, p. 455.

Sa portée est néanmoins limitée dans la mesure où pour qu'un particulier puisse l'invoquer il doit alléguer une violation plausible de la Convention[339]. Plus précisément, la Cour exige des individus l'invocation d'un grief défendable tiré de la méconnaissance d'autres droits garantis par la Convention[340]. Cette exigence, interprétée strictement, aboutit à faire perdre la majeure partie de son intérêt à l'article 13. Ainsi a-t-il été considéré que le droit interne pouvait faire obstacle à une action en réparation en cas de dommages et nuisances causés par le passage d'avions à basse altitude, dès lors que les griefs tirés de l'atteinte à un droit de caractère civil, à la propriété privée et à la vie privée n'étaient pas défendables[341]. La jurisprudence récente ouvre néanmoins la voie d'une interprétation plus souple des conditions de mise en oeuvre de l'article 13 en donnant une conception de la défendabilité plus large qui recouvre l'existence d'une ingérence dans l'exercice d'un droit garanti par la Convention[342].

Plus délicate est la question de l'applicabilité de l'article 6 par. 1 de la Convention.[343]. Ce dernier pourrait en effet ne sembler applicable qu'aux contestations portant sur des droits privés des individus et donc ne concerner que les relations entre particuliers ou des particuliers avec l'Etat agissant en tant que personne privée et non comme détenteur de la puissance publique. Pourtant à travers l'examen des conditions d'applicabilité de l'article 6, la Cour a fourni une interprétation plus large. Certains mécanismes de réparation ne sont pas moins exclus de son champ.

1) Les conditions d'applicabilité de l'article 6

Selon la Cour, le terme de contestation sur des droits et obligations de caractère civil couvre toute procédure dont l'issue est déterminante pour des droits et obligations de caractère privé[344]. C'est donc le caractère civil du droit ou de l'obligation qui permet de décider si la contestation qui en découle doit être soumise aux règles de l'article 6 et cela qu'elle relève, au plan interne, du droit public ou du droit privé. Cette politique jurisprudentielle aboutit à faire rentrer dans le champ de l'article 6 une part importante du contentieux administratif[345]. Le droit à un procès équitable concerne par conséquent

---

339 CEDH, 25 mars 1983, Silver et autres, série A n° 61, § 113 ; CEDH, 26 mars 1987, Leander série A n° 116.

340 CEDH, 27 avril 1988, Boyle et Rice, série A n° 131, § 52.

341 CEDH, 21 février 1990, Powell et Rayner, série A n° 172.

342 CEDH, 16 décembre 1997, Camenzind, *Recueil des arrêts et décisions*, 1997-VIII, p. 2880 et l'analyse qui en est faite par le Professeur Flauss, Actualité de la Convention européenne des droits de l'Homme, *AJDA* 1998, p. 984, sp. p. 988-989.

343 Il stipule que « *Toute personne a droit à ce que sa cause soit entendue équitablement, publiquement, et dans un délai raisonnable, par un tribunal indépendant et impartial, établi par la loi, qui décidera (...) des contestations sur ses droits et obligations de caractère civil ...* ». Il ne trouve cependant à s'appliquer, dans le contentieux administratif, qu'aux procédures juridictionnelles ayant un caractère décisoire pour le fond du litige et exclut donc les procédures de référé.

344 CEDH 16 juillet 1971, Ringeisen, série A n° 13.

345 Sur le champ de l'application de l'article 6 au contentieux de l'administration, v. J. Velu, Le problème de l'application aux juridictions administratives des règles de la convention européenne des droits de l'homme relatives à la publicité des audiences et des jugements, *RDIDC*, 1961, p. 129 ainsi que les études récentes d'Etienne Picard, La juridiction administrative et les exigences du procès équitable, in *Le droit français et la Convention européenne des droits de l'Homme, 1974-1992*, actes du colloque de Montpellier, février 1993, sld. de F. Sudre, NP Engel 1994, p. 217 et de Laurent Sermet, *Convention Européenne des Droits de l'homme et Contentieux administratif français*, préc. p. 51 et s.

des contentieux extrêmement divers, que l'administration dispose d'un pouvoir discrétionnaire ou d'une compétence liée[346]. L'article 6 par. 1 a pour ainsi dire naturellement vocation à s'appliquer aux litiges relatifs à la responsabilité publique. En effet, le contentieux de la réparation permet aux individus d'obtenir la compensation pécuniaire de l'atteinte à un de leurs droits. La notion de droit à caractère civil au sens de l'article 6 par. 1 de la Convention européenne des droits de l'Homme, qui fait l'objet d'une interprétation autonome[347], n'en est pas moins difficile à cerner[348]. Son application au domaine de la responsabilité publique tient compte de l'objet et du but de la Convention comme des systèmes adoptés dans l'ensemble des Etats membres.

Pour que l'action en réparation tombe dans le champ de l'article 6 par. 1, le droit à réparation doit nécessairement selon les organes de Strasbourg revêtir un caractère privé et patrimonial.

Le caractère privé et patrimonial est entendu comme ne dépendant pas seulement de l'objet du litige mais également du droit applicable. Les actions soumises à un droit exorbitant du droit privé n'y sont incluses qu'à condition que ce dernier se réfère ou corresponde dans ses principes au régime général de droit civil en matière de responsabilité[349]. Mais cette condition suffit à faire tomber la responsabilité publique dans le champ de l'article 6, que la réparation soit fondée sur la faute des agents publics[350] ou sur la faute du service, quelle que soit la personne publique dont la responsabilité est recherchée et que la responsabilité soit recherchée dans un cadre délictuel, quasi-délictuel, contractuel ou quasi-contractuel, qu'elle découle d'une activité de gestion[351] ou d'autorité[352] et quand bien même le dommage résulterait d'une situation de risque social[353]. En cas de difficulté, il est nécessaire de faire le bilan entre la part de droit public et celle de droit privé, afin de déterminer le caractère prédominant du droit en cause[354].

La notion de règles s'inspirant de celles régissant le contentieux de la responsabilité entre particuliers est entendue largement. Elle ne résulte pas nécessairement d'une source commune[355], d'une unité de traitement juridictionnel ou d'une même finalité qui serait d'ailleurs fort délicate à prouver[356]. Il suffit que les principes de la réparation par

---

[346] Le litige né d'une erreur d'appréciation de l'administration peut, ainsi, constituer une contestation au sens de l'article 6 : CEDH, 27 octobre 1987, Boden, série A, n° 125.

[347] Notamment, CEDH, König, 28 juin 1978, série A n° 27, p. 29-30, § 88.

[348] Certains membres de la Cour de Strasbourg n'hésitent d'ailleurs pas à en fournir une définition extrêmement large. V. l'opinion concordante du juge de Meyer sous CEDH, 1er juillet 1997, Rolf Gustafson c/ Suède, *Recueil des arrêts et décisions*, 1997-IV, p. 1149.

[349] Req. n° 9613/81, X c/ Autriche, décision du 12 octobre 1983, *DR* n° 34, p. 117, pour la responsabilité des services judiciaires Req. n° 9486/81, rapport du 15 mars 1985, Karl Adler c/ Suisse, *DR*, 46, p. 36, sur la responsabilité des agents du fait d'affirmations erronées.

[350] Req. n° 9613/8, X. c/ Autriche, décision du 12 octobre 1983, préc ; Req. n° 9486/81, Karl Adler c/ Suisse, Rapport du 15 mars 1985, préc.

[351] Req. n° 9486/81, Karl Adler c/ Suisse, rapport préc.

[352] CEDH, 8 juillet 1987, Baraona, série A n° 122.

[353] Rapport de la Commission sur l'affaire Baraona, Req. n° 10092/82, § 88.

[354] CEDH 26 novembre 1992, F. Lombardo c/ Italie, série A n° 249-B, § 15 -19.

[355] Ainsi, il est indifférent que le régime d'indemnisation résulte d'une loi spéciale : Req. n° 9613/81, X c/ Autriche, décision du 12 octobre 1983, *DR* n° 34, p. 117.

[356] Les règles de la responsabilité publique étant justifiées par des motifs d'intérêt général qui peuvent difficilement être retrouvées dans le droit privé de la responsabilité.

les personnes publiques aient un lien, quand bien même celui-ci serait assez lointain, avec les principes du droit privé ; ce lien n'ayant pas été précisé par les organes de Strasbourg et faisant l'objet d'une appréciation évolutive de leur part en fonction de l'apparition de rapprochements ou de divergences des droits public et privé.

Cette conception à la fois floue et particulièrement large de l'inclusion dans l'article 6 aurait pu sembler exclure de son champ le droit français de la responsabilité publique. Il est vrai que ce droit est depuis 1873 affirmé comme revêtant un caractère autonome, les règles du Code civil régissant les rapports entre particuliers ne lui étant pas applicable. Son application est de plus soumise à des juridictions spéciales régies par des règles de procédure spécifiques[357]. Néanmoins la Cour de Strasbourg a appliqué l'article 6 au droit français de la responsabilité publique dès 1989, à l'occasion d'une affaire de responsabilité hospitalière[358], alors qu'en ce domaine la responsabilité était, jusqu'à peu, principalement soumise à un régime de responsabilité pour faute lourde[359] et qu'un tel mécanisme est quasiment absent des rapports obligataires entre particuliers[360]. Par la suite, elle a repris son argumentation au sujet d'autres contentieux médicaux concernant l'indemnisation des victimes du SIDA post transfusionnel[361], quand bien même la responsabilité de l'Etat se trouve dans ce cas engagée du fait de ses activités de police sanitaire[362], mais également en matière fiscale[363] alors que le régime exorbitant du droit commun qui caractérise cette activité, s'il ne se traduit plus nécessairement par un régime de faute lourde[364], relève du droit public[365] et est justifié par le caractère de puissance publique qui sous-tend la perception de l'impôt et par l'élément de souveraineté qu'elle constitue. La soumission du droit français de la responsabilité publique aux règles du procès équitable est justifiée en premier lieu par les liens que celui-ci a tissés avec les mécanismes du droit civil[366], en second lieu par le

---

357 La Cour européenne, à l'occasion de l'affaire *Baraona*, a insisté sur le fait que les règles applicables par les tribunaux administratifs au Portugal suivent en la matière le Code de procédure civile : CEDH, 8 juillet 1987, Baraona, préc., § 43.

358 CEDH, 24 octobre 1989, H. c/ France, série A, n° 162.

359 CE, Ass. 10 avril 1992, Epoux V., *Lebon*, p. 171.

360 Telle était l'argumentation avancée par le gouvernement français dans son mémoire : Doc. Cour. (88) 150, p. 3.

361 CEDH, 31 mars 1992, X c/ France, série A, n° 234-C ; CEDH, 26 avril 1994, Vallée c/ France, série A, n° 289-A CEDH, 26 août 1994, Karakaya c/ France, série A, n° 289-B ; CEDH 28 octobre 1994, Demai c/ France, série A, n° 289-C ; CEDH, 4 décembre 1995, Bellet c/ France, série A, n° 333-B.

362 Cet argument avait été invoqué par le gouvernement français à l'occasion de l'affaire X c/ France, Mémoire du requérant, Doc Cour (91) 365, p. 3. V. également l'intervention du représentant du gouvernement devant la Cour, compte-rendu de l'audience, Doc. Cour / Misc. (92) 20, p. 34 à 37, sp. p. 35.

363 CEDH, 26 mars 1992, Editions Périscope c/ France, série A, n° 234-B, pour un refus d'exemption de droits postaux.

364 CE, 27 juillet 1990, Bourgeois, *Lebon* p. 242.

365 Arrêt du 26 mars 1992, Editions Périscope, série A n° 234-B, § 39. Cf. également le Mémoire du gouvernement français, Doc. Cour (91) 140, p. 9.

366 Sur ces points, v. C. Eisenmann, Sur le degré d'originalité de la responsabilité extra-contractuelle des personnes publiques, *JCP*, 1949, p. 742 et 751 ; R. Chapus, *Responsabilité publique et responsabilité privée*, Paris, LGDJ, 2ème édition, 1957 ; L. Husson, *Les transformations de la responsabilité - Etude sur la pensée juridique*, Paris, P.U.F., 1947 ; G. Cornu, *Etude comparée de la responsabilité délictuelle en droit privé et en droit public*, Paris, Matot-Braine, 1951. Pour une étude plus récente et très éclairante cf. M. Deguergue, *Jurisprudence et doctrine dans l'élaboration du droit de la responsabilité administrative*, préc., sp. pp. 696-706.

rapprochement des règles appliquées en droit public et en droit privé[367]. En conséquence, le contentieux de la responsabilité administrative en France est en partie assimilable à un contentieux portant sur des droits et obligations à caractère civil au sens de la Convention.

Le critère tenant au droit applicable a en raison sans doute de son caractère incertain et éminemment évolutif, a été délaissé depuis le début des années quatre-vingt dix[368] au profit de celui tenant à l'objet du litige. Ce dernier est d'ailleurs plus adapté au sens même de l'article 6 par. 1 qui vise les droits à caractère civil et non les contestations soumises à un régime de droit civil. Son applicabilité est aujourd'hui subordonnée à l'existence d'une action en réparation au contenu personnel et patrimonial et fondée sur une atteinte à des droits de nature patrimoniale[369].

Le contenu patrimonial du droit à réparation est inhérent à l'objet même de l'action en responsabilité ; quant au caractère personnel, moins souvent évoqué dans les arrêts récents[370], il ne soulève de difficulté qu'en cas de recours formé par une association qui devra alors prouver sa qualité de victime[371]. La condition tenant à la nature patrimoniale du droit méconnu est en revanche parfois plus difficile à établir. La jurisprudence des organes de Strasbourg entend par la nature patrimoniale du droit à l'origine du litige ses répercussions pécuniaires. Dès lors doit-on penser que la responsabilité quasi-contractuelle, à travers notamment les hypothèses de répétition de l'indu mais également d'enrichissement sans cause ou, mais cette situation est plus rare, de gestion d'affaires, tombe dans le champ de l'article 6. Ces contestations portent en effet sur le versement d'une compensation pécuniaire et le régime de responsabilité qui les régit est fortement inspiré de celui du droit civil.

Il en va de même du contentieux contractuel, bien qu'il n'ait pas vocation à trouver un prétoire naturel devant les organes de la Convention qui vise la réparation des préjudices subis du fait de la violation des droits de l'Homme et ne tend pas à régir les rapports entre l'Etat et ses cocontractants. Le régime de responsabilité contractuelle du droit public est fréquemment inspiré du droit applicable entre personnes privées ; aussi la mise en jeu de la responsabilité contractuelle est-elle assimilée à une contestation de

---

[367] A travers par exemple le développement de la responsabilité sans faute en droit privé.

[368] Les organes de Strasbourg n'y font désormais référence que rarement et de manière très indirecte ; ainsi le caractère civil d'un litige relatif à l'octroi d'une réparation à la suite d'un emprisonnement a pu être affirmé en raison de la compétence des juridictions civiles : CEDH, 29 mai 1997, Georgiadis c/ Grèce, *Recueil des arrêts et décisions*, 1997-III, p. 949, § 35.

[369] La Cour a, en effet, dans les arrêts Baraona préc. et Neves e Silva -CEDH, 27 avril 1989, série A n° 153-A- considéré que *« Le droit à réparation revendiqué par le requérant revêt un caractère privé, car il a un contenu personnel et patrimonial et se fonde sur une atteinte à des droits de cette nature, notamment le droit de propriété »*. Elle a par la suite confirmé ce critère : CEDH, 24 novembre 1997, Szücs c/ Autriche, *Recueil des arrêts et décisions*, 1997-VII, p. 2468.

[370] Dans sa jurisprudence récente la Cour se réfère en effet à un contenu patrimonial et ne se penche plus sur l'examen du caractère personnel du droit à réparation ; cf. CEDH, 26 mars 1992, Périscope c/ France, série A n° 234-B, § 40 ; CEDH, 24 novembre 1997, Szücs c/ Autriche, préc, §36 .

[371] V. L. Sermet, *Convention européenne des droits de l'Homme et contentieux administratif français*, Paris, Economica 1996, pp. 45- 48.

caractère civil[372] et tombe dans le champ de l'article 6. Tel est le cas des demandes d'agents publics contestant la manière dont leur contrat de travail a pris fin[373] ou sollicitant l'octroi d'indemnités de licenciement[374]. L'application de l'article 6 par. 1 concerne plus largement l'ensemble des contrats de l'administration, y compris les marchés publics[375] et l'on peut raisonnablement considérer qu'il en va de même des contrats de fourniture ou des délégations de service public[376]. Il semble en revanche déraisonnable d'affirmer que l'ensemble des contrats tombent dans le champ de l'article 6 par. 1 et répondent à la notion de droits et obligations à caractère civil. En effet, l'ensemble des contrats de droit public est particulièrement hétérogène, quant aux parties qu'ils lient[377] comme quant à leur forme[378]. Si un contrat est qualifiable de contrat soumis au droit public au plan interne, son caractère politique et le fait qu'il concerne l'ordre public de l'Etat, tel un contrat portant sur du matériel de défense nationale, pourrait empêcher l'assimilation à une obligation de caractère civil. Cette opinion paraît confirmée par la tournure employée par la Commission à l'occasion de l'affaire *Adler*. Selon elle, en effet, ce n'est *qu'en principe* que les demandes de réparation fondées sur des contrats peuvent être considérées comme concernant des droits de caractère civil, que le contrat en question soit régi par le droit public ou par le droit privé[379]. Il ne serait par conséquent pas exclu qu'elle autolimite son intégration du

---

[372] Req. n° 9486/81, Karl Adler c/ Suisse, rapport du 15 mars 1985, *DR*, 46, p. 36, paragraphe 46. V. également CEDH, 26 octobre 1993, Darnell c/ R.-U., série A n° 272; CEDH, 23 avril 1998, Doustaly c/ France, *Recueil des arrêts et décisions*, 1998-III, p. 850.

[373] CEDH, 26 octobre 1993, Darnell c/ R.-U., préc. ; Décision du 10 avril 1991, Darnell c/ Royaume-Uni, Req. n° 15058/89, *DR* n° 69, p. 306; Req. n° 12719/87, Frederiksen and others c/ Danemark, décision du 3 mai 1990, *DR* 56, p. 237 ; Req. n° 25549/94, H. Cazenave de la Roche, décision du 27 juin 1996, inédit.

[374] Req. n° 12766/87, , Joëlle Tinelli c/ France, rapport du 5 novembre 1990, *DR* 67 p. 158; Req. n° 21063/92, A. Weinborn c/ France, décision du 5 avril 1995, inédit.

[375] C'est du moins ce qui a été décidé à l'occasion de l'examen d'un litige opposant une commune à un cabinet d'architecte chargé de la construction d'une piscine municipale ; la municipalité en question ayant refusé de verser les sommes dues aux architectes en raison de malfaçons : req. n° 10794/ 84, Société technogram c/ France, décision du 18 juillet 1986, inédit. Ce litige portait sur l'exécution d'un marché de travaux publics et était donc selon le gouvernement français « *extrêmement spécifique tant par son objet propre, étroitement lié aux conditions de fonctionnement des services publics, que par son régime juridique* » et « *indissociable des rapports de droit public qui se sont noués entre les deux parties* » puisqu'il était né de la conclusion d'un contrat de droit public comportant des prérogatives exorbitantes du droit commun avec une personne publique. La Commission ne s'est pas expressément prononcée sur l'applicabilité de l'article 6 à un tel contrat, mais l'a supposée pour vérifier la complexité de l'affaire et la manière dont elle a été traitée par les autorités nationales afin de statuer sur le dépassement d'un délai raisonnable. Cette position a été implicitement reprise à l'occasion d'un litige opposant le titulaire d'un marché d'ingénierie et de maîtrise d'oeuvre pour la construction d'un lycée à une commune qui refusait de se conformer à ses obligations contractuelles; le gouvernement français n'a alors pas contesté l'application de l'article 6: Req. n° 26256/95, M. Doustaly c/ France, décision du 29 février 1996, inédit. V. également CEDH, 23 avril 1998, Doustaly c/ France, préc.

[376] G. Marcou, La notion de délégation de service public après la loi du 29 janvier 1993, *RFDA* 1994, p. 875 ; J.-B. Auby, C. Maugüe, Les contrats de délégation de service public, *JCP Ed. G* 1994, étude I, 3743 ; L. Richer, La délégation de service public, *AJDA* 1995, p. 295.

[377] Sur ce point: J.-D. Dreyfus, *Contribution à une théorie générale des contrats entre personnes publiques*, Thèse Paris II, 1997.

[378] En ce qui concerne les hypothèses de contrat verbal, v. Le rapport établi par la commission européenne des droits de l'homme, le 5 novembre 1990, Joëlle Tinelli c/ France, Req. n° 12766/87, *DR* 67 p. 158. Le seul problème pouvant apparaître dans ce cas a trait à la preuve devant les instances européennes.

[379] Rapport établi par la Commission le 15 mars 1985, Req. n° 9486/81, Karl Adler c/ Suisse, *DR*, 46, p.36, paragraphe 46.

droit à réparation en matière de responsabilité contractuelle parmi les droits de caractère civil. Resterait alors à savoir quel critère pourrait être retenu pour distinguer les contrats dont la méconnaissance fait naître une contestation de nature civile des autres, sachant que la Commission ne retient pas le déséquilibre des obligations contractuelles pour reconnaître le caractère public du contrat[380]. Il apparaît que la qualification de civil doit pouvoir concerner la plupart des contrats passés entre une personne publique et une personne privée[381], mais il devrait en aller différemment des conventions passées entre personnes publiques lorsqu'elles n'ont pas pour objet de faire naître des obligations de nature civile, telles que les délégations de compétence dans le cadre de la décentralisation[382]. De telles conventions sont de nature purement publique puisqu'elles ont trait à des questions propres à l'organisation de l'Etat. Pourtant, la responsabilité qui peut en découler en cas de dommages ainsi que le problème du partage de responsabilité entre collectivités sont de nature civile puisque la contestation aura pour objet l'octroi d'une réparation pécuniaire. Quelle pourrait bien être la position des organes de Strasbourg dans une telle hypothèse ? Nul ne peut le savoir puisque, à ce jour, elles refusent d'ouvrir leur prétoire aux personnes publiques. Qu'en est-il de certains types de contrats tels que les contrats de transaction ou d'arbitrage, fréquents dans le domaine de la responsabilité et dont le nombre est voué à croître ? Les effets du droit conventionnel en matière de responsabilité contractuelle sont, on le voit, actuellement incertains et devront nécessairement être précisé par les organes de Strasbourg. Mais il est pour cela nécessaire que la méconnaissance d'une obligation contractuelle soit plus souvent invoquée ; ce qui n'est pas le cas actuellement en comparaison de l'ensemble des recours fondés sur la responsabilité civile de l'Etat. Cette carence semble résulter de l'ignorance des particuliers, de la crainte des menaces de rétorsion de la part de l'administration et également du fait que dans le domaine de la responsabilité publique, la tendance est de régler les différends par des biais plus discrets : les modes alternatifs de règlements des litiges[383].

Outre les responsabilités extra-contractuelle et contractuelle, l'analyse constructive consistant à entendre par la nature patrimoniale du droit à l'origine du litige ses répercussions pécuniaires a permis d'assurer l'effectivité des droits affirmés par la Convention dans des domaines ressortissant à l'activité publique. Ainsi la Commission, à l'occasion de l'affaire *Baraona*, a-t-elle considéré que c'est le caractère privé et patrimonial du droit à réparation qui permet de le raccrocher à la notion de droit à caractère civil, et cela alors même les activités dommageables se rattachent, au vu de la loi interne, à la gestion publique de l'Etat par opposition à sa gestion privée[384]. De même dans l'affaire *Périscope* à l'occasion d'un affaire concernant le refus d'avantages fiscaux et postaux, par l'administration française qui considérait, avec l'aval de certains

---

380 Le gouvernement français avait, en effet, argumenté en ce sens dans l'affaire Technogram, préc.

381 Il est sur ce point intéressant de noter que le contrat liant l'administration suisse à M. Adler portait sur l'étude de batteries nucléaires, domaine potentiellement sensible qui aurait pu faire échapper le litige en question à la sphère des affaires civiles : Rapport de la Commission, Req. n° 9486/81, K. Adler c/ Suisse, *DR* 46, p.36, par 15.

382 Cf. notamment J.-D. Dreyfus, *Contribution à une théorie générale des contrats entre personnes publiques*, préc. ; F. Moderne, L'évolution récente du droit des contrats administratifs : Les conventions entre personnes publiques, *RFDA* 1984, p. 1.

383 Sur cette question, v. L. Richer, Les modes alternatifs de règlement des litiges et le droit administratif, *AJDA* 1997, p. 3 ; L. Richer, *Les contrats administratifs*, Paris, LGDJ, 1995, p. 241 et s.

384 Rapport du 8 octobre 1985, Req. n°10092/82, Baraona, § 116.

membres de la Commission[385], que le droit litigieux concernait l'administration fiscale et donc un droit à caractère public et non une atteinte à un droit de caractère privé tel que le droit de propriété[386], la Cour a affirmé que la contestation de la société Périscope figurait un droit : le droit à une indemnité pour faute de l'Etat, de caractère civil[387]. La prise en compte des répercussions pécuniaires permet d'affirmer qu'un litige porte « *sur des droits de caractère civil* » alors même que l'issue du litige dépend de la solution de questions de droit public[388].

Néanmoins, si le caractère privé du droit à l'origine du litige est invariablement pris en compte, parfois de manière peu explicite par la Cour de Strasbourg[389]. L'on assiste actuellement à une sorte de pause dans la mise en oeuvre à tout va du critère de la patrimonialité pour décider l'application de l'article 6 par. 1. La qualification de civil du droit dont l'atteinte est à l'origine du dommage ne dépend plus des seules répercussions pécuniaires. Dans certaines situations, en effet, un contentieux qui présente un aspect pécuniaire échappe aux règles du procès équitable lorsqu'il n'est pas fondé sur l'atteinte à un droit de caractère civil. Il en a été ainsi du contentieux résultant du refus irrégulier de réintégrer un agent public qui, bien qu'il entraîne nécessairement des conséquences pécuniaires, a trait aux conditions de recrutement, d'exercice et de cessation des emplois

---

[385] Qui a pourtant rejeté cette argumentation. Cf. l'opinion dissidente de M. Trescsel à laquelle s'est rallié M. Sperduti, rapport de la commission en annexe de la décision Périscope, série A, n° 234-B, p. 76.

[386] Ils affirmaient que « *La cour distingue le droit à réparation et le droit lésé. Ce qui pour elle détermine le caractère privé du droit à réparation, c'est bien la nature privée du droit lésé. Ce n'est en aucun cas l'objet de l'action en indemnité* » Mémoire du gouvernement français, Doc. Cour (91) 140, p. 7 ; cf. également le compte-rendu de l'audience tenue le 21 octobre 1991, Doc Cour/ Min. (91) 396, sp. pp. 19-23. Ce raisonnement avait précédemment été avancé pour écarter du champ de l'article 6 le contentieux de la responsabilité découlant de l'inexécution par l'administration de ses obligations : Req. n° 10794/84, Société technogram c/ France, décision du 18 juillet 1986, inédit.

[387] « *Pour qu'un droit revête un caractère civil, il suffit que l'action ait un objet patrimonial et se fonde sur une atteinte alléguée à des droits eux-aussi patrimoniaux* » : CEDH, 26 mars 1992, Editions Périscope, préc., § 40. Dans le cadre d'un litige relatif à la réparation du fait d'un internement irrégulier constitutif en droit français de voie de fait, la Commission a également considéré que le contentieux tombe dans le champ de l'article 6 alors que même que la liberté individuelle ne constitue pas un droit de caractère civil au sens de l'article 6: Req. n° 19619/92, M. Ledrut c/ France, décision sur la recevabilité du 18 octobre 1994, inédit. La formule employée par la Cour à l'occasion de l'affaire Périscope a par la suite été reprise, cf. CEDH, 24 novembre 1997, Szücs c/ Autriche, *Recueil des arrêts et décisions*, 1997-VII, p. 2468, § 36.

[388] Tel est ainsi le cas de la responsabilité résultant du refus d'une autorisation par l'administration, quand bien même celle-ci agirait dans l'exercice d'une compétence discrétionnaire, qui aurait pu s'analyser en un acte de droit public en raison de la nécessité d'apprécier sa légalité avant de pouvoir procéder à la réparation des dommages subis. V. la position du gouvernement portugais à l'occasion de l'affaire Neves e Silva, préc., mémoire du gouvernement, doc. Cour (88) 121, p. 15. Tel est également le cas de la réparation résultant d'une constitution de partie civile qui dépend de questions de droit public mais entraîne des conséquences pécuniaires pour le particulier et est en ce sens qualifiable de civil, CEDH, 27 août 1992, Tomasi c/ France, série A n° 241-A, § 121 ; CEDH, 28 octobre 1998, Aït-Mouhoub c/ France, *Recueil des arrêts et décisions*, 1998-VIII, p. 3214, § 45.

[389] Ainsi a-t-elle pu affirmer, à l'occasion de l'affaire Gustafson c/ Suède au sujet de l'indemnisation conformément à un régime légal d'une victime d'infraction violente, que « *le droit revendiqué par le requérant peut passer pour un droit de caractère civil, au sens de l'article 6 par.1 de la Convention. Il échet de noter, à cet égard, que ce droit tendait à accorder à l'intéressé un avantage patrimonial sous la forme d'une indemnité* », CEDH, 1er juillet 1997, Rolf Gustafson c/ Suède, *Recueil des arrêts et décisions*, 1997-IV, p. 1149, point 41.

publics et ne se rapporte pas à un droit qualifiable de civil[390]. Il en a été de même de celui relatif au reversement de la somme correspondant au dépassement du plafond de dépenses de campagne électorale dans la mesure où ce reversement permet au litige de revêtir un aspect patrimonial mais est la conséquence immédiate et non détachable de l'atteinte à un droit à caractère politique et non civil[391]. Les refus d'appliquer l'article 6 sont dans ces hypothèses justifiés principalement non pas par le caractère secondaire de l'aspect pécuniaire dans le litige, même si tel était le cas dans les deux affaires mentionnées, mais par les caractéristiques propres du droit à l'origine du litige.

En conséquence, une action à réparation relève du champ de l'article 6 par. 1 alors même que sa solution tient au règlement de questions de droit public mais elle ne pourra se voir appliquer cette disposition si elle résulte de l'atteinte à un droit de caractère public. Il n'en demeure pas moins que, dans le cadre d'une action en réparation, la qualification de droit à caractère public est rare dans la jurisprudence récente des organes de Strasbourg. Hormis cette dernière hypothèse, qu'il y ait activité matérielle dommageable[392] ou décision illicite[393], que l'acte soit ou non qualifiable d'abus administratif[394], quel que soit le droit applicable[395], quelle qu'ait été l'activité en cause[396], notamment une activité de service public, qu'elle revête un caractère industriel et commercial ou bien administratif[397], que la contestation concerne ou non un acte pris dans l'exercice de prérogatives de puissance publique[398], à la portée individuelle[399] ou réglementaire, le contentieux de la réparation est, selon la cour, assimilable à un litige portant sur des droits civils. Mais si le champ d'application de l'article 6 par. 1 au contentieux de la responsabilité publique est large, certains mécanismes de réparation ne peuvent y tomber[400].

2) Les mécanismes de réparation exclus du champ de l'article 6

La jurisprudence des organes de Strasbourg fait apparaître deux hypothèses d'exclusion des litiges relatifs à un problème de responsabilité du champ de l'article 6 : en l'absence de « *droit* » à indemnisation au niveau interne tout d'abord, ensuite en

---

390 CEDH, 17 mars 1997, Neigel c/ France, *Recueil des arrêts et décisions* 97-II, p. 399. La position de la Cour a toutefois ultérieurement évolué : CEDH, 8 décembre 1999, Pellegrin c/ France, req. n° 28541/95 et CEDH, 27 juin 2000, Frydlender c/ France, req. n° 30979/96.

391 CEDH, 21 octobre 1997, J.-P. Pierre-Bloch c/ France, *Recueil des arrêts et décisions*, 1997-VI, p. 2206.

392 CEDH 13 juillet 1983, Zimmermann et Steinner, série A n° 66, p. 10, point 22.

393 Rapport établi par la Commission le 8 octobre 1985, Req. n°10092/82, Baraona, § 114.

394 Ibid.

395 Arrêt Baraona, préc., Arrêt Neves e Silva, préc.; Arrêt Editions Périscope, préc.

396 Arrêt Baraona, préc.

397 Arrêt H. c/ France, préc.; Arrêt Editions Périscope, préc.

398 Ainsi dans le domaine des expropriations, Arrêt Sporrong et Lönnroth, préc., § 80 *in fine*. En matière d'administration fiscale, Arrêt du 26 mars 1992, Editions Périscope, préc.; même si selon certains membres de la commission, l'article 6 ne pouvait être applicable à la matière fiscale : Opinion dissidente de M. Trescsel à laquelle s'est rallié M. Sperduti, série A, n° 234-B, p. 76.

399 Affaire X. c/ France, mémoire du gouvernement français, Doc. Cour (91) 365, p. 4. Le gouvernement ne semblait pas trop croire à la réussite de cette argumentation compte tenu du peu de développements qui lui est accordée dans le mémoire, en comparaison avec les autres points soulevés.

400 Req. n° 9613/81, X c/ Autriche, décision du 12 octobre 1983, *DR* 34, p. 117: « *La commission tient à préciser qu'elle n'affirme pas (...) que toute action en responsabilité pour les actes de fonctionnaires publics tombe sous le coup de l'article 6 paragraphe 1* ».

présence d'un droit à indemnisation qui ne présente pas un caractère civil, mais au contraire un caractère public.

Il se peut que l'ordre juridique interne *refuse toute possibilité de réparation pour certains types de dommages*, par exemple pour les dommages causés par une loi régulière prise dans l'intérêt général ou plus généralement pour tout dommage causé dans le cadre d'une activité licite conformément à l'intérêt général[401]. Or l'article 6 ne s'applique qu'en cas de contestation portant sur des droits. Aussi la Cour rejette-t-elle les demandes des victimes tendant à l'application de cette disposition dans toutes les espèces où la requête tendant à l'indemnisation ne trouve aucun fondement dans la législation des Etats membres ; les organes de la Convention se refusant par principe à créer, par voie d'interprétation de l'article 6, un droit matériel qui n'aurait pas de fondement en droit interne[402]. Mais qu'est-ce qu'un droit n'ayant pas de fondement dans l'ordre interne ? La Cour, a longtemps considéré qu'un droit qui était affirmé dans l'ordre interne mais refusé à un certain nombre d'individus à travers la limitation de l'exercice d'une action en responsabilité ne pouvait à leur égard être qualifiable de « *droit* » au sens de l'article 6[403]. Sa position a toutefois évolué puisqu'elle considère désormais que le fait de limiter une action en réparation, reconnue de manière générale, à l'encontre de certains individus, en leur interdisant l'accès par exemple ne constitue qu'une limitation à l'exercice d'un droit et tombe dans le champ de l'article 6[404].

L'article 6 n'est pas davantage applicable à certains mécanismes de responsabilité qui ne prévoient qu'une possibilité de dédommagement et ne consacrent pas un droit général à réparation pour un dommage déterminé. Tel est le cas du mécanisme d'indemnisation après détention prévu par l'article 149 du Code de procédure pénale[405]. L'absence de *« droit »* à réparation tient donc à l'aspect *aléatoire* de l'octroi d'une réparation. Cette mise hors du champ d'application de l'article 6, si elle est logique, puisque dans de telles hypothèses on ne peut véritablement parler d'un droit à réparation, aboutit à faire dépendre le bénéfice du procès équitable de la seule volonté des Etats et à permettre qu'une même situation de fait reçoive une réponse différente en fonction de sa survenance géographique. Loin d'assurer une harmonisation des droits nationaux, elle cautionne au contraire leur hétérogénéité ; ce qui a amené certains membres de la juridiction de Strasbourg à souhaiter que la question de savoir si l'ordre

---

401 Tel peut être également le cas des dommages résultant de nuisances sonores. Cf. pour des nuisances sonores causées par des avions Frederick William Baggs c/ Royaume -Uni, décision du 16 octobre 1985, *DR* 44, p. 13 ; pour des nuisances causées par un champ de tir Req. n° 12816/87 George Wearncombe, Werner Herbot, Lothar Clemens, Ellen Spielhague c/ Royaume -Uni et R.F.A., décision du 18 janvier 1989, *DR* 59, p. 186.

402 Cette position est affirmée de manière constante depuis l'affaire Kaplan c/ Royaume-Uni, Rapport du 17 juillet 1980, § 143, *DR* 21, p. 58.

403 Voir par exemple CEDH, 21 février 1990, Powell et Rayner, série A n° 172 ou plus récemment req. n° 24581/94 G. Christopoulos et 3333 autres commissaires en douane c/ Grèce, décision du 6 avril 1995, *DR* 81, p. 123.

404 V. CEDH, 21 septembre 1994, Fayed c/ R.-U., série A n° 293, § 65.

405 Req. n° 10406/83, S. c/ France, décision du 6 mai 1985, *DR* 42, p. 133 ; Req. n° 23930/94, Dobbertin c/ France, décision du 15 mai 1996, inédit ; Req. n° 29114/95, Kehaili c/ France, décision du 15 mai 1996, inédit ; Req. n° 27607/95, M. Lopoukhine c/ France, décision du 4 septembre 1996, inédit ; Req. n° 28692/95, J.-M. Bauduin c/ France, décision du 16 octobre 1996, inédit.

interne consacre un droit à réparation ne soit plus examinée[406]. Sans aller jusque là, il serait sans doute souhaitable qu'un véritable débat se fasse jour devant la Cour afin d'examiner la possibilité de substituer en pratique à la condition de droit celle, plus souple, d'un intérêt pour le particulier à une réparation. Cette substitution, qui serait conforme à l'amélioration de l'Etat de droit qui anime l'action du Conseil de l'Europe, permettrait en outre d'éviter l'affirmation parfois contestable de l'existence d'un droit pour faire entrer une action dans le champ de l'article 6[407]. L'inspiration des droits des Etats membres pourrait ainsi faire progresser la protection assurée.

A cette première délimitation du champ de l'application du droit à un procès équitable dans le domaine de la responsabilité doit succéder une interrogation concernant l'existence de ce que nous nommerons les *droits à réparation de caractère strictement public,* par opposition aux droits à réparation d'origine public à caractère civil. Les droits à caractère strictement public, consacrent un droit à une compensation pécuniaire au profit des particuliers mais seraient exclus de l'harmonisation européenne en raison de l'impossibilité, dans ces hypothèses, d'assimiler la responsabilité publique à celle régissant les relations entre particuliers. Tel serait le cas de la responsabilité sans faute. Leur exclusion du champ de l'article 6 permet de préserver la marge de manoeuvre de l'administration dans la gestion des recours en responsabilité et évite qu'elle soit contrainte à fournir de nouvelles garanties pour les particuliers, telles que la publicité, qui ne peuvent pas toujours être mises en place et qui parfois ne doivent pas l'être dans l'intérêt des victimes[408]. Cette position qui a été soutenue par d'éminents auteurs[409] ainsi que par certains Etats membres[410] s'explique par la formulation des décisions de la Commission. Selon cette dernière, l'article 6 ne trouve pas à s'appliquer

---

[406] M. Lagergren, opinion séparée relative à l'arrêt Ashingdane c/ R.-U. du 28 mai 1985, série A n° 93, p. 27 ; cf. aussi son opinion séparée approuvée par M. Macdonald relative à l'affaire Lithgow et autres c/ R.-U. du 8 juillet 1986, série A n° 102, p. 80 ; M. de Meyer, opinion concordante relative à l'arrêt Gustafson c/ Suède du 1er juillet 1997, préc.

[407] V. CEDH, 28 octobre 1998, Osman c/ R.-U, *Recueil des arrêts et décisions*, 1998-VIII, p. 3124, § 138. La jurisprudence de la chambre des Lords aboutissait à la mise en place d'une immunité de fait des activités de police par une appréciation au cas par cas de l'existence d'un devoir de diligence leur incombant, ce qui selon le gouvernement britannique empêchait la reconnaissance d'un droit au sens de l'article 6. La Cour de Strasbourg a pour sa part considéré son existence dans la mesure où les conditions d'une obligation de diligence lui semblait réunies. Ce faisant elle a substitué son appréciation à celle des juridictions nationales et a affirmé l'existence d'un droit substantiel qui n'apparaissait pas clairement dans l'ordre interne.A cette occasion certains membres de la juridiction de Strasbourg ont pu réaffirmer la nécessité d'une appréciation plus souple de la notion de droit : v. l'opinion concordante du juge Foighel et l'opinion concordante du juge Jambrek.

[408] L'on peut penser aux victimes d'infractions violentes qui, ayant subi un traumatisme, peuvent craindre le caractère public des débats ou aux personnes ayant fait l'objet d'une détention provisoire annulée qui lors du débat relatif à l'octroi d'une réparation pourraient se trouver en présence des familles des victimes en même temps que voir porter atteinte à leur propre vie privée et à leur réputation. L'article 6 par. 1 prévoit cette hypothèse en affirmant la possibilité de déroger au principe de publicité dans l'intérêt des requérants.

[409] L. Sermet, *L'incidence de la convention européenne des droits de l'homme sur le contentieux administratif*, préc., p. 63-64 ; J.-F. Flauss, Actualité de la convention européenne des droits de l'homme *AJDA* 1992, p. 15, sp. p. 16.

[410] Cf. la position de la Belgique : Req. n° 19190/91, E. Mesmaecker c/ Belgique, décision du 30 novembre 1994, inédit.

aux régimes de responsabilité exorbitants du droit commun[411]. Elle insiste d'ailleurs sur le caractère fautif de l'activité dommageable lorsqu'elle applique cette disposition[412].

Pourtant il ne nous semble pas que la distinction entre la responsabilité pour faute et la responsabilité sans faute, en tout cas telle qu'elle est conçue en droit français, puisse constituer un critère adéquat d'explication de l'exclusion de certaines actions en responsabilité du champ de l'article 6.

En effet, la Cour a accepté de soumettre à cette disposition certaines affaires fondées sur une rupture de l'égalité devant les charges publiques. Ainsi a-t-elle soumis aux dispositions relatives au droit à un procès équitable le refus de fait des organismes nationaux d'appliquer une décision de justice[413] en affirmant, à l'unanimité, que *« l'inertie de l'administration compétente engage la responsabilité de l'Etat italien sur le terrain de l'article 6 par. 1 »*[414]. Cela alors même que l'administration disposait du pouvoir discrétionnaire de refuser l'expulsion et que sa décision, qui pouvait être justifiée par des considérations tirées de la poursuite de l'intérêt général, s'apparente en droit français à une hypothèse de responsabilité sans faute[415]. Cette solution a d'ailleurs par la suite été transposée au droit français[416]. La question de la responsabilité de l'Etat du fait d'une décision administrative régulière a également été soumise aux exigences de l'article 6[417] ; alors même que la jurisprudence *Commune de Gavarnie*[418] la fait bénéficier d'un régime de responsabilité sans faute. La Commission est enfin intervenue dans un domaine aussi sensible que la responsabilité du fait des lois en considérant que l'intervention d'une loi ayant pour effet de priver d'une possibilité de réparation pouvait être contraire à l'article 6[419]. Dans cette affaire, le requérant contestait une validation législative rétroactive d'un concours de professeurs en chirurgie-dentaire qui lui avait porté préjudice. Le Conseil d'Etat avait déclaré, sur le recours de l'intéressé, que malgré la possibilité d'engager la responsabilité de la puissance publique du fait de la rupture de l'égalité devant les charges publiques, le requérant ne démontrait pas avec une pertinence suffisante ses chances d'avoir été inscrit sur la liste d'aptitude[420]. La Commission a affirmé l'applicabilité de l'article 6 dans la mesure où la procédure visait le réparation pécuniaire du dommage et revêtait un caractère patrimonial et personnel, nonobstant l'origine du différent et la compétence des juridictions administratives. Mais il est surtout intéressant de relever quelle a considéré le dommage comme causé

---

411 Req. n° 9613/81, B. c/ Autriche, décision du 12 octobre 1983, *DR* 34, p. 117 ; Req. n° 9661/82, B. c/ Autriche, décision du 14 juillet 1983, *DR* 34, p. 127.

412 Notamment Req. n° 13193/87, J.C. c/ France, décision du 5 mars 1991, inédit ; Req. n° 13194/87, W. c/ France, décision du 5 mars 1991, inédit. Plus récemment encore : Req. n° 21292/93, décision du 17 octobre 1994, L.P. V. c/ France, inédit.

413 M. Francesco Salvatore Scollo, propriétaire d'un appartement à Rome avait obtenu l'expulsion de son locataire mais du solliciter une intervention des autorités italiennes qui retardèrent, par l'adoption de diverses lois, l'expulsion. Près de dix ans après la décision d'expulsion M. Scollo, n'ayant pas pu obtenir son exécution, a invoqué une violation de l'article 1 du protocole additionnel et de l'article 6 de la Convention.

414 CEDH, 28 septembre 1995, Scollo c/ Italie, série A n° 315-C, § 44.

415 CE, 30 novembre 1923, Couitéas, *Lebon* p. 789.

416 Req. n° 19053/91, Hayot c/ France, décision du 27 juin 1994, inédit.

417 Ainsi en matière d'action en dédommagement du fait d'un remembrement foncier régulier : Req. n° 11037/84, Van Hal International Piershil B. c/ Pays-Bas, rapport du 9 mars 1987, *DR* 51, p. 104.

418 CE, Sect., 22 février 1963, Commune de Gavarnie, *Lebon* p. 113.

419 Req. n° 21292/93, décision sur la recevabilité du 17 octobre 1994, L.P. V. c/ France, inédit.

420 CE, 11 mars 1994, M. Valery, req. n° 076.461, inédit au recueil Lebon.

par un acte fautif de l'administration. En effet, le préjudice ne naissait pas de l'illégalité de la procédure de concours mais de la validation qui est un acte de puissance publique régulier et qui en droit français engage la responsabilité *sans faute*[421]. L'on doit tirer de cette dernière décision une conclusion importante : la notion de faute retenue par le droit français pour caractériser un régime spécifique de responsabilité ne recoupe pas celle des organes européens. Ceux-ci ont adopté une définition de la faute au titre de l'article 6 qui est autonome. Ainsi, la validation législative régulièrement effectuée est constitutive d'une faute qui la fait tomber dans le champ de l'article 6. Tentons de rechercher, même si cet exercice est de par sa nature hasardeux, quel a bien pu être le raisonnement de la Commission. Ce ne peut être la rétroactivité de la validation qui a justifié l'application de l'article 6 en révélant la faute, car le caractère rétroactif, s'il porte atteinte au principe de l'égalité des armes, ne peut être condamné qu'une fois que l'applicabilité de cette disposition est avérée. La condamnation de la rétroactivité est une conséquence de l'application de l'article 6 qui découlait de l'existence d'une faute préexistante et cette faute ne nous semble pouvoir être que l'atteinte aux droits patrimoniaux des particuliers[422]. Dès lors qu'un acte imputable à l'Etat porte atteinte aux droits des particuliers, il existe une faute, au sens du droit conventionnel, faute qui justifie l'application des principes de l'article 6[423].

L'ensemble de ces décisions permet de tirer une conclusion importante : la distinction entre la responsabilité pour faute et la responsabilité sans faute au regard de la notion de droits civils ne revêt aujourd'hui qu'un intérêt très limité. La Commission elle-même a été jusqu'à affirmer, même si ce n'est qu'implicitement, la possibilité d'appréhender ces deux branches du contentieux de la responsabilité[424].

L'exclusion des régimes exorbitants du droit commun du champ d'application de l'article 6 semble en fait résulter du fondement du mécanisme de responsabilité en cause sur un mécanisme de garantie sociale. Ainsi la Commission européenne des droits de l'Homme exclut-elle depuis un certain temps, de manière systématique, du champ de l'article 6 les demandes d'indemnisation correspondant à toutes les hypothèses dans lesquelles l'Etat décide d'accorder une indemnité *« ex gratia »*. Ce terme recouvre les dispositifs d'indemnisation dont le bénéfice constitue un droit pour les particuliers, qui sont fondés sur la nécessité d'instaurer une *solidarité sociale* et ne sont pas le résultat d'une obligation juridique à la charge de l'Etat, le dommage n'étant pas nécessairement causé par son propre fait. Le dédommagement qui est alors accordé par le biais de ces mécanismes de réparation est caractéristique du droit public et ne relève pas de l'article 6[425] également inapplicable aux procédures d'indemnisation.

---

421 CE, 1er déc. 1961, Lacombe, *Lebon* p. 671.

422 En l'espèce celui d'accéder à un poste de la fonction publique.

423 On remarquera qu'en l'absence d'intervention des autorités nationales ayant causé un dommage aux particuliers, la Cour de Strasbourg ne mentionne pas la faute mais l'inertie des pouvoirs publics qui a porté atteinte à un droit : CEDH, Scollo c/ Italie, 28 septembre 1995, préc.

424 Req. n° 21292/93, décision du 17 octobre 1994, L.P. V. c/ France, inédit.

425 F. Matscher considère dans cette hypothèse l'article 6 est inapplicable par manque de « droit »: La notion de « décision d'une contestation sur un droit ou une obligation (de caractère civil) » au sens de l'article 6 par.1 de la Convention européenne des droits de l'homme, in *La protection des droits de l'homme, La dimension européenne*, Mélanges Wiarda, Cologne, Karl Heymanns Verlag K.G., 1988, p. 395, sp. p. 400 et s.

Les nombreuses demandes fondées sur l'engagement de l'Etat allemand de réparer, par l'instauration d'une loi spéciale, le préjudice subi du fait des activités nazis dans un souci de cohésion sociale ne peuvent donc pas bénéficier de l'article 6[426]. N'ont de même pas été soumises aux prescriptions de l'article 6 la procédure devant le fonds d'indemnisation des victimes d'agressions, créé aux Pays-Bas par une loi du 26 juin 1975 en raison du caractère gracieux de l'indemnisation par le fonds[427] et la procédure d'indemnisation des victimes de catastrophes naturelles dans la mesure où l'unilatéralité de la décision d'indemniser les victimes donne à l'engagement des pouvoirs publics un caractère de droit public qui empêche de la faire tomber dans le champ de l'article 6[428]. Il en va également de certains dispositifs d'indemnisation à la suite de détentions préventives irrégulières ou suivies d'un abandon des poursuites qui prévoient un mécanisme de réparation sans nécessité de prouver un comportement coupable de la part de l'agent de l'Etat[429].

La jurisprudence de Strasbourg montre que le caractère *public* de la responsabilité est interprété en utilisant cumulativement les critères de l'*engagement exorbitant du droit commun* de l'Etat[430] et celui, formel et subsidiaire, qui est le corollaire indispensable du premier, d'une responsabilité prévue par une législation spéciale[431].

Ne pourraient, si l'on retient la définition donnée par la Commission, être qualifiés de droit de caractère civil que les contentieux fondés sur un acte imputable à l'Etat dès lors qu'ils ne reposent pas sur l'idée de solidarité sociale. Toutefois, en cas d'imbrication d'une procédure de droit commun portant sur un droit civil et d'une procédure spéciale qualifiable de publique, la réparation sera assimilée à un droit de caractère civil et la responsabilité publique absorbera et effacera les particularismes du mécanisme spécial d'indemnisation, quand bien même ce dernier reposerait sur la nécessité d'assurer l'égalité devant les charges publiques et répondrait à un objectif de cohésion sociale. Ainsi, la responsabilité de l'administration du fait de la contamination accidentelle par le V.I.H. peut, à travers la question du délai raisonnable de la procédure, tomber dans le champ de l'article 6, alors même que la procédure inclut

[426] Req. n° 4523/70, X c/ R.F.A., *DR* 38, p. 115 ; Req. n° 4505/70, décision du 2 octobre 1970, *DR* 39, p. 51 ; Req. n° 4618/70, décision du 21 mars 1972, Annuaire 15, p. 361 ; Req. n° 5573/72 et n° 5670/72, décision du 16 juillet 1976, Req. n° 7014/75, X c/ R.F.A., décision du 21 mai 1976, *DR* 5, p. 134 ; Req. n° 8646/79, décision du 16 octobre 1980, inédit ; Req. n° 10612/83, Genia Rotenstein c/ R.F.A., décision du 10 décembre 1984, *DR* 40, p. 276 ; Req. n° 10865/84, Rachel Blay c/ R.F.A., décision du 12 mai 1986, *DR* 47, p. 186 ; Req. n° 12624/87, décision du 10 juillet 1989, Wolf-Israël Berler c/ R.F.A.

[427] Req. n° 11098/84, décision du 1er juillet 1985, B. c/ Pays-Bas, *DR* 43 p. 198.

[428] Req. n°14225/88, décision du 3 décembre 1990, Ulla-Brita Nordh et autres c/ Suède, *DR* 69, p. 223.

[429] Req. n° 9661/82, décision du 14 juillet 1982, B. c/ Autriche, *DR* 34, p. 127 ; Req. n° 11352/85, décision du 10 décembre 1985, K. c/ R.F.A., *DR* 45, p. 173.

[430] Req. n° 9661/82, décision du 14 juillet 1982, B. c/ Autriche, *DR* 34, p. 127.

[431] Ainsi, c'est à défaut de réglementation spéciale prévoyant l'indemnisation des personnes lésées du fait de circonstances révolutionnaires que la contestation en cause dans l'affaire Baraona est tombée dans le champ de l'article 6. En effet, selon la Commission, l'assimilation aux droits et obligations à caractère civil n'aurait pas été envisageable au cas où « *l'Etat aurait pris l'engagement de dédommager ses nationaux afin de subvenir à leurs besoins et d'atténuer les différences entre la situation financière de ceux qui avaient été victimes de dommages et de ceux auxquels les dommages avaient été épargnés* » : Rapport de la commission, Req. n°10092/82, Baraona, § 119.

l'intervention d'un fonds spécial créé par une réglementation spécifique sur le fondement de la solidarité sociale[432].

Au regard des décisions que nous venons de mentionner, il apparaît que les mécanismes de réparation qui traduisent le passage de l'ère du secours à l'ère du droit à réparation[433] et caractérisent l'Etat moderne ne tombent pas dans le champ de l'article 6. Cette interprétation implique que les règles du procès équitable ne peuvent être appliquées à certains régimes législatifs du droit français de la responsabilité[434] tels que le dispositif de réparation des dommages causés par les attroupements[435] ou l'indemnisation des personnes atteintes de SIDA post-transfusionnel en application de la loi du 31 décembre 1991[436]. D'autres mécanismes législatifs spéciaux devraient, en revanche, pouvoir être assimilés à des systèmes régissant des contentieux portant sur des droits à caractère civil dans la mesure où ils n'organisent pas un régime de responsabilité « *ex gratia* »[437], par pure volonté d'assurer la cohésion sociale, mais ne visent qu'à déroger à la compétence de droit commun du juge administratif en la matière dans un souci de bonne administration de la justice. Tel est le cas de la loi du 31 décembre 1957 qui transfère au juge judiciaire la compétence pour se prononcer conformément aux règles du droit civil, sur les dommages causés par les véhicules administratifs. Dans de nombreux contentieux de la réparation, les justiciables pourraient être privés du droit à un procès équitable.

Pourtant les décisions récentes de la Cour et de la Commission révèlent une tendance à l'élargissement du champ d'application de l'article 6. En effet, les instances européennes n'hésitent plus à soumettre aux règles du procès équitable des réclamations concernant des mécanismes spécifiques de réparation portant sur un impératif de cohésion sociale. Ainsi, le dispositif d'indemnisation des français originaires d'Algérie dépossédés tombe-t-il dans le champ de l'article 6[438] alors que de tels mécanismes ne reposent selon le Conseil d'Etat français pas sur une obligation de réparation mais sur une application de la solidarité nationale[439]et que la procédure en cause avait été mise en place par une législation spéciale, par laquelle l'Etat a accepté unilatéralement d'indemniser les victimes de manière gracieuse. Il a également été considéré que certaines des procédures tendant à la réparation d'une détention provisoire injustifiée peuvent se voir appliquer les garanties applicables en matière de droit à caractère civil[440]

[432] CEDH, 26 avril 1994, A. Vallée c/ France, série A n ° 289-A ;CEDH, 26 août 1994, M. Karakaya c/ France, série A n° 289-B ; CEDH, 28 octobre 1994, C. Demai c/ France, série A n° 289-C ; CEDH, 24 mai 1995, Marlhens c/ France, série A n° 317 ; CEDH, 8 février 1996, A. et autres c/ Danemark, *Recueil des arrêts et décisions*, 1996-I, p. 85.

[433] Cette expression est empruntée à M. Sousse, *La notion de réparation de dommages en droit administratif français*, Paris, LGDJ, BDP t 174, 1994.

[434] C. Brechon-Moulènes, *Les régimes législatifs de responsabilité publique*, Paris, LGDJ, BDP t 112, 1974.

[435] Art. 92 L. 7 janv. 1983.

[436] Art. 47 L. 31 décembre 1991.

[437] C'est à dire dans le cadre d'un mécanisme de garantie sociale qui ne peut être apparenté à un dispositif de droit privé.

[438] CEDH, 24 novembre 1994, Beaumartin, série A n° 296-B ; Req. n° 21629/93 J.-P. G. c/ France , décision du 22 février 1995, inédit.

[439] CE, 29 novembre 1968, Tallagrand, *Lebon* p. 607. V. également R. Marillat, Les fondements juridiques de l'indemnisation des français dépossédés de leurs biens par les Etats anciennement sous souveraineté, tutelle ou protectorat français, *Annales de la faculté de droit et de sciences économiques de Lyon*, 1973, p. 87.

[440] Req. n° 15346/89, A. M et Req. n° 15379/89, J.V. Z. c/ Pays-Bas, rapport du 4 juillet 1994, inédit ; Req. n° 20365/92, Alkin c/ Autriche, rapport du 28 juin 1995, inédit ; Req. n° 21522/93, A. Georgiadis, rapport du 27

quand bien même la plainte ne pourrait être assimilée à une action en dommages-intérêts pour illégalité en droit privé ; ce qui a justifié la critique de nombreux juges européens[441]. La procédure de réparation par un fonds d'indemnisation des victimes d'actes de violence a également été considérée comme devant être soumise aux dispositions de l'article 6 malgré le but spécifique qui lui a été assigné par la loi qui ne limite pas la réparation à un seul droit pécuniaire mais également à une forme d'amendement du délinquant et constitue une marque de la solidarité sociale. Il a alors été affirmé que le droit à un dédommagement consiste en un avantage patrimonial qui, selon la formule de la Haute juridiction elle-même, « *peut passer pour un droit de caractère civil* »[442].

Ces décisions sont caractéristiques du rejet du fondement de droit public de la réparation pour retenir le fait que celle-ci revêt, de par sa nature même, un caractère civil[443], mais surtout leur examen révèle que les exigences de la solidarité nationale pas plus que les particularités du régime de droit public ne font pas toujours obstacle à la qualification de droit à caractère civil. Cette conclusion est somme toute logique dans la mesure où le droit privé voit les hypothèses de réparation fondés sur les mécanismes de solidarité sociale se multiplier[444]. Compte tenu de l'évolution des fonctions de la responsabilité en droit privé, il est en conséquence naturel que les organes de Strasbourg aient procédé à une interprétation évolutive de la notion de droit à caractère civil en matière de responsabilité publique.

Ces évolutions de la jurisprudence des organes européens amènent à s'interroger sur l'existence d'un critère de distinction de ce qui relève de la matière civile applicable en matière de responsabilité. Si l'exclusion du champ d'application de l'article 6 des régimes de réparation qui ne garantissent pas un véritable droit à dédommagement demeure, la distinction entre les mécanismes de responsabilité « *ex gratia* » et ceux se rencontrant dans les relations entre particuliers ou bien entre les dispositifs selon qu'ils reposent ou non sur l'existence d'une faute semble difficilement pouvoir être maintenue. En revanche, dans l'ensemble de ces situations, le fait que l'objet de l'action

---

février 1996 ; Req. n° 20602/92, Z. Szücs c/ Autriche, rapport adopté le 3 septembre 1996 ; Req. n° 22034/93, M. Afshar-Malayeri, N. Abedi et F. Takhti c/ Autriche, décision du 18 octobre 1995, inédit.

441 Opinion dissidente de MM. C.A. Norgaard, F. Ermacora, H.G. Schermers, F. Martinez, Mme Liddy, MM. M.P. Pellonpää, I. Békés, J. Mucha, D. Svaby sous le rapport du 4 juillet 1994, Req. n° 15346/89, A. M et Req. n° 15379/89, J.v. Z. c/ Pays-Bas, inédit. La Cour pour sa part a rejeté la requête pour absence de « droit » à réparation au sens du droit interne : CEDH, 28 septembre 1995, Masson et Van Zon, série A n° 327-A mais a admis, lorsqu'un tel droit existait, son caractère de droit civil : CEDH, 29 mai 1997, Georgiadis c/ Grèce, *Recueil des arrêts et décisions*, 1997-III, p. 949 ; CEDH, 24 novembre 1997, Szücs c/ Autriche, *Recueil des arrêts et décisions*, 1997-VII, p. 2468. Par la suite, ces critiques ont été plus nuancées et, admettant l'existence d'un droit à réparation de caractère civil ont plus spécifiquement concerné l'obligation de publicité à laquelle les débats relatifs à une telle réparation étaient soumis: opinion dissidente de MM. G.H. Thune et H.G. Schermers sous le rapport adopté le 3 septembre 1996, Req. n° 20602/92, Z. Szücs c/ Autriche. Cette position avait déjà été défendue par le juge Martens dans son opinion concordante sous l'arrêt Masson et Van Zon.

442 CEDH, 1er juillet 1997, Rolf Gustafson c/ Suède, *Recueil des arrêts et décisions*, 1997-IV, p. 1149, § 41.

443 CEDH, 29 mai 1997, Georgiadis c/ Grèce, *Recueil des arrêts et décisions*, 1997-III, p. 949, § 35.

444 P. Le Tourneau, L. Cadiet, *Droit de la responsabilité*, Paris, Dalloz action, 1996, p. 774 et s. ; G. Viney, *Traité de droit civil*, Dir. J. Ghestin, *Introduction à la responsabilité*, 2nde édition, Paris, LGDJ, 1995, n° 22 à 25.

soit l'attribution de dommages-intérêts suffit le plus souvent[445] à lui donner un caractère civil, quel que soit son cadre, public ou privé[446]. Cette évolution pourrait, à terme, aboutir à une soumission aux principes du procès équitable de l'ensemble des actions en réparation concernant les autorités étatiques. La qualification de « civil » du droit à réparation n'est donc pas pour les organes européens opposable à public ; la seule véritable distinction qu'implique, en matière de responsabilité, l'article 6 étant celle des droits à caractère civil et des accusations en matière pénale.

Ce phénomène consacre un accroissement de la protection des particuliers. Reste désormais à voir dans quelle mesure l'encadrement conventionnel influe sur la procédure applicable en matière d'action en responsabilité.

B- L'INFLUENCE DE L'ENCADREMENT CONVENTIONNEL SUR LA PROCEDURE APPLICABLE AUX ACTIONS EN RESPONSABILITE

L'encadrement conventionnel implique à la fois le droit à un recours effectif ainsi que celui à un procès équitable.

1) Le recours en responsabilité et le droit à un recours effectif

Le droit à un recours effectif semble impliquer tout d'abord la possibilité pour les particuliers de saisir une instance des actions visant à obtenir une réparation de l'Etat. En effet, l'article 6 comme l'article 13 de la Convention induisent à différents degrés le droit à un remède[447] effectif ainsi que la remise en cause des dispositions nationales interdisant ou limitant les recours internes. Pour autant oblige-t-il les Etats membres à introduire une voie de droit permettant l'octroi de dommages-intérêts et conduit-il à une condamnation automatique par les organes de Strasbourg à défaut d'existence d'un tel recours ? Les Etats membres disposent-ils de la possibilité de réglementer procéduralement son exercice et, le cas échéant, dans quelles conditions ?

a- Droit à un recours effectif et existence d'une action en responsabilité

L'octroi d'une réparation en cas de violation des dispositions de la Convention constitue une garantie effective, moins attentatoire à la marge de manoeuvre des Etats membres et plus particularisée qu'un recours fondé sur la légalité, des droits des particuliers. En effet, il permet de réparer une atteinte à un droit, sans mettre à l'index explicitement, même si un contrôle est indirectement opéré, le bien-fondé de l'action étatique. Ainsi, il n'est pas nécessaire de déclarer une procédure d'expropriation illégale pour réparer le préjudice individuel, dans la mesure où l'octroi d'une indemnisation est possible. De même, l'ingérence étatique dans la vie privée, par l'utilisation et la diffusion préjudiciable de données à caractère sensible, peut être réparée par l'octroi de dommages-intérêts, sans que le fondement d'une telle ingérence, qui peut se trouver justifiée par des nécessités tenant à la sécurité nationale ou à la sûreté publique, soit condamné. Dans bien des domaines, les recours permettant une indemnisation

---

[445] Sous réserve des exceptions tendant au caractère public ou politique du droit objet du litige déjà mentionnées.

[446] CEDH, 27 avril 1989, Neves e Silva c/ Portugal, série A n° 153, § 37 ; CEDH, 26 mars 1992, Editions périscope, série A n° 234-B, § 40.

[447] La version anglaise de l'article 13 vise « the right to an effective remedy ».

contribuent à l'équilibre entre les prérogatives des Etats et la protection des droits des individus. En conséquence, le droit à un recours effectif a été considéré comme exerçant la plupart de ses effets sur les actions visant à la mise en oeuvre de la responsabilité publique[448].

La Cour de Strasbourg a admis que, pour qu'un recours soit considéré comme effectif au regard de l'article 13, l'intéressé doit disposer de la possibilité de faire rechercher si les mesures dont il a fait l'objet sont conformes à la loi, et d'*« introduire devant une juridiction civile une action en réparation s'il a subi un dommage »*[449]. Plus généralement, un individu qui, *« de manière plausible, se prétend victime d'une violation des droits reconnus par la Convention doit disposer d'un recours devant une instance nationale afin de voir statuer sur son grief et, s'il y a lieu, d'obtenir réparation »*[450]. Mais le droit à un recours effectif implique-t-il obligatoirement une action en réparation ?

La jurisprudence européenne ne semble pas aller aussi loin. Bien évidemment, dans certaines hypothèses, telles que les atteintes au droit de propriété se traduisant par une dépossession, la réparation conditionne l'effectivité du recours, puisqu'elle est alors exigée par la Convention elle-même[451]. Mais le plus souvent, l'octroi d'une réparation n'est pas nécessaire pour garantir l'effectivité du recours. Celle-ci peut par exemple passer par des pouvoirs d'annulation[452]. Ainsi, il n'est pas essentiel, en cas de licenciement illégal, que l'autorité chargée de statuer sur le recours ait la possibilité d'allouer des dommages-intérêts, dans la mesure où elle dispose du pouvoir de constater le bien fondé de la décision étatique[453], même si l'on peut légitimement supposer que la possibilité d'obtenir une réparation est, dans cette hypothèse, de nature à permettre une meilleure protection des intérêts du requérant. L'action en réparation en cas de dommages n'est donc pas un passage obligé pour l'octroi d'un quelconque label d'effectivité au regard des exigences de la Convention, bien que le recours en annulation paraisse pour certains membres de la Cour constituer une garantie plus importante pour les particuliers[454]. Aussi l'article 13 n'exige nullement la mise en place

---

[448] Pour M. Janssen-Pevtschin, J. Velu et A. Vanwelkenhuyzen, l'objet du recours mentionné à l'article 13 est à tout le moins la réparation des effets dommageables de la violation de la Convention, La Convention de sauvegarde des droits de l'Homme et des libertés fondamentales et le fonctionnement des juridictions belges, *Chron. pol. étrang.*, 1962, p. 199. Voir également P. Mertens, *Le droit de recours effectif devant les instances nationales en cas de violation d'un droit de l'homme*, Bruxelles, Editions de l'Université de Bruxelles, 1973, sp. p. 110 et s.

[449] CEDH, 6 septembre 1978, Arrêt Klass et autres c/ R.F.A., série A, n° 28, § 71.

[450] CEDH, 6 septembre 1978, Arrêt Klass et autres c/ R.F.A, préc., § 64; CEDH, Arrêt Silver et autres, 25 mars 1983, série A n° 61 § 113.

[451] Cf. sur ce point l'opinion dissidente émise par M. Fawcett, à l'occasion de l'examen par la Commission de cette même affaire selon lequel, « *Sans aucun conteste, le recours ne saurait être « effectif » que dans la mesure où cette notion englobe et la procédure de recours et, si elle se justifie, la réparation* »; Req. n° 7151/75 et 7152/75, Les héritiers de E. Sporrong et I.M. Lönnroth c/ Suède, Rapport de la commission adopté le 8 octobre 1980, opinion dissidente de M. Fawcett à laquelle s'est ralliée M. Kellberg, §4.

[452] Pour des exemples : Req. n° 9248/81, Torsten Leander c/ Suède, Rapport de la commission adopté le 17 mai 1985, Opinion dissidente de MM. Frowein, Opsahl, Jörundsson, Trechsel, Kiernan et Batliner, §5 ; Req. n° 10259/83, s.p.r.l, Anca et autres c/ Belgique, décision sur la recevabilité du 10 décembre 1984, inédit.

[453] Opinion partiellement dissidente de MM les juges Pettiti et Russo, CEDH, 26 mars 1987, Leander, série A n° 116.

[454] Cf. l'opinion partiellement dissidente de MM les juges Pettiti et Russo , CEDH, 26 mars 1987, Leander, série A n° 116. Pour un point de vue qui considère les deux voies de droit comme constituant des garanties

d'un recours en responsabilité au cas où celui-ci n'existerait pas au plan national[455], pas plus que les instances nationales ne se verront automatiquement condamnées en l'absence de recours en réparation, dès lors que d'autres voies de droit considérées comme effectives existeront.

L'article 6 qui affirme le droit à un tribunal en cas de contestation portant sur des droits de caractère civil implique pour sa part que dès lors qu'un droit à réparation est reconnu dans l'ordre juridique interne, il doit nécessairement pouvoir faire l'objet d'une action contentieuse qui en garantira la mise en oeuvre. Pour autant implique-t-il que sa protection doit passer par la mise en oeuvre d'une action en réparation ? Ainsi que l'a remarqué M. Sermet[456], la jurisprudence de Strasbourg ne semble pas avoir tranché ce point. La résolution d'une contestation devant une autorité juridictionnelle qu'affirme l'article 6 devrait pourtant logiquement induire une adéquation entre l'étendue des pouvoirs du tribunal, et donc la nature du recours qui peut être exercé, et l'objet de la contestation. Prenons quelques exemples. Il semble clair que le droit à réparation né d'un dommage purement matériel résultant d'une collision avec un véhicule administratif ne peut bénéficier à titre de garantie procédurale que d'une action en réparation qui sera seule à même de vider la contestation portant sur ce droit de caractère civil. L'ouverture d'un recours en réparation est alors seule à même d'aboutir à une décision juridictionnelle effective puisque quand bien même elle serait possible, l'annulation de l'ordre de sortie du véhicule -nul doute qu'il s'agit d'une mesure d'ordre intérieur-, ne permettrait pas au particulier de voir ses droits à caractère civil garantis. La question est plus délicate dans l'hypothèse où un individu demande réparation du fait d'une décision administrative qui porte atteinte à un des droits qu'il tire de la Convention. La contestation a alors bien pour objet l'octroi d'une réparation ; aussi semble-t-il nécessaire, pour que le requérant puisse voir son droit à un tribunal pleinement réalisé, que la juridiction en question ait la possibilité de se prononcer sur sa demande de dédommagement et donc que la voie d'une action en réparation soit ouverte ; la seule possibilité d'obtenir une annulation ne suffit pas puisqu'elle ne correspond pas à l'objet de la contestation. Toutefois, dans cette seconde hypothèse, un remède peut être obtenu dans le cadre d'une action en annulation. Celle-ci doit-elle alors se doubler d'une action en réparation ? C'est à la Cour qu'il appartient de le dire.

b- Droit à un recours effectif et mise en oeuvre de l'action en responsabilité

Le caractère effectif du recours implique que les actions en responsabilité reconnues en droit interne puissent être exercées avec une certaine efficacité. Certes, la Cour européenne des droits de l'Homme a pu montrer, à l'occasion de l'affaire *Powell et Rayner*[457], les limites du caractère effectif en acceptant la possibilité de restriction de

---

équivalents : Req. n° 9248/81, Torsten Leander c/ Suède, Rapport de la commission adopté le 17 mai 1985, Opinion dissidente de MM. Frowein, Opsahl, Jörundsson, Trechsel, Kiernan et Batliner, §5.

[455] La Cour a par ailleurs rappelé que ni l'article 6 ni l'article 13 n'impliquent l'existence d'une action en réparation. Il s'agissait dans cette affaire du préjudice subi par les actionnaires d'une société qui se plaignaient du préjudice subi par ladite société : CEDH, 24 octobre 1995, Agrotexim et autres c/ Grèce, série A n° 330, § 73.

[456] L. Sermet, *Convention européenne des droits de l'Homme et contentieux administratif français*, préc., sp. p. 188.

[457] CEDH, 21 février 1990, Powell et Rayner, série A n° 172.

l'action en responsabilité pour des motifs tirés de la marge de manoeuvre reconnue aux Etats membres dans des domaines sensibles tels que celui de la protection de l'environnement et la suppléance de cette action par des moyens de prévention[458]. Elle a néanmoins fixé d'importantes bornes à l'encadrement par l'Etat des recours juridictionnels et donc des actions en responsabilité en affirmant d'une part que le droit d'accès à un tribunal implique pour les particuliers une possibilité concrète de contester les actes constituant une ingérence dans leurs droits[459] et d'autre part que l'encadrement de l'accès à un tribunal, à travers notamment les conditions de recevabilité du recours, ne doit pas avoir pour effet de porter atteinte à sa substance même[460]. Aussi un recours dont l'issue paraît vraisemblablement aléatoire en raison de l'encadrement national n'est-il pas toujours conforme aux exigences de l'article 6[461]. Mais, si un droit à réparation au contenu identifiable existe au niveau national et que la juridiction interne refuse de se prononcer sur ce point malgré la demande exprès du requérant, soit qu'elle statue *infra petita*, soit qu'elle n'ait pas relevé d'office le moyen de la responsabilité sans faute de l'administration, il y aura méconnaissance du droit à un recours effectif.

Le droit à un recours effectif n'est pour autant pas absolu et connaît un certain nombre de limites. Celles-ci sont le plus souvent justifiées par l'intérêt d'une bonne administration de la justice. Il faut en effet éviter que la trop large ouverture des recours contentieux aboutisse à l'asphyxie du système juridictionnel et remette en cause la stabilité des situations juridiques. Ces limites sont donc compatibles avec les exigences de l'Etat de droit et tolérables pour les requérants puisqu'elles préservent la sécurité juridique de tous, tout en permettant la protection des intérêts de chacun. Parmi ces limites, quatre nécessitent d'être développées dans la mesure où elles revêtent une signification particulière dans le contentieux de la responsabilité. Elles n'en sont pas moins, pour l'ensemble, conformes aux prescriptions conventionnelles.

• L'intérêt à agir

Outre la volonté d'éviter le développement, en l'absence de barrières, du recours au juge, la justification de la condition tenant à un intérêt donnant qualité à agir se trouve dans la nécessité d'éviter les actions populaires et la substitution du particulier à l'administration dans la prise en charge de l'intérêt général. Il doit donc exister une relation entre la situation juridique d'un requérant et l'objet de sa contestation, ainsi qu'un intérêt, matériel ou moral, auquel le justiciable tend à travers l'exercice du recours contentieux. L'intérêt à agir doit donc être personnel, légitime, et ne doit pas avoir été lésé de manière trop incertaine[462]. En ce qui concerne plus spécifiquement l'action en responsabilité, le requérant ne doit prouver qu'un préjudice, c'est-à-dire une

---

[458] En ce qui concernait l'examen de la proportionnalité de l'ingérence dans le droit reconnu par l'article 8 de la Convention.

[459] CEDH, 4 décembre 1995, Bellet, série A n° 333-B, § 34.

[460] Il a, à cette occasion, également été précisé que cet encadrement doit tendre à un but légitime et qu'il doit exister un rapport raisonnable de proportionnalité entre les moyens employés et le but visé. V. not. CEDH, 21 septembre 1994, Fayed c/ R.-U., série A n° 293, § 65 ; CEDH, 4 décembre 1995, Bellet, préc., § 31.

[461] Cette question avait déjà été soulevée au début des années quatre-vingt dix par J.-F. Flauss, Convention européenne des droits de l'homme et réparation des dommages de pollution: Les enseignements de l'arrêt Powell et Rayner, *LPA* 6 juin 1991, p. 17, sp. p. 20.

[462] Sur l'ensemble des caractères de l'intérêt invoqué, R. Chapus, *Droit du contentieux administratif*, 4ème édition, Paris, Montchrestien, 1993, pp. 332-352.

« *incidence négative, évaluable en argent, sur les droits, les intérêts ou les prérogatives d'une personne (physique ou morale)* »[463] ; mais ce sont bien encore ses droits et ses intérêts qui sont en cause.

La conception de l'intérêt à agir est donc relativement souple en droit français. Elle l'est encore plus au regard des exigences de la Convention. L'article 6, qui régit le droit à un procès équitable, limite le droit à un tribunal aux contestations dont l'objet est un droit de caractère civil ou plus largement dont l'issue est déterminante pour un droit de caractère civil[464]. Le requérant doit donc prouver que le litige porte atteinte à un de ses droits ; la notion de droit étant entendue au sens de droit subjectif[465], même si elle est interprétée de manière relativement autonome par rapport au droit interne. Ainsi que l'a démontré M. Sermet[466], la notion de droit est plus restrictive que la notion d'intérêt présente en droit français et recouvre celle de droit lésé dans le contentieux de pleine juridiction[467]. La condition tenant à l'intérêt à agir dans le contentieux de la responsabilité est, en conséquence, parfaitement conforme à l'encadrement conventionnel.

• La règle de la décision administrative préalable

La règle de la décision préalable, qui trouve son origine dans la théorie du ministre-juge[468], implique que pour voir son recours en responsabilité déclaré recevable, le requérant doit également, sauf cas particuliers[469], saisir l'administration d'une demande préalable d'indemnisation qui servira à la liaison du contentieux et, si elle donne lieu à une décision expresse, doit être contestée dans un délai de deux mois. Elle participe à l'amélioration du fonctionnement de la justice et permettant, à un stade pré-contentieux, un discussion entre l'administration et le particulier qui estime avoir été lésé dans ses droits et partant ouvre la porte à une possible conciliation. Elle constitue donc moins une barrière à l'ouverture du recours contentieux qu'un outil de rationalisation de ce dernier. Aussi est-elle en tout point compatible avec les exigences conventionnelles puisque le rejet par le Conseil d'Etat d'un recours en l'absence de décision préalable a été jugé conforme à la Convention dès lors qu'une telle exigence n'est pas entachée d'arbitraire[470].

• Les délais de recours

Les délais de recours contentieux contribuent de manière évidente à la bonne administration de la justice. Il sont indispensables à la préservation de la stabilité et de la sécurité juridique en faisant obstacle à une remise en cause trop facile des règles de

---

[463] M. Paillet, *La responsabilité administrative*, Paris, Dalloz, Les cours de droit, 1996, p. 193.
[464] Sur l'évolution de la jurisprudence en la matière, v. L. Sermet, *Convention Européenne des Droits de l'homme et Contentieux administratif français*, préc., pp. 36-39.
[465] Si le recours en responsabilité a un caractère subjectif, la notion de droit subjectif n'est pas consacrée en droit administratif français.
[466] L. Sermet, *Convention Européenne des Droits de l'homme et Contentieux administratif français*, préc., pp. 43-48.
[467] *Ibid.* p. 44.
[468] C. Debbasch, J-Cl. Ricci, *Contentieux administratif*, 7ème édition, Paris, Dalloz, 1999, n° 340 et les références en note.
[469] C'est à dire notamment pour les litiges en matière de travaux publics.
[470] Req. 18095/91, Aupiais c/ France, Décision sur la recevabilité du 1er septembre 1993, inédit.

droit. Aussi la possibilité de prévoir de tels délais a-t-elle été reconnue aux Etats[471]. L'existence de délais de recours est de ce fait compatible avec les exigences conventionnelles, sous réserve que le point de départ du délai soit suffisamment clair pour permettre une contestation concrète et effective[472]. Il n'en y a pas moins un contrôle de la durée de recours par les instances de Strasbourg. Ainsi, en fonction du fondement de la responsabilité le délai pourra-t-il être plus ou moins réduit[473]. Mais à ce jour il n'y a pas eu de condamnation en raison d'un délai considéré comme trop court ; ce qui laisse la porte ouverte à une possible ineffectivité du recours contentieux. En effet, peut-on considérer, dans l'hypothèse d'un délai particulièrement réduit que la protection juridictionnelle des particuliers est assurée alors que ceux-ci peuvent perdre rapidement toute possibilité de fournir une garantie à leurs droits ? La réponse à cette question est évidemment négative.

- L'obligation du ministère d'avocat

L'obligation du ministère d'avocat, qui est de mise en cas de recours de plein contentieux, est-elle compatible avec le droit à un recours juridictionnel effectif en cas de contestation portant sur des droits à caractère civil[474] ou constitue-t-elle une charge financière exorbitante pour les justiciables ?

En matière de responsabilité, l'assistance d'un avocat est obligatoire, sous peine de voir le recours déclaré irrecevable. Or certains litiges peuvent porter sur des sommes modiques, ce qui fait paraître l'obligation du recours à un avocat, qui est devant les juridictions suprêmes conjuguée avec l'obligation de faire appel à un avocat aux conseils, inégalitaire dans la mesure où les personnes publiques se trouvent, pour leur part, souvent dispensées d'une telle obligation[475]. Le Conseil d'Etat, saisi de ce problème, a, dans une décision qui se caractérise par son ambiguïté, conclu que l'obligation du ministère d'avocat n'entre pas dans le champ de cette disposition[476] à la différence de la position soutenue par la Commission européenne des droits de l'Homme[477]. Il n'en demeure pas moins que le recours obligatoire à un avocat dans le cadre d'un recours de plein contentieux est compatible avec le droit conventionnel puisque la Commission le considère nécessaire à une bonne administration de la justice. Il ne saurait en conséquence entraîner de violation de l'article 6, à moins d'une

[471] Par exemple : Req. n° 8407/78, X. c/ Suisse, décision du 6 mai 1980, *DR* 20, p. 179 ; Req. n° 11122/84, Victor Welter c/ Suède, décision du 2 décembre 1985, *DR* 45, p. 246 ; Req. n° 10857/84, Georges et Louise Bricmont c/ Belgique, décision du 15 juillet 1986, *DR* 48, p. 106.

[472] CEDH, 16 décembre 1992, de Geouffre de la Pradelle, série A, n° 253-B.

[473] Ceci implique une marge de manoeuvre des autorités nationales dans la détermination du délai plus importante lorsque le recours est fondé sur un mécanisme d'indemnisation qui ne peut faire naître un droit de caractère civil mais est de nature publique. V.à propos du système allemand d'indemnisation des victimes de dommages du fait des persécutions nazis : Req. n° 12624/87, Wolf-Israel Berler c/ R.F.A., décision sur la recevabilité du 10 juillet 1989, *DR* 62, p. 207.

[474] Alors que l'article 6 par. 3 de la Convention reconnaît pour sa part, en matière pénale, le droit de tout accusé de se défendre lui même.

[475] Pour les ministres devant le Conseil d'Etat -Art. 43, Ord. du 31 juillet 1945- et l'Etat en règle générale devant les tribunaux administratifs, Art. R. 111 du Code des tribunaux administratifs et les Cours administratives d'appel, Art. 117 du Code des tribunaux administratifs.

[476] CE, 19 juillet 1991, Mlle Boyet-Manet, *Lebon*, T. p. 675.

[477] V. par exemple Req. 16598/90, Philis c/ Grèce, décision du 11 décembre 1992, *DR* 66, p. 260.

impossibilité matérielle pour les individus de rémunérer leur avocat[478] ; ce qui ne saurait qu'être rarement le cas en France en raison de l'existence de l'aide judiciaire.

Il en va de même de l'obligation, devant les juridictions suprêmes, de faire appel aux services d'un avocat aux conseils qui a pourtant pour effet d'augmenter de manière substantielle le coût du procès. Le recours à un avocat aux conseils est en effet justifié par les particularités du contrôle opéré par le juge de cassation[479] et est donc, selon la Cour comme la Commission, conforme à la bonne administration de la justice. La solution pourrait toutefois être autre lorsque le Conseil d'Etat statue en premier et dernier ressort, par exemple dans le cadre des recours de pleine juridiction contre les sanctions prononcées par le C.S.A., la commission de contrôle des assurances, le conseil de discipline de la gestion financière ou le conseil des marchés financiers, le contrôle ne revêtant pas la même spécificité et pouvant dès lors être considéré comme ne nécessitant pas le recours à un avocat spécifique.

2) Le recours en responsabilité et le droit à un procès équitable

Le droit à un procès équitable en cas de contestation sur des droits et obligations de caractère civil a pour conséquence la nécessité d'une audience publique, d'une procédure de durée raisonnable, devant un tribunal indépendant et impartial, établi par la loi. Ces critères d'encadrement des modalités des recours s'adressent indistinctement à l'ensemble des contestations portant sur des droits à caractère civil et ne visent donc pas les seules actions en responsabilité. Ils revêtent une importance variable au regard des particularismes du contentieux de l'indemnisation. Aussi, sans rentrer dans l'analyse du degré de compatibilité de l'ensemble du droit du contentieux administratif avec ces exigences[480], il est nécessaire de centrer notre étude sur les deux aspects du droit à un procès équitable qui soulèvent le plus de difficultés en droit français, à savoir le déroulement de la procédure juridictionnelle et la durée de cette dernière.

a- Le déroulement de la procédure juridictionnelle

Le principe de l'égalité des armes, qui garantit le caractère équitable du procès, implique que lors du déroulement de la procédure juridictionnelle, le requérant ait la possibilité d'exposer sa cause dans des conditions qui ne le désavantagent pas d'une manière appréciable par rapport à la partie adverse[481]. Le principe de l'égalité des armes ne signifie pas l'interdiction d'un régime procédural propre aux actions dirigées contre

---

[478] Req. 16598/90, Philis c/ Grèce, décision du 11 décembre 1992, *DR* 66, p. 260 ; Req. 19203/91, Casanovas c/ France, décision du 2 septembre 1992, inédit ; Req. 19932/92, Riter c/ France, décision du 1er avril 1993, inédit.

[479] Req. 23.038/93, Claudel c/ France, décision du 30 novembre 1994, inédit. Cette formulation a été employée à de nombreuses reprises par la Cour et la commission, au sujet des recours devant la Cour de cassation (CEDH, 23 octobre 1996, Levages prestations services c/ France, *Recueil des arrêts et décisions* 1996-V, p. 1530 ; CEDH, 17 décembre 1996, Vacher c/ France, *Recueil des arrêts et décisions* 1996-VI, p. 2138), comme devant le Conseil d'Etat (CEDH, 22 juin 1993, Melin c/ France, série A n° 261-A, pour une procédure « en matière pénale »).

[480] Nous ne pouvons que renvoyer sur ce point à l'ouvrage de L. Sermet, *Convention Européenne des Droits de l'homme et Contentieux administratif français*, préc., sp. p. 209 et s.

[481] Req. n° 434/58, décision du 30 juin 1959, Szwabowicz c/ Suède, *Ann.* II, p. 371. Puis, parmi une jurisprudence abondante, Req. n° 2857/66, *DR* 29, p. 15 ; Req. 7211/75, 6 octobre 1976, *DR* 7, p. 104 ; CEDH, 24 octobre 1989, H. c/ France, série A n° 162 ; CEDH, 31 juillet 1995, Hentrich c/ France, série A n° 322.

l'Etat, mais prohibe les mécanismes qui aboutissent à rendre « *plus difficile la défense des intérêts du requérant ou la production de la preuve* »[482]. La Convention ne réglemente donc pas *in abstracto* le régime des preuves, et notamment le recours aux présomptions[483], mais recherche *in concreto* si celui-ci porte atteinte au caractère équitable du procès ; aussi une preuve recueillie sans respecter les prescriptions du droit national peut être déclarée admissible par la Cour dès lors que l'équité du procès est respectée[484].

La procédure administrative contentieuse française se caractérise par son caractère inquisitorial. Le juge détermine sa position au regard de l'argumentation développée par les requérants[485] et il . est le « *maître de l'instruction* »[486], dès lors que les parties en ont fixé les limites. Le juge administratif peut donc influer sur le principe de l'égalité des armes dans la mesure où le choix des modes de preuve et la direction du procès sont à même de favoriser l'une ou l'autre des parties ; cela d'autant plus que, dans le domaine de la responsabilité, l'évaluation des dommages comme la détermination du lien de causalité avec le fait ou l'acte imputable à l'administration pourront être délicats. Aussi le déroulement de l'instance juridictionnelle est-il encadré par le droit conventionnel. Tel est le cas de la décision ou du refus d'ordonner une expertise judiciaire. Ainsi, il n'est pas possible pour un individu de contester la décision d'ordonner une expertise en affirmant que le recours à un expert méconnaît le droit de tout accusé à se défendre lui même ; ce principe n'étant applicable qu'en matière pénale et non devant les juridictions administratives saisies d'un litige relatif à la mise en cause de la responsabilité d'un établissement public[487].

En revanche, les conditions dans lesquelles le juge administratif peut rejeter une demande d'expertise ont fait l'objet d'un encadrement par la Cour[488]. A l'occasion d'une affaire concernant la mise en cause de la responsabilité du fait de l'activité hospitalière, les juridictions administratives avaient contesté l'existence d'un lien de causalité, vraisemblablement difficile à établir, entre la thérapeutique et l'état d'incapacité dont le requérant souffrait depuis et avaient refusé d'ordonner les expertises permettant d'établir ce lien en se fondant d'une part sur l'absence d'un commencement de preuve traditionnellement exigé en contentieux administratif[489] pour

---

482 Req. n° 13.249/87, P. c/ Portugal, décision du 2 juillet 1990, *DR* 66, p. 148. En l'espèce, il s'agissait d'une présomption de reconnaissance des faits allégués par le requérant à défaut de présentation des conclusions en réponse.

483 Req. n° 11941/86 G c/ France, décision du 5 octobre 1988, *DR* 57, p. 100.

484 CEDH, 18 mars 1997, Mantovanelli c/ France, *Recueil des arrêts et décisions*, 1997-II, p. 424. Sur l'ensemble de la question de l'administration de la preuve au regard des exigences de la Convention : F. Gölcüklü, Le procès équitable et l'administration de la preuve dans la jurisprudence de la Cour européenne des droits de l'Homme, in *Présence du droit public et des droits de l'Homme, Mélanges J. Velu*, Bruxelles, Bruylant-ULB, 1992, t 3, p. 1361.

485 CE, Sect. 26 janvier 1968, Société « Maison Genestal », *Lebon*, p. 62.

486 R. Denoix de Saint Marc et D. Labetoulle, Les pouvoirs d'instruction du juge administratif, *EDCE* 1970, p. 70.

487 CAA Paris, 10 octobre 1991 (1ère chambre), M. Heulin, Req. n° 90PA00835, inédit au recueil Lebon.

488 CEDH, 24 octobre 1989, H. c/ France, série A, n° 162, *RFDA* 19990, p. 203, note O. Dugrip et F. Sudre ; *RTDH* 1990, p. 147, note J.-F. Flauss ; *LPA*, 18 décembre 1989, note J.-F. Flauss ; *LPA*, 26 février 1990, p. 12, note L. Richer.

489 CE, 30 janvier 1980, Min. de l'équipement, c/ Commune de Mortagne sur Gironde, *Lebon* p. 56.

ordonner ces mesures[490] et d'autre part sur la suffisance des éléments à leur disposition[491]. La Haute juridiction européenne a néanmoins considéré que, compte tenu des circonstances de l'espèce, le fait de ne pas avoir ordonné d'expertise n'avait pas porté atteinte au droit du requérant à un procès équitable, les juges ayant été en droit de s'estimer raisonnablement ou suffisamment[492] éclairés sur le problème du lien de causalité entre la faute hospitalière alléguée et le préjudice invoqué. Cette décision[493] a fait l'objet de vives contestations de la part de certains membres de la Cour comme de la Commission qui ont souligné le caractère paradoxal du refus d'expertise, *« inéquitable et même illogique »* dans la mesure où il plaçait le requérant dans une situation désavantageuse par rapport à la partie adverse[494] puisque le lien de causalité ne pouvait, à défaut, être prouvé[495]. Pourtant, le droit conventionnel ne consacre pas l'arbitraire du juge dans le refus de prononcer d'une mesure d'expertise. Bien au contraire, c'est à la seule condition que celui-ci soit suffisamment motivé qu'il répond à l'exigence d'équité ; ce qui sera notamment le cas en l'absence de commencement de preuve, du fait de la suffisance d'éléments dans le dossier, de son caractère inutile, ou en raison du comportement du requérant. Cette position rejoint celle du Conseil d'Etat qui, s'il ne pose aucune obligation positive de prononcer certaines mesures d'instruction, au regret d'une partie de la doctrine[496], sanctionne un tel rejet lorsque la mesure d'instruction est utile[497] et refuse de conclure à la violation du droit à un procès équitable dans l'hypothèse où l'expertise refusée concerne des circonstances qui ont fait l'objet d'une qualification juridique circonstanciée de la part du juge administratif[498].

Bien évidemment, l'encadrement conventionnel du refus d'expertise ne vaut pas dans le cadre des procédures d'urgence qui, en l'absence de caractère décisoire, échappent à l'article 6[499]. Aussi le pouvoir de refuser une demande de référé-expertise qui préjudicie au principal ne porte pas atteinte aux dispositions des articles 6 par. 1 et 13 de la convention européenne, la saisine du juge des référés n'étant pas exclusive de la saisine du juge du fond[500]. Mais hormis cette hypothèse, la prescription de mesures d'expertises est soumise au contrôle des organes de la Convention. Ce dernier paraît

---

490 TA Strasbourg, 18 septembre 1978, mentionné dans l'arrêt H. c/ France, préc., § 65.

491 CE, 18 novembre 1981, H., req. n° 14931, mentionné dans l'arrêt, § 69, notamment en ce qui concerne les conclusions de M. A. Latournerie.

492 CEDH, 24 octobre 1989, H. c/ France, préc., §65-70.

493 Qui s'explique en partie par la conduite du requérant qui avait laissé s'écouler un délai de près de trois ans après avoir été informé par son médecin de l'utilisation du produit avant de faire un recours et n'avait pas utilisé la procédure du référé-expertise, pourtant à sa disposition, qui lui aurait permis d'obtenir que la mesure d'instruction soit prescrite.

494 Opinion partiellement dissidente de MM. les juges Macdonald et Carillo Salcedo à la suite de l'arrêt H. c/ France, préc.

495 Opinion dissidente de MM. Gözübüyük et Martinez sous le rapport de la commission formulé le 4 mars 1988, Série B, n° 152 ; Opinion partiellement dissidente de MM. les juges Macdonald et Carillo Salcedo à la suite de l'arrêt H. c/ France préc.. Cf. également l'intervention de M. Trechsel, délégué de la commission, audiences publiques de la Cour sur l'affaire H. c/ France, doc. Cour Misc. (89) 95, sp. p. 5 et 6.

496 L. Sermet, *Convention Européenne des Droits de l'homme et Contentieux administratif français*, préc., sp. p. 260.

497 CE, 1er octobre 1954, Algérie, *Lebon* p. 502 ; CE 13 juillet 1961, Comm. de Thuir, *Lebon* p. 483.

498 A défaut, bien évidemment, le droit à un procès équitable n'est pas méconnu, cf. par exemple CE, 4 mai 1998, Mme Theraube, Mlle Theraube, Req. n° 190042.

499 L. Sermet, *Convention Européenne des Droits de l'homme et Contentieux administratif français*, préc., sp. p. 112 et s.

500 Cf. pour une solution de principe, CE, 11 mars 1996, S.C.I. du domaine des figuières, *Lebon* p. 71.

certes bien relatif puisque, selon la Commission, le caractère inéquitable d'une procédure d'expertise ne pourrait se déduire qu'exceptionnellement[501] ; mais par l'affirmation de la nécessaire motivation des refus d'expertise, la Cour de Strasbourg s'est attachée à borner le pouvoir discrétionnaire du juge lors de la phase d'instruction.

Elle a également pris récemment, le parti de préciser dans quelle mesure le principe du contradictoire devait être respecté dans le cadre d'une mesure d'expertise. En effet, les juges de Strasbourg montrent une certaine défiance à l'égard des importants pouvoirs accordés aux experts qui doivent faire preuve d'indépendance par rapport aux parties[502]. Aussi, dans un domaine technique, tel que celui de la responsabilité médicale, où le juge administratif cède fréquemment la place à l'expert pour déterminer les circonstances du dommage et vérifier les conditions d'imputabilité[503], n'est-il pas suffisant que les requérants se voient communiquer *a posteriori* les résultats d'expertise pour que le caractère contradictoire de la procédure soit respecté puisque ces derniers, ne disposant pas de connaissances techniques, n'ont pas la faculté de les commenter efficacement[504]. Pour que le principe de l'égalité des armes soit respecté, il faut que les requérants soient associés à la procédure d'expertise avant le dépôt du rapport, et plus précisément au moment de l'examen des pièces et du déroulement des auditions.

Cette position ne signifie pas la présence obligatoire des requérants lors de toutes les phases de toutes les procédures d'expertise. Tout d'abord, l'expert en question doit avoir été nommé par un tribunal, faute de quoi les règles de l'article 6 ne peuvent trouver à s'appliquer. Ensuite, le domaine en question doit être suffisamment technique pour que le rapport d'expertise devienne un élément de preuve essentiel et déterminant pour l'issue de la procédure devant le tribunal et que le juge s'abstienne d'en remettre en cause les conclusions, dans la mesure où il ne dispose pas des connaissances suffisantes pour pouvoir apprécier de lui-même les circonstances litigieuses. Aucun droit à l'assistance aux mesures d'expertise ou à la communication des pièces prises en compte dans ce cadre ne peut en conséquence être déduit de l'article 6.. L'implication des requérants dans la procédure d'expertise dépendra du contentieux et, de manière générale, la participation à l'expertise vaudra principalement dans le domaine médical. Mais par cet arrêt, le pouvoir de peser dans l'expertise est consacré au niveau conventionnel. Les parties doivent participer activement à la procédure par le biais de la convocation obligatoire et par la discussion des observations présentées par la partie adverse. Sur ce point encore, le droit conventionnel recoupe le droit français qui prévoit la formalité obligatoire de la convocation[505]. Il n'en soulève pas moins une difficulté spécifique en ce qui concerne la prise en compte par le juge administratif des expertises effectuées sans que les parties y aient été convoquées. En effet, le juge administratif considère qu'une expertise établie en méconnaissance du principe du contradictoire

---

501 Rapport de la commission formulé le 4 mars 1988, série B, n° 152, § 88.

502 L'indépendance étant fonctionnelle plutôt qu'organique. Cf. CEDH, 23 avril 1987, Ettl c/ France, série A n° 117 ; CEDH, 28 août 1991, Brandstetter, série A n° 211 ; Req. n° 23777/94, D. Lorentz c/ Suisse, décision sur la recevabilité du 28 juin 1995, inédit.

503 Sur cette question, cf. L. Dubouis, Les rôles respectifs du juge administratif et du technicien dans l'administration de la preuve, in *Les rôles respectifs des juges et des techniciens dans l'administration de la preuve*, X^e colloque des instituts d'études judiciaires, Poitiers, 26-28 mai 1975, Paris, P.U.F., 1976, p. 83 et s.

504 CEDH, 18 mars 1997, Mantovanelli c/ France, *Recueil des arrêts et décisions*, vol. 32, 1997, II, p. 424.

505 V. J.-P. Pastorel, *L'expertise dans le contentieux administratif*, Paris, LGDJ, Systèmes, 1994, sp. p. 75 et s.

peut-être prise en compte[506], sous réserve que la décision juridictionnelle ne se fonde pas expressément sur elle ; ce qui nuit à l'effectivité du contradictoire et partant à l'équité du procès[507]. Le respect de la formalité de la convocation est donc indispensable pour la garantie d'un procès équitable.

b- La durée de la procédure juridictionnelle[508]

La durée de la procédure juridictionnelle est fondamentale dans l'appréciation du caractère équitable du procès[509]. Trop courte, elle reflète une justice-couperet ne procurant que de maigres garanties aux justiciables. Trop longue, elle fait perdre son intérêt au recours juridictionnel dont la solution arrive trop tard, une fois le mal consommé, et surtout rompt l'égalité des armes, la lenteur profitant toujours au défendeur. Elle ouvre donc la voie à une justice injuste[510] et a pour cette raison fait l'objet d'une encadrement par la Convention européenne des droits de l'Homme. L'étude de la question de la durée de la procédure juridictionnelle revêt un double intérêt dans le domaine de la responsabilité publique. La méconnaissance de la règle du délai raisonnable peut tout d'abord ouvrir droit à une action en réparation devant les juridictions nationales au titre de la responsabilité du fait de l'activité juridictionnelle, le jugement dans un délai jugé non-raisonnable constituant une violation de l'article 6 en même temps qu'un déni de justice qui ouvre droit à réparation sur le fondement du droit français[511]. Ensuite, la notion de délai raisonnable fait l'objet d'une approche spécifique dans le contentieux de la responsabilité. La jurisprudence de Strasbourg révèle une approche utile de la notion de délai raisonnable, c'est à dire variable en fonction du degré d'urgence du règlement des contentieux. Ainsi, le point de départ dudit délai est constitué par la saisine de la juridiction compétente[512]. Mais cette règle a été assouplie au profit de la prise en compte d'une date antérieure dans les affaires relatives à la responsabilité de l'Etat du fait de la contamination d'hémophiles par le virus du V.I.H. à la suite d'une transfusion sanguine[513], comme, à l'occasion de l'affaire *Allenet de Ribemont*[514], en cas d'atteinte grave à la présomption d'innocence. De même, l'appréciation du caractère raisonnable du délai dépend des circonstances de chaque espèce et du degré de complexité de chaque affaire. Le recours à des mesures d'expertise, somme toute fréquent dans le contentieux de la responsabilité, est donc de

---

[506] CE, 15 novembre 1985, Ministre de la Santé c/ Mme Papochia et autres, *DA* 1986, n° 54.

[507] V. H. Muscat, note sous CEDH, 18 mars 1997, Matovanelli c/ France, *AJDA* 1999, p. 173.

[508] Pour une appréciation plus globale de la question, M.-A. Eissen, *La durée des procédures civiles et pénales dans la jurisprudence de la Cour européenne des droits de l'homme*, Publication du Conseil de l'Europe, Dossier sur les droits de l'Homme, n°16, 1996.

[509] Elle a même été qualifiée de « *donnée physique fondamentale* » par M. Gjidara, *La fonction administrative contentieuse. Etude de science administrative*, Paris, LGDJ, Bibliothèque de science administrative, t 5, 1972, p. 114.

[510] Comme l'a fort bien noté M. Gjidara, « *La finalité de la justice est subordonnée à ses conditions de fonctionnement* », *Ibid.*, p. 117.

[511] Cette question, qui constitue un aspect de l'influence du droit conventionnel sur la responsabilité du fait de l'activité juridictionnelle, sera plus amplement approfondie dans la seconde partie de notre étude.

[512] Req. n° 11660/85, Joao José da Silva Macedo c/ Portugal, rapport établi par la commission le 6 novembre 1989, *DR* 69, p. 80, § 49.

[513] CEDH, 31 mars 1992, X c/ France, série A n° 234-C, § 31 ; CEDH, 26 avril 1994, Vallée c/ France, série A, n° 289-A, § 33 ; CEDH, 26 août 1994, Karakaya c/ France, série A n° 289-B, § 29.

[514] CEDH, 10 février 1995, P. Allenet de Ribemont c/ France, série A, n° 308, sp. § 46.

nature à justifier un allongement de la durée considérée comme raisonnable du recours[515], de telles mesures pouvant entraîner une prolongation importante du délai d'instruction. L'on pourrait croire que la notion de délai raisonnable est calculée largement dans la mesure où d'une part le contentieux de la responsabilité est régi par une procédure complexe et implique parfois une imbrication des compétences juridictionnelles[516] et où, d'autre part, le préjudice peut être compensé par des dommages-intérêts moratoires[517] La jurisprudence de la Cour comme de la Commission témoigne pourtant du contraire en partant semble-t-il du principe que le contentieux de la responsabilité, contentieux de proximité, doit être traité rapidement. Ainsi une diligence particulière est-elle attendue dans les matières qui touchent le quotidien des particuliers, telle que l'indemnisation des victimes d'accidents de la route[518], le contentieux de la responsabilité hospitalière[519] ou encore les hypothèses d'atteinte au respect des biens[520]. Le droit à un délai raisonnable est donc fondamental[521]

La Cour se situe bien souvent au niveau de l'enjeu du recours pour la victime afin de reconnaître la méconnaissance du principe du délai raisonnable. Ainsi, dans le domaine de l'indemnisation des victimes du V.I.H. contaminées à la suite de transfusions sanguines a-t-elle sanctionné les juridictions françaises pour non-utilisation de leurs pouvoirs d'injonction en matière d'instruction[522], dans la mesure où *« tout retard [est susceptible] de priver d'objet utile la question à trancher par le tribunal »*[523]. Cela alors même que l'instance en cause ne dépassait pas la durée habituelle d'une instance devant l'ordre administratif et que le gouvernement français, en mettant en place un mécanisme de réparation fondé sur la solidarité sociale pour indemniser les victimes, avait fait office de précurseur par rapport aux autres Etats européens[524]. Les circonstances de l'espèce[525], le fait que la maladie du requérant se soit déclarée et que celui-ci soit décédé avant que la Cour se prononce ont, à coup sûr, pesé dans cette décision ; mais de

---

[515] Par exemple CEDH, 27 juillet 1992, Gardarelli c/Italie, série A, n° 229-G ; CEDH, 26 novembre 1992, Francesco Lombardo c/Italie, série A, n° 249-C ; CEDH, 26 février 1993, Billi c/Italie, série A, n° 257-H ; CEDH, 23 novembre 1993, Scopelliti c/Italie, série A, n°278.

[516] Par exemple en cas de responsabilité du fait de l'activité du service de la police afin de déterminer si l'activité de police est judiciaire ou administrative, d'où découle le partage es compétences contentieuses.

[517] L. Sermet, *Convention Européenne des Droits de l'homme et Contentieux administratif français*, préc., sp. p. 331, en s'appuyant sur l'argumentation développée par le gouvernement français dans la décision de la commission W. c/ France du 5 mars 1991, Req. 13193/87, inédit.

[518] CEDH, 26 octobre 1988, Martins Moreira c/ Portugal, série A, n° 143 ; CEDH, 27 juillet 1992, Serrentino c/Italie, série A, n° 231-F ; CEDH, 23 mars 1994, Silva Pontes c/ Portugal, série A n° 286-A.

[519] CEDH, 24 octobre 1989, H. c/ France, série A n° 162 ; CEDH, X c/ France, série A n° 234-C.

[520] CEDH, 21 février 1997, Guillemin c/ France, *Recueil des arrêts et décisions* 97-I, p. 149.

[521] Aussi un Etat ne saurait-il tirer argument d'une situation exceptionnelle, telle une guerre, pour priver un requérant de son droit à un jugement dans un délai raisonnable : CEDH, 8 juillet 1987, Baraona, série A n° 122.

[522] CEDH, 26 avril 1994, Vallée c/ France, série A n° 289.

[523] CEDH, X c/ France, série A n° 234-C ; CEDH, Vallée c/ France, série A n° 289-A ; CEDH, Karakaya c/ France, série A n° 289-B.

[524] Rapport fait au nom de la commission des affaires culturelles familiales et sociales sur le projet de loi portant diverses disposition d'ordre social devant l'Assemblée Nationale par J.-C. Boullard, première session ordinaire de 1991-1992, n° 2407, sp. p. 135 et s.

[525] Comme l'a fait remarquer l'avocat du requérant, l'affaire en question était *« exceptionnelle en raison de l'état de santé du requérant »* : Intervention de M. Thiriez, Affaire X. c/ France, Compte rendu d'audience, Doc Cour/Misc (92) 20, p. 54.

manière plus générale, dans de telles situations, la condamnation de l'Etat pour violation du droit à un délai raisonnable constitue un enjeu aussi bien moral que pécuniaire[526], en raison de la souffrance tant physique que psychique que supporte le requérant. Une diligence exceptionnelle s'impose donc, nonobstant le nombre des litiges à traiter et quand bien même l'affaire revêtirait une certaine complexité[527]. Dans cette hypothèse, le délai raisonnable a fait l'objet d'une approche qui a pu être qualifiée de nouvelle[528], mais qui se justifie parfaitement par un souci d'humanisation de la justice et de respect de la dignité humaine.

Il est vraisemblable que le poids des articles 6 par. 1 et 13 de la Convention sur l'harmonisation des droits internes s'accroisse en raison du lien étroit qui unit les éléments procéduraux et substantiels dans le cadre de toute action en justice, et particulièrement dans le cadre d'une action en réparation et, dans les faits, la portée de ces deux principes issus de la Convention dépasse largement le seul cadre de la procédure contentieuse[529]. Mais l'harmonisation des règles de procédure n'est pas le seul fait des organes du Conseil de l'Europe ; elle pourrait croître considérablement dans un futur proche sous l'effet de l'intervention communautaire.

§2- La construction progressive du droit communautaire

Dès la fin des années soixante-dix, la question de l'harmonisation des dispositions procédurales en vue de favoriser l'application uniforme du droit communautaire a été posée[530]. Certes, il était hors de propos de postuler une uniformisation des voies de droit nationales en raison du principe d'autonomie institutionnelle des Etats membres et des résistances dont ces derniers témoignent ; mais la coordination des dispositions procédurales pour une meilleure protection des droits individuels apparaissait avec une évidente nécessité[531]. Cette réflexion a été complétée par le développement d'un droit européen applicable aux procédures entamées par ou devant les instances communautaires[532]. Ce double mouvement a favorisé l'apparition de marques d'intérêt croissantes pour les dispositions procédurales nationales. Aussi la Cour du Kirchberg,

---

[526] CEDH, 24 octobre 1989, H. c/ France, série A n° 162 ; CEDH, 31 mars 1992, X c/ France, série A n° 234-C ; CEDH, 26 avril 1994, Vallée c/ France, série A n° 289-A ; CEDH, 26 août 1994, Karakaya c/ France, série A n° 289-B.

[527] En ce qui concerne l'indemnisation des victimes du SIDA, CEDH, 29 avril 1998, M. Henra c/ France, *Recueil des arrêts et décisions*, 1998-III, p. 965.

[528] C. Méral, L'arrêt X c/ France ou une nouvelle approche du délai raisonnable, *GP* 1993, Doct. p.480.

[529] L'ensemble de ces points sera développé dans la seconde partie de cette étude.

[530] R. Kovar, Voies de droit ouvertes aux individus devant les instances nationales en cas de violation des normes et des décisions du droit communautaire in *Les recours des individus devant les instances nationales en cas de violation du droit européen*, préc., p. 245, sp. p. 283. Une telle idée avait été précédemment émise à l'occasion du colloque de droit européen et de droit administratif comparé organisé à Genève le 23 mars 1972 sur le thème de La restitution des taxes perçues indûment par l'Etat, notamment au cours des interventions de M. Karpenstein et Maestripieri, Etudes Suisses de droit européen, vol. 18, Georg Genève 1976, p. 5 et elle a par la suite été reprise, cf. notamment Peter Olivier : Le droit communautaire et les voies de recours nationales, *CDE* 1992, p. 348.

[531] Cf. C. M. G. Himsworth, Things fall apart : The harmonisation of community judicial protection revisited, *ELRev.* 1997, p. 291.

[532] Pour des développements précis et exhaustifs sur ce point: J. Schwarze, *Droit administratif européen*, Bruxelles, Bruylant, 1994, sp. p. 1233 et s.

après avoir affirmé l'autonomie des autorités nationales dans la désignation des voies de droit nationales sous réserve que les conditions d'encadrement des actions visant au respect du droit communautaire ne soient pas moins favorables que celles applicables aux litiges purement internes[533], a-t-elle subordonné l'organisation des actions en réparation à deux règles fortement inspirées de la Convention européenne des droits de l'Homme puisque cette dernière traduit des principes généraux communs aux Etats membres[534] : le droit à un recours effectif et le droit à un procès équitable. Pour autant, la marge de manoeuvre laissée aux autorités nationales reste relativement importante.

A- Le droit a un recours effectif

La transposition du droit à un recours effectif dans le droit communautaire est un phénomène jurisprudentiel relativement récent inspiré du droit conventionnel qui a depuis toujours été confirmé[535]. Il pose le principe de l'existence d'un recours en cas de méconnaissance du droit communautaire, quelle que soit la norme violée, ce qui soulève certaines difficultés en ce qui concerne les situations, certes rares, dans lesquelles aucune action ne peut être envisagée au niveau interne. Peu importe que ce recours soit de nature administrative ou juridictionnelle, les exigences procédurales étant dans les deux hypothèses similaires ; même si les instances communautaires semblent marquer une préférence pour les recours de type juridictionnel.

Le droit à un recours fait l'objet d'une affirmation à titre de principe en cas de responsabilité pour violation du droit communautaire. Il en a été de même dans le cadre d'interventions spécifiques, notamment dans le domaine de la responsabilité du fait des produits défectueux. Mais, plus largement, un mouvement tendant à la reconnaissance du droit pour les particuliers d'intenter des actions sur le fondement du droit communautaire est apparu. Ainsi, l'article 6 de la directive du Conseil du 9 février 1976 n° 76/207 CEE relative à la mise en oeuvre du principe de l'égalité de traitement entre hommes et femmes en ce qui concerne l'accès à l'emploi, à la formation et à la promotion professionnelle et les conditions de travail[536] prévoit-elle l'ouverture de recours aux individus invoquant une méconnaissance des principes qu'elle pose, les Etats ayant le choix du type de recours à prévoir. La directive n° 89/646 du 15 décembre 1989 en matière d'agrément unique et de contrôle des établissements de crédit dans l'espace communautaire[537] pose pour sa part le principe de la responsabilité de l'Etat membre d'origine pour la surveillance de l'établissement de crédit et de ses succursales, les mesures prises au niveau national pour prévenir ou empêcher les infractions aux dispositions communautaires devant pouvoir faire l'objet d'un recours juridictionnel. Il s'agit donc d'une mission de contrôle qui incombe aux autorités nationales et qui est susceptible d'engager leur responsabilité. De même, la directive relative à l'hygiène des denrées alimentaires[538] rend obligatoire un contrôle des produits en question et partant

---

[533] CJCE, 16 décembre 1976, Rewe, Aff. 33/76, *Rec.* p. 1989.
[534] CJCE, 14 mai 1974, Nold, Aff. 4/73, *Rec.* p. 491.
[535] CJCE, 15 mai 1986, Johnston, Aff. 222/84, *Rec.* p. 1651. Par la suite, CJCE, 15 octobre 1987, Unectef c/ Heylens, Aff. 222/86, *Rec.* p. 4097 ; CJCE, 7 mai 1991, Vlassopoulou, Aff. C 340/89, *Rec.* p. I-2357 ; CJCE, 7 mai 1992, Borrell, Aff. C 104/91, *Rec.* p. I-2093.
[536] JOCE L 39 du 14 février 1976, p. 40.
[537] JOCE L 386 du 30 décembre 1989, p. 1.
[538] JOCE L 175 du 19 juillet 1993, p. 1.

oblige les Etats membres à assurer à toute personne physique ou morale concernée par le contrôle un droit de recours contre les mesures prises par l'autorité compétente à la suite de ce contrôle[539].

Les dispositions que nous venons de mentionner signifient l'ouverture d'une voie de droit nouvelle au cas où le droit national se révélerait inexistant ou insuffisant. Dans toutes ces hypothèses, l'ouverture d'un recours en responsabilité contre l'Etat n'est pas expressément prévue dans le cadre communautaire, mais il est légitime de penser qu'elle constitue une implication logique et nécessaire des dispositifs mis en place. En effet, en cas de méconnaissance par une autorité nationale agissant en tant qu'employeur du principe d'égalité de traitement entre les sexes, la sanction la plus facilement mise en oeuvre est de nature pécuniaire et consiste en la réparation du préjudice subi. Il serait beaucoup plus aléatoire, attentatoire aux pouvoirs reconnus aux autorités nationales et certainement moins souhaitable de prévoir, au niveau communautaire, l'intégration automatique de l'agent à la suite de l'annulation de la discrimination illégale. Dans des situations de recours à l'encontre des autorités publiques du fait de leur action de contrôle, l'introduction d'un recours en responsabilité paraît de même adéquate puisqu'une mesure de contrôle, surtout dans le domaine économique, est susceptible de causer un préjudice particulièrement grave aux personnes privées qui peuvent voir leurs productions interdites à l'exportation ou être sanctionnées, parfois très lourdement, pour méconnaissance des règles de fonctionnement des marchés. L'on peut penser ici au secteur boursier.

L'affirmation par les organes communautaires du droit à un recours qui implique éventuellement mais parfois nécessairement un recours en responsabilité n'entraîne pas d'innovation en droit administratif français puisque ce type de recours en réparation, pour méconnaissance d'une règle de droit ou du fait d'une activité de contrôle, existe depuis longtemps au niveau national. Elle révèle toutefois une tendance à l'accroissement des hypothèses d'engagement de la responsabilité de l'Etat. Par l'affirmation d'un droit au recours en réparation dans des domaines spécifiques, le droit communautaire affirme bien son emprise sur les règles de procédure internes. Cela d'autant plus que le recours ne doit pas seulement exister, mais qu'il doit également être *« effectif »*.

Les recours des particuliers doivent donc être ouverts de la même manière aux ressortissants de chaque Etat membre comme aux autres ressortissants de l'Union, et cela que la réparation soit fondée sur la violation du droit communautaire ou sur une disposition particulière aménageant un recours contre la décision d'une autorité étatique. Ils doivent présenter le même degré d'efficacité que les recours analogues fondés sur la méconnaissance d'une norme équivalente d'origine interne[540] et permettre aux particuliers de faire valoir régulièrement leurs droits ; ce qui implique une

---

[539] *Ibid.*, art. 9-2.

[540] Sur ces deux points, CJCE, 16 décembre 1976, Rewe, Aff. 33/76, *Rec.* p. 1989, point 5 ; CJCE, 16 déc. 1976, Comet BV et. Produktschap voor Siergewassen, Aff. 45/76, *Rec* p. 2043, point 14 ; CJCE, 19 nov. 1991, Andrea Francovich, Danila Bonifaci et autres, Aff C 6/90 et C 9/ 90, *Rec* p. I-5403 ; CJCE, 2 août 1993, M.H. Marschall et Southampton and South West Hampshire Area Health Authority, Aff C 271/91, *Rec* p. I-4367 ; CJCE, 22 avril 1997, Nils Drachmpaehl / Urania Immobilienservice OHG, Aff. C 180/95, *Rec.* p. I-2212.

notification et une publication régulières des décisions contre lesquelles ceux-ci souhaitent entamer un recours[541]- ainsi qu'une motivation des décisions individuelles défavorables afin que les individus soient en mesure d'en saisir le contenu et les effets. La loi du 11 juillet 1979 permet de respecter, en droit français, ce principe.

Le caractère effectif du recours implique le rejet, et l'éventuelle remise en cause par la Cour de Justice, en cas de saisine dans le cadre d'une question préjudicielle, des voies de droit illusoires ou insuffisamment efficaces, ce qui pourrait imposer certaines évolutions du droit de la responsabilité. Pourtant, le respect de l'autonomie nationale semble être de mise. Ainsi, à l'occasion de l'affaire *Factortame*, la Cour de Justice a laissé aux ordres nationaux le choix de subordonner ou non l'action en réparation à l'exercice préalable d'une voie de droit tendant au constat de l'illégalité de l'acte litigieux[542]. Les organes communautaires semblent pour l'instant ne s'être préoccupés de ce point de vue que du problème de l'intérêt à agir, de l'obligation du ministère d'avocat, du sursis à exécution et du délai dans lequel les particuliers doivent entamer un recours[543].

Le droit communautaire encadre tout d'abord la notion d'intérêt à agir à travers l'harmonisation des mécanismes de responsabilité pour violation du droit communautaire, l'action en responsabilité étant ouverte aux particuliers victimes d'une violation de leur droits communautaires. Pour autant, cette notion est, afin de permettre une protection effective du droit communautaire, largement comprise et entendue par rapport aux obligations incombant aux autorités nationales[544]. Cette conception communautaire de l'intérêt à agir a pour conséquence une remise en cause des principes applicables dans certains systèmes juridiques européens, tels que notamment celui de l'Italie ou du Portugal qui exigent la violation d'un droit subjectif et interprètent très strictement cette condition[545]. Le droit français y est en revanche, de par sa souplesse, conforme.

La question du ministère d'avocat n'a été envisagée que de manière détournée par les instances communautaires à travers l'harmonisation de l'exercice de la profession d'avocat en Europe. Si elles prennent en compte la nécessité de permettre un bon fonctionnement du service de la justice, elles n'ont pas pris position sur le bien fondé ou non de l'obligation du recours à un avocat qui concerne certains contentieux tel que, en droit français, le contentieux de la responsabilité publique ; mais elles affirment la nécessité de laisser aux Etats membres la faculté de réserver, par des règles spécifiques,

[541] Ce qui est déjà imposé par le droit interne : décret n° 65-29 du 11 janvier 1965 relatifs aux délais de recours contentieux en matière administrative.

[542] Conclusions de l'avocat général Tesauro sous les affaires Brasserie du pêcheur et Factortame III, Aff jtes C 46/93 et 48/93, préc. point 113.

[543] La Cour de Justice a également eu l'occasion de traiter les conséquences de la méconnaissance de la règle du délai raisonnable dans le cadre d'une rpocédure devant la Commission, celle-ci entraîne une réduction du montant de l'amende infligée à l'entreprise mais cette solution, qui traduit une prise en compte de la notion de délai raisonnable propre aux institutions communautaires, ne vise pas à influer directement sur les droits nationaux : CJCE, 17 décembre 1998, Baustahlgewebe c/ Commission des Communautés européennes, *Rec.* p. I- 8485.

[544] Sur ce point, cf. C. Weisse-Marchal, *Le droit communautaire et la responsabilité extra-contractuelle des Etats membres : principes et mise en oeuvre*, préc. sp. p. 302 et s.

[545] *Ibid.* p. 306 et s.

l'accès à leurs plus hautes juridictions à des avocats spécialisés[546]. Elles avalisent en conséquence le monopole des avocats aux Conseils.

L'activité étatique, dans la mesure où elle peut causer un préjudice à un particulier, doit pouvoir faire l'objet de mesures provisoires afin de suspendre ses effets pendant la phase juridictionnelle et de permettre le caractère effectif du recours puisque, à défaut, aucune arme contentieuse à disposition des individus ne leur permet de faire obstacle au privilège du préalable dont dispose l'administration. La jurisprudence de la Cour de Justice a par conséquent affirmé le droit pour les individus d'obtenir devant le juge interne le sursis à exécution des actes dont la compatibilité avec le droit communautaire paraît douteuse dès lors qu'ils risquent de subir un préjudice grave et irréparable[547]. Des individus souhaitant contester la légalité d'une décision interne qui leur cause un préjudice irréparable peuvent ainsi solliciter qu'il soit sursis à son exécution sur le fondement du droit communautaire, dès lors que le moyen tiré de l'illégalité de cet acte semble sérieux ; ce qui remet en cause la condition affirmée, sauf dispositif dérogatoire, par la jurisprudence administrative d'un consentement du juge administratif à l'octroi de cette mesure provisoire[548]. Le régime juridique de l'octroi du sursis à exécution est donc susceptible d'être modifié sous l'influence communautaire ce qui faciliterait la protection des particuliers en limitant les possibilités de préjudice à la suite d'une illégalité ; même si l'on notera qu'en droit français, la condition qui constitue un véritable obstacle à l'octroi d'une réparation est celle du préjudice difficilement réparable et qu'en tout état de cause, un préjudice purement pécuniaire ne saurait en principe être considéré comme irréparable[549].

L'encadrement des délais de recours est envisagée depuis longtemps par la doctrine[550]. Il vise autant à garantir les droits des particuliers qu'à permettre une mise en oeuvre uniforme et effective du droit communautaire. Il laisse pourtant une importante marge de manoeuvre aux Etats membres ; marge de manœuvre tolérée au niveau communautaire. Ainsi, le fait pour un Etat qui n'a pas transposé correctement une directive d'opposer un délai de prescription courant avant la mise en conformité avec le droit communautaire est donc conforme aux exigences communautaires dès lors que le délai de prescription n'est pas moins favorable que pour les recours fondés sur le droit interne et qu'il respecte le principe d'effectivité des voies de droit internes[551]. De même

---

[546] Directive n° 98/5/CE du Parlement européen et du Conseil du 16 février 1998 visant à faciliter l'exercice permanent de la profession d'avocat dans un Etat membre autre que celui où la qualification a été acquise, JOCE L 77 du 14 mars 1998, p. 36, exposé des motifs n° 11.

[547] CJCE, 21 février 1991, Zückerfabrik Süderdithmarschen AC c/ Hauptzollamt Itzchoe et Zückerfabrik Soest Grub H c/ Hauptzollamt Paderborn, Aff. jointes C 143/88 et C 92/89, *Rec* p. I-415, sp. point 28. Cf. H. Labayle, L'effectivité de la protection juridictionnelle des particuliers, le droit administratif français et les exigences européennes, *RFDA*, 1992, p. 619 ; J-M. Février, La jurisprudence communautaire et le contentieux administratif du sursis à exécution, *AJDA* 1995, p. 867.

[548] CE, Ass. 13 février 1976, Association de sauvegarde du quartier Notre-Dame, *Lebon* p. 100.

[549] CJCE, 21 février 1991, Zückerfabrik Süderdithmarschen AC c/ Hauptzollamt Itzchoe et Zückerfabrik Soest Grub H c/ Hauptzollamt Paderborn, Aff. jointes C 143/88 et C 92/89, préc., point 29.

[550] R. Kovar, Voies de droit ouvertes aux individus devant les instances nationales en cas de violation des normes et des décisions du droit communautaire in *Les recours des individus devant les instances nationales en cas de violation du droit européen*, préc., p. 245.

[551] Cf. CJCE, 2 décembre 1997, Fantask A/S e.a. c/ Industriministeriet, Aff. C 188/95, *Rec.* p. I-6783.

a-t-elle été amenée à décider qu'un délai de forclusion extrêmement court, de un an à compter de la transposition de la norme communautaire, est compatible avec les objectifs communautaire dès lors que cette modalité procédurale n'est pas moins favorable que celles qui concernent des recours similaires de nature interne[552], et que, quand bien même aucune comparaison pertinente entre la condition de délai litigieuse et les conditions relatives à des réclamations similaires de nature interne ne pourrait être établie, il y aurait lieu de conclure que le droit communautaire ne s'oppose pas à ce que le délai de forclusion soit d'un an[553].

Si le droit communautaire implique la mise en place de recours effectifs, son intervention est d'une manière générale plus floue en ce qui concerne le droit à un procès équitable.

B- LE DROIT A UN PROCES EQUITABLE

L'affirmation du droit à un procès équitable par l'ordre juridique communautaire traduit une forte inspiration des dispositions de la Convention européenne des droits de l'Homme. Elle implique le respect des droits de la défense [554] ainsi que le droit à un tribunal indépendant et impartial. La Cour de Justice n'a, sauf erreur, pas eu jusqu'à présent à se prononcer sur le respect de ces principes en matière de responsabilité. Mais elle a affirmé le nécessaire respect de l'équité dans le déroulement de la procédure juridictionnelle et une tendance à l'harmonisation de certaines modalités de celle-ci semble s'amorcer. L'encadrement communautaire des dispositions procédurales applicables dans le domaine de la responsabilité tend d'ailleurs depuis peu à agir directement sur le régime de preuve retenu par les juridictions internes.

L'idée d'une intervention minimale de la Cour de Justice pour l'admission des preuves par le juge national avait déjà été soulevée par M. Waelbroeck dans une annotation de la décision *San Giorgio* de 1983 rendue en matière de répétition de l'indu[555] ainsi que par l'avocat général Léger dans les conclusions qu'il a rendues à l'occasion de l'affaire *Hedley Lomas*[556]. Celui-ci avait suggéré à la Haute juridiction européenne de décider que l'action en réparation ne peut être soumise à des conditions de preuve la rendant impossible[557] ; ce qui aurait abouti à un encadrement de diverses modalités de preuve, notamment le recours aux présomptions de l'administration ou les régimes de faute lourde au cas où elles auraient privé d'issue favorable le recours en réparation, ce qui aurait accru les garanties procédurales des particuliers. L'avocat général Léger n'a toutefois pas été suivi par la Cour qui s'est contentée de reprendre la condition d'une violation suffisamment caractérisée pour engager la responsabilité de l'Etat. Peut-on pour autant croire qu'elle a refusé de condamner certaines conditions de

---

[552] CJCE, 10 juillet 1997, Aff. C 261/95, Rosana Palmisani et I.N.P.S., *Rec.* p. I-4125.
[553] *Ibid.*, point 39.
[554] CJCE, 13 février 1979, Hoffmann La Roche, Aff. 85/76, *Rec.* p. 461.
[555] M. Waelbroeck, La garantie du respect du droit communautaire par les Etats membres. Les actions au niveau interne, *CDE* 1984, p. 30.
[556] Aff. C 5/94, The Queen c/ Ministry of Agriculture, Fisheries and food ex parte Hedley Lomas (Ireland) limited, 23 mai 1996, *Rec.* p. I-2553.
[557] Conc. Aff. C 5/94, The Queen c/ Ministry of Agriculture, Fisheries and food ex parte Hedley Lomas (Ireland) limited, 23 mai 1996, préc., point 210-3).

preuve ? Assurément non. Ainsi, à l'occasion de l'affaire *Factortame*, elle a rejeté le droit anglais en ce qu'il imposait la preuve d'un abus de pouvoir dans l'exercice d'une fonction étatique et limitait par trop la réparation[558]. De même, dans le domaine de la responsabilité du fait des discriminations fondées sur le sexe, elle a posé le principe d'une présomption de responsabilité dès lors qu'une différence de traitement était prouvée par un particulier[559] et a d'ailleurs récemment accru son intervention à l'occasion d'une question préjudicielle posée par l'*Arbeitsgericht* de Hambourg en considérant qu'il incombe à l'employeur qui dispose de l'ensemble des dossiers présentés de rapporter la preuve que le candidat n'aurait pas obtenu le poste à pourvoir, même en l'absence de toute discrimination, sans que le particulier soit obligé de rapporter la preuve d'une faute, si légère soit-elle[560]. La Cour de Justice a donc affirmé la possibilité pour l'ordre communautaire de limiter expressément la marge de manoeuvre reconnue aux droits nationaux pour l'aménagement des modalités procédurales des recours et est intervenue directement en fixant une règle de preuve qui constitue un niveau minimal d'harmonisation européenne[561].

Face à l'immixtion naturelle, de par le développement de la jurisprudence de la Cour en application des articles 6 et 13 de la Convention, du droit conventionnel, le droit communautaire trouve, ainsi que l'on a pu l'observer, sa place et agit de manière indépendante dans l'harmonisation des règles de procédure, cela afin d'assurer l'efficacité de l'action en réparation et l'effectivité de la protection juridictionnelle des particuliers face à l'Etat. S'il opère aujourd'hui encore pour régler des difficultés ponctuelles qui peuvent se présenter dans le cadre d'une action en réparation, son influence dans ce domaine est sans nul doute vouée à croître, cet accroissement pouvant passer par la mise en place d'une codification européenne des règles de procédures applicables devant les juridictions nationales[562] ou à tout le moins par celle d'un standard européen des règles de procédure applicables[563]. L'intervention communautaire n'a donc pas trait qu'aux seules règles de fond ; ce qui conforte l'idée selon laquelle l'autonomie institutionnelle et procédurale est aujourd'hui un vain mot.

*

* *

---

[558] CJCE, 5 mars 1996, Brasserie du pêcheur SA et Bundesrepublik Deutschland, Aff jtes C 46/93 et 48/93, *Rec.* p. I-2029

[559] CJCE, 30 juin 1988, Commission c/ France, Aff. C 138/86, *Rec.* p. 3559 ; CJCE, 17 octobre 1989, Danfoss, Aff. C 109/88, *Rec.* p. 3199 ; CJCE, 27 octobre 1993, Enderby c/ Frenchay Health Authority, Aff. C 127/92, *Rec.* p. I-5535 ; CJCE, 31 mai 1995, Royal Copenhagen, Aff. C 400/93, *Rec.* p. I-1275 ; CJCE, 22 avril 1997, Nils Draehmpaehl / Urania Immobilienservice OHG, Aff. C 180/95, *Rec.* I, 2195.

[560] CJCE, 22 avril 1997, Nils Draehmpaehl / Urania Immobilienservice OHG, Aff. C 180/95, *Rec.* I-2195, conclusions P. Léger, sp. p. 2203 et s.

[561] Cette immixtion constitue le pendant d'une intervention de l'exécutif européen visant à harmoniser la charge de la preuve en cas de discrimination fondée sur le sexe : Directive 97/80/CE du 15 décembre 1997 relative à la charge de la preuve dans les cas de discrimination fondée sur le sexe, JOCE L 47 du 20 janvier 1998, p. 6.

[562] Voir M.G. Himsworth, Things fall apart : The harmonisation of community Judicial Procedural Protection revisited, *ELRev*, 1997, p. 291.

[563] En ce sens, M. Storme, *Approximation of judiciary Law in the European Union*, 1994, Rapport demandé par la Commission européenne.

L'étude de l'enrichissement du droit de la responsabilité publique par le biais des interventions européennes amène à deux constats. Tout d'abord la variabilité des immixtions européennes, tant en ce qui concerne les activités en cause que les mécanismes de responsabilité, les règles de l'action en responsabilité ou le règlement des litiges internes, s'impose comme une caractéristique fondamentale du droit européen de la responsabilité publique. Pourtant malgré des degrés d'intervention variables, les droits communautaire et conventionnel de la responsabilité sont étonnamment complémentaires. Une vue d'ensemble permet en effet difficilement aujourd'hui de déterminer la prévalence de l'un par rapport à l'autre.

Le second constat, tout aussi utile à notre démonstration, est celui de l'importance du champ d'immixtion dans le droit national et de son accroissement, à ce jour constant, qui résulte pour partie des influences réciproques que le droit communautaire et le droit conventionnel peuvent exercer l'un sur l'autre, par une sorte d'émulation ; chacun ayant d'autant moins de difficulté à intervenir qu'une harmonisation a déjà été opérée sous l'effet de l'autre. Pour autant, le droit européen ne s'immisce dans le droit interne de la responsabilité que lorsque des problèmes ponctuels sont soulevés et non a *priori*. Son intervention n'est pas automatique, mais elle se trouve facilitée par le phénomène que nous venons de décrire.

Après avoir vu comment, en proposant ses propres règles et principes applicables en matière de responsabilité, le droit européen ajoute au droit de la responsabilité, il est nécessaire d'observer comment il est de nature à y entraîner des évolutions.

TITRE II- L'AFFIRMATION DU DROIT EUROPEEN COMME FACTEUR D'EVOLUTION DU DROIT DE LA RESPONSABILITE PUBLIQUE

L'existence d'un droit européen de la responsabilité publique affirmant des règles propres n'implique pas automatiquement une évolution du droit français. L'on peut fort bien imaginer une harmonisation européenne bien en deçà du degré de protection garanti par notre système juridique, une intervention peu novatrice dans la mesure où l'originalité du droit européen, et notamment du droit européen de la responsabilité, est relativement délicate à affirmer en raison de l'histoire de la construction européenne[1], ou encore une herméticité des organes internes aux immixtions européennes. La possibilité de transformations du droit français de la responsabilité sous l'effet de l'ordre européen doit donc être démontrée. Pour ce faire, l'on doit faire appel à la notion de source du droit. Certes, cette dernière est, ainsi que l'ont démontré Kelsen[2] et le Professeur Amselek[3], difficile à manier. Aussi, nous ne tenterons pas une entreprise hasardeuse qui consisterait en une interrogation sur cette notion[4] ; nous entendrons donc le terme source dans le sens commun d'origine[5]. Cependant cette acception demeure, en ce qui concerne le droit européen, vague et caractérise mal sa spécificité. Aussi est-il plutôt nécessaire de rechercher si ce dernier constitue une *influence externe et effective* en droit administratif français qui s'inscrirait dans la théorie dynamique de l'ordre juridique prônée par Kelsen[6]. Le droit européen de la responsabilité publique peut, à deux titres, être qualifié de source du droit. Tout d'abord, même si le droit européen est constitué de deux branches : le droit communautaire et le droit conventionnel et s'il n'y a à ce jour pas d'ordre juridique européen correspondant à la définition classique posée par Kelsen, il constitue, pris globalement, une source dans la mesure où il bénéficie de ses propres référentiels. Il s'organise par rapport aux droits des Etats membres et dépasse le strict contexte d'application nationale de ces derniers[7] en ayant en tête des finalités propres qui l'amènent à élaborer des normes originales par rapport à celles du droit interne, et notamment du droit français. Le droit européen constitue une source du

---

[1] Nous renvoyons sur ce point aux développements figurant supra en introduction.
[2] H. Kelsen, *Théorie pure du droit*, trad. C. Eisenmann, Paris, Dalloz, 1962, p. 313.
[3] P. Amselek, Brèves réflexions sur la notion de « sources du droit », *APD*, T. 27, Les sources du droit, p. 251.
[4] Cf. le tome 27 des archives de philosophie du droit relatif aux sources du droit.
[5] Cette définition est celle qui figure dans le Petit Robert.
[6] H. Kelsen, *Théorie générale du droit et de l'Etat*, trad. B. Laroche et V. Faure, Bruxelles, Bruylant, 1997, pp. 412-418.
[7] Sur ce point, H. Kelsen, *Théorie générale du droit et de l'Etat*, préc., Chapitre XIII, Le droit international.

droit à un deuxième titre, en ce qu'il fait l'objet d'une intégration par les organes internes.

Pour démonter en quoi le droit européen constitue un facteur d'évolution du droit français, il faut donc tout d'abord décrypter les solutions européennes pour voir en quoi elles se détachent nécessairement et inévitablement du droit français, puis, par l'analyse des positions des autorités internes : juge, législateur, autorités administratives, voir en quoi existe une prise en compte des positions européennes de nature à induire des évolutions en droit français. Il résulte de cette approche que le droit européen est autonome par rapport aux droits internes (Chapitre I) et constitue une source nouvelle du droit français de la responsabilité publique(Chapitre II).

CHAPITRE I- L'AFFIRMATION D'UN DROIT EUROPEEN AUTONOME

Le droit européen, pour être véritablement autonome, doit marquer son originalité par rapport aux droits nationaux. Il doit non seulement émaner d'organes extérieurs aux Etats membres mais également et surtout ne pas avoir besoin des règles ou des dispositifs internes pour exister. Il ne doit pas plus reprendre le contenu des règles nationales en les transposant d'un Etat à un autre et donc en homogénéisant le droit de la responsabilité sur une base interétatique et non européenne ; l'originalité postule en effet que les solutions de fond apportées par les systèmes européens et nationaux puissent diverger. La démonstration de son autonomie paraît dès lors plus hasardeuse puisque le droit européen, qu'il soit conventionnel ou, dans une moindre mesure, communautaire, n'en demeure pas moins élaboré conformément à des mécanismes internationaux et donc sous le contrôle des Etats membres. Aussi, si nous affirmons que, de par son origine, le droit européen de la responsabilité publique est original, cette position, loin d'être une tautologie, pourrait sembler critiquable, d'une part dans la mesure où dans son élaboration il n'échappe pas aux Etats membres des Communautés et du Conseil de l'Europe et, d'autre part, en raison également du fait qu'il n'est rien d'autre initialement que l'adaptation de règles juridiques internes au niveau régional en vue de concilier la réalisation des objectifs communs et la préservation des souverainetés nationales, et donc le fruit d'une concertation entre les Etats membres qui n'a souvent entraîné qu'une harmonisation minimale renvoyant largement aux systèmes nationaux[8]. L'intervention européenne en matière de responsabilité publique pourrait n'avoir pour effet de créer que des dispositions faiblement originales. Ainsi, les techniques juridiques que le droit européen utilise pour se développer, de manière générale[9], ou dans des domaines plus ponctuels tels que la responsabilité du fait des produits défectueux[10], laissent une marge de manoeuvre plus ou moins importante aux autorités nationales. De même, les dispositifs d'harmonisation par convergence et non par intervention directe, c'est à dire par le biais de normes à la portée purement indicative telles que les recommandations ou les livrets[11] sont certes, par leurs modalités, originales du fait de leur *mécanisme souple*, mais elles sont d'un effet réduit dans le système français dont les juristes, empreints d'une mentalité cartésienne, considèrent que tout mécanisme juridique ne vaut que s'il bénéficie d'une garantie dans

[8] Sous réserve des précisions apportées par la Cour quant aux dispositions de la Convention.
[9] V. sur ce point l'étude de la recommandation R (84) 15 sur la responsabilité publique.
[10] Directive 85/374 CEE du 25 juillet 1985 relative au rapprochement des dispositions législatives, réglementaires et administratives des Etats membres en matière de responsabilité du fait des produits défectueux (JOCE 7 août 1985, L 210/29 entrée en vigueur le 31 juillet 1988).
[11] Cf. notamment le livre vert sur la réparation des dommages causés à l'environnement diffusé le 17 mars 1993 (COM (93) 47).

son application[12], et rejettent les déclarations vagues comme ne disposant pas d'une autorité ou d'une clarté suffisantes pour être invoquées au contentieux[13]. Leur réception dans l'état actuel semble donc assez aléatoire.

Pourtant, le droit européen a su trouver ses marques par rapport aux droits internes et se développe en s'en détachant dans une certaine mesure. En effet, les droits des différents systèmes juridiques qui coexistent au niveau européen ne révélant l'existence que de maigres principes communs, l'intervention européenne ne pouvait se concrétiser dans la prise en compte du plus petit dénominateur commun aux droits internes ; la méthode comparative reposant sur une approche consensuelle des droits nationaux ne peut être seule mise en oeuvre (Section 1). Aussi les ordres conventionnel comme communautaire procèdent parallèlement à une appréciation autonome des principes applicables en matière de responsabilité publique (Section 2) ; ce qui permet l'émergence d'un droit européen au contenu distinct des droits internes.

SECTION 1 - LES LIMITES D'UNE APPROCHE CONSENSUELLE DES DROITS NATIONAUX DE LA RESPONSABILITE

La détermination des principes de responsabilité, entendus comme des éléments essentiels qui caractérisent un régime[14], pourrait sembler, à tort, aisée en raison de la souplesse de la notion de principe. Celle-ci peut être abordée de deux manières. Ou bien l'on conçoit les principes en matière de responsabilité comme les règles fondamentales, élémentaires, applicables dans ce domaine, telles que le principe posé à l'article 1382 du Code Civil aux termes duquel tout fait d'un homme qui cause à autrui un dommage oblige celui qui l'a commis à le réparer. Dans ce cas, la recherche sera rapidement achevée dans la mesure où l'ensemble des démocraties européennes s'accordent sur l'existence d'un principe de responsabilité des pouvoirs publics au champ bien évidemment variable[15]. Ou alors les principes recherchés doivent être plus strictement entendus et concerner chaque élément essentiel du régime de responsabilité, tant en ce qui concerne son origine, son champ, que ses modalités de règlement contentieux. C'est cette seconde acception que nous retiendrons dans les développements qui suivront, seule une communauté étroite et importante de principes de responsabilité pouvant permettre l'élaboration d'un droit européen encadrant les droits nationaux sur la base d'une approche consensuelle.

Dans les faits, rechercher les principes partagés en matière de responsabilité publique par les différents droits nationaux est une entreprise ardue, sinon vaine,

---

[12] Conformément à l'idée de Kelsen selon laquelle « *le droit est un ordre social fondé sur la contrainte* », *Théorie pure du droit*, préc., p. 69.

[13] On en trouve un exemple à travers la mise en œuvre par le Conseil d'Etat du principe de solidarité devant les charges résultant des calamités publiques :cf. CE, 10 décembre 1962, Sté indochinoise de constructions électriques et mécaniques, *Lebon* p. 676 ; CE, 29 novembre 1968, Tallagrand, *Lebon* p. 607.

[14] Telle est la définition qui figure dans le vocabulaire juridique de l'association Henri Capitant, sous la direction de G. Cornu.

[15] V. F. Schockweiler, Rapport final, in *La responsabilité de l'Etat et des collectivités publiques régionales et locales pour les dommages causés par leurs agents et leurs services administratifs*, Actes du 9ème colloque de droit européen, Université de Complutense, Madrid, 2-4 octobre 1979, Editions du Conseil de l'Europe, 1981, p. 169.

puisque l'analyse comparative des différents systèmes juridiques montre l'existence de régimes de responsabilité hétérogènes (§1). Certes parallèlement, l'idée d'une convergence des droits administratifs en Europe de l'Ouest[16] et d'un droit commun européen est depuis quelques années de plus en plus fréquemment évoquée, mais sa réalité doit être relativisée (§2).

§1- DES REGIMES HETEROGENES[17]

Compte tenu de ses implications en terme de relations entre l'autorité étatique et les individus et de ses liens étroits avec la souveraineté, le droit public, et cela est plus encore affirmé en ce qui concerne le droit de la responsabilité, est soumis à des règles spécifiques dans chaque Etat européen[18].

Pourtant, l'existence d'une responsabilité publique parallèlement à la responsabilité civile est apparue dans l'ensemble des ordres européens à peu près à la même époque, c'est à dire au XIXe siècle[19], en raison de l'avènement de l'Etat de droit puis s'est développée postérieurement avec la transformation de l'Etat gendarme en Etat providence[20]. Celui-ci s'est d'abord concrétisé en France[21] et en Allemagne[22], dans la nécessité de protéger les particuliers face aux possibles emprises et dépossessions infligées dans l'intérêt général et aux dommages subséquents. Par la suite, les Etats européens ont suivi une évolution similaire consistant dans le passage d'un régime d'irresponsabilité de l'administration, principalement dans l'exercice de ses fonctions d'autorité et de ses pouvoirs discrétionnaires, à un régime de responsabilité plus ou moins limité mais toujours motivé par le souci d'assurer une protection particulière des individus face à l'administration et de répondre à une conception commune de l'Etat de droit. Son étendue et ses origines ont pourtant toujours été distinctes, une opposition étant classiquement faite entre les pays anglo-saxons, adeptes d'une relative

---

[16] J.-M. Woehrling, Le contrôle juridictionnel de l'administration en Europe de l'Ouest, Particularismes et convergences, *REDP*, 1994, p. 339.

[17] Nous ne prétendons absolument pas analyser de manière exhaustive les régimes de responsabilité applicables dans l'ensemble des Etats européens -une encyclopédie serait pour cela nécessaire-, mais simplement tirer certains grands traits caractéristiques des principaux groupes d'influence juridique (système romano-germanique ou non : de Common law ou britannique) dans le domaine de la responsabilité. Pour une étude de la *« mosaïque »* des systèmes européens qui se réfère aux Etats membres des Communautés européennes et des mécanismes de mise en oeuvre de cette responsabilité, v. notamment. F. Fines, *Etude de la responsabilité extra-contractuelle de la communauté économique européenne*, Paris, LGDJ, Bibliothèque de droit international, tome 101, 1990, p. 109 à 201, ouvrage auquel nous ferons fréquemment référence ; R. Drago, *La responsabilité administrative en droit comparé*, Cours de la Faculté internationale pour l'enseignement du droit comparé, Strasbourg, Printemps 1966, n° 551-552.

[18] J. Rivero, Nouvelles perspectives d'un droit commun de l'Europe, Institut universitaire européen, sous la direction de M. Cappelletti, Sitjhoff, Leyden, 1978, p. 406 ; N. Herlitz, L'étude du droit administratif comparé, *RISA*, 1952, p. 796.

[19] Même si le droit allemand avait le premier, et dès la fin du XVIIIe siècle affirmé le principe de réparation des dommages causés par l'Etat : Art. 74 et 75 du code national prussien de 1794. Pour une étude des motifs de développement de la responsabilité publique en Allemagne : E. Forsthoff, *Traité de droit administratif allemand*, traduit de l'allemand par M. Fromont, Bruxelles, Bruylant, 1969, p. 460 et s.

[20] Sur l'apparition en France de l'Etat providence et ses incidences en matière de responsabilité : F. Ewald, *Histoire de l'Etat providence*, Paris, Le livre de poche, coll. Biblio Essai, 1996.

[21] M. Fromont, La responsabilité de l'Etat pour le comportement illégal de ses organes, Rapport français, in *La responsabilité de l'Etat pour la comportement illégal de ses organes*, préc., p. 135, sp. p. 140 et s.

[22] E. Forsthoff, *Traité de droit administratif allemand*, préc., p. 461 et s., p. 475 et s.

irresponsabilité, et d'autres systèmes plus protecteurs des droits des particuliers, tels que le système français. Malgré les évolutions historiques et sociales, la portée du principe de responsabilité de l'Etat est encore en partie variable en Europe, cela dans la mesure où les modalités de la responsabilité publique sont fonction de la tradition culturelle et de l'image de l'Etat auprès des particuliers[23]. Sous divers angles, la responsabilité publique en Europe constitue, ainsi que l'a qualifiée Madame Fines, une mosaïque[24].

A- LA DIVERSITE DES SOURCES

L'opposition entre source écrite et source prétorienne du droit de la responsabilité est le premier facteur d'hétérogénéité des différents systèmes européens.

Les Etats ayant adopté le modèle anglo-saxon ou le modèle germanique ont fondé leur système de responsabilité sur des règles écrites, d'origine législative ou constitutionnelle, qui seules sont à même de traduire le consentement de l'autorité publique à une atténuation de ses prérogatives de puissance publique en vue de trouver une meilleure conciliation avec les droits des particuliers. Ainsi, en Allemagne, le mécanisme de responsabilité posé par le Code national Prussien de 1794 a, par la suite, été régulièrement amélioré par diverses interventions législatives[25] puis codifié et complété par la Loi fondamentale de la République fédérale d'Allemagne de 1949. Si l'ensemble de ces dispositions a fait l'objet de nombreuses précisions jurisprudentielles afin de réguler leur application concrète celles-ci n'ont pas perdu leur valeur supérieure dans la hiérarchie des normes puisque la Cour Constitutionnelle de Karlsruhe a, à de nombreuses reprises, insisté sur la nécessité de l'origine législative ou constitutionnelle des dispositions régissant la responsabilité des pouvoirs publics. Le Royaume-Uni et les Etats dont il a inspiré le modèle juridique tels que l'Irlande ont, de même, opté pour un fondement législatif de la responsabilité publique. Le Royaume-Uni a, en effet, longtemps développée l'idée selon laquelle le Roi ne peut mal faire, traduction de l'adage *« The king can do no wrong »*. Aussi, bien que le système anglais soit fondé sur un mécanisme de droit coutumier, la responsabilité publique ne pouvait résulter que d'un acte à valeur supérieure. Cette nécessité s'est concrétisée relativement tardivement dans le *Crown Proceding act* de 1947[26]. En réalité, le fondement écrit du principe de responsabilité de l'Etat est largement majoritaire dans les Etats européens[27]. Pourtant il s'oppose avec vigueur à l'un des "systèmes phares" au niveau européen qui est le système français.

---

[23] F. Fines, *Etude de la responsabilité extra-contractuelle de la Communauté économique européenne*, Bibliothèque de droit international, préc. p. 119.

[24] *Ibid.* p. 121.

[25] Telles que l'article 839 du Code civil qui distingue la responsabilité selon qu'elle résulte d'un fait de l'agent ou des pouvoirs publics, l'article 131 de la Constitution de Weimar qui a précisé les conditions d'engagement de la responsabilité personnelle des agents, ou l'article 27 de la Loi du 26 janvier 1937 qui a encadré l'action récursoire

[26] Pour un historique de l'apparition de la responsabilité publique au Royaume-Uni, cf. D. Levy, *La responsabilité de la puissance publique et de ses agents en Angleterre*, Paris, LGDJ, 1956, p. 61 et s. et pour une analyse plus récente, J. Mcbride, Damages as a remedy for unlawful administrative action, *CLJ* 1979, p. 323. Dans ce phénomène de dédoublement des sources, *« le droit anglais et le droit français se rejoignent en s'opposant »*, J. Rivero, Réflexions sur l'étude comparée des sources des droits administratifs, in *Mélanges Stassinopoulos*, Paris, LGDJ, 1974, p. 135, sp. p. 139.

[27] Il est ainsi en vigueur en Allemagne, en Grèce, au Danemark, en Espagne, en Irlande, au Royaume-Uni, en Italie.

En effet, si les premières règles régissant la responsabilité publique en France sont d'origine législative[28], le droit français de la responsabilité est, depuis sa consécration dans l'arrêt *Rotschild* de 1855[29] et surtout dans l'arrêt *Blanco* de 1873[30] qui pose le principe général de responsabilité de l'Etat, un droit essentiellement prétorien. Cette origine jurisprudentielle s'est étendue au mécanisme de responsabilité des agents publics, au système des actions récursoires entre l'Etat et ces derniers, à l'étendue des préjudices réparables ou à la détermination du lien de causalité, des circonstances exonératoires ou des hypothèses, minces mais qui subsistent encore en partie, d'irresponsabilité de l'Etat. Tel est également le cas dans de nombreux autres pays d'Europe.

Néanmoins, ainsi que l'a remarqué Mme Fines, les sources de la responsabilité semblent se rapprocher, les systèmes de droit écrit complètent les mécanismes de responsabilité par des interventions jurisprudentielles tandis que la jurisprudence trouve, en France, un allié dans la législation[31]. On doit également noter que les régimes fondés sur un système de droit écrit ou prétorien sont, de la même manière, soumis au droit européen et aux remises en cause qu'il implique sans que la diversité de leur origine entraîne une différence dans cette prise en compte. L'opposition des systèmes de responsabilité en fonction de leur source doit donc être dépassée puisqu'elle paraît aujourd'hui plus formelle que réelle. Il n'en demeure pas moins que cette diversité des sources traduit des conceptions différentes du lien pouvant exister en matière de responsabilité entre les particuliers et les pouvoirs publics car si toutes tiennent compte des nécessités publiques autant que de celles liées à la protection des particuliers, leur faculté d'adaptation aux évolutions juridiques et sociales est variable -l'origine jurisprudentielle du droit de la responsabilité devant théoriquement lui permettre de correspondre de manière quasi-immédiate à ces évolutions- ce qui implique un inégal degré de sécurité juridique en raison de la marge d'interprétation laissée aux juges nationaux.

B- LE DROIT APPLICABLE[32]

Les régimes de responsabilité publique des Etats membres sont également hétérogènes en ce qui concerne le droit applicable et le mécanisme de répartition des compétences qu'il peut impliquer. Si on l'analyse globalement, le contentieux de la responsabilité fait l'objet, dans l'espace européen, de deux types de répartition des compétences. Il peut, comme cela est le cas en France, être soumis à un régime dual dans lequel les juridictions de l'ordre administratif pourront seules, sous réserve d'exceptions, se prononcer sur la responsabilité des actes administratifs en appliquant

---

[28] Loi du 10 vendémiaire an IV instituant une responsabilité des communes en cas de pillages ou de dévastations causées par leurs habitants; article 4 de la Loi du 28 pluviose an VIII sur la responsabilité du fait des entrepreneurs et article 75 de la Constitution de l'an VIII relatif aux poursuites intentées contre des agents publics.

[29] CE, 6 décembre 1855, Rotschild, *Lebon* p. 707.

[30] TC, 8 février 1873, Blanco, *Rec.* 1er supplt 61, Concl. David.

[31] Nous ne pouvons que renvoyer sur ce point à la thèse de C. Bréchon-Moulènes, *Les régimes législatifs de responsabilité publique*, Paris, LGDJ, BDP t 112, 1974.

[32] Nous nous attacherons ici à l'étude des recours juridictionnels bien qu'existe également une possibilité de recours administratif en réparation. Tel est notamment le cas aux Pays-Bas.

un droit autonome en raison du lien entre la compétence et le fond. Si ce système a essaimé dans l'espace européen[33], la majorité des Etats lui ont préféré un mécanisme de soumission du contentieux de la réparation aux juridictions de droit commun statuant en application du droit civil[34], sous réserve de la possible compétence d'une juridiction administrative spéciale se prononçant sur la légalité d'un acte administratif en cas de responsabilité pour illégalité[35].

Or la soumission de la responsabilité publique aux mêmes règles que celles régissant les rapports entre particuliers est un élément certain de divergence entre les systèmes juridiques européens puisqu'il révèle un choix entre la simplicité de la protection du particulier -celui-ci pouvant assigner les organes de l'Etat devant son juge ordinaire- et la bonne connaissance par le juge des nécessités de l'activité administrative. Il explique pour certains auteurs[36], au moins en partie et cette affirmation semble difficilement contestable, la diversité des systèmes de responsabilité par l'opposition qu'il suppose entre un régime de droit public ou de droit privé, et en conséquence la relativité des règles communes. Pourtant, il ne constitue pas un frein réel à l'harmonisation européenne des règles de responsabilité dans la mesure où celle-ci, nous l'avons dit, est relativement indifférente à la répartition interne des compétences juridictionnelles.

Les régimes juridiques de responsabilité en Europe sont pour leur part très hétérogènes.

C- La diversité des régimes juridiques

En effet, si certains pans de la responsabilité publique, tels que la responsabilité contractuelle ou la responsabilité pour faute, sont communs à l'ensemble des Etats européens, l'étude de leurs régimes de responsabilité traduit une diversité certaine. Bien que l'ensemble des modalités et des conditions de mise en oeuvre de la responsabilité révèle cette diversité[37], nous nous attacherons à deux aspects particuliers qui paraissent

---

[33] Ainsi, en Espagne : Art. 106.2 de la Constitution espagnole du 26 décembre 1978. Dans le système portugais pour les actes de gestion publique : décret loi n° 48051 du 21 novembre 1967 et les articles 366 et 367 du code administratif. En Grèce, Article 94 -1 de la constitution de 1975 et lois 102 de 1977 et 1406 de 1983.

[34] Ce qui est notamment le cas au Luxembourg : E. Arendt, La responsabilité de l'Etat pour le comportement illégal de ses organes au Luxembourg, in *La responsabilité de l'Etat pour le comportement illégal de ses organes*, préc. p. 447, sp. pp. 447-453 ; au Royaume-Uni, H.W.R. Wade, *Administrative Law*, Oxford, Clarendon Press, 1961, p. 81 et s. ; en Allemagne, E. Forsthoff, *Traité de droit administratif allemand*, préc. , p. 461 et s. ; en Italie S. Galeotti, La responsabilité de l'Etat pour le comportement illégal de ses organes en Italie, in *La responsabilité de l'Etat pour le comportement illégal de ses organes*, préc., p. 299 ; ou en Belgique : C. Cambier, La responsabilité de l'Etat pour le comportement illégal de ses organes, in *La responsabilité de l'Etat pour le comportement illégal de ses organes*, préc., p. 41, sp. p. 65. En ce qui concerne la Belgique, il est d'ailleurs intéressant de noter les récentes interrogations relatives à l'attribution d'un statut de droit public à la responsabilité, cf. M.-A. Flamme, *Droit administratif*, Bruxelles, Bruylant, collection de la faculté de droit, Université libre de Bruxelles, 1989, sp. p. 1317 et s.

[35] Comme cela est le cas en Allemagne, en Italie ou en Belgique. Pour une étude des difficultés que soulève ce système en Allemagne, cf. M. Fromont, *La répartition des compétences entre les tribunaux civils et administratifs en droit allemand*, Paris, LGDJ, BDP, t. 33, 1960, sp. p. 111 et s.

[36] F. Fines, *Etude de la responsabilité extra-contractuelle de la Communauté économique européenne*, préc., p. 120.

[37] Nous ne pouvons que renvoyer aux développements approfondis de F. Fines, *Etude de la responsabilité extra-contractuelle de la communauté économique européenne*, préc., sp. p. 139 à 201.

prépondérants : le mécanisme de responsabilité publique et le champ d'application de celle-ci.

1) Le mécanisme de responsabilité

Le Professeur Trotabas relevait dès 1932 l'hétérogénéité des mécanismes de responsabilité dans les Etats européens[38], hétérogénéité qui n'a depuis pas été démentie. Ainsi, si le principe d'une responsabilité pour illicéité est certes admis dans l'ensemble des Etats européens[39], les illicéités retenues sont extrêmement diverses. Elles peuvent consister selon les Etats en un acte fautif[40], en un acte illégal sans que celui-ci soit nécessairement caractéristique d'une faute[41], en un acte au contraire illégal et fautif[42] ou bien, plus rarement puisque cette situation ne se retrouve qu'au Royaume-Uni et en Irlande, en un « *tort* », le « *tort* » étant constitué par la méconnaissance d'un devoir principalement déterminé par la loi, que cette méconnaissance résulte d'une négligence ou d'un fait intentionnel[43].

Certaines divergences relatives aux notions doivent être également remarquées. La notion de faute est loin de revêtir un unique sens en Europe[44] puisqu'elle consiste dans certains ordres juridiques dans le fait pour l'administration de ne pas adopter la conduite que l'on peut attendre d'elle[45], ce qui englobe la typologie de la faute du service public proposée par Duez qui distingue selon que le service n'a pas fonctionné, a mal fonctionné, ou a fonctionné tardivement[46], tandis que d'autres mettent l'accent sur le comportement illicite ou contraire au droit qui caractérise la faute[47].

Il en va de même de la responsabilité pouvant être engagée en l'absence d'illicéité, c'est à dire de la responsabilité que l'on qualifie en droit français « sans faute », puisque ses deux hypothèses de responsabilité pour risque et de responsabilité pour rupture de l'égalité devant les charges publiques, bien que présentes dans la plupart des grands Etats européens[48], n'ont pas été acceptées de la même manière ni à la même époque. Le

---

[38] L. Trotabas, La responsabilité de l'Etat en droit interne : étude comparée des différents types de responsabilité dans les Etats, *RDP* 1932, p. 679.

[39] Voir *La responsabilité de l'Etat pour le comportement illégal de ses organes*, préc.

[40] Ce qui est le cas dans la plupart des Etats membres des communautés, tels que la France, la Belgique, le Luxembourg, l'Italie, le Danemark et l'Espagne

[41] Une telle situation se retrouve principalement en Grèce, en R.F.A.

[42] Ce qui est le cas en Allemagne pour la responsabilité de l'Etat du fait de ses fonctionnaires, et aux Pays-Bas même si en ce qui concerne ces derniers, la faute n'est pas toujours dotée d'une connotation subjective même si c'est tout de même le terme de « *schuld* » qui est alors employé, cf. C. Kortmann, La responsabilité de l'administration aux Pays-Bas, in *Les métamorphoses de la responsabilité*, Sixièmes journées Henri Capitant, Poitiers, 15-16 Mai 1997, Paris, P.U.F. 1997, p. 313.

[43] Pour une distinction du droit anglais et du droit français, cf. notamment, F.P. Walton, La responsabilité délictuelle dans le droit civil moderne (plus particulièrement dans le droit français) comparée avec la théorie anglaise du délit civil (torts), trad. J. Lambert, in *Mélanges E. Lambert*, Paris, LGDJ, 1938, t 2, p. 48 ; Bernard Schwartz, *French administrative law and the Common law of Europe*, New-York university press, 1954, p. 276 et s. ; S. Flogaïtis, *Administrative law et droit administratif*, Paris, LGDJ, 1986, p. 203 et s.

[44] Mme Finès a d'ailleurs mis en exergue les différents aspects de la faute dans le cadre de la Communauté : *Etude de la responsabilité extra-contractuelle de la communauté économique européenne*, préc., pp. 174-175.

[45] Tel est le cas en France, en Belgique, au Luxembourg, au Danemark, ou en Espagne.

[46] P. Duez, *La responsabilité de la puissance publique (en dehors du contrat)*, 2ème éd., 1938, Paris, Dalloz, p. 27 et s.

[47] Tel est le cas de l'Italie.

[48] Il a été affirmé qu'elle pouvait trouver un fondement même dans le droit grec qui pourtant semble l'ignorer, cf. E. Spiliotopoulos, *Droit administratif hellénique*, Paris, LGDJ, 1991, p. 160 et s., sp. p. 165.

Professeur Drago a souligné qu'en droit français la responsabilité sans faute avait longtemps été considérée comme étant la règle en droit administratif, cela en raison des particularités de l'activité publique et de l'entité abstraite constituée par l'Etat[49]. Cette conception a depuis été balayée par la doctrine et la jurisprudence[50], mais l'obligation de réparation sur le fondement du risque ou de l'égalité devant les charges publiques conserve un intérêt certain au niveau juridique de par l'allégement de la charge de la preuve qu'elle suppose comme par la socialisation des risques à laquelle elle procède[51]. Ce schéma a été rarement repris par les systèmes juridiques étrangers[52]. Certains réduisent le champ de la responsabilité objective en ne retenant qu'une seule des deux branches proposées par le droit français. Ainsi, en Allemagne, le mécanisme de la responsabilité sans faute repose sur deux hypothèses, la responsabilité pour quasi-expropriation et la responsabilité pour quasi-sacrifice, son fondement résidant dans la rupture de l'égalité devant les charges publiques[53]. Le droit espagnol ne retient pour sa part que le fondement du risque qui est rarement mis en oeuvre[54]. Le droit anglais n'applique que de manière extrêmement partielle le mécanisme de responsabilité objective[55], même s'il le consacre dans une certaine mesure en le fondant sur le risque causé par les activités administratives qui recouvre tant le concept de risque existant en droit français[56] que la rupture de l'égalité devant les charges publiques[57]. En fait, ainsi que l'a remarqué Mme Fines, les hypothèses de responsabilité objective sont dans la plupart des Etats européens limitées[58]. La responsabilité sans faute, si elle existe au niveau européen l'est donc dans une mesure variable. Il en va de même du champ d'application de la responsabilité.

[49] R. Drago, *La responsabilité administrative en droit comparé*, préc., sp. p. 55-56.

[50] Bien que seule la responsabilité sans faute constitue un moyen d'ordre public : CE, 20 décembre 1974, Comm. de Barjols, *Lebon* T p. 1107.

[51] Pour une étude de la responsabilité sans faute en France : v. P. Amselek, La responsabilité sans faute des personnes publiques d'après la jurisprudence administrative, in *Mélanges Eisenmann*, Paris, Cujas, 1975, p. 233 et s.

[52] Voir néanmoins le cas particulier du Portugal.

[53] R. Drago, La responsabilité administrative en droit comparé, préc. sp. p. 77. F. Fines distingue pour sa part le dédommagement pour expropriation et atteinte expropriante et le dédommagement pour charge spéciale : *Etude de la responsabilité extra-contractuelle de la communauté économique européenne*, préc., p. 181. Sur les motifs de refus du risque comme fondement de la responsabilité publique : E. Forsthoff, *Traité de droit administratif allemand*, préc., p. 522 et s.

[54] J. Leguina, *La responsabilité en droit espagnol*, Rapport présenté au 9ème Colloque de droit européen organisé par le Conseil de l'Europe, pp. 35-37.

[55] Cf. cependant les affaires Rylands v. Fletcher <1868> 3 L.R., House of Lords, p. 330 ; Hammersmith Railway v. Brand, <1869>LR 4 HL 171 pour des dommages causés par la construction d'un ligne de chemin de fer, et Dunne v. N.W. Gas Brand, <1964>2 QB-806, 835, pour une hypothèse de responsabilité du fait des lois. Il semble en outre que ce mécanisme se développe sous l'effet de diverses interventions législatives, sur ce point, v. . S. Flogaïtis, *Administrative law et droit administratif*, Paris, LGDJ, 1986, p. 205 et s., sp p. 217 ; P. Meillier, *Responsabilité extra-contractuelle de l'Administration en France et en Angleterre, Etude comparative*, Thèse 1997, Lille II, Dactyl., sp. p. 225 et s.

[56] Cf. le parallèle entre les jurisprudences anglo-américaines et françaises fait par B. Schwartz, *French administrative Law and the Common-Law World*, New-York University Press, 1954, ch. 9, sp. p. 296.

[57] P. Cane, *An introduction to Administrative law*, Oxford, Clarendon Law series, 1986, sp. p. 185.

[58] F. Fines, *Etude de la responsabilité extra-contractuelle de la Communauté économique européenne*, préc., p. 183-184.

2) Le champ d'application de la responsabilité

En effet, bien que tous les Etats membres s'accordent sur le principe de responsabilité du fait des actes administratifs, le premier facteur d'hétérogénéité entre les ordres juridiques européens est dû au fait que l'acte administratif, comme l'ont démontré les Professeurs Auby et Fromont, ne fait pas l'objet d'une unique conception[59] ; ce qui implique un champ de responsabilité divers. L'ensemble des activités administratives n'est ensuite pas également soumis au principe de responsabilité puisque l'exercice du pouvoir discrétionnaire justifie dans certains Etats l'irresponsabilité de l'administration[60]. Enfin, l'acte à l'origine du dommage est différemment conçu selon qu'il s'agit d'une action ou d'une omission ; cette dernière notion faisant, ainsi que l'a remarqué Mme Fines, elle-aussi, l'objet de différentes conceptions[61]. Les régimes de responsabilité du fait du législateur sont encore plus éclatés puisque certains Etats acceptent la responsabilité du fait des lois contraires à la Constitution[62] alors que la plupart s'y refusent[63], la majorité des ordres juridiques consacrant l'irresponsabilité du législateur[64] ou ayant introduit un régime de responsabilité particulièrement restrictif subordonné à la volonté d'indemnisation du législateur[65] ou à la preuve d'un préjudice anormal et spécial[66]. La responsabilité du fait des actes juridictionnels irréguliers révèle également une importante divergence de vue, puisque la plupart des ordres juridiques européens prévoient une procédure de prise à partie ou de responsabilité personnelle des magistrats, mais non une responsabilité de l'Etat du fait de la fonction juridictionnelle.

En conséquence, il n'existe pas deux régimes absolument identiques au niveau de la seule Europe occidentale. Ces systèmes épars de responsabilité pourraient néanmoins évoluer depuis quelques années de manière convergente. Mais qu'en est-il réellement ?

§2- UNE CONVERGENCE DES DROITS NATIONAUX DE LA RESPONSABILITE PUBLIQUE ?

Le phénomène de convergence des droits nationaux a fait l'objet d'études récentes en doctrine qui soulignent la communauté de droit administratif des Etats membres[67] et mettent en exergue le creuset commun dont découle l'ensemble des systèmes juridiques

---

[59] J.-M. Auby, M. Fromont, *Les recours juridictionnels contre les actes administratifs spécialement économiques dans le droit des Etats membres de la Communauté économique européenne*, Rapport final, Collection Etudes, série Concurrence, rapprochement des législations, n° 12, Bruxelles, 1971, p. 19 et s ; J.-M. Auby, M. Fromont, *Les recours juridictionnels contre les actes administratifs dans les pays de la Communauté économique européenne*, Paris, Dalloz, 1971, p. 3.

[60] Tel est le cas au Luxembourg et en Angleterre. Pour une analyse comparative, F. Fines, *Etude de la responsabilité extra-contractuelle de la Communauté économique européenne*, préc., pp. 128-129.

[61] *Ibid.*, pp. 127-128.

[62] Tel est le cas de la R.F.A.

[63] Dans ses conclusions relatives à l'arrêt Brasserie du pêcheur, l'avocat général Tesauro remarquait que la question de la responsabilité du fait des lois inconstitutionnelles est loin d'être résolue dans l'ensemble des Etats européens : CJCE, 5 mars 1996, Brasserie du pêcheur SA et Bundesrepublik Deutschland, The queen et Secretary of State for transport ex parte: Factortame Ltd e.a., Aff jtes C 46/93 et 48/93, *Rec.* p. I-1029 et s., Conclusions, point 36, note 41.

[64] Dans la CEE, tel est le cas de l'Italie, du Royaume-Uni, du Luxembourg, et des Pays-Bas Bas notamment.

[65] C'est le cas de la R.F.A.

[66] En droit français.

[67] J. Schwarze, *Droit administratif européen*, Bruxelles, Bruylant, 1994, t I, p. 1 et s.

européens malgré les divergences dans leur organisation administrative et juridictionnelle[68]. L'existence de ces sources et de ces inspirations communes a entraîné, sous l'effet du droit européen qui fait un effort de synthèse entre eux, un rapprochement des structures organisationnelles des Etats membres[69] ou par le développement dans les systèmes de *Common law* d'un droit spécifique applicable aux personnes publiques[70]. Il en est de même en droit privé de la responsabilité, les principes applicables en ce domaine faisant fréquemment l'objet d'analyses communes[71]. Si l'on transpose ce phénomène de convergence au droit de la responsabilité publique, deux interrogations apparaissent. La première touche à la réalité de cette convergence et seule l'étude des évolutions des droits nationaux est en mesure d'y apporter une réponse. La seconde concerne sa signification. La convergence des droits nationaux a-t-elle pour effet d'amplifier ou de conforter le phénomène d'harmonisation par multiplication des principes communs entre les Etats membres et, dans cette hypothèse, quel est son rôle dans l'élaboration du droit européen de la responsabilité publique ?

Il apparaît que les organes européens poursuivent un objectif de convergence par le mécanisme des principes généraux communs, mais que la convergence de fait en l'absence d'intervention ou de pression européenne, si elle existe, est assez limitée.

A- Une convergence limitee

L'existence d'un phénomène de convergence dans le domaine de la responsabilité publique est certaine dans la mesure où l'examen des systèmes juridiques internes révèle des tendances communes. Ainsi, la faute et le fait illicite, en tant que faits générateurs de la responsabilité, sont toujours plus fréquemment assimilés dans les ordres nationaux, bien que des divergences indéniables entre les conceptions nationales de la faute subsistent[72]. Parallèlement se développent en Europe des mécanismes de

---

[68] M. Fromont, La justice administrative en Europe, Convergences, in *Mélanges R. Chapus*, Paris, Montchrestien, 1992, p. 197 ; S. Cassese, Le problème de la convergence des droits administratifs; vers un modèle administratif européen ?, in *L'Etat de droit, Mélanges en l'honneur de Guy Braibant*, Paris, Dalloz, 1996, p.47 ; J.-M. Woehrling, Le contrôle juridictionnel de l'administration en Europe de l'Ouest, Particularismes et convergences, *REDP*, 1994, p. 339.

[69] Notamment par le biais de l'instauration d'une dualité de juridiction, par la multiplication, dans l'ensemble des pays, du recours aux autorités administratives indépendantes : J.-M. Woehrling, Le contrôle juridictionnel de l'administration en Europe de l'Ouest, Particularismes et convergences, préc.; M. d'Alberti, *Diritto administrativo comparato, Tranformazioni dei systemi administrativi in Francia, Gran Bretagna, Stati Uniti*, Bologna, Il Mulino, 1992, sp. p. 159 et s.

[70] V. par exemple J. Bell, Unité ou dualité de juridiction en matière administrative au Royaume-Uni, *RFDA* 1990, p. 893 ; J. F. McEldowney, Les mutations du droit de l'administration au Royaume-Uni in G. Marcou (dir.) *Les mutations du droit de l'administration en Europe, Pluralisme et convergences*, Paris, L'Harmattan, 1995, p. 195 et s.

[71] En droit privé : cf. not. R.O. Dalcq, B. Hanotiau, D. Philippe, Tendances du droit de la responsabilité, *RDIDC*, 1983, n° 1-2, p. 31 ; *L'évaluation du préjudice corporel dans les pays de la CEE*, Rapport et actes du colloque du 18 novembre 1988, sous la direction de A. Dessertine, Paris, Litec 1990, sp. la contribution de V. Librando, Les efforts européens de rapprochement, p. 313. Certains auteurs réfutent toutefois l'idée d'une convergence des systèmes juridiques : cf. notamment P. Legrand, European legal systems are not converging, *ICLQ*, 1996, p. 52.

[72] F. Fines, *Etude de la responsabilité extra-contractuelle de la communauté économique européenne*, préc., p. 177 et s.

présomption de responsabilité, notamment dans les domaines techniques[73], et plus généralement une tendance à l'objectivation de la responsabilité[74]. L'ensemble des Etats d'Europe de l'Ouest a également mis en place un système, certes plus ou moins limité[75], de garantie des dommages causés par les fonctionnaires, alors qu'à l'origine celle-ci était peu ou pas développée[76]. Enfin, les systèmes juridiques des pays d'Europe occidentale s'accordent sur l'existence de causes exonératoires ou limitatives de la responsabilité de la puissance publique qui sont la force majeure, le cas fortuit, ou le fait d'un tiers[77]. Pour autant, cette convergence de fait des droits de la responsabilité est limitée et très relative. Elle révèle certains traits d'une tendance à l'harmonisation, mais est insuffisante pour l'élaboration au niveau européen de règles partagées sur le fondement du tronc commun aux Etats membres. Les régimes nationaux de responsabilité, s'ils se rapprochent, demeurent dans l'ensemble hétérogènes[78]. Le droit européen a pourtant lui même consacré l'existence d'une convergence, mais celle-ci n'est souvent que de façade.

B- UNE CONVERGENCE AFFICHEE : LE RECOURS AUX PRINCIPES COMMUNS EN DROIT COMMUNAUTAIRE ET EN DROIT CONVENTIONNEL

Le droit communautaire a le premier affiché la convergence des ordres juridiques nationaux par le biais du recours à des normes issues des droits des Etats membres en affirmant qu'en cas de lacune dans le traité ne permettant pas de trouver une solution à un problème juridique soulevé devant la juridiction européenne, la Cour doit le résoudre de règles reconnues par les législations, la doctrine et la jurisprudence des pays membres[79]. Le recours à des principes communs aux Etats membres devait amener les

---

[73] Recommandation R (84) 15 du comité des ministres des Etats membres relative à la responsabilité publique, adoptée par le comité des ministres le 18 septembre 1984, Annexe, champ d'application et définitions, point 21.

[74] On en prendra pour exemple la récente consécration par le juge hollandais du mécanisme de responsabilité pour rupture de l'égalité devant les charges publiques, C. Kortmann, La responsabilité de l'administration aux Pays-Bas, in *Les métamorphoses de la responsabilité*, Sixièmes journées Henri Capitant, Poitiers, 15-16 Mai 1997,Paris, P.U.F. 1997, p. 313.

Sur la question de l'objectivation des droits nationaux en matière de responsabilité publique, cf. E. Garcia de Enterria y Tomás-Ramon Fernandez, *Curso de derecho administrativo*, II, 3ème édition, Civitas Madrid, 1991, sp. p 355 . C'est à une conclusion similaire qu'a abouti l'avocat général Tesauro à l'occasion des conclusions qu'il a rendu sous les affaires jointes Brasserie du pêcheur-Factortame III.

Sur la tendance à l'objectivation en droit espagnol, en droit anglais et en droit allemand, E. Garcia de Enterria y Tomàs-Ramon Fernandez, *Curso de derecho administrativo*, préc., p 355 et s, p. 364 et s. ; C. Harlow, Pouvoir discrétionnaire et responsabilité du gouvernement in *Pouvoir discrétionnaire et problèmes de responsabilité*, 25ème colloque de droit européen, Oxford, R.-U., 27-29 septembre 1995, Editions du Conseil de l'Europe, 1997, p. 165-180 ; M. P. Singh, *German administrative law in common law perspective*, Heidelberg, Springer-Verlag Berlin, 1985, pp. 139-153.

[75] Pour une étude détaillée concernant les pays de la Communauté européenne, F. Fines, *Etude de la responsabilité extra-contractuelle de la communauté économique européenne*, préc., p. 146-152.

[76] Tel est notamment le cas en Allemagne, R. Drago, *La responsabilité administrative en droit comparé*, préc., p. 34 et s.

[77] Sur ce point, F. Fines, *Etude de la responsabilité extra-contractuelle de la communauté économique européenne*, préc., p. 196 et s.

[78] Sur ce point, cf. également W. Van Gerven, Bridging the gap between community and national laws: Towards a principle of homogeneity in the field of legal remedies? *CMLRev.*, 1995, p. 679 ; W. Van Gerven, Bridging the unbridgeable : Community and national tort laws after Francovich and Brasserie, *ICLQ*, 1996, p. 507.

[79] CJCE, 12 juillet 1957, Algera c/ Assemblée commune, Aff. 7/56 et 3-7/57, *Rec.* 1957, p. 81 et s.

organes communautaires à ne tenir compte dans l'élaboration du droit de la responsabilité que des règles partagées par l'ensemble des ordres nationaux. Cette idée paraissait d'autant plus logique que le traité lui même pose le principe du recours aux principes généraux communs aux droits des Etats membres en matière de responsabilité[80].

Pourtant, tout en affichant la référence à ces principes comme étant le postulat de la démarche pour l'élaboration de l'ordre juridique européen, la Cour de Justice a révélé les limites du droit commun et, ainsi que l'a démontré Mme Fines, face aux introuvables principes généraux communs aux droits des Etats membres, elle a élaboré un système autonome[81]. En l'absence de régime homogène de responsabilité, les règles qu'elle a qualifié à travers sa jurisprudence de principe commun ne correspondaient non pas à un plus petit dénominateur commun, mais plutôt à une norme en vigueur dans certains Etats, quel que soit leur nombre, sous réserve que ces principes puissent être suffisamment souples et idéologiquement proches des évolutions du droit de la responsabilité dans la plupart des ordres juridiques européens pour ne pas s'en démarquer trop et éventuellement y être adoptés. La conception communautaire du recours au droit comparé pour consacrer des règles juridiques communes est donc loin de révéler une convergence de vues entre les droits de la responsabilité et vise plutôt la mise en place de règles adaptables à chaque Etat membre et donc partagées par la majorité de ces derniers. On ne peut qu'approuver la position de M. Pescatore pour qui le recours au principe commun sert à l'élaboration d'une « *moyenne raison* » acceptable dans l'ensemble de la communauté[82]. Le but étant d' « *Elaborer des solutions « extensibles » à l'ensemble de la Communauté* »[83].

Le recours à des normes issues des droits des Etats membres est également exprimé par la Convention européenne des droits de l'Homme à travers les standards[84] qu'elle emploie dans le cadre de son intervention en matière de responsabilité. Parmi ceux-ci, figurent les notions de société démocratique, mais également de recours effectif ou de procès équitable. L'ensemble de ces termes ont fait l'objet d'un accord des Etats du Conseil de l'Europe lors de l'élaboration de la Convention, ceux-ci possédant « *un patrimoine commun (...) de respect de la liberté et de la prééminence du droit* » selon la formule du préambule de la Convention européenne des droits de l'Homme. Aussi, il semble logique de supposer qu'ils correspondent à des concepts unanimement admis dans les droits internes ; cela d'autant plus qu'en cas de difficulté d'interprétation des normes conventionnelles, le droit international prescrit le recours à la commune intention des parties[85] et aux principes généraux de droit reconnus par les nations

---

[80] Nouvel article 288 du traité CE (ancien 215 al. 2).

[81] F. Fines, *Etude de la responsabilité extra-contractuelle de la communauté économique européenne: de la référence aux " principes généraux communs " (art. 215 al. 2) à l'édification jurisprudentielle d'un système autonome*, préc.

[82] P. Pescatore, Le recours dans la jurisprudence de la Cour de Justice des Communautés européennes à des normes déduites de la comparaison des droits des Etats membres, *RIDC* 1980, p. 337, sp. p. 359.

[83] Nous reprenons là l'expression de P. Pescatore, *Ibid.*, sp. p. 355.

[84] Sur le recours en droit européen, et notamment dans le cadre de la Convention européenne des droits de l'Homme, à des standards, v. notamment M. Delmas-Marty, *Pour un droit commun*, Librairie du XXème siècle, Paris, Seuil, 1994, p. 123 et s.

[85] Article 33 de la Convention de Vienne de 1969 sur le droit des traités pour l'interprétation des traités et des conventions.

civilisées[86] auxquels la Cour a reconnu s'être déjà conformée[87]. Toutefois, là encore, l'idée d'une communauté de droit autour de concepts partagés et d'évolutions parallèles ne correspond pas à une observation stricte de l'état du droit dans les Etats européens.

Le droit conventionnel ne se limite en effet pas à consacrer les seules règles partagées par l'intégralité des Etats parties. Ainsi, si la recommandation R (84) 15, qui vise à l'harmonisation des dispositions nationales en matière de responsabilité publique, fait expressément référence à l'évolution du droit de la responsabilité dans l'ensemble des Etats du Conseil de l'Europe, ce n'est que pour relever « *les différences existant tant sur le fondement de la responsabilité publique que sur les règles pour la méconnaissance du droit à réparation ou sur l'étendue de cette dernière* »[88] ; ce qui l'a poussé à affirmer comme objectif devant être pris en compte dans l'élaboration des droits nationaux l'accroissement des hypothèses de responsabilité objective des pouvoirs publics afin d'assurer une plus grande protection aux individus, alors que le principe d'une responsabilité objective n'est pas communément admis dans les Etats européens. L'harmonisation conventionnelle ne concentre donc pas son intervention sur les seuls principes inscrits dans les systèmes juridiques de tous les Etats, mais sur ceux qui font l'objet d'une consécration significative dans la plupart d'entre eux et son intervention vise moins à consacrer une réelle communauté juridique délicate à appréhender qu'à faire évoluer les droits nationaux.

Les organes européens n'ont bien évidemment pas pour autant renoncé à faire référence aux évolutions communes aux systèmes juridiques nationaux, par exemple pour élaborer le droit communautaire de la responsabilité publique[89], et l'accord des organismes nationaux est indispensable à l'aboutissement de l'harmonisation communautaire par le biais de normes particulières. On en prendra pour exemple le cas du projet de directive présenté le 9 novembre 1990 par la Commission de Bruxelles qui prévoyait un régime de responsabilité pour faute présumée à la charge du prestataire de service, que celui-ci soit soumis au droit public ou au droit privé[90]. En raison des réticences des représentants des gouvernements nationaux, du Parlement européen, du comité économique et social et des associations de professionnels, la Commission a retiré sa proposition et a annoncé de nouvelles orientations par une communication du 23 juin 1994[91]. Elle a expliqué ce retrait par la volonté de ne pas bouleverser les systèmes nationaux reposant généralement sur la responsabilité pour faute, et a

---

[86] Art. 38 du Statut de la Cour de Justice.

[87] CEDH, 21 février 1975, Golder c/ R.-U., série A n° 18. Pour une étude très éclairante de l'application par la Cour de Strasbourg du droit international, P. Tavernier, La Cour européenne de droits de l'Homme applique-t-elle le droit international ou un droit de type interne, in *Quelle Europe pour les droits de l'homme?*, 1996, Bruxelles, Bruylant, p. 17.

[88] Exposé des motifs, introduction, § 2.

[89] V. sur ce point les conclusions de l'avocat général Tesauro à l'occasion des affaires jointes Brasserie du pêcheur-Factortame III.

[90] Pour une étude de cette proposition de directive et de ses possibles incidences, N. Fraselle (Ed.), *La responsabilité du prestataire de services et du prestataire de soins de santé, une proposition de directive européenne*, Bruxelles, Académia Bruylant, 1992.

[91] COM (94) 260, agence Europe n° 6259 du 25 juin 1994. La commission entend désormais notamment appuyer le développement de codes de bonne conduite de nature à préciser l'attente légitime du consommateur à l'égard des différentes prestations de service, qu'elles proviennent du secteur public ou du secteur privé.

préconisé un système mixte fondé sur la subsidiarité de l'action des Etats autour de principes généraux fixés au niveau communautaire. La nécessaire prise en compte des évolutions communes à l'ensemble des systèmes juridiques nationaux et la volonté de consacrer des principes homogènes du droit de la responsabilité publique transparaît également dans le droit élaboré par les organes du Conseil de l'Europe. Ainsi, le projet d'élaboration d'une recommandation en matière de responsabilité publique du fait des pouvoirs juridictionnels qui avait été mis à l'étude au début des années quatre-vingts a-t-il été interrompu en l'absence d'un principe communément admis. A l'époque, en effet, la législation française, qui pose le principe de responsabilité pour faute lourde des dommages commis dans l'exercice de l'activité juridictionnelle, était très avancée par rapport aux autres ordres européens qui consacraient un principe d'irresponsabilité pour les mêmes activités[92].

Cependant, de manière générale, la convergence naturelle des droits internes est plus souvent affichée que réelle et le principe d'harmonisation du droit sous l'effet du droit européen résulte d'une incitation à la convergence qui est principalement la conséquence d'une intervention spécifique, à l'instar d'ailleurs du phénomène caractérisant le droit privé[93]. La convergence est donc suscitée plus que naturelle, conformément à la logique de rapprochement provoqué des droits au niveau régional constatée dès le début des années soixante-dix par le Professeur Ancel[94]. Les interventions européennes en matière de responsabilité publique ont certes toutes un fondement issu d'une évolution des droits nationaux, à défaut de quoi elles perdraient à la fois leur légitimité et leur crédibilité. Mais ce fondement interne est dépassé par la logique finaliste qui anime la création du droit européen de la responsabilité publique et lui confère son autonomie.

SECTION 2- UNE APPRECIATION AUTONOME DES PRINCIPES APPLICABLES EN MATIERE DE RESPONSABILITE PUBLIQUE, CONFORME A UNE LOGIQUE FINALISTE

Cette conformité à une logique finaliste est caractéristique de l'action des juridictions européennes. En effet, les magistrats de Luxembourg et de Strasbourg, bien que proposés par les gouvernements des Etats membres et donc chargés notamment de garantir les intérêts nationaux, se départissent de leurs mentalités et de leurs modes de raisonnement internes pour tenter d'élaborer des normes qui reflètent davantage une conception commune de l'Europe que le résultat de conciliations à l'occasion du délibéré. Il y a donc un affranchissement par rapport aux dispositions nationales dans l'élaboration par voie jurisprudentielle du droit européen de la responsabilité publique, les juges adoptant une mentalité particulière et oeuvrant pour la défense des intérêts

[92] Voir sur ce point les actes du 9ème colloque de droit européen, *Pouvoir judiciaire et responsabilité publique pour les actes juridictionnels*, Bordeaux, 17-19 juin 1985, Editions du Conseil de l'Europe, 1986.
[93] Comp. en ce qui concerne le droit privé, V. Librando, Les efforts européens de rapprochement in *L'évaluation du préjudice corporel dans les pays de la CEE*, préc.
[94] M. Ancel, Les nouveaux aspects de l'unification des droits, in *Miscellanea W. J. Ganshof van der Meersch, Studia ab discipulis que honorem egregii professoris edita*, t 2, Bruxelles, Bruylant, 1972, p. 695.

supranationaux[95]. Bien évidemment l'interprétation consensuelle ne disparaît pas alors mais elle se voit couplée avec une seconde approche caractérisée par une indépendance de vue pour la mise en oeuvre des objectifs communs et donc avec une interprétation téléologique des textes européens, c'est à dire selon les Professeurs Weill et Terré, celle qui « *repose sur la recherche de la finalité de la règle ou (...) de son but social [et qui] conduit, en cas de conflit entre la lettre et l'esprit de la règle, à faire prévaloir l'esprit sur la lettre au prix d'un recul de la rigidité des mots. A tout le moins s'en tient-on alors à l'esprit qui a animé la genèse de la règle* »[96]. Partant, les juges européens mettent en oeuvre une logique propre, logique propre qui résulte de la mise en balance des évolutions internes et des nécessités de la construction européenne et qui donne naissance à des principes et des règles autonomes.

La conformité à une logique finaliste se traduit dans l'ensemble des interventions européennes, qu'elle soient d'origine communautaire (§1) ou conventionnelle (§2), même si les interventions écrites, qu'il s'agisse de conventions ou de directives, se caractérisent par leur moindre autonomie due sans nul doute à leur élaboration dans un cadre politique.

§1- L'APPRECIATION AUTONOME EN DROIT COMMUNAUTAIRE

La tendance de la Cour de Justice à procéder à un activisme jurisprudentiel afin de répondre aux impératifs communautaires qui découlent de sa propre interprétation de la volonté des rédacteurs du Traité est un phénomène quasiment constant qui n'a cessé depuis les premières décisions rendues par elle[97]. Elle développe, selon l'expression de M. Pescatore, « *une certaine idée de l'Europe* »[98]. Aussi, si elle recourt fréquemment au droit comparé pour élaborer le droit communautaire en prenant acte des évolutions aux Etats membres, la Cour de Justice retient parmi ces évolutions communes les normes et règles qui lui paraissent le mieux adaptées aux objectifs communautaires. L'intégration des droits nationaux dans le droit communautaire est donc une « *intégration sélective* »[99].

---

[95] Sur l'attitude du juge communautaire au regard de la conciliation des intérêts communautaires et du nécessaire respect de chaque culture, N. Kakouris, La mission de la Cour de Justice des communautés européennes et l' « Ethos » du juge, *RAE*, 1994, n° 4, p. 35.

[96] A. Weill, F. Terré, *Droit civil, Introduction générale*, Paris, Précis Dalloz, 4ème édition, 1979, n° 181. Sur l'interprétation téléologique des traités internationaux. Cf. également D. Simon, *L'interprétation judiciaire des traités d'organisations internationales*, Publications de la RGDIP n° 37, Paris, Pédone, 1981, sp. p. 391 et s.

[97] Sur ce point, cf. notamment D. Tallon, Droit communautaire et droit comparé, in *Miscellanea W. J. Ganshof van der Meersch, Studia ab discipulis que honorem egregii professoris edita*, vol. II, Bruxelles, Bruylant, 1972, p. 943 ; P. Pescatore, Les objectifs de la Communauté européenne comme principes d'interprétation dans la jurisprudence de la Cour de Justice, Contribution à la doctrine de l'interprétation téléologique des traités internationaux, in *Miscellanea W. J. Ganshof van der Meersch, Studia ab discipulis que honorem egregii professoris edita*, vol. II, Bruxelles, Bruylant, 1972, p. 325.

[98] P. Pescatore, The doctrine of Direct Effects: An infant Disease of Community Law, *ELRev*, 1984, p. 157.

[99] J. Boulouis, A propos de la fonction normative de la jurisprudence - Remarques sur l'oeuvre jurisprudentielle de la Cour de Justice des communautés européennes, in *Le juge et le droit public, Mélanges offerts à M. Waline*, Paris, LGDJ, 1974, p. 149, sp. p. 154. Pour une position allant dans le même sens, cf. Y. Galmot, Réflexions sur le recours au droit comparé par la Cour de Justice des Communautés européennes, *RFDA* 1990, p. 255.

Dans l'élaboration du droit de la responsabilité, l'autonomie est encore plus significative. En effet, la jurisprudence relative à la mise en oeuvre de la responsabilité extra-contractuelle des Communautés, conformément aux principes en vigueur dans les Etats membres, révèle une relative abstraction du recours au droit comparé puisque la Cour du Kirchberg a préféré la mise en place d'un système qui, de part sa rigueur, se distingue des principes communément admis dans les Etats membres et correspond à la conciliation qui doit nécessairement être opérée entre la protection des particuliers et l'importante marge de manoeuvre dont doivent bénéficier les organes de Luxembourg dans la réalisation et la mise en oeuvre du droit communautaire[100]. Elle a ainsi, par une sorte de « *réduction à l'absurde* »[101], souhaité dépasser les contradictions entre les ordres juridiques nationaux pour mettre en place un régime de responsabilité en adéquation avec les nécessités communautaires. Les principes communs étant fonction des besoins de la construction communautaire, la transposition au domaine de la responsabilité de l'Etat des règles fixées par la Cour de Justice en matière de responsabilité extra-contractuelle des Communautés implique la mise en place d'un régime de responsabilité qui ne sera non seulement pas partagé par l'ensemble des Etats de l'Union[102], mais en outre ajusté en fonction de l'objectif, affiché par la Cour de justice depuis 1991 et plus encore depuis 1996, de protéger les particuliers face à la mise en oeuvre du droit communautaire par les Etats membres. Le mécanisme de responsabilité mis en place par la Cour de Justice correspond donc à une logique propre qui ne trouve pas nécessairement de correspondance dans les systèmes nationaux. Sa finalité est avant tout la mise en oeuvre efficace du droit communautaire, sans égard aux autres pans de la responsabilité de la puissance publique dans les droits internes ; aussi les objectifs communautaires ont justifié à la fois l'affirmation d'une responsabilité objective, alors que l'aspect subjectif du droit à réparation, s'il s'amoindrit dans la plupart des Etats membres, n'a pas complètement disparu, mais également celle d'une responsabilité assez largement entendue du législateur, alors que l'ensemble des Etats membres, après avoir longtemps maintenu un principe d'irresponsabilité, s'accordent sur sa mise en oeuvre minimale en la subordonnant à des conditions de mise en oeuvre restrictives[103].

On le voit, l'immixtion de la Cour de Justice en matière de responsabilité de la puissance publique et les principes et règles qui en découlent répondent à une logique purement finaliste et se détachent des droits internes.

La même idée d'autonomie par rapport aux droits nationaux pour la réalisation des objectifs communautaires avait été développée par le Professeur Constantinesco dès le milieu des années soixantes au sujet du droit communautaire secondaire[104] et est

---

[100] Sur l'autonomie du régime de responsabilité extra-contractuelle des Communautés par rapport aux droits nationaux, voir l'ouvrage de F. Fines, *Etude de la responsabilité extra-contractuelle de la Communauté économique européenne*, préc., p. 205 et s.

[101] M. Pescatore, Le recours dans la jurisprudence de la Cour de Justice des Communautés européennes à des normes déduites de la comparaison des droits des Etats membres, *RIDC* 1980, p. 337, sp. p. 359.

[102] La condamnation des systèmes anglais et allemand à l'occasion des affaires *Brasserie du pêcheur* et *Factortame III*, préc. en témoigne.

[103] Ainsi, en droit anglais, un dommage consécutif à un acte législatif ne peut donner lieu à aucune compensation The North Charterland Exploration Co. (1910) Ltd. v. Rex, [1931] I Ch. 169 à 189.

[104] L. Constantinesco, La spécificité du droit communautaire, *RTDE* 1966, p. 1.

confirmée par l'exposé des principes du droit européen du contrat qui ont été présentés par leurs rédacteurs comme reflétant « *des suggestions et des idées qui ne sont encore matérialisées dans le droit d'aucun Etat* »[105]. De même la retrouve-t-on, avec tout de même une nuance certaine compte tenu du lien étroit de l'intervention communautaire avec l'évolution des droits nationaux, en matière de responsabilité du fait des produits défectueux puisque, dans ce domaine, le régime de responsabilité mis en place au niveau européen ne tient pas compte du mécanisme pour lequel avaient opté la plupart des Etats. En effet, la grande majorité des Etats membres des Communautés, et même plus largement du Conseil de l'Europe, avaient mis en place un régime de responsabilité fondé sur l'existence d'une faute ou d'un « *tort* »[106] alors que la directive de 1985, entrée en vigueur le 31 juillet 1988, qui s'applique à tous les produits mis en circulation après l'entrée en vigueur des dispositions nationales de transposition[107], crée un régime de responsabilité *objectif*, c'est à dire indépendant de l'idée de faute[108] qui s'inspire en fait fortement du droit américain[109] et donc d'un système extra-européen. La protection alors assurée recoupe pourtant celle fournie au niveau national puisque les droits nationaux affirmaient des principes de responsabilité qui permettaient d'aboutir à une protection analogue. Elle n'entraîne souvent qu'une amélioration à la marge du mécanisme de responsabilité. Néanmoins les Communautés ont décidé que seule la responsabilité sans faute était de nature à garantir une répartition juste des risques face au développement de la technologie et ont ainsi imprimé une nouvelle direction à la plupart des droits internes afin de garantir la réalisation d'objectifs communautaires[110].

Les emprunts aux droits internes ne valent donc de manière générale que dans la mesure où ils renforcent ou à tout le moins ne nuisent pas à l'efficacité du droit communautaire ; même si l'autonomie de ce dernier n'est pas, ainsi que l'a remarqué le Professeur Kovar, une fin en soi mais un moyen de permettre à la Communauté de respecter ses objectifs, et parallèlement, un instrument de mesure de l'intégration juridique[111].

Si la réalisation du droit communautaire implique le dépassement des droits nationaux de la responsabilité, et de la communauté de droit en matière de responsabilité, ce phénomène caractérise également le droit conventionnel.

---

[105] Commission pour le droit européen du contrat (Pdt O. Lando), *Les principes du droit européen du contrat, L'exécution, l'inexécution et ses suites*, version française par G. Rouhette, I. de Lamberterie et D. Tallon, Paris, La documentation française, 1997, p. 19.

[106] Pour une analyse comparative, voir not. C. Weniger, *La responsabilité du fait des produits pour les dommages causés à un bien au sein de la communauté européenne, étude de droit comparé*, Lausanne, 1994, sp. pp. 19-87.

[107] Directive 85/374 CEE, JOCE L 210 du 7 août 1985, p. 29, Art 17.

[108] *Ibid.*, exposé des motifs.

[109] Cf. Y. Markovits, *La directive CEE du 25 juillet 1985 sur la responsabilité du fait des produits défectueux*, Paris, LGDJ, Bibliothèque de droit privé, t. 211, 1990, sp. p. 10 et s.

[110] En l'espèce la réduction des distorsions de concurrence pouvant être induites par la diversité des mécanismes de responsabilité.

[111] R. Kovar, L'édification de l'ordre juridique communautaire, in *Collected Courses of the academy of european law*, 1993, vol. IV, p. 15 ; cf. également D. Tallon, Droit communautaire et droit comparé, in *Miscellanea W. J. Ganshof van der Meersch, Studia ab discipulis que honorem egregii professoris edita*, vol. II,, Bruxelles, Bruylant, 1972, p. 943.

§2- L'INTERPRÉTATION AUTONOME EN DROIT CONVENTIONNEL

Les principes qui découlent de la Convention de Vienne relative à l'application et à l'interprétation des traités auraient dû limiter les divergences entre l'application de la Convention par les organes de Strasbourg et la volonté de ses auteurs. Mais s'il est vrai que la Convention renvoie de manière générale à la commune intention des parties, l'interprétation qui en a été fournie traduit le souhait d'adapter ses implications à l'état du droit en Europe et aux besoins sociaux[112].

L'interprétation évolutive des termes de la Convention par les organes de Strasbourg[113] a été étendue au domaine de la responsabilité. Statuant sur le pouvoir, pour les Etats européens d'instaurer des restrictions à l'exercice d'actions en responsabilité en 1984 à l'occasion de l'affaire *Powell et Rayner*, la Cour avait considéré que l'impossibilité d'exercer une action en réparation dans un domaine déterminé équivalait à une absence de droit substantiel au niveau interne et a donc rejeté l'applicabilité de l'article 6 par. 1 à un tel litige[114], c'est à dire le grief tiré de la méconnaissance du caractère équitable de la procédure, en légitimant son refus par la marge de manoeuvre importante qui devait dans certaines situations être laissée aux autorités nationales[115]. Par la suite, elle a considéré que l'interdiction d'instituer un recours en réparation pouvait porter atteinte au caractère équitable du procès[116] dans la mesure où le fait « *qu'une personne ait, au plan interne, une prétention pouvant donner lieu à une action en justice peut dépendre non seulement du contenu matériel, à proprement parler, du droit de caractère civil en cause tel que le définit le droit national, mais encore de l'existence de barrières procédurales empêchant ou limitant les possibilités de saisir un tribunal de plaintes potentielles (...)* »[117]. Des faits identiques ont ainsi suscité une position divergente qui traduit une évolution de la Cour et une démarche qualifiée à raison par le Professeur Flauss de « *foncièrement fonctionnelle et finaliste* »[118].

La Convention fait donc l'objet d'une interprétation « *dynamique* » qui vise à assurer aux droits qu'elle consacre une réelle effectivité[119]. Certes, une large marge de manoeuvre est reconnue aux Etats membres pour justifier des dérogations aux principes que la Convention pose. Mais ceux-ci sont appréciés de manière autonome et non par la

---

[112] et cela conformément à la volonté des auteurs de la Convention selon H. Jannsen-Pevtschin, La convention européenne de sauvegarde des droits de l'Homme, *Chro. pol. ét.*, 1962, p. 199.

[113] F. Matscher, Methods of interpretation of the Convention, in *The european system for the protection of human rights*, Dordrecht, Nijhoff, 1993, p. 63.

[114] CEDH, 21 février 1990, Powell et Rayner, série A n° 172, § 37.

[115] La position de la commission sur ce point était plus contraignante. Cf. la décision de la commission du 9 octobre 1984 sur la recevabilité de la requête n° 10475/83, G. Dyer, *DR* 39, p. 261.

[116] CEDH, 21 septembre 1994, Fayed c/ R.-U., série A n° 294-B ; CEDH, 20 novembre 1995, Pressos naviera S.A. et autres c/ Belgique, série A n° 332.

[117] CEDH, 21 septembre 1994, Fayed c/ R.-U., préc., § 65.

[118] J.-F. Flauss, Les nouvelles frontières du procès équitable in *Les nouveaux développements du procès équitable au sens de la Convention européenne des droits de l'Homme*, Université R. Schuman Strasbourg - Cour de cassation, Actes du colloque du 23 mars 1996 en la grande chambre de la Cour de cassation, Nemesis, p. 81, sp. p. 92.

[119] V. F. Ost, Originalité des méthodes d'interprétation de la Cour européenne des droits de l'Homme, in *Raisonner la raison d'Etat*, Paris, P.U.F, 1989, p. 405 et s. ; M. Delmas-Marty, Fécondité des logiques juridiques sous-jacentes, in *Raisonner la raison d'Etat*, préc., p. 465 et s.

seule référence aux droits nationaux[120] ; ce qui laisse augurer une évolution du contenu des prescriptions conventionnelles en fonction des nécessités de la protection des particuliers. La référence aux droits internes et à la communauté des droits nationaux n'est donc parfois qu'un prétexte pour justifier des interprétations propres à la mise en oeuvre effective de la Convention qui n'en tiennent dans les faits pas réellement compte et ainsi que le note M. Ost « *Le texte de la Convention apparaît (...) dans la jurisprudence d'avantage comme le point de départ d'un but à atteindre par les Etats membres que le point d'aboutissement de leurs efforts passés* »[121].

Il n'en va cependant pas de même dans le cadre des harmonisations par le biais de règles écrites[122].

Ainsi la convention pour la protection des personnes à l'égard du traitement automatisé des données à caractère personnel[123] n'est-elle pas dotée d'un caractère *self executing*[124]. De même, la convention du Conseil de l'Europe sur la responsabilité civile des dommages résultant d'activités dangereuses pour l'environnement adoptée le 8 mars 1993, dite Convention de Lugano, bien que particulièrement novatrice, au regard de son principe d'harmonisation, de son étendue, et des règles qu'elle pose, a, pour l'instant, et jusqu'à ce qu'elle entre en vigueur, une portée limitée. Enfin, il a été observé que la recommandation R (84)15 relative à la responsabilité des pouvoirs publics a un impact particulièrement réduit et que certains Etats ont réservé la possibilité de prendre en considération ses dispositions. Ainsi peut-on observer que si les organes de Strasbourg fournissent une interprétation autonome de la Convention, ils refusent d'apprécier, hors du cadre de cette dernière, de manière autonome toute possibilité d'ingérence en matière de responsabilité publique.

Dans l'ensemble, la référence aux droits internes est largement dépassée par les organes européens qui en matière de responsabilité, comme dans d'autres domaines, mêlent des interprétations ou des appréciations finalistes, évolutives et même constructives ; ce qui permet une autonomie certaine du droit ainsi élaboré par rapport aux régimes juridiques traditionnellement en vigueur dans les Etats membres, mais dans la stricte mesure de ce que nécessite la construction européenne.

Cette autobomisation des droits communautaire et conventionnel par rapport aux droits des Etats membres, rend possible l'affirmation d'une nouvelle source du droit de la responsabilité publique.

---

[120] V. P. Rolland, Le contrôle de l'opportunité par la Convention européenne des droits de l'Homme, in *Conseil constitutionnel et Cour européenne des droits de l'Homme, droits et libertés en Europe*, Actes du colloque de Montpellier des 20-21 janvier 1989, Paris, S.T.H., p. 48 et s., sp. p. 89.

[121] F. Ost, La jurisprudence de la Cour européenne des droits de l'Homme : amorce d'un nouveau « ius commune » ?, in *Le droit commun de l'Europe et l'avenir de l'enseignement juridique*, B. de Witte et C. Forder, Deventer, Kluwer, 1992, p. 683, sp. p. 696.

[122] Le décalage entre l'interprétation de la Convention par la Cour et les interventions écrites du Conseil de l'Europe qui traduisent une égalisation par le bas et un rejet de dispositions trop innovantes au regard des droits nationaux a été relevé par Jean-François Flauss dès la fin des années quatre-vingts, J.-F. Flauss, Les effets pervers de la jurisprudence de la Cour européenne des droits de l'Homme, *GP*, 11-12 septembre 1987, p. 10.

[123] Convention du Conseil de l'Europe du 28 janvier 1981, ratifiée par la France et publiée par décret n° 85-1203 du 15 novembre 1985.

[124] Exposé des motifs de la convention, point 60.

CHAPITRE II - L'AFFIRMATION D'UNE NOUVELLE SOURCE DU DROIT FRANÇAIS DE LA RESPONSABILITE PUBLIQUE

En raison de l'importance de ses visées harmonisatrices sur le droit national, le droit européen constitue une nouvelle source du droit de la responsabilité publique. Toutefois, cette idée, déjà évoquée par la doctrine[1], se heurte à divers obstacles. En admettant l'existence d'une source du droit de la responsabilité constituée par le droit européen, se pose le problème de sa place par rapport aux autres sources. En effet, le droit de la responsabilité publique est un droit d'origines diverses, dont certaines sont plus prééminentes que d'autres, telles que la jurisprudence administrative et la doctrine qui chacune se révèle grâce à l'autre[2] et laissent une place à une source législative[3] ainsi qu'à une source constitutionnelle[4]. Quelle que soit leur hétérogénéité, les sources de la responsabilité publique n'en demeurent pas moins presque exclusivement internes, bien que le droit international semble pouvoir intervenir plus fréquemment dans ce domaine à travers la jurisprudence du Conseil d'Etat qui prévoit la responsabilité de l'administration en cas de méconnaissance de ses principes[5] et par la multiplication des hypothèses dans lesquelles la responsabilité internationale des Etats peut être engagée. La question de la place de l'intervention européenne au sein des sources de la responsabilité publique est donc extrêmement délicate puisqu'elle pose le problème de l'acceptation au niveau national d'une nouvelle source, européenne, de la responsabilité et donc celui de son positionnement par rapport aux sources internes.

Cette interrogation ne peut être abordée que sous l'angle de l'autonomie de pensée dont s'est toujours targué le juge de la responsabilité et de l'attitude « nationaliste » développée face aux droits étrangers. Le domaine de la responsabilité publique, et notamment de la responsabilité extra-contractuelle, a en effet toujours été considéré comme révélateur de l'autonomie du droit administratif en raison de la particularité des intérêts qu'il oppose. Le juge administratif étant le plus à même à prendre en compte les intérêts publics, il a développé tout d'abord seul la théorie de la responsabilité des

---

[1] M. Paillet, Vers un renouveau des sources de la responsabilité administrative en droit français, *Etudes offertes à J-M. Auby*, Paris, Dalloz, 1992, p. 259 ; J. Moreau, L'évolution des sources du droit de la responsabilité administrative in *L'avenir du droit, Mélanges en hommage à François Terré*, Paris, Dalloz, 1999, p. 719.

[2] Cf. M. Deguergue, *Jurisprudence et doctrine dans l'élaboration du droit de la responsabilité administrative*, Paris, LGDJ, BDP, t 171, 1994.

[3] V. C. Bréchon-Moulènes, *Les régimes législatifs de responsabilité publique*, Paris, LGDJ, BDP t. 112, 1974, même si depuis le nombre des régimes législatifs de responsabilité a connu un accroissement important.

[4] A.-S. Ould Bouboutt, *L'apport du Conseil constitutionnel au droit administratif*, Paris, Economica-PUAM 1987, p. 484 et s. ; M.-A. Latournerie, Responsabilité publique et Constitution, in *Mélanges René Chapus*, Paris, Montchrestien, 1992, p. 353.

[5] CE, 23 octobre 1987, Nachfolger navigation company, *Lebon* p. 319.

personnes publiques en cas de dommages causés aux particuliers[6]. Son intervention, relayée et secondée par la doctrine, est placée au centre du droit de la responsabilité et domine les sources constitutionnelles et législatives qui lui sont certes supérieures dans la hiérarchie des normes, mais secondaires quant à leur champ d'intervention. En effet, la source constitutionnelle, qui ne dément pas le rôle prééminent de la jurisprudence administrative dans l'élaboration du droit de la responsabilité publique, concerne essentiellement les hypothèses de rupture de l'égalité devant les charges publiques qui, somme toute, ne constituent pas les cas les plus fréquents d'engagement de la responsabilité. L'intervention législative, même si elle s'est considérablement développée ces dernières années, correspond pour sa part au seul souhait d'intervenir de manière ponctuelle dans des domaines très spécifiques[7] ; elle ne vise pas la consécration par la loi de principes communs à l'ensemble du droit de la responsabilité pas plus qu'elle n'a donné lieu à une quelconque codification d'ensemble. La réception du droit européen dans le droit interne doit donc s'analyser principalement, mais non exclusivement, à travers l'évolution des positions du juge administratif, même si cette évolution est souvent indirecte et difficile à cerner tant il est délicat de découvrir ses motifs[8]. C'est sa réception du droit européen qui est susceptible d'être sinon la plus immédiate, en raison du relais important que constitue dans ce domaine peut être plus que dans tout autre la doctrine, au moins la plus rapide.

Le droit de la responsabilité publique se caractérise par son égotisme. En effet, si certains pans du droit administratif ont été l'objet d'influences étrangères décelables grâce au recours au droit comparé[9], il n'en est pas allé ainsi dans le secteur juridique qui nous intéresse puisque la doctrine a longtemps considéré le modèle français de la responsabilité publique comme un pan du droit aisément exportable mais ne pouvant subir d'influences étrangères. Elle a présenté le droit de la responsabilité comme une sorte de particularisme national[10], alors que les systèmes des autres Etats européens visaient à l'enrichir par des emprunts aux ordres extérieurs. Ce facteur ne pouvait, et ne peut encore actuellement, que constituer un obstacle à la pénétration du droit européen dans le domaine de la responsabilité publique.

Aujourd'hui, le renouvellement des sources de la responsabilité repose, pour de nombreux auteurs, sur l'apparition de la source constitutionnelle tandis que le droit européen ne revêt que l'aspect d'une évolution potentielle[11]. Nous considérons pour

[6] Cf. notamment B. Geny, De la méthode et de la technique du droit privé positif à celles du droit administratif, in *Le Conseil d'Etat, Livre jubilaire pour commémorer son cinquantième anniversaire*, Paris, Sirey, 1952, p. 277.

[7] C. Bréchon-Moulènes, *Les régimes législatifs de responsabilité publique*, préc. ; D. Lochak, Réflexion sur les fonctions sociales de la responsabilité administrative in *Le droit administratif en mutation*, CURAPP, 1993, p. 275.

[8] Cf. J. Rivero, Jurisprudence et doctrine dans l'élaboration du droit administratif, *EDCE* 1955, p. 27 cité par Maryse Deguergue, *Jurisprudence et doctrine dans l'élaboration du droit de la responsabilité administrative*, préc., p. 19.

[9] M. Letourneur, L'influence du droit comparé sur la jurisprudence du Conseil d'Etat français, in *Livre du centenaire de la société de législation comparée - Un siècle de droit comparé en France*, Paris, LGDJ 1969, p. 211.

[10] V. notamment Teissier, *Responsabilité de la puissance publique*, Répertoire Béquet de droit administratif, vol. 23, n°3.

[11] M. Paillet, Vers un renouveau des sources de la responsabilité administrative en droit français, préc.; M. Paillet, *La responsabilité administrative*, Cours Dalloz, Dalloz, Paris, 1996, p. 25 et s. ; C. Guettier, *La*

notre part que, sous réserve de certaines nuances, à travers la réception du droit communautaire (Section 1) comme celle du droit conventionnel (Section 2), l'acceptation de la source européenne en tant que source du droit de la responsabilité paraît en bonne voie.

SECTION 1- LA RECEPTION DU DROIT COMMUNAUTAIRE DE LA RESPONSABILITE PUBLIQUE

La réception du droit communautaire de la responsabilité pourrait être sujette à des aléas dus notamment à la différence de cadre d'intervention du droit communautaire et du droit national. En effet, chacun des deux ordres juridiques agit en ce domaine conformément à des finalités propres qui ne concordent pas nécessairement ; ce qui implique une certaine difficulté du juge national dans la compréhension et dans l'application des règles édictées au plan communautaire et cela d'autant plus que le droit de la responsabilité était jusqu'à présent soumis, de manière déterminante, à sa seule influence. Cet obstacle dans la prise en compte du droit communautaire a très tôt été envisagé par la doctrine qui analysait l'attitude du Conseil d'Etat face à l'ordre juridique communautaire comme une marque de rejet[12]. Le Professeur Larzul a montré qu'en fait la jurisprudence du Conseil d'Etat face à l'action communautaire offre une image contrastée au sein de laquelle le refus des contraintes communautaires coexiste avec l'acceptation plus ou moins relative de celles-ci[13] ; mais quelle est la position adoptée pour la réception des interventions externes dans le secteur propre de la responsabilité ? Le juge administratif a fort rapidement affirmé sa compétence pour statuer sur des litiges mettant en cause la responsabilité de l'Etat dans le cadre communautaire, en cas de méconnaissance de ses obligations ou de mauvaise application des règles élaborées par Bruxelles[14]. Devait-on en conclure que l'acceptation du droit communautaire de la responsabilité publique irait de soit et qu'en découlerait une modification des règles internes naturelle, alors qu'elle signifie une ingérence étrangère dans un domaine fortement empreint de souveraineté ?

L'étude de la réception du droit communautaire de la responsabilité publique par les organes nationaux révèle une attitude mesurée qui traduit principalement la volonté du juge administratif de rester « maître à bord » dans ce domaine (§1). Cette première phase semble toutefois depuis quelques temps céder la place à l'ère de la réception volontaire du droit communautaire. Celle-ci est plus particulièrement le fait des juridictions internes. La réception volontaire du droit communautaire, si elle a un temps été lancinante, se révèle devoir être un des phénomènes marquants de l'évolution actuelle du droit administratif (§2).

---

responsabilité administrative, collection systèmes, LGDJ, Paris, 1996, p. 27 et s. V. toutefois J. Moreau, L'évolution des sources du droit de la responsabilité administrative, préc.

[12] Cf. notamment R. Odent, L'interprétation et l'application du droit communautaire par la juridiction administrative française, in *La France et les Communautés européennes, La France et les Communautés européennes*, sous la direction de J. Rideau, P. Gerbet, M. Torelli, R.M. Chevalier, Paris LGDJ, 1975, p. 811.

[13] T. Larzul, *La mutation des sources du droit administratif*, Paris, L'Hermès, 1994, sp. pp. 208-277.

[14] Cf. par exemple CE, Ass. 2 octobre 1981, G.I.E. Vipal, *Lebon* p. 347.

§ 1- UNE ACCEPTATION MESUREE

Malgré ce qui a longtemps été affirmé de la position des autorités nationales et notamment du juge administratif, dont la résistance a été stigmatisée et érigée à l'état de principe, l'acceptation de l'intervention communautaire en matière de responsabilité ne révèle pas une attitude de refus. Elle reflète plutôt le dilemme dans lequel se trouvent les divers auteurs du droit de la responsabilité confrontés à l'obligation de permettre la construction européenne, ou à tout le moins de ne pas la freiner, et en même temps soucieux de préserver leur propre indépendance, même si cette dernière n'est plus que relative. L'intervention communautaire a donc suscité une marque non pas de défiance, mais d'affranchissement relatif des organes internes qui, bien que conscients de la nécessité de l'intégrer au droit interne, ont paru vouloir se démarquer de la ligne fixée par les Communautés. Tout en faisant preuve d'une certaine ambivalence dans la réception du droit communautaire (A), ils ont affirmé leur autonomie de vue (B).

A- L'AMBIVALENCE FRANÇAISE FACE AU DROIT COMMUNAUTAIRE DE LA RESPONSABILITE

Le droit communautaire, supérieur dans la hiérarchie des normes au droit interne, devait en toute logique prévaloir sur ce dernier et s'imposer à l'ensemble des organes nationaux, sans qu'aucune contestation par quelque autorité puisse exister. Toutefois la réalité montre que si l'intégration formelle du droit communautaire parmi les sources du droit de la responsabilité paraît aller de soi, l'attitude des organes internes est plus réservée.

1) L'intégration formelle du droit communautaire au sein des sources de la responsabilité

Le droit communautaire, dont le Conseil d'Etat a reconnu la pleine valeur supralégislative, prime la quasi-totalité du droit interne de la responsabilité publique. Une analyse un peu naïve pourrait consister à affirmer qu'il s'impose à la fois au Conseil d'Etat dans son oeuvre jurisprudentielle et au législateur charger d'établir ou de modifier les régimes particuliers de responsabilité afin de répondre à ses objectifs. Mais la réalité est plus complexe. Se pose tout d'abord la question de la position de la source communautaire par rapport à la source constitutionnelle. En effet, si la Cour de Justice a toujours affirmé la supériorité du droit communautaire par rapport à l'ensemble du droit national, conformément au principe de primauté[15], le Conseil constitutionnel a, et sa position a été approuvée par la juridiction administrative de même que par une majorité de la doctrine, montré les limites de la supériorité du droit conventionnel d'une part en refusant d'intégrer les traités constitutifs des Communautés dans le bloc de constitutionnalité et d'autre part en contrôlant la conformité des engagements internationaux par rapport à la Constitution. Loin d'être assimilé au droit interne en tant qu'élément transcendant l'ensemble de l'ordre juridique national, le droit communautaire est aujourd'hui encore dans l'esprit des sages subordonné à sa conformité à la Constitution. Cette position est relayée par les récentes évolutions de la jurisprudence administrative qui souhaite, dans l'articulation du droit international et de

[15] CJCE, 15 juillet 1964, Costa c/ Enel, Aff. 6/64, *Rec* p. 1141 ; CJCE, 9 mars 1978, Simmenthal, Aff 106/77, *Rec.* p. 629.

la Constitution, soumettre le premier au respect de la seconde[16]. Elle doit être approuvée. Elle permet tout d'abord de conserver un point d'ancrage intangible de l'ensemble de notre système national qui *in fine* a pour référentiel commun et suprême de légalité un bloc de normes internes et non internationales. En même temps, elle ouvre la perspective d'une intégration plus importante des normes internationales qui se trouvent toujours soumises à un élément fondamental de notre ordre juridique ; la mise en oeuvre du droit communautaire étant subordonnée au respect des normes à valeur constitutionnelle, le juge interne, qui sait qu'il peut en écarter l'application dans l'hypothèse où il méconnaîtrait une norme à valeur constitutionnelle, aura moins de réticences à l'intégrer au droit interne. Du point de vue du droit de la responsabilité, la place du droit communautaire par rapport au droit constitutionnel est toutefois envisagée sous un angle un peu différent puisque l'interprétation du Conseil constitutionnel n'exerce que des effets fort réduits[17]. Il ne saurait, en l'état actuel de sa jurisprudence, y avoir de confrontation entre les sources constitutionnelles et communautaire de la responsabilité publique.

2) L'intégration réelle du droit communautaire de la responsabilité : La retenue face aux perspectives ouvertes

Les juridictions nationales ont, à diverses reprises, montré leur aptitude à tenir compte du contexte communautaire lors de l'octroi d'une réparation. Mais dans l'ensemble, la jurisprudence de la Cour de Justice suscite des réactions pour le moins prudentes. Ainsi, le Conseil d'Etat, à l'occasion d'un important et récent arrêt, n'a-t-il pas hésité à passer sous silence la question de la responsabilité pour faute du législateur pour méconnaissance du droit communautaire dans la mesure où il pouvait rejeter la requête des requérants pour un autre motif[18]. Cette attitude est critiquable eu égard à l'importance de la question qui devait être tranchée, mais elle semble révéler la volonté de la Haute juridiction de ne pas prendre *a priori*, une position qu'elle n'a pas réellement choisie et qui découle de la jurisprudence communautaire ; elle préfère attendre que la question se pose à elle de manière inévitable. Dans ce domaine, comme fréquemment en ce qui concerne le contentieux communautaire de l'administration, elle paraît rechercher des échappatoires[19].

L'intervention du Conseil ou de la Commission des Communautés en matière de responsabilité publique soulève également des difficultés de mise en oeuvre puisque ces organes visent à faire évoluer les ordres nationaux ; ce qui a provoqué une résistance du

---

[16] CE, Ass., 3 juillet 1996, Koné, *Lebon*, p. 255 ; CE, Ass., 30 octobre 1998, M. Sarran, M. Levacher et autres, à paraître au recueil Lebon, *AJDA*, 1998, p. 1039, chro. F. Raynaud et P. Fombeur, p. 962.

[17] J. Moreau, L'évolution des sources du droit de la responsabilité administrative, préc., sp. pp. 722-724.

[18] CE, Ass., 30 octobre 1996, Ministre du budget c/ SA Dangeville, *Lebon* p. 399, concl. Goulard, *RTDE* 1997, p. 171.

[19] L'interprétation du droit administratif au regard d'objectifs strictement nationaux lorsqu'une disposition communautaire est en cause n'est pas, loin s'en faut, un phénomène propre au secteur de la responsabilité publique. Il en va ainsi de l'incompatibilité du droit français avec une directive communautaire qui selon le Conseil d'Etat ne constitue pas un moyen d'ordre public devant être soulevé d'office -CE, Sect., SA Morgane, 11 janvier 1991, *Lebon* p. 9- alors qu'il en va différemment en cas d'incompatibilité avec les règlements communautaires, les règlements étant directement intégrés au droit interne à la différence des directives. La récente prise de position en sens contraire de la Cour de Justice pourrait toutefois l'amener à faire évoluer sa position : CJCE 14 décembre 1995, Peterbroeck, Aff. C 313/93, *Rec.* p. I-4599.

législateur français. Tel a été le cas pour la transposition du mécanisme de responsabilité pour méconnaissance des règles de passation des marchés qui découle des directives de 1989[20] et de 1992[21]. Ces deux directives instaurent un devoir pour les juridictions internes d'accorder des dommages intérêts aux personnes lésées par une irrégularité de la passation du marché, l'introduction d'une demande en dommages-intérêts en cas de méconnaissance des dispositions communautaires devant, aux termes de ces directives, toujours être possible[22] et constituer une voie de droit d'une efficacité équivalente à celle fondée sur la méconnaissance des dispositions internes[23]. Le droit communautaire encadre le coeur même du dispositif de réparation puisque lorsqu'une personne introduit une demande au titre des frais exposés pour la préparation d'une offre ou la participation à une procédure de passation de marché, elle est tenue uniquement de prouver qu'il y a, sur ce point, violation du droit communautaire et qu'elle avait une chance réelle de remporter le marché[24]. Le législateur a toutefois considéré, eu égard à la protection offerte par le droit français dans de telles situations, que ce principe issu de la directive ne nécessitait pas de transposition particulière et ne justifiait donc pas d'évolution du droit interne. Certes l'octroi d'une indemnisation par voie contentieuse à la suite du constat de l'irrégularité de la passation d'un contrat est dans l'ensemble conforme aux conditions prévues au niveau communautaire ; mais l'on peut regretter qu'à l'occasion de la transposition des directives recours le législateur n'ait pas mentionné parmi les prérogatives du juge dans le cadre du référé précontractuel une possibilité d'octroi d'indemnité, ce qui aurait permis de réduire la durée de la procédure, en raison du caractère d'urgence de celle-ci, et d'éviter de faire du référé précontractuel un recours d'un troisième type[25]. La transposition de la directive relative à la responsabilité du fait des produits défectueux a également, malgré la multiplication des projets de transposition posé certaines difficultés en droit français en raison de sa lenteur -ce qui a débouché sur une condamnation en manquement d'Etat par la Cour de Justice[26]-, mais également de la difficulté à cerner son champ d'application[27], le Parlement français ayant longtemps hésité à l'étendre à des « produits » tels que les éléments du corps humain et ses dérivés.

L'acceptation du droit communautaire de la responsabilité peut donc être qualifiée non pas de timorée, mais d'ambivalente dans la mesure où les signes d'intégration se mêlent à une volonté certaine d'indépendance. Cette dernière est encore plus caractérisée lorsque l'on étudie le comportement du juge administratif qui a, pour sa part, longtemps signifié avec vigueur son autonomie de vue en la matière.

---

[20] Directive n° 89-665 du 21 décembre 1985, JOCE L 395 du 30 décembre 1989, p. 33.
[21] Directive n° 92-13 du 25 février 1992, JOCE L 76 du 23 mars 1992, p. 14.
[22] Exposé des motifs de la directive 92-13 du 25 février 1992.
[23] Article 1 paragraphe 2 de la directive 89-665 du 21 décembre 1989 et de la directive 92-13 du 25 février 1992.
[24] Article 2 paragraphe 7 de la directive 92-13 du 25 février 1992.
[25] Sur ce point : P. Teneyre, L'émergence d'un recours contentieux du troisième type, *ALD*, 1992, p. 82.
[26] CJCE, 13 janvier 1993, Commission des communautés européennes c/ République française, Aff. C 193/91, *Rec.* p. I-0001.
[27] Pour une étude d'ensemble de ces difficultés, voir E. Cartou, La transposition en droit français de la directive sur la responsabilité du fait des produits, *LPA*, 11 avril 1997, p. 4.

B- L'AFFIRMATION PAR LE JUGE ADMINISTRATIF D'UNE AUTONOMIE DE VUE

En effet, la juridiction administrative a toujours fait [28], et fait encore dans une moindre mesure, preuve d'une interprétation strictement exégétique du droit communautaire. Elle rejette donc l'interprétation constructive qui en est tirée par la Cour de Justice. Il en est ainsi en ce qui concerne l'ensemble de la compétence du juge administratif en matière de responsabilité publique et donc pour ce qui touche la mise en oeuvre de cette dernière.

Le principe d'autonomie institutionnelle et procédurale est largement conçu par le Conseil d'Etat. Toutefois, contrairement à ce que les apparences pourraient faire croire, cette interprétation large de son autonomie n'est pas toujours le signe d'un démarquage agressif, volontaire et systématique de la position adoptée par les organes communautaires. Son attitude face au droit communautaire de la responsabilité est conforme à sa propre idée de la répartition des compétences entre la Communauté et les Etats membres. Il a donc pleinement tiré les conséquences de l'autonomie institutionnelle et procédurale qui lui a été reconnue et a souhaité préserver son indépendance. Son intégration des principes communautaires s'est ainsi conjuguée avec une attitude duale visant à la fois à contrer les interventions de la Cour de Justice en matière de responsabilité en refusant d'en tirer toutes les implications et en invoquant, pour ce faire, le principe d'autonomie et, dans une position relativement plus ouverte au droit communautaire, à prévenir les interventions de la Cour de Justice en adaptant le droit national de la responsabilité.

1) La volonté de contrer les positions de la Cour de justice

L'interprétation stricte du principe d'autonomie institutionnelle et procédurale et des règles relatives à la répartition des compétences entre la Cour de Justice et les juridictions internes fait de la Cour de Justice un des organes compétents, de manière non exclusive puisque cette compétence est partagée par les juridictions internes -juges de droit commun du droit communautaire[29]-, pour se prononcer sur la conformité des actes étatiques dans le cadre d'un recours en manquement, tandis que les juges nationaux sont chargés de tirer les conséquences de la décision de la Cour du Kirchberg en assurant son effectivité. De là découlent deux implications fondamentales pour la mise en oeuvre du droit communautaire. Tout d'abord, en application du principe d'autonomie institutionnelle et procédurale, le Conseil d'Etat a refusé la limitation dans le temps d'une déclaration d'invalidité qui était affirmée par la Cour de Luxembourg afin de conserver la liberté d'appréciation[30]. Mais surtout, la prise en compte des arrêts constatant un manquement par le juge interne dans le cadre d'une action en responsabilité a longtemps été très limitée[31].

---

[28] Cela a fort bien été démontré par M. Larzul : T. Larzul, *Les mutations des sources du droit administratif*, Paris, L'Hermès, 1994.

[29] Sur cette question, v. A. Barav, *La fonction communautaire du juge national*, Thèse 1983, Strasbourg III.

[30] CE, 26 juillet 1985, O.N.I.C., *Lebon* p. 233; CE, 13 juin 1986, O.N.I.C., Req. n° 53-153, inédit au recueil Lebon.

[31] Sur ce point v. D. Simon Le Conseil d'Etat et les directives communautaires : du gallicanisme à l'orthodoxie, *RTDE*, 1992, p. 265 ; cf. également J.-C. Bonichot, Convergences et divergences entre le Conseil d'Etat et la Cour de Justice des communautés européennes, *RFDA* 1988, p. 579 et s. ; CE Section, 13 déc. 1985, Société international Sales and import corporation, *AJDA* 1986 p. 174 concl. Laroque. V. également l'analyse de J.-C. Bonichot *RFDA* 1989 p. 584.

En effet, le juge administratif ne tient compte d'un arrêt constatant la violation du droit communautaire que dans l'hypothèse où l'Etat français est l'auteur d'une méconnaissance reconnue par la Cour de Justice. Il en va différemment lorsqu'une requête est formée sur la base de faits ayant donné lieu à une condamnation d'un pays tiers dans une affaire similaire ou lorsque l'acte qui fait l'objet d'une contestation devant le juge administratif n'a pas été expressément déclaré constitutif d'un manquement[32]. C'est du moins la position qui a été défendue par le commissaire du Gouvernement Laroque à l'occasion de la décision du 13 décembre 1985, *Société international Sales and import Corporation*[33]. Dans cette affaire, une société invoquait la condamnation en manquement de la France dans le cadre de la détermination des prix du tabac. Le commissaire Laroque faisait valoir que, dans la mesure où la juridiction européenne avait censuré le régime des prix en réservant implicitement la validité des mesures nationales prises au titre de la réglementation de la hausse des prix, le juge interne disposait d'une entière liberté d'appréciation sur ce point. Elle a donc affirmé au Conseil d'Etat que « *L'arrêt de la Cour a eu en l'espèce nécessairement une portée indicative et (...) son exécution n'entraîne en tout état de cause (...) pour la présente espèce, aucune obligation juridique* ». La Haute Assemblée a en conséquence rejeté la demande en réparation en l'absence d'illégalité.

Est-ce à dire, *a contrario*, qu'au cas où le recours en réparation est fondé sur un manquement au droit communautaire constaté par un arrêt de la Cour de Justice, le juge interne perd toute marge de manoeuvre ? Bien évidemment non. Celui-ci dispose d'une plénitude de compétence pour tirer les conséquences d'un arrêt en manquement. Dès lors, la juridiction administrative a adopté une position qui revenait à permettre l'exécution des décisions communautaires, tout en rejetant vigoureusement leur emprise sur le sens de la décision devant être rendue et le Conseil d'Etat a affirmé sa pleine indépendance pour déterminer l'existence de la responsabilité de l'Etat en cas de violation du droit communautaire. Il s'est engagé dans cette voie dès l'arrêt *Alivar* du 23 mars 1984[34]. La France avait été condamnée dans le cadre d'un recours en manquement à la suite d'une restriction à l'exportation[35] et une réparation était demandée devant le juge interne. Le commissaire du gouvernement Denoix de Saint Marc, après avoir détaillé les implications des arrêts en manquement pour les juridictions nationales et invité la Haute juridiction administrative à se fonder sur l'arrêt de la Cour de Justice pour reconnaître la responsabilité de l'Etat français n'a pas moins considéré que le Conseil d'Etat détenait une *autonomie totale* pour rechercher si ce manquement constitue une illégalité, si cette illégalité est fautive et si elle entraîne droit à réparation au profit de la victime[36]. Aussi la Haute assemblée a-t-elle retenu un régime de

[32] Cf. par exemple CAA Paris, 25 octobre 1994, SARL Magasin général Marquisat Industrie, Req. n° 93PA01231 ; CAA Nantes, 23 novembre 1995, Scté Smanor, M. et Mme Segaud, Req. n° 93NT01090.
[33] CE, Sect., 13 décembre 1985, Société international Sales and Import Corporation, *Lebon*, p. 376, *AJDA* 1986, p. 174, Concl. M. Laroque.
[34] CE, Ass. 23 mars 1984 *Alivar*, *Lebon* p. 127, Note B. Genevois, *AJDA* 1984, p. 396 ; *GP* 30 avril 1984, p. 17, note M.R.B. ; Concl. Denoix de Saint-Marc, *RTDE* 1984, p. 341 ; note B. Pacteau, *RA* 1984, p. 375.
[35] CJCE, 16 mars 1977, Commission des Communautés européennes c/ République française, Aff. 68/76, *Rec.* 1977 p. 0515.
[36] Concl. préc., *RTDE* 1984, p. 341.

responsabilité sans faute fondé sur le motif d'intérêt général de l'intervention administrative et n'a pas examiné la question de l'illégalité alors même que la Cour de Justice l'avait fermement constatée. Le constat d'un manquement, quand bien même il serait référencé, ce qui est assez fréquent, dans le corps de l'arrêt[37], ne revêt donc qu'une faible importance pour la Haute assemblée puisqu'il n'est, selon Mme Laroque dans ses conclusions relatives à l'affaire *Arizona Tobacco Products*[38] et contrairement à la position soutenue par la Cour de Justice[39], revêtu d'aucune autorité en ce qui concerne les particuliers. La réparation doit logiquement être refusée lorsque les conditions nationales sont absentes[40]. Le juge administratif a d'ailleurs déjà utilisé sa marge de manoeuvre pour rejeter une demande de réparation fondée sur la méconnaissance, reconnue par la Cour de Justice, du droit communautaire[41]. La mise en oeuvre de la responsabilité publique sur le seul fondement du droit interne constitue en conséquence plus qu'un artifice du juge administratif pour manifester son rôle spécifique par rapport à celui de la Cour de Justice dans l'application du droit communautaire.

En rejetant l'arrêt de la Cour de Justice comme fondement de la réparation, le juge national a fait preuve d'une conception on ne peut plus stricte de l'autonomie institutionnelle et procédurale qui lui est reconnue, le constat de manquement au niveau communautaire ne servant qu'à attester de l'illégalité commise. Cette position semble avoir laissé place à une attitude plus favorable puisque, à l'occasion de certaines décisions plus récentes, il a été accepté de fonder la mise en jeu de la responsabilité publique sur le constat d'un manquement[42].

Le Conseil d'Etat a également élaboré un régime de responsabilité spécifique de manière à limiter ou à prévenir les répercussions internes des violations du droit communautaire.

2) La volonté de prévenir les interventions de la Cour de Justice

La Haute assemblée a souhaité prévenir les interventions de la Cour de Justice en raffermissant le régime de responsabilité en cas de violation du droit communautaire

---

37 Cf. par exemple CE, Ass. 23 mars 1984 *Alivar*, préc. ; CE Ass 28 février 1992, Scté Arizona Tobacco Products et S.A. Philip Morris France, *Lebon* p. 78.

38 CE Ass 28 février 1992, Scté Arizona Tobacco Products et S.A. Philip Morris France, *Ibid.*

39 Celle-ci estime que les individus doivent pouvoir fonder un recours en indemnité sur la base d'un tel arrêt CJCE, 22 janvier 1976, Carmine Russo, Aff. 60/75, *Rec* p. 45.

40 Cf. par exemple CAA Nantes, 20 juin 1991, SA Duault c/ ministre de l'économie, des finances et du budget, *Lebon* T p. 1182 ; *AJDA* 1992, p. 127 ; *Quot. Jur.*, 9 avril 1992, p. 4, concl. P. Cadenat ; CAA Nancy, 9 juillet 1991, Ministre des finances et du budget c/ Sté Lefebvre et autres, *Lebon* T p. 1188.

41 C'est du moins la solution adoptée par la Cour administrative d'appel de Paris à l'occasion d'une affaire opposant le ministère du budget à des sociétés importatrice et exportatrices de whisky et de gin en provenance d'Etats membres, dont les produits avaient fait l'objet de surtaxes contraires au droit communautaire, et qui invoquaient le préjudice financier qui en avait découlé, notamment en terme de parts de marché. Le juge administratif a considéré qu'en l'absence d'éléments chiffrés probants permettant de conférer au lien de causalité entre la situation litigieuse et les préjudices allégués un caractère direct et certain, seul le rejet des requêtes des requérants pouvait être prononcé : CAA Paris, 12 novembre 1992 (2ème chambre), Scté John Walker and sons Ltd, Scté Taqueray Gordon et CY, Scté United distillers France LTD, *Lebon* T p. 787.

42 Mais il s'agit d'une solution du juge judiciaire : ainsi la méconnaissance par le garde des Sceaux de l'autorité d'un constat de manquement constitue à elle seule une faute lourde : Cass. Com., 21 février 1995, United distillers France, John Walker and sons Ltd, Tanqueray Gordon and Cie Ltd, *GP* 10 décembre 1995, p. 27.

dans la décision *Alivar*[43]. Elle a alors considéré que dans un domaine où la responsabilité est traditionnellement fautive, tel que la responsabilité du fait des activités économiques, il est possible de conserver un îlot de responsabilité sans faute lorsque des « *motifs d'intérêt général* » sont en cause. Cette position, bien que contraire à une solution antérieure[44], pouvait être considérée comme un pas en avant dans la protection des intérêts des particuliers par la suppression de l'exigence d'une faute prouvée et par l'augmentation de la latitude accordée aux juges dans leur appréciation[45]. Mais en réalité, elle rendait plus difficiles les conditions de mise en oeuvre de la responsabilité en exigeant la preuve d'un préjudice anormal et spécial dans un domaine où une telle preuve est souvent délicate à apporter compte tenu de l'activité en cause - l'action économique- qui concerne un nombre important d'individus alors que ce domaine croît en importance du fait de l'interventionnisme des Communautés. De plus, elle revenait à remettre en cause le postulat selon lequel toute illégalité est en droit administratif fautive[46], puisque l'illégalité affirmée par l'organe ayant le plus autorité en ce domaine, à savoir la Cour de Justice, n'était pas même reprise par le Conseil d'Etat dans son raisonnement.

L'arrêt *Alivar* a étonné par son principe comme par sa " *motivation incertaine* "[47] et a laissé perplexe, mais en fait, il paraît clairement avoir été motivé par le souci de limiter les implications en termes de responsabilité de la violation du droit communautaire. En effet, ainsi que l'a remarqué un auteur, l'indemnisation accordée aux requérants était identique à celle fixée par la juridiction d'appel sur le fondement d'une responsabilité pour faute[48]. Son avantage était, en admettant une responsabilité sans faute du fait des activités économiques, de pouvoir mettre en oeuvre le régime de responsabilité du fait des activités administratives dans les mêmes conditions que la responsabilité du fait des lois, au cas où la norme violant le droit communautaire aurait été d'origine législative[49]. Elle permet d'éviter l'écueil d'une responsabilité fautive du fait des lois.

Cette position a trouvé plusieurs justifications dans la doctrine : la volonté d'aligner le régime national de responsabilité sur celui régissant l'activité des Communautés[50] mais dans le contexte de crise économique de l'époque[51]. Cette dernière explication semble d'ailleurs, au regard de la jurisprudence ultérieure de la Haute assemblée, la plus plausible puisque le Conseil d'Etat a accepté que, dans un autre contexte, la responsabilité en cas d'interdiction à l'exportation dans un but d'intérêt général soupçonnée d'être contraire au droit communautaire soit mise en oeuvre sur le fondement de la faute[52]. La responsabilité sans faute était donc cantonnée à un domaine

---

[43] CE, Ass. 23 mars 1984 *Alivar*, préc.
[44] CE, 7 décembre 1979, Scté les fils de Henri Ramel, *Lebon* p. 457 (impl.).
[45] Sur ce point note Genevois, préc., sp p. 399.
[46] CE, Section 26, janvier 1973, Ville de Paris c/ Driancourt, *Lebon* p. 78 ; *AJDA* 1973, p. 245 Chro, P. Cabanes et D. Léger.
[47] B. Genevois. préc.
[48] Note M.R.B., *GP* 1984, I, jur., p. 329.
[49] B. Genevois préc. ; J. Moreau, pour un point de vue « dissident », L'influence de la construction européenne sur le droit français de la responsabilité de la puissance publique, in *L'Europe et le droit, Mélanges J. Boulouis*, Paris, Dalloz, 1991, p. 409.
[50] Cf. B. Genevois. préc.
[51] Note M.R.B., *GP*, 1984, I, jurisprudence, p. 329.
[52] CE, 10 juillet 1987, Ministre de la culture c/ Csorts Genty, *Lebon*, p. 304.

précis et conditionnée par l'existence d'une situation particulière ; son affirmation n'en est pas moins critiquable. Certes, le Professeur Moreau l'a, de manière convaincante, légitimé par la nécessaire distinction qui doit être opérée entre l'annulation contentieuse et l'indemnisation et surtout par la liberté de choix du juge pour déterminer le mode de réparation qui lui semble le plus opportun. Ce point de vue est incontestable au regard de la nécessaire préservation des intérêts nationaux[53] et de la marge de manoeuvre qui doit être reconnue au juge administratif pour le bon exercice de ses compétences, il n'en demeure pas moins peu compatible avec la réalité des faits puisque le fait générateur de la responsabilité est bien la méconnaissance d'une obligation préexistante découlant du droit communautaire et donc une faute.

En tout état de cause, la position du Conseil d'Etat dans l'arrêt *Alivar*, si elle admet la responsabilité de l'administration pour violation du droit communautaire et sur ce point semble novatrice, va à l'encontre des exigences posées la Cour de Justice dans l'arrêt *Francovich*. En effet, elle méconnaît directement la règle selon laquelle les voies de recours nationales ne doivent pas avoir pour effet de rendre extrêmement difficile ou quasiment impossible l'exercice des voies de droit internes dans la mesure où la condition d'un dommage anormal et spécial en cas d'activité illicite restreint excessivement la protection des droits des individus.

Actuellement le souci du juge administratif de marquer son indépendance par rapport aux instances communautaires semble s'atténuer et laisser la place à une attitude relativement ouverte de réception des apports de la Cour de Justice au droit de la responsabilité. Cette évolution de la perception du droit communautaire, qui consiste en son intégration plutôt qu'en la seule analyse de ses répercussions en tant que système parallèle à l'ordre interne, est aujourd'hui encore relative. Elle traduit toutefois un changement profond de la conception de la fonction de l'intervention communautaire en matière de responsabilité qui devient un facteur d'évolution du droit français.

§2- Une reception volontaire

Les autorités juridictionnelles françaises ont de plus en plus tendance à intégrer le droit communautaire au droit national et donc à tenir compte des évolutions qu'il implique dans l'ordre interne tout en l'adaptant à notre système juridique. Cette réception volontaire du droit communautaire sans qu'une quelconque pression des instances de Luxembourg soit nécessaire ou même parfois possible reflète la perception du droit communautaire comme une source du droit de la responsabilité à la fois en ce qui concerne les dispositions de fond qu'il pose, mais également en tant qu'élément d'inspiration pour l'évolution plus générale de ce domaine. Le droit de l'Union est donc pour les juridictions internes un facteur de changement à la fois, et là existe un tremplin formidable pour le droit de la responsabilité d'origine communautaire, par l'inspiration à la seule initiative des organes nationaux du droit communautaire en vue de faire

[53] Aristote lui-même ayant affirmé la variabilité comme la relativité de la notion de « juste », *Ethique à Nicomaque*, trad. par J. Defradas, Paris, Pocket, Coll. Agora classiques, 1992, Livre V, sp. p. 133 et s.

évoluer le droit de la responsabilité publique (A), mais également par la prise en compte des principes communautaires (B).

A- L'INSPIRATION COMMUNAUTAIRE EN DROIT INTERNE: L'ASSOUPLISSEMENT DES CONDITIONS DE MISE EN OEUVRE DE LA RESPONSABILITE

La tendance du juge administratif à apprécier différemment, en cas d'application d'une norme communautaire, les règles habituelles de la responsabilité administrative a pu être constatée très tôt, avant même que les organes communautaires n'interviennent dans ce domaine, avec l'arrêt *Alivar*. Dans cet arrêt, le Conseil d'Etat a posé le principe d'une responsabilité sans faute de l'Etat dans l'exercice de ses activités économiques, ce qui revenait à rompre totalement avec une jurisprudence bien établie. Cette position de la Haute assemblée traduit à quel point le juge administratif peut parfois se trouver mal à l'aise lors de l'application d'une norme communautaire. Pourtant, en vertu du principe d'autonomie institutionnelle et procédurale, le juge français n'est tenu de modifier le droit de la responsabilité que dans les strictes limites qui lui sont imposées. En conséquence, en l'absence d'intervention communautaire, il peut se borner à appliquer les règles internes. L'étude de la plupart des litiges en matière de responsabilité lorsqu'une norme communautaire est en cause traduit bien ce principe puisque le juge national y a appliqué les règles habituellement en vigueur dans l'ordre interne sans les modifier, qu'il s'agisse de la responsabilité de l'Etat du fait de ses activités de surveillance[54] du fait d'un engagement non tenu de l'administration[55], du défaut d'information par celle-ci[56], celle résultant d'une décision réglementaire[57] ou législative[58] régulière, qu'il s'agisse des règles tenant au principe de responsabilité comme de celles relatives aux payement de l'indemnité, telles que la question de la capitalisation des intérêts[59], ou encore des règles de procédure[60].

Pourtant, il arrive que, dans certaines affaires, ce qui a été qualifié de *"contentieux communautaire de la responsabilité administrative"*[61] révèle la prise en compte du contexte communautaire et partant une adaptation des règles de responsabilité applicables ; adaptation qui est souvent, ainsi que l'a remarqué le Professeur Moreau,

---

[54] Par exemple CE, 14 octobre 1991, Scté anonyme Sopaluna, Req. n° 66415, inédit au recueil Lebon ; CAA Bordeaux, 14 juin 1994, M. Roger Poudou, Req. n° 93BX00045, inédit au recueil Lebon.

[55] CAA Bordeaux, (Formation plénière), 18 décembre 1990, M. Roger Segalard, Req. n° 89BX00569, inédit au recueil Lebon.

[56] CAA Paris (1ère chambre), 2 avril 1992, Ministre de l'agriculture et de la forêt c/ Scté Louis Dreyfus, Req. n° 89PA02809, inédit au recueil Lebon.

[57] V. not. CAA Paris, (2ème chambre), Sarl Magasin général Marquisat industrie, 25 octobre 1994, Req. n° 93PA01231, inédit au recueil Lebon. De même, CE, 28 avril 1995, Ministre de l'agriculture et de la forêt c/ M. Soudain-Dufour, *Lebon* p. 166.

[58] CAA, Nancy, 13 novembre 1990, SARL, Etablissements Beinaert-Toullemonde, Req. n° 89NC01370, inédit au recueil Lebon ; CE, 4 janvier 1995, Scté « établissements Guillier », *Lebon* T p. 1020.

[59] CAA Paris (1ère chambre), 2 avril 1992, Ministre de l'agriculture et de la forêt c/ Scté Louis Dreyfus, Req. n° 89PA02809, inédit au recueil Lebon.

[60] Ainsi ont été rejetées des conclusions indemnitaires pour défaut de liaison du contentieux : TA Amiens, 8 février 1996, Association pour le protection des animaux sauvages et du patrimoine c/ Préfet de l'Aisne, *Lebon* T p. 775.

[61] J. Moreau, L'influence de la construction européenne sur le droit français de la responsabilité de la puissance publique, préc.

favorable à la victime[62]. Le juge interne s'inspire alors tant de l'esprit du droit communautaire que de la jurisprudence de la Cour de Justice.

1) L'esprit du droit communautaire, facteur d'inspiration au plan interne

Malgré le cadre national de son intervention, le juge interne tend parfois, sous l'influence du droit communautaire, à se départir de sa vision strictement française des difficultés liées à une action en réparation dirigée contre une autorité publique en l'adaptant à la réalisation des objectifs communautaires.

Un premier exemple touchant à la question de la détermination des personnes responsables de dommages causés par l'interventionnisme économique de la puissance publique servira à illustrer notre point de vue. L'interventionnisme économique, par la diversité des partenariats qu'il implique, peut mettre en jeu des " *acteurs un peu éloignés des organes habituels des collectivités publiques* "[63] et c'est au juge administratif de vérifier si le recours en responsabilité est bien dirigé. Sa jurisprudence classique tend à rattacher assez largement les activités d'une personne privée à la responsabilité publique[64], quand bien même celle-ci aurait commis une faute[65], alors qu'il semble plus difficile de rattacher les activités d'une personne publique à la responsabilité d'une autre personne publique[66]. Le contexte communautaire a relancé la question de l'imputabilité des dommages dans ce domaine et cela notamment par le biais de l'Office National Interprofessionnel des Céréales (O.N.I.C.). En effet, celui-ci, qui est doté du statut d'établissement public, est chargé de percevoir ou de verser des montants compensatoires dont l'initiative appartient à la Communauté qui agit par le truchement de l'Etat français. Mais l'action de l'O.N.I.C., en cas de dommages, engage-t-elle sa responsabilité propre, celle de l'Etat français, ou bien celle des Communautés ?[67]

Le Conseil d'Etat lui a, le 25 février 1987[68], apporté une solution relativement étonnante[69]. Il a considéré que lorsque les organismes d'interventionnisme économique procèdent à l'instruction des dossiers portant demande d'exonération, ils agissent « *au nom et pour le compte de l'Etat* ». Dès lors, les fautes qu'ils peuvent commettre à cette occasion n'engagent que la responsabilité de l'Etat. La Haute assemblée semble, dans cette affaire, avoir fondé son raisonnement sur le fait que le règlement communautaire encadrant les montants compensatoires en matière agricole avait reconnu à l'Etat le pouvoir d'instruire les dossiers portant demande d'exonération. Celle-ci continuait de

---

[62] *Ibid.*

[63] J-C. Savignac, *Responsabilité des services économiques*, Répertoire Dalloz, Responsabilité de la Puissance Publique.

[64] CE, Sect., 29 février 1952, Chambre syndicale des détaillants en articles de sport et camping de France, *Lebon*, p. 143.

[65] CE, 28 avril 1978, Société générale, *Lebon* p. 194.

[66] CE, 15 juillet 1949, Ville d'Elbeuf, *Lebon* p. 359.

[67] La Haute assemblée s'était auparavant prononcée sur l'imputabilité selon que l'on se trouve dans le cadre d'une action en répétition de l'indu ou d'une action en réparation : CE, 26 juillet 1985, Sect. O.N.I.C., *Lebon* p. 233, *AJDA* 1985, p. 615, concl. B. Genevois.

[68] CE, 25 février 1987, Sect. Société Louis Dreyfus c/ O.N.I.C., *Lebon* p. 71.

[69] Qui concerne l'ensemble des marchés publics : Directive portant coordination des dispositions législatives, réglementaires et administratives relatives à l'application des procédures de recours en matière de passation des marchés publics de fournitures et de travaux. JOCE L 395 du 30 décembre 1989, p. 33.

relever de l'Etat quand bien même un arrêté interministériel avait confié cette activité à l'ONIC.

Cette décision a le mérite de faire évoluer, dans une mesure certes relative, l'appréciation de l'imputabilité du dommage résultant de la faute d'une personne publique à une autre personne publique puisque le fait qu'une personne publique agisse " au nom et pour le compte " d'une autre personne permet généralement de substituer la responsabilité d'une personne publique à celle d'une personne privée[70] et non d'une autre personne publique[71]. Le juge administratif a donc modifié dans cette affaire les règles traditionnelles qu'il applique à la responsabilité administrative, en ce qui concerne l'imputabilité du dommage dans le cadre de la responsabilité des services économiques, alors qu'une norme communautaire était en cause. Le point de savoir s'il l'a fait en raison du contexte communautaire n'apparaît pas explicitement dans l'arrêt mais on peut estimer que cette solution découle, comme cela a été remarqué précédemment, du fait que la réglementation communautaire confiait cette charge aux Etats membres sans tenir compte de l'éventuelle délégation de l'exécution à un organisme et que c'est l'existence de la réglementation communautaire qui a, en l'absence de mise en cause de l'Etat par la société Louis Dreyfus, abouti au rejet des recours ; l'Etat étant, au terme de la réglementation en cause, responsable de la mise en oeuvre du droit communautaire. C'est donc en raison du contexte communautaire que la Haute Juridiction a admis, alors que le directeur de l'O.N.I.C. avait manifestement outrepassé ses pouvoirs, la seule responsabilité de l'Etat et qu'elle a modifié les règles d'imputabilité traditionnellement applicables aux activités des services économiques. Cette décision montre que lorsqu'une norme communautaire est en cause, le juge administratif tend à modifier les règles traditionnelles du droit de la responsabilité. Il reste à se demander si l'activité " au nom et pour le compte " traduit réellement un critère de responsabilité tangible. Il existe, en effet, des cas où un organisme public, quand bien même il agirait au nom de l'Etat, pourrait y trouver des bénéfices et agir en partie pour son propre compte.

Le juge interne peut également faire évoluer son interprétation des normes communautaires dans le sens d'un assouplissement favorable aux particuliers. Ainsi, devant statuer sur la mise en oeuvre de la responsabilité de l'Etat dans le cadre d'une transfusion sanguine sur la base de la directive communautaire du 25 juillet 1985 relative à la responsabilité du fait des produits défectueux, le juge administratif a estimé de fait, et alors qu'une partie de la doctrine avait conclu en sens inverse, que ladite directive ne se rapporte pas aux produits constitués par le sang humain, son plasma et leurs dérivés[72]. Mais par la suite, le Conseil d'Etat a été invité par le commissaire du gouvernement Daël, dans l'arrêt *N'Guyen, M. Jouan, Pavan et autres*[73], à envisager positivement la possibilité de faire tomber ces produits dans le champ de la directive, bien que cette acceptation ait été, aux dires de ce dernier, douteuse. Pour aboutir à cette conclusion, le commissaire du gouvernement a tenu compte des nécessaires

---

[70] CE, 7 janvier 1927, Tribler, *Lebon* p. 25.
[71] Sur ce point, cf. également P. Terneyre, La détermination des personnes responsables des dommages causés par l'interventionnisme économique de la puissance publique, *JCP E*, Cahiers du droit de l'entreprise, 1987, p. 33.
[72] CAA Paris, Formation plénière, 16 juin 1992, M. X, *Lebon* p. 541.
[73] CE, Ass. 26 mai 1995, N'Guyen, *Lebon* p. 222, conclusions Daël, *RFDA* 1995, p. 748.

implications de la directive en estimant que celle-ci, dans la mesure où elle institue un mécanisme de responsabilité sans faute, vise à la préservation des droits acquis des particuliers et permet de maintenir voire d'instituer la responsabilité alors même que l'état des connaissances techniques et scientifiques ne permet pas de déceler l'existence du défaut. Il a par conséquent utilisé le droit européen pour inciter le juge administratif à mettre en place un régime de responsabilité sans faute en matière de responsabilité des hôpitaux en cas de contamination par le virus de l'immunodéficience humaine. La directive de 1985 n'a bien évidemment pas été le seul facteur déclencheur de cette évolution qui était également justifiée par les positions du juge judiciaire ainsi que par les dispositions de la loi du 31 décembre 1991 dont l'article 47 institue un fonds d'indemnisation des victimes de préjudices résultant de la contamination par le virus d'immunodéficience humaine par transfusion. Elle n'en constitue pas moins une influence indirecte du droit communautaire sur le droit interne de la responsabilité.[74].

La jurisprudence de la Cour de Justice constitue également un facteur de plus en plus important d'inspiration au niveau interne.

2) La jurisprudence de la Cour de Justice, facteur d'inspiration au plan interne

L'inspiration de la jurisprudence de la Cour de Justice revêt deux aspects.

Il arrive tout d'abord que le juge interne reprenne purement et simplement un concept développé par la Haute juridiction communautaire. Cette hypothèse est relativement rare, même si la jurisprudence récente en fournit un exemple. Dans l'arrêt *United distillers France, John Walker and sons Ltd, Tanqueray Gordon and Cie Ltd*[75], la Cour de Cassation devait se prononcer sur la contestation d'une décision juridictionnelle qui avait rejeté une demande d'indemnisation pour défaut de préjudice indemnisable. En effet, des sociétés invoquaient les préjudices qu'elles avaient subis du fait d'une réglementation des publicités pour les boissons alcooliques particulièrement restrictive qui prévoyait des sanctions pénales pour les contrevenants et était contraire au principe de libre circulation des marchandises. La Cour d'Appel de Paris avait retenu que, dans la mesure où les sociétés n'avaient pas fait de publicité et, partant, n'avaient pas été poursuivies pénalement, aucun préjudice ne pouvait être invoqué par elles. La Cour de Cassation a, pour sa part, rejeté cette argumentation en reprochant à la Cour d'Appel de n'avoir pas recherché si la renonciation par les sociétés à l'organisation de publicité n'avait pas causé une atteinte aux conditions de la concurrence constitutive d'un préjudice. Si cette position paraît *a priori* ne rien avoir d'original, il convient de remarquer que cette notion d'atteinte aux conditions de la concurrence utilisée afin de condamner l'action administrative est directement issue de la jurisprudence de la Cour

[74] La comparaison avec la jurisprudence judiciaire est de ce point de vue intéressante puisque la Cour de Cassation a pour sa part anticipé la transposition par la France de la directive relative à la responsabilité du fait des produits défectueux pour indemniser des victimes par ricochet pour le préjudice subi du fait de la contamination par le V.I.H., lors d'une transfusion de plasma, de leur épouse et de leur mère. Elle a par conséquent retenu un régime de responsabilité sans faute, ce qui aboutit à une solution équivalente à celle adoptée par le juge administratif : Cass. Civ. 1, 28 avril 1998, Epx. C. et autres c/ Centre régional de transfusion sanguine de Bordeaux, *Bull. I*, p. 104.

[75] Cass. Com., 21 février 1995, United distillers France, John Walker and sons Ltd, Tanqueray Gordon and Cie Ltd, *D* 1995, I. R. n°100, *GP* 10 décembre 1995, p. 27 ; D. Simon, R. Mehdi, Chronique d'actualité, Justice communautaire, *Justices*, n°2, 1995, p. 200 et s, sp. p. 203.

de Justice[76] et a, à ce titre, justifié une mention au sein du rapport de la Cour de Cassation qui a relevé l'originalité de la notion de préjudice ainsi retenue[77]. C'est donc un concept communautaire que la Haute juridiction a appliqué en l'espèce afin de procéder à l'indemnisation et de s'adapter aux objectifs de la construction européenne.

Le plus souvent, l'inspiration de la jurisprudence de la Cour de Justice se traduit par la prise en compte des positions développées par la Cour du Kirchberg. On en trouve plusieurs illustrations.

On sait que les services économiques peuvent voir leur responsabilité engagée du fait de certains agissements tels que les retards, les renseignements ou les promesses non tenues[78]. En ce qui concerne les renseignements, ceux-ci sont exclusifs de tout engagement de la part de l'administration[79] ; toutefois, ils peuvent entraîner sa responsabilité dans des conditions particulièrement restrictives puisque, pour être dommageable, le renseignement doit être requis à titre obligatoire, émaner officiellement de l'administration, et avoir un contenu inexact ou incomplet. Le caractère inexact ou erroné doit apparaître nettement et le juge, particulièrement exigeant dans ce domaine, considère comme non dommageables les renseignements dont le caractère erroné ne présente pas une précision suffisante[80]. En matière de responsabilité des services économiques, il apprécie encore plus strictement le caractère dommageable du renseignement et vérifie que l'agent économique n'a pas fait preuve d'une confiance aveugle ou qu'il n'a pas donné au renseignement une portée que celui-ci n'avait pas. On voit donc que la responsabilité est difficilement envisageable sur ce fondement. Pourtant la responsabilité de l'Etat du fait de renseignements erronés devait connaître un réel essor sous l'effet de la construction communautaire, l'administration faisant office d'intermédiaire entre les particuliers et les Communautés pour les informer des droits qu'ils tirent de l'ordre communautaire. La jurisprudence administrative montre bien cette tendance puisque nombreux sont les arrêts, d'un intérêt dans l'absolu très relatif, qui condamnent les pouvoirs publics sur le fondement d'un renseignement erroné ou incomplet concernant une disposition communautaire[81]. Mais face à la prolifération des normes bruxelloises, le juge administratif pouvait faire évoluer sa position soit afin de mieux protéger les particuliers et de favoriser la construction européenne, soit en vue de protéger au mieux les finances publiques et donc en durcissant les règles de responsabilité du fait de renseignements erronés.

---

[76] CJCE, 21 mai 1976, Roquette, Aff 26/74, *Rec* p. 677.
[77] *Rapport de la Cour de Cassation*, 1995, Paris, La Documentation française, p. 415.
[78] J-C. Savignac, *Responsabilité des services économiques*, Répertoire Dalloz, Responsabilité de la Puissance Publique, n° 69 et s.
[79] Y. Weber, *Promesses, renseignements, retards*, Répertoire Dalloz, Responsabilité de la Puissance Publique, n° 58 et s.
[80] CE, 22 mai 1939, La soie artificielle de Valenciennes, *Lebon* p. 346 ; CE, 18 février 1944, Société de crédit industriel de Normandie, *Lebon* p. 61.
[81] Et notamment, CAA Bordeaux, (Formation plénière), 18 décembre 1990, M. Roger Segalard, Req. n° 89BX00569, inédit au recueil Lebon ; CE, 10 décembre 1986, Société anonyme de produits alimentaires Villefranche Aveyron, Req. n° 59321, inédit au recueil Lebon ; CE, 10 décembre 1986, Office national interprofessionnel du bétail et des viandes et autres, Req. n° 50837, inédit au recueil Lebon ; CE, 10 décembre 1986, Office national interprofessionnel du bétail et des viandes et autres, Req. n° 50836, inédit au recueil Lebon.

Tel a été le cas dans l'affaire Aubin[82]. En l'espèce, un travailleur frontalier avait demandé le versement de l'allocation chômage d'abord sur les conseils de l'administration française en Belgique, où il résidait puis en France, où il travaillait et s'est vu opposer un double refus. La Cour de Justice des Communautés, saisie préjudiciellement par la Cour de cassation, répondit qu'il ne pouvait avoir droit qu'aux prestations prévues par la législation belge puisqu'il avait déposé sa première demande devant les services belges. Il a alors décidé de rechercher la responsabilité de l'Etat français en réparation du préjudice subi du fait des renseignements erronés fournis par l'A.S.S.E.D.I.C. des Yvelines et a vu sa demande accueillie par le Conseil d'Etat. La solution retenue par le Conseil d'Etat dans cette affaire est particulièrement protectrice des intérêts du particulier et semble reposer davantage sur des considérations d'équité que sur une application stricte des règles de la responsabilité extra-contractuelle, ainsi que l'avait souhaité le commissaire du gouvernement de la Verpillière dans ses conclusions[83]. En effet, bien que l'administration française ait mal interprété les dispositions communautaires, on peut hésiter à qualifier de fautif son comportement et cela pour deux raisons. Tout d'abord, l'appréciation en question n'allait pas de soi puisque la Cour de Cassation, avant de statuer, a sollicité une interprétation sur renvoi préjudiciel de la Cour de Justice, cette procédure n'étant pas fréquemment utilisée par les juridictions françaises à l'époque. Ce comportement est-il fautif alors que l'on sait que le renseignement n'est traditionnellement considéré comme dommageable que lorsque son caractère erroné ou incomplet transparaît nettement ? Le Professeur Moderne pouvait poser la question: « *Ne pas deviner quelle serait cette interprétation, est-ce vraiment une faute de service ?* »[84]. L'administration française n'était en outre, et c'est la deuxième raison de croire à la difficulté de lui imputer une faute, pas la seule fautive, car les organismes belges avaient également, par leur appréciation du droit applicable, méconnu le droit communautaire. En tout état de cause, peut-on sérieusement reprocher aux services en question d'avoir eu une interprétation erronée d'une réglementation communautaire, compte tenu du caractère particulièrement obscur que peuvent revêtir certaines d'entre elles ?

L'affaire *Aubin* est, là encore, un exemple de l'attitude du juge français qui, lors de l'application d'une norme communautaire, modifie les règles traditionnelles de la responsabilité de la puissance publique en adoptant une attitude favorable à l'administré. S'il n'est pas possible d'affirmer que c'est en raison de l'application au litige du droit communautaire que la solution adoptée par la Haute assemblée a revêtu une telle sévérité, on peut croire que, dans le contexte européen de multiplication des règles de droit, voire d'explosion normative, le Conseil d'Etat ait voulu ainsi réaffirmer les obligations pesant sur l'administration et rejeter toute incitation potentielle au relâchement en adaptant à l'espèce les règles de la responsabilité. Pour autant, l'arrêt *Aubin* n'est pas une décision de principe et il n'est assurément pas possible d'en déduire que dès lors que l'interprétation d'une norme communautaire sera en cause, un renseignement erroné de l'administration pourra être automatiquement considéré

---

[82] CE, 20 janvier 1988, M. Aubin, *Lebon* p. 20 ; *JCP* 1989. II. 21169, note F. Moderne ; *AJDA* 1988, p. 419, note X. Prétot ; *RTDE* 1989, p. 687, note Vl. Constantinesco.

[83] Ces conclusions, non publiées, nous ont été aimablement transmises par le service des conclusions du Conseil d'Etat. Sur ce point, cf. également la note de Xavier Prétot à l'*AJDA* de 1988, p. 418.

[84] Note préc. *JCP* 1989. II. 21169.

comme fautif. Ce qu'il est surtout intéressant de remarquer dans cet arrêt est la réelle inspiration de la jurisprudence de la Cour de Justice dont il témoigne puisque le juge administratif, pour accorder la réparation, a fait expressément référence à l'interprétation fournie à la suite du renvoi préjudiciel. Ainsi, a-t-il fondé la faute de l'administration sur les « considérations » qui précèdent le dispositif de l'arrêt de la Cour du Kirchberg et qui mettaient l'accent sur la mauvaise interprétation des autorités françaises et a donc reconnu l'autorité d'un arrêt en interprétation alors même qu'il avait été rendu à la suite d'une demande du juge judiciaire. Cette position montre le souci de la Haute assemblée de prendre en compte les arrêts de la Cour de justice et d'en tirer les conséquences au plan interne en en déduisant la responsabilité de l'Etat qui n'était certes pas exigée expressément par la juridiction européenne mais constituait une conséquence logique de sa décision. La solution du Conseil d'Etat, qui s'inspire clairement de la jurisprudence de la Cour de Justice, est d'autant plus remarquable que son commissaire du gouvernement n'avait aucunement lié la responsabilité à la décision communautaire.

L'inspiration des positions de la Cour de Justice se retrouve également, mais à un autre niveau, dans la jurisprudence judiciaire en matière de responsabilité publique. La responsabilité du fait des activités juridictionnelles est soumise à un régime de faute lourde qui, en ce qui concerne l'ordre judiciaire, relève de la compétence de ce dernier. Néanmoins la Cour de Cassation a assoupli la conception d'une telle faute lourde dans une affaire concernant une méconnaissance grave du droit communautaire et de l'autorité des décisions rendues par la Cour de Justice par une circulaire du garde des Sceaux qui enjoignait le ministère public d'introduire systématiquement des poursuites pénales contre les importateurs coupables d'avoir fait de la publicité pour des boissons alcoolisées importées en violation des dispositions du Code des débits de boisson ce qui constituait une violation de l'article 30[85] du traité CE posant le principe de libre circulation des marchandises ; méconnaissance constatée par la Cour de Justice dans le cadre d'un recours en manquement[86]. Cette double entorse aux règles du traité CE et à l'autorité de chose jugée des arrêts en manquement rendus par la CJCE a justifié une attitude ferme de la Cour de Cassation qui, afin de permettre l'octroi d'une réparation aux importateurs lésés, a considéré que l'intervention du ministre de la justice violant l'autorité de chose jugée d'un arrêt en manquement était de fait assimilable à une faute lourde dans le fonctionnement de la justice judiciaire[87]. Une telle position n'allait toutefois pas de soi puisque la faute lourde dans le fonctionnement du service public de la justice est très strictement entendue par les juges internes, qu'il s'agisse du juge judiciaire en ce qui concerne le fonctionnement du service public de la justice judiciaire ou du juge administratif pour l'ordre administratif. Afin d'assurer le bon fonctionnement du service public de la justice et l'autonomie des décisions prises dans ce cadre, elle n'a, à ce jour, été que rarement relevée. Le fait pour la Cour de cassation d'avoir établi un lien direct entre la violation du droit communautaire et l'existence d'une faute qualifiée de lourde révèle la volonté de favoriser la pleine effectivité des

[85] Nouvel article 28 depuis l'entrée en vigueur du traité d'Amsterdam.
[86] CJCE, 10 juillet 1980, Commission c/ France, Aff. C 152/78, *Rec.* p. 2299.
[87] Cass. Com. 21 février 1995, United distillers France, John Walker and sons Ltd, Tanqueray Gordon and Cie Ltd, *GP* 10 décembre 1995, p. 27.

décisions de la Cour de Justice des Communautés, notamment dans le cadre des arrêts en manquement, à une époque où, ainsi que l'ont remarqué les Professeurs Simon et Mehdi, leur exécution ne va pas sans soulever quelques problèmes[88]. Il témoigne de la prise en compte de la position adoptée par la Cour du Kirchberg qui, dans cette affaire, a justifié une adaptation du droit interne.

Un dernier exemple de la prise en compte dans le contentieux de la responsabilité des positions développées par la Cour de Justice des Communautés européennes est constitué par l'évolution du régime de responsabilité en cas de violation du droit communautaire. La position adoptée par le juge administratif depuis l'arrêt *Alivar* constitue un bon compromis entre la nécessité de prévoir une responsabilité en cas de violation du droit communautaire et la préservation de la marge de manoeuvre des autorités nationales dans la mise en oeuvre de ce dernier. Mais en alignant le régime de responsabilité applicable aux activités administratives, elle privilégie le maintien artificiel du statut de la loi, vecteur de la volonté générale, au détriment de la cohérence d'ensemble du droit de la responsabilité du fait des activités économiques et de la protection effective des particuliers dans l'exercice de leurs droits. Aussi a-t-elle fait l'objet de contestations de la part de certaines juridictions du fond qui ont exprimé la nécessité d'un changement[89]. Celui-ci a été consenti à l'occasion de l'arrêt *Arizona Tobacco Products*[90]. Le Conseil d'Etat est revenu sur la jurisprudence sur la jurisprudence *Alivar* non seulement dans un souci de plus grande orthodoxie[91], mais également afin de répondre aux exigences que la Cour du Justice a formulé dans l'arrêt Francovich.

L'arrêt *Arizona Tobacco Products* s'inscrit dans un contexte d'évolution profonde des rapports entre l'ordre juridique interne et le droit communautaire ; ces dernières années ayant vu la consécration de la supériorité du traité de Rome, mais également des règlements européens et des directives. La Haute juridiction devait, dans cette affaire, faire droit à la requête de la société anonyme Philip Morris France qui invoquait des dispositions de la directive de 1972, prônant une fixation libre du prix du tabac par les fabriquants et les importateurs, à l'encontre d'une loi et d'un décret de 1976 conférant au ministre de l'économie et des finances les pouvoirs de fixer le prix de vente au détail de cette marchandise. Les dispositions nationales susmentionnées allaient clairement à l'encontre de la directive communautaire d'harmonisation, ainsi que la Cour de Justice des Communautés l'avait affirmé. Aussi le Conseil d'Etat a-t-il fondé la responsabilité

---

[88] D. Simon, R. Mehdi, Chronique d'actualité, Justice communautaire, *Justices*, n°2, 1995, p. 200 et s, sp. p. 203.

[89] CAA Paris, 12 décembre 1989, Indicateur Lagrange, *RJF* 1/90, n° 72 ; CAA Nancy, 9 juillet 1991, Ministre des finances et du budget c/ Sté Lefebvre et autres, *Lebon* T p. 1188 ; CAA Nantes, 20 juin 1991, SA Duault c/ ministre de l'économie, des finances et du budget, *Lebon* T p. 1182. Cf. auparavant également TA 5 juin 1984, Scté Tresh-Alsacaves, *CMLRev* 1986, p. 629 ; TA Pau, 12 novembre 1985, Steinhauser c/ Ville de Biarritz, *Lebon* T, p. 514 ; TA Dijon, 15 avril 1986, Société vinicole Bérard, *Lebon* p. 311.

[90] CE, Ass., 28 février 1992, Sté Arizona Tobacco Products et S.A. Philip Morris France, *Lebon* p. 78, concl. Laroque.

[91] Nous renvoyons sur ce point à l'article du Professeur Simon, Le Conseil d'Etat et les directives communautaires : du gallicanisme à l'orthodoxie, *RTDE*, 1992, p. 265.

sur la primauté du droit communautaire[92]. Le régime de responsabilité alors mis en oeuvre est celui de la responsabilité pour faute. En effet, bien que dans cet arrêt il ne soit pas expressément fait référence à l'existence d'une faute, c'est ce régime qui paraît avoir été retenu tant par le commissaire du gouvernement Laroque dans ses conclusions[93] que, de manière certes moins explicite, par le Conseil d'Etat qui a affirmé que l'illégalité des décisions litigieuses était de nature à engager la responsabilité de l'Etat[94]. Ce raisonnement s'inscrit dans la lignée du principe bien établi en droit français depuis 1973 selon laquelle toute illégalité est fautive[95]. Quant à l'intensité de la faute[96], elle n'a pas été expressément précisée dans la corps de l'arrêt. En l'espèce, s'agissant d'une activité ordinaire de l'administration, la responsabilité est engagé sur le fondement de la faute simple[97], mais il est tout à fait logique qu'elle soit fondée sur la faute lourde dans les domaines où la mise en jeu de la responsabilité est subordonnée à cette condition. Cette solution a, par la suite, été réaffirmée à de nombreuses reprises pour des faits de violations des dispositions relatives à la libre circulation des marchandises, en matière de produits tabagiques[98] ou alcooliques[99], de produits de la pêche[100], voire d'articles de mode[101] ou encore d'atteintes aux règles fiscales communautaires[102]. Le mécanisme de responsabilité sans faute prévu par la jurisprudence *Alivar* a donc été marginalisé et réservé *« à des situations de crise, générale ou locale, relativement exceptionnelles, auxquelles les autorités administratives doivent faire face d'urgence, avec les moyens dont elles disposent*

---

[92] Le commissaire du gouvernement Laroque s'appuyant sur " *le devoir de respect de l'ordre constitutionnel des règles de droit* "a relevé l'inapplicabilité de la loi et l'illégalité du décret : CE, Ass., 28 février 1992, Sté Arizona Tobacco Products et S.A. Philip Morris France, *Lebon* p. 78, concl. Laroque, sp. p. 93.

[93] Qui proposait à la Haute assemblée de considérer que l'illégalité commise par le gouvernement était fautive, concl. préc. sp. p. 94.

[94] Dans le recueil Lebon, il est même affirmé que le fondement de la responsabilité est la faute : L'interprétation ultérieurement faite par certains commissaires du gouvernement (cf. les conclusions de M. Goulard à l'occasion de l'arrêt du Conseil d'Etat du 9 octobre 1996, Ministre c/ S.A. Jacques Dangeville, *RJF* 1996, Etudes et doctrine p. 809) nous conforte dans cette idée.

[95] CE, Sect. 26 janvier 1973, Driancourt, *Lebon* p. 78.

[96] Une discussion relative à la qualification de la faute engageant la responsabilité est survenue cas au sein de la Cour administrative d'appel de Nantes, le commissaire du gouvernement ayant qualifié les mesures du service des douanes contraires au principe de libre circulation des marchandises de faute lourde tandis que l'arrêt retient la responsabilité sur le seul fondement de la faute simple : CAA Nantes, 20 juin 1991, SA Duault c/ Ministre de l'économie, des finances et du budget, *Lebon* T p. 1182 ; *Quot. Jur.*, 9 avril 1992, p. 4, concl. P. Cadenat.

[97] CAA Nantes, 20 juin 1991, SA Duault c/ ministre de l'économie, des finances et du budget, préc.

[98] CE, 10 juillet 1992, Société R. J. Reynolds Tobacco France - Société R.J. Reynolds Tobacco G.M.B.H. e. a., Req. n° 57294, 57321, 57322, 57376, 57380, 87295, inédit au recueil Lebon; CE, 10 juillet 1992, Scté Philip Morris Hollande S.A., Scté Philip Morris France S.A., Req. n° 87754, inédit au recueil Lebon CE, 10 juillet 1992, Scté Philip Morris Belgium S.A., Scté Philip Morris France S.A., Req. n° 87755, inédit au recueil Lebon; CE, 10 juillet 1992, Scté Turmac Tobacco Company B.V., Scté Rothmans international France, Req. n° 87756, inédit au recueil Lebon; CE, 10 juillet 1992, Société R.J. Reynolds Tobacco G.M.B.H. e. a., Req. n° 87787, inédit au recueil Lebon.

[99] CAA Paris, 12 novembre 1992 (2ème chambre), Scté John Walker and sons Ltd, Scté Taqueray Gordon et CY, Scté United distillers France LTD, *Lebon* T p. 787.

[100] Cf. par exemple, CAA Paris, 25 juillet 1996, Scté Boer Mor Sea Food Ireland Limited, *Lebon* p. 600.

[101] CE, 30 janvier 1995, Fourrures Maurice, *Lebon* p. 55.

[102] CAA Paris (plénière), 1er juillet 1992, Société Jacques Dangeville, *Lebon* p. 558.

alors "[103]. Il a de ce fait peu de chances d'être réutilisé par le juge administratif ; comme le note le Professeur Chapus, « *ce sont là des exercices qu'on ne fait qu'une fois* »[104].

L'on pourrait affirmer que la position du Conseil d'Etat à l'occasion de l'arrêt *Philip Morris* est indépendante du contexte communautaire et il est indéniable qu'elle procède, dans ses fondements comme dans les techniques mises en oeuvre, du droit interne. Néanmoins, à l'occasion de l'examen du principe de la responsabilité encourue par l'administration, le commissaire du gouvernement Laroque a, alors même que le droit français prévoit traditionnellement un mécanisme de responsabilité pour illégalitéfautive, mis en exergue la jurisprudence de la Cour de Justice qui justifie la mise en cause de la responsabilité de l'Etat[105]. La jurisprudence de la Cour de Justice, et notamment l'arrêt *Francovich*, ont constitué des éléments essentiels de son raisonnement, en tant que fixant le principe communautaire de la responsabilité de l'Etat, et impliquent selon Mme Laroque des évolutions du droit français au cas où il ne permettrait pas d'accorder une réparation, alors même qu'il y aurait eu un manquement au droit communautaire à l'origine d'un dommage. Le droit communautaire constitue donc selon le commissaire du gouvernement un potentiel facteur d'évolution du droit français de la responsabilité[106]. Pour autant, ses implications en termes d'évolutions du droit interne ont été réduites. Ainsi, la Haute assemblée a repris le raisonnement proposé par Mme Laroque repose sur l'idée selon laquelle l'administration aurait dû faire prévaloir le droit communautaire sur la loi contraire et qu'à défaut son action constituait le fait générateur, et qui plus est le fait générateur « *direct* », du dommage. La loi bien qu'illicite se trouvait placée hors du champ de la responsabilité. C'est donc à défaut d'avoir respecté le principe de l'arrêt *Nicolo*[107], c'est à dire la supériorité des normes communautaires par rapport aux lois, que la responsabilité de l'administration en raison de l'illégalité du décret précité a pu être invoquée. Le Conseil d'Etat a donc condamné l'administration sur la base d'une jurisprudence établie, après force de temps et d'hésitations, sans pour autant sanctionner la disposition à la base des divers recours en manquement prononcés contre la France, à savoir la loi du 24 mai 1976 qui avait été considérée par la Haute juridiction communautaire comme incompatible avec les dispositions relatives à la libre circulation des marchandises. La Haute assemblée en est arrivée à refuser de sanctionner l'acte à l'origine du phénomène administratif qui a débouché sur le comportement fautif, pour axer la responsabilité sur ce seul comportement fautif, au mépris des solutions posées par la Cour de Justice ; et cela alors que, dans les circonstances de l'espèce, l'administration exerçait une compétence qui ne lui laissait qu'une très faible marge d'appréciation : dans la mesure où le principe de la fixation des prix du tabac résultait de la loi, elle n'avait que la possibilité d'aménager ce dispositif, mais pouvait difficilement passer outre.

---

[103] Concl. M. Laroque, préc.

[104] R. Chapus, *Droit administratif général*, préc., n° 1309.

[105] Concl. préc. p. 90.

[106] Un autre exemple réside dans l'interrogation du commissaire du gouvernement Laroque sur la nécessité de mettre en place un nouveau mécanisme de responsabilité du fait des lois, au cas où l'activité dommageable aurait été celle du législateur ; mécanisme dans lequel la notion de rupture de l'égalité devant les charges publiques devait être appréciée plus souplement en raison de la spécificité du contexte communautaire : le préjudice résultant de la méconnaissance de droits reconnus aux particuliers : concl. préc. p. 93.

[107] CE, Ass. 20 octobre 1989, *Lebon* p. 190, concl. P. Frydman.

La position du juge administratif traduit une acceptation limitée de l'influence de la Cour de Justice en matière de responsabilité pour violation du droit communautaire. En effet, par l'arrêt *Arizona Tobacco Products*, le Conseil d'Etat a souhaité préserver avant tout l'économie du droit interne de la responsabilité. Pourtant, à trop vouloir, comme Madame Laroque l'a elle-même affirmé, éviter " *les bouleversements et les perturbations majeures* "[108] de l'ordre interne, la réalité de l'application de la hiérarchie des normes résultant de l'ordre communautaire s'est trouvée faussée. En affirmant appliquer la primauté du droit communautaire, la Haute juridiction a adopté une solution médiane et inconfortable : entre le refus de la primauté et son acceptation totale. Les particularités du mécanisme de responsabilité en cas de violation du droit communautaire sont donc, aujourd'hui difficilement admises dans l'ordre interne.

Tel est tout d'abord le cas de la différence entre la responsabilité pour violation du droit communautaire et la responsabilité du fait des conventions internationales. L'assimilation du droit communautaire au droit international semble difficile à admettre tant les deux ordres possèdent des caractéristiques qui leurs sont propres ; l'ordre juridique communautaire, ayant vocation à créer un ordre juridique supra national, quasi fédéral, chapeautant les droits des Etats membres, ce qui n'est pas le cas du droit international public ordinaire.

La spécificité du droit communautaire par rapport aux règles résultant du droit international a d'ailleurs été réaffirmée par la Cour de Justice dans l'arrêt *Francovich*. A cette occasion, la Haute Juridiction communautaire a fait directement référence à ses décisions *Costa et Enel*[109], et *Van Gend et Loos*[110] qui mettaient en évidence les particularismes de l'ordre juridique communautaire ; à savoir sa primauté et le fait que le droit communautaire crée des droits qui entrent dans le patrimoine juridique des particuliers. Ces derniers sont des sujets du droit communautaire. Aussi le fondement de la responsabilité pour violation du droit communautaire est-il, au sens de la Haute Juridiction, le non respect des droits que l'ordre communautaire accorde aux particuliers et qui s'inscrivent directement dans leur patrimoine ; tandis qu'en cas de violation d'un engagement international les individus invoquant un dommage ne pourront en obtenir réparation que marginalement, par l'intermédiaire de l'Etat dont ils sont ressortissants, la réparation étant alors pour le moins subsidiaire par rapport au nécessaire constat d'une illicéité.

La distinction des deux régimes de responsabilité peut trouver une explication dans la considération qu'en matière de responsabilité du fait des conventions internationales, en droit français, ce n'est pas la méconnaissance d'une obligation découlant de l'ordre international qui est en cause, mais au contraire sa mise en oeuvre qui a eu pour effet de rompre l'égalité devant les charges publiques et qui ouvre droit à une réparation dès lors que la convention a été incorporée régulièrement dans l'ordre juridique interne[111], que ni la convention ni la loi autorisant sa ratification n'ont entendu exclure toute

---

[108] Concl préc., p. 221.
[109] CJCE, 15 juillet 1964, Costa c/ Enel, Aff. 6/64, *Rec* p. 1141.
[110] CJCE, 5 février 1963, Van Gend en Loos, Aff. 26/62, *Rec* p. 3.
[111] CE, 13 juin 1979, SA compagnie de participation, de recherche et d'exploitation pétrolière, *Lebon* p. 319.

indemnisation, et que le préjudice est d'une « *gravité suffisante et présente un caractère spécial* »[112]. Ce n'est donc pas au départ la même action qui a pour effet de mettre en oeuvre la responsabilité. Pourtant il est des hypothèses dans lesquelles la mise en oeuvre correcte du droit communautaire peut causer un dommage à un particulier, de même que l'administration peut, dans le cadre de son activité, méconnaître une norme de droit international et de ce fait causer un dommage.

Il est clair qu'en cas de mise en oeuvre régulière du droit communautaire à l'origine d'un préjudice, le seul fondement de la responsabilité serait la méconnaissance de l'égalité devant les charges publiques, les autorités nationales n'ayant pas manqué à leurs obligations. En revanche, la question de savoir quel peut être le fondement de la responsabilité pour méconnaissance d'une obligation de droit international reste entière. Si la juridiction administrative a reconnu la possibilité pour des requérants individuels de faire valoir devant elle les droits qu'ils tirent de certaines normes internationales[113], et donc éventuellement la violation d'une convention internationale dans le cadre d'un recours de plein contentieux, elle n'a pas précisé l'éventuel fondement de la réparation. Certes, lorsqu'elle a recherché la responsabilité de l'administration du fait de la méconnaissance de principes issus du droit international, elle s'est placée sur le terrain de la faute[114]. Mais cette position n'est pas généralisable à l'ensemble des violations du droit international. Il existe en effet des hypothèses dans lesquelles une marge de manoeuvre importante doit être laissée aux Etats pour la conduite des relations diplomatiques et dans la mise en oeuvre du droit international. Tel est le cas lorsque l'activité gouvernementale s'exerce en rapport avec des autorités étrangères. Deux opinions s'opposent. Selon le Professeur Ruzié, dans cette hypothèse, la réparation doit être fondée sur la rupture de l'égalité devant les charges publiques compte tenu de la forte connotation diplomatique des activités de l'Etat[115]. La responsabilité dans le cadre des activités internationales devrait alors , de par sa nature interétatique et sa forte connotation d'intérêt général, être soumise à un régime de responsabilité sans faute. M. Prétot distingue pour sa part la possibilité d'engager la responsabilité du fait de la mise en oeuvre régulière des conventions internationales sur le fondement de la rupture de l'égalité devant les charges publiques et dans le cadre d'une activité fautive en cas de méconnaissance de la teneur et de la portée des obligations internationales[116]. Il est toutefois possible de croire que les activités liées au droit international classique concernent plus directement que celles liées au droit communautaire la mise en oeuvre souveraine de la politique diplomatique de la France et que, du fait de la mission d'intérêt général qu'elles poursuivent, il est délicat de fonder la responsabilité pouvant être recherchée en cas de méconnaissance des obligations internationales sur la faute, l'utilisation de la responsabilité pour faute étant de surcroît dans de telles hypothèses d'un avantage limité, puisque la recherche de la responsabilité de l'Etat sera assez peu fréquente en raison de la rareté des hypothèses dans lesquelles le droit international prévoit le bénéfice de droits au profit des particuliers, et sans doute plus fréquemment le

---

[112] CE 30 mars 1966, Cie Générale d'énergie radio électrique, *Lebon* p. 257.
[113] CE, Sect., 29 janvier 1993, Mme Bouilliez, *Lebon* p. 15.
[114] CE, 23 octobre 1987, Scté Nachfolger navigation Company Ltd, *Lebon* p. 319.
[115] D. Ruzié, note sous l'arrêt Mme Bouilliez, *RFDA* 1993, p. 803, sp. p. 808.
[116] X. Prétot, Non transposition d'une directive et la responsabilité de l'Etat, *RJS* 1992, Etudes et Doctrine, p. 218.

fait d'actes individuels. Le régime de responsabilité sans faute semble par conséquent tout aussi profitable aux ressortissants nationaux. Mais, bien évidemment, l'accroissement des engagements internationaux et de l'invocation par les particuliers des manquements au droit international comme, de manière plus générale, l'évolution du droit international pourraient conduire à un réexamen de cette position. La responsabilité envers les particuliers du fait d'une méconnaissance du droit international classique nous semble donc, aujourd'hui, devoir, pour l'essentiel, reposer sur la rupture de l'égalité devant les charges publiques[117].

La responsabilité du fait de la violation du droit communautaire ne saurait donc être assimilée à un démembrement pas plus qu'à un élément de la responsabilité du fait des conventions internationales. Toutefois, son autonomie par rapport à la responsabilité du fait des conventions internationales n'est pas toujours admise. Certains auteurs assimilent ces deux types de responsabilité ou du moins les traitent de manière parallèle[118] et une partie de la doctrine persiste à ranger la responsabilité pour violation du droit communautaire dans les hypothèses de responsabilité sans faute[119]. Pourtant l'admission de ce nouveau type de responsabilité en tant que régime autonome par rapport à la responsabilité du fait des conventions internationales serait une des conséquences directes de la jurisprudence *Nicolo* ainsi que de la primauté et de l'effet direct du droit communautaire. Il semble en effet paradoxal que l'ordre juridique administratif admette la primauté du droit communautaire sans en tirer l'ensemble des conséquences, notamment en refusant d'admettre comme initiateur de cette responsabilité l'autorité des décisions de la Cour de Justice. En fait, le juge et une partie de la doctrine publiciste préfèrent fonder ce régime sur des décisions de l'ordre interne, telles que la décision *Nicolo*, tout en refusant de rendre au droit communautaire, par le biais de la jurisprudence *Francovich*, ce qui lui appartient. L'acceptation de la primauté du droit communautaire semble donc reposer sur un malentendu, et sur l'assimilation abusive du droit communautaire au droit international, c'est à dire sur sa « banalisation »[120], alors qu'elle est une conséquence nécessaire, non pas des dispositions de l'article 55 de la Constitution française, mais de la jurisprudence de la Cour de Justice et que ses implications ne sont pas assimilables à celles des autres engagements internationaux[121].

---

[117] CAA Paris, 16 juillet 1992, Mme Yasmine Aga Khan, Syndicat des copropriétaires 14-16 boulevard Flandrin, *Lebon* T, p. 1280 : La princesse Aga Khan, propriétaire d'un logement loué à l'ambassade de Jordanie avait demandé, une fois le bail expiré et l'ambassadeur refusant de quitter les lieux, une indemnité en raison des préjudices résultant pour elle de l'impossibilité d'exercer ses droits du fait de l'immunité dont jouit le diplomate en vertu de la convention de Vienne. La Cour a, à cette occasion, réaffirmé que dans cette hypothèse la responsabilité de l'Etat est susceptible d'être engagée sur le fondement du principe d'égalité des citoyens devant les charges publiques et est alors subordonnée à la condition que le préjudice invoqué présente un caractère spécial.

[118] R. Chapus *Droit administratif général*, t. 1, préc, n°1309.

[119] Telle est du moins la conclusion de M. Rougevin-Baville dans sa contribution au répertoire Dalloz de droit de la responsabilité.

[120] D. Simon, Le Conseil d'Etat, la directive, la loi, le droit, *Europe*, 1992, p.1 et s., sp. 3. Pour un point de vue similaire, R. Kovar, Le Conseil d'Etat et le droit communautaire, de l'état de guerre à la paix armée, *D.* 1990, chro. p. 57.

[121] Malgré ce qu'auraient pu sous-entendre les conclusions du commissaire du gouvernement Frydman sous l'arrêt Nicolo.

L'acceptation de la spécificité de la responsabilité pour violation du droit communautaire est également limitée en raison de la volonté de l'intégrer dans le droit français de la responsabilité pour illégalité. Si le Conseil d'Etat a, par l'arrêt *Arizona Tobacco Products*, procédé à l'acceptation de la responsabilité pour faute en cas de violation du droit communautaire, c'est sur le seul terrain du droit français que la possibilité d'un dédommagement a été étudiée. Aussi, si le commissaire du gouvernement Laroque a fait dans ses conclusions référence à l'obligation de réparation en cas de violation du droit communautaire développée par la Cour de Justice dans l'affaire *Francovich* pour en faire découler la nécessité d'une réparation au niveau national, elle a bien rappelé que c'est dans le cadre du droit de chaque Etat membre qu'il incombe de réparer les conséquences du préjudice causé et n'a fait reposer le mécanisme de responsabilité que sur le fondement du droit français. Le refus de fonder la responsabilité sur le droit communautaire se manifeste également par l'absence de mention par la Haute assemblée, dans le corps de l'arrêt, aux implications d'un manquement constaté par la Cour de Justice alors que tel a été le cas par exemple dans le cadre de recours en responsabilité s'appuyant sur la réponse à une question préjudicielle[122]. Or, en fondant le mécanisme de réparation des violations du droit communautaire sur le droit interne, le juge administratif n'a pas intégré le droit communautaire mais a nié ses spécificités ; ce qui peut l'amener, le cas échéant, à adopter des solutions contraires à celles que nécessiterait la mise en oeuvre efficace du droit élaboré à Bruxelles[123]. Mais surtout, afin de préciser la cohérence du droit de la responsabilité administrative, le Conseil d'Etat a rattaché ce mécanisme à des régimes connus et pratiqués au lieu de reconnaître la portée innovante et les modifications profondes engendrées par l'ordre communautaire. La difficulté de ce raisonnement est précisément la vision faussée qu'il donne de l'influence du droit communautaire et la fiction d'un ordre administratif préservé et indépendant qu'il maintient. On peut en arriver à se demander si la Haute juridiction administrative a bien mesuré les conséquences de son acceptation de la primauté du droit communautaire dans l'arrêt *Nicolo*.

A côté de cette inspiration du droit des Communautés, le juge interne accueille ses influences en faisant explicitement référence à des principes communautaires qu'il intègre dans l'ordre français.

B- La reference explicite a des principes communautaires

L'introduction des principes communautaires est délicate en raison de la marge de manoeuvre que se reconnaît la Haute juridiction administrative dans la prise en compte des principes communautaires. Bien sûr il arrive que le Conseil d'Etat et la Cour de

---

[122] V. par exemple CE, 20 janvier 1988, M. Aubin, *Lebon* p. 20.

[123] Ainsi le Conseil d'Etat a-t-il très récemment considéré que l'administration pouvait, au cours du délai de transposition, adopter des réglementations contraires aux objectifs d'une directive et a en conséquence rejeté l'action en réparation formée par un syndicat. Ce faisant, il a raisonné au regard du seul droit français alors même qu'il est bien évident qu'une fois le délai de transposition expiré, l'administration a l'obligation d'abroger le règlement illégal sur le fondement de la jurisprudence *Alitalia* : CE, 1er juillet 1998, Union syndicale autonome de Justice, *Lebon* p. 265. Cette solution fait obstacle à la mise en oeuvre effective du droit communautaire et s'oppose à la position de la Cour de Justice : CJCE, 18 décembre 1997, Inter-environnement Wallonie ASBL et région, Aff. C 129/96, *Rec.* p. I-7435.

Justice exercent des influences réciproques[124] et que les principes généraux du droit exprimés par le juge communautaire correspondent à des principes définis par la jurisprudence du Conseil d'Etat ; on en prendra pour exemple celui du respect des droits de la défense[125] qui trouve un équivalent communautaire[126]. Mais en aucune manière l'affirmation conjointe d'un même principe par les autorités communautaires et nationales n'entraîne de transposition intégrale et automatique[127]. De même que la Cour de Justice, lorsqu'elle s'inspire des principes nationaux, les adapte et les oriente en fonction des exigences de l'Union[128], le juge administratif procède à la réception des principes communautaires en tenant compte, pour une part importante, de considérations d'opportunité. Il ne les accepte qu'au cas où ils auraient un équivalent en droit national ou lorsqu'il juge nécessaire de procéder à leur intégration en créant un nouveau principe général de droit, mais cette fois interne. L'intégration des principes généraux communs aux Etats membres en droit interne, et en droit administratif plus particulièrement, dépend donc essentiellement du degré de familiarisation des juridictions avec ces principes. Cette constatation semble relever de la logique la plus élémentaire en termes de continuité d'une politique jurisprudentielle et de cohérence juridique. Mais il est possible, là encore, de relever une manifestation de la volonté de la Haute juridiction administrative de ne pas se voir imposer des concepts juridiques qu'elle n'a pas consacrés.

La référence à des principes communautaires, en tant que mode de réception volontaire du droit communautaire par le juge français en matière de responsabilité est extrêmement récente et révèle les immenses potentialités de l'immixtion communautaire dans l'ordre juridique français. Elle revêt deux formes : où bien sont introduits en droit français des principes d'origine communautaire qui ne sont référencés qu'en tant que tels mais sont utilisés dès lors qu'une affaire concerne la mise en oeuvre du droit communautaire, c'est le cas du principe de protection de la confiance légitime ; ou bien sont référencés des principes admis par le droit communautaire et qui s'affirment en tant que principes du droit administratif français : c'est le cas du principe de précaution.

1) L'utilisation de principes communautaires : l'exemple du principe de protection de la confiance légitime

Le principe communautaire du respect de la confiance légitime, inspiré d'un concept allemand[129] *(Vertrauensschutz)* qui est un corollaire de celui de sécurité juridique

---

[124] L. Potvin *L'effet des jurisprudences européennes sur la jurisprudence du Conseil d'Etat*, Thèse, Paris II, 1994, Dactyl., p. 840 et s.

[125] CE, 20 juin 1913, Téry, *Lebon* p. 736, concl Corneille ; CE, Sect. 5 mai 1944, Dame Veuve Trompier Gravier, *Lebon* p. 133.

[126] CJCE 13 février 1979, Hoffman la Roche c/ Commission , Aff 85/76, *Rec* p. 461 et suivantes, sp. p. 511.

[127] Pour un parallèle avec les principes généraux du droit international, cf. O. Debbasch, Les juridictions françaises et les principes généraux du droit international, in *L'Europe et le droit, Mélanges en l'honneur de J. Boulouis*, Paris, Dalloz, 1991, p. 139.

[128] L. Potvin, *L'effet des jurisprudences européennes sur la jurisprudence du Conseil d'Etat*, préc p. 849.

[129] Sur l'origine, le concept et la portée du principe de protection de la confiance légitime : F. Hubeau, Le principe de protection de la confiance légitime dans la jurisprudence de la Cour de Justice des CE, *CDE* 1983, p. 143 ; M.-H. Planchon, Le principe de la confiance légitime devant la Cour de Justice des Communautés, *RRJ*, 1994, p. 447 ; J.-P. Puyssochet, « Vous avez dit confiance légitime ? » (Le principe de confiance légitime en droit communautaire), in *L'Etat de droit; Mélanges en l'honneur de Guy Braibant*, p. 581.

(Rechtssicherheit), doit être entendu comme reconnaissant aux particuliers le droit d'évoluer dans un environnement juridique stable, c'est à dire à l'abri des modifications impromptues des règles de droit, qu'elles soient de nature individuelle ou réglementaire. Consacré par la Cour de Justice dans un arrêt *Töpfer* du 3 mai 1978[130], il fait interdiction de modifier une réglementation économique sans l'assortir de mesures transitoires, à moins qu'un intérêt public péremptoire s'oppose à l'adoption de pareille mesure[131]. Plus généralement, il s'applique à tout particulier dans le chef duquel l'administration a fait naître des espérances fondées[132]. Il exclut le retrait d'un acte administratif légal créateur de droits[133] et sa méconnaissance peut entraîner la responsabilité de l'autorité nationale[134] dans la mesure où, en tant que principe général du droit communautaire, il s'impose aux Etats membres dès lors qu'ils sont appelés à se prononcer sur un litige mettant en jeu une norme communautaire[135].

L'introduction du principe de protection de la confiance légitime en droit français présenterait le double avantage tout d'abord d'améliorer la situation des particuliers et de conforter l'Etat de droit, mais également de répondre aux impératifs de prévisibilité, d'accessibilité et de lisibilité de la loi qui sont posés par le juge de Strasbourg. Elle s'inscrirait dans un courant récent, accentué par les interventions en ce sens de la Haute juridiction administrative[136], de promotion de la sécurité juridique dans la mesure où le principe de protection de la confiance légitime implique non pas l'intangibilité des situations juridiques, mais le respect des droits acquis et des croyances que l'administration a fait naître chez les administrés. De par ses contours flous, puisqu'il recouvre tout à la fois la protection des droits acquis, le principe de non rétroactivité et dans certaines hypothèses la sécurité juridique -tel est le cas lorsqu'il exige, dans l'hypothèse d'une modification législative, la mise en oeuvre de mesures transitoires-, l'on peut affirmer qu'il est largement reconnu, bien que sous des modalités variables, dans l'ensemble des Etats membres.

L'existence d'un principe général de protection de la confiance légitime sous-tendant en partie la jurisprudence administrative peut sembler plus délicate à affirmer puisque ce principe, appréhendé comme une limite à la remise en cause des situations juridiques, paraît se heurter à celui, bien établi en droit français, de l'absence de droit au maintien d'une réglementation[137] et à l'obligation pour l'administration d'abroger un règlement illégal ; mais ces considérations ne constituent pas de réels obstacles à sa prise en compte dans la mesure où la Cour de Justice des Communautés fait preuve d'une circonspection certaine dans sa mise en oeuvre et reconnaît la nécessité de faire évoluer la normativité[138].

---

[130] CJCE, 3 mai 1978, Aff. 112/77, Töpfer, *Rec.* p. 1019.

[131] CJCE, 16 mai 1979 Aff. 84/78, Ditta Angelo Tomadini c/ Administrazione delle finanze dello Stato, *Rec.* 1979, p. 1801.

[132] CJCE 19 mai 1983, Aff 289/81, Mavridis, *Rec* p.173 ; CJCE, 27 mars 1990, J.-L. Chomel c/ Commission, Aff. T 123/89, *Rec.*, p. II-131.

[133] CJCE 12 juillet 1957, Algera, Aff 7/56 , 7/57 *Rec* p 81.

[134] CJCE 22 mars 1961, SNUPAT, Aff jtes 42, 49/59, *Rec.* p. 101.

[135] R. Kovar, *Ordre juridique communautaire, Sources*, Jcl Europe, fasc. 411, § 2 et s.

[136] V. sur ce point le rapport du Conseil d'Etat consacré au thème de la sécurité juridique, *EDCE* 1994.

[137] CE, 25 juin 1954, Syndicat national de la meunerie à seigle, *Lebon* p. 379.

[138] Ainsi a-t-elle également affirmé que nul ne saurait invoquer un droit acquis au maintien d'un avantage : CJCE, 27 septembre 1979, Eridania c/ Ministère de l'agriculture, Aff. 230/78, *Rec.* p. 2749.

La protection de la confiance légitime n'est toutefois pas affirmée clairement par le droit administratif français et sa mise en oeuvre connaît certaines difficultés. Ainsi que l'a affirmé le commissaire du gouvernement Henri Toutée à l'occasion de l'examen du principe d'égalité tiré du droit communautaire, si l'application de ce principe ne pose pas de difficulté, dans la mesure où le principe d'égalité est loin d'être inconnu en droit interne, « *il ne faut pas se cacher que la question sera moins simple lorsqu'il s'agira de principes généraux du droit communautaire (...) moins familiers, comme ceux de la sécurité juridique ou de la confiance légitime* »[139]. L'explication se trouve également dans les conclusions précitées, « *il est évidemment très désagréable pour un juge de devoir appliquer des principes généraux qu'il n'a pas dégagé lui même* » et l'on sait que le Conseil d'Etat veille jalousement aux principes qu'il révèle, par sa jurisprudence, d'une manière autonome. L'affirmation de la protection de la confiance légitime en tant que principe s'imposant à l'administration est délicate et progressive.

Le tribunal administratif de Grenoble a ainsi jugé en 1993, à l'occasion d'un litige concernant le moyen tiré de ce que l'interprétation donnée du dispositif législatif et réglementaire relatif aux opérations de change manuel créait une situation nouvelle dont l'application rétroactive aurait violé les principes de sécurité juridique et de confiance légitime, que la requérante n'était *en tout état de cause* pas fondée à se prévaloir de ces principes. L'expression « *en tout état de cause* » implique nécessairement une interrogation sur la portée réelle du principe de confiance légitime en droit français et peut être interprétée comme une réserve sur la possibilité de l'invoquer à l'encontre d'un acte administratif quel que soit le contexte[140]. Par la suite, les juges du fond ont précisé la place du principe de protection de la confiance légitime dans l'ordre juridique français en suivant une approche duale. La première, qui révèle une stricte conformité avec l'origine du principe, voit dans le principe de confiance légitime un principe général du droit communautaire en droit interne dont le juge français doit faire application dès lors qu'est en cause la mise en oeuvre du droit communautaire. Telle a notamment été la position soutenue par le tribunal administratif de Strasbourg[141]. La seconde approche, plus originale, consiste en son adoption en tant que principe interne. Telle est la voie tracée par le tribunal administratif de Strasbourg[142] à l'occasion de l'appréciation de la conformité d'une réglementation française par rapport au droit communautaire.

Mais si les juridictions du fond affichent, de manière itérative, la volonté de soumettre les actes de l'administration au principe communautaire de protection de la confiance légitime, la position du Conseil d'Etat, pour sa part, est, encore à ce jour, beaucoup moins nette. Bien qu'il l'utilise pour affirmer la légalité d'une norme

---

[139] CE, 17 février 1995, Commission nationale des comptes de campagne et des financements politiques c/ MM Aillaud, Cotten, Schwartzenberg et Touati, *Lebon* p. 75, concl. Toutée, *AJDA* 1995 p. 223, sp. p. 225.

[140] Sur l'utilisation par le juge administratif de la formule « en tout état de cause », v. Y. Gaudemet, *Les méthodes du juge administratif*, thèse, 1972, Paris, LGDJ, BDP, t. 108, sp. p. 108.

[141] TA Strasbourg, 9 avril 1997, Caisse régionale de crédit agricole mutuel d'Alsace, Req. n° 90-1769, *Dr. Fiscal*, 1997, n° 1303, Concl. J. Miet. Cette affaire concernait également l'interprétation des règles relatives aux opérations de change manuel.

[142] TA Strasbourg, 8 déc. 1994, Entreprise Freymuth c/ Ministère de l'Environnement; *AJDA* 1995 p. 555.

communautaire[143], il a tout d'abord qualifié le moyen tiré de sa méconnaissance pour contester la légalité d'un acte administratif de dépourvu de caractère sérieux[144] ; puis, dans une affaire récente, alors qu'il était appelé à se prononcer sur la légalité de l'annulation par le ministre de la santé d'une autorisation de création d'une officine pharmaceutique, il a considéré qu'en raison de l'inexacte application par le préfet des dispositions relatives à de telles créations, la requérante ne pouvait en tout état de cause sérieusement en l'espèce invoquer *« la méconnaissance d'un « principe de confiance légitime »* »[145]. Cette décision de rejet, qui semble constituer un véritable déjugement des positions des juridictions du fond[146], peut faire l'objet de deux lectures. La première interprétation consisterait à y voir l'acceptation du principe de protection de la confiance légitime en tant que principe communautaire. Ce ne serait que parce qu'aucune norme ou principe communautaire n'était en jeu dans cette affaire[147] qu'il ne pouvait « en tout état de cause » être sérieusement constaté. Cette lecture s'oppose à une seconde interprétation selon laquelle la Haute assemblée aurait, par cette décision, marqué son rejet pur et simple du principe de protection de la confiance légitime, quel que soit le contexte dans lequel il est invoqué puisque la méconnaissance d'un principe de confiance légitime ne pouvait en tout état de cause être sérieusement invoquée. Cette dernière lecture est confortée tout d'abord par le fait que ce principe semble faire l'objet d'une appréhension volontairement vague[148] qui tranche avec la position adoptée par le tribunal administratif de Strasbourg qui, à l'occasion de l'affaire *Freymuth*, avait, dans un long considérant, défini sa portée et son étendue, le principe de protection de la confiance légitime concernant « *la clarté et la prévisibilité des règles juridiques et de l'action administrative* »[149]. Elle s'appuie également sur le défaut de caractère sérieux de ce moyen qui a été affirmé par la Haute assemblée[150].

Toutefois de récents arrêts apportent d'importantes précisions quant au statut en droit français du principe de confiance légitime. En effet, à l'occasion de l'examen de la légalité de la réglementation relative aux habitations à loyer modéré, le Conseil d'Etat a affirmé que le moyen tiré de ce que, faute d'être assorti de mesures transitoires, un décret porterait atteinte à un principe communautaire -il visait alors sans le mentionner le principe de confiance légitime- ne peut être accueilli dès lors que les règles relatives au logement social sont uniquement définies par le droit interne et ne relèvent pas du

---

[143] CE, 19 juin 1992, Fédération départementale des syndicats d'exploitants agricoles des Côtes-du-Nord, Centre national des jeunes agriculteurs et autres, *Lebon* T, p. 783 ; CE, 2 octobre 1992, Fédération départementale des syndicats d'exploitants agricoles des Côtes-du-Nord, *Lebon* T p. 788.
[144] CE, CAPC, 23 mars 1994, M. Beaufour, Req. n° 142.974, n° 142.975, inédit au recueil Lebon.
[145] CE, 30 décembre 1996, Mme Brockly, *Lebon* p. 526. L'on peut d'ailleurs relever que le commissaire du gouvernement Bonichot dans ses conclusions sous CE, 28 mai 1997, M. Macabeo, Req. n° 180.726 a adopté une formulation identique pour rejeter l'application du principe de sécurité juridique.
[146] Et notamment de la position du Tribunal administratif de Strasbourg à l'occasion de l'affaire *Freymuth*, préc.
[147] Le Conseil d'Etat ayant déclaré que le principe de confiance légitime n'était pas sérieusement invocable *en l'espèce*.
[148] « *un principe de confiance légitime* ».
[149] TA Strasbourg, 8 déc. 1994, Entreprise Freymuth c/ Ministère de l'Environnement, *AJDA* 1995 p. 555, sp. p. 560.
[150] La méconnaissance du principe ne pouvait être *sérieusement* invoquée.

droit communautaire[151]. Il en a été de même lors de l'examen d'une norme interne relative à l'accès aux études vétérinaires[152] et d'un arrêté concernant les intérêts moratoires dûs au titre des marchés publics[153].

Aussi, si il a rejeté l'intégration du principe en tant que principe de droit administratif, le Conseil d'Etat a accepté son intervention dans les hypothèses dans lesquelles une norme communautaire est en cause. Telle est d'ailleurs la solution qui découle très limpidement des conclusions rendues par le commissaire du gouvernement Schwartz à l'occasion l'arrêt *Association des parents d'élèves et professeurs des classes*. Ce dernier propose de limiter la mise en oeuvre du principe de confiance légitime en droit français « *uniquement à l'application en droit interne de règles communautaires* »[154]. Rejeté en tant que principe de droit français, le principe de protection de la confiance légitime est en conséquence admis en tant que principe communautaire ; ce qui permet à la jurisprudence administrative de renouer avec la logique dès lors que la méconnaissance des principes généraux du droit international peut, depuis 1987, être invoquée à l'encontre des actes administratifs et entraîner la responsabilité de l'administration[155]. Une telle prise en compte est d'ailleurs nécessaire puisque la Haute assemblée ne dispose dans ce domaine, comme l'ensemble des juridictions administratives, que d'une marge de manoeuvre réduite pour prendre en compte les principes généraux du droit communautaire qui bénéficient de la primauté et s'imposent en tant que tels aux autorités nationales[156].

L'explication principale des difficultés de mise en oeuvre du principe de protection de la confiance légitime en droit administratif français semble reposer dans la volonté, qui se manifeste à diverses reprises à travers les conclusions des commissaires du gouvernement[157], d'éviter que par l'introduction de ce principe communautaire, la Cour de Justice puisse s'immiscer dans des questions d'ordre interne. Ainsi, dans les conclusions qu'il a rendu sous le jugement du tribunal administratif de Grenoble du 30 juin 1993, le commissaire du gouvernement Philipbert a t-il craint que l'affirmation du principe de protection de la confiance légitime ait pour conséquence la compétence de la Cour du Kirchberg qui contrôlerait, par le biais du renvoi préjudiciel, la question de la compatibilité des dispositions à caractère national avec ce principe. L'argumentation développée par le commissaire du gouvernement Piveteau à l'occasion de l'examen de la légalité d'un décret entraînant d'importantes restrictions à l'importation de déchets qui ne prévoyait pas de dispositions transitoires est similaire car alors le commissaire du gouvernement, s'il ne s'est, pas plus que le Conseil d'Etat, prononcé sur la méconnaissance du principe de confiance légitime, a invité la Haute assemblée à ne pas

[151] CE, 9 juillet 1997, Office communautaire d'habitation à loyer modéré de Saint-Priest, Union nationale des fédérations d'organismes H.L.M. et autres, *Lebon*, p. 292

[152] CE, 16 mars 1998, Association des parents d'élèves et professeurs des classes, *Lebon* p. 84.

[153] CE, Sect., 30 décembre 1998, Entreprise Chagnaud SA, req. n° 189315, à paraître au recueil Lebon.

[154] Conclusions non publiées qui nous ont été transmises par le centre de documentation du Conseil d'Etat.

[155] CE, 23 octobre 1987, Nachfolger navigation company, *Lebon* p. 319.

[156] R.-E. Papadopoulou, *Principes généraux du droit et droit communautaire, origine et concrétisation*, Athènes-Bruxelles, Sakoulas-Bruylant, 1996, sp. p. 14 et s.

[157] Même si leur influence sur le sens des décisions juridictionnelles doit être appréciée avec toute la relativité nécessaire.

saisir la Cour du Kirchberg d'une question préjudicielle tenant à la conformité de la législation française au droit communautaire, de crainte qu'elle ne crée, par son interprétation, des obligations nouvelles à la charge de l'administration française[158].

L'utilisation de la protection de la confiance légitime en tant que principe communautaire s'imposant à l'administration dès lors qu'elle agit dans le cadre de la mise en oeuvre du droit communautaire est aujourd'hui en marche et ses conséquences sur le droit français sont pour le moins significatives. Elle n'implique pas seulement que lors de la transposition du droit communautaire les administrations doivent respecter la légitime confiance des administrés mais beaucoup plus largement que les actes et les mesures pris par le gouvernement français dans le cadre de la mise en œuvre du droit communautaire doivent respecter le principe de confiance légitime.

Cela signifie que dès lors que l'administration intervient dans un domaine qui a fait l'objet d'une intervention communautaire et agit afin de mettre en œuvre le droit communautaire[159], la protection de la confiance légitime s'impose à elle. Lorsque le juge administratif a refusé l'applicabilité du principe de protection de la confiance légitime lors de l'examen d'une réglementation relative aux études vétérinaires, c'est parce que l'harmonisation communautaire invoquée ne visait que la reconnaissance mutuelle des diplômes ainsi que la mise en place d'un tronc d'enseignements communs aux formations européennes mais non l'accès aux études vétérinaires[160] et il aurait statué différemment en cas inverse. Pour tout litige interne, il suffit donc qu'existe une intervention communautaire encadrant l'action administrative nationale pour que le droit interne soit irradié par le principe de protection de la confiance légitime : il s'impose au juge national. Tel est par exemple le cas en matière de protection de l'environnement de la modification des règles concernant l'évaluation des conséquences de certains projets sur l'environnement[161] ou encore en matière de transports, de l'évolution des conditions de travail ou du temps de travail et de repos qui ont fait l'objet d'un encadrement européen[162]. Chaque nouvelle intervention communautaire dans un secteur du droit français entraîne une extension de la propagation du principe de protection de la confiance légitime. A travers ce phénomène de contagion du principe de confiance légitime sur le droit interne, la porte est largement ouverte à la multiplication des recours fondés sur sa méconnaissance et à sa prospérité en droit français ; ce qui remet nécessairement en cause les particularismes du droit administratif et notamment le privilège de l'action unilatérale et le caractère exorbitant du droit commun de l'activité administrative qui s'en trouvent davantage relativisés.

---

[158] CE, 16 avril 1996, M. Freymuth et autres, *Lebon* T p. 772, concl. Piveteau, *AJDA* 1996, p. 440.

[159] Le juge administratif opère un contrôle assez strict de cette condition, v. CE, 28 juillet 2000, Société Schering-Plough, req. n° 205710, à paraître dans les tables du recueil Lebon. V. aussi, CAA Nancy, 17 juin 1999, Ministre de l'Environnement c/ Entreprise Transports Freymuth et les conclusions de P. Vincent, *RFDA*, 2000, p. 254.

[160] CE, 16 mars 1998, Association des parents d'élèves et professeurs des classes, préc.

[161] régie par la directive n° 85/337/CEE modifiée concernant l'évaluation des incidences sur l'environnement de certains projets publics et privés (JOCE L 175 du 5 juillet 1985, p. 40).

[162] Règlement n° 3820/85 du Conseil du 20 décembre 1985 concernant l'appareil de contrôle dans le domaine des transports par route, JOCE L 370.

Mais le principe de protection de la confiance légitime ne s'est pas seulement imposé aux juridictions administratives comme constituant une nouvelle obligation devant être respectée par l'administration. Le tribunal administratif de Strasbourg, est allé jusqu'à l'introduire comme une nouvelle hypothèse de mise en oeuvre de la responsabilité extra-contractuelle[163] dotée de conditions spécifiques.

Le tribunal administratif de Strasbourg était appelé à statuer sur le recours d'un importateur de déchets, l'entreprise Freymuth, qui affirmait avoir subi un préjudice du fait de l'interdiction, par un décret du 18 août 1992, de l'importation de déchets étrangers, cette interdiction ne s'accompagnant pas de mesures transitoires ou d'accompagnement. L'entreprise Freymuth, titulaire de quatre marchés d'importation de déchets urbains en provenance de villes allemandes se trouvait, du fait de l'intervention de ce décret, dans l'impossibilité de poursuivre son activité et un plan de redressement fut arrêté par la chambre commerciale du tribunal de grande instance de Metz. Après avoir essuyé un rejet implicite de sa demande d'indemnisation par le ministère de l'Environnement, elle a saisi la juridiction administrative en invoquant notamment la responsabilité sans faute de l'Etat pour rupture de l'égalité devant les charges publiques. L'octroi d'une réparation sur ce fondement était toutefois aléatoire en raison de l'exigence, dans cette hypothèse, d'un préjudice anormal et spécial ; aussi, le commissaire du gouvernement Pommier, après avoir recherché la responsabilité de l'Etat sur le fondement de l'illégalité du décret puis sur celui de la rupture de l'égalité devant les charges publiques, a-t-il invité le tribunal à choisir la voie de l'innovation et à se « *tourner vers d'autres horizons* »[164] dans lesquels le principe de confiance légitime occupe une place de choix, tout en insistant sur sa prise en compte implicite, en droit administratif français, par certains dispositifs législatifs[165]. En conséquence, il a demandé à la juridiction du fond de déclarer l'administration responsable du dommage en s'appuyant, dans une certaine mesure, sur la jurisprudence de la Cour de Justice. Cette dernière, dans l'hypothèse d'une méconnaissance du principe de protection de la confiance légitime, ne prononce pas l'invalidité de la norme juridique mais accorde une réparation du dommage subi dès lors que celui-ci présente une gravité particulière. Le tribunal administratif de Strasbourg, suivant ses conclusions, a affirmé « *qu'à défaut de respecter ce principe de la confiance légitime dans la clarté et la prévisibilité des règles juridiques et de l'action administrative, l'administration engage sa responsabilité à raison du préjudice anormal résultant d'une modification anormalement soudaine de ces règles ou de ces comportements* »[166]. Cette position, dont la formulation révèle la valeur de principe, suscite un certain nombre de remarques tenant tant à son bien-fondé qu'à son éventuelle reprise par la Haute juridiction administrative.

---

[163] TA Strasbourg, 8 déc. 1994, Entreprise Freymuth c/ Ministère de l'Environnement, *AJDA* 1995 p. 555. Cette position a été infirmée en appel : CAA Nancy, 17 juin 1999, Ministre de l'Environnement c/ Entreprise Transports Freymuth, préc.

[164] Concl. préc. sp p. 558.

[165] Tels que la législation sur les installations classées, concl. préc. sp p. 558.

[166] TA Strasbourg, 8 déc. 1994 Aff Entreprise Freymuth c/ Ministère de l'Environnement; *AJDA* 1995 p. 555. On notera que la juridiction de Strasbourg n'a pas repris l'exception à la mise en oeuvre de la responsabilité constituée par l'existence d'un intérêt public péremptoire qui avait été avancée par son commissaire du gouvernement.

La responsabilité en cas de méconnaissance du principe de protection de la confiance légitime aboutit à la mise en place d'un nouveau mécanisme de responsabilité qui se départit de ceux traditionnellement acceptés en droit français dans la mesure où leur mise en oeuvre n'aurait pas permis dans cette affaire au requérant d'obtenir une réparation. Ce mécanisme est subordonné à l'existence d'un dommage anormal. Or le tribunal administratif, pas plus que son commissaire du gouvernement, ne fournissent d'explications claires quant à la nécessité d'une telle exigence. Certes, selon Joseph Pommier, il faut le préjudice causé à l'agent économique ait, de ce fait, été par lui imprévisible[167], mais l'imprévisibilité ne saurait être le corollaire automatique de l'anormalité. Sur ce point, le raisonnement suivi manque de cohérence. Deux types de considérations peuvent néanmoins expliquer la condition d'un préjudice anormal. La première tient au fait que la Cour de Justice, lorsqu'elle met en oeuvre la responsabilité des Communautés pour méconnaissance du principe de confiance légitime, la lie à l'existence d'un dommage anormal et d'une particulière gravité[168]. En prescrivant l'existence d'un dommage anormal, le commissaire du gouvernement Pommier aurait donc préconisé la mise en place d'un mécanisme de responsabilité adapté à l'origine communautaire du principe et qui, par la restriction à sa mise en oeuvre constituée par l'exigence d'un dommage anormal, ne pouvait constituer un danger excessif pour les finances publiques. Toutefois l'évolution du régime de responsabilité des Communautés, qui a été affirmée par la Cour de Justice à l'occasion de l'arrêt *Factortame III* et *Brasserie du pêcheur*, suppose la suppression des conditions de gravité et d'anormalité du préjudice ; aussi, cette condition pourrait-elle ne plus correspondre aux conditions nouvelles de mise en oeuvre de la responsabilité des Communautés. La seconde considération, plus évidente, tient à la nécessité de raccrocher le mécanisme de responsabilité ainsi mis en place aux principes traditionnels du droit interne. Ce souci est clairement exprimé par le commissaire du gouvernement pour qui la condition de gravité du préjudice[169] rapprocherait ce cas d'engagement de la responsabilité du régime de responsabilité sans faute[170]. C'est donc la volonté d'opérer une intégration au droit interne qui aurait justifié l'introduction de cette condition.

On peut ensuite s'interroger sur la place de ce régime de responsabilité au sein de la partition traditionnellement établie en droit administratif français entre la responsabilité sans faute et la responsabilité pour faute. Par l'exigence d'un préjudice anormal, celui-ci se rapproche du régime de responsabilité sans faute ; ce qui répond au refus de la Cour du Kirchberg d'annuler une réglementation communautaire qui contreviendrait au principe de confiance légitime. Néanmoins, au regard du droit français, cette approche revient à considérer que la méconnaissance d'un principe général s'imposant à l'administration ne peut être fautive et donc que s'il y a une illégalité, celle-ci n'est pas constitutive d'une faute. Doit-on alors considérer que la responsabilité ainsi mise en cause serait une responsabilité pour illégalité, et donc pour faute, subordonnée à la preuve d'un dommage anormal ou bien une responsabilité pour illégalité mais sans faute assujettie à la même condition ? Sur ce point également, la position adoptée par le

---

[167] Concl préc p. 559.

[168] CJCE, 25 mai 1978, H.N.L., Aff. 83/76, *Rec.* p. 1209.

[169] On notera qu'il fait référence à la gravité du préjudice alors que le tribunal administratif retiendra sa spécialité ; l'anormalité et la spécialité du préjudice étant deux caractéristiques bien distinctes.

[170] Concl. préc., sp p. 560.

tribunal administratif de Strasbourg manque de clarté. En tout état de cause, le mécanisme préconisé se démarque du droit existant par son originalité par rapport aux règles classiques du droit français de responsabilité de la puissance publique.

Les obstacles à la reprise de cette position par la Haute juridiction administrative sont toutefois nombreux. Le premier résulte bien évidemment de l'absence de consécration, à ce jour, par le Conseil d'Etat de la possibilité d'invoquer de manière générale le principe de confiance légitime à l'encontre des actes de l'administration. Le second tient au caractère parfois imprécis du raisonnement suivi par le tribunal de Strasbourg qui ne peut être repris tel quel. Enfin, le troisième a trait à la remise en cause de la cohérence du système français de responsabilité de la puissance publique qui serait inévitablement induite par la consécration d'un mécanisme insusceptible de se rattacher clairement à la responsabilité pour faute ou à la responsabilité sans faute ; même si cette difficulté peut être, dans une certaine mesure, palliée par l'évolution des caractéristiques propres aux deux grands systèmes de responsabilité. La position adoptée par le tribunal administratif de Strasbourg semble donc, pour des motifs tenant au respect de la structure du droit administratif comme à sa logique, ne pouvoir être consacrée en l'état. Cela d'autant plus que la décision rendue à l'occasion de l'affaire *Freymuth* est fortement inspirée de considérations d'équité et que ce n'est qu'à défaut d'avoir pu engager la responsabilité sur les fondements habituellement admis que la référence au principe de protection de la confiance légitime a été préconisée. Sa justification paraît donc résider essentiellement dans le souci de fournir une réparation à un entrepreneur du fait de l'importance du préjudice qu'il a supporté et dans la volonté d'affirmer la place du principe de protection de la confiance légitime dans l'ordre juridique français. Or ces seules considérations d'équité ne sauraient suffire à la mise en place d'un régime de responsabilité spécifique. Si la responsabilité pour méconnaissance du principe de confiance légitime nous semble devoir être légitimement reconnue à l'encontre de l'administration, que ce principe soit appréhendé comme principe du droit administratif ou comme principe communautaire, ses conditions d'engagement devraient différer de celles retenues par le tribunal administratif de Strasbourg.

L'utilisation du principe de confiance légitime en droit administratif français est en bonne voie. Mais son affirmation expresse a été facilitée par sa présence implicite dans notre ordre juridique. Le principe de respect de la confiance légitime est en effet bien établi en droit privé à travers la théorie de l'apparence[171] et il se traduit en droit administratif par divers concepts visant à assurer le respect des espérances nées dans le chef des particuliers du fait d'une action de l'administration ; tel est le cas bien évidemment des différents mécanismes permettant le respect des droits acquis, à travers le retrait, l'abrogation[172], mais aussi certains dispositifs de réparation -la jurisprudence

---

[171] Sur cette notion, J. Ghestin, G. Goubeaux, *Traité de droit civil, introduction générale*, Paris, LGDJ, 1990, n° 770 et s. V. également F. Giraud, *L'apparence, source de responsabilité*, Paris, Domat-Montchrestien, 1937.

[172] Telle est la position de Jurgen Schwarze, *Droit administratif européen*, 1994, Bruxelles, Bruylant, p. 913 et s. Pourtant, protection des droits acquis et respect de la confiance légitime ont des champs d'application différents, puisque la confiance légitime existe même dans le cas de droits non matérialisés et des origines distinctes ; sur ce point : J. Mertens de Wilmars, J. Steenbergen, La notion de sécurité juridique dans la

relative à la responsabilité de l'administration en cas de renseignement inexact ou de promesses non tenues constituant une de ses manifestations-. Il en est de même de la théorie de la restitution de l'indu ou du principe de non rétroactivité des actes administratifs. L'objectif de préservation de la confiance légitime est de plus, depuis quelque temps, plus fréquemment perceptible à travers les interventions du législateur qui, ainsi que l'a relevé Mme Heers, multiplie les dispositifs transitoires[173].

Le Professeur Chapus a remarqué[174] qu'au début du XXe siècle Emmanuel Levy voyait dans le principe de confiance l'élément sous-tendant l'ensemble du droit de la responsabilité, contractuelle ou extra-contractuelle[175], le rapport d'où naît la responsabilité étant « *un rapport de confiance nécessaire ; l'obligation qui la crée étant l'obligation que crée la confiance; et lorsque cette obligation est inexécutée, il y a confiance légitime trompée, il y a faute* »[176]. Cette idée semble sous-tendre certaines décisions rendues par la Haute juridiction administrative à la même époque[177].

Le nécessaire respect de la confiance légitime se traduit enfin à travers les conclusions des commissaires du gouvernement. Si dès 1983, M. Genevois envisageait, avec une certaine réserve, l'éventualité d'une remise en cause de la modification des actes administratifs à travers le principe de protection de la confiance légitime en concluant qu'un tel principe emmènerait les membres de la Haute juridiction bien loin du Palais Royal[178], par la suite, à l'occasion du recours formé contre un jugement déclarant une requête irrecevable pour cause de forclusion en raison de l'indication d'un délai de recours contentieux erroné, le commissaire du gouvernement Arrighi de Casanova, s'il ne s'est pas appuyé sur le principe communautaire, a déclaré qu'accepter dans une telle hypothèse la forclusion « *revient à tromper la confiance légitime que le justiciable est en droit d'éprouver à l'égard du document officiel qu'est la notification d'un jugement faite par le greffe de la juridiction* »[179] et qu'en conséquence seul le délai de deux mois indiqué dans le jugement était opposable. Sa position a été suivie par le Conseil d'Etat[180]. Enfin, l'on peut remarquer l'argumentation, à la fois très nuancée et relativement ouverte à une évolution ultérieure, de M. Schwartz lorsqu'il a invité le Conseil d'Etat, à l'occasion de l'affaire *Associations des parents d'élèves et Professeurs des classes préparatoires vétérinaires*[181], à rejeter son affirmation en tant que principe national puisqu'il a alors conclu à l'absence d' « *intérêt immédiat* », « *en l'état* », de sa transposition en tant que principe interne[182]. Sans aller jusqu'à prévoir sa réception en

---

jurisprudence de la Cour de Justice des Communautés européennes, in *Mélanges offerts à R. Legros*, Bruxelles, Editions de l'Université de Bruxelles, Faculté de droit, 1985, p. 449.

[173] Tel est le cas de la loi du 3 janvier 1992 sur l'eau ou celle du 4 janvier 1993 sur les carrières. M. Heers, La sécurité juridique en droit administratif français: Vers une consécration du principe de confiance légitime?, *RFDA* 1995, p.963.

[174] R. Chapus, *Droit administratif général* t 1, préc., n° 135.

[175] E. Levy, *La vision socialiste du droit*, Paris, Marcel Giard éditeur, 1926, p. 43 et s, p. 77 et s.

[176] *Ibid.* p. 62. L'auteur poursuivait « *alors, parce qu'il y a faute, il y a atteinte au droit d'autrui, il y a acte accompli sans droit* ».

[177] Voir CE, 22 novembre 1929, Sect., Compagnie des mines de Siguiri, *Lebon* p. 1023.

[178] Conclusions sous CE, Ass., 19 mai 1983, Club sportif et familial de la Fève et autres, *AJDA* 1983, p. 426, sp. p. 429.

[179] Conclusions non publiées qui nous ont été aimablement transmises par le service des conclusions du Conseil d'Etat.

[180] CE, Sect., 26 mars 1993, Mlle Bourgeois, *Lebon* p. 86.

[181] CE, 16 mars 1998, Association des parents d'élèves et professeurs des classes, préc.

[182] Conclusions précitées.

tant que tel, l'accroissement de la place du principe de confiance légitime en droit français semble donc inéluctable. Il pourrait même devenir un principe général d'interprétation du droit[183] au regard, le cas échéant, des positions adoptées par la Cour de Justice dans la résolution de litiges analogues à ceux pouvant être rencontrés en droit interne[184].

Reste alors à déterminer la valeur du principe de protection de la confiance légitime dans l'ordonnancement juridique national. En tant que principe général s'imposant à l'administration[185], il a nécessairement une valeur supra-réglementaire. Mais il est insusceptible d'être opposé au législateur. En effet, ainsi que l'a remarqué la Cour de Justice elle-même dans un arrêt du 20 septembre 1990[186], à la différence du traité ou du droit qui en est dérivé tel le règlement ou la directive, une règle non écrite, dégagée par la jurisprudence de la CJCE, ne peut faire obstacle à l'application de la loi. Aussi le principe de confiance légitime, principe général de l'ordre communautaire, a-t-il une valeur infra-législative. Cette position a été reprise par les Cours administratives d'appel de Bordeaux[187] et de Nantes[188] qui, après avoir affirmé le nécessaire respect du principe de la confiance légitime par le législateur[189], ont, adoptant un raisonnement analogue à celui valable en matière de principes issus du droit international[190], affirmé que le non respect du principe de confiance légitime ne peut, en tout état de cause, faire obstacle à l'application d'une loi. Cette position a été reprise par la Haute assemblée, dans un arrêt *SCI Résidence Dauphine*[191].

Le principe de protection de la confiance légitime, en tant que principe d'origine communautaire ou du droit administratif français ne peut donc s'imposer au législateur. Il ne saurait l'être davantage au titre d'un quelconque principe à valeur constitutionnelle puisque le Conseil constitutionnel, à plusieurs reprises, a affirmé qu' « *aucune norme de*

---

[183] Telle a été la position soutenue par le commissaire du gouvernement Scanvic à l'occasion de la première application de la procédure de l'avis sur une question de droit nouvelle : Conclusions M. Scanvic sous CE, avis 25 février 1994, Mme Ahutiare Peters, *Lebon* p. 97. Conclusions non publiées qui nous ont été transmises par le service des conclusions du Conseil d'Etat.

[184] Telle a, en effet, été la démarche adoptée par le commissaire du gouvernement R. Schwartz à l'occasion d'une affaire portant sur les effets de l'annulation d'une décision de nomination en tant que stagiaire et de la résolution de la question de la conciliation des principes de légalité et de sécurité juridique : conclusions sous CE, Sect., 3 novembre 1995, Mme Velluet et autres, *Lebon* p. 389 ; *AJDA* 1996, p. 215, sp. p. 219.

[185] Là encore, en application du droit communautaire puisque le Conseil d'Etat n'a pas encore consacré sa portée.

[186] CJCE 20 septembre 1990, Plén, Commission c/ R.F.A., Aff 5/89, *Rec.* p. I-3437.

[187] CAA Bordeaux, 22 février 1994, Ministère de Budget c/ Banque populaire centre atlantique *RJF* 94 n°398 ; CAA Bordeaux, 8 mars 1994, Ministère du Budget c/ Caisse régionale de crédit agricole mutuel du Lot, Req. n° 92BX00716, inédit au recueil Lebon ; CAA Bordeaux, 17 mai 1994, Ministère du Budget c/ Caisse régionale du crédit agricole du Gard, Req. n° 93BX00541, inédit au recueil Lebon ; CAA Bordeaux, 30 mai 1995, Ministre du budget c/ Caisse régionale de Crédit agricole de la Lozère, Req. n° 94BX00664, inédit au recueil Lebon ; CAA Bordeaux, 30 mai 1995, Ministre du budget c/ Caisse régionale de Crédit agricole du midi, Req. n° 94BX00665, inédit au recueil Lebon.

[188] CAA Nantes 4 mai 1994, caisse régionale de crédit agricole mutuel du Cher, Req. n° 92NT00380, inédit au recueil Lebon; CAA Nantes 4 mai 1994 caisse régionale de crédit agricole d'Indre et Loire, Req. n° 92NT00381, inédit au recueil Lebon.

[189] CAA Nantes, 10 novembre 1993, Caisse régionale de crédit mutuel agricole d'Anjou-Mayenne, Req. n° 92NT00189, 92NT00190, inédit au recueil Lebon. La Cour a dans cette affaire vérifié la compatibilité d'une loi au principe de confiance légitime.

[190] CE, Ass. 6 juin 1997, Aquarone, *Lebon* p. 206.

[191] CE, 30 octobre 1994, SCI Résidence Dauphine, *Lebon* p. 515.

valeur constitutionnelle ne garantit un principe dit de confiance légitime »[192] qui, de fait, se voit dénié une valeur dont le principe de sécurité juridique, en raison de son champ d'application plus large, pourrait bénéficier[193]. Le refus de cette valeur constitutionnelle est un nouveau témoignage de la difficulté de l'intégration du principe de confiance légitime en droit français ; mais à terme, quand bien même celui-ci n'aurait qu'une valeur infra législative et supra-décrétale, il est voué à s'imposer dans notre ordre juridique.

2) L'intégration de principes communautaires : l'exemple du principe de précaution

Le principe de précaution, impose de ne prendre aucun risque tant que subsiste un doute sur le caractère dommageable de l'utilisation d'un produit ou du recours à une technique. Plus qu'un principe de responsabilité, il constitue un principe de comportement et plus précisément de prudence davantage que de prévention. Son apparition sur la scène internationale découle d'une initiative dans le domaine de l'environnement puisqu'il a été mis en application pour la première fois dans la Convention de Vienne sur la protection de la couche d'ozone en 1985, est devenu un principe fondateur du droit de l'environnement avec le rapport Brundland de 1988 et est entré dans le droit positif communautaire avec l'article 130 R du traité de Maastricht et dans le droit international avec la conférence de Rio de 1992[194]. Il constitue également une référence au niveau du Conseil de l'Europe puisqu'il a été fermement invoqué par certains membres de la Cour européenne des droits de l'Homme lors d'une affaire concernant les conséquences de l'activité nucléaire[195]. Repris en droit français[196], son champ d'application depuis lors n'a cessé de s'élargir[197] ; aussi le retrouve-t-on dans le domaine du droit de la consommation, qu'il s'agisse de la consommation alimentaire[198] ou plus généralement des produits de consommation[199] ou dans celui de la sécurité sanitaire[200]. Bien qu'il ait fait l'objet de réceptions législatives[201], et qu'il ait été accepté

---

[192] C. const., 30 décembre 1996, 96-385 D.C., J.O. 31 décembre 1996, p. 19557 ; C. const., 97-391 D.C., 7 novembre 1997, J.O. 11 novembre 1997, p. 16390.

[193] Telle est la position des Professeurs Mathieu et Verpeaux, v. B. Mathieu, M. Verpeaux, Chronique de jurisprudence constitutionnelle, n° 14, *LPA* 4 septembre 1996, n° 107 1996, p. 4, sp. p. 6.

[194] Sur l'apparition du principe de précaution et ses soubassements philosophiques, v. F. Chaumet, F. Ewald, Autour de la précaution, *Risques*, n° 11, juillet-septembre 1992, p. 99. Cf également M. Kamto, Les nouveaux principes du droit international de l'environnement, *RJE* 1993, p. 11.

[195] CEDH, 9 juillet 1997, Balmer-Schafroth, *Recueil des arrêts et décisions*, 1997-IV, p. 1346, opinion dissidente de M. Le juge Pettiti à laquelle se rallient MM. Les juges Gölcüklü, Walsch, Russo, Valticos, Lopes Rocha et Jambrek.

[196] Article L 200-1 du Code rural issu de la loi du 2 février 1995 relative au renforcement de la protection de l'environnement.

[197] Pour différents exemples de son affirmation :v. Réflexions sur le droit de la santé, *EDCE* 1998, p. 256 et s.

[198] Not. CE, Sect., 25 septembre 1998, Association Greenpeace France, *Lebon* p. 342. V. aussi pour la jurisprudence ultérieure A. Rouyère, L'exigence de précaution saisie par le juge, *RFDA* 2000, p. 266.

[199] Directive 85/374 CEE du 25 juillet 1985 relative au rapprochement des dispositions législatives, réglementaires et administratives des Etats membres en matière de responsabilité du fait des produits défectueux (JOCE 7 août 1985, L 210/29 entrée en vigueur le 31 juillet 1988).

[200] V. la loi n° 98-535 sur le renforcement de la veille sanitaire et du contrôle de la sécurité sanitaire des produits destinés à l'Homme qui crée un comité national de la sécurité sanitaire chargé d'analyser les événements susceptibles d'affecter la santé de la population et une institution de veille sanitaire chargée de prévenir tout risque susceptible de nuire à la population, et de détecter tout événement modifiant ou *susceptible d'altérer*, ce qui traduit bien l'idée de précaution, la santé de la population. Enfin elle renforce

dans le contentieux de la légalité[202], le Conseil d'Etat a refusé de considérer que le principe de précaution, principe communautaire et principe du droit français, pouvait, en tant que principe de prudence, justifier la mise en cause de la responsabilité publique.

Bien évidemment, les autorités administratives, dans le cadre de leur action, sont soumises à un devoir de prudence et se doivent de ne pas mettre en danger de manière inconsidérée les particuliers, conformément à une jurisprudence classique. Cette position a connu une illustration récente dans le contentieux de l'indemnisation des transfusés contaminés, à travers le devoir de contrôle des autorités publiques sur les activités des centres de transfusion. La prudence imposait à l'autorité administrative « *informée dès le 22 novembre 1984 de l'existence d'un risque sérieux pour les transfusés et de la possibilité d'y parer (...) d'interdire, sans avoir la certitude que tous les lots de produits dérivés du sang étaient contaminés, la délivrance de produits dangereux comme elle pouvait le faire par arrêté ministériel (...) ; la carence fautive de l'administration [étant] de nature à engager la responsabilité de l'Etat à raison des contaminations provoquées par des transfusions de produits sanguins pratiquées entre le 22 novembre 1984 et le 20 octobre 1985* »[203]. Informée du risque, l'administration aurait dû retirer les lots, conformément au principe de prévention du danger ou de prudence. Mais cette obligation de prévention n'implique pas celle de précaution, c'est à dire de ne prendre aucun risque tant qu'existait un doute même minime sur le caractère dommageable de l'utilisation du sang puisque, ainsi que l'a remarqué M. Lorvellec[204], dans la même affaire, la Haute juridiction a refusé d'engager la responsabilité du fait de l'absence d'adoption par les autorités publiques, avant la date à laquelle la toxicité du sang a été reconnue par la communauté scientifique, de mesures, telles que le chauffage, propres à limiter les risques de contamination par transfusion sanguine.

Le principe de précaution, exclu du droit de la responsabilité par le juge administratif, entre par une porte ouverte par le droit communautaire. La directive du 25 juillet 1985 relative à la responsabilité du fait des produits défectueux impose en effet la prise en compte du risque futur à travers la notion de risque de développement, c'est à dire qu'elle prévoit la possibilité pour les Etats membres d'admettre la responsabilité du producteur au cas où le produit développerait un défaut à la suite de sa mise sur le marché, ou, au contraire, de l'exonérer, si celui-ci prouve que l'état des connaissances scientifiques et techniques au moment de la mise en circulation du produit n'a pas permis de déceler l'existence du défaut[205].

Son invocation en tant que cause d'exonération de responsabilité a été fortement limitée puisque la loi du 19 mai 1998 relative à la responsabilité du fait des produits

---

l'étendue du contrôle exercé sur les produits destinés à l'Homme par une augmentation des obligations d'agrément et des processus d'autorisation dans ce domaine.

201 Par la loi n° 95-101 dite « loi Barnier » du 2 février 1995. V. également la loi n° 98-535 sur le renforcement de la veille sanitaire et du contrôle de la sécurité sanitaire des produits destinés à l'Homme.

202 CE, 4 janvier 1995, Ministre de l'Intérieur c/ M. Rossi, *CJEG* 1995, p. 232 note O. Sachs, mentionné par *EDCE* 1998, p. 257. Voir également CE, Sect., 25 septembre 1998, Association Greenpeace France, préc.

203 CE, Ass., 9 avril 1993, M. G., B., D., *Lebon* p. 110.

204 L. Lorvellec, L'action des autorités publiques françaises dans la crise de la vache folle, *Revue de droit rural*, 1997, p. 214.

205 L'interprétation de cette condition étant dévolue au juge national : CJCE, 29 mai 1997, Commission c/ Royaume-Uni, Aff. C 300/95, *Rec.* p. I- 2649.

défectueux, à travers le nouvel article 1386-11 4° du Code civil, considère que l'exonération ne peut jouer lorsque le dommage a été causé par un élément du corps humain ou par les produits issus de celui-ci pas plus que si, en présence d'un défaut qui s'est révélé dans un délai de dix ans après la mise en circulation du produit, le producteur n'a pas pris les dispositions propres à en prévenir les conséquences dommageables[206].

Les autorités publiques, en tant que producteur, se doivent, en application de l'idée de précaution, sous réserve de l'exonération ainsi prévue, d'assurer la réparation des dommages causés par un défaut de leur produit, quand bien même ce défaut n'aurait pas été clairement prévisible à la date de la production. La responsabilité s'appliquera à l'ensemble des « productions » publiques, et donc par exemple aux équipements et aux ouvrages publics ou à certains appareillages médicaux, si une autorité administrative peut, sur le fondement de la directive, être qualifiée de producteur. Mais c'est surtout à travers le contentieux des dommages sériels résultant de la contamination par un élément du corps humain que l'augmentation de la charge de la responsabilité sera la plus importante. En effet, compte tenu de l'impossibilité dans cette hypothèse de faire jouer le mécanisme prévu à l'article 1386 11 4° du Code civil, le principe d'une responsabilité en cas de risque de développement revient à adopter une solution identique à celle du Conseil d'Etat qui, dans le cadre de l'indemnisation des transfusés contaminés, a admis la responsabilité sans faute alors même que l'état des connaissances techniques ne permettait pas, au moment de la production, de connaître l'existence d'un risque sur le fondement d'un vice caché[207]. Par l'affirmation du principe de réparation *a priori*, nul n'est besoin de longs contentieux semblables à ceux qui ont donné lieu aux jurisprudences sur l'indemnisation des transfusés contaminés. Le dédommagement, en outre, courra à compter de la date de la production et non d'une date à partir de laquelle les pouvoirs publics étaient soumis à une obligation de prudence comme cela était le cas dans le cadre du contentieux des transfusés ; ce qui permettra d'appliquer un régime unique de responsabilité et d'éviter des rejets de responsabilité parfois difficilement compréhensibles. Enfin, la réparation permet ainsi de dédommager rapidement les victimes et d'anticiper la mise en place de fonds spécifiques. Reste alors à savoir sur quel terrain la responsabilité sera mise en oeuvre, même s'il semble logique, au regard du caractère dangereux du produit, que celle-ci le soit sur le fondement du risque[208].

L'exemple du principe de précaution illustre l'existence de principes affirmés en tant que principes communautaires puis reconnus en tant que principes internes ; même si l'on peut croire qu'en ce qui concerne la précaution, l'intégration a été facilitée par la présence en droit français de concepts, tels que l'obligation de sécurité ou le risque, en relation avec le principe communautaire.
Dans cette hypothèse, la qualification « interne » ne prive pas d'effet les interventions communautaires qui peuvent en étendre le champ d'application en droit français.

---

206 Art. 1386-12 C. Civ.

207 Réflexions sur le droit de la santé, *EDCE*, 1998, p. 265.

208 Sur ce point, cf. infra, Partie II, Titre 2, Les fondements de la responsabilité. Pour une position analogue, v. P. Kourilsky, G. Viney, *Le principe de précaution*, rapport au Premier ministre, Editions Odile Jacob – La documentation française, 2000, sp. p. 181 et s. V. aussi A. Rouyère, L'exigence de précaution saisie par le juge, préc.

L'intégration d'un principe communautaire en droit français, en tant que principe interne, ne le soustrait en conséquence pas à l'impact communautaire qui peut contribuer à sa diffusion dans l'ordre national. L'action des principes communautaires sur le droit interne est alors double puisqu'elle procède d'une extension de leur champ à l'initiative de Communautés mais également à l'initiative des organes internes puisque depuis son introduction en droit français, les situations dans lesquelles le principe de précaution est invoqué ne cessent de croître.

Le droit communautaire de la responsabilité publique paraît, on le voit, en passe d'être véritablement accepté en temps que source interne de la responsabilité. Qu'en est-il du droit conventionnel ?

SECTION 2- LA RECEPTION DU DROIT CONVENTIONNEL DE LA RESPONSABILITE

La question de la réception du droit conventionnel de la responsabilité ne revêt de véritable intérêt que dans le cadre des normes ou principes à portée obligatoire qu'il contient[209]. Nous bornerons notre propos à l'étude des deux principaux modes d'influence qui sont le plus souvent retenus comme constituant le droit conventionnel, à savoir les dispositions tirées de la Convention et les décisions des organes de Strasbourg.

La réception de la source conventionnelle en matière de responsabilité publique devait tout d'abord connaître certaines réticences en raison de la divergence de vues des autorités internes, et au premier chef de la juridiction administrative, et des organes de Strasbourg. Il a, en effet, fréquemment été reproché à ces derniers d'interpréter de manière trop extensive la Convention, de déformer le sens originel de ses termes et de percevoir différemment l'équilibre qui doit être recherché dans les relations entre l'intérêt général et la protection des droits individuels[210]. La réception de la source conventionnelle est assez différente de celle dont pouvait faire l'objet le droit communautaire dans ce domaine dans la mesure où sa place, parmi les sources du droit de la responsabilité et plus largement dans l'ordre interne, est moins clairement établie que pour le droit issu des traités communautaires. Elle dépend en partie de sa prise en compte au niveau national. Pourtant, les conséquences en sont relativement similaires puisque, comme le droit communautaire, le droit conventionnel de la responsabilité se voit opposer une attitude ambivalente de la part des organes nationaux. En raison de sa nature même, ses incidences en droit français font l'objet d'une acceptation difficile (§1). Il n'en fait pas moins l'objet d'une prise en compte variable de la part des juridictions françaises (§2).

---

[209] Aussi nous laisserons de côté la question de l'intégration en droit français de la recommandation R (84) 15 relative à la responsabilité publique qui n'a qu'une valeur indicative et n'entraîne aucune évolution immédiate du droit de la responsabilité.

[210] Sur ces motifs d'incompréhension, voir notamment R. Abraham, Le juge administratif français et la Cour de Strasbourg, in *Quelle Europe pour les droits de l'Homme? La Cour de Strasbourg et la réunion d'une Europe plus étroite: 35 années de jurisprudence: 1959-1994*, Bruxelles, Bruylant, 1996, p. 235.

§1- L'ACCEPTATION DIFFICILE DES INCIDENCES DU DROIT CONVENTIONNEL DE LA RESPONSABILITE

Malgré l'affirmation croissante de l'importance de la Convention européenne des droits de l'Homme et la fréquence de son utilisation devant les juges internes, les potentialités du droit conventionnel de la responsabilité sont fortement limitées en droit français, tant en ce qui concerne les dispositions tirées de la Convention (A) que les décisions des organes de Strasbourg (B).

A- LA PRISE EN COMPTE LIMITEE DES DISPOSITIONS TIREES DE LA CONVENTION EN MATIERE DE RESPONSABILITE

Certes, la Convention européenne des droits de l'Homme contient des dispositions d'effet direct, qui doivent en tant que telles être prises en compte. Toutefois, celles-ci n'entraînent pas par elles-mêmes, en l'absence de précision par la Cour de Strasbourg, une évolution directe du droit français de la responsabilité.

1) Des dispositions d'effet direct

En tant que traité international, la Convention européenne des droits de l'Homme est placée, dans la hiérarchie des normes, au dessus de la loi, ce qui implique son respect par les autorités législatives, juridictionnelles et administratives. En vertu du monisme qui prévaut en droit français, ses dispositions sont intégrées à l'ordre juridique interne et bénéficient de la théorie de l'effet direct qui permet qu'elles soient directement invoquées devant les organes nationaux, spécialement devant les juridictions internes. L'affirmation de l'effet direct des dispositions de la Convention répond à un souci d'effectivité de sa mise en oeuvre évoqué lors de son élaboration[211] et repris par la suite par la doctrine. Pour autant, l'effet direct ne bénéficie qu'aux dispositions ayant vocation, par leur contenu même, à créer des droits au profit des particuliers. Il faut donc que les auteurs de la Convention aient entendu agir en ce sens en s'accordant sur des stipulations suffisamment précises[212]. Adapté au contentieux de la responsabilité, l'effet direct permet aux justiciables d'invoquer devant les juges internes la plupart des principes qui ont trait aux règles de forme ou de procédure que nous avons précédemment évoqués comme traduisant l'immixtion du droit conventionnel dans ce domaine.

La mise en pratique de ce principe devant les juridictions étatiques a toutefois été délicate puisqu'elle signifiait tout d'abord la primauté du droit conventionnel sur le droit national, et notamment sur les règles à valeur législative, alors que l'affirmation de la pleine supériorité des normes internationales sur les dispositions internes a fait l'objet de jurisprudences un temps contradictoires des ordres judiciaire et administratif et que la

---

[211] H. Golsong, L'effet direct, ainsi que le rang en droit interne, des normes de la Convention européenne des droits de l'Homme et des décisions prises par les organes institués par celle-ci, in *Les recours des individus devant les instances nationales en cas de violation du droit européen*, Institut d'études européennes, Université libre de Bruxelles, Bruxelles, Maison Larcier, 1978, p. 59.

[212] Sur ce point, R. Abraham, L'applicabilité directe de la Convention devant la juridiction administrative, *RUDH* 1991, p. 275 ; V. Coussirat-Coustère, Convention européenne des droits de l'Homme et droit interne : primauté et effet direct, in *La Convention européenne des droits de l'Homme*, Bruxelles, Nemesis, 1992, p. 11, sp. p. 15 et s.

primauté du droit conventionnel et son effet direct n'ont pas fait l'objet de prises de positions par la juridiction de Strasbourg aussi fermes que celles de la Cour de Luxembourg. Le caractère vague de certaines dispositions de la Convention, pouvait ensuite nuire à leur mise en oeuvre devant les juridictions nationales[213]. Dans les faits, les juges français acceptent de se prononcer sur la compatibilité du droit interne de la responsabilité publique avec les exigences conventionnelles, l'intégration de la Convention en tant que source du droit soulève aujourd'hui encore certaines difficultés qui constituent, en quelque sorte, le pendant de celles dont fait l'objet le droit communautaire[214].

Malgré l'effet direct qui est reconnu en droit français aux dispositions de la Convention européenne des droits de l'Homme en matière de responsabilité, celles-ci ne sont pas consacrées comme pouvant entraîner par elles-mêmes une évolution du droit interne.

2) L'absence d'évolution immédiate du droit français sous leur influence

Certaines dispositions de la Convention sont vouées à régir le droit de la responsabilité ; mais les principes qui en découlent ne sont pas toujours réellement innovants par rapport à ceux des droits nationaux. L'affirmation du droit au respect des biens n'a pu voir le jour que dans la stricte mesure où le principe d'une contrepartie dans une telle hypothèse était prévu par les législations de la plupart des Etats membres du Conseil de l'Europe. Elle ne modifie donc pas directement l'état du droit national et nous avons constaté l'insuffisance de certaines des garanties qu'elle offre pour les particuliers par rapport au droit français. Certes, d'autres dispositions conventionnelles, telles que le principe de réparation des détentions irrégulières ou des erreurs judiciaires, sont de nature à faire évoluer profondément les droits internes de la responsabilité publique dans la mesure où elles procèdent d'une volonté de l'ensemble du Conseil de l'Europe sans nécessairement traduire l'état du droit dans les différents ordres juridiques ; mais ces principes étaient consacrés en droit français avant même leur affirmation par les organes de Strasbourg. Ils ont seulement pu entraîner des modifications et non une révolution de l'état du droit interne.

La relativité de l'effet des dispositions de la Convention en droit français est accrue par le refus des autorités françaises de prendre acte de l'origine conventionnelle des modifications du droit de la responsabilité qui s'imposent à elles. Ainsi, à l'occasion des travaux préparatoires à la modification, consécutive à l'élaboration du protocole n°7, de l'article 626 du Code de procédure pénale qui prévoit l'indemnisation des victimes d'erreurs judiciaires, le législateur national, bien que reprenant la formule énoncée dans l'article 3 de ce même protocole n'a, à aucun moment, fait le lien entre la modification

---

[213] C'est du moins la conclusion que tirent les Professeurs Velu et Ergec au sujet de l'article 3 du protocole 7 relatif à l'indemnisation des victimes d'erreur judiciaire.

[214] Ainsi le Conseil d'Etat a-t-il affirmé que les moyens tirés de la méconnaissance de la Convention ne sont pas d'ordre public : CE, 16 janvier 1995, SARL C.I.P.A., *Lebon* p. 35. ; plus récemment, CE, 18 novembre 1996, Préfet des Yvelines c/ M. Merobet, Req. n° 153.956, inédit au recueil Lebon. Son attitude tranche avec celle du juge judiciaire qui accepte pour sa part de soulever d'office de tels moyens, Cass. Crim., 5 décembre 1978, Baroum Cherif, *Bull. Crim.*, n° 346. Rap. CE, Sect., SA Morgane, 11 janvier 1991, *Lebon* p. 9.

de la réglementation et le nécessaire alignement sur les obligations conventionnelles[215]. La possible absence d'effet direct de cette disposition ajoutée au contexte juridique de l'époque et à la volonté de ne pas affirmer devant une instance suprême, telle que le Parlement, la réduction de la souveraineté nationale du fait de la construction européenne peuvent expliquer ce comportement. Mais il en découle surtout que l'évolution du droit interne sous l'effet des seules dispositions de la Convention ne doit pas pour le législateur être apparente ou du moins que sa réalité doit être cachée.

La prise en compte limitée des dispositions tirées de la Convention en matière de responsabilité se conjugue avec l'effet relatif des décisions rendues par les organes de Strasbourg, d'où un impact du droit conventionnel sur le droit de la responsabilité réduit.

B- La relativite des decisions europeennes en matiere de responsabilite

L'effet relatif des décisions européennes à l'égard des tiers s'explique par le mécanisme de contrôle institué devant les instances européennes[216]. Ses inconvénients sont cependant notables et fréquemment utilisés par les autorités nationales dans le domaine du droit de la responsabilité. L'attitude du gouvernement français à l'égard des arrêts de la Cour est sur ce point topique. En effet, celui-ci interprète largement la relativité de la chose jugée par la Cour et tient parfois fermement tête aux instances de Strasbourg.

Il n'est tenu de donner un plein effet qu'aux décisions européennes qui le visent directement, et non d'adapter son argumentation et ses positions aux décisions de la Cour européenne à l'occasion d'affaires concernant d'autres Etats membres du Conseil de l'Europe. Cette autorité limitée des arrêts de la Cour a favorisé une attitude de repli du gouvernement français qui, plutôt que de s'adapter aux prises de position conventionnelles en matière de responsabilité, a , lors de litiges concernant la France, tenu une ligne souvent proche de celle des gouvernements défendeurs à l'occasion d'affaires similaires[217]. Cette attitude, propre à allonger à la fois l'adaptation du droit interne au droit interprété par la Cour[218], mais également la durée des recours des particuliers, est à première vue critiquable. Toutefois, elle caractérise bien les difficultés de la prise en compte par l'administration des caractères de source et de facteur d'évolution du droit français que possède le droit conventionnel.

Même lorsque les décisions des organes de Strasbourg concernent la France, il peut arriver qu'elles fassent l'objet d'un rejet systématique. Ainsi, bien que la Cour ait disqualifié le recours en responsabilité du fait des actes juridictionnels prévu à l'article 781-1 du Code de l'organisation judiciaire en raison de son inefficacité due à la faible protection qu'il assure aux justiciables, le gouvernement français persiste à considérer

---

[215] Nous renvoyons sur ce point à l'examen des travaux préparatoires de la loi n° 89-431 du 23 juin 1989.

[216] Sur la réception de la chose jugée européenne par le juge français, v. J. Andriantsimbazovina, *L'autorité des décisions de justice constitutionnelles et européennes sur le juge administratif français*, Paris, LGDJ, BDP t 192, 1998, sp. pp. 74-93

[217] Ainsi, la position défendue par la France lors de l'affaire *H c/ France* (CEDH, 24 octobre 1989, série A n°162) était quasiment identique à celle du gouvernement portugais à l'occasion de l'affaire *Baraona* (CEDH, 8 juillet 1987, série A n° 122).

[218] *Ibid.*, sp. p. 433 et s.

ledit recours comme devant être exercé[219]. Cette jurisprudence bien établie ne suffit donc pas à soumettre les autorités françaises qui, ce faisant, entendent faire valoir leur conception de l'efficacité des voies de droit interne sans risquer une quelconque condamnation. Elle peuvent donc faire, en partie, abstraction des interprétations des organes de Strasbourg.

Pour autant ce phénomène de résistance à l'égard du droit européen évolue et coexiste avec quelques témoignages de la volonté d'une mise en oeuvre utile et d'une prise en compte effective des interventions de la Cour. Tel a été le cas à l'occasion de la condamnation de la France pour méconnaissance du délai raisonnable dans les affaires concernant les transfusés hémophiles contaminés par le virus du SIDA qui a été suivie de la mise en place d'un dispositif visant à accélérer la transmission des informations entre les différents organismes chargés de l'octroi d'une réparation[220] ; même si ce mécanisme ne permet encore pas, malgré les assurances qui avaient été présentées par la France[221], d'accélérer les procédures de manière à éviter de semblables violations de la Convention, l'actualité récente en témoigne[222].

Si le gouvernement français adopte souvent une attitude assez en retrait ou en tout cas qui ne révèle pas toujours sa prise en compte des prescriptions conventionnelles, les juridictions nationales ont opté pour une attitude plus ouverte qui traduit une réelle, quoique variable, mise en oeuvre du droit conventionnel de la responsabilité.

§2- LA PRISE EN COMPTE DU DROIT CONVENTIONNEL DE LA RESPONSABILITE PAR LES JURIDICTIONS FRANÇAISES

Il est délicat d'étudier le statut actuel du droit conventionnel de la responsabilité devant les juridictions nationales dans la mesure où un tel examen suppose une étude de jurisprudence qui ne saurait être exhaustive et implique de déceler au milieu des motifs qui sous-tendent une décision de justice ceux qui révèlent l'influence conventionnelle ou le souci de prise en compte du droit conventionnel. Cette réception est variable selon la juridiction en question. On sait que depuis le milieu des années soixante-dix le juge judiciaire fait preuve d'une attitude plus ouverte à l'ordre international, et notamment au droit européen, que le juge administratif. Il en va de même en ce qui concerne la réception du droit conventionnel de la responsabilité. Le premier montre une position volontaire (A), alors que second a pour sa part adopté une attitude plus nuancée, mais qu'il n'est absolument pas possible de qualifier de rejet (B).

---

[219] Sa position la plus récente révèle toutefois une évolution. V. Req. n° 36153/97, P. Durand c/ France, décision du 20 mai 1998, inédit ; Req. 40774/98, M. et M. Perreira Carreira, décision du 15 septembre 1998, inédit.

[220] Décret n° 93-906 du 12 juillet 1993 instituant des dispositions particulières de procédure intéressant le fonds créé par l'article 47 de la loi n° 91-1406 du 31 décembre 1991 portant diverses dispositions d'ordre social, J.O. 17 juillet 1993, p. 10075.

[221] Résolution du Comité des ministres DH (95) 6 relative à l'arrêt de la Cour européenne des droits de l'Homme du 26 août 1994 dans l'affaire Karakaya c/ France, adoptée par le 11 janvier 1995 lors de la 524e des Délégués des Ministres.

[222] Cf. par exemple, CEDH, 22 avril 1998, Richard c/ France, *Recueil des arrêts et décisions*, 1998-III, p. 807 ; CEDH, 29 avril 1998, Leterme c/ France, *Recueil des arrêts et décisions*, 1998-III, p. 987.

A- LA PRISE EN COMPTE VOLONTAIRE DU DROIT CONVENTIONNEL DE LA RESPONSABILITE PAR LE JUGE JUDICIAIRE

Le juge judiciaire fait preuve d'un dynamisme certain dans la prise en compte comme dans l'intégration au droit français du droit conventionnel de la responsabilité. Toutefois cette attitude très volontaire n'empêche pas qu'il soit parfois confronté à certaines difficultés.

1) Le dynamisme du juge judiciaire dans l'intégration du droit conventionnel au contentieux de la responsabilité publique

Le dynamisme du juge judiciaire dans l'application du droit conventionnel au contentieux de la responsabilité publique s'exprime de deux manières différentes mais qui, chacune, prolongent le mouvement en faveur de l'intégration.

a- L'application du droit conventionnel aux différents contentieux de la responsabilité

La Cour de Cassation a, tout d'abord, très tôt accepté d'appliquer les dispositions pertinentes de la Convention aux pans de la responsabilité publique dont elle pouvait connaître en application des règles relatives à la répartition des compétences. Cette réception se situe dans la logique du rôle de garant des libertés publiques comme dans celui de juge d'attribution du contentieux public qui a été confié au juuge judiciaire.

La responsabilité pour atteinte aux droits individuels et aux libertés publiques a, bien évidemment, été la première étape de son mouvement en faveur de l'intégration de cette branche du droit européen. Aussi la Cour de Cassation a-t-elle accepté que les dispositions de la Convention relatives au respect des biens soient invoquées devant elle dans le cadre de contestations portant sur une procédure d'expropriation[223], de remembrement[224], et plus généralement pour l'ensemble des atteintes à la propriété privée dont peuvent être accusées les autorités publiques. Elle a donc pris acte de l'application de la Convention au contentieux de l'emprise. Elle a également, toujours en ce qui concerne les atteintes aux droits fondamentaux, tiré les conséquences pour le contentieux de la voie de fait, que celle-ci résulte d'une atteinte à la propriété privée[225] ou à la liberté individuelle[226]. Parallèlement, elle a intégré le droit conventionnel au contentieux de la responsabilité pouvant survenir en dehors des hypothèses se rattachant à la liberté individuelle en considérant que la méconnaissance d'une disposition de la Convention[227] ou des implications de cette même disposition[228], par une autorité juridictionnelle pouvait entraîner la responsabilité publique du fait d'un fonctionnement

[223] Cass. Civ. 3ème, 17 juillet 1991, Epoux Digonnet c/ Directeur des services fiscaux à Saint-Etienne, *Bull.III* p. 126, *Rapport de la Cour de Cassation*, 1991, p. 309 ; Cass. Civ. 3ème, 22 juillet 1992, Girardin c/ Département du Finistère, *Bull. III*, p. 159.
[224] Cass. Civ. 1ère, 14 mai 1996, pourvoi n° 87-15.223, arrêt n° 953.
[225] *Ibid.*
[226] Cass. Civ. 2ème, 22 novembre 1995, Mme Ledrut, pourvoi n° 93-14.389, arrêt n° 1534.
[227] Cass. Civ. 1ère, 20 mars 1989, Epoux Saint-Aubin c/ Agent judiciaire du Trésor, *Bull. I*, p. 786. Cette décision rejette toutefois la demande de réparation.
[228] En l'occurrence l'article 6 relatif au droit à un procès équitable : Cass. Civ. 2ème, 28 juin 1995, pourvoi n° 94-10.398, arrêt n° 1148.

défectueux du service de la justice. Elle ne voit donc apparemment pas d'obstacle à l'application du droit conventionnel au contentieux de la responsabilité publique[229].

Mais outre ces positions favorables à la réception des dispositions conventionnelles dans le contentieux de la responsabilité, ce qui frappe dans l'attitude de la Cour de Cassation est son souci de rapprocher son mode de raisonnement de celui du juge de Strasbourg, d'expliquer le sens de ses décisions par rapport aux dispositions de la Convention et de comprendre les exigences de celles-ci afin de les incorporer véritablement au droit interne. Ainsi, elle n'a pas hésité à se prononcer par une décision fort argumentée sur la conformité de la procédure d'expropriation au droit au respect des biens ainsi qu'au droit à un procès équitable qui sont tous deux issus de la Convention en adoptant un raisonnement, certes en partie contestable[230] mais proche de celui du juge de Strasbourg[231] ; ce qui montre un souci de réalisme dans l'incorporation de la Convention européenne des droits de l'Homme. Sa prise en compte du droit conventionnel de la responsabilité est, on le voit, très active. Elle s'apparente non pas à une simple réception mais à une véritable intégration de la Convention au droit français de la responsabilité.

b- L'intégration de la Convention au droit français de la responsabilité

L'intégration de la Convention au droit français de la responsabilité n'implique en effet pas la seule justification par le juge judiciaire de son applicabilité pas plus qu'elle ne pourrait avoir pour signification l'acceptation aveugle de l'ensemble des décisions européennes. Elle nécessite au contraire une position raisonnée qui consiste avant tout à incorporer le droit conventionnel au droit interne en vue d'éviter les risques de confrontations entre eux et de respecter une certaine cohérence. Le juge judiciaire vise ainsi à montrer sa bonne volonté dans la compréhension des exigences conventionnelles. Aussi, il s'est autorisé une marge de manoeuvre pour adapter la Convention aux spécificités de chaque espèce. Dans le domaine de la réparation des détentions irrégulières, la Cour de Cassation a par exemple fait montre de sa relative indépendance[232]. Une requérante qui avait fait l'objet d'un internement irrégulier pour vice de forme contestait le montant de l'indemnisation qui lui avait été accordée, celle-ci ne correspondant qu'à la réparation de l'irrégularité et non de la détention elle-même. Elle invoquait par conséquent la méconnaissance du paragraphe 5 de l'article 5 de la Convention européenne des droits de l'Homme. La Haute juridiction judiciaire a, pour sa part, considéré que dans la mesure où l'internement dont avait fait l'objet la requérante était rendu nécessaire par son état psychiatrique, celui-ci était justifié au fond quand bien même les dispositions du Code de la Santé publique concernant la motivation de la décision d'internement n'avaient pas été respectées. Dès lors, le seul préjudice dont la requérante pouvait obtenir réparation était celui causé par l'irrégularité des mesures de détention dont elle avait fait l'objet, sans que cette limitation de

---

[229] Pour une application de l'article 6 de la CEDH au contentieux de la réparation des hémophiles contaminés par le virus du SIDA, Cass. Civ. 2ème, 26 janvier 1994, Bellet, *Bull. I*, p. 23.

[230] V. J.-F. Struillou, *Protection de la propriété privée immobilière et prérogatives de puissance publique. Contribution à l'étude de l'évolution récente du droit français au regard des principes dégagés par le Conseil constitutionnel et la Cour européenne des droits de l'Homme*, Paris, L'Harmattan, 1996, p. 473 et s.

[231] Cass. Civ. 3ème, 17 juillet 1991, Epoux Digonnet c/ Directeur des services fiscaux à Saint-Etienne, *Bull. III*, p. 126 ; *Rapport de la Cour de Cassation*, 1991, p. 309.

[232] Cass. Civ. 2ème, 22 novembre 1995, Mme Ledrut, pourvoi n° 93-14.389, arrêt n° 1534.

l'étendue de la réparation soit contraire aux exigences de la Convention. Par cette position, la Cour de Cassation a clairement signifié son autonomie dans l'interprétation de la Convention, autonomie qui s'exerce parallèlement à celle de la Cour européenne des droits de l'Homme. Ce faisant, elle ne marque en rien une rupture avec la position défendue par les organes de Strasbourg qui laissent une large marge de manoeuvre aux autorités nationales pour déterminer le *quantum* de la réparation. Cette décision révèle une acceptation non pas conditionnée, mais réaliste du droit conventionnel afin d'opérer une véritable incorporation de celui-ci dans le droit français de la responsabilité qui est la plus sure démarche que peuvent adopter les juges pour à la fois permettre le respect du droit conventionnel et se réserver une certaine indépendance de vue.

2) Les difficultés du juge judiciaire dans l'application du droit conventionnel en matière de responsabilité

Dans son rôle d'interprète du droit conventionnel et de mise en conformité des règles nationales avec ses exigences, le juge judiciaire, juge de droit commun de l'application et de l'interprétation de la Convention, est en effet à tout moment sous le coup d'une condamnation de ses positions par la Cour européenne des droits de l'Homme. Ces confrontations de vue, qui certes participent de l'élaboration du droit européen, ne témoignent pas toujours d'une simple divergence d'interprétation mais peuvent également révéler une opposition sur un point sensible, comme il peut en avoir fréquemment dans le domaine de la responsabilité publique. Telle est du moins l'analyse qu'il convient de faire dans certaines hypothèses. Ainsi la Cour de Cassation a-t-elle eu, le 26 janvier 1994, à se prononcer sur le pourvoi d'un hémophile contaminé par le V.I.H., qui tendait à voir déclarer la Fondation Nationale de Transfusion Sanguine responsable de sa contamination et à l'entendre condamnée à réparer son préjudice. Bien que le requérant ait transigé avec le fonds, conformément à la procédure mise en place par la loi du 31 décembre 1991, il faisait valoir que le droit à un procès équitable mentionné dans l'article 6 de la Convention impliquait le droit d'accès à un tribunal ayant pleine juridiction pour assurer un contrôle de la somme offerte et pour assurer la réparation intégrale du dommage. Face à cette position, étonnante à la fois au regard des implications habituelles des transactions en droit français et de la possibilité de renoncer au droit à un tribunal qui est reconnue par la Commission[233], la Haute juridiction judiciaire a affirmé que l'article 6 par. 1 de la Convention n'avait pu être violé, la victime ayant disposé de la faculté de saisir une juridiction pour voir fixer l'indemnisation de son préjudice[234]. Cette position tout à fait défendable consistait à considérer le recours devant un juge civil, même si celui-ci était voué à l'échec pour cause d'irrecevabilité, comme conforme au droit à un tribunal. Ce n'est néanmoins pas la position qui a été retenue par la Cour européenne des droits de l'Homme lorsqu'elle a été saisie de cette espèce[235]. La divergence de vues des juges judiciaire et conventionnel dans cette affaire résulte de la difficulté d'interprétation des dispositions de la Convention face aux évolutions rapides des positions de la Cour de Strasbourg et de la célérité avec laquelle celle-ci construit son édifice jurisprudentiel. La position adoptée

---

[233] Req. n° 10881/84, décision sur la recevabilité du 4 mars 1987, X c/ Suisse, *DR* 51, p. 83.
[234] Cass. Civ. 2ème, 26 janvier 1994, Bellet, *Bull. I*, p. 23.
[235] V. CEDH, 4 décembre 1995, Bellet, série A n° 333-B, § 32 et s.

par la Cour, bien que pouvant être pressentie en raison de l'état du droit français[236], est bien évidemment novatrice. Reste à se demander si le rejet par la Cour de Cassation de la possibilité d'un recours juridictionnel effectif ne traduit pas une attitude de protection des finances publiques assimilable à celles qui ont si fréquemment été reprochées au juge administratif. Cela paraîtrait à la fois étonnant au regard des principes de protection des particuliers face à l'Etat dont se targue le juge judiciaire et choquant compte tenu de l'extrême importance de la détresse subie par les hémophiles victimes. La question peut toutefois être posée et pourrait, au regard de la jurisprudence récente de la Cour de Cassation, connaître une réponse positive[237].

Ce qui doit être retenu de l'attitude du juge judiciaire dans la réception de la Convention est avant tout le caractère volontaire de son incorporation au droit interne. L'attitude du juge administratif est assez différente.

B- La prise en compte nuancee du droit conventionnel de la responsabilite par le juge administratif

En effet, sa position à l'égard du droit conventionnel de la responsabilité ne peut être qualifiée que de nuancée ; nuancée tout d'abord en raison du décalage entre la théorie, telle qu'elle était annoncée par la doctrine, et la pratique du Conseil d'Etat ; nuancée également parce que l'attitude du juge administratif est-elle même variable selon les espèces et les normes en cause. Les positions de la Cour de Strasbourg et de la juridiction administrative semblent toutefois se rapprocher, ce qui réduit les obstacles à l'intégration du droit conventionnel européen comme source du droit de la responsabilité.

1) L'annonce d'une attitude très ouverte

L'application du droit conventionnel au contentieux de la responsabilité publique par la Haute juridiction administrative ne devait pas, selon l'ensemble de la doctrine, poser de réelle difficulté dans la mesure où les dispositions de la Convention aboutissant à une harmonisation des règles de fond de la responsabilité trouvent un juge naturel devant les juridictions judiciaires, chargées de la protection des libertés individuelles, ce qui limitait en grande partie les interactions entre la Convention et l'intervention du juge administratif aux seules questions touchant à la procédure applicable.

C'est sur la question de la soumission aux impératifs de l'article 6 de la Convention prévoyant le droit à un procès équitable que la discussion au sein de la doctrine et de la juridiction administrative aurait pu être acharnée car si la responsabilité de la puissance publique est une responsabilité civile[238], sa sujétion aux règles de l'article 6 revenait à assimiler la mise en oeuvre de la responsabilité publique à une contestation portant sur un droit de caractère civil. Elle conduit à faire primer l'objet pécuniaire du litige sur sa nature, pourtant exorbitante du droit commun puisque l'action en réparation est, en droit français, d'abord un abandon consenti de sa souveraineté par l'autorité publique afin

---

[236] Le juge administratif avait en effet développé une position opposée à celle du juge judiciaire.

[237] Cf. notamment C. Cass., 1ère Civ. 9 juillet 1996, Association pour la gestion du poste de transfusion sanguine du Havre c/ M. X. et autres, *Bull. I*, p. 210 ; C. Cass. Ass. plén., 6 juin 1997, Fondation Saint-Marc c/ X et autres, *Bull. A.P.* n° 8.

[238] CE, Ass. , 7 décembre 1962, Association Les forces motrices autonomes, *Lebon* p. 664 ; *CJEG* 1964, p. 218, note Teste.

d'assurer le respect de l'Etat de droit. La position en faveur de l'applicabilité de l'article 6 au contentieux de la responsabilité a cependant été défendue au sein même du Conseil d'Etat[239]. Elle paraissait également aller de soi pour la majorité de la doctrine versée dans les subtilités du droit conventionnel[240].

L'applicabilité de l'article 6 au contentieux de la responsabilité publique était, on le voit, acceptée dans son principe par de nombreux acteurs de la jurisprudence ; même si, çà et là, quelques difficultés dans la compréhension du phénomène d'application pouvaient être décelées, le champ de la soumission de la responsabilité publique étant discuté en raison de la spécificité des missions administratives, et notamment des missions de service public, par certains auteurs[241]. Le Conseil d'Etat aurait donc dû admettre sans trop de difficultés l'application de l'article 6 au contentieux de la responsabilité publique. Sur ce point, comme sur l'ensemble de la réception du droit conventionnel de la responsabilité par le juge administratif, la réalité est toutefois plus nuancée.

2) Une réalité plus nuancée

En effet, la Haute juridiction est loin d'accepter l'ensemble des conséquences de l'existence d'une source conventionnelle du droit de la responsabilité publique. La prise en compte par le juge administratif des implications de la Convention pouvait tout d'abord sembler problématique puisqu'au début des années quatre-vingt dix, statuant sur une action en réparation consécutive à la fermeture du chenil du Puy, il avait affirmé que celle-ci n'entre pas dans le champ d'application des articles 6-1[242]. Néanmoins il ne fallait pas donner à cette décision une portée exagérée dans la mesure où ce n'est pas à ce titre qu'elle figure dans les tables du recueil Lebon[243]. Aujourd'hui la juridiction administrative adopte une attitude extrêmement nuancée dans le traitement des moyens tirés de la Convention. Le Conseil d'Etat est loin de tenir une position de rejet systématique des moyens tirés de la méconnaissance d'une disposition de la Convention ; pourtant, il fait preuve d'une extrême prudence pour admettre leurs conséquences en matière de responsabilité.

Il lui arrive de refuser d'examiner les moyens tirés de la Convention pour de stricts motifs d'irrecevabilité de l'action en réparation. Ainsi a-t-il rejeté la demande en réparation fondée sur la violation de la Convention par une décision municipale irrégulière d'internement faute de demande préalable à l'administration permettant de lier le contentieux[244]. De même, le recours tendant à une indemnisation du fait d'une

---

239 R. Abraham, Les incidences de la Convention européenne des droits de l'Homme sur le contentieux administratif français, *RFDA* 1990, p. 1053., sp. p 1058 ; *Bulletin de l'Association pour la fidélité à la pensée du président Cassin*, n° 11, 1990, p. 2-21, sp. p. 10. V. concl. Labetoulle sur CE, 27 octobre 1978, Debout, *Lebon* p. 395, sp. p. 406 ; concl. Latournerie sur CE, 22 novembre 1985, Benamour, *Lebon* p. 331.

240 J.-F. Flauss, Droit administratif et Convention européenne des droits de l'Homme, *AJDA* 1992, p. 15 ; Droit administratif et Convention européenne des droits de l'Homme, *AJDA* 1993, p. 483, sp. p. 487.

241 V. O. Dugrip, L'applicabilité de l'article 6 de la Convention européenne des droits de l'Homme au contentieux administratif, *RUDH* 1991, p. 336, sp. p. 345.

242 CE, 19 juillet 1991, Mlle Boyer-Manet, *Lebon*, T. p. 675.

243 Elle est en effet référencée comme posant le principe que l'obligation du ministère d'un avocat dans le cadre d'un recours de plein contentieux est conforme à l'article 6. V. pour une analyse identique L. Sermet, *Convention européenne des droits de l'Homme et Contentieux administratif français*, préc., pp. 64-65.

244 CE, 15 février 1995, M.B.V., Req. n° 135114, inédit au recueil Lebon.

interdiction de construire consécutive à la délimitation d'une zone à risques fondé notamment sur la méconnaissance du droit au respect des biens n'a pas été examiné au fond par le Conseil d'Etat, ce moyen ayant été présenté pour la première fois devant lui[245]. L'examen du moyen fondé sur la Convention tendant à la mise en jeu de la responsabilité étant fonction des arguments qui lui sont présentés, il est de même parfaitement conforme à la jurisprudence administrative tout comme à la logique juridique qu'un moyen tiré de la violation de la Convention ne soit pas examiné en l'absence d'éléments permettant d'apprécier son bien fondé[246]. De tels refus d'appliquer le droit conventionnel de la responsabilité n'entraînent aucune conséquence dans sa réception par le juge administratif et ne caractérisent en rien l'affirmation de son indépendance, bien que les interprétations qu'il a alors faites de la Convention puissent se trouver en porte-à-faux avec la jurisprudence européenne[247].

Il en va différemment lorsque celui-ci considère comme inopérant le moyen tiré de la Convention puisqu'il affirme alors implicitement l'absence de portée effective de celle-ci pour la solution d'un litige. Si tel est rarement le cas, de telles décisions méritent d'être remarquées. Ainsi, un hémophile contaminé par le V.I.H. souhaitait obtenir devant la Cour administrative d'appel de Paris la condamnation de l'Etat français en réparation du préjudice subi du fait de sa contamination, mais avait vu sa séropositivité déclarée avant la période d'engagement de la responsabilité de l'Etat pour de tels actes[248]. Il invoquait notamment, à l'appui de sa requête, l'article 8 de la Convention relatif au respect de la vie privée qui comprend le droit à une vie familiale normale. La juridiction d'appel lui opposa que le moyen tiré de l'article 8 de la Convention européenne des droits de l'Homme, lequel a trait à l'ingérence de la puissance publique dans la vie privée et familiale des citoyens, est inopérant[249]. Elle a donc affirmé que l'argument selon lequel en mettant fin, certes de manière involontaire, au déroulement normal de l'existence du requérant les autorités publiques lui avaient causé un préjudice de nature à entraîner leur responsabilité était sans incidence sur l'issue du litige. Cette décision traduit le refus du juge administratif de tenir compte des potentialités ouvertes par la Convention à l'occasion pourtant d'une affaire hautement sensible et alors même que la Cour de Strasbourg avait, lors de l'affaire *X c/ France*[250], fait tomber la responsabilité du fait du contrôle des activités médicales dans son champ de compétence. Elle est critiquable par l'appréciation de la situation des transfusés hémophiles qu'elle opère et en ce qu'elle révèle une première lacune de la juridiction administrative dans sa réception du droit conventionnel de la responsabilité. Toutefois,

---

245 CE, CAPC, 6 janvier 1995, Mme Atighetchi, Req. n° 150.832, inédit au recueil Lebon ; CE, CAPC, 6 janvier 1995, Epoux Picquenard, Req. n° 150.830, inédit au recueil Lebon. Cet élément d'irrecevabilité de la demande a été explicité par le commissaire du gouvernement Sanson dans des conclusions non-publiées qui sont disponibles au service des conclusions du Conseil d'Etat.

246 CAA, Paris, 4ème chambre, 21 février 1995, Société civile immobilière Bouvet et autres, M. Hamour, n°93PA01334, 93PA01367, inédit au recueil Lebon ; CE, 31 juillet 1996, M. et Mme Feldkirchner, Req. n° 135071, inédit au recueil Lebon.

247 Ainsi, la juridiction administrative a-t-elle conclu à l'absence de caractère sérieux du moyen tiré de la violation de l'article 1 du premier protocole additionnel à la Convention en cas de remembrement, CE, CAPC, 6 janvier 1995, Mme Atighetchi, préc.

248 Cette période avait été fixée au 12 mars 1985.

249 CAA Paris, Formation plénière, 16 juin 1992, M. X, *Lebon* p. 541.

250 CEDH, 31 mars 1992, X c/ France, Série A, vol. 234-C.

il est intéressant de noter que peu de temps après l'arrêt de la Cour administrative d'appel de Paris, le Conseil d'Etat fit, et cela à la suite -même si le lien entre les deux affaires paraît délicat à démontrer puisque cette décision était motivée par un souci d'équité ainsi que par les positions adoptées par l'ordre judiciaire- de la condamnation de la France pour méconnaissance du droit à un procès équitable par la Cour européenne des droits de l'Homme[251], évoluer le régime de responsabilité de l'Etat du fait de ses activités de contrôle[252].

La juridiction administrative a également fait montre de ses difficultés à intégrer le droit conventionnel dans un autre type de contentieux, celui des servitudes d'urbanisme. Une administrée contestait le rejet de sa demande d'indemnisation à raison du maintien d'une servitude d'urbanisme affectant un terrain lui appartenant. Elle invoquait pour ce faire l'article 1 du premier protocole additionnel à la Convention européenne des droits de l'Homme relatif à la protection des citoyens contre les atteintes à la propriété privée. Le juge administratif a rejeté sa requête au motif que le moyen était inopérant dans la mesure où la requérante pouvait faire obstacle aux effets de la servitude en sollicitant l'emprise totale[253]. Cette décision mérite d'être remarquée à plusieurs égards dans la mesure où elle traduit l'extrême ambivalence du juge administratif face au droit conventionnel de la responsabilité. Il est tout d'abord paradoxal que celui-ci ait affirmé que le moyen relatif à une atteinte à la propriété privée constituée par une servitude d'urbanisme est inopérant compte tenu de la position exactement opposée soutenue par les organes de Strasbourg et reprise par le juge judiciaire. Ce moyen était en fait de nature à influencer de manière déterminante l'issue du litige et les dispositions législatives du Code de l'urbanisme ne pouvaient y faire obstacle. Le qualificatif d'inopérant semble donc assez mal à propos. Mais surtout, la juridiction administrative, bien qu'ayant dans cette décision apparemment refusé de se prononcer sur le moyen tiré de la violation de la Convention, a tout de même expliqué en quoi, selon elle, la méconnaissance du droit au respect des biens par l'Etat français ne pouvait être efficacement invoquée par la requérante. Par cette position, le juge administratif a affirmé implicitement que l'institution de servitudes d'urbanisme est conforme aux exigences conventionnelles du fait de la possibilité pour les particuliers d'engager une telle procédure dès lors que les conditions prévues par l'article L 13-10 du Code de l'expropriation sont remplies. La question est alors de savoir pourquoi il n'a pas statué clairement sur le bien-fondé de ce moyen ? En fait, cette décision témoigne de l'appréhension malaisée du droit conventionnel par le juge administratif et de l'étau dans lequel il se trouve, pris entre sa volonté d'affirmer son indépendance de vue face au droit conventionnel et son désir de comprendre ses implications et donc de le positionner par rapport au droit interne en procédant de fait à son intégration. Le raisonnement adopté dans cette décision pour décider l'absence de méconnaissance de l'article 1 du protocole additionnel est toutefois particulier. En effet, une analyse calquée sur celle de la Cour de Strasbourg lorsqu'elle caractérise la méconnaissance de cette disposition aurait consisté à vérifier l'existence d'un intérêt général justifiant une atteinte à la propriété privée proportionnée à l'ingérence étatique qui aurait abouti au constat de l'absence de violation du droit conventionnel, l'absence de possibilité de

---

[251] *Ibid.*

[252] CE, Assemblée, 9 avril 1993, M. G., M. D. et M. B., *Lebon* p. 110, conclusions Legal.

[253] CAA, Lyon, 28 janvier 1993 Mme Janine Boisson, *Lebon* T p. 1095.

recours contre la décision administrative portant atteinte aux biens n'étant que de nature à aggraver le caractère discrétionnaire de l'ingérence étatique. En tout état de cause, il semble, même si les faits de l'espèce étaient peu développés dans le corps de cette décision, que la Cour de Strasbourg, saisie de ce litige, aurait conclu à la non-violation du droit au respect des biens[254].

Le rejet des moyens tirés d'une violation de la Convention peut également être justifié par la protection identique accordée par le droit national par rapport à celle issue de la Convention. Dans l'affaire *M. X.* précédemment mentionnée, le requérant invoquait la méconnaissance par les autorités administratives à l'origine de sa contamination de son droit à la vie reconnu par l'article 2 de la Convention[255]. La Cour administrative d'appel de Paris, plutôt que de vérifier le contenu du droit à la vie et de statuer sur son respect par l'administration nationale, a rejeté ce moyen en considérant que celui-ci ne modifiait en rien la date à partir de laquelle la responsabilité administrative pouvait se trouver engagée. Elle a donc fait prévaloir la logique du droit interne sur les implications d'une méconnaissance de la Convention, qui d'ailleurs, compte tenu de la rigueur des exigences de la Cour en matière de droit à la vie, aurait été bien improbable. Certes, on ne peut que regretter que la juridiction ne se soit pas prononcée sur les conséquences pour l'administration publique d'une méconnaissance de cette disposition et penser que, par cette position, elle a souhaité contourner les possibilités qu'ouvrait la Convention pour la réparation des dommages subis par de nombreux particuliers se trouvant dans une situation analogue à celle du requérant. Il nous semble pourtant que c'est sa seule inutilité qui paraît lui avoir fait rejeter ce moyen puisque, quand bien même il y aurait eu violation de la Convention, celle-ci n'aurait pas justifié une évolution du régime de la responsabilité et notamment de la date à partir de laquelle celle-ci pouvait être mise en cause.

Certes, quelques décisions révèlent des blocages ou des incompréhensions à l'égard du droit conventionnel qui concernent des secteurs relativement sensibles, hautement caractéristiques de l'exercice par l'Etat de ses prérogatives de puissance publique et pour lesquelles l'influence conventionnelle est assez difficile à admettre. Tel a été le cas en matière de responsabilité du fait des lois. Un requérant, M. Drouhard, invoquait que la loi du 28 octobre 1982 prévoyant la fermeture de lits d'hôpital, qui a abouti à la fermeture de la clinique ouverte dans laquelle il exerçait, portait atteinte à son droit au respect des biens dans la mesure où il y exerçait une activité de clientèle privée. Il souhaitait obtenir réparation du préjudice résultant de la fermeture. La juridiction administrative lui opposa que ladite loi n'a pas eu pour effet de porter atteinte au droit de propriété des citoyens[256]. Il a pourtant été précédemment constaté que constitue un bien entrant dans le champ de l'article 1 du protocole 1 tout élément du patrimoine dès

---

[254] Sur la compatibilité de l'institution de servitudes d'urbanisme avec l'article 1 du premier protocole additionnel, nous ne pouvons que renvoyer aux développements fort étayés de J.-F. Struillou dans sa thèse, précitée, *Protection de la propriété privée immobilière et prérogatives de puissance publique. Contribution à l'étude de l'évolution récente du droit français au regard des principes dégagés par le Conseil constitutionnel et la Cour européenne des droits de l'Homme*, préc., p. 425 et s.

[255] CAA Paris, Formation plénière, 16 juin 1992, M. X, *Lebon* p. 541.

[256] CAA Nantes, 2ème chambre, M. Philippe Drouhard, 9 décembre 1993, Req. n° 92NT00347, inédit au recueil Lebon.

lors qu'il est certain et identifié[257] et il est clairement établi que la clientèle d'un médecin est un élément de son patrimoine[258]. La solution adoptée par la Cour administrative permet d'éviter un élargissement considérable de la mise en cause de la responsabilité pécuniaire de l'Etat en ces temps de restructuration de la carte hospitalière et son raisonnement, s'il est contraire à l'interprétation de l'article 1 du premier protocole additionnel, révèle une démarche autonome qui vise à faire prévaloir l'état des finances publiques et le caractère souverain de la loi. Il traduit néanmoins la difficulté qu'a, de manière générale, le juge administratif, à s'ouvrir aux influences étrangères, par crainte de voir s'échapper son propre pouvoir. La jurisprudence du Conseil d'Etat la plus récente témoigne toutefois d'une adaptation au contexte européen puisque, ayant à se prononcer sur le contentieux du reversement d'honoraires par les médecins à titre de sanction pour dépassement de l'objet prévisionnel de dépenses de santé, il a implicitement reconnu le caractère de bien au versement effectué par le médecin, alors même qu'il ne s'agit que d'une créance, et a considéré cette atteinte comme justifiée par l'intérêt général[259].

Il résulte de tous ces exemples que la qualification d'inopérant permet au juge administratif, lorsqu'il examine un moyen tiré de la Convention, de préserver son autonomie de pensée[260].

L'ambivalence du juge administratif à l'égard de la Convention n'en est pas moins réelle et on en prendra pour preuve la motivation souvent sommaire qui accompagne l'examen des moyens tirés de la Convention.

Il arrive en effet que le juge administratif rejette un moyen tiré de la Convention sans expliquer expressément, de quelque manière que ce soit, son refus. Un particulier souhaitait obtenir la condamnation de l'administration pour l'édiction d'un décret portant déclaration d'utilité publique au profit de l'organisation européenne pour la recherche nucléaire (C.E.R.N.) et qui n'énonçait aucune règle relative à l'exercice des voies de recours qui sont offertes aux personnes victimes de dommages causés par le C.E.R.N. ; ce qui selon le requérant constituait une méconnaissance des stipulations de la Convention européenne des droits de l'Homme reconnaissant à toute personne le droit d'exercer un recours devant une instance nationale. La Haute juridiction administrative se contenta de répondre que ce moyen devait être rejeté[261]. Ce refus au fond pourrait être assimilé à une négation de la portée du droit à un recours juridictionnel au plan interne. Pourtant les conclusions rendues par le commissaire du gouvernement Stirn expliquent l'analyse qui a été faite pour tirer les conséquences de

---

[257] Cf. supra, Titre I, Chapitre II, Section I, § 2, B, 1).

[258] Pour une analyse opérée par la Cour européenne des droits de l'Homme concernant la qualification de bien au sens de l'article 1 du premier protocole additionnel de la clientèle de comptables, CEDH, 20 juin 1986, Van Marle, série A n° 101, § 40-41. La qualification d'ingérence dans le droit au respect des biens a, dans cette affaire, été retenue alors même que la clientèle ne pouvait être constituée, comme dans l'affaire Drouhard, qu'en raison d'une habilitation administrative et que le bénéfice de cette clientèle pouvait dans les deux affaires cesser du fait d'une intervention publique.

[259] CE, 27 avril 1998, Confédération des syndicats médicaux français et autres, *Lebon* p. 180.

[260] Tel est d'ailleurs le cas dans des contentieux plus spécifiques qui présentent un aspect indemnitaire, tels que le contentieux en réparation à l'initiative d'agents publics : CE, 4 octobre 1989, Mlle Leberche, *Lebon* T p. 451 ; CE, 16 décembre 1992, Mme Gilot, Req. n° 96.459, inédit au recueil Lebon.

[261] CE, 25 juillet 1986, Girod de l'Ain, *Lebon* T, p. 567.

l'application de ce principe à l'espèce[262]. Celui-ci a affirmé que « *quel que soit l'intérêt d'une réflexion sur (...) les stipulations d'une convention internationale, l'argumentation des requérants se trouve sur ces points (...) en porte-à-faux. Ce sont les stipulations de l'accord de siège conclu avec l'organisation européenne pour la recherche nucléaire qui règlent les conditions dans lesquelles des recours peuvent être intentés contre cette organisation. La déclaration d'utilité publique attaquée n'a ni pour objet, ni pour effet, de modifier ces règles. Elle n'énonce elle-même aucune prescription relative aux voies de recours (...)* ». Ainsi, le droit à un recours juridictionnel n'avait pas été méconnu par le règlement litigieux[263]. Cet exemple montre clairement qu'il est nécessaire de rechercher, à travers une motivation apparente sommaire, les fondements réels des décisions juridictionnelles se prononçant sur des moyens tirés de la Convention ; les motivations lapidaires pouvant paraître au juge administratif être une réponse adéquate à une invocation mal à propos.

La tendance majeure qui ressort de l'étude de la jurisprudence administrative révèle cependant souvent une connaissance certaine des implications du droit conventionnel sur le droit de la responsabilité publique. Le juge administratif a ainsi affirmé que des requérants ne sont pas fondés à soutenir que les dispositions du Code de l'urbanisme relatives à l'institution de servitudes d'urbanisme seraient contraire à l'article 13 de la Convention prévoyant le droit à un recours effectif qui était d'ailleurs, comme souvent devant le juge administratif, invoqué de manière autonome, et que par suite, ils ne sauraient obtenir une indemnisation du fait que de telles servitudes grèvent leur terrain[264]. Cette position, qui pouvait sembler contestable en raison des affirmations contraires d'une partie de la doctrine[265], montre une certaine compréhension du mécanisme conventionnel dans la mesure où l'institution de telles servitudes peut faire l'objet d'un recours devant une autorité administrative. De même, à l'occasion d'une importante et récente affaire concernant toujours le contentieux de l'indemnisation des servitudes d'urbanisme, il n'a pas hésité à interpréter le droit français au regard de l'article 1 du premier protocole additionnel[266] ; ce qui témoigne de sa volonté de participer toujours plus activement à la mise en oeuvre de la Convention, tout en s'affirmant dans son rôle spécifique d'interprète du droit national d'autant plus à même d'en contrôler la conventionnalité qu'il en assure de manière permanente la mise en oeuvre.

L'autonomie affichée du juge administratif n'empêche pas, on le voit, une communauté de vues avec les organes de Strasbourg, mais plutôt que de se voir imposer des décisions par les organes de la Convention, le juge administratif semble préférer aller dans leur direction ; d'où la nécessité de créer un climat en faveur de l'intégration

---

[262] Conclusions manuscrites non publiées qui nous ont été transmises par le service des conclusions du Conseil d'Etat.

[263] La Cour de Strasbourg elle même a d'ailleurs reconnu l'immunité juridictionnelle des organisations internationales : CEDH, 18 février 1999, Waite et Kennedy c/ Allemagne, Req. n° 26083/94.

[264] CE, CAPC, 3 mars 1995, Epoux Barry, commune de Mortefontaine en-Thelle, Req. n° 132.167, inédit au recueil Lebon.

[265].La question de la compatibilité du principe de non-indemnisation des servitudes d'urbanisme avec le droit conventionnel sera envisagée infra, Partie II, Titre I, Chapitre II, Section I, §2.

[266] CE, Sect., 3 juillet 1998, M. Bitouzet, Req. n° 158592, *Lebon* p. 288.

du droit conventionnel de la responsabilité, tout en prenant garde de ne pas brusquer le Conseil d'Etat[267].

L'intégration du droit conventionnel de la responsabilité est en marche et la similitude de vues entre le juge administratif et le juge de Strasbourg en matière de responsabilité semble s'accroître. Elle révèle même une convergence sur des sujets sociaux d'une brûlante actualité. Ainsi, dans une décision récente, la Haute assemblée a affirmé que la naissance d'une enfant handicapée du fait d'une défaillance dans le diagnostic prénatal ne peut constituer un préjudice indemnisable dans le chef de celle-ci, faute de lien de causalité certain, une amniocentèse correctement effectuée et révélant une trisomie ne débouchant pas nécessairement sur une I.V.G.[268] . En fait, cette solution, bien que contestable sur la plan de la logique juridique[269], se justifie au regard d'une certaine éthique, puisque la question qui se posait à la juridiction administrative était de trancher si le fait de naître avec une anomalie génétique peut justifier une indemnisation et si une réparation peut être obtenue du fait pour un enfant d'exister. Or la difficulté de cette question a fait l'objet d'une perception similaire au niveau européen. La Commission européenne des droits de l'Homme a, en effet, eu à se prononcer sur la requête d'une enfant atteinte d'une anomalie congénitale qui avait attaqué l'hôpital dans laquelle sa mère avait été suivie pendant sa grossesse en se fondant sur la vie anormale qui était la sienne. Il lui fut opposé qu'une action en réparation pour vie anormale n'était pas prévue par la loi d'indemnisation civile anglaise[270] et, qu'en conséquence, elle ne pouvait obtenir gain de cause. La Commission, saisie sur le fondement de l'absence de procès équitable affirma qu'eu égard aux considérations tant éthiques que morales qui sous-tendent cette question et à l'objectif de prééminence du droit à la vie qui fonde la position britannique, la limitation du droit à un procès équitable opérée par l'Etat, était admissible[271]. Le Conseil d'Etat et la Cour de Strasbourg ont, par ces deux décisions qui méritent d'être mises en parallèle, montré leur aptitude, lors d'affaires ponctuelles, à adopter une conception analogue des relations entre la responsabilité pécuniaire de l'Etat et la morale, l'éthique. Si une telle communauté de vues n'anime pas l'ensemble de la jurisprudence administrative, ces solutions permettent de croire à la possibilité d'une meilleure prise en compte du droit conventionnel.

*

*   *

---

[267] Pour un constat plus général du passage progressif d'une attitude d'incompréhension à une attitude d'intégration : R. Abraham, Le juge administratif français et la Cour de Strasbourg, in *Quelle Europe pour les droits de l'Homme? La Cour de Strasbourg et la réunion d'une Europe plus étroite: 35 années de jurisprudence*: 1959-1994, Bruxelles, Bruylant, 1996, p. 235.

[268] CE, Sect. 14 février 1997, Centre hospitalier régional de Nice c/ Epoux Quarez, *Lebon* p. 44, concl. Pécresse.

[269] Cf. B. Mathieu, note sous CE, Sect. 14 février 1997, Centre hospitalier régional de Nice c/ Epoux Quarez, *RFDA* 1997, p. 382. Le juge judiciaire accepte dans un tel cas d'accorder une indemnisation à l'enfant : Civ. 1ère, 26 mars 1996, note J. Roche-Dahan, *D* 1997, Jurisprudence, 35.

[270] Civil liability act de 1976.

[271] Req. n° 24844/94, Megan Reeve c/ R.-U., décision sur la recevabilité du 30 novembre 1994, *DR* 79, p. 146.

Le droit européen de la responsabilité publique qui, se départissant des droits nationaux conformément à une logique finaliste, constitue une nouvelle source du droit de la responsabilité fait l'objet d'une réception certes lente et variable en fonction des ordres juridictionnels et des dispositions en cause, mais qui s'accroît néanmoins de manière constante.

La conséquence première de l'apparition d'un droit européen de la responsabilité publique est bien évidemment la diversification des sources et l'ouverture des juridictions nationales sur les mécanismes étrangers et européens de protection des particuliers qu'elle implique. En ce sens, elle devrait permettre un renouvellement du droit de la responsabilité[272]. Mais outre la seule question de l'affirmation d'un droit européen de la responsabilité publique, l'intervention européenne révèle le phénomène d'européanisation du droit de la responsabilité, c'est à dire d'une véritable emprise sur le droit français qui pourrait être de nature à remettre en cause l'équilibre établi depuis plus de deux siècles par la jurisprudence administrative.

[272] Renouvellement qui n'est d'ailleurs pas propre au droit public mais concerne également le droit privé, cf. Il faut réapprendre la responsabilité civile à l'épreuve du droit communautaire, *Cahiers du droit de l'entreprise*, 1991, n° 5, p. 23. V. également *Le renouvellement des sources du droit des obligations*, Association Henri Capitant, Journées nationales de Lille t. 1, Paris, LGDJ 1997, sp. les contributions de P. Jourdain, *Les sources communautaires du droit français de la responsabilité civile*, p. 29 et de J.-P. Marguénaud, L'influence de la Convention européenne des droits de l'Homme sur le droit français des obligations, p. 45.

CONCLUSION DE LA PREMIERE PARTIE

L'EUROPEANISATION DU DROIT DE LA RESPONSABILITE PUBLIQUE

L'observation de l'intervention européenne en matière de responsabilité pose la question de sa légitimité. En effet, face à l'accroissement de la pression qu'elle exerce, nombreuses sont les contestations dont elle fait l'objet, tant en France que dans les autres Etats européens. Tel a été le cas à l'occasion de la précision par la Cour de Justice des Communautés en 1996 du régime de responsabilité applicable en cas de violation du droit communautaire[273], même si la critique de la légitimité de l'intervention européenne est surtout officieuse et surgit à l'occasion des étapes importantes de la construction européenne[274]. Une telle controverse est somme toute naturelle. En effet, il est très difficile pour un Etat à l'origine de la mise en place d'une autorité internationale de voir le pouvoir qu'il a confié lui échapper et de constater qu'un organe qu'il a créé adopte des positions toujours plus contraignantes à son égard, positions qui ne correspondent pas nécessairement aux fonctions attribuées initialement.

Pourtant, si les organes communautaires tout comme ceux du Conseil de l'Europe, en se démarquant du cadre qui leur avait été à l'origine fixé et en raisonnant, même si ce n'est que de manière relative, abstraction faite des droits nationaux, dépassent la compétence qui leur avait été initialement dévolue, en même temps ils visent la réalisation des objectifs qui leur ont été assignés. L'intervention en matière de responsabilité est donc bien indispensable à la réalisation des deux Europes. Elle doit par conséquent en tant que telle être admise, la question de la légitimité constituant un faux problème en raison des atteintes à la souveraineté qui sont inhérentes au contexte européen[275] dans la mesure où l'effectivité du droit exerce une fonction révisionniste dans l'ordre international, selon l'expression du Professeur Touscoz[276]. Pour autant, tant que le paradoxe de l'élaboration par des institutions créées par les Etats d'un droit autonome et relativement contraignant ne sera pas véritablement accepté par les autorités nationales, la question de la légitimité de l'intervention européenne continuera

---

[273] Le gouvernement allemand ayant souhaité que le rôle de la Cour se limite à une interprétation stricte des actes communautaires ; CJCE, 5 mars 1996, Brasserie du pêcheur SA et Bundesrepublik Deutschland, The queen et Secretary of State for transport ex parte: Factortame Ltd e.a., Aff jtes C 46/93 et 48/93, *Rec.*, p. I-1029.

[274] Tel a ainsi été le cas à l'occasion de la conférence intergouvernementale à travers le mémorandum du Royaume-Uni concernant la Cour de Justice des Communautés européennes du 23 juillet 1996, CONF 3883/96, Supplément.

[275] Sur le caractère évolutif de la souveraineté en matière de droits de l'Homme et spécialement dans le cadre de la mise en oeuvre de la Convention européenne des droits de l'Homme, J. A. Carrillo Salcedo, Souveraineté des Etats et droits de l'Homme en droit international contemporain, in *Droits de l'Homme, la dimension européenne, G.J. Mélanges Wiarda*, Cologne, Carl Heymanns Verlag KG, 1988, p. 91. En ce qui concerne le droit communautaire, B. de Witte, Sovereignty and European Integration : The weight of Legal Tradition, *Maastricht Journal*, 1995, p. 147.

[276] J. Touscoz, *Le principe d'effectivité dans l'ordre international*, Paris, LGDJ, 1964, sp. p. 156 et s.

à se poser. Les contestations de la légitimité de l'intervention européenne devraient être d'autant plus importantes que l'on pourrait voir son champ s'élargir à de nombreux contentieux de la responsabilité qui relèvent du droit purement interne.

Bien évidemment le droit européen, qu'il soit communautaire ou conventionnel, laisse aux Etats une certaine marge de manoeuvre pour adapter leurs systèmes juridiques à ses principes. Il se peut même qu'il limite ses effets aux seules hypothèses dans lesquelles une norme européenne est en cause. Tel est le cas des interventions communautaires qui, à la différence du droit conventionnel[277], ne visent qu'à assurer la mise en oeuvre effective du droit communautaire et sont indifférentes à l'existence ou à la qualité de la protection juridictionnelle assurée aux droits conférés par la seule règle interne[278].

Pourtant l'influence du droit européen, et plus particulièrement du droit communautaire puisque c'est pour lui qu'une application différenciée pourrait être possible, nous semble devoir s'exercer sur l'ensemble de la responsabilité publique, et cela qu'une norme européenne soit ou non en cause. En effet, la différence de traitement de la responsabilité selon qu'une norme communautaire est en jeu ou non risque de provoquer d'importantes inégalités de protection juridictionnelle des particuliers, ce qui ouvre la porte à des discriminations à rebours -le droit national étant moins bien protégé que le droit communautaire- en même temps qu'à de possibles ruptures d'égalité devant la justice. Compte tenu de l'importance de ce principe en France[279], le juge interne devrait tenter d'assurer une protection semblable à l'ensemble des particuliers quelle que soit la norme applicable, les principes découlant du droit européen de la responsabilité publique intervenant alors sur l'ensemble de la responsabilité. D'ores et déjà un tel phénomène a pu être constaté, ainsi que l'ont relevé les Professeurs Dubouis[280] et Flauss[281], en droit français à travers la mise en oeuvre de l'article L 22 du Code des tribunaux administratifs et des cours administratives d'appel qui, mis en place pour assurer le respect des règles européennes de passation des marchés, a su trouver un champ d'application plus large. M. Van Gerven a également remarqué qu'un tel phénomène d'évolution d'ensemble de certains pans de la responsabilité s'était produit en droit anglais[282], cela afin d'éviter une distorsion dans le traitement des particuliers et un système de droit qui serait à deux vitesses[283]. C'est donc à une évolution d'ensemble

---

[277] Sur la différence des interventions communautaire et conventionnelle v. C. Debouy, *Intégration communautaire et pratique procédurale du juge administratif français*, *JCP* 1992, I, n° 3616, sp. p. 440.

[278] L. Dubouis, A propos de deux principes généraux du droit communautaire (droit au contrôle juridictionnel effectif et motivation des décisions des autorités nationales qui portent atteinte à un droit conféré par la règle communautaire, *RFDA* 1988, p. 691.

[279] Qui est un principe à valeur constitutionnelle: C.C. 75-76 D.C., 23 juillet 1975, *Rec.* p. 24.

[280] L. Dubouis, Droit administratif et droit communautaire, *in* Le droit administratif: *AJDA* numéro spécial, 1995, p. 66, sp. p. 72.

[281] J.-F. Flauss, Rapport français in J. Schwarze, *Le droit administratif national sous l'influence de l'Europe Une étude sur la convergence des ordres juridiques administratifs nationaux dans l'Union européenne*, Baden-Baden, Nomos Verlagsgesellscheft - Bruylant, 1996, p. 31 et s., sp. p. 84.

[282] W. Van Gerven, La jurisprudence récente dans le domaine de la responsabilité extracontractuelle vers un *ius commune* européen, in *Droit européen I, Cours et travaux de l'Institut des hautes études internationales de Paris, Université Panthéon-Assas*, Paris, Pédone 1998, p. 61, sp. p. 77 et s.

[283] V. toutefois, pour un contre-exemple récemment fourni par la jurisprudence belge, l'affirmation de la nécessité, à l'occasion de l'examen de la question de la responsabilité de l'Etat pour violation du droit communautaire, de s'aligner sur la position de la Cour de Justice et de ne pas appliquer les articles 1382 et

que la responsabilité publique pourrait être soumise sous l'influence européenne. En tout état de cause, la prudence qui animait les interventions européennes il y a une vingtaine d'années[284] a cédé le pas à une attitude largement interventionniste qui ne considère plus l'absence de remise en cause des droits internes comme un principe et permet de constater un « retour de balancier » du mouvement initial d'influence du droit français sur le droit européen[285].

L'intervention européenne en matière de responsabilité n'en demeure pas moins conforme à une logique d'harmonisation puisque le droit européen vise moins à introduire des règles uniques dans les différents systèmes nationaux de responsabilité qu'à mettre ces derniers en compatibilité, à travers les interventions écrites et jurisprudentielles et à rapprocher l'ensemble des droits nationaux d'un étalon prédéterminé ; ce qui laisse aux autorités étatiques une certaine latitude dans la mise en oeuvre du droit européen. L'objectif poursuivi n'est pas l'intégration des droits internes et l'absorption dans le droit européen mais l'élaboration de principes communs. Ainsi, même dans le cadre des interventions sectorielles spécifiques, dans le domaine des erreurs judiciaires[286], de la protection de l'environnement[287] ou de la responsabilité du fait des produits défectueux[288], les règles précises qui sont énoncées, tant en ce qui concerne les modalités de preuve que les délais de recours, ne visent qu'à favoriser l'homogénéisation des droits internes.

Quelle que soit sa nature, l'intervention européenne en matière de responsabilité publique a néanmoins pour conséquence la consécration de règles et de principes communs aux Etats européens et une évolution conjointe des ordres juridiques nationaux en matière de responsabilité. Par cette communauté, qui se révèle il est vrai de manière éparse, une nouvelle perspective est offerte au droit français ; mais le risque d'une intégration européenne ou d'une phagocytose de ce dernier par le droit européen semble devoir être écarté puisque l'intervention européenne ne s'accroît qu'en fonction des nécessités de la réalisation des ordres communautaire et conventionnel. Cette considération explique d'ailleurs l'absence de véritable harmonisation des mécanismes de responsabilité sans faute dans la mesure où cette dernière ne répond pas, à ce jour, à une nécessité pour l'Europe. L'intervention européenne en matière de responsabilité publique ne constitue pas une fin en soi, ce qui nécessairement limite son champ. Ce

1386 du Code civil belge, sous peine de violer le droit communautaire ; ce qui a pour effet de mettre en place un régime à plusieurs vitesses Civ. Verviers, 26 juin 1998, Scté association pour l'exploitation du circuit de Francorchamp e.a. c/ Etat Belge, *JTDE* 1998, p. 210.

[284] En ce qui concerne l'attitude de la Cour de Justice des Communautés à la fin des années soixante-dix, cf. K. Mortelmans, Les lacunes provisoires en droit communautaire, *CDE* 1981, p. 410.

[285] Sur l'idée de rétroaction des rapports entre les droits administratifs nationaux et le droit administratif européen, cf. les travaux de J. Schwarze, Tendencies towards a common Administrative Law in Europe, *ELRev.* 1991, p.3 ; du même auteur, Tendances vers un droit administratif commun en Europe, *RTDE* 1993, p. 234.

[286] Article 3 du protocole additionnel à la Convention européenne des droits de l'Homme n° 7.

[287] Convention du Conseil de l'Europe sur la responsabilité civile des dommages résultant d'activités dangereuses pour l'environnement adoptée le 8 mars 1993, dite convention de Lugano.

[288] Cf. la convention européenne sur la responsabilité du fait des produits en cas de lésions corporelles ou de décès et la directive 85/374 CEE du 25 juillet 1985 relative au rapprochement des dispositions législatives, réglementaires et administratives des Etats membres en matière de responsabilité du fait des produits défectueux.

n'est qu'au cas où la mise en oeuvre du droit européen serait menacée qu'elle pourrait s'intensifier ; toutefois dans la mesure où son champ ne fait pas à ce jour l'objet d'une délimitation *a priori*, il concerne, virtuellement, l'ensemble de la responsabilité publique.

Il n'en demeure pas moins que le droit de la responsabilité en France est sous l'emprise européenne. Outre les conséquences directes de ce phénomène, en termes d'enrichissement du droit de la responsabilité, qui est dorénavant soumis aux règles européennes en sus de celles du droit interne, et de dessaisissement partiel des auteurs traditionnels du droit de la responsabilité -législateur ou juge-, le droit européen a des conséquences moins immédiates, induites, sur le droit français, qui traduisent son influence.

PARTIE II

L'INFLUENCE DU DROIT EUROPEEN SUR LA RESPONSABILITE PUBLIQUE EN FRANCE

L'intervention européenne en matière de responsabilité publique reposant sur le principe d'une harmonisation par l'élaboration de principes communs plutôt que d'une intégration, elle est fondée en grande partie sur le renvoi au droit interne. Pour autant l'autonomie des Etats membres dans l'élaboration et la mise en oeuvre du droit de la responsabilité est, du fait même de son existence, limitée. Le principe d'une intervention européenne en matière de responsabilité publique soulève donc nécessairement l'éventualité d'une remise en cause de cette dernière par adaptation aux exigences minimales communes à l'ensemble des Etats, afin d'instaurer une communauté de droit.

Le droit français ne peut être considéré comme « naturellement » à l'abri d'un tel phénomène et cela pour deux raisons. Tout d'abord, l'avancée des garanties procurées par le droit français en matière de responsabilité par rapport aux autres Etats d'Europe de l'Ouest s'est atténuée en raison des évolutions qu'ont connues leurs systèmes juridiques[1] ; évolutions qui vont dans le sens d'un assouplissement des conditions de mise en oeuvre de la responsabilité publique. Mais surtout, même si le régime français de responsabilité est favorable aux particuliers, il n'en demeure pas moins justifié par des objectifs spécifiquement nationaux qui divergent nécessairement de ceux poursuivis par le droit européen, qui sont propres et autonomes et peuvent être à l'origine d'évolutions des conditions de la responsabilité qui n'auraient jusque là pas été jugées utiles d'un point de vue purement national. La question qui se pose alors est de savoir jusqu'où la prise en compte des exigences européennes est possible sans risque de blocage en droit interne ; les autorités nationales, et notamment juridictionnelles, n'accepteront certainement pas sans difficulté les évolutions parfois importantes qu'implique le droit européen.

L'objet des développements qui vont suivre est d'examiner dans quelle mesure le droit européen peut influencer le droit de la responsabilité et partant de dresser un tableau des évolutions qu'il induit en droit français. Il ne s'agit bien évidemment pas de faire oeuvre divinatoire pas plus que de déterminer quelles devraient être les évolutions à venir mais de souligner les orientations qui, au regard des interventions européennes, semblent se dessiner. Pour ce faire, il est nécessaire de reprendre les diverses branches du droit de la responsabilité afin de mesurer leurs transformations sous l'effet du droit européen en situant les différents types de rapport que le droit français entretient avec le droit européen dans ce domaine, qu'ils s'agissent de rapports d'opposition ou de complémentarité. Cette démarche vise à établir si le droit européen limite son influence à des points très précis ou si l'on assiste à une remise en cause plus générale de notre droit de la responsabilité. Mesurer une telle influence est toutefois une tâche délicate. L'on ne peut en effet qu'être convaincu d'une part que la question de l'articulation du droit européen et du droit national de la responsabilité sera longue à régler ; d'autre part qu'il est aujourd'hui difficile de dire quelle sera l'orientation choisie par le législateur et le juge administratif pour adapter le droit français aux exigences européennes et encore plus de déterminer dans quelle mesure cette adaptation pourra être réalisée.

Si l'on ne saurait conclure à une novation du droit français de la responsabilité sous l'effet du droit européen, notre conviction est que l'influence que ce dernier exerce est réelle, tant en ce qui concerne les modalités de mise en oeuvre de la responsabilité dont

---

[1] Pour ce constat, v. R. Drago, *La responsabilité administrative en droit comparé*, Cours de la Faculté internationale pour l'enseignement du droit comparé, Strasbourg, Printemps 1966, n° 551-552, p. 2.

il favorise l'évolution (Titre I), qu'en ce qu'il provoque une nouvelle lecture des caractères fondamentaux, et partant de l'essence même, du droit de la responsabilité publique (Titre II).

TITRE 1- L'EVOLUTION DES MODALITES DE MISE EN OEUVRE DE LA RESPONSABILITE PUBLIQUE

Le droit de la responsabilité publique est caractérisé par des règles exorbitantes du droit commun, « *qui varient suivant les besoins du service et la nécessité de concilier les droits de l'Etat avec les droits privés* »[2]. La spécificité de ses modalités de mise en oeuvre est justifiée par le rôle de l'Etat dans la vie sociale et la volonté de lui permettre d'assurer ses missions sans paralyser son action par de trop nombreuses actions en réparation. De cette considération découlent des conditions de mise en oeuvre non seulement exorbitantes du droit commun, mais surtout parfois moins favorables que celles régissant les rapports entre personnes privées.

La nécessité de concilier la réalisation de finalités d'intérêt général avec les droits privés tout comme le statut particulier accordé aux diverses représentations de l'Etat ont également justifié que celles-ci bénéficient de privilèges en cas d'actions en réparation dirigées contre elles. De ce fait, la possibilité d'obtenir un dédommagement du fait d'une activité étatique peut être aléatoire, variable en fonction de l'activité en cause - qu'elle revête un caractère plus ou moins politique, qu'elle soit ou non significative de l'exercice de fonctions de souveraineté-. Elle peut surtout être d'une efficacité limitée en raison notamment de l'absence de possibilité de contraindre les autorités administratives à l'exécution, et cela dans la mesure où l'obtention d'une telle réparation résulte parfois d'une concession accordée par l'Etat souverain aux particuliers qui l'autorise dans certaines hypothèses à en limiter le bénéfice. Les modalités de mise en oeuvre de la responsabilité publique font l'objet d'une remise en cause du droit européen sur ces deux plans. Celui-ci en effet implique une évolution des règles de la responsabilité publique, évolution qui s'effectue dans le sens d'un assouplissement (Chapitre I) et consacre le droit pour les particuliers d'obtenir réparation des dommages causés par les autorités publiques (Chapitre II).

[2] TC, 8 février 1873, Blanco, *Lebon* 1er supplt 61, Concl. David.

CHAPITRE I - L'ASSOUPLISSEMENT DES REGLES DE LA RESPONSABILITE PUBLIQUE

Les conditions de mise en oeuvre de la responsabilité publique varient en droit français selon l'activité à l'origine du dommage. Cette différence de traitement des litiges en fonction de la qualité de l'organe auquel ils sont rattachés pouvait au début de ce siècle être considérée comme la conséquence de l'existence d'actes de souveraineté[3], la responsabilité publique étant fréquemment engagée du fait de l'administration active tandis qu'il en allait différemment des pouvoirs législatif et parlementaire comme judiciaire, sauf exceptions très spécifiques[4]. Il n'est plus possible actuellement d'envisager la question sous le même angle puisque tout au long du XXe siècle ont été progressivement affirmés ou renforcés, même si c'est dans une mesure limitée, des mécanismes de responsabilité du législateur et du pouvoir judiciaire. Il n'en demeure pas moins que les conditions de mise en oeuvre de la responsabilité publique demeurent variables selon l'activité en cause et que, si la responsabilité du fait de l'activité exécutive a connu une consécration certaine devant le juge administratif, l'activité judiciaire et surtout l'activité législative permettent rarement aux individus qui se plaignent d'en subir un dommage de sortir vainqueurs du prétoire. La justification de cette différence de traitement ne semble plus tant résider dans la notion d'acte de souveraineté, la notion de souveraineté ayant été quelque peu mise à mal par la construction européenne comme plus généralement par l'internationalisation du droit[5], que dans le nécessaire respect de la séparation des pouvoirs et de l'autorité de la chose jugée.

Cette hétérogénéité de la responsabilité publique n'est pas contredite par le droit européen qui admet évidemment l'existence de dispositifs spécifiques réglementant chacune des activités étatiques, l'hétérogénéité des régimes de responsabilité correspondant aux particularités des activités en cause. Toutefois, il encadre chacune de ces branches de la responsabilité. Ainsi pousse-t-il à une évolution, dans le sens d'un assouplissement des règles de la responsabilité publique, par l'élargissement de la responsabilité administrative (Section 1), la critique de la responsabilité du fait de l'activité juridictionnelle (Section 2) et par la remise en cause du régime de responsabilité du fait des lois (Section 3).

---

[3] V. G. Teissier, *Responsabilité de la puissance publique*, Répertoire Béquet, vol. 23, 1906, n° 17 et s.

[4] Ce qui était le cas principalement de l'acceptation du principe de responsabilité en cas d'erreur judiciaire.

[5] Elle ne constitue plus selon certains auteurs le fondement des systèmes juridiques occidentaux : Cf. M. Leroy, Requiem pour la souveraineté, anachronisme pernicieux, in *Présence du droit public et des droits de l'Homme, Mélanges en l'honneur de J. Velu*, Bruxelles, Bruylant-ULB, 1992, t. 1, p. 92.

SECTION I- L'ELARGISSEMENT DE LA RESPONSABILITE ADMINISTRATIVE

La responsabilité administrative, depuis la consécration de son principe, subit une tendance constante à l'accroissement de son champ et à l'assouplissement de ses conditions de mise en oeuvre ; conformément à la logique selon laquelle la soumission de l'administration au droit passe par l'obligation d'assumer les conséquences dommageables de ses actes, et conformément, de manière plus générale, à l'idée d'Etat de droit[6]. Cet élargissement, qui est d'abord passé par une mise en avant de l'exigence d'une faute lourde, est aujourd'hui encore de mise avec l'abandon progressif des hypothèses dans lesquelles cette condition est nécessaire et, plus généralement, avec l'apparition d'un véritable phénomène d'objectivation de la responsabilité[7].

En raison du fait que le droit français constitue un des modèles utilisé par les autres pays européens pour l'élaboration de leurs systèmes nationaux[8] en même temps qu'une source d'inspiration pour l'Europe[9], les transformations que l'intervention européenne implique n'entraînent pas de mutation des règles applicables en ce domaine. Mais le droit de la responsabilité pourrait encore s'assouplir et élargir davantage la protection dont il fait bénéficier les particuliers. En effet, mécanisme supranational qui vise la réalisation d'objectifs propres, le droit européen implique nécessairement un renforcement des obligations à la charge des Etats membres -obligations de respect et de mise en oeuvre- qui est un premier facteur d'élargissement de la responsabilité de l'administration (§1) ; le second découle du développement du contentieux de la responsabilité (§2).

§1 - UN ELARGISSEMENT QUI DECOULE DU RENFORCEMENT DES OBLIGATIONS A LA CHARGE DES AUTORITES PUBLIQUES

Le droit européen a pour effet d'imposer des obligations de comportement aux instances étatiques qui, si elles ne les respectent pas, peuvent voir leur responsabilité engagée. Ces obligations sont parfois peu innovantes au regard du droit interne. Ainsi, les principes de non-discrimination, de respect de la propriété privée ou de la liberté d'expression sont bien ancrés dans la tradition juridique française. D'autres en revanche sont franchement novateurs ; tel est le cas du principe de confiance légitime ou du principe de précaution. Outre ce premier élément, le renforcement des obligations à la charge des autorités publiques découle essentiellement du rôle de régulateur

---

[6] V. notamment J. Chevallier, L'Etat de droit, *RDP* 1988, p. 314.
[7] Sur ce phénomène, J. Waline, L'évolution de la responsabilité extra-contractuelle des personnes publiques, *EDCE* 1994, p. 459 ; C. Debouy, Le droit français de la responsabilité administrative: métamorphose ou permanence, *CJEG* 1997, p. 327 ; J.-F. Davignon, *La responsabilité objective de la puissance publique*, thèse, Lyon, Grenoble S.R.T., 1976.
[8] Les travaux figurant dans la seconde partie du livre jubilaire du Conseil d'Etat sont exemplaires sur ce point. Cf. notamment E. Sayaguès-Laso, Responsabilité de l'Etat en raison des actes législatifs, in *Livre jubilaire du Conseil d'Etat, publié pour commémorer son cent cinquantième anniversaire*, Paris, Sirey, 1952, p. 619. Sur l'influence du droit administratif français et du Conseil d'Etat sur le droit belge, MM. Vauthier et Moureau, Etude sur l'influence exercées en Belgique par le Conseil d'Etat de France in *Livre jubilaire du Conseil d'Etat, publié pour commémorer son cent cinquantième anniversaire*, préc., p. 481.
[9] Nous renvoyons sur ce point aux développements figurant supra, en introduction.

économique qu'ont assigné à l'Etat les Communautés européennes (A) et de sa fonction de garant de la mise en oeuvre du droit européen (B).

A- Les obligations nees de la fonction de regulateur economique assignee aux autorites publiques

Cette fonction découle du droit communautaire qui fait peser sur les autorités nationales un rôle de garant du libre jeu de la concurrence et des règles du traité dans chaque Etat membre. Elle passe par une mission de contrôle et d'information des opérateurs économiques.

1) La mission de contrôle incombant aux autorités publiques

Les instances communautaires ont investi les administrations internes d'une mission de contrôle dans divers domaines tels les secteurs bancaire, boursier, des produits alimentaires ou pharmaceutiques ; mission dans le cadre de laquelle la responsabilité de l'Etat est susceptible d'être engagée.

D'une part, la mission de contrôle confiée par le droit communautaire aux autorités publiques ne peut être sans implications profondes sur l'ensemble de la responsabilité administrative ; cela dans la mesure notamment où la responsabilité est alors généralement soumise à l'exigence d'une faute lourde[10] dont l'existence, en ce qui concerne le contrôle dans le cadre communautaire, est assez largement entendue par le juge administratif. Ainsi, à l'occasion d'un litige opposant un exportateur à l'administration sanitaire en raison du contrôle prétendument insuffisant de cette dernière sur des produits alimentaires, il a considéré que l'administration avait commis une faute lourde, et cela alors même qu'en l'espèce, les modalités du contrôle, qui était techniquement complexe, tout comme son déroulement -plusieurs agents extérieurs au service étant intervenus au cours ou successivement aux opérations- étaient de nature à décharger au moins en partie l'administration en atténuant le lien de causalité entre son action et la survenance du dommage[11]. L'engagement de la responsabilité trouve certes dans cette affaire une explication dans la généralité de l'infection qui causa un préjudice important à la société exportatrice ; toutefois, son motif principal réside dans la spécificité et l'étendue des responsabilités incombant aux services de contrôle.

Cette position pourrait logiquement être transposée à la plupart des situations dans lesquelles les administrations nationales, en application du droit communautaire, exercent une mission de contrôle dans le cadre de la politique de libre circulation et la charge de responsabilité pourrait être accrue en raison de la tendance du juge administratif à fonder plus fréquemment la responsabilité en cas de contrôle sur la faute simple et non plus sur la faute lourde du contrôleur[12] alors que la multiplication des

---

[10] Pour des exceptions à cette règle : CE, 2 juin 1948, Quemoun, *Lebon* p. 245 ; CE, 9 octobre 1974, Ballu, *Lebon* p. 476 ; CE, 25 mai 1979, Viallefont, *Lebon* p. 881.

[11] CAA Paris, 17 octobre 1991, SA Hellot c/ ministre de l'agriculture, *Lebon* p. 569.

[12] Ainsi en matière de produits alimentaires : CAA Nantes, 20 juin 1991, SA Duault c/ Ministre de l'économie, des finances et du budget, *AJDA* 1992, p. 127.

échanges, notamment dans le domaine alimentaire, fait peser une responsabilité importante sur ce dernier ; l'exemple récent de l'affaire dite de l'E.S.B. en témoigne[13].

D'autre part, se révèle la volonté du juge administratif de responsabiliser l'administration dans le cadre de ses activités de contrôle en interprétant, le cas échéant d'une manière presque *contra legem*, la législation communautaire. Ainsi à l'occasion d'un litige opposant l'O.N.I.C. à une société au sujet du dommage causé à cette dernière du fait d'une opération de contrôle qui s'était déroulée en dehors de sa présence, puisqu'elle n'avait pas été expressément invitée à y participer, et avait abouti à la délivrance d'un certificat de conformité aux exigences communautaires pour des farines ne répondant pas à ces exigences, la Cour administrative d'appel de Paris a-t-elle considéré qu'en empêchant la société de solliciter un nouveau contrôle et de faire gratuitement remplacer la farine défectueuse par les fournisseurs, l'O.N.I.C. avait commis une faute justifiant qu'il assume 70% des conséquences financières de la livraison de la farine ne correspondant pas aux caractéristiques prescrites[14] ; cela alors que le règlement communautaire applicable envisageait la seule responsabilité de la société qui ne pouvait s'en dégager qu'en cas de force majeure[15].

2) La mission d'information incombant aux autorités publiques

La deuxième mission des autorités publiques en tant que régulateur est la mission d'information. Les organes internes font office de courroie de transmission dans la diffusion de renseignements concernant l'application du droit communautaire, spécifiquement dans le secteur économique et social. Or le juge administratif apprécie la mise en oeuvre de la responsabilité d'une manière qualifiée par le Professeur Moreau d'assez favorable à la victime, puisqu'il interprète strictement les possibilités pour l'administration d'échapper à l'obligation d'un dédommagement. En ce qui concerne les informations fournies par l'O.N.I.B.E.V. dans le cadre du calcul des restitutions versées aux exportateurs de viande bovine, le Conseil d'Etat a ainsi décidé que, eu égard au rôle de l'O.N.I.B.E.V., interlocuteur privilégié habilité officiellement à fournir des renseignements aux professionnels sur les implications du droit communautaire, sa responsabilité se trouvait engagée en cas de renseignements erronés, sans qu'elle puisse trouver une quelconque limitation tirée du motif que la société victime de l'erreur n'avait pas vérifié l'exactitude des renseignements qui lui avaient été fournis[16] dans la mesure où les sociétés pouvaient de bonne foi croire à l'autorité et à la validité de l'interprétation donnée par l'O.N.I.B.E.V. dont la mission est d'appliquer et d'expliquer la réglementation communautaire, l'O.N.I.B.E.V. étant « *le seul interlocuteur officiel et*

---

[13] L. Lorvellec, L'action des autorités publiques françaises dans la crise de la vache folle, *Revue de droit rural*, 1997, p. 214.

[14] CAA Paris, 17 mai 1996, Office national interprofessionnel des céréales, *Lebon* p. 582.

[15] Article 20 du règlement communautaire du 22 juillet 1980 modifié de la Commission des Communautés européennes.

[16] CE, 10 décembre 1986, Req. n° 59321, Société anonyme de produits alimentaires Villefranche Aveyron, inédit au recueil Lebon ; CE, 10 décembre 1986, O.N.I.B.E.V. et autres, Req. n° 50861, 50862, 50321, inédit au recueil Lebon.

autorisé desdites sociétés »[17]. Ce faisant, le Conseil d'Etat a rompu avec une jurisprudence bien établie[18].

La responsabilité d'organismes tels que l'O.N.I.C. ou l'O.N.I.B.E.V., on le voit, se trouve facilitée en même temps que, du fait de l'explosion de la normativité communautaire, les activités de veille et de surveillance pour le bon fonctionnement du marché sont de plus en plus délicates à mener ; ce qui conduit à s'interroger sur l'opportunité de recourir à des autorités spécifiques, indépendantes de l'Etat, chargées de la régulation et du contrôle dans certains secteurs, mais qui, afin de concilier les exigences de sécurité et de contrôle communautaire avec le souci de ne pas faire peser une charge trop importante sur les administrations internes, seraient financées, de manière corporative, sur des fonds propres versés par des professionnels. La possibilité d'engager la responsabilité de l'administration sur le fondement des renseignements erronés devrait d'ailleurs être accrue dans les domaines ayant fait l'objet d'une réglementation communautaire à travers l'utilisation du principe de protection de la confiance légitime. Celui-ci en effet induit une protection des particuliers contre les renseignements erronés pouvant être fournis par l'administration qui fait l'objet d'une conception assez souple de la part de la Cour de Justice des Communautés européennes. Ainsi lorsque, dans une résolution prise pour orienter et guider les opérateurs économiques au sujet du contenu d'un règlement futur, le Conseil omet de formuler des réserves à propos de l'application éventuelle d'une disposition des traités dont la connaissance est importante pour l'action des intéressés, il a été jugé qu'il fausse la mission d'information qu'il a assumé et engage sa responsabilité[19].

Le second moteur du renforcement des obligations à la charge des autorités administratives découle du rôle de garant de la mise en oeuvre du droit européen qui leur est assigné.

B- LES OBLIGATIONS NEES DU ROLE DE GARANT DE LA MISE EN OEUVRE DU DROIT EUROPEEN ASSIGNE AUX AUTORITES PUBLIQUES

Les autorités exécutives, en tant que garantes de la mise en oeuvre du droit européen, doivent veiller à son application effective et à son respect. De cela résultent trois conséquences en termes de responsabilité : tout d'abord cette obligation de mise en oeuvre du droit européen implique un aménagement du régime de responsabilité pour carence, ensuite elle signifie la prise en charge par l'Etat des dommages causés par des organes indépendants de l'Etat, enfin elle pourrait conduire à une remise en cause de la conception française de la responsabilité pour illégalité.

1) L'aménagement du régime de responsabilité des autorités exécutives pour carence

L'objectif de mise en oeuvre correcte du droit européen conduit à une remise en cause, sous l'impulsion spécifique du droit communautaire, de la conception française

---

[17] C'est du moins ce qui résulte des conclusions du commissaire du gouvernement Hubac qui nous ont été transmises par le service des conclusions du Conseil d'Etat.

[18] Puisque lorsque la victime ne vérifie pas le contenu du renseignement, la responsabilité du fait du renseignement erroné se trouve atténuée : CE, 25 février 1944, Sté Pommier, Gourraud et Cie, *Lebon* p. 69 ; CE, 28 avril 1978, Sté générale, *Lebon* p. 194.

[19] CJCE, 4 février 1975, Compagnie continentale France, Aff. 169/73, *Rec.* p. 117.

de la carence fautive en même temps qu'à une seconde critique, qui pour sa part procède des deux branches du droit européen, du mécanisme de carence justifié par l'intérêt général.

a- La remise en cause communautaire de la conception française de la responsabilité pour carence fautive

Le droit européen régit la réparation découlant à la fois d'une action positive de l'administration, mais également d'une abstention de celle-ci. Qu'il s'agisse du droit conventionnel[20] ou communautaire[21], la carence de l'administration est considérée comme un fait générateur de responsabilité et les cas de mise en oeuvre de la responsabilité de l'administration du fait de sa carence, pourraient être amenés à se multiplier du fait à la fois du resserrement des impératifs européens en matière de responsabilité et des lenteurs de l'administration française, la responsabilité étant alors fondée sur une faute simple en application du droit interne[22]. L'évolution principale dont pourrait faire l'objet ce mécanisme de responsabilité découle du droit communautaire qui remet en cause la notion de carence fautive et prône une attitude plus stricte dans la sanction de l'inertie administrative ; ce qui pose la question du délai raisonnable pour assurer la mise en oeuvre des dispositions supérieures par les autorités exécutives.

• L'évolution de la notion de carence fautive

La notion de carence fautive retenue par le droit communautaire correspond à une réalité à plusieurs visages. Est bien évidemment entendu comme telle le défaut d'application du droit communautaire et notamment le défaut de transposition des directives communautaires[23]. Cette première situation ne soulève pas de difficulté au regard du droit interne dans la mesure où le défaut d'application de la loi, au sens matériel, est également en droit français assimilé à une carence entraînant la responsabilité de l'Etat sur le fondement de la faute. Mais constitue également une carence incompatible avec les obligations communautaires le fait pour les autorités nationales de ne pas avoir pu assurer leur mise en oeuvre effective. Ainsi, l'absence d'intervention des forces de police pour faire cesser des manifestations portant atteinte à la libre circulation des marchandises est constitutive, selon la Cour de Justice, d'un manquement au droit communautaire[24]. Les autorités nationales, dans cette affaire, ont été condamnées en raison du non-respect des principes de bonne foi et de loyauté dans la mise en oeuvre du droit communautaire, qui trouvent leur fondement dans l'ancien article 5 du traité de Rome[25], dans la mesure où il leur incombait d'assurer le respect sur

---

[20] Recommandation R (84) 15 sur la responsabilité publique : point 11 de la recommandation.

[21] CJCE, 19 nov. 1991, Andréa Francovich, Danila Bonifaci et autres, Aff C 6/90 et C 9/ 90, *Rec* p. I-5403. Pour un exemple de non transposition d'une directive communautaire entraînant la responsabilité de l'Etat.

[22] Pour des développements de la responsabilité du fait d'une carence fautive de l'administration, v. notamment : D. Dorlencourt-Detragiarche, *Contribution à une théorie de la carence*, Thèse, 1972, Paris II ; Montané de la Roque, *L'inertie des pouvoirs publics*, Paris, Dalloz, 1950 ; J.-M. Breton, L'obligation pour l'administration d'exercer son pouvoir réglementaire d'exécution des lois, *RDP* 1993, p. 1749.

[23] CJCE, 17 février 1970, Commission c/ Italie, Aff. 31/69, *Rec*. p. 33.

[24] CJCE, 9 décembre 1997, Commission c/ République française, Aff C 265/95, *Rec*. p. I-6959.

[25] Article 10 depuis l'entrée en vigueur du traité d'Amsterdam. V. M. Blanquet, *L'article 5 du traité CEE: recherche sur les obligations de fidélité des Etats membres de la communauté*, Paris, LGDJ, Bibliothèque de droit international et de droit communautaire t 108, 1994.

leur territoire du principe de la libre circulation des marchandises. Dans la mesure où elle est fondée sur l'article 5, cette décision soulève la question de savoir si l'ensemble des dispositions communautaires peuvent, de par la combinaison avec cet article, imposer non seulement leur respect par les autorités internes mais également justifier une sanction du comportement de l'Etat défaillant dans leur protection par l'encadrement, notamment, des actes de personnes privées. Dans ses conclusions relatives à l'affaire *Commission c/ République française*[26], l'avocat général Lenz a relevé qu'une telle obligation de faire découlait pour les Etats des articles 85 et 86[27] du traité CE relatifs à la prohibition des ententes et des abus de position dominante et a proposé de l'étendre à l'article 30[28]. Mais la nécessité de faire peser sur les Etats membres ce qui est assimilable à des *obligations positives*, qui ne sont pas sans rappeler une célèbre théorie développée par la Cour européenne des droits de l'Homme, ne nous semble pas pouvoir être limitée à ces deux exemples puisque le droit international sur ce point est clair et qu'il fait peser sur l'Etat l'obligation de protéger à l'intérieur du territoire national les droits des autres Etats[29] et par voie de conséquence de tout mettre en oeuvre pour assurer le respect des engagements internationaux, y compris par les personnes privées. Dès lors l'article 5 devrait pouvoir être utilisé en combinaison avec d'autres dispositions communautaires lorsque cette utilisation conjointe et la mise en place d'obligations positives à la charge des Etats qui en découle permettent de garantir l'effet utile de ces dispositions.

Cette extension non seulement des obligations reposant sur les Etats membres, la portée de l'article 5 étant sur ce point depuis longtemps bien établie, mais de ses implications au regard des sanctions pouvant être infligées par la Cour de Justice, induit une évolution de la conception même de la carence. La carence administrative constitue en effet la violation d'une obligation de faire. Elle suppose l'existence d'une règle de droit impérative énonçant que si les conditions nécessaires à l'édiction d'un acte sont réunies, l'administration devra prendre cet acte[30]. Or il est bien évident que les conditions nationales d'encadrement de l'action administrative sont beaucoup plus précises que celles qui découlent de l'article 5. La notion même de carence semble de ce fait devenir un peu plus floue.

Mais surtout, les défaillances dans la mise en oeuvre du principe de loyauté dans le cadre de la garantie de protection des droits communautaires des particuliers pourraient ne pas aboutir à une sanction équivalente à celle dont font l'objet les violations du droit communautaire par l'Etat normateur. Dans cette hypothèse en effet, l'obligation qui repose sur l'Etat est, ainsi que l'a remarqué le Professeur Dubouis, une obligation de

---

[26] Aff. C 265/95, préc.

[27] Qui sont devenus les articles 81 et 82.

[28] Conclusions de l'avocat général C.O. Lenz, *Rec.* p. 6961, sp. p. 40 et s.

[29] Sentence arbitrale du 4 avril 1928, île de Palmas, *ONU, Recueil des sentences arbitrales*, Vol. II, p. 839 mentionnée par L. Dubouis, La « guerre de la fraise »: L'impuissance publique sous la toise du droit communautaire, A propos de l'arrêt de la Cour de Justice des Communautés européennes du 9 décembre 1997, Commission c/ République française, Aff. C 265/95, *RFDA* 1998, p. 120.

[30] D. Dorlencourt-Detragiarche, *Contribution à une théorie de la carence*, préc., p. 242.

résultat[31]: les autorités nationales, quelles qu'elles soient, ont la responsabilité de mettre en oeuvre de manière efficace et concrète le droit communautaire et de respecter ses principes, même si, selon que le fait dommageable sera imputable à un défaut ou à une mauvaise application du droit communautaire, les modalités de détermination de la responsabilité seront variables[32]. En revanche, en cas de carence dans l'obligation d'assurer le respect du droit communautaire, l'administration n'est plus soumise à une obligation de résultat mais à une obligation de moyens[33]. Elle n'est donc pas tenue d'aboutir à un respect réel, absolu et total quelles que soient les circonstances mais doit prendre « *toutes mesures générales ou particulières* » pour obtenir ce résultat[34]. Dès lors, l'appréciation du fait générateur du dommage, c'est à dire de la violation du droit communautaire, variera selon la nature de la carence puisque si le défaut de transposition d'une norme communautaire constitue en soi une méconnaissance manifeste du droit communautaire[35], il en ira autrement lorsqu'elles manquent à leur obligation de faire assurer son respect, la violation devant alors logiquement être évaluée plus souplement.

• La remise en cause de la conception du délai raisonnable de mise en oeuvre

Au regard des principes appliqués en matière de textes d'application des lois, la responsabilité de l'administration en cas de carence dans l'élaboration des textes nécessaires à la mise en oeuvre efficace du droit communautaire et à son respect doit être appréciée souplement par le juge. Ce dernier doit, pour déterminer la date à partir de laquelle celle-ci commet une irrégularité pouvant engager sa responsabilité accorder un " délai raisonnable " aux autorités nationales pour l'exécution du texte communautaire, conformément à une jurisprudence bien établie[36], à moins que le texte communautaire lui-même ne prévoit une échéance, ce qui est le cas des délais de transposition des directives. En l'absence de délai d'exécution fixé au niveau communautaire, la règle du délai raisonnable ne semble pas *a priori* pouvoir être remise en cause dans la mesure où, dans l'hypothèse comparable d'un défaut de mention de délai de transposition, la Cour de Justice elle-même accorde un délai raisonnable[37].

Pourtant, l'appréciation de la notion de délai raisonnable par le juge administratif pourrait devoir évoluer puisque la conception qu'il en a retenue, qui révèle parfois une

---

[31] L'obligation de résultat pouvant être définie comme le cas dans lequel l'administration est tenue de faire un acte juridique et que le résultat attendu fait défaut :*Ibid.*, p. 907.

[32] L. Dubouis, La responsabilité de l'Etat législateur pour les dommages causés aux particuliers par la violation du droit communautaire et son incidence sur la responsabilité de la communauté, *RFDA* 1996, p. 584.

[33] Conclusions de l'avocat général Lenz, *Rec.* p. 6961, point 45. Sur ce point, nous renvoyons également à l'article du Professeur Dubouis, La « guerre de la fraise », préc.

[34] Conclusions de l'avocat général Lenz, *Rec.* p. 6961, point 45.

Cette définition quoique d'inspiration civiliste rompt avec la notion d'obligations de moyens dans un cadre purement interne proposée par D. Dorlencourt-Detragiarche pour qui il y a obligation de moyen toutes les fois que l'administration est obligée d'utiliser un moyen (ou procédé) déterminé pour exécuter son obligation., *Contribution à une théorie de la carence*, préc., p. 908.

[35] CJCE, Aff. C 178/94, C 179/94, C 188/94, C 189/94, C 190/94, Dillenkoffer e.a. c/ R.F.A., 8 octobre 1996, *Rec.* p. I-4867

[36] CE, 13 juillet 1962, Kervers-Pascalis, *Lebon* p. 475 ; CE, Ass., 27 novembre 1964, Ministère des finances c/ Dame veuve Renard, *Lebon* p. 590.

[37] Par exemple : CJCE, 17 février 1970, Commission c/ Italie, Aff. 31/69, *Rec.* p. 33 ; CJCE, 8 février 1973, Commission c/ Italie, Aff. 30/72, *Rec.* p. 161.

attitude sans doute trop compréhensive à l'égard du gouvernement[38], est peu compatible avec les exigences communautaires. Ces dernières supposent qu'en l'absence d'adoption des mesures nécessaires dans un délai relativement bref le manquement de l'Etat soit constaté, alors que le juge administratif, lorsqu'il se prononce sur les mesures d'application des lois, est épris de considérations qui tiennent moins à la nécessaire mise en oeuvre des dispositions législatives qu'à une indulgence due à la complexité du fonctionnement de l'appareil administratif, voire à des considérations plus politiques[39]. Or la conception du délai raisonnable par la Cour de Justice est toute autre puisque quasi-exclusivement *fonctionnelle* et axée sur l'effectivité de la mise en oeuvre du droit communautaire[40].

La condition du délai raisonnable ne devrait par conséquent pas trouver à s'appliquer dans les termes habituellement reconnus en droit français en cas de retard dans l'édiction des mesures nécessaires à l'application d'une réglementation communautaire ; ce qui aura pour effet de faciliter le constat de la responsabilité pour carence fautive de l'administration puisque cette responsabilité, fondée sur la faute, est traditionnellement subordonnée à l'établissement d'éléments indispensables à l'évaluation du préjudice, quant à sa nature et à son étendue, qui tiennent compte de la durée exceptionnelle et déraisonnable du retard en question[41] et rendent aléatoire l'issue favorable au requérant.

Dans le cas où la norme communautaire prévoirait un délai de transposition, le problème se pose autrement puisqu'alors le principe est celui de l'adoption des textes d'application dans ce délai[42] ; l'administration ne pouvant disposer d'un laps de temps supplémentaire qu'en cas de circonstances particulières. Tout d'abord de telles circonstances particulières justifiant la prolongation du délai paraissent ne pouvoir être, en cas de transposition d'une directive communautaire, que difficilement accordées. Certes, le principe de l'autonomie institutionnelle et procédurale comme, ainsi que l'a fait remarquer Mme Bertrand, la faculté pour l'Etat confronté à des circonstances particulières d'obtenir la prorogation du délai de transposition de la directive[43] pourraient laisser supposer l'absence de remise en cause de la possibilité de délai supplémentaire pour adopter les mesures d'application d'un texte sans que la responsabilité des autorités nationales ne puisse être engagée ; mais elle est, ainsi que

---

[38] Ainsi le Conseil d'Etat a-t-il estimé que l'absence d'édiction des mesures nécessaires à l'application de la loi du 6 juillet 1992 relative aux conditions de rétention administrative des étrangers pendant plus de vingt et un mois n'a pas excédé le délai raisonnable pour prendre le décret d'application prévu par le législateur : CE, 3 octobre 1997, Association nationale d'assistance aux frontières pour les étrangers, ANAFE, *Lebon* p. 328.

[39] V. CE, 3 octobre 1997, Association nationale d'assistance aux frontières pour les étrangers, ANAFE, préc.

[40] V. CJCE, 8 février 1973, Commission c/ Italie, Aff. 30/72, *Rec.* p. 161, sp. le point 6. Cette idée est corroborée par le refus de tenir compte des difficultés tenant à l'adoption des mesures d'exécution du droit communautaire : CJCE, 7 février 1973, Aff. 39/72, Commission c/ Italie, *Rec.* p. 101.

[41] Voir par exemple: CE, 9 avril 1993, Société des auteurs des arts visuels-spadem, *Lebon* p. 107. Dans cette affaire, l'administration avait été saisie en 1990 d'une demande tendant à l'édiction d'un décret prévu par l'article 42 de la loi du 11 mars 1957 relative à la propriété littéraire et artistique.

[42] Pour des arrêts récents allant dans ce sens dans le cadre d'un recours en manquement, CJCE, 27 novembre 1997, Commission c/ R.F.A., Aff. C 137/96, *Rec.* p. I-6749 ; CJCE, 12 mars 1998, Commission c. R.F.A., Aff. C 344/96, *Rec.* p. I-1165 ; CJCE, 12 mars 1998, Commission c/ République italienne, Aff. C 313/97, *Rec* p. I-1191; CJCE, 17 juin 1998, Commission c/ République portugaise, Aff. C 214/97, *Rec.* p. I-3839.

[43] C. Bertrand, La responsabilité des Etats membres en cas de non respect des directives communautaires, *RDP*, 1995, p. 1508.

l'ont suggéré certains auteurs[44], contraire au droit communautaire, à un triple point de vue. En effet, l'effectivité de l'ordre juridique communautaire suppose que les directives soient transposées dans les délais. En conséquence si la directive communautaire prévoit un délai de transposition, celui-ci, à la différence des délais fixés en droit français pour l'élaboration des décrets d'application, a un caractère impératif qui ne tolère pas d'exception[45]. De plus, le fait d'accorder dans certaines circonstances un délai supplémentaire aux autorités nationales pour la mise en oeuvre du droit communautaire, dans la mesure où il permet aux autorités nationales de déroger pendant un délai parfois important à leurs obligations, revient à la fois à réduire l'efficacité du droit communautaire et à porter atteinte à l'effectivité de la protection des particuliers. Enfin, en cas de méconnaissance des dispositions d'effet direct d'une directive, la violation sera constituée par le refus du bénéfice des droits qu'elle prévoit sans que soit pris en compte un quelconque délai supplémentaire, sans que l'Etat puisse invoquer des circonstances particulières dans la mesure où celles-ci sont fréquemment rejetées par la Cour dans sa jurisprudence en matière de manquement[46] et sans même, dans certains cas, que l'administration nationale puisse invoquer la non expiration du délai de transposition pour empêcher l'engagement de sa responsabilité ; ce qui exclut là aussi l'idée d'un délai supplémentaire. Dans les hypothèses de méconnaissance des dispositions dépourvues d'effet direct des directives, la Cour de Justice impose une obligation de réparation à la charge de l'Etat à compter de la violation du droit communautaire qui est constituée dès le dépassement du délai de transposition de la directive, sans accorder de délai supplémentaire. En tout état de cause, réduire les obligations de l'Etat et partant sa responsabilité en accordant un délai supplémentaire pour transposer ne relève que de la compétence des autorités communautaires, et non des juridictions nationales, afin que le principe d'application uniforme soit respecté.

La suppression de la règle du délai raisonnable en cas de transposition d'une norme communautaire ne devrait néanmoins pas poser d'importantes difficultés à la juridiction administrative qui insiste régulièrement sur la nécessité d'une transposition en droit français dans les délais et sur les conséquences d'une méconnaissance de cette obligation sur la légalité des règlements internes puisque, une fois le délai de transposition du droit communautaire achevé, l'administration a l'obligation d'abroger les règlements devenus irréguliers, conformément à la jurisprudence *Alitalia*[47]. Il n'en demeure pas moins que la transposition des directives communautaires par le législateur reste lente, en raison notamment des difficultés du calendrier parlementaire[48].

---

[44] Cf. L. Dubouis, La responsabilité de l'Etat pour les dommages causés aux particuliers par la violation du droit communautaire, *RFDA* 1992, p. 1, sp. p. 6 ; D. de Béchillon, L'applicabilité des directives communautaires selon la jurisprudence du Conseil d'Etat, *RDP* 1991, p. 759, sp. pp. 776-777; X. Prétot, Non-transposition d'une directive et responsabilité de l'Etat, *RJS* 1992, p. 21, sp. p. 24 ; P. Le Mire, note sous l'arrêt Francovich *AJDA* 1992, p. 143.

[45] CJCE, 22 septembre 1976, Commission c/ République italienne, Aff. 10/76, *Rec.* p. 1359.

[46] Par exemple, CJCE, 21 juin 1973, Commission c/ Italie, Aff. 79/72, *Rec.* p. 671.

[47] CE, Ass, 3 février 1989, Compagnie Alitalia, *Lebon* p. 44.
Parmi une jurisprudence abondante voir notamment CE, 29 janvier 1992, S.A.R.L. Entreprise Bouthiaux, *Lebon* p. 42; CE 10 juin 1994, Rassemblement des opposants à la chasse, *Lebon* p. 313; CE, 9 janvier 1995, Ministre du budget c/ SCI des vins de la Craffe, *Lebon* p. 18.

[48] Et ne peut en rien au regard de la jurisprudence de la Cour du Kirchberg excuser le défaut de mise en conformité du droit national avec le droit communautaire : CJCE, 18 novembre 1970, Commission des

La responsabilité de l'administration du fait de la carence pourrait également trouver à évoluer lorsque celle-ci est justifiée par l'intérêt général.

b- La critique du mécanisme de responsabilité en cas de carence justifiée par l'intérêt général

Ce mécanisme, qui a été récemment fait l'objet d'une consécration ainsi que d'un encadrement par le Conseil constitutionnel[49], est au centre d'une critique commune au droit conventionnel et au droit communautaire.

• La critique au regard des exigences de la mise en oeuvre de la Convention européenne des droits de l'Homme.

Tout d'abord, la confrontation du régime de responsabilité sans faute du fait de l'exécution des décisions de justice avec les principes de la Convention européenne des droits de l'Homme suscite un certain nombre d'interrogations. En effet, dans cette hypothèse, l'administration peut, en raison des circonstances et la plupart du temps afin d'éviter des troubles et de maintenir l'ordre social, refuser l'exécution de telles décisions ; ce qui entraînera sa responsabilité sur le fondement de la rupture de l'égalité devant les charges publiques conformément à une jurisprudence bien connue[50]. Ce régime de responsabilité, qui permet aux particuliers d'obtenir une réparation, sous réserve de subir un dommage anormal et spécial, a pu sembler peu compatible avec le droit conventionnel dans la mesure où il ne permettrait pas de compenser l'inexécution d'une décision juridictionnelle favorable au particulier, ce qui a amené le Professeur Flauss à envisager son évolution[51]. Si le régime de responsabilité issu de l'arrêt *Couitéas*[52] n'a pas, à ce jour, été critiqué par la Cour sur le fondement du droit à un recours effectif, sa jurisprudence a récemment montré que la conception française d'une responsabilité sans faute, fondée sur la satisfaction d'un intérêt général justifiant une rupture de l'égalité devant les charges publiques, tranche avec l'irrégularité de l'abstention des pouvoirs publics lorsqu'ils méconnaissent le droit au respect des biens, en cas de refus du concours de la force publique pour expulser un occupant indésirable par exemple[53], ou plus généralement lorsque leur inertie prive le particulier de son droit à l'exécution des décisions de justice, ce droit faisant partie intégrante du droit à un procès équitable[54]. Dans une telle hypothèse, l'intérêt général qui implique en droit

communautés européennes c/ République italienne, Aff. 8/70, *Rec.* p. 961, sp. p. 965. CJCE, 5 mai 1970, Commission des communautés européennes c/ Royaume de Belgique, Aff. 77/69, *Rec.* p. 237, sp. p. 241.

[49] V. décision 98-403 DC du 29 juillet 1998, loi d'orientation relative à la lutte contre les exclusions, J.O. 31 juillet 1998, p. 11710.

[50] CE, 30 novembre 1923, Couitéas, *Lebon* p. 789.

[51] J.-F. Flauss, Le droit à un recours effectif - L'article 13 de la Convention européenne des droits de l'Homme, *RUDH* 1991, p. 324.

[52] CE, 30 novembre 1923, Couitéas, préc.

[53] Nous renvoyons sur ce point aux développements figurants dans la première partie de cette étude. V. notamment CEDH, 28 septembre 1995, Scollo c/ Italie, série A, vol. 315-C ; CEDH, 28 septembre 1995, Spadea et Scalabrino c/ Italie, série A, vol. 315-B.

[54] CEDH, 19 mars 1997, Hornsby c/ Grèce, *Recueil des arrêts et décisions*, 1997-II, p. 495. Il s'agissait dans cette affaire de l'abstention du gouvernement grec dans l'exécution d'une décision de justice qui lui était défavorable. La Cour a pourtant à cette occasion affirmé de manière plus générale que « *l'exécution d'un jugement ou d'un arrêt, de quelque juridiction que ce soit, doit (...) être considérée comme faisant partie*

interne la légalité du refus d'exécution n'empêche pas une condamnation pour manquement aux obligations découlant de la Convention.

Est-ce à dire que la jurisprudence des organes de Strasbourg devrait conduire à une remise en cause du régime de responsabilité applicable dans cette hypothèse ? Nous ne le croyons pas. Certes, il y a bien, en cas de refus d'assurer l'exécution des décisions de justice ou de garantir les droits que la Convention reconnaît aux particuliers, un manquement aux obligations conventionnelles et donc une activité que l'on pourrait qualifier de fautive[55] ; toutefois la reconnaissance d'une inertie contraire aux engagements conventionnels par la Cour n'implique pas *ipso facto* la reprise de ce qualificatif de fautif en droit interne, les conceptions française et conventionnelle de la faute ne se situant pas sur le même plan et la notion de faute développée par la Cour étant autonome par rapport à celle du droit français[56]. Surtout, le régime de responsabilité applicable, qui repose sur l'existence d'un dommage anormal et spécial, ne semble pas pouvoir être remis en cause sur le fondement du droit conventionnel qui au contraire tolère ces conditions d'engagement de la responsabilité, alors même qu'elles sont appliqués à une hypothèse de violation de la Convention[57].

Il n'en demeure pas moins que le qualificatif de responsabilité *sans faute* appliqué à la rupture de l'égalité devant des charges publiques dans ces hypothèses « cadre » difficilement avec la condamnation par les organes de Strasbourg et qu'il serait sans doute opportun de s'interroger sur son maintien.

• La critique au regard des exigences de la mise en oeuvre du droit communautaire

Légalité en dedans, illégalité au dehors, tel est également le sens de la jurisprudence récente de la Cour de justice des Communautés européennes qui a remis en cause le maintien de la responsabilité pour carence non fautive à l'occasion de l'affaire *Commission c/ République française* précédemment mentionnée concernant le défaut d'intervention de l'administration alors que celle-ci était nécessaire pour assurer la mise en oeuvre du droit communautaire[58]. Le problème concernait plus précisément le défaut d'intervention des forces de police. Celui-ci peut en effet être légitimé par la nécessaire préservation de l'ordre public, le souci d'éviter l'apparition de troubles graves qui rendront l'abstention licite même si elle porte atteinte à un droit reconnu. Par conséquent, le particulier dont les droits auront été méconnus pourra obtenir une réparation, mais sur le fondement de la méconnaissance de l'égalité devant les charges publiques, dans la mesure où l'intérêt général justifie l'inertie des pouvoirs publics[59]. Par l'arrêt *Commission c/ République française* du 9 décembre 1997 relatif au défaut répété d'intervention des forces de police pour faire cesser des barrages routiers qui contrevenait au principe de libre circulation des marchandises, pendant une durée relativement longue -les exactions en cause se produisant régulièrement depuis une dizaine d'années-, la Cour de Justice amène à une double interrogation ; interrogation

intégrante du « procès » au sens de l'article 6 »., § 40 de l'arrêt. V. également CEDH, 28 septembre 1995, Spadea et Scalabrino c/ Italie, préc., § 63.

[55] Puisqu'il y a manquement à une obligation préexistante.

[56] Sur ce point, cf. supra, Partie I, Titre I, Chapitre II, Section 2, § 1, A, 2.

[57] Sur la question de la compatibilité de la condition d'un dommage anormal et spécial avec les exigences conventionnelles, cf. infra Chapitre II, Section 2, §1, B.

[58] CJCE, 9 décembre 1997, Commission c/ République française, Aff C 265/95, *Rec.* p. I-6959.

[59] CE, 30 novembre 1923, Couitéas, *Lebon* p. 789.

qui porte tant sur la notion d'intérêt général invoqué pour justifier une telle abstention que sur le régime de responsabilité devant être appliqué dans une telle hypothèse.

L'intérêt général justifiant une abstention ou un refus de l'octroi du concours de la force publique est largement entendu par le juge administratif qui, dans pareilles hypothèses, récuse rarement l'argumentation avancée par les pouvoirs publics[60] en se contentant généralement, pour constater la légalité de l'abstention, de la seule justification tenant à l'existence d'un trouble grave à l'ordre public[61] à moins que celui-ci ait été prévisible plusieurs jours avant qu'il ne se produise ce qui pouvait permettre aux forces de police d'anticiper, par exemple, la formation de barrages[62]. L'appréciation de l'intérêt général à travers le risque de troubles à l'ordre public qui est faite par la Cour de justice des Communautés est beaucoup plus stricte. Celle-ci dans l'arrêt Commission c/ France susmentionné a en effet, relevée que le défaut, répété et pendant une durée relativement longue d'intervention des autorités françaises ne pouvait être justifié par la volonté d'éviter des troubles sociaux et donc que l'intérêt général ne pouvait être invoqué en l'espèce afin de légitimer le défaut d'intervention de l'administration. Cette décision est bien évidemment expliquée, ainsi que l'a remarqué M. Dubouis[63], par la durée et le caractère répété de l'abstention de l'administration qui était étalée dans le temps et de ce fait révélait, sans doute, davantage le mauvais vouloir de l'administration nationale dans son obligation d'assurer le respect du droit communautaire que la recherche d'un intérêt général justifiant l'abstention. Mais la formulation adoptée par la Cour semble signifier que la justification par l'intérêt général ne sera acceptée que dans des cas très spécifiques dans lesquels, face à un phénomène social ponctuel et d'importance, la carence sera nécessaire afin d'éviter de très graves troubles sociaux auxquels l'Etat ne pourrait faire face[64]. Non seulement la crainte de difficultés internes ne saurait à elle seule justifier une telle abstention[65], mais surtout le degré d'intérêt général qui peut légitimer l'inaction doit être particulièrement important. Il pourra en être ainsi en cas de manifestations occasionnelles d'agriculteurs, dont l'actualité a démontré à quel point elles peuvent être violentes, comme de barrages routiers pouvant aboutir à une importante restriction de l'approvisionnement en biens de consommation ; mais en aucun cas la simple allégation d'un intérêt général qui était jusque là soumise par l'administration au juge administratif ne pourra suffire à légitimer

---

[60] Par exemple : CE, 27 mai 1977, SA Victor Delforge et Cie, *Lebon* p. 252, concl. Genevois ; CE, Sect., 7 décembre 1979, *Lebon* p. 456 ; CE, 11 mai 1984, Port autonome de Marseille et Sté Delmas-Vieljeux, *Lebon* p. 178 ; CE, 22 juin 1984, Soc. Sealink UK Limited, *Lebon* p. 246 ; CE, 27 juillet 1984, Ministre de l'Intérieur c/ Lebeaud, *Lebon* T, p. 728, blocage d'un port.

[61] Il se pourrait toutefois que sous la pression des juges du fonds, le Conseil d'Etat accroisse son contrôle. Voir notamment CAA Bordeaux, 3 juin 1997, SARL Catallan France, Req. n° 95BX01129, inédit au recueil Lebon ; décision à l'occasion de laquelle la Cour administrative d'appel de Bordeaux a tenu compte, pour considérer légal le refus de concours de la force publique, des troubles à l'ordre public pouvant être entraînés par l'expulsion de personnels routiers occupant une entreprise mais également de la circonstance que l'administration s'est employée immédiatement à obtenir un règlement du conflit.

[62] CE, 15 juin 1987, Sté Delmas-Vieljeux, *Lebon* p. 216. Dans cette affaire, en effet, les autorités préfectorales averties 2 jours avant le blocage d'un port, s'étaient abstenues de prendre des mesures tendant à la surveillance de ce dernier ou à l'ouverture de négociations : *RFDA* 1988, p. 508, conclusions O. Schramek.

[63] L. Dubouis, La « guerre de la fraise » : L'impuissance publique sous la toise du droit communautaire, préc.

[64] Point 57 de l'arrêt.

[65] La Cour a renvoyé sur ce point à l'arrêt du 7 décembre 1995, Commission c/ France, Aff C 52/95, *Rec.*, p. I-4443, point 38, dans lequel n'était toutefois pas en cause une inaction des forces de l'ordre.

son abstention. De ce point de vue le souci communautaire rejoint celui ultérieurement exprimé par le juge constitutionnel qui considère que l'inertie visant à préserver l'ordre public n'est acceptable qu'en cas de circonstances exceptionnelles[66].

L'on peut s'appuyer sur cette décision pour s'interroger sur le bien-fondé du régime actuel de responsabilité pour rupture de l'égalité devant les charges publiques en cas de dommage causé par une telle abstention. Celle-ci peut en effet, comme en l'espèce, être contraire au droit communautaire et donc justifier la mise en cause de la responsabilité de l'Etat dans le cadre général de la responsabilité pour violation du droit communautaire, c'est-à-dire sur le fondement de la faute. Cette interrogation est d'autant plus nécessaire que, pour reprendre l'idée du Professeur Dubouis, la responsabilité pour rupture de l'égalité devant les charges publiques, conditionnée par l'existence d'un préjudice anormal et spécial, rend difficile l'octroi d'une réparation pour un dommage résultant avant tout d'un comportement illicite.

Doit-on en conséquence dans toutes les hypothèses de violation du droit communautaire instaurer un régime de responsabilité pour faute en cristallisant le préjudice constitué par la violation d'une règle de droit, assouplir les conditions d'engagement de la responsabilité pour rupture de l'égalité devant les charges publiques en cas de carence justifiée par l'intérêt général, ou maintenir le régime actuel en l'état ? La réponse est pour le moins ardue. En effet, quand bien même une abstention justifiée par l'intérêt général peut constituer un manquement à une obligation imposée par le droit européen et donc entraîner une obligation de réparation à la charge de l'Etat, fonder la responsabilité sur la faute paraît délicat dans la mesure où la carence à l'origine du dommage est fondée sur des considérations d'intérêt général et sur la préservation de l'ordre social. Stigmatiser le manquement de l'Etat à ses obligations constituerait un déplacement erroné du problème puisque, plus que la question du respect des droits des particuliers face à l'action administrative se pose celle de la conciliation de l'exercice de ces droits avec le maintien de l'ordre ou la sauvegarde de droits fondamentaux d'autres individus[67]. Le repositionnement de ce mécanisme de responsabilité sur le fondement de la faute ne semble donc pas opportun même s'il tiendrait effectivement compte de la réalité de l'incompatibilité du refus d'exécution avec les principes de la Convention et du droit communautaire ; l'obligation de réparation découlant d'une méconnaissance du droit sans que l'on puisse assimiler cette méconnaissance à une faute dans la mesure où elle trouve une justification. Parallèlement il semble difficile, quand bien même la conception de l'intérêt général justifiant une abstention préjudiciable serait appréciée plus strictement, de maintenir les conditions actuelles de mise en oeuvre de la responsabilité résultant de la jurisprudence *Couitéas*[68], et notamment celles tenant à l'existence d'un préjudice anormal et spécial, même si le Conseil d'Etat y semble très attaché[69]. Le droit communautaire pourrait en

[66] Décision 98-403 DC du 29 juillet 1998, loi d'orientation relative à la lutte contre les exclusions, J.O. 31 juillet 1998, p. 11710.

[67] Ainsi, en cas de refus d'expulser des occupants sans titre d'un local privé, la dignité de la personne humaine.

[68] CE, 30 novembre 1923, Couitéas, préc.

[69] On en prendra pour preuve la réaffirmation récente d'un principe strictement entendu de responsabilité sans faute justifié par l'intérêt général à la suite de barrages routiers : CE, Ass., Avis, 20 février 1998, Sté études et

conséquence conduire à une reconsidération du régime ou des modalités de la responsabilité applicable en cas de carence.

Plus généralement, c'est la terminologie de la distinction entre la responsabilité pour faute et la responsabilité sans faute qui est remise en cause par les jurisprudences européennes que nous venons de mentionner.

Le droit européen postule également, dans certaines hypothèses, la prise en charge par l'Etat des dommages causés par des organes tiers.

2) La prise en charge des dommages causés par des organes indépendants de l'Etat

Afin d'assurer son effectivité, le droit communautaire implique en effet que les autorités administratives accordent une compensation des avantages qu'il octroie aux particuliers ; et cela quand bien même le dommage serait causé par des organes indépendants de l'Etat, en raison de l'appréhension large de la notion d'organes publics, qui est commune au droit communautaire et au droit conventionnel européen[70].

a- L'imputation à l'Etat des actes dommageables de ses composantes

De la conception unitaire de l'Etat découle l'imputabilité sur son chef de l'ensemble des conséquences dommageables des actes de ses composants, qu'il s'agisse d'organismes publics ou de personnes privées agissant dans la sphère publique. Cette extension révèle le souci de tenir compte du phénomène de démembrement de l'activité de l'Etat par le recours à divers types d'organismes[71] et a des implications variables en fonction de la nature de l'organisme d'Etat en cause.

Lorsque celui est une entité de droit public, c'est une présomption irréfragable d'imputabilité qui pèse sur l'Etat qui pour la renverser devra invoquer l'impossibilité de contrôler de manière stricte les organes de droit public bénéficiant du principe de libre administration, le fait que les organismes locaux chargés de la mise en oeuvre du droit communautaire bénéficient d'un régime d'indépendance constitutionnelle et d'une très large autonomie empêchant toute marge de manoeuvre de l'Etat pour les pousser à appliquer le droit européen[72] ou encore l'absence de pouvoir de contrainte ou de substitution aux autorités locales[73].

Lorsque l'organisme en cause est un organisme privé, le droit conventionnel assimile ses actes à des actes d'autorités publiques dès lors qu'il détient des prérogatives de puissance publique, quand bien même il ne serait pas contrôlé par l'Etat[74]. La Cour

---

construction de sièges pour automobiles, Sté EAK, Sté Eli-Echappement, *Lebon* p. 60, conclusions Arrighi de Casanova, *RFDA* 1998, p. 584.

[70] Sur ce point, cf. l'introduction.

[71] Cf. G. Vedel, P. Delvolvé, *Droit administratif*, Paris, P.U.F, coll. Thémis, 12ème édition, 1992, p. 650 et s.

[72] H. Calvet, *Recours en constatation de manquement*, Répertoire de droit communautaire Dalloz, sp. § 31 et s.

[73] CJCE, 10 mars 1987, Commission c/ Italie, Aff. 199/85, *Rec.* p. 1039 ; CJCE, 14 janvier 1988, Commission c/ Belgique, Aff. 227, 228, 229, 230/85, *Rec.* p. 0001 ; CJCE, 11 juin 1991, Commission c/ Belgique, Aff. C 290/89, *Rec.* p. I-2851.

[74] Ce critère peut toutefois se combiner avec d'autres critères tels que celui du contrôle -Ainsi, l'un des critères de l'imputabilité des actes de l'ordre des vétérinaires en R.F.A. à l'Etat est le contrôle du gouvernement du Land (collectivité territoriale de l'Etat) sur cet organisme : CEDH, 25 mars 1985, Barthold c/ R.F.A., série A n° 90-. Il peut également s'agir de celui tiré de l'exercice d'une mission d'intérêt général : le fait pour une entreprise chargée d'assurer les transports en commun et contrôlée par une autorité publique

de Luxembourg, pour sa part, a incorporé dans la notion d'autorité publique tout *« organisme qui, quelle que soit sa forme juridique, a été chargé, en vertu d'un acte de l'autorité publique, d'accomplir, sous le contrôle de cette dernière, un service d'intérêt public et qui dispose, à cet effet, de pouvoirs exorbitants par rapport aux règles applicables dans les relations entre particuliers*[75] » ; ses actes sont en conséquence imputables à l'Etat sous réserve qu'ils aient été commis à l'occasion de l'activité effectuée pour le compte de l'Etat et dans le cadre de l'habilitation ou du contrôle par ce dernier[76].

Cette situation n'est pas sans avantage pour les entités agissant en matière publique. Ainsi, si la responsabilité de l'Etat, c'est à dire concrètement de l'administration centrale via le ministère des affaires étrangères, est automatiquement engagée devant les organes de Strasbourg du fait des activités des entités de droit public[77] ou de droit privé, les autorités publiques précédemment mentionnées peuvent également attaquer l'Etat, devant les juridictions françaises[78], sur le fondement de la Convention dans la mesure où celle-ci est applicable aux personnes morales, et notamment aux personnes morales de droit public[79]. Tel pourrait être le cas d'une commune engageant la responsabilité du fait de la lenteur d'une procédure juridictionnelle sur la base de l'article 6. La Convention européenne des droits de l'Homme bénéficie donc doublement aux organismes locaux : en tant qu'organes d'Etat, ils sont « couverts » pécuniairement par celui-ci dans le cadre du mécanisme de contrôle européen, en même temps qu'ils peuvent solliciter sa condamnation pécuniaire en cas de méconnaissance de ses obligations européennes.

L'assimilation à l'Etat de ces organes entraîne toutefois un certain nombre de difficultés en ce qui concerne les questions de la répartition des responsabilités et du contrôle, mais également celle de l'application du droit public de la responsabilité aux personnes privées.

• Les répartitions de responsabilité

Dans la mesure où les individus tendent à recourir de plus en plus fréquemment aux organes de Strasbourg afin d'obtenir la condamnation des autorités étatiques[80], et compte tenu de la multiplication des obligations nées des réglementations

---

de licencier des personnels pour fait de grève en méconnaissant les dispositions de la Convention est imputable à l'Etat (Req. n° 12719/87, Frederiksen et autres c/ Danemark, décision sur la recevabilité du 3 mai 1988, *DR* 56, p. 237).

[75] CJCE, 12 juin 1990, Forster, Aff. 188/89, *Rec.* p. I-3344 sp. p. 3350.

[76] Conclusions de l'avocat général C.O. Lenz relatives à l'affaire Commission c/ Portugal du 11 juillet 1991, Aff. C 247/89, *Rec.* p. I-3670, sp. p. 3673 ; Conclusions de l'avocat général Van Gerven relatives à l'affaire Foster e. a. du 12 juillet 1990, Aff. C 188/89, *Rec.* p I-3326, sp. p. 3340, point 21.

[77] Pour un exemple, CEDH, 21 février 1997, Guillemin c/ France, *Recueil des arrêts et décisions* 97-I, p. 149.

[78] La mise en oeuvre de la responsabilité de l'Etat ne pourra alors se faire que devant les juridictions internes et non devant les organes de Strasbourg dans la mesure où ils refusent aux organismes d'Etat de se prévaloir devant eux de la Convention.

[79] Cette opinion est celle d'une partie de la doctrine qui toutefois se divise en ce qui concerne l'étendue du bénéfice de la Convention pour les organes locaux. Cf. sur ce point J. Velu, La convention européenne des droits de l'homme et les personnes morales de droit public, in *Miscellanea W. J. Ganshof van der Meersch, Studia ab discipulis que honorem egregii professoris edita*, vol. I, Bruxelles, Bruylant, 1972, p. 589 sp. p. 591 et s.

[80] J.-F. Flauss, La Convention européenne des droits de l'homme: une nouvelle interlocutrice pour le juriste d'affaires, *RJDA*, 1995, p. 524 ; J.-F. Flauss, La banalisation du contentieux indemnitaire devant la Cour européenne des droits de l'homme, *RTDH* 1996, p. 92

communautaires particulières qui les concernent les collectivités publiques sont amenées à devenir des interlocuteurs privilégiés des organes européens[81] et cela, notamment dans le cadre d'une action en réparation ; par exemple, dans le cadre de la mise en oeuvre du droit européen, sur le fondement de la méconnaissance des dispositions d'une directive communautaire ou de la violation, dans l'exercice de leurs pouvoirs d'expropriation ou de police, des droits reconnus par la Convention aux particuliers. Dans une telle hypothèse, un acte dommageable contrevenant aux normes supérieures leur sera, en application du droit français, imputé. En effet, *« est responsable la personne publique à l'exercice des compétences de laquelle se rattache l'acte dommageable »*[82]. Les organes qui, dans l'exercice de leurs compétences accrues du fait de la décentralisation, contreviendront au droit européen ou seront à l'origine d'un préjudice dont la réparation est encadrée au niveau européen devront donc assumer les conséquences dommageables de leurs actes. Or les règles du droit international classique, qui ont été transposées devant la Cour de justice comme devant la Cour européenne des droits de l'Homme dans le cadre de la responsabilité du fait de la violation du droit international ont pour effet que seuls les Etats membres, et non leurs émanations, verront un recours dirigé, au niveau européen, à leur encontre. La condamnation pécuniaire dans le cadre d'une action en responsabilité visera l'Etat dans son entier[83].

Certes, aujourd'hui, seule la Cour européenne des droits de l'Homme détient le pouvoir, dans le cadre de l'octroi de la satisfaction équitable, de prononcer des sanctions pécuniaires à l'encontre des Etats membres. Mais dans l'hypothèse d'une condamnation à ce titre, c'est dans le patrimoine de l'Etat-administration centrale, quel que soit l'organe à l'origine de la violation, que se produisent les conséquences de celle-ci. Si ce phénomène est logique en ce qui concerne les actes des autorités déconcentrées ou de ceux imputables à des services de l'administration centrale dans la mesure où ils ne disposent pas d'une personnalité juridique ni même d'un patrimoine[84] distincts de ceux de l'Etat, on peut s'interroger sur sa justification en ce qui concerne les actes des collectivités décentralisées. En effet, si cette position permet d'accélérer le dédommagement des particuliers et d'éviter d'éventuelles insolvabilités ou un mauvais vouloir dans l'exécution[85], elle revient à faire subir aux finances gouvernementales les frais de la méconnaissance d'une disposition supranationale par un organe que le

[81] P.-A. Feral, Les incidences de l'intégration communautaire sur les collectivités territoriales françaises, *RMUE* 1994, p. 53.

[82] P. Amselek, La détermination de la personne responsable d'après la jurisprudence administrative, in *Etudes de droit public*, Paris, Cujas, 1964, p. 289, sp. p. 300.

[83] Ce problème a déjà été soulevé en ce qui concerne la responsabilité internationale d'un Etat à structure fédérale par H. Kelsen, Die staatsrechtliche Durchführung des Ansclusses Österreichs an das Deutsche Reich, *Zeitschrift für öffentliches Recht*, 1927, p. 329, cité par G. Marcou, L'évolution récente du fédéralisme allemand sous l'influence de l'intégration européenne et de l'unification, *RDP* 1995, p. 883.

[84] Pour un exemple étranger intéressant concernant les Pays-Bas : K. de Vey Mestdagh, Les problèmes liés aux versements des sommes dues en application des articles 32 et 50 de la convention in *Les agents du gouvernement devant les organes de la convention européenne des droits de l'homme*, doc. H (96) 10, p. 25.

[85] Ce seul objectif suffit d'ailleurs à légitimer la responsabilité de l'Etat à payer pour un dommage causé par un autre organisme public : Conseil de l'Europe, *L'administration et les personnes privées - Principes de droit administratif concernant les relations entre les autorités administratives et les personnes privées - Un manuel*, Strasbourg, Editions du Conseil de l'Europe, 1997, sp. p. 50.

pouvoir central ne pouvait, en tout état de cause, pas entièrement contrôler, à faire supporter par l'Etat les erreurs d'autrui[86].

Il est toutefois nécessaire de remarquer qu'en cas de condamnation à réparation devant la Cour européenne les collectivités à l'origine de la méconnaissance du droit européen ne se verront pas déchargées de toute responsabilité pécuniaire puisque l'Etat pourra exercer une action récursoire contre elles sur la base des dispositions du droit interne. Le juge national devant lors définir la part de responsabilité incombant à la collectivité fautive et celle devant éventuellement être imputée à l'Etat, dans l'hypothèse où notamment, ayant eu connaissance des agissements contrevenant aux dispositions de la Convention, il se serait abstenu d'intervenir. Cela peut être le cas en France, en raison du contrôle exercé par les autorités préfectorales sur les collectivités locales, dans le cadre de la procédure de déféré[87]. Aussi, si l'action récursoire n'a pas, évidemment, été à l'origine instituée entre personnes publiques pour gérer les difficultés de réparation dues à la méconnaissance du droit européen[88], son mécanisme pourrait trouver à s'appliquer. De même, la probable multiplication des cumuls de responsabilités entre collectivités pourrait susciter un accroissement des procédures de recouvrement des créances administratives entre personnes publiques[89]. Pour autant, il apparaît que la sasine des juridictions internes dans cette hypothèse demeure extrêmement rare.

En cas de responsabilité du fait d'une violation du droit communautaire, le problème se pose dans des termes différents. La Cour de Justice des Communautés ne se prononce pas directement sur le montant d'une indemnisation, mais uniquement sur son principe. Toutefois, seul l'Etat pourra se voir imputer au niveau européen la responsabilité des agissements fautifs des organes administratifs tels que nous les entendons ici. Il assumera de manière exclusive la charge de la responsabilité vis à vis des instances communautaires[90] et subira éventuellement le poids des astreintes prononcées par la Cour de Justice.

La question de la charge de la réparation ne se posera que devant les organes nationaux qui jugeront sur le fondement du droit interne sans être liés par la qualification d'imputabilité à l'Etat retenue par la Cour du Kirchberg[91], cette dernière

---

[86] De ce point de vue, le mécanisme de responsabilité s'apparente à celui mis en oeuvre par la loi anticasseurs (ancien article 314 du Code pénal) qui faisait prendre en charge par des personnes arrêtées à la suite de la commission d'un dommage la réparation d'un dommage alors même qu'ils n'y auraient pas participé. V. J. Duffar, La loi anticasseurs, *RDP* 1972, p. 49.

[87] Même si l'on sait que les effectifs affectés au contrôle de la légalité sont insuffisants pour assurer de manière réellement efficace cette mission.

[88] Sur l'action récursoire en droit français J. Chevallier, La technique de l'action récursoire dans le droit de la responsabilité administrative, *JCP* 1970, I, 2323 ; F. Roques, L'action récursoire dans le droit administratif de la responsabilité, *AJDA* 1991, p. 75. Sur la subrogation en droit public, Y. Madiot, La subrogation en droit administratif, *AJDA* 1971, p. 325. Sur la mise en oeuvre de l'action récursoire et de la subrogation en droit public, v. J. Moreau, *Détermination du patrimoine public responsable*, Jcl. Adm., fasc. 836.

[89] Pour une étude des différentes techniques de recouvrement des créances, M. Rougevin-Bavillle, R. Denoix de Saint Marc, D. Labetoulle, Les prérogatives de l'administration en matière financière, *Leçons de droit administratif*, p. 307 ; O. Gohin, *Créances des collectivités publiques*, Répertoire Dalloz, Contentieux administratif, p. 217.

[90] Sur ce point, cf. également F. Zampini, L'Italie en amont du manquement..., Un problème de compétences entre l'exécutif, le parlement et les régions, *RTDE* 1994, p. 195 ; M. Vaucher, Réalité juridique de la notion de région communautaire, *RTDE* 1994, p. 525.

[91] La Cour a d'ailleurs considéré qu'il incombe aux Etats membres de s'assurer que les particuliers obtiennent

spécifiant rarement à quel organe l'acte dommageable est imputable. Les droits des Etats membres apportent des réponses très diverses à la question de la mise en jeu de la responsabilité pécuniaire de l'Etat en raison d'une faute d'une autre collectivité publique. Les juridictions françaises ont, pour leur part, la possibilité, que leur reconnaît la Cour de justice, de décider la condamnation de l'Etat, de la collectivité locale[92] ou bien des deux de manière solidaire en application du droit interne[93]. Ainsi, en cas de défaut d'application des dispositions d'effet direct d'une directive non transposée, la collectivité pourrait réparer la méconnaissance de l'effet direct tandis que l'Etat assurerait la charge de l'absence de transposition, le partage définitif pouvant procéder, là aussi, d'actions récursoires[94] ou éventuellement subrogatoires. Mais une telle action à l'initiative des autorités centrales, ce qui devrait être le plus fréquemment le cas, ne révélerait-elle pas une certaine mauvaise foi puisque les autorités étatiques opposeraient leur propre méconnaissance du droit communautaire pour se dégager de leur responsabilité ? L'adage « *nemo auditur* ... » ne serait-il pas alors méconnu[95] ? Certains systèmes ont su contourner cette difficulté en adoptant une approche très réaliste. Ainsi les juridictions britanniques n'ont pas hésité à considérer qu'en cas de double violation du droit communautaire la responsabilité à retenir est celle de la collectivité dont le fait constitue la cause la plus directe du dommage, alors même que l'Etat aurait commis une faute[96].

Les actes des autorités locales ne sauraient donc rester impunis au plan interne, mais la complexité potentielle des dommages montre que, dans de telles hypothèses, il est indispensable que l'action en réparation soit indistinctement ouverte à l'encontre du pouvoir central comme des autorités locales afin d'éviter que les requêtes des particuliers soient rejetées en tant que « mal dirigées ».

Le même problème de répartition des responsabilités se pose en cas de dommages causés par des personnes accomplissant une mission de service public et exerçant pour ce faire des prérogatives de puissance publique. Ces personnes entraîneront devant la Cour de Justice comme devant la Cour européenne des droits de l'Homme, la

---

réparation du préjudice que leur cause le non-respect du droit communautaire, quelle que soit l'autorité publique auteur de cette violation et quelle que soit celle à laquelle incombe en principe selon le droit de l'Etat membre concerné la charge de cette réparation, CJCE, 1er juin 1999, Konle, aff. C 302/97, *Rec.* p. I-399, point 62 ; mais qu'il n'incombe pas nécessairement à l'Etat d'assurer la réparation dans cette hypothèse, l'essentiel étant que les conditions d'effectivité et d'équivalence de traitement soient remplies : CJCE, 4 juillet 2000, Salomone Haim et Kassenzahnnärztliche Vereinigung Nordrhein, Aff. C 424/97, non encore publié, point. 29 et s.

[92] CJCE 10 avril 1984, Sabine Von Colson et Elisabeth Kamman c/ Land Nordhein-Westfalen., Aff. 14/83, *Rec.* p. 1891; CJCE, 22 juin 1989, Fratelli Constanzo c/ Milan, Aff. 103/88, *Rec.* p. 1839.

[93] Cette troisième solution a été préconisée par deux auteurs britanniques : B. Kessel, K. Mortelmans, decentralized government and community law: conflicting institutional developpments, *CMLRev*, 1993, p. 905, sp. p. 929. La Cour a d'ailleurs reconnu cette possibilité : CJCE, 4 juillet 2000, Salomone Haim, préc. point 34.

[94] C'est du moins ce qui ressort des conclusions de l'avocat général Van Gerven relatives aux affaires Barber c/ Guardian Royal Exchange, Aff. 8/81, 17 mai 1990, *Rec.* p. 1889, et CJCE, 12 juillet 1990, Forster e.a, Aff C 188/89, *Rec* p. 3313.

[95] Sur la valeur de cette règle et son application par le juge administratif dans le contentieux de la responsabilité, v. M. Deguergue *Jurisprudence et doctrine dans l'élaboration du droit de la responsabilité administrative*, BDP t 171, LGDJ, Paris, 1994, pp. 461-463.

[96] Kirklees B.C. v. Wickes, [1992] 3 All ER 717.

condamnation de l'Etat. Le problème de la compatibilité d'une telle condamnation avec la jurisprudence du Conseil d'Etat a déjà été envisagé par Mme Haguenau pour qui " *il n'est pas certain que cette jurisprudence corresponde à la conception instrumentale que la Cour [de justice des Communautés européennes] se fait habituellement de l'Etat* "[97]. La Haute juridiction administrative dans une décision du 23 mars 1983[98] confirmée par la suite[99], a, en effet, refusé de mettre en oeuvre la responsabilité extra-contractuelle de l'Etat à raison des fautes commises par une société privée chargée de l'exécution d'un service public, disposant, pour ce faire, de prérogatives de puissance publique et de ce fait soumise à un régime de responsabilité publique[100]. Une telle personne privée ne peut donc, par son activité, engager la responsabilité extra-contractuelle de l'Etat. Elle est cependant bien assimilable à une entreprise, qui, quelle que soit sa forme juridique, a été chargée en vertu d'un acte de l'autorité publique, d'accomplir sous le contrôle de cette dernière, un service d'intérêt public, et dispose, pour ce faire, de pouvoirs exorbitants par rapport aux règles applicables dans les relations entre les particuliers. Assimilable à un organisme d'Etat, elle peut, par son activité, entraîner, devant la Cour de Justice comme devant la Cour européenne des droits de l'Homme, dans la limite de leurs compétences, la condamnation de l'Etat. Cette assimilation par la Cour de Justice est sans incidence sur l'état du droit français dans la mesure où la responsabilité sur laquelle se prononce la Cour de Luxembourg est la responsabilité politique face aux autres membres et à la Communauté. Il en va autrement de sa mise en oeuvre par la Cour de Strasbourg. En effet, dans le cas d'une condamnation pécuniaire par les organes de Strasbourg -et à moins d'une évolution de la position du Conseil d'Etat qui ne pourrait être que néfaste à l'état des finances publiques-, l'Etat se retournera contre la personne privée auteur du dommage afin de solliciter le remboursement intégral des sommes versées à la victime. Mais la distinction des patrimoines responsables se trouve dans cette hypothèse, de par la condamnation originelle de l'Etat, nécessairement atténuée.

Outre cette première difficulté, la notion d'Etat telle qu'elle est reconnue en droit européen est susceptible d'entraîner des conséquences en termes de contrôle des organismes publics distincts de l'administration centrale.

• L'accroissement du contrôle

En effet, le phénomène d'imputabilité à l'Etat, au niveau international, de la responsabilité pour des méconnaissances des règles supérieures de droit qui ne sont pas son fait a pour conséquence potentielle un renouveau du contrôle exercé sur les organismes d'Etat comme en ce qui concerne les personnes privées agissant dans la sphère publique, quand bien même pour ces dernières le patrimoine responsable ne

---

[97] C. Haguenau, *L'application effective du droit communautaire en droit interne. Analyse comparative des problèmes rencontrés en droit français, anglais, et allemand*, Bruxelles, Editions Bruylant - Editions de l'Université de Bruxelles, 1995, sp. p. 472.

[98] CE, 23 mars 1983, Société anonyme Bureau Véritas et autres, *Lebon* p. 133.

[99] CE, 23 septembre 1983, Société anonyme compagnie générale des travaux d'entreprise, req. n° 26-254, inédit.

[100] B. Lerousseau, La responsabilité des personnes privées gérant un service public administratif, *AJDA* 1977, p. 403 ; C. Lavialle, La responsabilité des personnes publiques du fait de l'activité dommageable des personnes privées gérant un service public, *LPA*, 9 mars 1983, p. 15 et s., 11 mars 1983, p. 12 et s.

serait pas celui de l'Etat, car il est politiquement délicat pour une organisation étatique de voir sa responsabilité engagée pour des actes commis par des organes distincts d'elle. Un renouvellement des modes de contrôle, qui serait en rupture avec la dérégulation actuelle pourrait être nécessaire. En ce qui concerne les collectivités territoriales, le contrôle envisagé pourrait s'accompagner d'un éventuel recul des compétences attribuées à ces dernières dans le cadre d'une politique de décentralisation.

Cette affirmation n'a rien d'exagérée si l'on prend pour exemple les évolutions qu'a impliquées le droit communautaire sur l'administration italienne. Il a été fort bien démontré que, dans cette hypothèse, l'adhésion aux traités et la volonté de l'Etat italien de voir le nombre de ses condamnations par les organes communautaires décroître a conduit à une révision de l'étendue et de la teneur du principe de décentralisation et à un accroissement du contrôle de l'action locale[101]. La question d'une semblable évolution s'est posée en Allemagne[102], en Grèce[103], en Belgique et en Espagne[104]. Cette problématique peut être élargie à l'ensemble des autorités locales bénéficiant d'une certaine autonomie. Certes, l'importance de la décentralisation en France est sans commune mesure avec celle mise en oeuvre chez nos voisins transalpins, mais l'éventualité d'un accroissement de la surveillance pesant sur les collectivités territoriales est envisagée par les instances les plus autorisées. Pour le Conseil d'Etat, en effet, les relations entre l'Etat et les collectivités locales dans le domaine de l'application du droit communautaire se traduisent par une certaine faiblesse à laquelle il convient de remédier en veillant notamment au respect du droit communautaire par ces dernières[105]. A l'occasion du rapport d'activité au titre de l'année 1992, la Haute assemblée a abordé le problème du contrôle de légalité placé sous la responsabilité du représentant de l'Etat et a affirmé l'inutilité de modifier le dispositif existant[106]. Il n'en demeure pas moins que la question sinon d'un accroissement, du moins d'un renouvellement du contrôle des collectivités territoriales reste posée. Si aujourd'hui encore l'Etat constitue un partenaire obligé dans la mise en oeuvre du droit communautaire -par les régions, notamment, en raison de leur représentation auprès de l'Union- il est peu probable que celui-ci accepte de relâcher son contrôle et de se détacher de leur action dans la mesure où il pourrait avoir à en subir les conséquences dommageables. Les autorités communautaires elles-mêmes, si elles s'appuient de plus en plus sur une action décentralisée, notamment régionale, semblent d'ailleurs ne pas

---

[101] F. Zampini, L'Italie en amont du manquement..., Un problème de compétences entre l'exécutif, le parlement et les régions, *RTDE* 1994, p. 195.

[102] G. Marcou, L'évolution récente du fédéralisme allemand sous l'influence de l'intégration européenne et de l'unification, *RDP* 1995, p. 883, sp. p. 891 et s.

[103] P. Pavlopoulos, Collectivités locales et intégration européenne : Le cas de la Grèce; Des obstacles constitutionnels à l'intégration européenne ?, *REDP*. 1994, vol. 6, n° 2, p. 313.

[104] Pour une étude de l'évolution des mécanismes de contrôle dans ces deux pays afin d'assurer la correcte mise en oeuvre du droit communautaire, C. Weisse-Marchal, *Le droit communautaire et la responsabilité extra-contractuelle des Etats membres : principes et mise en oeuvre*, Thèse Metz, 1996, sp. p. 83 et s. Pour une étude plus spécifique de la situation de l'Espagne : L. Burgogue-Larsen, *L'Espagne et la Communauté européenne. L'Etat des autonomies et le processus d'intégration européenne*, Bruxelles, Université de Bruxelles, Coll. Etudes européennes, 1995, p. 345 et s.

[105] Les collectivités territoriales et le droit communautaire, *EDCE* 1992, p. 251.

[106] *Ibid.* p. 261.

être favorables à l'affirmation de l'autonomie de mise en oeuvre du droit de l'Union par les régions.

Si les organes du Conseil de l'Europe se détachent, pour leur part, de cette question qui ne relève que de la compétence de l'Etat, la dialectique de l'accroissement du contrôle de l'Etat sur les organes décentralisés se présente, en ce qui concerne l'application du droit conventionnel, dans des termes similaires et est susceptible d'aboutir à un résultat analogue.

Le droit européen, par sa conception large de l'imputabilité des actes administratifs à l'Etat, pourrait donc amener à une réappréciation du contrôle sur les autorités publiques. Il soulève enfin des interrogations concernant le champ de l'application du droit public de la responsabilité à des personnes privées.

- Le champ d'application du droit public de la responsabilité à des personnes privées

Les personnes privées peuvent, on l'a vu, être soumises à l'intervention européenne en matière de responsabilité publique dès lors qu'elles sont investies par l'Etat d'une mission d'intérêt général et, semble-t-il, que pour ce faire elles détiennent des prérogatives de puissance publique. Ce dernier critère est un élément central d'application des règles de la responsabilité administrative aux personnes privées en droit français,. L'extension aux personnes privées révèle toutefois certains points d'achoppement entre les implications du droit européen et les principes de notre système juridique. L'utilisation de prérogatives de puissance publique en raison d'une habilitation unilatérale[107], contractuelle[108], expresse ou tacite[109] implique, pour une personne privée en cas de dommage, le bénéfice des règles du droit public. Mais le critère de l'utilisation de telles prérogatives est délicat à manier.

Une prérogative exorbitante du droit commun, en droit français, est un moyen de droit public qui n'existe pas en droit privé, et qui accroît les possibilités d'action de son bénéficiaire dans un but d'intérêt social[110]. Mais son identification dépend fondamentalement de la distinction qui est opérée entre le droit public et le droit privé dans chaque pays. Il n'existe donc pas de définition des prérogatives de puissance publique commune à l'ensemble des Etats membres. Le droit conventionnel a pris acte de cette hétérogénéité en renvoyant à l'ordre juridique de chaque Etat le soin de délimiter cette notion[111], tandis que la Cour de Justice semble implicitement avoir adopté la même solution. Toutefois une trop grande divergence entre les conceptions nationales nuit à l'effectivité de la mise en oeuvre du droit européen, et il pourrait être nécessaire de les harmoniser ou de leur donner une définition commune dans un avenir proche. A l'occasion de l'affaire *Forster*, la Cour de Justice a considéré que l'exercice par la British Gaz Corporation d'une activité à caractère industrielle et commerciale, de manière monopolistique constituait, dans la mesure où elle entraînait la présence d'éléments de droit public notamment en matière de contrôle, la manifestation de l'exercice d'une prérogative de puissance publique ; or la seule détention d'un

[107] CE, Ass., 31 juillet 1942, Monpeurt, *Lebon* p. 239.
[108] CE, Sect. 20 avril 1956, Ep. Bertin, *Lebon* p. 167.
[109] CE, Sect. 20 avril 1956, Epoux Bertin et ministre de l'agriculture c/ Consorts Grimouard, *Lebon* p. 167.
[110] Sur cette notion, voir notamment F. Moderne, Les prérogatives de puissance publique, Th. Bordeaux, 1961.
[111] Recommandation R(84) 15 préc., exposé des motifs, p. 11, point 8.

monopole ne justifie pas *ipso facto*, la soumission à un régime de droit public[112]. De même, la notion de contrôle par les pouvoirs publics de l'activité d'une personne privée manque singulièrement de clarté. En effet, comme l'a remarqué M. Grief, peut-on considérer que la nomination d'un dirigeant constitue l'expression d'un contrôle et qu'en est-il alors de celle d'un comptable ou de l'envoi des bilans d'activité à une administration d'Etat[113] ? Les Etats membres pourraient être amenés à adopter une définition restrictive du contrôle en vue de ne pas supporter les conséquences dommageables des activités des organismes privés exerçant des prérogatives de puissance publique.

En outre, il ne parait pas évident en ce qui concerne le droit communautaire que seules les personnes privées exerçant des prérogatives exorbitantes du droit commun, puissent se voir assimiler à des organes de l'Etat. L'ambiguïté des critères développés dans l'arrêt *Forster* a pu être relevée[114]. En effet, la Cour s'est alors référée à des entités contrôlées par l'Etat *ou* disposant de prérogatives exorbitantes du droit commun[115] avant de transformer cette alternative en un critère cumulatif, les organes en question devant être contrôlés par l'Etat et bénéficier de telles pouvoirs[116]. L'élargissement à des organismes ne disposant pas de prérogatives de puissance publique serait donc envisagé[117] et cette assimilation pourrait entraîner une remise en cause du droit français qui ne leur applique le régime de la responsabilité de droit public que sous réserve de l'exercice de telles prérogatives, suivant une jurisprudence constante du Conseil d'Etat[118].

Un tel élargissement permettrait d'appréhender l'ensemble des activités de l'Etat par le biais d'organismes de droit privé aux formes diverses, tels que des associations, des groupements d'intérêt public, des sociétés d'économie mixte, qui ne disposent pas dans le cadre de leur activité de prérogatives de puissance publique, mais qui sont une traduction de l'intervention de l'Etat et constituent véritablement des démembrements de ce dernier[119].

Le droit européen postule également que également, dans certaines hypothèses, l'Etat prenne en charge l'intégralité de dommages imputables à des personnes privées.

b- L'imputation à l'Etat des actes causés par des personnes privées intervenant dans leur sphère d'activité propre

Cette situation serait notamment celle dans laquelle un individu refuse d'appliquer une norme européenne d'effet direct dont l'administration ne garantit pas le respect, en raison par exemple d'une absence d'adoption des textes nécessaires au respect de cette

[112] Selon Enrico Traversa, note sous l'arrêt Forster, *RTDE* 1991, p. 431, sp. p. 433.
[113] N. Grief, Direct effect of directives and organs of the state, *ELRev.*, 1991, p. 136, sp. p. 143.
[114] N. Grief, Direct effect of directives and organs of the state, préc ; C. Haguenau, *L'application effective du droit communautaire en droit interne*, préc., p. 472.
[115] CJCE, 12 juin 1990, Forster, Aff. 188/89, préc., point 18.
[116] *Ibid.*, points 20 et 22.
[117] C. Haguenau, *L'application effective du droit communautaire en droit interne*, préc., p. 472
[118] CE, 13 octobre 1978, Ass. départ. pour l'aménagement des structures agricoles du Rhône, *Lebon* p. 368.
[119] Cette opinion a déjà été exprimée par M. Hecquard-Theron, *La notion d'Etat en droit communautaire*, *RTDE* 1990, p. 693, sp. p. 698.

disposition. Alors le particulier pourra obtenir une réparation de l'Etat qui ne pourra se retourner contre la personne privée, conformément à l'adage *nemo auditur*. Tel est également le cas dans l'hypothèse d'un refus d'une personne de droit privé absolument distincte de l'Etat d'appliquer une directive communautaire non transposée ou ayant fait l'objet d'une mauvaise transposition. Le dommage subi revêt alors un lien de causalité avec l'activité administrative, nonobstant l'existence du fait intermédiaire constitué par le refus de la personne privée dans la mesure où, quand bien même celle-ci ne se serait vue adresser aucune demande d'application du droit communautaire, le particulier aura subi un préjudice du fait de la méconnaissance ou la mauvaise prise en considération de ses droits communautaires par l'administration. Dans un tel schéma, le principe de l'effet direct ne peut pas toujours jouer. Ainsi, les directives sont dénuées d'effet horizontal ; à défaut d'obtenir réparation de l'Etat en raison du défaut d'incorporation en droit interne, aucune réparation ne peut être accordée à l'individu dont les droits ont été méconnus. La mise en jeu de la responsabilité publique constitue un palliatif à l'impossibilité de celle des personnes privées ; ce rôle de palliatif justifiant alors pour certains auteurs une conception souple de la notion d'organisme d'Etat et d'imputation à ce dernier afin de faciliter la réparation du dommage subi[120].

Cette solution est conforme à l'équité. Elle correspond à certaines situations déjà rencontrées par le juge administratif, la responsabilité pouvant être engagée même dans les hypothèses d'intervention d'un tiers étranger à l'administration[121]. Il est toutefois nécessaire de formuler deux remarques. Les faits commis par des particuliers dont l'activité n'est en aucune manière rattachable à l'Etat sont insusceptibles, en droit international classique, d'engager sa responsabilité[122]. Cette solution, bien ancrée, ne connaît des dérogations que dans le domaine des droits de l'Homme, notamment des étrangers. Y affirmer une exception serait témoigner d'une nouvelle originalité du droit communautaire par rapport au droit international. Ensuite, il ne peut être nié que, si dans une telle situation l'Etat est responsable d'une méconnaissance du droit communautaire, le préjudice, puisque préjudice il faut pour que la réparation soit accordée, ne peut être consécutif qu'au refus de respecter le droit communautaire opposé à la personne privée. L'apparition de ce préjudice est donc la conséquence d'une activité qui n'est pas exclusivement imputable à l'Etat. La solution à cette difficulté serait bien évidemment de reconnaître un effet direct horizontal à l'ensemble du droit européen et notamment aux directives avant même qu'elles soient transposées, ce qui rétablirait véritablement le particulier dans ses droits et éviterait une réaction de blocage des juridictions elles-

---

[120] C. Boch, R. Lane, European community law in national courts : a continuing contradiction, *LJIL*, 1992, p. 171.

[121] CE, Section, 19 mars 1976, Min. de l'Intérieur c/ Csorts Danel, *Lebon* p. 170 : préjudice subi du fait de l'occupation illicite d'un terrain qui a repoussé la date de prise en possession en raison de la carence de l'administration. Pour un point de vue plus général, L. Richer, *Le préjudice réparable*, Répertoire Dalloz Responsabilité publique, n° 141 à 145.

[122] Le comportement des personnes privées qui n'agissent pas pour le compte de l'Etat n'engage pas la responsabilité de celui-ci. Toutefois, au titre du paragraphe 2 de l'article 11 du projet de la commission du droit international, il en va différemment en cas d'imputation indirecte, lorsque l'Etat est obligé par une règle de droit international d'empêcher ce comportement.

mêmes qui pourraient éviter dans une certaine mesure d'engager la responsabilité publique dans une telle hypothèse[123].

3) Une remise en cause de la conception française de l'illégalité de nature à engager la responsabilité ?

Compte tenu du contexte européen et plus spécifiquement de l'encadrement par la Cour de Justice des conditions de mise en oeuvre de la responsabilité pour violation du droit communautaire, l'on peut se demander dans quelle mesure la conception française de l'illégalité de nature à engager la responsabilité peut ou doit évoluer. La question du degré d'illégalité pouvant engager la responsabilité administrative est, en effet, hasardeuse. Si le droit conventionnel ne prévoit pas d'harmonisation sur ce point et laisse cette question à l'entière discrétion des systèmes nationaux, la Cour de Justice fait reposer le standard minimum de responsabilité sur la notion de violation suffisamment caractérisée du droit communautaire. On est par conséquent amené à se demander si le principe selon lequel toute illégalité d'un acte administratif est constitutive d'une faute[124] sans qu'aucune considération tenant à son degré entre automatiquement en ligne de compte, qui est bien ancré en droit français et fait office de dogme dont toute tentative de discussion et encore plus de remise en cause confine au sacrilège[125], ne mériterait pas d'être analysé sous un nouvel angle compte tenu du contexte européen.

Bon nombre d'auteurs s'accordent sur la nécessité de maintenir le principe de quasi-automaticité entre la faute et l'illégalité[126], à tout le moins dans l'hypothèse d'une violation du droit communautaire, en faisant valoir notamment que l'Etat français étant partie aux traités et représenté devant les instances communautaires, il se doit de respecter la règle de droit à l'élaboration de laquelle il a participé, qu'il connaît de ce fait, et que nul n'est censé ignorer la loi, surtout pas l'administration. Certes, il paraît difficile de rejeter le lien entre l'illégalité et la faute puisque dans les hypothèses de méconnaissance des obligations européennes, la violation de la loi constitue le manquement à une obligation préexistante et révèle à elle seule une faute de service[127]. Les arguments reposant sur la nécessité dans certaines circonstances de méconnaître les obligations européennes afin d'assurer la préservation de l'intérêt général sont plus

---

[123] Telle est la crainte formulée par une partie de la doctrine : v. F. Emmert, M. Perreira de Azevedo, L'effet horizontal des directives, la jurisprudence de la CJCE : un bateau ivre, *RTDE* 1993, p. 503.

[124] CE, Sect., 26 janvier 1973, Ville de Paris c/ Driancourt, *Lebon* p. 78. Sur les controverses historiques antérieures à l'affirmation de ce principe ainsi que sur son affirmation : M. Deguergue, *Jurisprudence et doctrine dans l'élaboration du droit de la responsabilité administrative*, p. 185 et s. ; F. Moderne, Illégalité et responsabilité pour faute de service: vers de nouvelles relations, note sous l'arrêt Driancourt, *RA* 1974, p. 29.

[125] Nous en prenons pour exemple l'opinion « dissidente » émise par le Professeur Moreau à l'occasion de l'arrêt Alivar par laquelle celui-ci rejetait le lien entre l'illégalité et la faute : J. Moreau, L'influence de la construction européenne sur le droit français de la responsabilité de la puissance publique, in *L'Europe et le droit, Mélanges J. Boulouis*, Paris, Dalloz, 1991, p. 409-420.

[126] Sur les dérogations à cette automaticité voir notamment J.-C. Hélin, *Faute de service et préjudice dans le contentieux de la responsabilité pour illégalité*, Thèse 1969, Ronéo.

[127] Certains auteurs considèrent toutefois qu'eu égard à la particularité du contentieux de la responsabilité, une appréciation du comportement subjectif de l'agent doit être faite, ce qui implique la dissociation par rapport à l'illégalité appréciée objectivement : L. Richer, *La faute du service public dans la jurisprudence du Conseil d'Etat*, Paris, Economica 1978, sp. p. 29 et s.

intéressants[128], même si au regard des orientations prises par les Communautés comme par la Cour européenne des droits de l'Homme dans l'appréciation des situations pouvant justifier une dérogation dans l'application du droit européen, ils pourraient sembler délicats à soutenir. En revanche, si la violation du droit européen constitue une illégalité et partant une faute, le principe selon lequel une simple illégalité suffit à engager la responsabilité n'est pas adapté au contexte des méconnaissances du droit européen. En effet, la vision des conditions d'élaboration et de mise en oeuvre du droit européen qui est avancée pour la justifier paraît peu réaliste voire utopique quand on sait les difficultés que connaissent au quotidien les organes internes pour mettre en oeuvre le droit communautaire.

A la différence du droit national, le droit européen est élaboré à l'extérieur de nos frontières, contient des dispositions dans l'ensemble assez vagues nécessitant une interprétation des juridictions de Strasbourg ou de Luxembourg, qui font alors preuve d'une réelle autonomie. Son application par les organes internes est conditionnée par les décisions des Cours européennes et donc incertaine, puisque fonction de fréquentes évolutions jurisprudentielles. Cela d'autant plus que les normes européennes sont souvent imprécises. Ainsi, le texte de la Convention européenne des droits de l'Homme est particulièrement vague, tandis que certaines dispositions communautaires, notamment les directives, sont parfois peu claires quant à leurs implications au niveau interne et peuvent être transposées incorrectement sans qu'une méconnaissance du droit communautaire puisse être révélée avec évidence[129]. En outre, les autorités juridictionnelles ne sont pas obligées de procéder à un renvoi préjudiciel devant la Cour de Justice des Communautés et aucune procédure d'interprétation uniforme à la demande des juridictions nationales n'existe en droit conventionnel. La question de l'interprétation du droit français et du droit européen ne se pose donc pas dans les mêmes termes.

Les obligations européennes qui pèsent sur les administrations nationales sont, de plus, d'un poids variable et ne devraient en conséquence pas engager de manière identique la responsabilité publique.

Le droit communautaire lie, en effet, différemment les Etats membres selon les normes en question. Les obligations de résultat, notamment en matière de transposition de directives, coexistent avec une certaine marge de manoeuvre reconnue dans des domaines particuliers, principalement en fonction de la clarté de la norme communautaire en question. Cette appréhension réaliste des obligations pesant sur les Etats et de leur traduction en matière de responsabilité s'est d'ailleurs cristallisée dans le principe de responsabilité posé par la Cour de Justice en matière de violation du droit communautaire, la responsabilité étant alors engagée plus ou moins facilement eu égard à la nature des obligations incombant aux Etats membres comme au degré de précision de la norme méconnue.

---

[128] J.Moreau, L'influence de la construction européenne sur le droit français de la responsabilité de la puissance publique, préc.
[129] Pour un exemple récent, CJCE, Aff. C 5/94, The Queen c/ Ministry of Agriculture, Fisheries and food ex parte Hedley Lomas (Ireland) Limited, 23 mai 1996, *Rec.* p. I-2553.

Le droit conventionnel laisse une marge de manoeuvre variable aux autorités nationales qui sont soumises à des prescriptions inconditionnelles comme à d'autres plus relatives, auxquelles il peut être porté atteinte sous réserve de respecter le principe de proportionnalité, et les arrêts de la Cour européenne des droits de l'Homme exercent un effet inégal dans la mesure où ils ne bénéficient que de l'autorité relative de chose jugée et ne lient pas, par conséquent, les Etats tiers qui pourront, en cas de méconnaissance du droit interprété par la Cour européenne, ne pas être sanctionnés par les juridictions nationales. Pourtant, leur force de chose interprétée se développe et vise à exercer une influence croissante[130], ce qui devrait logiquement amener les juges nationaux à intégrer plus facilement le droit conventionnel. Cette situation soulève une double difficulté au regard de la conception actuelle de l'illégalité. D'une part, dans la mesure où le pouvoir d'appréciation des juridictions internes est subordonné aux interprétations de la Cour, juge de dernier ressort de la Convention, il paraît assez délicat pour elles de sanctionner les administrations nationales sur le fondement de dispositions qu'elles maîtrisent difficilement. D'autre part, le juge national pourrait être tenté d'incorporer certaines des positions européennes, ce qu'il ne peut faire que dans le cadre d'un recours contentieux. Or en matière de responsabilité fondée sur une méconnaissance de la Convention par l'administration nationale, il risque de préférer ne pas reconnaître l'autorité de chose interprétée de la Convention afin de ne pas alourdir la charge pécuniaire qui incomberait de manière quasi-automatique aux autorités internes dans le contentieux de la réparation ; ce qui impliquerait nécessairement un recul de la fonction persuasive de la jurisprudence de la Cour européenne des droits de l'Homme et irait à l'encontre de la volonté d'intégration qui sous-tend les positions européennes.

Enfin l'adage « *nul n'est censé ignorer la loi* » ne peut s'appliquer que sous réserve que la loi soit aisément accessible et facilement compréhensible[131] ; ce qui n'est pas toujours le cas du droit européen. Aussi, il serait peu logique de faire peser sur des organes nationaux, peu au fait de l'interprétation de textes ou de jurisprudences manquant de clarté, la responsabilité de dommages qui leur sont certes imputables mais ont été causés à la suite d'une illégalité dont ils ne pouvaient être conscients faute de possibilité de connaître avec une suffisante précision la portée de leurs actes. Cette solution les condamnerait à « *subir sans comprendre ni protester* »[132]. D'où l'intérêt d'une appréhension réaliste et pragmatique de la charge de responsabilité devant leur incomber en cas de méconnaissance du droit européen.

L'ensemble de ces raisons pourrait conduire à envisager un autre régime de responsabilité pour illégalité -l'illégalité étant alors constituée par une violation de la loi, au sens matériel- afin d'atténuer le lien entre l'illégalité et la faute de nature à engager la responsabilité en réduisant son automaticité et donc à dissocier l'illégalité et

---

130 Sur cette notion et son développement sur le Conseil d'Etat : J. Andriantsimbazovina, *L'autorité des décisions de justice constitutionnelles et européennes sur le juge administratif français*, Paris, LGDJ, BDP t 192, 1998, p. 433 et s.

131 Sur ce principe et son évolution dans un contexte de multiplication des normes et spécialement des normes à caractère technique : R. Guillien, Nul n'est censé ignorer la loi, in *Mélanges en l'honneur de P. Roubier*, t. 1, théorie générale du droit et droit transitoire, Paris, Dalloz 1961, p. 253.

132 *Ibid.*, à propos de la multiplication des normes et des difficultés qui en découlent pour les juristes.

la responsabilité. L'absence de responsabilité ne traduirait pas une volonté de freiner la possibilité de mise en oeuvre de l'obligation de réparation de l'administration, mais de ne rendre cette dernière responsable que des seules obligations dont elle doit être redevable en application du droit international[133] et la méconnaissance commise par les autorités nationales ne serait pas impunie, mais bien sanctionnée dans le cadre d'une annulation contentieuse et ne pourrait engager la responsabilité pécuniaire qu'à condition de revêtir certains caractères.

La position de la Cour de justice des Communautés pour qui seule une violation suffisamment caractérisée entraîne la responsabilité publique pourrait constituer le point de départ d'une solution, non pas que l'alignement sur son raisonnement soit indispensable en vue d'une mise en conformité avec celle-ci[134], par volonté de mimétisme, ou d'uniformisation[135], mais beaucoup plus simplement parce que le critère qu'elle a mis en exergue, par sa souplesse, par le respect de la marge de manoeuvre des Etats qu'il conserve, ainsi que par le souci de ne faire supporter aux autorités nationales que la seule charge de responsabilité qui doit leur incomber au regard de la complexité du droit européen, nous paraît pouvoir servir de base constructive à une réflexion sur l'évolution du droit français ; même si les critères permettant d'identifier la violation suffisamment caractérisée devraient être précisés par les juridictions nationales[136]. En effet, par l'atténuation du lien entre l'illégalité et la faute de nature à engager la responsabilité qu'elle postule, cette notion permet de respecter la marge de manoeuvre des Etats membres en rendant « excusables » certaines illégalités reposant sur une interprétation erronée du fait du manque de précision des dispositions européennes[137] tout en impliquant un engagement de la responsabilité en cas de méconnaissance des dispositions claires ou clairement interprétées par les organes européens. C'est en fait plus largement une responsabilité pour faute caractérisée qui pourrait être substituée au principe « illégalité égal faute », ladite faute caractérisée étant, à l'instar de la violation du droit communautaire, un concept à géométrie variable et constituant un nouveau standard.

Les avantages d'un tel mécanisme de responsabilité seraient nombreux. Tout d'abord, il faciliterait l'intégration du droit européen qui ne serait pas freinée par la perspective de recours indemnitaires et la prise en compte de la teneur des obligations

---

[133] La faute se rapproche alors de l'illicite international : P.-M. Dupuy, Faute de l'Etat et fait internationalement illicite, Fin de la faute ?, *Droits*, 1987, p. 51.

[134] Même si l'on remarquera que la position communautaire amène à repenser certains régimes de responsabilité fondés sur la faute lourde en cas d'illégalité. Sur ce point, cf. Infra Titre II, Chapitre II, Section I, §1, A, 3).

[135] V. pourtant la curieuse solution rendue par une juridiction belge qui affirme la nécessité, à l'occasion de l'examen de la question de la responsabilité de l'Etat pour violation du droit communautaire, de s'aligner sur la position de la Cour de Justice et de ne pas appliquer les articles 1382 et 1386 du Code civil belge, théoriquement applicables à l'espèce, sous peine de violer le droit communautaire ; ce qui a pour effet de restreindre considérablement les possibilités concrètes d'engagement de la responsabilité publique et de fait la protection juridictionnelle des droits communautaires des particuliers, Civ. Verviers, 26 juin 1998, Scté association pour l'exploitation du circuit de Francorchamp e.a. c/ Etat Belge, *JTDE* 1998, p. 210.

[136] Sur le manque de précision des critères posés par la Cour de Justice, nous renvoyons aux développements figurant dans la première partie de notre étude.

[137] En revanche, les illégalités ne sauraient être excusées en raison de la durée pendant laquelle l'administration nationale a pu méconnaître le droit communautaire sans être consciente de cette méconnaissance : CJCE, 2 décembre 1997, Fantask A/S e.a., Aff. C 188/95, *Rec.*, p. I-6783, point 34.

internationales par les organes nationaux, juridictionnels comme administratifs serait plus réaliste[138]. Ensuite, la réalité juridique et morale -l'Etat français peut-il être tenu pour responsable du manque de clarté d'un texte communautaire ou d'un revirement de jurisprudence imprévisible de la Cour de Strasbourg ?- se trouverait mieux respectée. Enfin, même si cet élément doit être analysé davantage en tant que conséquence positive qu'en tant que finalité, il permettrait un traitement commun des hypothèses de méconnaissance du droit communautaire, de la Convention, et du droit interne.

Le recours à une telle notion de faute caractérisée ne serait bien évidemment pas assimilable à la faute manifeste et d'une particulière gravité qui existait dans la jurisprudence administrative jusqu'à la fin de la seconde Guerre Mondiale[139] et qui tenait davantage à l'analyse des conséquences du dommage pour la victime que des difficultés particulières auxquelles pouvait faire face l'administration dans l'accomplissement de sa mission puisqu'elle visait généralement à faire obstacle à une irresponsabilité légale ou conventionnelle[140]. Même si elle poursuit les mêmes finalités puisqu'elle vise à adapter les modalités de mise en oeuvre de la responsabilité de l'administration aux conditions particulièrement difficiles d'exécution du droit européen[141], elle ne s'identifierait pas davantage, en raison de son caractère variable, à la faute lourde[142]. Enfin, le recours à la notion de violation d'une particulière gravité n'entraînerait pas une résurrection de la théorie de l'erreur d'appréciation qui existait et qui a disparu avec l'arrêt *Driancourt*, car une telle illégalité constitue une faute en droit interne dans la mesure où un manquement aux règles du service par violation de la légalité est constatable ; alors que la théorie de l'erreur d'appréciation visait à gommer artificiellement la faute afin d'éviter de constater un manquement par l'administration à ses obligations.

Cette condition de faute caractérisée s'inscrirait d'ailleurs dans un mouvement contemporain et plus global de remise en question de l'idée de certitude de la loi et de clarté de ses dispositions. Ainsi, l'erreur de droit peut être, depuis peu, utilisée pour limiter la responsabilité pénale des particuliers[143] ; ce qui atténue la rigueur du principe traditionnel selon lequel nul n'est censé ignorer la loi. L'irresponsabilité qui en découle n'est bien évidemment applicable qu'en matière pénale et non à l'action civile[144] et est

[138] Pourraient ainsi être évitées des positions semblables à celle selon laquelle une réglementation contraire à une directive communautaire peut être adoptée au cours du délai de transposition sans qu'une méconnaissance du droit communautaire puisse être, *en tout état de cause*, constatée, et cela sans égard à la clarté de la norme en cause : CE, 1er juillet 1998, Union syndicale autonome de Justice, *Lebon*, p. 265.
[139] La faute de particulière gravité se rencontrait surtout dans la responsabilité du fisc (CE, 17 juillet 1931, Lorin, *Lebon* p. 801) et des postes (CE, 18 avril 1958, Algérie c/ Herzeg, *Lebon* p. 217).
[140] Pour une étude de cette jurisprudence, J. Lemasurier, note sous CE, Section, 21 décembre 1962, Dame Husson-Chiffre, *D.* 1963, p. 588.
[141] Sur ce point, L. Richer, *La faute du service public dans la jurisprudence du Conseil d'Etat*, p. 113 et s. Sur la finalité du recours à la notion de faute qualifiée, cf. également J.-J. Thouroude, *La faute qualifiée dans la jurisprudence administrative*, Thèse Caen 1974, Ronéo., sp. p. 215 et s.
[142] Sur ce point, voir les développements précédents, supra, Partie I, Titre I, Chapitre II, Section 1, §1, A.
[143] Art. 122-3 du Code pénal : « *N'est pas pénalement responsable la personne qui justifie avoir cru, par une erreur sur le droit qu'elle n'était pas en mesure d'éviter, pouvoir légitimement accomplir l'acte* »
[144] F. Desportes, F. Le Guhenec, *Erreur sur le droit*, Jcl pénal, Art. 122-3, n° 46.

soumise à des conditions restrictives[145] mais elle témoigne bien du déclin du caractère souverain de la loi, au sens matériel, aujourd'hui.

L'intégration en droit français d'une notion de faute qualifiée équivalente à la condition communautaire de violation suffisamment caractérisée serait-elle pour autant viable ?

Il est clair qu'elle constituerait une forme de régression juridique dans la mesure où elle réduirait les possibilités pour les particuliers d'obtenir une réparation en cas d'illégalité ; et cela d'autant plus que le régime de responsabilité pour violation du droit européen ne pouvant être moins favorable que celui qui découle du droit interne, il serait nécessaire d'élargir cette condition à l'ensemble des hypothèses de responsabilité pour illégalité, qu'elles relèvent du pur droit interne ou, dans une certaine mesure, du droit européen. Pourtant cette unique condition exercerait des effets profondément variables sur les hypothèses de méconnaissance du droit interne ou du droit européen puisque l'existence d'une faute caractérisée dépendrait aussi bien de la marge de manoeuvre reconnue à l'administration nationale que de la clarté de la norme méconnue. En conséquence quand bien même un organe interne aurait commis une illégalité dans l'exercice de son pouvoir discrétionnaire en méconnaissant une disposition claire, de droit interne comme de droit européen, sa responsabilité pécuniaire se trouverait engagée puisque la condition de faute caractérisée serait remplie et, en cas de méconnaissance d'une disposition complexe, les organes nationaux disposent de la possibilité de demander une interprétation qui est souvent facilitée dans la mesure où le texte a été élaboré par leur service ou peut faire l'objet d'un recours en vue d'interprétation au niveau interne.

Certes, le régime de responsabilité pour illégalité deviendrait plus complexe dans la mesure où la condition de faute caractérisée ne concernerait que la seule responsabilité résultant d'une violation de la loi, au sens matériel ; mais par sa flexibilité, l'introduction de cette condition ne bouleverserait pas par trop l'étendue de la protection juridictionnelle des particuliers. Elle ne traduirait pas non plus une réelle transformation du droit français puisque si la simple illégalité est constitutive d'une faute[146], cette simple faute n'est pas toujours, au regard de la marge reconnue à l'administration, suffisante pour engager la responsabilité, à l'instar de ce qui existe dans le contentieux de l'annulation à travers la sanction du vice de forme[147]. Dans certains domaines, la responsabilité pour illégalité est subordonnée à la preuve d'une faute lourde de l'administration[148].

Enfin, la mise en place en droit français d'une condition équivalente à celle de violation suffisamment caractérisée correspondrait à une distinction des conditions d'engagement de la responsabilité fondée sur la marge de manoeuvre de l'administration et ses conditions d'action qui avait déjà été mise en avant par M.

[145] En l'occurrence trois conditions : l'erreur doit porter sur une règle de droit, elle doit être inévitable et l'individu doit croire dans la légitimité de son acte.

[146] CE, Sect., 26 janvier 1973, Ville de Paris c/ Driancourt, *Lebon* p. 78.

[147] Le moyen tiré du vice de forme est en effet inopérant lorsque l'administration a l'obligation de prendre un acte en vertu d'une compétence liée : CE, 3 avril 1957, Soleil, *Lebon* p. 236.

[148] Cf. G. Vedel, P. Delvolvé, *Droit administratif*, t. 1, Paris, P.U.F, Thémis, 12ème édition, 1992, p. 591 ; R. Chapus, *Droit administratif général*, t. 1, 10ème édition, Paris, Montchrestien, 1996, n° 1253 ; M. Paillet, *Faute de service, Preuve et qualification*, Jcl Administratif, fasc. 820, § 78.

Hélin[149], et dont on peut trouver trace dans de récentes conclusions rendues par certains commissaires du gouvernement, à l'occasion de l'examen de la question de la responsabilité du fait des services médicaux ou d'urgence, pour qui il convient de distinguer l'engagement de la responsabilité en fonction de la difficulté intrinsèque de l'opération et des contraintes auxquelles le service est confronté[150]. En même temps, elle consacrerait l'adaptation de l'état du droit aux besoins de l'action administrative, conformément au voeu formulé par le Professeur Moderne sitôt l'arrêt *Driancourt* rendu ; voeu par lequel il appelait le Conseil d'Etat à confirmer, dans un considérant de principe, que toute illégalité est en elle-même constitutive d'une faute de service « *quitte à préciser, en tant que de besoin, que cette faute ne suffit pas à engager la responsabilité administrative* »[151]. La variabilité de l'engagement de la responsabilité au regard du degré de la violation ne semble toutefois pas prise en compte dans les solutions récentes du Conseil d'Etat[152].

Cet accroissement de la responsabilité qui découle du renforcement des obligations à la charge des autorités publiques se double d'un développement du contentieux de la responsabilité.

§2- UN ELARGISSEMENT QUI DECOULE DU DEVELOPPEMENT DU CONTENTIEUX DE LA RESPONSABILITE ADMINISTRATIVE

Les principes posés par les ordres juridiques européens aboutissent au rejet des mécanismes de recours inefficaces ou inutiles.

En droit conventionnel, si la saisine du juge administratif au titre de la responsabilité de la puissance publique constitue dans certains cas une voie de recours vraisemblablement efficace et suffisante[153], les actions qui ne permettent pas d'aboutir à la réparation en raison de leur faible ou inexistante mise en oeuvre sont rejetées dans le cadre du non-épuisement des voies de droit internes. Pour ne pas être qualifiés d'inefficaces ou d'inutiles, les recours en responsabilité doivent donc non seulement être consacrés par les textes mais aussi se cristalliser dans une jurisprudence bien ; ce qui postule le rejet des voies de droit non empruntées. Ainsi, l'article L 401 du Code des douanes, qui pose le principe d'une action en responsabilité contre l'administration des douanes en raison des fautes commises par ses agents dans l'exercice de leurs fonctions[154] et qui n'a jamais encore donné lieu à une application positive par la juridiction administrative, faute d'avoir été mis en oeuvre par les personnes concernées,

---

[149] J.-C. Hélin, *Faute de service et préjudice dans le contentieux de la responsabilité pour illégalité*, préc., p. 600 et s.

[150] V. les conclusions H. Legal sous CE, Ass. 10 avril 1992, Epoux V., *AJDA* 1992, p. 355 ; Les conclusions de J.-H. Stahl sous CE, Sect., 20 juin 1997, Theux, *RFDA* 1998, p. 82.

[151] F. Moderne, Illégalité et responsabilité pour faute de service: vers de nouvelles relations, note sous l'arrêt Driancourt, *RA* 1974, p. 29, sp. p. 32.

[152] V. CE, 1er juillet 1998, Union syndicale autonome de Justice, *Lebon* p. 265.

[153] CEDH, 18 décembre 1986, Bozano c/ France, série A n° 111, § 49.

[154] « *L'administration des douanes est responsable du fait de ses employés, dans l'exercice et pour raison de leurs fonctions seulement, sauf recours contre eux ou leurs cautions* ».

a-t-il été qualifié par les organes de Strasbourg d'inefficace[155] dans la mesure où cette voie de droit n'est « *presque jamais empruntée et au demeurant vouée à l'échec selon toute probabilité* »[156]. Bien évidemment, en qualifiant un recours d'inefficace, les organes de Strasbourg ne peuvent en rien contraindre les autorités nationales à faire évoluer leur système juridique ou à modifier les conditions de mise en oeuvre des actions qualifiées comme telles ; mais, à tout le moins, la mise en exergue d'une lacune dans le mécanisme d'un Etat dit de droit peut-elle, à terme, inciter à une modification ou susciter une réflexion sur le bien-fondé du maintien d'un tel recours.

Le rejet de semblables recours par les autorités communautaires, s'il est bien évidemment ponctuel, puisque fonction des différentes interventions en matière de responsabilité, est beaucoup plus virulent. En effet, quel que soit le domaine d'intervention et la finalité poursuivie par l'instauration d'un principe de responsabilité, qu'il s'agisse du secteur de l'égalité entre les sexes, de la restitution de l'indu, de la protection des consommateurs ou plus généralement de la violation du droit communautaire, l'efficacité de la voie de recours est toujours recherchée. Ainsi a-t-il été affirmé que les conditions fixées par les législations nationales ne sauraient être aménagées de manière à rendre en pratique impossible ou excessivement difficile l'obtention de la réparation[157]. De même les juges de Luxembourg conditionnent-ils l'existence d'un recours visant à réparer les méconnaissances de certaines dispositions communautaires à son efficacité. Tel est le cas dans les domaines de la protection des consommateurs et de la préservation des données à caractère personnel notamment. Les actions en réparation qui sont ouvertes aux individus doivent en conséquence répondre à certaines conditions minimales d'efficacité, faute de quoi les autorités communautaires pourront non seulement constater leur inefficacité, mais aussi relever une violation du droit communautaire par manquement aux obligations minimales d'harmonisation des dispositions internes en matière de responsabilité. Sous ce double angle d'approche, les autorités nationales sont poussées à faciliter les conditions de mise en oeuvre des actions en réparation et partant à accroître la fréquence de la mise en oeuvre de la responsabilité de l'administration.

Ce phénomène devrait être amplifié dans la mesure où le droit européen élargit le champ des actes administratifs pouvant servir de base à un recours en responsabilité. Il serait en effet logique que, sous son influence, les hypothèses de responsabilité du fait des mesures d'ordre intérieur s'accroissent. Cette évolution est actuellement le fait du droit conventionnel[158].

---

[155] V. par exemple Req. n°10828/84, Funke c/ France, décision sur la recevabilité du 6 octobre 1988, *DR* 57 p. 5 ; Req. n°12661/87, Miaihle c/ France, décision sur la recevabilité du 3 octobre 1990, *DR* 66 p. 92 ; Req. n° 11471/85, Crémieux c/ France, décision sur la recevabilité du 19 janvier 1989, *DR* 59, p. 67 ; CEDH, 25 février 1993, Crémieux c/ France, série A n° 256-B.

[156] CEDH, 25 février 1993, Crémieux c/ France, préc., § 29.

[157] CJCE, 9 novembre 1983, Administration des finances de l'Etat italien c/SpA San Giorgio, Aff. 199/82, *Rec* p. 3595, point 18 ; CJCE, 19 nov. 1991, Andréa Francovich, Danila Bonifaci et autres, Aff C 6/90 et C 9/ 90, *Rec* p. I-5403, point 41 à 43.

[158] Elle ne découle pas de l'ordre communautaire dans la mesure où l'on voit difficilement dans quelles hypothèses le contenu de telles mesures pourrait être contraire aux règles qui en découlent alors qu'elles peuvent être de nature à restreindre l'exercice de certains droits garantis par la Convention. V. R. Abraham, Les incidences de la Convention européenne des droits de l'Homme sur le contentieux administratif français,

Les mesures d'ordre intérieur bénéficient d'une injusticiabilité justifiée à la fois par leur cadre, puisqu'elles n'exercent leurs effets qu'à l'intérieur de l'enceinte administrative, et par leur portée limitée qui empêcherait qu'elles portent atteinte de façon trop importante aux droits des particuliers. Mais l'impossibilité de recours contentieux dont elles font l'objet est limitée au recours pour excès de pouvoir puisque le juge administratif accepte de réparer, sur le fondement de la faute, le préjudice qui en découle[159]. Pourtant l'administration nationale a rarement été condamnée à réparer les préjudices découlant d'une mesure d'ordre intérieur[160], moins en raison du lien qui unit en droit français la faute et l'illégalité ou de la difficulté de considérer la responsabilité engagée du fait d'un acte illégal - puisque si la mesure d'ordre intérieur ne peut faire l'objet d'un recours contentieux en annulation, son illégalité peut être constatée dans le cadre d'un recours de plein contentieux- que du fait, ainsi que l'a remarqué le commissaire du gouvernement Genevois, que la responsabilité du fait d'une mesure d'ordre intérieur et donc la faute de l'administration pourrait peu souvent être assimilée à une illégalité, un dommage découlant dans un tel cas plus fréquemment d'une activité matérielle. L'auteur affirmait en outre que rares sont les mesures d'ordre intérieur qui peuvent causer un préjudice indemnisable[161]. Ces deux postulats sont actuellement remis en cause sous l'effet du droit européen. Certes celui-ci encadre la responsabilité découlant tant des activités matérielles de l'administration que de ses décisions, mais il accorde une préférence indéniable pour les hypothèses de responsabilité pour illégalité, les ordres communautaire et conventionnel prévoyant une responsabilité en cas de méconnaissance des règles qu'ils contiennent. En outre, on ne peut plus aujourd'hui affirmer que des mesures d'ordre intérieur causent rarement un préjudice indemnisable. En effet, l'actualité jurisprudentielle européenne comme administrative fournit nombre d'exemples mettant en cause des détenus victimes de mauvais traitements infligés par leurs gardiens dans le cadre du service qui sont contraires aux prescriptions conventionnelles[162]. La Cour de Strasbourg a, elle-même, affirmé le principe de la nécessaire soumission des mesures d'ordre intérieur à un contrôle juridictionnel, quelle que soit la nature de celui-ci, en cas de méconnaissance des dispositions de la Convention[163] ; ce qui induit la possibilité d'un recours en réparation en cas de préjudice découlant de telles mesures, même si les organes de la Convention ne se sont pas, à ce jour, sauf erreur, prononcés sur l'efficacité du mécanisme de réparation en cas de dommage résultant d'une mesure d'ordre intérieur[164].

RFDA 1990, p. 1053, sp. p. 1057 ; J.-F. Flauss, Des répercussions de l'article 13 de la Convention européenne des droits de l'Homme sur le contentieux administratif français, *LPA* 4 août 1989, p. 26, sp. p. 27.

[159] CE, Sect., 9 juin 1978, Sieur Spire, *Lebon* p. 237 ; *AJDA* 1979, p. 92, note D. Truchet ; *RA* 1979, concl. Genevois; p. 631 ; note J.-Y. Plouvin, p. 49. Par cet arrêt, la juridiction administrative s'était prononcée sur la possibilité d'accorder à un fonctionnaire réparation du préjudice subi du fait d'une réorganisation de son service qui l'avait privée d'une partie de ses attributions.

[160] Parmi de rares jurisprudences : CE, Ass., 18 janvier 1980, Syndicat CFDT de Poste et télécommunication du Haut-Rhin, *Lebon* p. 30.

[161] Concl. Genevois, préc., *RA* 1979, p. 631, sp. p. 634.

[162] Voir par exemple : CEDH, 28 juin 1984, Campbell et Fell, série A n° 80; Req. n° 7341/76, décision sur la recevabilité du 11 décembre 1976, Eggs c/ Suisse, *DR* 6, p. 170.

[163] V. not. J.-F. Flauss, Le droit à un recours effectif- L'article 13 de la Convention européenne des droits de l'Homme, *RUDH* 1991, p. 324.

[164] Ce qui est on ne peut plus logique compte tenu du faible nombre de cas dans lesquels un recours en réparation a été formé.

Ce phénomène se double de la tendance à la réduction du champ de la notion de mesure d'ordre intérieur affirmée par le Conseil d'Etat[165] et ouvre la perspective d'un accroissement de la justiciabilité des mesures d'ordre intérieur, puisque l'atteinte à un droit garanti par la Convention qui doit logiquement permettre d'obtenir une réparation, amène implicitement la juridiction administrative à statuer sur la légalité de telles mesures.

Le droit européen, qui, on le voit, est de nature à multiplier les hypothèses d'engagement de la responsabilité -ce qui ne traduit somme toute que l'affirmation du rôle de « garant social » qui incombe à l'Etat ainsi que la prééminence de l'Etat de droit- ouvre la perspective d'importantes évolutions et s'il suppose certains aménagements du droit de la responsabilité administrative, ceux-ci sont également nombreux dans le secteur de la responsabilité du fait de l'activité juridictionnelle.

SECTION 2- LA CRITIQUE DE LA RESPONSABILITE DU FAIT DE L'ACTIVITE JURIDICTIONNELLE

Après une longue irresponsabilité en raison de la souveraineté qui s'attache à leur exercice, les activités juridictionnelles ont en France, très tôt par rapport à l'ensemble des Etats européens, pu donner lieu à un recours en réparation des particuliers. La mise en place de ce principe de responsabilité a constitué une véritable révolution rompant avec les positions doctrinales exprimées depuis un demi-siècle qui prônaient l'irresponsabilité de l'Etat dans ce domaine[166] en se fondant sur la fonction de souveraineté attribuée aux juridictions internes, la nécessité de ne pas paralyser le fonctionnement de la justice, le principe de séparation des autorités[167] ou sur le nécessaire respect de l'autorité de chose jugée[168]. Ont ainsi été affirmées dès la fin du XIXe siècle une responsabilité du fait des erreurs judiciaires[169], une responsabilité du fait des détentions provisoires injustifiées[170] et surtout une responsabilité du fait du

[165] CE, Ass. 17 février 1995, Marie et Hardouin, *Lebon* p. 82.
[166] G. Teissier, *Responsabilité de la puissance publique*, Répertoire Béquet, 1906, vol. 23, sp. n° 29 et s. ; C. Gour, *Le contentieux des services judiciaires et le juge administratif*, 1959 ; P. Montané de la Roque, affirmait l'irresponsabilité du juge administratif, Essai sur la responsabilité du juge administratif, *RDP* 1952, p. 609. Le Professeur. Ardant, pour sa part, constatant l'absence de principe général de responsabilité de l'Etat du fait de la fonction juridictionnelle en droit français prônait sa consécration, à condition que son champ d'application soit réduit : *La responsabilité de l'Etat du fait de la fonction juridictionnelle*, Paris, LGDJ, 1956.
[167] Critiqué fermement par le Doyen Vedel, note sous tribunal civil de la Seine, 5 décembre 1952, Docteur Giry c/ Ministre de la Justice, *JCP* 1953, II, 7371. Cette critique a été reprise par le Professeur Robert, de manière plus modérée mais tout aussi convaincante : J. Robert, *Les violations de la liberté individuelle commises par les agents publics et le problème des responsabilités*, Paris, LGDJ, BDP t. 1 1955, sp. p. 193 et s.
[168] Duez dès 1938 militait cependant pour que ce principe cède devant la nécessité d'assurer l'équité en cas de décision juridictionnelle causant un dommage à un particulier, que ce dommage résulte d'une erreur judiciaire ou plus généralement d'un mauvais fonctionnement du service public de la justice. La consécration de la responsabilité de la puissance publique dans le champ des actes juridictionnels posait selon lui principalement un problème d'opportunité politique : *La responsabilité de la puissance publique (en dehors du contrat)*, p. 249 et s., sp. p. 254 et s.
[169] Article L 149 du code de procédure pénale.
[170] Article 626 du nouveau code pénal.

fonctionnement défectueux du service de la justice qui vise à garantir les particuliers contre les dommages pouvant être causés par les membres du corps judiciaire[171], ce qui inclut le Garde des Sceaux[172]. Cette responsabilité a ultérieurement été étendue par le Conseil d'Etat aux membres de la juridiction administrative[173] et par des lois spéciales aux juges composant les juridictions d'attribution.

Si l'irresponsabilité a dans ce domaine pris fin, ce n'est toutefois que de manière très partielle et, aujourd'hui encore, la responsabilité du fait de l'activité juridictionnelle est mesurée dans sa mise en oeuvre, qu'elle soit fondée sur le fonctionnement défectueux du service de la justice puisqu'alors elle est conditionnée par l'existence d'une faute lourde[174], ou sur des mécanismes plus spécifiques de réparation, tels l'indemnisation des détentions provisoires[175]. Cette rigueur tranche avec les évolutions récentes mais constantes du droit français qui tend à être de plus en plus favorable aux justiciables et à protéger au mieux les administrés. Quelle peut-être l'influence du droit européen dans ce contexte ? Celui-ci conteste les modalités de mise en oeuvre de la responsabilité du fait de l'activité juridictionnelle, sous l'angle de son fonctionnement défectueux et agit dans le sens de l'accroissement de l'engagement de la responsabilité publique sur ce fondement (§1). Mais il ne semble pas pouvoir remettre en cause les régimes spéciaux visant la réparation des détentions provisoires ou des erreurs judiciaires (§2).

§ 1- LA CRITIQUE DU FAIT GENERATEUR DE LA RESPONSABILITE DU FAIT DE L'ACTIVITE JURIDICTIONNELLE

La responsabilité du fait du fonctionnement défectueux du service de la justice, bien que résultant de deux fondements différents selon l'ordre juridictionnel -la loi du 5 juillet 1972 pour la juridiction judiciaire et le principe de responsabilité posé par le juge administratif à travers l'arrêt *Darmont* en 1978[176]-, est homogène puisqu'elle repose sur un socle commun: *« les principes généraux de la responsabilité de la puissance publique »*[177] et sur une communauté d'idée[178]. Elle est de plus soumise à des conditions de mise en oeuvre restrictives en raison de la nécessité d'une faute lourde qui est elle même d'un contenu étroit[179]. Celle-ci est entendue comme la faute *« qui a été commise sous l'influence d'une erreur tellement grossière qu'un magistrat ou un fonctionnaire de justice normalement soucieux de ses devoirs, n'y eut pas été entraîné »*[180] ou encore

---

[171] Article L 781-1 du code de l'organisation judiciaire.

[172] V. Cass Com . 21 février 1995, Société United Distillers c/agent judiciaire du trésor, *Bull. IV*, n° 52.

[173] CE, Ass. 29 décembre 1978, Darmont, *Lebon* p. 542.

[174] V. J. Moreau, La responsabilité des magistrats et de l'Etat du fait de la justice - L'apport du droit administratif, *Justices*, janvier-mars 1997, p. 39.

[175] Celle-ci reposait sur l'existence d'un préjudice anormal et spécial jusqu'à la loi du 30 décembre 1996.

[176] CE, Ass. 29 décembre 1978, Darmont, *Lebon* p. 542. Cette solution a depuis été confirmée mais aboutit rarement à des issues favorables aux requérants. Pour un exemple récent : CE, 14 janvier 1998, Dagorn, Req. n° 169344, *DA* 1998, n° 176.

[177] CE, Ass. 29 décembre 1978, Darmont, *Lebon* p. 542.

[178] L'arrêt Darmont étant apparu à la doctrine comme constituant une suite logique de la loi du 5 juillet 1972 : J.M. Auby, note sous l'arrêt Darmont *RDP* 1979, p. 1742 ; M. Vasseur, note sous l'arrêt Darmont, *D.* 1979, 278.

[179] Ainsi que l'a démontré J.-F. Couzinet, La notion de faute lourde administrative, *RDP* 1977, p. 283.

[180] Cass. Civ. 1ère, 20 février 1996, Lucas, *Bull. I*, p. 63 ; *D.* 1996, IR p.83 ; *DA* 1996, n° 182 ; *JCP* 1996, I, n° 3938, chro. L. Cadiet. Ainsi n'a pas été jugée lourde la faute du Greffe et du tribunal de grande instance en

comme « *celle qui révèle une intention de nuire de celui dont le justiciable critique les actes ou qui révèle un comportement anormalement déficient* »[181]. Or la limitation de fait de la responsabilité qui en découle est aujourd'hui remise en cause à un double niveau, communautaire et conventionnel.

A- Une remise en cause partielle du droit communautaire

La jurisprudence de la Cour de Justice n'a pas consacré la possibilité de faire jouer la responsabilité extracontractuelle des communautés dans cette hypothèse[182]. En effet, s'il serait théoriquement possible d'engager la responsabilité des juridictions communautaires du fait de leurs actes d'organisation administrative interne, il pourrait sembler délicat de la mettre en oeuvre du fait des activités juridictionnelles dans la mesure où il n'existe pas de double degré de juridiction et où un tel recours reviendrait à remettre en cause l'autorité de chose jugée de leurs décisions. Tel est du moins la position défendue par certains auteurs[183]. Il est pourtant aisé de contourner cette objection en tirant argument du fait que les mécanismes de responsabilité qui existent au niveau interne, et notamment en droit français, sont indifféremment mis en oeuvre quels que soient les degrés de juridiction existant et arrivent à concilier le nécessaire respect de l'autorité de chose jugée avec le souci de réparer le dommage subi par les justiciables invoquant une activité juridictionnelle dommageable. En ce qui concerne plus précisément la responsabilité au plan interne, cet argument ne supporte, en tout état de cause, pas la confrontation au principe de responsabilité en cas de violation du droit communautaire dont les règles s'appliquent à l'ensemble des organes de l'Etat[184], et donc semble-t-il aux juridictions.

Certes, la Cour du Kirchberg n'a, à ce jour, encadré les règles de responsabilité publique que dans la seule hypothèse de l'exercice d'une compétence normative et a laissé de côté toute immixtion directe dans le mécanisme de responsabilité du fait de l'activité juridictionnelle. En raison des particularités de la mission exercée par les juridictions nationales et de la fonction d'interprétation du droit communautaire qui leur incombe en premier ressort, il serait logique que la responsabilité du fait de l'activité juridictionnelle soit soumise à des règles spécifiques et plus restrictives ou, à tout le moins, qu'elle se voit reconnaître une marge d'erreur dans sa mission de contrôle de la mise en oeuvre et d'interprétation du droit communautaire plus importante que celle dont bénéficient les autres organes de l'Etat.

---

conséquence de laquelle une affaire a été jugée par ce tribunal alors qu'elle aurait dû l'être par le tribunal de commerce. Comp. TGI Paris, 1er avril 1994, Soc. SA 2000, *D* 1994, IR, p. 125.

[181] C.A Paris, 1ère ch., B, 1er avril 1994, *D.* 1994, IR, p. 125.

[182] Une telle éventualité semble en outre exclue par la CJCE : CJCE, 30 mai 1989, Roquette frères c/ Commission, Aff. 20/88, *Rec.* p. 1553. Aucun principe général commun aux Etats membres ne semble d'ailleurs consacrer la responsabilité du fait de l'activité juridictionnelle.

[183] F. Fines, *Etude de la responsabilité extra-contractuelle de la Communauté économique européenne*, préc., p. 226.

[184] En raison des termes larges du principe affirmé par la Cour de justice dans l'arrêt Francovich puisque selon la Haute juridiction européenne « *Le droit communautaire impose le principe selon lequel les Etats membres sont obligés de réparer les dommages causés aux particuliers par les violations du droit communautaire qui leur sont imputables* », CJCE, 19 nov. 1991, Andrea Francovich, Danila Bonifaci et autres, Aff C 6/90 et C 9/90, *Rec* p. I-5357, point 37.

Quand bien même un régime de responsabilité analogue à celui régissant les activités normatives serait adopté, la condition d'une faute lourde pour la mise en cause de la responsabilité publique ne paraît pas *a priori* contraire au droit communautaire. Il semble en effet qu'en cas d'interprétation erronée d'une disposition communautaire peu claire et dont la portée n'aurait pas été précisée par la Cour de Justice, la faute lourde de nature à engager la responsabilité du fait de l'activité juridictionnelle, telle qu'elle existe en droit interne, est conforme au droit communautaire. Toutefois, en cas de méconnaissance de l'autorité d'un arrêt en manquement[185], la violation suffisamment caractérisée doit être automatiquement constatée. L'assujettissement de la responsabilité du fait des juridictions nationales aux règles fixées au niveau communautaire implique en conséquence nécessairement des évolutions. Mais ainsi que le Professeur Boulouis lui-même l'a affirmé « *La chose est cependant loin d'aller de soi tant dans son principe que dans son éventuelle mise en oeuvre* »[186]. Quelles conséquences tirer de ce constat pour la responsabilité du fait de l'activité juridictionnelle ?

Une première piste a été tracée par la Cour de cassation qui, dans sa décision du 21 février 1995 *United Distillers*, a considéré que le fait pour un organe interne, et en l'espèce non des moindres puisqu'il s'agissait du garde des sceaux, de méconnaître l'autorité du droit communautaire à travers le rejet des conséquences d'un constat de manquement constitue, en soi, une faute lourde de nature à engager la responsabilité du service public de la justice judiciaire[187]. La Cour de Cassation n'a en outre pas discuté les circonstances propres à cette affaire ni cherché une quelconque justification à l'attitude des autorités nationales, alors que la mise en oeuvre de la responsabilité pour faute lourde dans le cadre de l'activité juridictionnelle est loin d'être aisée au regard de son interprétation stricte par la jurisprudence. Elle a donc pris une position qui paraît affirmer que dans une telle situation le constat d'une faute lourde est automatique. Le maintien de l'exigence de la faute lourde auquel a procédé le juge judiciaire dans cette affaire semble donc n'être que de pure forme et vise à répondre aux exigences du législateur de 1972 qui a expressément conditionné la mise en oeuvre de la responsabilité du fait des activités juridictionnelles à la preuve d'une faute lourde. Celle-ci serait alors dotée, comme la violation suffisamment caractérisée du droit communautaire, d'un contenu variable selon la méconnaissance en question.

Cette solution pourrait laisser entrevoir une perspective d'évolution de la notion de faute entraînant la responsabilité qui s'inscrirait dans le prolongement de l'idée de flexibilité des conditions d'engagement de la responsabilité et de remise en cause de la notion d'illégalité fautive dont nous avons précédemment fait état. Pourtant, elle a été prise dans un contexte de violation grave et itérative des décisions de la Cour de Justice qui constitue avec évidence une faute caractérisée alors que la marge de manoeuvre reconnue aux autorités internes était très réduite. Dès lors, on peut se demander si cet arrêt traduit l'amorce d'un mouvement vers l'élargissement de la notion de faute lourde

---

[185] Pour un exemple, voir notamment CE, Ass. 23 mars 1984 Alivar, *Lebon* p. 128.

[186] J. Boulouis, Sur la responsabilité des Etats membres des communautés européennes pour les dommages causés aux particuliers par les violations du droit communautaire qui leur sont imputables, *GP* 1er déc. 1996, Doct. p. 12, sp. p. 15.

[187] Cass com. 21 février 1995, Société United Distillers c/ agent judiciaire du trésor, *Bull. IV*, n° 52 ; *D.* 1995 I. R. n°100 ; *GP* 10 décembre 1995, p. 10. Il s'agissait d'une instruction du garde des sceaux qui méconnaissait le droit communautaire interprété par la Cour de Justice. Le fait d'appliquer une prescription nationale reconnue incompatible avec le traité a alors été considéré comme constituant une faute lourde.

dans le cadre de la responsabilité du fait de l'activité juridictionnelle ou bien s'il ne révèle qu'une position ponctuelle justifiée par la gravité de la violation du droit communautaire ? A cette interrogation, seule la Cour de Cassation est en mesure d'apporter une réponse, en ayant en vue tout à la fois la logique de conformité au droit communautaire et le souci d'améliorer la protection juridictionnelle des particuliers.

Outre cet élargissement des conditions de mise en ouvre de la responsabilité dans le cadre de l'activité juridictionnelle, c'est à une modification du concept de faute lourde que les organes de Bruxelles paraissent inviter les juristes français. Celle-ci ne serait plus seulement un degré de faute, mais également et même surtout un moyen de pointer les méconnaissances du droit communautaire afin d'inviter les autorités nationales à mieux se conformer aux obligations qui leur incombent. Le droit français est aujourd'hui à la croisée des chemins et devrait connaître de profonds changements en matière de responsabilité du fait de l'activité juridictionnelle, qu'elle soit administrative ou judiciaire. Cette évolution est accentuée par la pression qu'exercent les organes de la Convention européenne des droits de l'Homme.

B- Une critique ouverte des organes conventionnels

La garantie dans la mise en oeuvre efficace de la Convention doit passer par un mécanisme de responsabilité du fait de l'activité juridictionnelle favorable aux particuliers qui pour autant n'implique pas une responsabilité absolue. Aussi, la limitation de la responsabilité de l'activité juridictionnelle aux décisions non encore revêtues de l'autorité de chose jugée doit-elle être considérée comme compatible avec les exigences conventionnelles dans la mesure où le droit à un tribunal ne fait pas obstacle à un aménagement des voies de droit dans l'intérêt d'une bonne administration de la justice[188].

Mais les juridictions nationales, qui sont chargées de contrôler l'application du droit conventionnel, doivent en respecter les règles. A ce principe s'oppose celui de la fonction souveraine qu'exerce le juge national lorsqu'il dit le droit qui implique une limitation du contrôle conventionnel dans ce domaine, la Commission ayant elle-même affirmé qu' *« elle n'est pas compétente pour examiner une requête relative à des erreurs de fait ou de droit prétendument commises par une juridiction interne, sauf si et dans la mesure où ces erreurs lui semblent susceptibles d'avoir entraîné une atteinte aux droits et libertés garantis par la Convention »*[189]. Ce n'est donc que dans la mesure où le raisonnement suivi par le juge interne aurait porté atteinte aux droits garantis par la Convention que celui-ci pourrait être sanctionné par les organes de Strasbourg.

Outre l'hypothèse d'une lacune dans le contrôle du respect du droit conventionnel, une autorité juridictionnelle peut directement violer les dispositions de la Convention, et principalement l'article 6 relatif au droit à un procès équitable dont de récentes études

---

[188] Décision du 1er octobre 1990, Greepne c/ R.-U., Req. n° 17070/90, *DR* 66, p. 268.

[189] Parmi de nombreuses décisions, v. Req. n° 1140/61, décision du 19 décembre 1961, *Rec.* 8, p. 63 ; Req. n° 5258/71, décision du 8 février 1973, *Rec.* 43, p. 71 ; Req. n° 7987/77, décision du 13 décembre 1979, *DR* 18, p. 31, 61 ; Req. n° 15063/89, SA Luxora et autres c/ Belgique, décision du 5 octobre 1990, inédit ; Req. n° 21283/93, Tyler c/ R.-U., décision du 5 avril 1994, *DR* 77, p. 81 ; Req. n° 25062/94, Honsik c/ Autriche, décision sur la recevabilité du 18 octobre 1995, *DR* 83, p. 77.

ont montré les implications sur le contentieux national[190]. De fait, cet article est de plus en plus souvent invoqué devant les organes de Strasbourg[191], et tend à l'être au niveau interne à l'encontre des procédures nationales, principalement sur le fondement de la méconnaissance du délai raisonnable[192]. La question qui se pose alors est de savoir si la conception française de la faute lourde de nature à engager la responsabilité du fait de l'activité juridictionnelle peut permettre une réparation dans une telle hypothèse.

L'exemple de la méconnaissance du droit à un jugement dans un délai raisonnable est sur ce point topique. En effet, le dépassement d'un délai raisonnable est, en toute logique, assimilable à un déni de justice[193], c'est à dire, la distinction entre les deux notions étant purement formelle et le déni de justice étant le comportement le plus grave qui puisse être imputé à une autorité juridictionnelle[194], à une faute lourde de nature à engager la responsabilité publique, même si le déni de justice implique une analyse plus subjective. Il est, en effet, défini par le juge civil comme un refus de répondre aux requêtes ou un défaut de diligence pour instruire ou faire juger les affaires en temps utile[195]. Aussi, l'invocation de la méconnaissance du délai raisonnable pour statuer devrait-elle sans difficulté aboutir à la reconnaissance de la responsabilité de la puissance publique. La pratique, et surtout l'analyse qui en était faite par les autorités juridictionnelles internes auraient toutefois pu laisser planer des doutes sur la possibilité effective d'obtenir la condamnation de l'Etat dans une telle situation.

Certes, le juge judiciaire a eu l'occasion d'affirmer à l'occasion de divers contentieux que, si la durée excessive d'une procédure n'en entraîne pas la nullité[196], elle permet à celui qui en aurait souffert de saisir éventuellement la juridiction nationale compétente d'une demande de réparation ou, s'il y a lieu les instances européennes[197], et il a accepté de se prononcer sur la méconnaissance du délai raisonnable par les juridictions internes ; mais son appréciation de la notion de faute lourde de nature à engager la responsabilité pouvait paraître pour le moins restrictive au regard de la rareté des cas dans lesquels la responsabilité du fait de l'activité juridictionnelle a été engagée comme de la définition qui en a été donnée. La position du juge administratif est moins

---

[190] Cf. L. Sermet, *L'incidence de la convention européenne des droits de l'Homme sur le contentieux administratif*, Paris, Economica, 1996 ; R. Abraham, Les incidences de la Convention européenne des droits de l'Homme sur le contentieux administratif français, *RFDA* 1990, p. 1053.

[191] Ainsi C. Marchi-Uhel relève-t-elle que pour la seule durée des procédures judiciaires en 1994, 45% des requêtes communiquées par la commission au gouvernement français portaient en totalité ou non sur ce grief, Fiche relative à la durée des procédures judiciaires françaises, comme composante de l'effectivité de l'accès à la justice : Le contrôle des organes de Strasbourg, *Revue juridique des barreaux*, 1998, p. 163.

[192] Ce phénomène s'est accru avec la décision H c/ France du 24 octobre 1989, série A, n° 162-A.

[193] TGI Paris, 1ère ch., 6 juillet 1994, C. et A. de Jaeger, *GP*. 1994, II, jur. p. 589; C.A Paris, 1ère chambre, 29 janvier 1997, Henry Vaney c/ agent judiciaire du Trésor, *GP* 6 juin 1997, p. 19; TGI Paris, 5 novembre 1997, 1ère Chambre, Gauthier c/ Ministre de la justice et autres, *D*. 1998, Jurisprudence, p. 9.

[194] Sur le caractère formel de la distinction du déni de justice et de la faute lourde par la loi du 5 juillet 1972 : J. M. Auby, La responsabilité de l'Etat en matière de justice judiciaire, *AJDA* 1973 p. 4.
Selon le Professeur Favoreu, l'inefficacité du recours constitue un déni de justice, *Le déni de Justice en droit public français*, Paris, LGDJ, BDP, t 61, 1963, p. 365 et s., mais le déni de justice n'existe qu'en cas de défaillance définitive du système juridictionnel, *Ibid*., p. 526 et s.

[195] C.A Paris, 1ère chambre, 29 janvier 1997, Henry Vaney c/ agent judiciaire du Trésor, *GP* 6 juin 1997, p. 19.

[196] Cass. Crim., 7 mars 1989, Pourvoi n° 87-90.500, *Bull. Crim*. p. 290.

[197] Voir l'ensemble de la jurisprudence mentionnée dans M.-A. Eissen, *La durée des procédures civiles et pénales dans la jurisprudence de la Cour européenne des droits de l'Homme*, Dossiers sur les droits de l'Homme, n° 16, p. 42, notes 259 et 260.

claire puisqu'il estime que le retard d'un tribunal administratif à statuer ne saurait être utilement invoqué pour contester la régularité du jugement[198]. Mais il se pourrait que la méconnaissance de cette règle soit de nature à entraîner la responsabilité du fait des activités de la juridiction administrative. En effet, le Conseil d'Etat a, à l'occasion, de l'arrêt *Stefal*, accepté ce moyen tout en rejetant la demande d'indemnisation du préjudice résultant de la durée de la procédure devant le juge administratif en l'absence de décision administrative préalable[199], cet argument ayant été le seul développé par le commissaire du gouvernement Daël dans les conclusions qu'il a rendu pour rejeter la demande[200]. Toutefois il a, jusqu'à ce jour, continuellement rejeté les demandes de réparation qui lui étaient soumises[201]. Aussi, la Cour comme la Commission ont-elles opté pour une attitude de critique implicite en considérant que la responsabilité du fait du service public de la justice administrative ou de la justice judiciaire ne constituent pas des voies de recours efficaces en cas de méconnaissance du droit à un délai raisonnable dans la mesure où les chances de succès du requérant lors d'un tel recours ne sont pas réelles. En cas de méconnaissance de la règle du délai raisonnable une telle action aurait de trop faibles possibilités d'aboutir à une réparation[202]. Les organes de Strasbourg exigent en conséquence, en cas de responsabilité pour méconnaissance de la règle du délai raisonnable, non seulement qu'une telle action soit possible et n'ait pas une issue aléatoire ; mais plus encore, il est nécessaire, pour que le recours en responsabilité du fait de l'activité juridictionnelle soit considéré comme une voie de droit efficace, que les condamnations pour méconnaissance du délai raisonnable puissent être effectivement prononcées et donc que les juridictions aient adopté une position bien établie en ce sens. Ainsi la Commission a considéré que le fait pour le juge judiciaire d'avoir prononcé à une seule occasion la condamnation de l'Etat sur le fondement de l'article L 781-1 du Code de l'organisation judiciaire pour

[198] CAA Paris (2ème chambre), 21 septembre 1992, M. Satonnet, req. n° 91PA00369; CAA Paris, 31 mars 1994 (1ère chambre), Consorts X, req. n° 93PA00286; CE, 4ème et 1ère sous-sections réunies, 12 décembre 1994, Colin, *Lebon*, T. p. 1003.

[199] CE, 21 janvier 1994, Sté anonyme Stefal, *Lebon* T, p. 1027.

[200] Ces conclusions nous ont été aimablement transmises par le service de documentation du Conseil d'état.

[201] Ainsi, le tribunal administratif d'Amiens a-t-il récemment affirmé que le retard mis à juger une décision administrative n'a pas, dans cette affaire, été constitutif d'une faute lourde de nature à engager la responsabilité de l'Etat et à ouvrir un droit à réparation au particulier : TA Amiens, 17 décembre 1996, De Witasse Thezy, Req. n° 961008, *GP*. 1997, Panorama de droit administratif, p. 89.

[202] Pour la responsabilité du fait de la juridiction administrative, v. not. Req. n° 12766/87, Tinelli, Décision sur la recevabilité du 16 mai 1990, *DR* 65, p. 158 ; Req. n° 12518/86, Argiller, 4 octobre 1989, *DR* 62, p. 189 ; Req. n° 13194/87, L. et J. c/ France, décision sur la recevabilité du 4 juillet 1988, inédit ; Req. n° 17078/90, SCI de Boumois, 13 février 1992, inédit ; Req. n° 11282/84, A. Jaxel c/ France, décision sur la recevabilité du 13 mars 1989, *DR* 54, p. 70 ; Req. n° 13193/87 W c/ France décision sur la recevabilité du 5 mars 1991, inédit ; Req. n° 13194/87, J. c/ France, France décision sur la recevabilité du 5 mars 1991, inédit.
Pour la responsabilité du fait de la juridiction judiciaire : v. not. CEDH, 20 février 1991, Vernillo c/ France, série A n° 198, § 27 ; CEDH, 27 août 1992, Tomasi c/ France, série A n° 241-A ; CEDH, 23 novembre 1993, Navarra, série A n° 273-B ; Req. n° 10673/83, décision sur la recevabilité du 7 mai 1985, Bauer c/ France, *DR* 42, p. 237 ; Req. n° 10828/84, décision sur la recevabilité du 6 octobre 1988, Funke c/ France, *DR* 57, p. 5 ; Req. n°11889/85, décision sur la recevabilité du 10 mars 1990, Vernillo c/ France, *DR* 59, p. 96 ; Req. n° 12766/87, Tinelli c/ France, Décision sur la recevabilité du 16 mai 1990, *DR* 65, p. 155 ; Req. n° 14992/89, Kemmache c/ France, décision sur la recevabilité du 7 juin 1990, *DR* 66, p. 247.
On doit en outre relever que la Cour de Strasbourg considère la violation de l'article 13 qui s'ajoute à celle de l'article 6 en l'absence de voie de recours permettant de sanctionner la méconnaissance du délai raisonnable : CEDH, 26 octobre 2000, Kudla c/ Pologne, Req. n° 30210/96.

méconnaissance du caractère raisonnable de la procédure[203] ne suffisait pas à donner à ce recours un caractère d'efficacité[204].

Le droit conventionnel implique en conséquence, afin que l'action en responsabilité du fait de l'activité juridictionnelle soit considérée comme une voie de droit utile, un élargissement de la conception de la faute lourde. C'est cette exigence que semble avoir pris en compte le juge civil. Celui-ci tend, après quelques hésitations[205], à élargir la conception de la méconnaissance du caractère raisonnable de la durée de la procédure parmi les faits générateurs de la responsabilité[206], quand bien même l'article 6 de la Convention ne serait pas invoqué[207], en interprétant plus souplement la notion de déni de justice. Ainsi la tardiveté de la fixation d'une date de plaidoirie a été considérée comme constituant un déni de justice, cette notion devant être entendue comme tout manquement de l'Etat à son devoir de protection juridictionnelle de l'individu[208] qui comprend le droit pour tout justiciable de voir statuer sur ses prétentions dans un délai raisonnable[209]. Le tribunal de grande instance de Paris a d'ailleurs récemment affirmé à titre de principe que « *l'exigence de célérité résultant de l'article 6 par. 1 de la Convention européenne des droits de l'Homme a pour effet d'assimiler à un déni de justice le fait de ne pas rendre un jugement dans un délai raisonnable* »[210]. On assiste donc à une évolution de la notion de déni de justice et donc des conditions d'engagement de la responsabilité publique du fait de l'activité juridictionnelle, sous l'influence de l'Europe. La page de la conception stricte de la notion de faute lourde dans le contentieux de la responsabilité du fait du fonctionnement de la juridiction judiciaire semble en voie d'être tournée et cette évolution semble être de nature à satisfaire les exigences des organes de Strasbourg qui ont, dans des décisions récentes, cessé de considérer cette voie de droit comme inutile[211]. Cette évolution doit

---

[203] C.A Paris, 1ère section, 10 mai 1983, Trésor public c/ Fuchs, *GP*. 1983, I, Somm. p. 197.

[204] Req. n° 10828/84, décision sur la recevabilité du 6 octobre 1988, J.-G. Funke c/ France, préc..

[205] C. Cass, Civ 1ère, 7 janvier 1992, Pouytes c/ Etat français, *GP* 1992, I, p. 95 ; CA Paris, 23 février 1993, Bolle c/ agent judiciaire du Trésor : L'absence d'audiencement devant la Cour d'assises d'un procès malgré l'arrêt de renvoi rendu par la chambre d'accusation depuis plus de cinq ans n'a pas été considérée comme constitutive d'un déni de justice. De manière plus générale, le déni de justice n'était reconnu que lorsque les juges se refusaient à statuer : Civ. 3ème, 16 avril 1970, *D*. 1970, Jurisprudence p. 474, note M. Contamine-Raynaud ; Soc., 3 décembre 1983, juris-data n° 002540 ; Civ. 1ère, 17 mai 1983, *Bull.* n°149 ; Civ. 2ème, 21 janvier 1993, *Bull.* II, n° 28.

[206] Cf. notamment TGI Paris, 6 juillet 1994, C. et A. De Jaeger c/ Agent judiciaire du Trésor public, *GP*, 1994, II, p. 589, note S. Petit ; TGI Thonon-les-bains, 3 novembre 1994, *GP* 9-10 juin 1995, p. 14-16 ; TGI Paris, 8 novembre 1995, Association alliance générale contre le racisme et pour le respect de l'identité française et chrétienne c/ agent judiciaire du trésor, *D*. 1997, Som. p. 149, obs. J. Pradel ; TGI Paris, 5 novembre 1997, 1ère Chambre, Gauthier c/ Ministre de la justice et autres, *D*. 1998, Jur., p. 9; *GP* 1997, II, Somm. p. 662.

[207] C.A Paris, 1ère chambre, 6 septembre 1996, Epoux Saldovelli c/ agent judiciaire du Trésor, *GP* 1997, II, Jur., p. 495.

[208] TGI Paris, 6 juillet 1994, C. et A. De Jaeger c/ Agent judiciaire du Trésor public, préc. ; TGI Paris, 5 novembre 1997, 1ère Chambre, Gauthier c/ Ministre de la justice et autres, préc. Dans ces affaires les dates de plaidoiries avaient été fixées respectivement à plus de 3 et 5 ans après la saisine des juges.

[209] TGI Paris, 5 novembre 1997, 1ère Chambre, Gauthier c/ Ministre de la justice et autres, préc.

[210] TGI, Paris, 30 avril 1997, La société Estes c/ Agent judiciaire du trésor, Req. n°7137/96.

[211] Après une jurisprudence contraire : Req. n° 32695/96, Nancy Disa c/ France, décision du 2 juillet 1997, inédit ; Req. n° 30297/96, Jacqueline Roche c/ France, décision du 22 octobre 1997, inédit ; Req. n° 40774/98, M. et M. Pereira Carreira c/ France, décision du 15 avril 1998, inédit ; Req. n° 36153/97, P. Durand c/ France, décision 20 mai 1998, inédit ; Req. n° 37941/97, J. Catsiapis c/ France, décision du 9 septembre 1998, voir CEDH, 14 décembre 1999, AC c/ France, Req. n° 37547/97 ; CEDH, 23 mai 2000, Barelli c/ France, Req. n°

impérativement être reprise par le juge administratif afin de rompre avec l'irresponsabilité de fait dont il s'accorde le bénéfice et qui ne semble pas, au regard des positions récentes qui ont été rendues, en voie d'évolution[212]. On peut toutefois espérer de la réforme des procédures d'urgence votée le 30 juin 2000 qu'elle entraîne une réduction de la durée des procédures juridictionnelles.

L'assouplissement de la notion de faute lourde ne doit pas seulement passer par l'inclusion dans la notion de déni de justice des méconnaissances de la règle du délai raisonnable et de l'article 6 ; plus largement encore il est nécessaire, qu'en cas de violation d'une quelconque disposition de la Convention, l'action en réparation ait de réelles chances de succès[213]. Aussi, le contenu de la notion de faute lourde pouvant engager la responsabilité doit-il être élargi, de même que les cas d'engagement de la responsabilité publique du fait de l'activité juridictionnelle. Telle semble d'ailleurs être la volonté traduite par le tribunal de grande instance de paris qui a choisi d'élargir son contenu en l'entendant comme « *une violation grave par un magistrat ou par un de ses auxiliaires de ses devoirs, une erreur grossière ou un comportement anormalement déficient dans la conduite d'une procédure,*[ou] *un manquement de l'Etat à son devoir de protection juridictionnelle de l'individu* »[214], cette dernière notion pouvant recouvrir les hypothèses de méconnaissance de la Convention. Les juridictions judiciaires mettent en oeuvre plus fréquemment la responsabilité du fait de l'activité juridictionnelle[215]. Celle-ci devrait, en conséquence, sous l'effet du droit européen, se développer et partant, selon l'expression du Professeur Moreau, être conçue « *non plus comme fixant les limites des obligations de l'Etat, mais comme mettant en oeuvre la reconnaissance de droits au bénéfice des justiciables* »[216].

§ 2 - L'ABSENCE DE REMISE EN CAUSE DES MODALITES DE LA REPARATION EN CAS D'ATTEINTE A LA SURETE OU D'ERREUR JUDICIAIRE PAR LA CONVENTION EUROPEENNE DES DROITS DE L'HOMME

En cas d'atteinte à la sureté ou d'erreur judiciaire, l'action en responsabilité ne constitue pas une voie de droit utile[217]., mais le principe de réparation de ces situations

---

46246/99 ; CEDH,7 novembre 2000, Greta Van Der Kar et Greta Lissaur Van West c/ France, Req. n° Req. n° 44952/98 et 44953/98.

[212] Cf. par exemple TA Amiens, 17 décembre 1996, De Witasse Thezy, Req. n° 961008, préc.

[213] Par exemple: Req. n° 11296/84, décision sur la recevabilité du 14 avril 1988, Moreira de Azevedo, *DR* 56, p. 115 ; Req. n° 12659/87, Gama Da Costa c/ Portugal, décision du 5 mars 1990, *DR* 65, p. 136. Dans ces affaires, la Cour de Strasbourg a considéré que les autorités nationales n'apportaient pas la preuve que pour un dommage spécifique, l'action en réparation prévue par le droit interne avait des chances de succès.

[214] TGI Paris, 17 septembre 1997, Csorts Bolle c/ Agent judiciaire du trésor, *GP*, 1997, II, Som. p. 410.

[215] Cf. par exemple TGI Paris, 28 janvier 1997, *GP*, 15 mai 1997, p.. 9 ; TGI Paris, 17 septembre 1997, Csorts Bolle c/ Agent judiciaire du trésor, préc. ; TGI Paris, 5 novembre 1997, 1ère Chambre, Gauthier c/ Ministre de la justice et autres, *D.* 1998, Jur., p. 9 ; *GP.* 1997, II, Somm. p. 662.

[216] J. Moreau, La responsabilité des magistrats et de l'Etat du fait de la justice - L'apport du droit administratif, *Justices*, janvier-mars 1997, p. 39, sp. p. 45.

[217] Req. n° 12747/87, Drozd et Janousek c/ France, décision du 12 décembre 1989, *DR* 64, p. 97 ; Req. n° 10868/84, G. Woukam Moudefo c/ France, décision du 21 janvier 1987, *DR* 51, p. 62 ; Req. n° 10965/84, B. S. c/ France, décision du 6 juillet 1988, *DR* 56, p. 62 ; Req. n° 11256/84, F. Egue c/ France, décision du 5 septembre 1988, *DR* 57, p. 47 ; Req. n° 13091/87, J.-P. Leperlier c/ France, décision partielle du 1er octobre 1990, inédit.

est affirmé tant par la Convention européenne des droits de l'Homme[218] que par le droit français.

A- LA REPARATION DES ATTEINTES A LA SURETE

La détention peut donner lieu, conformément à l'article 149 du Code de procédure pénale[219], à une réparation sans égard à la licéité de cette mesure, conformément au principe d'égalité devant les charges publiques qui constitue le fondement de ce mode de réparation en droit français. Cette voie de droit a un champ d'application plus large que les prescriptions conventionnelles qui n'encadrent que la réparation des dommages subis du fait des détentions irrégulières[220] ; cependant l'examen de sa compatibilité avec les exigences conventionnelles soulève plusieurs questions.

1) La conformité au droit conventionnel des conditions de réparation posées à l'article L 149 du Code pénal

La Convention suppose l'existence d'une voie de recours en cas de détention irrégulière qui ne soit pas encadrée de manière à restreindre par trop la possibilité pour un particulier d'obtenir une indemnisation. Or, quel que soit le motif pour lequel pour lequel une réparation est demandée, le droit interne exige de manière constante que soient remplies des conditions tenant à l'adoption d'une décision de relaxe, de non lieu ou d'acquittement devenue définitive[221] ; ce qui rend concrètement la possibilité d'obtenir une indemnisation beaucoup plus aléatoire et limite bien évidemment la protection contre l'activité étatique que constitue l'exercice d'un recours en réparation.

La difficulté a longtemps été accrue par l'exigence d'un préjudice manifestement anormal et d'une particulière gravité. Aussi la Commission européenne des droits de l'Homme, dans le cadre plus spécifique d'une action en réparation fondée sur la méconnaissance de la durée raisonnable de la détention provisoire affirmé par le paragraphe 3 de l'article 5, a-t-elle qualifié les deux conditions relatives à l'existence d'une décision définitive empêchant la condamnation du particulier et celle tenant aux caractères du préjudice de conditions non exigées par l'article 5 par. 3 de la Convention[222] ; ce qui a justifié qu'elle rejette l'exception tirée de la règle du non-épuisement des voies de recours internes. Le législateur a toutefois fait disparaître la condition tenant à la preuve d'un préjudice manifestement anormal et d'une particulière gravité[223]. Le maintien de celle tenant à l'existence d'une décision définitive mettant fin à la procédure semble, pour sa part, à tout le moins dans son esprit, conforme aux

[218] Article 5 par. 5 de la Convention européenne des droits de l'Homme ; article 3 du septième protocole additionnel à la Convention.

[219] Art. 149 du Code de procédure pénale: « *Sans préjudice de l'application des articles 505 et suivants du code de procédure civile, une indemnité peut être accordée à la personne ayant fait l'objet d'une détention provisoire au cours d'une procédure terminée à son égard par une décision de non-lieu, de relaxe ou d'acquittement devenue définitive, lorsque cette détention lui a causé un préjudice manifestement anormal et d'une particulière gravité.* »

[220] Nous renvoyons à la première partie pour un examen plus approfondi des conditions d'encadrement des atteintes à la liberté individuelle par la Convention européenne des droits de l'Homme, Titre I, Chapitre II, Section 1, § 2, B, 2.

[221] Art. 149 du code de procédure pénale.

[222] Req. n° 17494/90, Ixion c/ France, décision du 2 décembre 1992, inédit.

[223] Loi n° 96-1235 du 30 décembre 1996 relative à la détention provisoire et aux perquisitions de nuit en matière de terrorisme, J.O. 1er janvier 1997, p. 9.

exigences conventionnelles, puisqu'elle ne sert qu'à entériner le caractère irrégulier ou injustifié de la détention sans constituer une limitation à la possibilité d'obtenir réparation[224].

De même, la procédure devant la commission d'indemnisation des détentions provisoires, qui pourrait sembler contestable au regard de la protection effective des particuliers qui sous-tend l'action du Conseil de l'Europe, ne paraît pas à ce jour pouvoir être remise en cause.

2) La procédure devant la commission d'indemnisation des détentions provisoires

Jusqu'à l'entrée en vigueur de la loi du 15 juin 2000[225] qui a notamment pour objet de réformer la procédure d'octroi des réparations dans cette hypothèse, cette commission, en effet, statuait souverainement par une décision non motivée qui n'était susceptible d'aucun recours de quelque nature que ce soit[226] et dans ce cadre accordait des indemnités qui, bien qu'en augmentation constante[227], demeuraient d'une « *remarquable minceur* »[228]. L'on pouvait douter de la compatibilité de ce mécanisme avec les exigences conventionnelles au regard de l'affirmation de la Commission et de la Cour selon laquelle eu égard au montant de la réparation accordée[229] comme aux modalités de la décision, non motivée[230], le fait que la commission ait accordé à un individu une réparation ne fait pas perdre à celui-ci la qualité de victime. Néanmoins la contestation des modalités procédurales devant cette commission dans le cadre de la Convention peut rarement aboutir. Certes, l'article 6§2 de la Convention européenne des droits de l'Homme[231] s'impose aux organismes chargés de réparer les détentions injustifiées et, en conséquence, à la commission d'indemnisation des détentions provisoires ; dès lors si des motifs indissociables du dispositif relatif à l'indemnisation équivalent en substance à un constat de culpabilité sans établissement légal préalable de celle-ci, la décision rendue méconnaît le droit à un procés équitable[232]. Le refus ne doit donc pas reposer sur

[224] Cela d'autant plus que la condition tenant à l'existence d'une condamnation définitive est interprétée strictement par la Cour de Strasbourg, v. CEDH, 25 août 1993, Sekanina, série A n° 266-A.
[225] Loi n° 2000-516 renforçant la protection de la présomption d'innocence et les droits des victimes, J.O., 16 juin 2000, p. 9038.
[226] Art. L 141-1 al. 1; L 141-2, al. 2 du code pénal.
[227] Le rapport d'activité de la Cour de Cassation pour l'année 1997 mentionne ainsi une augmentation du taux d'indemnisation qui est passé de 15% en 1980 à 50% en 1997, les montants versés passant dans le même temps d'un peu moins de 80 000 à 4.094 000 francs ; cela, face à un doublement du nombre des requêtes transmises qui sont passées de 81 à 188 affaires par an : *Rapport de la Cour de Cassation*, 1997, La documentation française, p. 393.
[228] Selon l'expression de R. Chapus, *Droit administratif général*, t. 1, 10ème édition, Paris, Montchrestien, Précis Domat, n° 1277-1°). On relèvera toutefois que la commission d'indemnisation de la détention provisoire a alloué une somme record de 1,5 millions de francs le 15 décembre 2000, *Le Monde*, 31 décembre 2000, p. 8. Selon la même source, 30 millions de francs ont été alloués à 389 prévenus pour l'année 2000.
[229] Req. n° 10868/84, G. Woukam Moudefo c/ France, décision sur la recevabilité du 21 janvier 1987.
[230] CEDH, 27 août 1992, Tomasi c/ France, série A n° 241-A.
[231] « *Toute personne accusée d'une infraction est présumée innocente jusqu'à ce que sa culpabilité ait été légalement établie* ».
[232] CEDH, 25 août 1987, Englert et Nölkenbockhoff c/ Allemagne, série A n° 123. Ainsi la Cour de Strasbourg a-t-elle sanctionné le fait pour une juridiction interne de refuser d'accorder une indemnité du fait d'une détention provisoire injustifiée au motif qu'un arrêt d'acquittement ne suffisait pas à laver le requérant de tout soupçon : CEDH, 25 juin 1993, Sekanina c/ Autriche, série A n° 266-A.

des considérations tenant à la supposée culpabilité du requérant[233], mais l'article 6, par. 1, au champ plus large n'est pour sa part pas invocable à l'encontre de l'absence de motivation[234] ou à fin de contestation du montant accordé par la commission nationale d'indemnisation des détentions provisoires[235] dans la mesure où la contestation sur laquelle elle statue ne revêt pas le caractère de « droit » mais de simple possibilité offerte par les autorités nationales[236].

La procédure de prononcé des réparations[237] en cas de détention provisoire a été modifiée à la suite de la loi du 15 juin 2000 qui prévoit dorénavant la compétence en première instance du Président de la Cour d'appel puis celle en appel de la Commission d'indemnisation[238]. Celle loi vise à améliorer les droits des détenus en mettant en place une obligation pour l'administration d'informer le bénéficiaire d'un acquittement, d'une grâce ou d'une relaxe de la possibilité de demander une réparation. Elle pose le principe de la publicité de la procédure visant à obtenir une réparation. Enfin, elle élargit le champ des préjuces pouvant être réparés en affirmant le dédommagement tant du dommage matériel que du dommage moral ; ce qui vise notamment les atteintes à la réputation ou à l'honneur consécutives à l'opinion populaire de culpabilité qu'aura fait naître la détention. Partant elle assure une meilleure protection du principe de respect de la présomption d'innocence qui, s'il est affirmé classiquement par le Conseil constitutionnel[239], se traduit, lorsqu'il est méconnu, par de lourdes condamnations par les organes de Strasbourg[240].

Le mécanisme de réparation des erreurs judiciaires soulève également des difficultés.

---

[233] Bien évidemment le respect de ce principe peut parfois imposer au juge de se livrer à un exercice d'équilibriste : Opinion concordante de M. le juge Matscher sous l'arrêt Sekanina c/ Autriche précité. La France a, en application de ce principe, été récemment condamnée par la Commission. Cette dernière a sanctionné le fait pour l'agent judiciaire du trésor dans le cadre de l'indemnisation pouvant être prononcée de s'être fondé sur l'existence d'une relaxe concernant les seules infractions en matière pénale et non celles en matière douanière, puisque sur ce point il n'y avait pas eu d'appel formé par le requérant, pour rejeter la demande d'indemnisation en considérant l'existence d'un participation active à des infractions qui, en matière pénale comme en matière douanière, reposaient sur des faits identiques, Req. n° 27413/95, Armand Cazes c/ France, rapport du 31 juillet 1998.

[234] Req. n° 27607/95 M. Lopoukhine, décision du 4 septembre 1996, inédit.

[235] Req. n° 28692/95, J.-M. Bauduin c/ France, décision du 16 octobre 1996, inédit.

[236] L. 30 décembre 1996. Sur le caractère facultatif de l'octroi d'une indemnisation même après la réforme de 1996, *Rapport de la Cour de Cassation*, 1997, La documentation française, p. 394. Une partie de la doctrine avait pourtant affirmé que l'indemnisation était devenue automatique, or tel ne peut être le sens donné à l'intention du législateur pour qui l'octroi d'une réparation était laissé à la libre appréciation de la commission d'indemnisation -Débats Assemblée Nationale du 9 octobre 1996, J.O. Débats, p. 5238- et devait à tout le moins être subordonné à la preuve d'un préjudice : Débats Assemblée Nationale du 20 novembre 1996, J.O. débats, p. 7353. Tel demeure encore le cas après le loi du 15 juin 2000, précitée.

[237] La loi n° 2000-1354 du 30 décembre 2000 tendant à faciliter l'indemnisation des condamnés reconnus innocents et portant diverses dispositions de coordination en matière de procédure pénale a substitué au terme d'indemnité celui, plus actuel et qui correspond à l'idée de préjudice, de réparation, J.O., 31 décembre 2000, p. 21191.

[238] Sur le déroulement de cette procédure, v. D. n° 2000-1204 du 12 décembre 2000 modifiant le code de procédure pénale et relatif à l'indemnisation à raison d'une détention provisoire, J.O., 13 décembre 2000, p. 19702.

[239] Cf. C. const., 127 DC, 19-20 janvier 1981, Sécurité et liberté, *Rec.* p. 15.

[240] On en prendra pour exemple l'arrêt de la Cour européenne des droits de l'Homme du 7 août 1996, P. Allenet de Ribemont c/ France à l'occasion duquel la France a été condamnée à verser deux millions de francs français : CEDH, 7 août 1996, P. Allenet de Ribemont *Recueil des arrêts et décisions*, 1996-III, p. 903.

B- LA RÉPARATION DES ERREURS JUDICIAIRES

L'article 3 du protocole 7, qui complète la Convention européenne des droits de l'Homme, pose un principe de réparation des erreurs judiciaire à la portée large puisqu'il vise l'ensemble des situations dans lesquelles une condamnation pénale définitive est ultérieurement considérée comme non fondée, qu'elle ait fait l'objet d'une annulation ou d'une grâce, sans qu'il soit nécessaire que le particulier victime ait été emprisonné. Le droit français lui semble sur ce point conforme puisqu'il subordonne, dans cette hypothèse, la réparation à la mise en oeuvre d'un recours en révision qui est théoriquement largement ouvert[241]. Pourtant, la compatibilité du mécanisme français avec le droit conventionnel soulève plusieurs interrogations.

La première tient à l'effectivité de la protection qu'il offre aux particuliers. En effet, les annulations sont, dans le cadre d'un recours fondé sur l'article 626 du Code de procédure pénale, rarement prononcées[242]. Celui-ci ne concerne de plus que le seul domaine des délits et des crimes et non celui des contraventions[243] alors qu'aucune distinction n'est faite sur ce point par la Convention. Certes, en ayant recours à l'article 2 du protocole 7 relatif au double degré de juridiction, on peut constater que celui-ci est réservé aux infractions d'une certaine importance ; mais si les Etats membres avaient entendu limiter le champ de l'article 3 du protocole 7, pourquoi ne l'ont-ils pas précisé dans l'exposé des motifs ? Peut-être ont-ils considéré que l'octroi d'une réparation suppose *a priori* une procédure juridictionnelle moins lourde que l'instauration d'un second degré de juridiction ? Il semble surtout que le caractère flou de cette disposition vise à laisser une large marge d'appréciation aux ordres nationaux quant au champ d'application du principe de responsabilité. En tout état de cause, une peine infligée à la suite d'une condamnation injustifiée sur le fondement d'une contravention est assimilable à une erreur des services de justice et peut causer un préjudice ; aussi pourrait-il être logique d'élargir le champ de la réparation consécutive à une erreur judiciaire. Cette extension ne correspond toutefois pas à l'idée que se font le législateur et l'opinion populaire de l'erreur judiciaire pour qui celle-ci revêt systématiquement un certain degré de gravité. Elle ne paraît d'ailleurs pas souhaitable puisqu'elle aurait la conséquence gênante d'accroître le champ et de fait le nombre des recours en révision, alors que ceux-ci font l'objet d'une procédure longue et pénible, ce qui risquerait de paralyser l'office du juge judiciaire. Enfin elle pourrait ne pas correspondre à l'interprétation des organes de Strasbourg dans la mesure où la formule employée dans la version anglaise de l'article 3 du protocole 7 vise une « *criminal offence* », ce qui semble réserver son application à des infractions d'une certaine gravité.

La réparation des erreurs judiciaires est, de plus, en droit français, limitée au seul domaine des condamnations pénales, entendu bien plus restrictivement que la

---

[241] Lorsque des circonstances nouvelles ou nouvellement révélées tels que la condamnation d'un témoin pour faux témoignage, ou la condamnation d'un autre individu pour les mêmes faits alors que les deux condamnations ne peuvent se concilier permettent de réexaminer le dossier.

[242] La Cour de Cassation a en effet rendu trois arrêts d'annulation en 1997, *Rapport de la Cour de Cassation*, 1997, p. 398.

[243] Article 626 du code de procédure pénale. La loi n° 2000-1354 du 30 décembre 2000 précitée a également substitué dans cet article le terme de réparation à celui de préjudice.

conception qu'en ont développée les organes de la Convention au titre de l'article 6[244], le qualificatif de pénal étant accordé au regard de la qualification du droit interne mais également de la nature de l'infraction et de la sévérité de la sanction. Or certaines sanctions administratives, notamment celles à caractère fiscal, qui font l'objet de recours juridictionnels devant le Conseil d'Etat tombent dans la matière pénale[245]. Doit-on en conclure la nécessité d'un recours en réparation sur le fondement de l'article 3 du protocole 7 en cas d'erreur en ce domaine ? Il semble que non. En effet, les sanctions administratives intervenant dans des domaines relativement techniques, on peut considérer que la part de doute et d'aléa qui peut exister, notamment devant une Cour d'assises, ne se retrouve pas dans de telles hypothèses, ce qui réduit de fait la nécessité d'une telle action au titre des erreurs judiciaires ; cela d'autant plus qu'une action en réparation est possible sur le fondement de la faute de service[246]. La Commission semble d'ailleurs réserver l'application de l'article 3 du protocole 7 aux procédures *par nature pénales*[247], ce qui les en exclurait de fait.

La question est plus délicate pour un autre mécanisme de contrainte qualifiable de pénal au sens de l'article 6 qui est la contrainte par corps[248]. Celle-ci est assimilée en droit français à une voie d'exécution[249] alors qu'elle vise, par la privation de liberté, à obtenir le versement d'une créance du fisc, privation de liberté prononcée par le juge répressif à la demande de l'administration. De ce fait elle revêt un caractère pénal[250], mais il n'est pas sûr qu'au regard de la procédure dans laquelle elle s'inscrit elle puisse tomber dans le champ du principe de responsabilité du fait des erreurs judiciaires.

Si le droit européen pourrait être à l'origine d'importantes évolutions dans le domaine de la responsabilité du fait de l'activité juridictionnelle, tel est, de manière encore plus évidente, le cas de la responsabilité du fait de l'activité législative.

SECTION 3- LA REMISE EN CAUSE DE LA RESPONSABILITE DU FAIT DE L'ACTIVITE LEGISLATIVE

Dans la quasi-totalité des Etats européens, la mise en place d'une responsabilité du fait de l'activité législative a été à la fois longue et progressive dans la mesure où elle implique une limitation de fait à l'exercice de la souveraineté dont le propre est de

---

[244] Sur la notion de matière pénale et ses influences sur les sanctions administratives : M. Delmas-Marty, C. Teitgen-Colly, *Punir sans juger, de la répression administrative au droit administratif pénal*, Paris, Economica, 1992, p. 164 et s.

[245] Tel est notamment le cas des pénalités fiscales : CEDH, 24 février 1994, Bendenoun, série A n° 284.

[246] Sur ce point, cf. M. Delmas-Marty, C. Teitgen-Colly, *Punir sans juger, de la répression administrative au droit administratif pénal*, préc., p. 125 et s.

[247] Req. n° 18725/91, décision du 10 octobre 1994, F.N. c/ France.

[248] Req. n° 19380/92, Benham c/ R.-U., décision sur la recevabilité du 29 novembre 1994. La Cour de Strasbourg a plus généralement assimilé la contrainte par corps à une peine au sens de l'article 7 de la Convention : CEDH, 8 juin 1995, Jamil c/ France, série A n° 320. La Cour de Cassation accepte d'ailleurs dans de telles hypothèses d'appliquer l'article 6 de la Convention au titre des accusations en matière pénale. Cass. Crim., 18 octobre 1993, pourvoi n° 92-86.385.

[249] Sur cette notion, JCl. Procédures fiscales, *Contentieux pénal*, fasc. n° 705, n° 105 et s.

[250] V. par exemple Cass. Crim., 29 février 1996, M. Zinck, *Dr fiscal* 1996, Comm. 881.

« *s'imposer à tous sans compensation* »[251]. La responsabilité du législateur, de par sa supériorité, n'a donc longtemps été en France qu'un devoir moral[252]. Toutefois, l'idée d'irresponsabilité du législateur apparaît pour le moins surprenante dans un Etat de droit dont l'essence même est l'acceptation par le souverain de la soumission au droit en vue d'assurer une meilleure garantie aux particuliers[253] ; aussi, par souci d'équité, a-t-il, à diverses reprises, accepté d'indemniser les particuliers subissant un dommage du fait de son activité[254].

La doctrine publiciste souhaitait un réel élargissement de la possible responsabilité du législateur[255]. En conséquence a été acceptée l'idée selon laquelle la responsabilité du fait des lois serait plus que le simple résultat d'une concession expresse du pouvoir législatif, mais fondée sur les principes d'équité et d'égalité devant les charges publiques[256] ; la volonté de dédommager les individus victimes d'un dommage consécutif à l'exercice d'une activité législative étant alors présumée. Son régime aurait donc dû s'assouplir[257]. Pour autant, la mise en oeuvre de cette responsabilité est strictement entendue puisqu'elle est conditionnée à la preuve d'un dommage anormal et spécial excédant la charge que doit supporter tout citoyen au nom de l'intérêt public ainsi qu'à l'absence d'exclusion expresse de la possibilité d'une réparation. Elle n'aboutit donc que rarement à des issues positives[258]. Réduite à l'état de « *produit de luxe* »[259], la responsabilité du fait des lois a perdu quasiment tout intérêt pour les particuliers, alors que l'évolution de la société tend toujours davantage à la socialisation des dommages[260]. Le droit européen tend à la faire évoluer (§1), mais la remise en cause qui en découle constitue autant une innovation que la réponse à une prise de conscience interne (§2).

§ 1- Une evolution induite par le droit europeen

Cette évolution est double puisque le régime de responsabilité du fait des lois se trouverait modifié (A), mais qu'en outre émerge la possibilité pour le juge interne de

[251] E. Laferrière, *Traité de la juridiction administrative et des recours contentieux*, rééd. 1989, t. 2, p. 13 et s., p. 183 et s.
[252] Teissier, Répertoire de droit administratif Béquet, *Responsabilité de la puissance publique*, vol. 23, n° 18.
[253] Sur ce point, v. D. Boutet, *Vers l'Etat de droit*, Paris, L'Harmattan, 1991.
[254] Par exemple dans la loi du 1er mai 1822 supprimant des distilleries à Paris : CE, 15 mai 1874, *Lebon* p. 451.
[255] Ainsi, Teissier prônait un accroissement des hypothèses de soumission volontaire du législateur à une obligation de réparation et affirmait la nécessité d'une telle responsabilité, à tout le moins en cas d'inexécution par celui-ci d'obligations contractuelles, *Responsabilité de la puissance publique*, préc., n° 21 et s., n° 25. De même, Hauriou affirmait la nécessité d'une réparation du fait des lois cachant une opération spéciale, *RDP* 1896, p. 61, ou dans le cadre d'un enrichissement sans cause (Dans le cadre d'un fait du prince, M. Hauriou, *Précis de droit administratif*, 12ème édition, p. 508).
Duguit enfin considérait la réparation nécessaire « chaque fois qu'un préjudice est occasionné dans l'intérêt de la collectivité à un particulier qui ne se trouve pas dans une situation illicite » (*RDP* 1910, p. 647).
[256] CE, Ass., 14 janvier 1938, SA des produits laitiers La Fleurette *Lebon* p. 25.
[257] Cf. les conclusions en ce sens de Jèze, Responsabilité pécuniaire de l'Etat pour préjudice causé par une loi générale, *RDP* 1938, p. 87.
[258] Ainsi elle n'a en tout et pour tout depuis sa consécration dans l'arrêt La Fleurette permis la réparation du préjudice subi par un particulier qu'à quatre reprises.
[259] R. Chapus, *Droit administratif général* t 1, préc., n° 1308-4°.
[260] G. Morange, L'irresponsabilité de l'Etat législateur (évolution et avenir), *D.*, 1962, chro. p. 28.

remettre en cause l'absence d'évolution de l'état du droit et donc la carence du législateur (B).

A- LA REMISE EN CAUSE DU REGIME DE RESPONSABILITE DU FAIT DES LOIS

Cette remise en cause résulte de l'inadaptation du mécanisme actuel de responsabilité du fait des lois au contexte européen et devrait logiquement aboutir à la mise en place d'un nouveau régime de responsabilité.

1) Une remise en cause européenne

Elle est le fait tant du droit communautaire que du droit conventionnel.

a- Une remise en cause implicite par le droit conventionnel

Le droit conventionnel ne vise pas directement une évolution du régime de responsabilité du fait des lois même s'il tend de plus en plus fréquemment à encadrer l'activité de ce dernier, à travers notamment la question des lois de validation.

• La difficile remise en cause du régime de responsabilité du législateur sous l'effet du droit conventionnel

Il a été précédemment observé que la violation de la Convention imputable au législateur pouvait en premier lieu engager la responsabilité de l'Etat devant les organes de Strasbourg[261]. Dès lors, celui-ci, soit directement, soit en rendant licite un traitement contraire à la Convention, peut engager la responsabilité de l'Etat devant les instances du Conseil de l'Europe. Mais tel est le seul pouvoir que celles-ci peuvent exercer sur les actes émanants des législateurs puisqu'elles se refusent, malgré le souhait exprimé lors d'un discours particulièrement éloquent de M. Teitgen[262], à adresser des injonctions sur ce point, pas plus bien évidemment qu'elles n'ont compétence pour annuler une législation contraire à la Convention. Enfin, le droit conventionnel n'oblige pas, loin s'en faut, les Etats membres à mettre en place un mécanisme de réparation dans l'hypothèse de méconnaissance de la Convention imputable au législateur national puisque le droit à un recours effectif n'implique pas nécessairement l'existence d'une action en réparation.

Mais le droit conventionnel semble induire une remise en cause du statut contentieux de la loi devant le juge national. En effet, dans la mesure où la Convention européenne des droits de l'Homme est intégrée dans le droit interne et fait partie de la supralégalité au même titre que la Constitution et les conventions internationales, en application de l'article 55 de la Constitution de 1958, elle doit être respectée. Puisque les juges nationaux contrôlent de manière indirecte la conformité de la loi interne avec ses dispositions, n'est-il pas logique qu'ils puissent en tirer aussi des conséquences sur le terrain de la responsabilité en considérant qu'elle méconnaît le droit européen et

---

[261] V. not. arrêt du 18 janvier 1978, Marckx, série A n° 25 ; Arrêt du 22 octobre 1981, Dudgeon c/ Royaume-Uni, série A n° 45 ; Arrêt du 26 octobre 1988, Norris c/ Irlande, série A n° 142 ; Arrêt du 22 avril 1993, Polys Modinos, série A n° 259 ; Arrêt du 13 août 1981, Young et autres c/ Royaume-Uni, série A n° 44 ; Arrêt du 25 mars 1985, X et Y c/ Royaume -Uni, série A n° 91.

[262] Deuxième session de l'assemblée consultative, *Rec. Trav. prép. de la Conv.*, vol. V, p. 299.

qu'en conséquent elle engage la responsabilité à l'égard des particuliers victimes[263] ? Cette responsabilité pourrait être fondée sur la méconnaissance de la « légalité », au sens large, et donc logiquement au regard du droit français sur une faute ; mais aucun motif, sinon l'existence d'un manquement par le législateur à ses obligations, ne s'oppose à ce qu'elle soit fondée sur la rupture de l'égalité devant les charges publiques justifiée par la poursuite d'un objectif d'intérêt général. Il est, en effet, possible que les autorités françaises, en se fondant sur un motif d'intérêt général, fassent le choix de méconnaître le droit conventionnel dont le strict respect pourrait porter indirectement atteinte à la conception de l'intérêt général en droit français -par exemple en ce qui concerne la sauvegarde de l'ordre public- ; la question qui se posera alors étant celle de la compatibilité de l'exigence d'un préjudice anormal et spécial avec les prescriptions conventionnelles.

• La question plus spécifique des lois de validation

Une autre hypothèse dans laquelle le droit interne pourrait se trouver dans une situation de contradiction par rapport à la Convention peut être plus spécifiquement observée en ce qui concerne les lois de validation au regard du droit à un procès équitable issu de l'article 6 de la Convention.

Celles-ci ont pour effet de régulariser rétroactivement une situation litigieuse. Mais il est possible que par la validation il soit fait échec aux prétentions d'un particulier. En droit français, cette difficulté est traditionnellement résolue par l'application d'un régime de responsabilité sans faute[264] qui est si strictement entendu qu'il a, à ce jour, toujours été écarté[265]. Mais si le principe même de la validation législative n'est pas, en tant que tel, condamné par les organes de Strasbourg, cette technique, qui peut potentiellement porter atteinte aux principes de l'égalité des armes et plus généralement du droit à un procès équitable[266], a fait l'objet d'un relatif encadrement. La Cour de Strasbourg a ainsi affirmé, à l'occasion d'un litige portant sur une loi interprétative ayant eu pour effet d'entraîner la nullité d'une sentence arbitrale rendue contre l'Etat, que lorsqu'un tribunal est saisi d'un litige à propos de droits et obligations de caractère civil, le législateur ne peut intervenir pour résoudre ce conflit dans la mesure où « *le principe de la prééminence du droit et la notion de procès équitable consacrés par l'article 6 s'opposent à toute ingérence du pouvoir législatif dans l'administration judiciaire de la justice dans le but d'influencer sur le dénouement judiciaire d'un litige*»[267]. Sur le point plus précis des conséquences de la validation lorsqu'elle a pour effet de supprimer une créance précise existante et identifiable, c'est à dire assimilable à un bien, la Cour a considéré qu'une telle situation caractérisait une méconnaissance du caractère équitable du procès et constituait une violation de l'article 6[268] ; dans cette

---

[263] Tel est du moins le cas dans le cadre du contrôle de conformité des lois au droit communautaire : CE, Ass., 28 février 1992, Sté Arizona Tobacco Products et SA Philip Morris France, *Lebon* p. 78, concl. Laroque.

[264] CE, 1er déc. 1961, Lacombe, *Lebon* p. 671.

[265] Pour un exemple récent, CE, 11 mars 1994, Valery, Req. n° 76461, inédit au recueil Lebon.

[266] Telle a du moins été la position développée par le Professeur Flauss à l'occasion d'une chronique d'actualité de la Convention européenne des droits de l'Homme, *AJDA* 1992, p. 15, sp. p. p. 21.

[267] CEDH, 9 décembre 1994, Stran et Stratis Andreadis c/ Grèce, série A n° 301-B. Elle a ultérieurement repris cette position : CEDH, 29 mai 1997, Georgiadis c/ Grèce, *Recueil des arrêts et décisions*, 1997-III, p. 949, point 37.

[268] CEDH, 20 novembre 1995, S.A. Pressos Naviera Compania c/ Belgique, série A n° 332.

affaire, la loi de validation avait eu pour effet de supprimer la créance des requérants sans qu'un recours sur le fondement de la rupture de l'égalité devant les charges publiques soit possible, un tel recours n'existant pas en droit belge[269]. Pour autant toute validation rétroactive qui a pour effet de priver un particulier de ses droits ne saurait être *de facto* contraire aux prescriptions conventionnelles. Bien au contraire, l'article 6 par. 1 ne peut être interprété comme empêchant toute ingérence des pouvoirs publics dans une procédure judiciaire pendante à laquelle ils sont parties[270]. La Cour de Strasbourg a ainsi récemment admis la régularité par rapport à l'article 6 d'une telle intervention, dans la mesure où la validation avait eu lieu au cours de la phase préparatoire au procès, où il existait des motifs d'intérêt général impérieux d'empêcher que le procès puisse connaître une issue favorable aux requérants[271] et où l'intervention du législateur était prévisible, ce qui aurait dû les amener à s'y préparer[272].

Même si l'encadrement européen dans ce domaine est récent, il semble par conséquent que, sous réserve de justifier d'un intérêt général suffisant et d'intervenir au début de la procédure juridictionnelle, c'est à dire *avant qu'une décision au fond soit rendue*, les validations puissent être compatibles avec les exigences de la Convention.

Cette position pourrait sembler rejoindre certaines de celles des juridictions internes qui sont favorables à une appréciation souple de la compatibilité de telles validations avec les exigences constitutionnelles, mais également avec l'article 6 dès lors qu'un intérêt général suffisant les justifie[273] ou avec l'article 13[274] et tendent à resserrer leur contrôle puisqu'il a récemment été affirmé que le juge interne dispose du pouvoir d'écarter la loi, qui a pourtant spécifiquement été adoptée pour contrecarrer ou prévenir les effets d'une décision de justice, s'il estime que la validation n'est pas justifiée par un intérêt général suffisant[275].

---

[269] V. M. Leroy, Responsabilité des pouvoirs publics du chef de méconnaissance des normes supérieures de droit national par un pouvoir législatif, in *La responsabilité des pouvoirs publics*, Bruxelles, Bruylant, 1994, p. 299.

[270] V. CEDH, 23 octobre 1997, National and provincial building society, Leeds permanent building society c/ R.-U, *Recueil des arrêts et décisions*, 1997-VII, p. 2325, point 112.

[271] En l'espèce la levée d'une incertitude persistante sur le montant prélevé au titre de l'impôt.

[272] CEDH, 23 octobre 1997, National and provincial building society, Leeds permanent building society c/ R.-U, *Recueil des arrêts et décisions*, 1997-VII, p. 2325. Il est intéressant de noter que la Commission avait pour sa part conclu à l'existence d'une violation par neuf voix contre sept en faisant valoir qu'en intervenant d'une manière décisive pour orienter l'issue des instances, les mesures contestées ont eu pour effet de priver les requérantes de leur droit d'obtenir une décision sur leurs droits et obligations de caractère civil à l'issue d'un procès équitable devant un tribunal.

[273] Pour l'ordre judiciaire : C. Cass., Soc., 15 février 1995, Préfet de la région Lorraine et autres c/ M. Grinswald, *AJDA* 1995,p. 579, note X. Prétot ; C. Cass., Plénière, 14 juin 1996, Kloeckner c/ Direction générale des impôts, *Bull.* Ass. plén. n°5 ; CA Limoges, ch. soc., 13 mars 2000, Polyclinique Saint-Damien c/ CMSA de Corrèze, *D.* 2000, IR, p. 127

Pour l'ordre administratif : CE, Ass., 5 décembre 1997, Mme Lambert, *Lebon* p. 460, *AJDA* 1998, p. 149, conclusions C. Bergeal ; Avis CE, Ass. 5 décembre 1997, Ministre de l'Education nationale, de la recherche et de la technologie c/ Organisme de gestion du collège privé de l'abbaye de Saint-Sauveur-le-Vicomte, *Lebon*, p. 464 ; CE, 28 juillet 2000, M. Tête – association du collectif pour la gratuité contre le racket, *AJDA* 2000, p. 854.

[274] Cass. Soc., 2 mars 1995, M. Claudel et autres, Req. n° 94-43.588.

[275] V. CE, Ass., 5 décembre 1997, Mme Lambert, préc.; Avis CE, Ass. 5 décembre 1997, Ministre de l'Education nationale, de la recherche et de la technologie c/ Organisme de gestion du collège privé de l'abbaye de Saint-Sauveur-le-Vicomte, préc. ; CE, 28 juillet 2000, M. Tête – association du collectif pour la gratuité contre le racket, préc ; Cass. Soc. 8 juin 2000, Clinique Ambroise Paré c/ CPAM du Haut Vivarais, Polyclinique Marchand c/ Caisse de Prévoyance et de retraite de la SNCF, *Bull. Civ.*, V, n° 225, p. 175.

Pour autant toute éventualité de contradiction entre les positions soutenues par les juges internes et l'encadrement européen est loin d'être exclue. En effet, l'un des critères mis en avant par la Cour européenne des droits de l'Homme, à savoir le moment auquel le législateur est intervenu dans la procédure juridictionnelle, n'est pas, hormis le cas où le législateur viserait à régulariser directement un acte ayant fait l'objet d'une annulation contentieuse[276], systématiquement retenu par les juges du fond pour conclure à l'impossibilité de tenir compte de l'intervention législative[277]. Ensuite, on a pu remarquer que la conception de l'intérêt général relevée par la Cour de Strasbourg semble plus strict que celle des juridictions françaises[278]. Ce décalage entre les positions internes et les exigences européennes a justifié la condamnation de la France pour méconnaissance du droit à un procès équitable. Dans cette affaire, la loi en cause, déclarée conforme à la Constitution par le Conseil constitutionnel et appliquée par la Cour de cassation alors que son inconventionnalité avait été soulevée par les requérants, visait à faire échec à une procédure qui bien que toujours pendante, avait fait l'objet d'une première décision au fond[279]. Pourrait en conséquence se poser la question du régime de responsabilité applicable à une loi de validation contraire à un principe posé par la Convention européenne mais prise afin de répondre à intérêt général, et *a fortiori* celle de la responsabilité du juge constitutionnel lorsqu'il avalise une telle loi[280].

Outre ce premier aspect de la mise en perspective des lois de validations avec l'article 6 de la Convention, il semble nécessaire, pour que l'équilibre du procès soit rétabli, que les particuliers aient plus souvent la possibilité d'obtenir une réparation des préjudices subis du fait des lois de validation et donc que les conditions d'appréciation de la responsabilité soient, dans cette hypothèse, assouplies[281]. Les organes de

[276] C. const. décision 119 DC du 22 juillet 1980, *Rec.* p. 46.

[277] Dans l'arrêt Mattio du 27 octobre 1995, *Lebon* p. 359, le Conseil d'Etat, ayant recours à une interprétation constructive de la jurisprudence constitutionnelle, a toutefois considéré que l'intervention du législateur entre la décision du juge d'appel et celle de la Cour de Cassation ne pouvait conduire le juge de Cassation à conclure à la régularité de l'acte litigieux ; la validation s'étant produite alors qu'une décision juridictionnelle définitive avait été rendue, et cela alors même que l'arrêt de la Cour administrative d'appel avait été frappé d'un pourvoi en cassation. De même, la Cour de Cassation semble avoir fait référence au moment de l'intervention législative en considérant que la validation législative intervenue au cours de l'instance juridictionnelle et plus précisément quelques mois avant que les juges de première instance ne rendent leur décision, ne contrevenait pas aux exigences de l'article 6 : C. Cass., Plénière, 14 juin 1996, Kloeckner c/ Direction générale des impôts, *Bull.* Ass. plén. n° 5; *Rapport de la Cour de Cassation*, 1996, p. 443.

[278] B. Mathieu, *RFDA* 1998, p. 150.

[279] Rapport adopté le 9 septembre 1997, B. Zielinski et P. Pradal c/ France, Req. n° 24846/94, § 59-60 ; CEDH, 28 octobre 1999, Zielinski et Pradal et Gonzalez et autres c/ France, Req. n° 24846/94 et 34165 /96 et 34173/96.

[280] Ce qui pose la question du contrôleur et de l'organisme de contrôle mais aussi du fondement de la responsabilité qui, à ce jour, ne connaissent ni l'une ni l'autre de réponse en droit français. On notera toutefois que la solution de la Cour de Strasbourg a suscité une évolution de la position du Conseil constitutionnel qui a intensifié son contrôle. Sur ce point, v. B. Mathieu, Les validations législatives devant le juge de Strasbourg, *RFDA* 2000, p. 289.

[281] Ce faisant le droit conventionnel pourrait compléter une orientation pressentie au cas où la loi de validation, sur un terrain strictement interne, ne répondrait pas à un objectif d'intérêt général. Sur ce point, concernant les lois de validation en matière fiscale, v. l'intervention de M. Martin Laprade relatée par J. Turot, Moins de laine ou moins de moutons, A propos du colloque tenu au Sénat le 10 novembre 1995 sur « les lois fiscales rétroactives face au principe de sécurité juridique », *Dr. Fiscal*, 1996, Doctrine, p. 107.

Strasbourg n'en sont pas moins indifférents au type de responsabilité en cause. Tel n'est pas le cas du droit communautaire.

b- Une remise en cause expresse au plan communautaire

Les modalités de mise en oeuvre de la responsabilité du législateur ont longtemps été appréhendées avec une certaine prudence par le droit communautaire. Ainsi, M. Gilsdorf s'il affirmait à la suite du Professeur Kovar[282], à l'occasion du colloque organisé à Bruxelles sur le thème des recours des particuliers en cas de violation du droit européen, que la responsabilité publique peut être engagée du fait du législateur, nuançait son propos en considérant la nécessité de subordonner la mise en jeu de cette responsabilité à des conditions variables selon que la disposition méconnu était ou non de caractère « *self-executing* » ; la responsabilité pouvant être conditionnée à la preuve d'un dommage anormal et spécial en cas de méconnaissance d'une directive[283].

Depuis, l'intervention communautaire s'est faite plus précise puisqu'il a été affirmé que « *le principe selon lequel les Etats membres sont obligés de réparer les dommages causés aux particuliers par les violations du droit communautaire qui leur sont imputables est applicable lorsque le manquement reproché est attribué au législateur national* »[284]. Mais le droit communautaire ne se contente pas de poser le principe de responsabilité du législateur et en encadre les règles, puisque celui-ci est soumis aux mêmes conditions d'engagement que pour toute activité normative[285], ce qui implique une plus fréquente mise en cause de la responsabilité du fait des lois ; même si, de par leurs fonctions, les Parlements nationaux bénéficieront plus souvent que les autres autorités publiques d'une large marge de manoeuvre dans la mise en oeuvre du droit communautaire et pourront partant profiter d'un régime de responsabilité plus souple, la notion de violation suffisamment caractérisée revêtant alors tout son sens[286].

Le problème de la compatibilité du régime de responsabilité du législateur avec le droit communautaire résulte surtout de la condition d'un dommage anormal et spécial qui subordonne en droit français la réparation. En effet, le régime de responsabilité du fait des activités normatives ne peut être aménagé de manière à rendre en pratique impossible ou excessivement difficile l'obtention d'une réparation ; or telle est précisément la conséquence de cette condition qui entraîne le rejet des requêtes tendant à l'application de cette responsabilité devant le Conseil d'Etat. La Cour de Luxembourg l'a d'ailleurs implicitement condamnée à l'occasion de l'arrêt *Brasserie du pêcheur* puisqu'alors qu'elle devait se prononcer sur les conditions de responsabilité du législateur prévues par le droit allemand en cas de violation par une loi de dispositions nationales de rang supérieur, elle a considéré que la condition imposée dans une telle hypothèse par le droit allemand, qui subordonne la réparation au fait que l'acte ou

---

[282] R. Kovar, Voies de droit ouvertes aux individus devant les instances nationales en cas de violation des normes et décisions du droit communautaire, in *Les recours des individus devant les instances nationales en cas de violation du droit européen*, Bruxelles, Editions Maison Larcier, 1978, p. 251.

[283] V. *Les recours des individus devant les instances nationales en cas de violation du droit européen*, préc., Discussion, p. 289.

[284] CJCE, 5 mars 1996, Brasserie du pêcheur., Aff jtes C 46/93 et 48/93, *Rec.*, p. I-1029, point 36. Ce principe avait déjà implicitement été posé par l'arrêt Francovich.

[285] CJCE, 5 mars 1996, Brasserie du pêcheur., Aff jtes C 46/93 et 48/93, *Rec.*, p. I-1029, point 34.

[286] Sur les différentes significations de la notion de violation suffisamment caractérisée, voir supra, Partie I, Titre I, Chapitre II,.Section 1, §1, A.

l'omission du législateur concerne une situation individuelle -condition que l'on peut rapprocher de celle de spécialité du préjudice prévue par le droit français-, rendrait en pratique impossible ou excessivement difficile la réparation effective des dommages résultants de la violation du droit communautaire, dans la mesure où les tâches incombant au législateur national concernent, en principe, la collectivité nationale sans viser aucune personne ou catégorie de personnes qui puissent être considérées à titre individuel[287]. Elle ne peut donc être applicable dans l'hypothèse d'une violation du droit communautaire.

Le régime actuel de responsabilité du fait des lois est en outre inadapté au contexte européen.

2) Un régime aujourd'hui inadapté

En effet, l'idée d'équité qui sous-tend l'ensemble du régime actuel de responsabilité du fait des lois en tant que corollaire du principe d'un législateur souverain insusceptible de commettre une faute dans l'exercice de son activité se justifiait lorsque l'autorité des lois comme le pouvoir législatif étaient sans limites constitutionnelles ou légales et son action hors du domaine juridique -les deux idées de souveraineté et de faute étant alors « *antinomiques* »[288]. Mais face à un phénomène de désacralisation de la loi et, dans un contexte international où des normes supérieures viennent souvent, sinon contraindre, du moins orienter l'action législative, il n'est plus possible d'affirmer, et tel était le constat de la doctrine au début du XXe siècle quant à l'évolution de l'idée de souveraineté[289], que la loi est supérieure à tout. Certes, « *la loi reste, sous l'emprise de la Constitution actuelle, la manifestation la plus élevée de la puissance publique* »[290], mais elle n'en est pas moins contestable. Ainsi que l'a remarqué le Professeur Favoreu, son statut ne lui permet plus de bénéficier d'une immunité juridictionnelle, et « *si cette immunité persiste, ce sera accidentellement, parce qu'il manque une juridiction compétente pour [...] allouer une indemnité au cas de dommages causés par une loi* »[291] ; en conséquence il ne saurait justifier des règles si strictes qu'elles font obstacle à une protection effective des particuliers.

Une autre remise en cause du régime actuel de responsabilité du législateur pourrait, selon le Professeur Debard, être impliquée par le droit communautaire. En effet, l'égalité devant les charges publiques constitue, en droit communautaire, un principe général de droit, qui, s'il est méconnu, entraîne la responsabilité pour illégalité et donc, si l'on transpose ce raisonnement au droit français, sur le fondement de la faute. Les exigences européennes postuleraient, à chaque fois qu'il y aurait rupture de l'égalité devant les charges publiques, que celle-ci soit ou non régulière, la mise en cause de la responsabilité publique du fait d'une illégalité et donc, le cas échéant, sur le fondement de la faute. Or en droit français, la rupture d'égalité peut entraîner la responsabilité en

---

[287] CJCE, 5 mars 1996, Brasserie du pêcheur, préc., point 71.

[288] Selon l'expression de J.-F. Brunet, *De la responsabilité de l'Etat législateur*, thèse 1936, p. 33.

[289] M.-J. Redor, *De l'Etat légal à l'Etat de droit. L'évolution des conceptions de la doctrine publiciste française, 1879-1914*, Paris, Economica-PUAM, Collection droit public positif, 1992, p. 67 et s.

[290] M. Laroque, concl. sous CE, Ass., 28 février 1992, Sté Arizona Tobacco Products et SA Philip Morris France, *Lebon*, sp. p. 92.

[291] L. Favoreu, *Du déni de justice en droit public français*, préc., p. 64.

raison d'une faute, au cas où elle serait illicite[292] -même si ce régime, peu appliqué, ne trouve pas d'application dans le domaine de la responsabilité du fait des lois- ou en l'absence de faute au cas où elle serait licite. La responsabilité pour rupture de l'égalité devant les charges publiques, à la différence du régime prévu par le droit communautaire, a deux visages ; ce qui a amené M. Debard à conclure à l'opportunité de s'inspirer du dispositif des Communautés, plus cohérent que celui en vigueur dans notre système juridique[293]. Cette argumentation n'entraîne pas notre complète adhésion. En effet, s'il est vrai que dans certaines affaires, la Cour de Justice a conclu à l'engagement de la responsabilité des Communautés du fait de la méconnaissance du principe d'égalité, dans ces hypothèses la responsabilité a toujours été fondée, conformément à la position traditionnelle de la Cour en matière de mise en oeuvre de la responsabilité des Communautés, sur l'existence d'une violation manifeste et particulièrement caractérisée. La méconnaissance simple du principe d'égalité n'entraîne pas, par elle même, responsabilité du fait de l'illégalité ; pour ce faire, elle doit revêtir un certain degré de gravité. Dès lors la solution adoptée par la Haute juridiction communautaire présente certaines analogies avec celle du Conseil d'Etat dans la mesure où toute illégalité n'engagera pas la responsabilité de l'Etat, puisque certaines, qui seront tolérables c'est à dire licites pour le juge français et non manifestes pour la juridiction communautaire n'entraîneront pas, ou sur le seul fondement de l'action régulière et donc sous condition d'un préjudice anormal et spécial, la responsabilité. Dans les deux systèmes juridiques donc, même si le mécanisme de responsabilité pour rupture de l'égalité devant les charges publiques est distinct, puisque unique en droit communautaire[294] et dual en droit administratif français, les conséquences pratiques seront identiques : il y aura toujours un seuil en dessous duquel la réparation sur le fondement de la faute ne pourra être accordée. Maintenir la possibilité d'une action fondée sur l'absence de faute joue, alors, en faveur du particulier. Au fond, il n'est toutefois pas contestable que le principe d'égalité étant un principe général du droit communautaire, il s'impose aux Etats membres et à leurs différents organes et de fait doit engager la responsabilité pour faute lorsqu'il fait l'objet d'une violation suffisamment caractérisée. Il constitue par conséquent un argument supplémentaire en faveur de l'évolution du régime de responsabilité du législateur.

Le régime de responsabilité sans faute du fait des lois est enfin peu adapté à la spécificité de la méconnaissance du droit européen. En effet, celui-ci, qu'il soit d'origine conventionnelle ou communautaire, s'impose à l'ensemble des organes de l'Etat -ce principe ayant d'ailleurs, en ce qui concerne le droit communautaire, été repris par le Conseil constitutionnel lui-même[295]- et fait partie du bloc de légalité. Aussi, sa violation devrait-elle, au regard du droit interne, être constitutive d'une faute. Il existe

---

[292] P. Delvolvé, *Le principe d'égalité devant les charges publiques*, Paris, LGDJ, 1969, p. 374 et s.
[293] T. Debard, L'égalité devant les charges publiques, fondement incertain de la responsabilité, *D.* 1987, Chro. p. 160.
[294] Cette affirmation devant d'ailleurs être relativisée dans la mesure où la Cour de Justice a récemment implicitement accepté d'envisager la responsabilité des Communautés du fait d'une activité licite, ce qui pourrait impliquer l'application d'un tel mécanisme au cas où la méconnaissance du principe d'égalité ne revêtirait pas un caractère de gravité suffisant : TPI, 28 avril 1998, Dorsch Consult Ingenieurgesellschaft mbH c/ Conseil et commission, Aff. T 184/95, *Rec.* p. II-667.
[295] Décision 216 DC du 3 septembre 1986, *Rec.* p. 135.

donc une supra-légalité qui pourrait conduire à l'affirmation d'une responsabilité spécifique du législateur en cas de méconnaissance du droit européen.

L'analyse *a contrario* des positions doctrinales justifiant le régime sans faute de responsabilité du législateur conduit à la même conclusion. En effet, la quasi-irresponsabilité du législateur, et notamment le fondement de sa responsabilité sur l'équité, ont toujours été justifiés par le fait que le roi ne peut mal faire ainsi que par la considération de l'absence d'autorité supérieure à la loi ; mais la responsabilité était considérée comme devant aller de soi en cas de méconnaissance par les Parlements des règles s'imposant à eux[296] et le constat de l'irrégularité d'une loi pouvait selon la doctrine du début du siècle ouvrir droit à une réparation fondée sur la faute ou, à tout le moins, faisant fi de l'obstacle constitué par l'affirmation du caractère souverain des lois. L'affirmation qui a, un temps, été soutenue par la doctrine, selon laquelle la responsabilité sans faute du fait des lois constitue davantage une voie indemnitaire fondée sur l'interprétation de la loi qu'une véritable action en responsabilité, est de ce point de vue topique[297].

Certes, cette idée ne peut se concrétiser de manière identique dans le cas de lois inconstitutionnelles en raison du mode français de contrôle de constitutionnalité ; mais en cas de violation du droit européen, dans la mesure où le juge national accepte de se prononcer sur la compatibilité des normes législatives avec le droit européen[298], la mise en cause d'une responsabilité facilitée de même que la possibilité d'accorder des dommages-intérêts fondés sur l'irrégularité de l'activité législative doivent pouvoir être possibles.

Ainsi que l'a remarqué le Professeur Simon[299], le phénomène de désacralisation de la loi qui a été entamé par le contrôle de constitutionnalité, par la décision du Conseil constitutionnel du 16 juillet 1971, pourrait être poursuivi par le contrôle de conventionnalité[300].

---

[296] Ainsi, L. Michoud, tout en rejetant un tel régime en droit français, a-t-il affirmé que « *la question de la responsabilité pour faute pourrait (...) se poser à l'égard du pouvoir législatif comme à l'égard des autres pouvoirs de l'Etat, dans les constitutions qui admettent, comme celle des Etats-Unis, une limite constitutionnelle aux pouvoirs du législateur, et qui placent cette limitation sous la sauvegarde de l'autorité judiciaire. Dans ces constitutions, les principes admis sur la responsabilité de l'Etat à raison des fautes contenues dans les actes d'autorité devraient s'appliquer à l'hypothèse du dommage causé par une loi inconstitutionnelle* », De la responsabilité de l'Etat à raison des actes d'autorité, *RDP* 1895, p. 251, sp. p. 255. De même Duez affirmait-il la possibilité d'engager la responsabilité du fait des lois inconstitutionnelles sous réserve de l'institution d'un contrôle de constitutionnalité, *La responsabilité de la puissance publique (en dehors du contrat)*, préc., p. 214. Hauriou considérait que dans un pays connaissant le contrôle de constitutionnalité des lois la responsabilité du législateur pouvait être engagée sur le fondement de la faute, une loi inconstitutionnelle pouvant être constitutive d'une faute, note sous CE, 29 avril 1921, *S.*, 1923, III, p. 41. Jèze faisait valoir que s'il n'y a jamais de faute juridique, c'est à dire de violation du droit positif « *Il en serait autrement si la Constitution française prescrivait des limitations précises à la compétence de l'organe législatif et un contrôle juridictionnel des lois. Alors une loi inconstitutionnelle devrait être considérée comme une faute juridique; au cas où cette faute causerait à un individu un préjudice pécuniaire, la responsabilité de l'Etat serait engagée à raison de cette faute* », note de jurisprudence, *RDP* 1945, p. 369 et s.

[297] L. Favoreu, *Du déni de justice en droit public français*, préc., sp. p. 59 et s. et la doctrine mentionnée.

[298] CE, Ass., 20 oct. 1989, Nicolo, *Lebon* p. 190.

[299] D. Simon, Le Conseil d'Etat et les directives communautaires: du gallicanisme à l'orthodoxie, *RTDE* 1992, p. 265, sp. p. 282.

[300] Telle était également la conclusion à laquelle Henri Labayle a abouti au sujet de la Belgique : L'effectivité de la protection juridictionnelle des particuliers, le droit administratif français et les exigences européennes, *RFDA*, 1992, p. 619, sp. p. 641.

3) La mise en place d'un nouveau régime de responsabilité

Reste alors à déterminer quel pourrait être ce régime de responsabilité. Mais avant d'envisager cette question, il est fondamental de s'interroger sur le champ d'application de la responsabilité du fait des lois.

a- Le champ d'application de la responsabilité du fait des lois

La responsabilité du législateur n'a en effet été consacrée en droit français que dans le cadre de la seule activité du Parlement ; mais qu'en est-il des autres titulaires du pouvoir législatif et quel peut alors être l'organe compétent au cas où ils méconnaîtraient le droit européen ?

Depuis l'entrée en vigueur de la Constitution de 1958, le pouvoir législatif est réparti entre plusieurs acteurs. Le détiennent en effet non seulement les assemblées parlementaires, dans le cadre de la procédure habituelle d'élaboration des lois, mais également le Président de la République dans le cadre des pouvoirs qui lui sont dévolus par l'article 16 de la Constitution[301], le gouvernement à travers la possibilité qui peut lui être reconnue de prendre des ordonnances sur le fondement de l'article 38 de la Constitution et enfin le peuple français intervenant par le biais du référendum. Or, selon la qualité de l'auteur de l'acte, les lois, au sens formel, ne feront pas l'objet d'un contrôle identique et ne seront, en conséquence, pas de nature à engager la responsabilité de l'Etat de manière similaire. Le régime de responsabilité du fait des lois adoptées par l'Assemblée nationale est connu. Celles d'origine présidentielle ou populaire soulèvent d'intéressantes questions.

Les normes édictées par le Président de la République dans le cadre de l'exercice des pouvoirs qu'il détient sur le fondement de l'article 16 de la Constitution de 1958 peuvent être de nature réglementaire ou législative selon le domaine dans lequel elles s'exercent[302]. Par conséquent elles relèveront dans la première hypothèse de la compétence du juge administratif alors qu'il ne saurait en aller ainsi dans la seconde, le juge administratif n'acceptant de connaître que des mesures qui ordinairement relèvent de la compétence du pouvoir réglementaire[303] et, surtout, la nature du pouvoir alors confié au Président de la République étant législative. Il ne s'agit donc pas d'une habilitation du pouvoir réglementaire à intervenir en matière législative mais d'une hypothèse dans laquelle le Chef de l'Etat, bien qu'organe exécutif, exerce lui-même, pour des raisons tenant à la sauvegarde de la Nation, le pouvoir législatif. Or bien évidemment la distinction entre les actes réglementaires et les actes législatifs pris dans le cadre de l'article 16 est fondamentale sur le terrain de la recevabilité de l'action en réparation puisque dans la première hypothèse, celle-ci ne soulèvera aucune difficulté alors que dans la seconde, une déclaration de compétence du juge administratif ne sera pas possible. Les actes de valeur législative pris par le Président de la République sur le fondement de l'article 16 échappent, en effet, tant à la compétence du juge administratif

---

[301] Nous laissons de côté les ordonnances de l'article 92 de la Constitution en raison de la désuétude dans laquelle elles sont tombées.

[302] Pour une synthèse des diverses positions doctrinales relatives à la nature et au contrôle des décisions présidentielles prises sur le fondement de l'article 16 : M. Voisset, *L'article 16 de la Constitution du 4 octobre 1958*, Paris, LGDJ, 1969, p. 257 et s.

[303] Telle est du moins la solution qu'a adoptée la juridiction administrative : CE, Ass., 2 mars 1962, Rubin de Servens, *Lebon* p. 143.

qu'à celle du Conseil constitutionnel qui refuse d'en connaître puisqu'il ne peut, en vertu de l'article 61 de la Constitution, se prononcer que sur la conformité des seules lois, la loi ayant été interprétée au sens organique[304]. Ils bénéficient donc d'une immunité juridictionnelle totale qui est justifiée par les circonstances de crise dans le cadre desquelles l'article 16 est mis en oeuvre mais aussi par la nature de l'habilitation alors accordée au Président de la République qui l'autorise à exercer l'ensemble des pouvoirs normatifs sans limitation *a priori*[305] et par la volonté du juge administratif de ne pas se substituer au Parlement qui conserve la possibilité d'abroger les décisions prises à l'issue de la période de crise[306]. Peut-on alors considérer que le juge administratif peut constater qu'ils engagent la responsabilité de l'Etat ?

Le gouvernement peut, sous la cinquième République, être habilité par le Parlement à édicter dans un domaine déterminé des ordonnances qui, au terme d'une procédure de ratification, pourront avoir valeur de loi ou de règlement[307]. Or si l'ordonnance non ratifiée a valeur réglementaire et tombe de fait dans le champ de compétence du juge administratif[308], l'ordonnance ratifiée, devenue de fait loi, échappe à son contrôle[309]. Dès lors peut-il relever leur non-conformité au droit européen dans le cadre d'une action en réparation ?

La question se pose dans des termes similaires pour les actes adoptés par le peuple français dans le cadre d'une procédure de référendum. La loi référendaire adoptée à l'issue de cette procédure, en effet, ne peut faire l'objet d'un quelconque recours puisque le juge constitutionnel a affirmé son incompétence compte tenu de l'expression directe de souveraineté nationale que constituent les lois adoptées par le peuple français à l'issu d'un référendum mais également parce que la Constitution pas plus que la loi organique relative au Conseil constitutionnel ne font mention de la loi référendaire parmi les textes pouvant être soumis à son contrôle[310]. Dès lors pour quels motifs le juge administratif pourrait-il se reconnaître compétent pour déclarer la responsabilité de l'Etat du fait d'un acte qui bénéficie d'une immunité juridictionnelle de fait[311] ?

---

[304] Sur le contrôle juridictionnel des actes pris en vertu de l'article 16 : J. Morange, Le contrôle des décisions prises au titre de l'article 16, *D.* 1962 chro. p. 109 ; G. Berlia, Le contrôle du recours à l'article 16 et son application, *RDP* 1962, p. 288 ; J. Lamarque, Légalité constitutionnelle et contrôle juridictionnel des actes pris en vertu de l'article 16, *JCP* 1962, I, n° 1711.

[305] A la différence de la procédure de l'article 38 dans le cadre de laquelle la compétence législative exercée temporairement par le gouvernement fait l'objet d'une délimitation préalablement à la délégation.

[306] Ce dernier argument a été fermement invoqué par le commissaire du gouvernement Henry à l'occasion de la décision Rubin de Servens, *RDP* 1962, p. 294, sp. p. 313.

[307] Sur la procédure d'adoption et la valeur juridique des ordonnances : J. Bécet, La pratique des ordonnances de l'article 38, *RA*, 1968, p. 704.

[308] Avec la spécificité que cela implique pour le juge administratif, en cas d'exonération de responsabilité, compte tenu de la réduction de la marge d'interprétation de la volonté du législateur lors de l'adoption de la loi d'habilitation : Sur ce point, C. Boyer-Mérentier, *Les ordonnances de l'article 38 de la Constitution du 4 octobre 1958*, Préf. L. Favoreu, Paris, Economica-PUAM, 1996, p. 164.

[309] CE, 19 décembre 1969, Dame Picard, *Lebon* p. 593 ; CE, 11 juin 1990, Congrès du territoire de la Nouvelle-Calédonie et dépendances, Boewa et autres et délégué du gouvernement, Haut commissaire de la République en Nouvelle-Calédonie et dépendances, *Lebon* p. 156.

[310] C. const., 6 novembre 1962, décision 62-20 DC, *Rec.* p. 27 confirmée par C. const., 23 septembre 1992, décision 92-313 DC, *Rec* p. 94.

[311] Notons que le Conseil d'Etat a récemment reconnu le caractère législatif des lois référendaires et de ce fait accepte d'opérer sur elles un contrôle de conventionnalité : CE, Ass., 30 octobre 1998, M. Sarran, M. Levacher et autres, *Lebon* p. 368

Envisagées ainsi, ces questions permettent difficilement d'entrevoir une réponse mais en en inversant les termes, une réflexion peut être amorcée. Pourquoi le juge administratif ne pourrait-il pas être compétent dans de telles hypothèses ? L'inexistence d'une juridiction chargée de sanctionner la loi, au sens formel, ne l'a pas empêché en 1938 d'affirmer sa compétence pour indemniser les particuliers victimes d'une rupture de l'égalité devant les charges publiques, en interprétant souplement la volonté d'indemnisation du législateur[312]. Le caractère de crise des circonstances dans lesquelles sont adoptées les mesures prises par le Président de la République en application de l'article 16 de la Constitution ne saurait davantage justifier une incompétence de la juridiction administrative même s'il peut être pris en considération pour légitimer une méconnaissance des règles de droit supérieures, les deux branches du droit européen tolérant à différents degrés la mise en place de mesures de législation d'exception[313]. De plus, ces mesures, tout comme les ordonnances de l'article 38, si elles ne sont pas susceptibles de recours direct, peuvent faire l'objet d'une interprétation par les juges ordinaires et certains actes insusceptibles de recours pour excès de pouvoir tels que les actes de gouvernement liés à la conduite des relations internationales donnent lieu, en droit français, à responsabilité. Enfin, le seul fait que la loi référendaire ait été adoptée par le peuple français et qu'elle soit l'expression de la souveraineté nationale ne saurait justifier à lui seul une interdiction de recours en réparation en cas de dommages résultant d'une méconnaissance du droit européen. Certes, l'incompétence du juge constitutionnel affirmée en 1962[314] résulte tant de l'interprétation stricte de l'article 61 de la Constitution que de considérations plus politiques tenant à l'extrême difficulté de remettre en cause sur le terrain de la légalité les positions adoptées par la majorité des citoyens ; mais l'inexistence d'une action en responsabilité du fait de tels actes ne peut être justifiée par la nécessité de respecter la manifestation caractérisée de souveraineté qui se révèle dans ces deux situations puisqu'il est bien évident que, du fait même du contexte européen, la notion de souveraineté ne peut qu'être révisée ; l'exemple de la responsabilité du fait des lois adoptées par le Parlement le prouve.

En tout état de cause, le droit européen, par la notion large de « loi » qu'il retient, implique une approche non-différenciée en fonction de l'origine de l'acte ou de la qualité de ses auteurs puisque plus que tout est pris en considération l'exercice de la fonction normative. Sont ainsi soumis au même type d'encadrement à la fois les détenteurs du pouvoir législatif conçu conformément à la conception française de la séparation des pouvoirs, mais également les autorités exécutives qui, dans le cadre de l'exercice de leur pouvoir réglementaire, édictent des normes à la portée générale. Il ne devrait en conséquence pas être possible d'opérer des distinctions entre les différents législateurs même si bien évidemment cette conclusion implique de véritables bouleversements de la conception des rapports entre les autorités juridictionnelle et législative.

---

312 CE, Ass, 14 janv. 1938, Société des produits laitiers « La Fleurette », *Lebon*, p. 25.

313 La Convention européenne des droits de l'Homme les prévoit en effet dans le cadre de l'article 15 de la Convention tandis que les Communautés acceptent que des mesures de sauvegarde impliquant des dérogations à l'application du droit communautaire soient dans certaines hypothèses adoptées.

314 C. const., 6 novembre 1962, décision 62-20 DC, *Rec.* p. 27.

Eu égard à la difficulté de sanctionner les actes du législateur, et cela *a fortiori* lorsque lesdits actes sont entachés d'une irrégularité par rapport aux règles de droit supérieures, il est indispensable de rechercher la juridiction compétente, le cas échéant, pour prononcer la condamnation à des dommages-intérêts. Le juge administratif détient bien évidemment le pouvoir de condamner les autorités administratives et s'est reconnu le droit de prononcer la responsabilité pour rupture de l'égalité devant les charges publiques du fait des lois ; mais il est possible de s'interroger sur sa compétence pour sanctionner la lacune de l'autorité législative dans la mise en oeuvre du droit communautaire, au regard notamment du principe de séparation des pouvoirs. Etant le serviteur de la loi et le censeur du seul règlement, ne devrait-il pas voir sa compétence lui échapper au profit du seul véritable juge de la loi, à savoir le Conseil constitutionnel ? Une réponse positive serait théoriquement satisfaisante au regard du rôle initialement dévolu à cet organe. Elle ne nous semble toutefois pas pouvoir être retenue. Tout d'abord, l'organisation actuelle du Conseil constitutionnel ne lui permettrait pas d'assurer un tel contrôle, compte tenu de sa structure réduite. Il est en effet difficile d'imaginer les neufs sages trouvant le temps de régler des doubles aspects de régularité interne et européenne et même de passer de l'un à l'autre. Opter pour la compétence du Conseil constitutionnel signifierait une modification de son mode de fonctionnement à court terme, à défaut de quoi ce dernier risquerait subir un véritable engorgement dans l'exercice de son activité[315]. Mais surtout, le Conseil a interprété sa compétence de telle manière que, seul juge de la constitutionnalité des lois, il a laissé aux juridictions ordinaires le monopole de s'assurer du respect par les lois des normes internationales, c'est à dire du contrôle de conventionnalité[316]. Le Conseil constitutionnel ayant démontré sa volonté de cantonner sa compétence aux seules attributions qui lui ont été constitutionnellement dévolues, le juge ordinaire est seul à ce jour compétent pour faire prévaloir les normes internationales au niveau interne.

b- Le régime de responsabilité applicable

En ce qui concerne le régime de responsabilité applicable, trois options principales sont ouvertes.

La première consisterait à maintenir l'irresponsabilité de fait du législateur en généralisant la solution, retenue à l'occasion de l'affaire *Arizona Tobacco products*[317] par le Conseil d'Etat, qui consiste à rechercher un acte administratif faisant écran entre la loi et le préjudice subi par le requérant afin de considérer que seule l'activité administrative est à l'origine du dommage ; mais, bien que ce mécanisme ait été considéré par l'avocat général Tesauro lui même conforme aux exigences communautaires dans la mesure où il aboutit à une indemnisation des particuliers[318], il ne nous semble pas que ce « tour de passe-passe » puisse être généralisé. Il répond certes à une volonté clairement affirmée du Conseil d'Etat de ne pas se prononcer sur la

[315] Sur ce point, V. également D. de Béchillon, De quelques incidences du contrôle de la conventionnalité internationale des lois par le juge ordinaire (Malaise dans la Constitution), *RFDA* 1998, p. 225.
[316] Décision n° 86-126 DC du 3 septembre 1986, *Recueil* p. 135 ; C.C., 21 octobre 1988, Ass. nat. Val d'Oise, 5ème circ., *Recueil* p. 183.
[317] CE Ass., 28 février 1992, S.A. Rothmans international France et S.A. Philip Morris France, *Lebon* p. 78.
[318] Points 42 et 43 de ses conclusions relatives aux affaires C 46/93 et 48/93 du 5 mars 1996, Brasserie du pêcheur SA et Bundesrepublik Deutschland, The Queen et Secretary of State for transport ex parte: Factortame Ltd e.a., *Rec.*, p. I-1029.C 46/93 et 48/93.

possible responsabilité pour faute du législateur. En effet, on sait que le Conseil d'Etat considère que l'écran peut être transparent et que la contestation d'une norme à caractère réglementaire qui se borne à reprendre une position législative constitue, dans le cadre de la responsabilité fondée sur la rupture de l'égalité devant les charges publiques, une contestation dirigée contre la loi elle-même[319] ; ce qu'il a refusé de faire à l'occasion de cette affaire afin de détacher artificiellement le fait du législateur pour se focaliser sur la seule activité administrative. Ce faisant il a agi conformément à la demande expresse de son commissaire du gouvernement[320]. De plus, la théorie du « règlement écran », selon l'expression du Professeur Dubouis[321], est bien plus qu'une simple fiction juridique car, si elle décharge artificiellement de toute responsabilité le législateur, elle fait supporter injustement aux autorités exécutives un poids par trop considérable alors que leur responsabilité dans la mise en oeuvre du droit communautaire est déjà colossale et constitue une véritable « *hypocrisie juridique* »[322]. Elle repose de plus sur une conception quelque peu utopique de la réalité de l'action administrative en imposant à chaque agent de vérifier la conformité des décisions qu'il doit appliquer, non seulement à l'égard des lois mais également des normes communautaires qui, comme on le sait, ne sont pas toujours d'une interprétation très facile[323] ; aussi est-il paradoxal de stigmatiser la faute d'agents qui n'ont pas pour vocation initiale d'assurer le respect du droit communautaire et qui ne font souvent qu'appliquer la loi. En outre, pour que la théorie du réglement-écran trouve à s'appliquer, encore faut-il qu'un acte administratif puisse être interposé entre la loi et la norme communautaire ; ce qui ne peut toujours, la jurisprudence française récente en témoigne[324], être le cas. Ainsi, en cas de transposition par une loi contraire au droit communautaire n'ayant pas fait l'objet de mesures réglementaires, seule la loi est à l'origine du dommage.

Une seconde solution, qui respecterait mieux l'état du droit actuel, consisterait à maintenir un mécanisme de responsabilité sans faute du fait des lois tout en supprimant les conditions d'anormalité et de spécialité du dommage qui réduisent ses possibilités de mise en oeuvre. Le régime ainsi mis en place s'apparenterait à celui applicable aux collaborateurs bénévoles du service public sur le fondement du risque et surtout à celui instauré par la loi du 30 décembre 1996 en matière d'indemnisation des victimes de détentions provisoires. Cette évolution est prônée par une partie de la doctrine qui rejette toute possibilité de soumettre le législateur à une responsabilité pour faute en raison de la rupture que ce régime constituerait par rapport à la nature des pouvoirs qui lui sont dévolus[325]. Ainsi serait instauré un régime dual de responsabilité du législateur

---

[319] CE, 8 janvier 1960, Soc. Laiterie Saint-Cyprien, *Lebon* p. 10 ; CE 24 octobre 1984, Soc. Claude publicité, *Lebon* p. 338.

[320] Concl. M. Laroque, préc. *Lebon*, p. 92.

[321] L. Dubouis, Directive communautaire et loi française, *RFDA* 1992, p. 425, sp. p. 430.

[322] D. Simon, Le Conseil d'Etat, la directive, la loi, le droit: « *ad augusta per augusta* », *Europe*, avril 1992, p. 1, sp. p. 4.

[323] Tel a d'ailleurs été l'aveu de l'avocat général F.G. Jacobs devant la Cour de justice des Communautés à l'occasion des conclusions relatives à l'affaire Fantask du, 2 décembre 1997, Aff. C 188/95, *Rec.*, p. I-6783.

[324] CAA Paris, plén. 1 juillet 1992, Société Jacques Dangeville, *Lebon* p. 558, concl. Bernault *RJF* 1992 p. 1420.

[325] Voir F. Finès, note sous l'arrêt SA Arizona Tobacco Products, *RDP* 1992, p. 1480 ; X. Prétot, note sous CAA Paris (plén.), 1er juillet 1992, S.A. Dangeville, *AJDA* 1992, p. 768 ; T. Larzul, La responsabilité de l'Etat

selon le contexte européen ou purement interne de survenance du dommage ; régime reposant sur le seul fondement de la rupture de l'égalité devant les charges publiques. Cette position, en raison du prolongement de l'état actuel du droit qu'elle constituerait, a rencontré un certain nombre d'adeptes au sein même de la Haute juridiction administrative puisque le commissaire du gouvernement Laroque, à l'occasion de ses conclusions relatives à l'affaire *Arizona Tobacco products*, mettait en exergue la possibilité pour le Conseil d'Etat d'engager directement la responsabilité du législateur dont l'activité serait contraire au droit communautaire en assouplissant le régime de responsabilité sans faute en vue de satisfaire aux exigences de la Cour de Justice comme aux impératifs d'un Etat de droit. Cette vision d'un double système de responsabilité du fait du législateur en fonction de la norme en cause nous semble quelque peu faussée. Tout d'abord parce que à terme, cette dualité ne peut être sans conséquence sur l'ensemble du régime de responsabilité, que la norme méconnue soit d'origine européenne ou purement interne, et cela pour des motifs qui tiennent tant au principe d'égalité des citoyens devant la justice qu'au respect de la légalité et des principes fondamentaux dont la Haute juridiction administrative s'est fait le défenseur depuis la moitié du XXe siècle[326] ainsi qu'à l'exigence d'équivalence des voies de droit affirmée par la Cour de Justice. Le recours à un tel système ne pourrait donc selon nous ne pas entraîner la remise en question de l'ensemble du droit de la responsabilité applicable aux activités du législateur. En outre et surtout, l'instauration d'un régime de responsabilité sans faute du législateur pour méconnaissance du droit communautaire constitue une construction artificielle puisque le fait générateur est avant tout une illicéité qui certes a pour effet de rompre l'égalité devant les charges publiques, mais constitue la cause certaine, première et essentielle du dommage. Aussi, affirmer l'absence de « faute » du législateur lorsqu'il méconnaît le droit communautaire est peu conforme à la réalité des faits puisqu'il y a bien manquement à une obligation préexistante de respect du droit communautaire, comme à la cohérence du droit français selon lequel l'illégalité constitue une faute, même si cette faute n'est pas toujours de nature à engager la responsabilité publique.

Enfin, la dernière solution, qui semble de loin la plus souhaitable, consisterait en la mise en oeuvre d'un mécanisme de responsabilité du législateur calqué sur celui de la responsabilité pour faute. Dans ce cas la conception française de l'illégalité fautive serait parfaitement respectée. On peut donc trouver en se référant au seul droit français la solution à la question du sens de l'évolution de la responsabilité du fait des lois sous l'influence communautaire[327]. Pourtant un tel régime ne nous paraît pas entièrement satisfaisant, et cela, pour diverses raisons qui tiennent notamment à l'automaticité de la sanction pécuniaire infligée et à la difficulté de la moduler au regard de la marge de manoeuvre reconnue au législateur. Aussi, pourrait-il être préférable de mettre en place

---

du fait de la violation de ses obligations communautaires, *LPA* 4 août 1993, p. 32 ; F. Fines, Quelle obligation de réparer pour la violation du droit communautaire ?, *RTDE* 1997, p. 69 ; O. Léonard de Juvigny, *Responsabilité (des Etats membres)*, Répertoire Dalloz Droit communautaire, 1997.

[326] CE, 7 février 1950, Ministre de l'agriculture c/ Dame Lamotte, *Lebon* p. 110. Dans cette décision le Conseil d'Etat a estimé que la protection juridictionnelle des particuliers impliquait la possibilité pour lui d'écarter une loi.

[327] Telle est d'ailleurs la position défendue par G. Alberton, Le régime de responsabilité du fait des lois confronté au droit communautaire : de la contradiction à la conciliation, *RFDA* 1997, p. 1017.

un dispositif plus flexible, fondé sur une notion assimilable à celle de violation suffisamment caractérisée qui a été développée par la Cour de Justice. Une application de cette condition afin de mettre en place un régime de responsabilité fondé sur une illicéité purement objective éviterait de marquer le législateur du sceau de la faute et permettrait à la fois d'éviter l'utilisation du terme de faute, peut être trop comminatoire[328] et culpabilisateur, et de constater l'irrégularité dans des conditions plus respectueuses de la protection des droits individuels que l'état actuel du droit français. Un tel régime permettrait, en outre, d'adopter une solution qui s'inscrirait dans la logique de primauté de la légalité qui caractérise la jurisprudence du Conseil d'Etat puisque la méconnaissance du droit communautaire par le législateur serait sanctionnée sans pour autant que son comportement soit stigmatisé. Il correspondrait enfin à l'idée de variabilité du contrôle qui sous-tend l'action du juge administratif sur le terrain du contentieux de la légalité lorsqu'il fait varier de manière fonctionnelle son contrôle afin de vérifier la « compatibilité », terme plus souple que celui traditionnel de conformité, du droit français par rapport au droit communautaire. Pour toutes ces raisons nous croyons que l'évolution du régime de responsabilité du fait des lois ne doit pas se faire par simple utilisation des modèles préexistants en droit français mais par adaptation du droit en ayant à l'esprit la finalité recherchée c'est à dire la conciliation de la protection pécuniaire des particuliers avec la bonne marche de l'action publique afin d'éviter que la consécration de la première entraîne la paralysie de la seconde. Le droit n'étant qu'une technique au service d'un but, il nous semble nécessaire qu'au lieu de se figer, il recherche de nouvelles orientations et qu'il se renouvelle par un phénomène de création. Cette création repose selon nous dans la consécration d'un régime de responsabilité du législateur, variable selon les circonstances et selon la marge de manoeuvre qui lui est reconnue, en même temps que dénué du caractère subjectif et culpabilisateur de la notion de faute ; même si parallèlement le régime de responsabilité sans faute découlant de la rupture de l'égalité devant les charges publiques en cas d'action conforme au droit européen serait maintenu.

L'on arrive à se demander si cette évolution pourrait déboucher sur une mise en jeu de la responsabilité du législateur pour méconnaissance des dispositions constitutionnelles, mais une telle possibilité devrait nécessairement être précédée d'une réforme de la procédure actuelle de contrôle de constitutionnalité[329].

La structure actuelle de la responsabilité du fait des lois devrait, on le voit, logiquement être remise en cause par le droit européen qui suppose une autre évolution en postulant l'introduction d'un régime de responsabilité du fait de la carence du législateur.

---

[328] Voir H. Calvet, Droit administratif de la responsabilité et droit communautaire, *in AJDA* numéro spécial 1996, Droit administratif et droit communautaire, p. 92.

[329] Cf. not. D. de Béchillon, De quelques incidences du contrôle de la conventionnalité internationale des lois par le juge ordinaire (Malaise dans la Constitution), *RFDA* 1998, p. 225.

B- L'IRRESPONSABILITE DU FAIT D'UNE CARENCE DU LEGISLATEUR AU REGARD DU DROIT COMMUNAUTAIRE

L'omission qui constitue une illégalité doit pouvoir engager la responsabilité du législateur. Tel est du moins l'implication des arrêts *Francovich* et *Dillenkoffer* à l'occasion desquels la Cour de Justice a sanctionné l'inertie des pouvoirs publics dans la transposition et non le seul maintien de dispositions nationales incompatibles avec le droit communautaire. Or en droit français, conformément à l'idée de souveraineté qui s'attache à l'activité législative, le Parlement n'a pas à rendre compte de l'absence de dépôt d'une proposition de loi et plus généralement d'une quelconque inertie dans l'exercice de la fonction législative. Le défaut d'adoption d'une loi ne peut donner lieu à une quelconque réparation[330]. Pourtant l'absence de transposition d'une disposition communautaire constitue une carence dans l'exercice du pouvoir législatif car, dans une telle circonstance, le Parlement est tenu d'assurer la mise en œuvre efficace des dispositions communautaires le cas échéant en modifiant le droit interne, faute de quoi le juge administratif pourra en écarter l'application[331]. La préexistence de dispositions nationales ne fait donc pas obstacle au constat d'une carence du législateur qui tiendra alors à l'absence de mise en oeuvre du droit communautaire de même que pourra être relevée la carence du gouvernement dans le dépôt d'un projet de loi permettant la transposition des normes communautaires sans que l'objection tirée du caractère d'acte de gouvernement relatif aux seules relations du gouvernement et du parlement[332] puisse être recevable dans la mesure où une telle position nuirait à l'effectivité du droit communautaire[333].

Le constat d'une telle carence traduit une immixtion dans l'exercice de la fonction législative en même temps qu'elle révèle la nécessaire réduction du champ d'application de la théorie des actes de gouvernement, dans la mesure spécifiquement où la saisine du Parlement d'un projet de loi résulte d'un choix strictement politique au même titre que le fait pour un groupe de parlementaires de déposer une proposition de loi. Dès lors surgit la question de la compétence du juge administratif dans une telle hypothèse. Mais il semble qu'en raison de l'absence de volonté du Conseil constitutionnel d'intervenir dans le cadre de l'appréciation des lois par rapport au droit international, et donc au droit européen, ce dernier n'acceptera pas davantage d'être compétent dans l'hypothèse d'une carence législative. Là encore, en raison de son rôle en matière de contrôle de conventionnalité, le juge administratif devrait voir sa compétence reconnue et partant pouvoir tirer les conséquences pécuniaires d'un tel manquement, de la même manière qu'il accepte d'écarter une loi contraire au droit international dans le cadre du contentieux de l'annulation.

Le juge administratif ne dispose bien évidemment pas du pouvoir d'adresser des injonctions au législateur pour assurer l'exécution des décisions qu'il pourrait prononcer

---

330 V. P. Montané de la Roque, *L'inertie des pouvoirs publics*, préc. p. 168.

331 CE, Ass., 3 février 1989, Alitalia, *Lebon* p. 44. Plus récemment encore CE, Ass, 9 octobre 1996, SA Cabinet Revert et Badelon, *Lebon* p. 397.

332 De même, le refus de l'exécutif de présenter un projet de loi au parlement constitue un acte de gouvernement : CE, 29 novembre 1968, Tallagrand, *Lebon* p. 607.

333 C'est du moins la conclusion que Pierre Serrand semble faire découler de l'arrêt de la Cour administrative d'appel de Paris du 1er juillet 1992, Dangeville : P. Serrand, *L'acte de gouvernement, contribution à la théorie des fonctions juridiques de l'Etat*, thèse Paris II, 1996, sp. p. 116.

dans de telles hypothèses mais cette lacune, parfaitement conforme au principe de séparation des pouvoirs, ne l'empêche pas de tirer les conséquences d'une carence dans l'application du droit communautaire sur le terrain du contentieux indemnitaire[334]. Elle n'empêche de même pas lesdites décisions de justice de bénéficier d'une effectivité relative dans la mesure où, bien avant qu'un pouvoir d'injonction à l'égard de l'administration soit reconnu au juge administratif, celui-ci s'était déclaré compétent pour prononcer des dommages-intérêts à l'encontre des administrations refusant de se conformer à des décisions revêtues de l'autorité de chose jugée[335], et il est parfaitement envisageable que cette position soit transposée au secteur de la responsabilité du législateur. L'absence d'un tel pouvoir d'injonction ne fait en conséquence pas obstacle à une condamnation par le juge administratif en cas d'inertie du législateur. Cet argument tient d'autant moins qu'il était déjà avancé par Montané de La Roque pour contrer toute idée de responsabilité de l'administration du fait d'une carence dans l'édiction de mesures d'application des lois, puisque cela revenait selon l'éminent juriste à permettre au juge de procéder à de véritables arrêts de règlement[336] ; ce qui n'a pas empêché le Conseil d'Etat d'établir dès le milieu du vingtième siècle une jurisprudence à la fois plus respectueuse des droits des particuliers et plus directive à l'égard de l'administration[337] en condamnant l'administration du fait de ses carences dans l'exécution des lois.

La véritable question est en fait celle du fondement de la condamnation du comportement du législateur par les juridictions françaises car, ainsi que l'a fait remarquer Mme Alberton, l'article 55 de la Constitution peut difficilement à lui seul constituer un tel fondement[338].

Le droit européen suppose une véritable révolution dans la responsabilité du fait de l'activité législative afin d'accroître l'efficacité de sa mise en oeuvre ; mais ce mouvement trouve un pendant dans la prise de conscience de la nécessité d'une telle modification, en droit interne, depuis le début des années quatre-vingt dix.

§2 - Une prise de conscience interne

L'arrêt *Francovich* a provoqué en tout état de cause une multiplication des interrogations de la doctrine sur la nécessité de l'assouplissement du régime de responsabilité du fait des lois. Des juristes, tant français qu'étrangers[339], espéraient une décision de la Haute juridiction consacrant le principe de la responsabilité pour faute du

---

[334] Pour un point de vue contraire, G. Alberton, Le régime de responsabilité du fait des lois confronté au droit communautaire : de la contradiction à la conciliation, *RFDA* 1997, p. 1017, sp. p. 1038.
[335] CE, 2 mai 1962, Caucheteux et Desmonts, *Lebon* p. 291.
[336] P. Montané de la Roque, *L'inertie des pouvoirs publics*, préc., p. 131.
[337] CE, 13 juillet 1962, Kervers-Pascalis, *Lebon* p. 475; CE, Ass., 27 novembre 1964, Ministère des finances c/ Dame veuve Renard, *Lebon* p. 590.
Cf. de manière plus générale J.-M. Breton, L'obligation pour l'administration d'exercer son pouvoir réglementaire d'exécution des lois, *RDP* 1993, p. 1749.
[338] G. Alberton, Le régime de responsabilité du fait des lois confronté au droit communautaire : de la contradiction à la conciliation, préc.
[339] M. Dony, Le droit français, in *La responsabilité des Etats membres en cas de violation du droit communautaire, Etudes de droit communautaire et de droit national comparé*, Bruxelles, Bruylant, 1997, p. 235.

législateur. Cette consécration a été manquée (A). Mais certains signaux n'en permettent pas moins de croire à l'affirmation d'un régime de responsabilité du législateur fondé sur la méconnaissance d'une règle supra nationale (B).

A- Une consecration manquee: L'arret Dangeville

Le passage vers une responsabilité pour faute du fait des lois aurait pu être franchi à l'occasion de la, désormais célèbre, affaire *Dangeville*[340]. La société anonyme " cabinet Jacques Dangeville ", courtier en assurances, invoquait la violation du droit communautaire par la loi fiscale en vigueur jusqu'au 31 décembre 1978 (art 256-1 C.G.I.) qui avait maintenu un régime de T.V.A. pour les courtiers et les intermédiaires d'assurances, contrairement au dispositif de la 6e directive T.V.A.[341] qui prévoyait une exonération pour les opérations qu'ils effectuent. Plusieurs sociétés, dont le « cabinet Jacques Dangeville », avaient saisi le ministre du budget en vue d'obtenir une indemnité versée en réparation du retard de la législation française à se mettre en conformité avec les normes communautaires. Or en l'espèce le préjudice invoqué résultait de la carence des autorités françaises, et aucun acte ou activité d'origine administrative ne s'interposait entre la loi incompatible et le préjudice invoqué. Le tribunal administratif rejeta donc la demande au motif que la responsabilité du législateur ne pourrait être engagée sur le fondement de la faute et que, sur le fondement du risque, les requérants ne pouvaient invoquer un dommage anormal et spécial. Devant la Cour administrative d'appel de paris, le commissaire du gouvernement Bernault[342] proposa une solution intermédiaire consistant dans la reprise de la théorie du règlement écran afin de « *généraliser l'innocence du législateur et la culpabilité de l'administration en cas d'actes individuels subsumés directement par la loi* »[343], et donc à la fois de préserver la souveraineté des lois et de respecter la primauté du droit communautaire[344]. La Cour administrative d'appel a rejeté cette position. Pour autant, elle n'a pas condamné expressément le législateur, mais eu égard à la concurrence de plusieurs causes à l'origine du dommage résultant aussi bien de la carence du législateur que du gouvernement ainsi que de dysfonctionnements administratifs[345], elle a engagé la responsabilité de l'Etat dans son entier sans rechercher à qui incombait la charge de l'illicéité. Si elle n'a pas affirmé l'existence d'une faute imputable à l'Etat, et notamment au pouvoir législatif, le régime de responsabilité qu'elle a appliqué était sans nul doute assimilable à un régime de responsabilité pour faute dans la mesure où il repose sur une illégalité et où la réparation qu'il permet n'était pas subordonnée à l'existence d'un préjudice anormal et spécial. Sa mise en oeuvre était certes facilitée par les circonstances propres à cette affaire, la diversité des coauteurs du dommage permettant de masquer la méconnaissance imputable au législateur parmi d'autres dysfonctionnements et donc de dédramatiser la situation. En outre, la Cour, plutôt que

---

[340] CAA Paris, plén. 1 juillet 1992, Société Jacques Dangeville, *Lebon* p. 558, concl Bernault *RJF* 1992 p. 1420.

[341] Les dispositions de cette directive avaient par ailleurs été interprétées par la Cour de Justice des Communautés : CJCE, 22 février 1984, Aff. 70/83, *Rec.* p. 1075.

[342] Conclusions préc.

[343] CAA Paris, plén. 1 juillet 1992; Dangeville, concl. Bernault *RJF* 1992 p. 1425.

[344] *Ibid.*

[345] Le commissaire du gouvernement Bernault a démontré, que des responsabilités législatives, administratives et juridictionnelles étaient impliquées dans cette affaire.

de faire référence à l'illégalité, qui en terme de responsabilité implique de manière quasi-automatique la faute, a visé une situation illicite, afin de gommer tout aspect culpabilisant de la condamnation de nature à porter atteinte à l'aura du législateur.

Cette solution originale traduit à la fois la volonté de ne pas accoler trop brutalement les termes d'illégalité et d'action législative, et celle de ne pas stigmatiser la faute d'agents qui ne sont pas toujours à même de réagir en cas de violation du droit communautaire[346]. Il n'en demeure pas moins que si la juridiction administrative a refusé de mettre en cause expressément la responsabilité pour faute du législateur, telle était bien la question qui sous-tendait cette affaire, la qualification d'illicite n'enlevant rien à l'existence d'une méconnaissance du droit communautaire imputable en partie à l'activité législative. Dès lors la suite donnée à cette affaire par le Conseil d'Etat qui était saisie d'un pourvoi en cassation était attendue avec fébrilité par une doctrine très divisée quant à son bien fondé -certains y voyant la preuve d'une véritable frénésie[347] et critiquant une solution particulièrement aventureuse et inutile.

La Haute assemblée a rendu, solennellement puisque en formation d'Assemblée, une décision définitive le 30 octobre 1996 qui a déçu les nombreux espoirs de la majeure partie de la doctrine en déclarant la requête irrecevable pour méconnaissance de la règle de distinction des contentieux. En effet, la société Dangeville, comme d'autres requérants, avant d'entamer un recours afin d'obtenir la réparation du préjudice subi du fait de la méconnaissance du droit communautaire par le législateur national, avait cherché à obtenir la répétition de la taxe qu'elle avait versée, taxe qui était illégale puisque contraire aux objectifs communautaires. Cette requête avait été rejetée par le Conseil d'Etat en 1986. Or la demande en réparation que la société de courtiers d'assurance a par la suite présentée devant la juridiction administrative avait exactement la même finalité que l'action en répétition de l'indu puisque l'indemnité souhaitée était d'un montant équivalent à celui de la taxe sur la valeur ajoutée qu'elle avait supportée à tort. Les requérants n'invoquant pas, hormis le versement indu d'une taxe irrégulière, de préjudice spécifique ne pouvaient selon le juge administratif entamer un recours en réparation.

Certes, cette objection avait déjà été examinée, devant la Cour administrative d'appel de Paris[348], par le commissaire du gouvernement Bernault qui considérait nécessaire de passer outre afin de se prononcer au fond sur le régime de responsabilité applicable en cas de violation du droit communautaire imputable au législateur national. Mais cette conception n'a pas été retenue par le Conseil d'Etat pour qui la distinction des contentieux constitue une exigence fondamentale de la procédure interne qui peut faire échec à la mise en oeuvre d'une action en responsabilité comme à l'examen de la possible responsabilité du législateur pour violation du droit communautaire[349]. Pourtant, en l'espèce, le recours en responsabilité n'était aucunement fictif puisque le préjudice

---

[346] Cette solution a par la suite été reprise par la Cour administrative d'appel de Paris : CAA Paris, 12 novembre 1992 (2ème chambre), Scté John Walker and sons Ltd, Scté Taqueray Gordon et CY, Scté United distillers France LTD, *Lebon* T p. 787.

[347] X. Prétot, note sous CAA Paris, Plén., 1er juillet 1992, Sté Jacques Dangeville, *AJDA* 1992, p. 768.

[348] CAA Paris, plén. 1 juillet 1992, Société Jacques Dangeville, *Lebon* p. 558, concl Bernault *RJF* 1992 p. 1425.

[349] CE, Ass, 9 octobre 1996, Ministre c/ S.A. Jacques Dangeville, *Lebon* p. 399, Conclusions G. Goulard, *RJF* 1996, Etudes et doctrine p. 809, sp. p. 813.

subi par les requérants résultait tout autant de l'imposition irrégulière que de la carence du législateur ; aussi peut on penser que l'application de la règle de la distinction des contentieux qui leur a été faite était assez stricte.

C'est donc pour un motif de pure procédure que la mise en cause de la responsabilité du législateur pour violation du droit communautaire a été refusée. Mais si l'affirmation du principe d'une responsabilité pour faute du fait des lois méconnaissant le droit communautaire a dans cette affaire été manqué, de nombreux signaux témoignent de la probabilité de son affirmation.

B- DES SIGNAUX FAVORABLES

En effet, le juge interne semble prêt à admettre plus fréquemment, en cas de dommages résultant de l'adoption d'une loi, la mise en oeuvre de la responsabilité de la puissance publique, ce qui contribue à la remise en cause de la souveraineté du législateur et pourrait à terme favoriser le passage à une responsabilité facilitée.

1) Un accroissement de la fréquence de mise en cause de la responsabilité du fait des lois

Tout d'abord le droit communautaire permet d'envisager un renouveau de la responsabilité du fait des lois.

En effet, si les règles de la responsabilité du fait des lois sont, on le sait, particulièrement strictes et justifiées par le compromis à trouver entre le souci d'une réparation « d'équité » et la nécessaire préservation des finances publiques, leur mise en oeuvre est conditionnée par le fait que le législateur a lui-même prévu un système d'indemnisation. Mais la jurisprudence a, comme cela a été observé précédemment, apprécié plus généreusement la nécessité d'une volonté du législateur pour lui substituer une appréciation au cas par cas et vérifier si, malgré le défaut d'intention expresse, une indemnisation est possible[350]. Cette jurisprudence a connu peu de suites, en raison de la latitude d'action laissée au juge qui lui permet d'adapter ce type de responsabilité à l'évolution des nécessités sociales. Elle pourrait toutefois évoluer du fait du possible engagement de la responsabilité du fait d'une loi conforme au droit communautaire mais également de l'appréciation, semble-t-il plus souple, des conditions de mise en oeuvre de la responsabilité du fait des lois qu'opère le juge administratif.

a-La responsabilité du fait des lois conformes au droit communautaire

La multiplication des réglementations d'origine communautaire donne une dimension nouvelle à la responsabilité du fait des lois dans la mesure où la loi, en tant que norme de transposition, peut causer un préjudice à des particuliers et que la transposition est une obligation pour l'Etat membre, faute de quoi celui-ci risque de voir sa responsabilité mise en oeuvre au plan communautaire. Lorsqu'il transpose une norme d'origine communautaire, le législateur se trouve par conséquent dans une situation de contrainte double, ce qui pourrait avoir pour effet d'accroître les possibilités de mise en oeuvre de la responsabilité du fait des lois et ainsi d'assurer un nouveau souffle à ce domaine.

[350] CE, Ass, 14 janv. 1938, Société anonyme des produits laitiers « La Fleurette », *Lebon*, p. 25.

Se pose alors la question de savoir comment le juge apprécie le cas de responsabilité du fait des lois résultant de la transposition correcte d'une directive communautaire. Il peut en effet considérer que la responsabilité en cause n'a pas pour fait générateur la loi mais l'acte communautaire transposé, auquel cas l'individu devra solliciter une réparation des Communautés sur le fondement de l'article 215 al. 2 du traité CE. Au cas où l'individu invoquerait la rupture de l'égalité devant les charges publiques dans le cadre de la responsabilité du fait des lois, la possibilité d'obtenir un dédommagement sera également réduite en raison des conditions strictes de mise en oeuvre de ce mécanisme. De nombreux particuliers pourraient de ce fait se trouver dans une situation pour le moins délicate. Une règle d'origine communautaire, une fois transposée en droit interne, leur causerait préjudice, et ils ne pourraient que vainement tenter d'obtenir réparation. En raison de son caractère sérieux, cette interrogation devrait être tranchée par le juge administratif afin d'affirmer sa volonté de maintenir ou non une position qui ne met en oeuvre le principe de responsabilité du fait des lois que de manière exceptionnelle[351].

La juridiction administrative a d'ores et déjà tranché la question de la responsabilité du fait des lois conformes au droit communautaire à l'occasion de l'arrêt *Plan*[352]. La Cour administrative d'appel de Lyon devait se prononcer sur la possible responsabilité de l'Etat du fait de la loi du 10 juillet 1976 relative à la protection de la nature. Cette loi prévoit, notamment, un dispositif de protection de certaines espèces dont la liste est fixée par voie réglementaire. A la suite de la directive oiseaux du 2 avril 1979[353], un arrêté du 17 avril 1981 a fixé la liste des animaux protégés sur l'ensemble du territoire[354] en y incluant notamment les cormorans et les flamands roses. Un particulier, riziculteur de profession, invoquait les nuisances que provoquaient les flamands roses dans l'exercice de son activité et l'impossibilité dans laquelle il se trouvait de les chasser ou de remédier aux dégâts provoqués. Il souhaitait engager la responsabilité de l'Etat sur le fondement de la responsabilité du fait des lois. En l'espèce, ni la loi, ni ses travaux préparatoires n'avaient prévu ou exclu formellement un droit à indemnisation, ce qui avait amené le Conseil d'Etat à en interpréter strictement les dispositions et en 1985 à préciser qu'une réparation ne saurait être envisagée dans une hypothèse analogue concernant un taxidermiste[355]. La Cour administrative d'appel de Lyon avait également refusé d'indemniser deux agriculteurs qui se plaignaient des dégâts causés par des castors installés non loin de leurs cultures[356]. Il lui aurait été simple, en 1994, de poursuivre le même raisonnement, mais suivant les conclusions de son commissaire du

---

[351] Cette question qui a déjà été en partie posée à la juridiction administrative a toujours connu une réponse négative. Voir notamment CAA Nancy, 13 novembre 1990, Etbs Beinaert-Toulemonde, Req. n° 89NC01370, inédit au recueil Lebon, *DA* 1991, n° 100 : loi visant notamment l'adaptation du droit interne aux dispositions du traité de Rome afin d'empêcher un désavantage des produits français à l'exportation.

[352] CAA Lyon, 1 février 1994, Plan, *Lebon* T p. 1174. Concl. D. Richer, *R.J.E.*, 1994, Jurisprudence, p. 263 ; R. Romi, note sous CAA Lyon, 1 février 1994, Plan, *D.*, II, p. 442 ; J. de Malafosse, note sous CAA Lyon, 1 février 1994, *JCP* 1994, II, n° 22281 ; L. Beurdeley, Une nouvelle application de la responsabilité du fait des lois : Les dommages causés à un riziculteur par une espèce sauvage protégée, *LPA* 31 mai 1996, p. 26.

[353] Directive 79/409/CEE du 2 avril 1979 publiée au JOCE L 103 du 25 avril 1979, p. 1.

[354] J.O. du 19 mai 1981, p. 4758.

[355] CE, 14 déc. 1985, Rouillon, *Lebon*, p. 423.

[356] CAA Lyon, 16 février 1989, Bente et Sabatier, *Lebon* T p. 899. Elle se fondait sur la possibilité d'utiliser un dispositif de protection, même si cette utilisation aurait été coûteuse.

gouvernement M. Richer, elle a préféré conclure que rien dans le texte même de la loi ou dans ses travaux préparatoires ne permettait de penser que le législateur ait entendu exclure la responsabilité de l'Etat dans une telle hypothèse[357].

Les conséquences de la décision de la Cour administrative d'appel de Lyon sont doubles. Celle-ci permet une indemnisation dans un contexte sociologique difficile ; nul n'ignore sans doute la sensibilité exacerbée, mais légitime, dont font preuve les agriculteurs pour la protection de leurs cultures contre les intrusions des animaux sauvages. De plus, elle fixe les conséquences potentielles d'une loi conforme au droit communautaire, qui est susceptible d'engager la responsabilité de l'Etat sur le fondement de la rupture de l'égalité devant les charges publiques. Pourrait-on pour autant affirmer que c'est le lien avec le droit communautaire de la loi décriée qui a motivé l'octroi d'une réparation ? Assurément non. La disposition législative à l'origine du dommage a effectivement abouti à la mise en oeuvre correcte du droit communautaire, mais son lien avec l'ordre communautaire n'a vraisemblablement pas été invoqué par le requérant ni relevé par le juge administratif. La directive en cause n'est même pas mentionnée dans les conclusions du commissaire du gouvernement. Pourtant, c'est cette norme qui obligeait l'Etat français quant au résultat à atteindre et donc à une protection efficace de la nature en général, et de certaines espèces en particulier. La décision de la Cour administrative de Lyon a posé une limite importante à l'activité de l'Etat lorsqu'il met en oeuvre le droit communautaire en affirmant implicitement que l'origine de la norme ne fait pas obstacle à une responsabilité du seul Etat français en cas de conséquences dommageables pour des particuliers[358]. Le droit communautaire pourrait donc avoir pour effet un renouveau de la responsabilité de l'Etat du fait des lois, le juge administratif acceptant dans cette hypothèse la mise en cause de l'Etat ; alors que ce schéma ne semblait pas aller de soi, notamment si l'on prend en considération des impératifs de protection des finances publiques.

Au delà de la mise en oeuvre de la responsabilité du fait des lois conformes au droit communautaire, certaines juridictions françaises expriment des velléités d'application plus souple de ses conditions de mise en oeuvre ; là se trouve l'autre tendance marquante de l'orientation actuelle de la responsabilité du fait des lois en droit français. Ces juridictions s'opposent à ce jour à la jurisprudence du Conseil d'Etat.

b- une tentative d'assouplissement de la responsabilité sans faute du fait des lois

Ainsi, la Cour administrative d'appel de Lyon, dans l'arrêt *Plan*, a-t-elle de fait assoupli les conditions de mise en oeuvre de la responsabilité du fait des lois. On sait en effet que l'octroi d'une réparation n'est pas possible lorsque la loi a eu pour objet de satisfaire un intérêt général prééminent tel que, si on reprend l'énumération faite par le Professeur Chapus, « *ceux de la santé publique, de la protection de la nature, de la défense nationale ou, ce qui est plus fréquent, de l'économie nationale dans son*

---

[357] Concl. D. Richer, sous CAA Lyon, 1 février 1994, *R.J.E.*, 1994, Jurisprudence, p. 263, sp. p. 267.

[358] La décision de cassation du Conseil d'Etat ne semble par ailleurs pas remettre en cause cette possibilité puisque cette décision est fondée sur l'existence d'un intérêt général prééminent faisant obstacle à la mise en jeu de la responsabilité sans faute du législateur ; or toutes les réglementations communautaires ne concernent pas des intérêts généraux prééminents : V. CE, 21 janvier 1998, Ministre de l'environnement c/ M. Plan, *Lebon* p. 19.

ensemble et des finances publiques »[359]. Or dans l'affaire *Plan*, l'intérêt général à l'origine de la loi est, sans conteste, prééminent puisqu'il s'agit de la protection de la nature et des espèces menacées. Dans une telle hypothèse, la jurisprudence classique de la juridiction administrative aurait logiquement dû amener à exclure la possibilité d'une réparation. Tel n'a toutefois pas été le cas et il est possible de démontrer que, dans cette décision, le motif d'intérêt général n'a pas été mentionné pour justifier le préjudice subi, mais au contraire, dans le silence de la loi et des travaux préparatoires, pour appliquer la responsabilité du fait des lois[360].

Cette position pouvait toutefois difficilement perdurer devant le Conseil d'Etat qui, jusqu'à ce jour, a toujours maintenu la référence aux objectifs d'intérêt général poursuivis par le législateur pour refuser une indemnisation. Tel a du moins été le cas en matière de réparation du préjudice subi du fait de la loi mettant fin au monopole d'Etat de commercialisation de l'alcool éthylique[361] alors que cette législation avait été adoptée afin notamment d'assurer le respect des engagements communautaires de la France et il en a été notamment de même au sujet de l'institution de bourses communes de résidence des commissaires-priseurs[362]. Il aurait été possible, en articulant ces décisions avec celle de la Cour d'appel de Lyon, d'en conclure que la notion d'intérêt général prééminent est elle-même à géométrie variable et qu'elle peut selon les hypothèses faire où non obstacle à la réparation, selon que le préjudice causé par la loi est en corrélation avec son but[363] ; ce qui impliquerait un évident assouplissement des modalités de mise en oeuvre de responsabilité du fait des lois. Pourtant il n'en est rien et, quel que soit le contexte, les actes à valeur législative pris sur le fondement d'un intérêt général prééminent ne peuvent donner lieu à une réparation sur le fondement de la rupture d'égalité devant les charges publiques. Telle est la position ferme qu'a adoptée le Conseil d'Etat, saisi d'un pourvoi en cassation contre l'arrêt de la cour d'appel de Lyon. Il a en effet affirmé « *qu'eu égard à l'objet en vue duquel les dispositions (de la loi du 10 juillet 1976) et les divers textes pris pour leur application ont été édictés, dans l'intérêt général, le législateur a entendu exclure la responsabilité de l'Etat à raison des conséquences que ces textes peuvent comporter, notamment pour les cultures exposées aux dégâts occasionnés par les flamands roses* » et que par conséquent la Cour administrative d'appel de Lyon, en accordant une indemnisation à M. Plan, avait entaché sa décision d'une erreur de droit[364].

---

[359] R. Chapus, *Droit administratif général*, t. I, préc., n° 1308 3).

[360] Nous renvoyons sur ce point à la démonstration de L. Beurdeley, Une nouvelle application de la responsabilité du fait des lois : Les dommages causés à un riziculteur par une espèce sauvage protégée, *LPA* 31 mai 1996, p. 26, sp. p. 29. Tel est d'ailleurs le raisonnement qu'a ultérieurement suivi le tribunal administratif d'Orléans : TA, Orléans, 29 avril 1997, ADARC et autres c/ Ministre de l'Environnement, Req. n° 96-1305, *B.D.E.I.*, 1998, n° 1, p. 19, note J.-P. Boivin.

[361] CE, 8 avril 1994, SA Etbs Charbonneaux-Brabant, *Lebon* p. 187 : « *Considérant qu'en relevant que l'objet de la loi était de rationaliser le marché des alcools et en en déduisant que les objectifs d'intérêt général ainsi poursuivis faisaient obstacle à l'indemnisation, sur le fondement de l'égalité devant les charges publiques, des conséquences dommageables qui pourraient résulter, pour les dépositaires du service des alcools, de la modification de leurs conditions d'activité qu'exigeait cette rationalisation, la Cour n'a pas commis d'erreur de droit...* ». V. également CE, 4 janvier 1995, Soc. Etbs Guillier, *Lebon* T p. 1020.

[362] CAA Paris, 21 mars 1996, Dame Kalck-Moreaux, Req. n° 95PA00459, *GP*. 1997, II, panor. p. 129

[363] P. Delvolvé, *Le principe d'égalité devant les charges publiques*, préc., sp. p. 252 et s.

[364] CE, 21 janvier 1998, Ministre de l'environnement c/ M. Plan, préc., *B.D.E.I.*, 1998, n° 1, p. 19, note J.-P. Boivin ; *LPA*, 13 mars 1998, p. 13, note C. Jarlier-Clément et J.-N. Clément ; *DA* 1998, n° 137, note M.

Cette motivation a pu soulever certaines interrogations de la doctrine dans la mesure où il est difficile de comprendre pourquoi l'exception tirée de l'intérêt général prééminent poursuivi par la loi a été retenue pour refuser l'indemnisation alors que, ainsi que l'a remarqué le Professeur Paillet, il est bien évident que le but recherché par la loi n'était pas, même indirectement, de causer des dommages aux exploitants agricoles mais bien d'assurer la protection de certains oiseaux migrateurs[365]. La conception du Conseil d'Etat, qui défend une mise en oeuvre limitée de la responsabilité sans faute en invoquant l'argument de l'intérêt général, semble en conséquence s'opposer à celle, plus souple, fournie par certaines juridictions du fond[366].

Ces dernières agissent également en faveur de l'assouplissement des règles de la responsabilité du fait des lois en fournissant une appréciation extensive des caractères du préjudice subi. Dans l'arrêt *Plan* toujours, la Cour administrative d'appel de Lyon a considéré que le préjudice subi par un riziculteur du fait de l'impossibilité pour lui d'empêcher efficacement la dégradation de son exploitation par des flamands roses constituait un préjudice anormal et spécial. Or ce caractère peut sembler contestable au regard de la jurisprudence traditionnelle.

La spécialité du dommage ne semble pas sujette à critique. Celle-ci est entendue comme affectant un individu, ou un groupe restreint d'individus[367] ; et si la catégorie des riziculteurs pouvant invoquer un préjudice du fait de la prolifération des flamands roses est clairement identifiable, elle correspond à un groupe restreint d'individus. La solution donnée par la Cour administrative d'appel de Lyon à l'occasion de ce litige était donc de nature à ouvrir la porte à un certain nombre de requérants dans une situation analogue à celle de M. Plan qui en invoquant le même chef de préjudice pouvaient obtenir une indemnisation sans que le caractère spécial du dommage soit contesté -telle a d'ailleurs été la voie suivie par d'autres juridictions administratives[368]- mais tous ces individus relevaient d'une catégorie précise et clairement identifiable. En revanche, l'anormalité du préjudice paraît délicate à accepter. Celle-ci est appréciée en fonction non seulement de la gravité du dommage, mais aussi de sa nature, de la situation plus ou moins protégée de la victime et également du caractère imprévisible de ce préjudice[369]. Or, en l'espèce, on pourrait considérer le préjudice relativement prévisible compte tenu du lieu de l'activité de M. Plan -la Camargue- et de l'impératif de protection de l'environnement qui est toujours plus vigoureusement affirmé et pris en compte, tant au plan communautaire qu'interne. Sa gravité n'est de même pas réellement exceptionnelle puisque la Cour administrative de Lyon a jugé opportun de la fixer à 40 000 francs, ce qui ne correspond pas à un préjudice considérable. La Cour a semble-t-il fondé son

---

Paillet, JCP 1998, II, n° 10164, note J. de Malafosse. V. également F. Goliard, Législation environnementale et responsabilité de l'Etat, *R.J.E.* 1998, p. 187.

[365] *DA* 1998, n° 137, note M. Paillet.

[366] V. CAA Lyon, 1 février 1994, Plan, préc. ; CAA Bordeaux, 23 avril 1997, M. Benoit, Req. n° 95BX00333; CAA Bordeaux, 23 avril 1997, Mme Madar, Req. n° 95BX00334 ; TA, Orléans, 29 avril 1997, ADARC et autres c/ Ministre de l'Environnement, Req. n° 96-1305, *B.D.E.I.*, 1998, n° 1, p. 19, note J.-P. Boivin.

[367] Au regard des conclusions du commissaire du gouvernement Heumann dans ses conclusions sur l'affaire Csorts Olivier et autres, CE, 26 octobre 1962, *Lebon* p. 569.

[368] Celui-ci a en effet récemment confirmé le principe de l'indemnisation accordé à Mr Plan dans des affaires concernant d'autres riziculteurs : CAA Bordeaux, 23 avril 1997, M. Benoit, Req. n° 95BX00333 ; CAA Bordeaux, 23 avril 1997, Mme Madar, Req. n° 95BX00334.

[369] V. les conclusions de G. Braibant sur l'arrêt CE, 26 mai 1965, Epoux Telbadini, *Lebon* p. 305.

raisonnement sur le seul fait que la perte de récoltes pour le requérant constituait en soi une charge ne devant pas lui incomber normalement ; mais ce faisant, elle a interprété largement les conditions d'engagement de la responsabilité du fait des lois.

Enfin, la Cour administrative d'appel de Lyon, dans cette affaire a considéré la législation organisant la protection des flamants roses comme étant la cause directe du dommage. Or ce point donne aussi matière à contestation. Si elle a bien évidemment eu pour effet d'empêcher M. Plan et d'autres riziculteurs de détruire ces animaux ou leurs oeufs, il leur était tout à fait possible d'empêcher la prolifération desdits flamands par la mise en oeuvre de techniques de contraception ou d'éloignement. Ces techniques qui ont d'ailleurs été utilisées n'ont pas permis avec suffisamment d'efficacité de mettre fin aux dégâts causés sur les exploitations, mais elles ont eu de ce fait une part de responsabilité dans la survenance du préjudice. Dès lors si la relation de causalité adéquate ne pouvait être recherchée que par rapport à la loi sans laquelle il aurait été possible d'éradiquer les volatiles, son caractère direct n'est pas évident puisque d'autres moyens d'empêcher le phénomène étaient à la disposition des requérants et pouvaient être utilisés avec une certaine efficacité[370]. Sur ce point les positions soutenues par les juges du fond et le Conseil d'Etat juge de Cassation se confrontent, ce dernier ayant rejeté le caractère direct dans une affaire similaire relative aux dégradations causées par les grues cendrées lors de leurs migrations[371].

La jurisprudence récente le montre, les conditions de mise en oeuvre de la responsabilité du fait des lois semblent, à l'initiative des juridictions du fond, s'assouplir dans un mouvement toujours plus favorable au requérant ; même si le Conseil d'Etat semble pour l'instant faire barrage à ces velléités. L'on peut toutefois se demander s'il est souhaitable, compte tenu de l'importance de ce phénomène à la fois en termes de protection des particuliers et d'accroissement de la fréquence de mise en oeuvre de la responsabilité de la puissance publique, que ce soit le juge administratif qui envisage au cas par cas des possibilités de réparation et que le législateur reste en dehors de ce processus[372]. Mais outre l'assouplissement des conditions de mise en oeuvre de la responsabilité du fait des lois, il semble que l'éventualité d'une responsabilité « pour faute » du législateur en cas de violation du droit communautaire par le juge administratif soit sérieusement envisageable, au regard des conclusions développées par le commissaire du gouvernement Goulard à l'occasion de l'affaire *Dangeville.*

2) Les conclusions du commissaire du gouvernement Goulard à l'occasion de l'arrêt Dangeville[373]

En effet, avant de rejeter l'action en responsabilité sur le fondement de l'autonomie des voies de droit, celui-ci avait examiné la position de la Cour administrative d'appel de Paris et notamment son appréciation de la mise en oeuvre de la responsabilité ; ce qui

---

[370] L. Beurdeley, Une nouvelle application de la responsabilité du fait des lois : Les dommages causés à un riziculteur par une espèce sauvage protégée, *LPA* 31 mai 1996, p. 26, sp. p. 30.
[371] CE, 29 juillet 1994, Le Beuf, Req. n° 115727, *GP* I, Panor., p. 55.
[372] Pour une mise en relief plus générale, V. également J.-F. Davignon, *La responsabilité objective de la puissance publique, Essai de théorie générale*, SRT Grenoble, 1976, p. 125 et s.
[373] CE, Ass, 9 octobre 1996, Ministre c/ S.A. Jacques Dangeville, *Lebon* p. 399, conclusions G. Goulard, *RJF* 1996, Etudes et doctrine p. 809.

l'a amené à considérer que l'application, pourtant si critiquée, que la Cour a faite du principe de la responsabilité de la puissance publique pour méconnaissance des obligations résultant du droit communautaire est exacte en droit conformément tant au principe de primauté du droit communautaire qu'à la logique de la propre jurisprudence de la Haute assemblée. Mieux encore, il a affirmé, de manière générale, que toute méconnaissance des actes internationaux et communautaires est, du fait même de leur prévalence sur les normes internes consacrée par l'arrêt *Nicolo* et les décisions qui l'ont complété[374], fautive et que, la loi étant dans la hiérarchie des normes placée au dessous du droit communautaire, « *l'administration ne peut appliquer les dispositions d'une loi incompatible avec une directive. Si elle l'applique néanmoins, elle commet une faute de nature à engager sa responsabilité* »[375]. Le principe d'une responsabilité pour faute serait donc implicitement mais nécessairement contenu dans l'arrêt *Arizona Tobacco products*. Ce faisant, le commissaire du gouvernement Goulard a tenu devant la Haute juridiction un discours empreint de réalisme puisqu'il revient à pointer le doigt sur l'existence d'une faute. Ce discours est également audacieux. En effet, dans l'affaire *Dangeville* aucun acte réglementaire ne s'interposait entre la loi et l'acte individuel contesté par les requérants, tous deux contraires au droit communautaire ; mais dans cette hypothèse, il serait possible de relever l'existence d'une faute, cette fois directement imputable au législateur[376].

La Haute juridiction administrative est bien évidemment entièrement libre de reprendre ou non l'idée d'une possible responsabilité pour faute du législateur, qui serait au demeurant rarement mise en oeuvre, en raison de la rareté des hypothèses dans lesquelles un acte administratif ne s'interpose pas en matière d'application des lois. Néanmoins tel nous semble pouvoir être le raisonnement qu'elle devrait suivre pour être conforme à la logique de sa jurisprudence en matière de responsabilité pour illégalité. Les conclusions du commissaire du gouvernement Goulard sur l'affaire Dangeville pourraient favoriser l'acceptation par le juge administratif du principe d'une responsabilité pour faute du fait des lois.

Cette acceptation est d'autant plus nécessaire que certains cas d'imputabilité d'un dommage au législateur ne feront pas intervenir l'administration à travers des mesures d'application mais pourront, par exemple, résulter de l'adoption d'une loi contraire au droit communautaire ; tel pourrait être le cas, purement fictif bien évidemment, de l'interdiction législative de l'exercice de certaines activités par des entreprises communautaires contrairement au principe de libre établissement consacré par le traité de Rome. Dans cette situation, le dommage résulte de l'adoption de la loi et non de ses dispositions de mise en oeuvre ou d'application dont l'existence n'est même pas nécessaire. De même, il semble fortement probable qu'à certaines occasions le Parlement français éprouve des difficultés à mettre la législation interne en conformité avec le droit communautaire. Tel a d'ailleurs notamment été jusqu'à récemment le cas pour la transposition de la directive relative à la responsabilité du fait des produits

---

[374] CE, 24 septembre 1990, Boisdet, *Lebon* p. 250 ; CE, Ass., 28 février 1992, SA Rothmans International France et SA Philip Morris France, *Lebon* p. 80.
[375] Conclusions préc., sp. p. 810.
[376] *Ibid.*, sp. p. 811.

défectueux. En tout état de cause, cette situation soulève d'importantes interrogations en termes à la fois bien évidemment de souveraineté, et donc une importante mutation dans les « *conceptions philosophico-juridiques touchant la nature de l'Etat* »[377], mais également de compétence juridictionnelle ; questions qui sont extrêmement délicates à résoudre.

D'importantes évolutions des principes et des règles actuellement applicables en matière de responsabilité sont, on le voit, impliquées par le droit européen. Mais la mise en cause des conditions de mise en oeuvre de la responsabilité publique se double d'une évolution plus générale qui passe par la consécration de l'obligation de réparation à la charge de l'Etat et en conséquence d'un droit à réparation au profit des particuliers.

---

[377] Nous empruntons cette expression à Duez qui caractérisait ainsi le phénomène d'extension de la responsabilité de la puissance publique : P. Duez, *La responsabilité de la puissance publique (en dehors du contrat)*, préc., p. 11.

CHAPITRE II- L'AFFIRMATION DU DROIT A UNE REPARATION

La jurisprudence administrative affirme, selon l'expression de Duguit, le « principe général de responsabilité de l'Etat »[1]. Mais ce principe général de responsabilité n'implique pas, loin s'en faut, un principe général de réparation. Certes, la section de l'intérieur du Conseil d'Etat a reconnu, dans un avis du 18 décembre 1924, le principe général selon lequel tout acte de la puissance publique ouvre droit à réparation lorsqu'en résulte un dommage direct, matériel et spécial[2] ; de même, le Conseil constitutionnel, s'il rejette l'existence d'un principe de responsabilité ou de réparation à valeur constitutionnelle[3] affirme-t-il que nul ne saurait être exonéré de toute responsabilité personnelle[4]. Mais la mise en oeuvre de l'obligation de réparation est à la fois relative, puisque la jurisprudence constitutionnelle considère que certaines gènes supportables peuvent être imposées par la puissance publique sans donner lieu à dédommagement[5], et conditionnée quant aux caractères du préjudice ou du lien de causalité ; aussi ne peut-on considérer qu'existe en droit français un droit à réparation faisant office de principe général. Quel serait d'ailleurs l'intérêt d'affirmer l'existence d'un droit à réparation des dommages causés par l'Etat ayant un tel rang ? Outre la reconnaissance d'un nouveau droit créance bénéficiant aux individus, elle susciterait un bouleversement de l'équilibre même de la responsabilité publique qui, n'étant ni générale ni absolue, ne peut être transformée en principe intangible de réparation ; sa reconnaissance aurait également pour effet de rigidifier l'action publique en induisant une réparation systématique dès lors qu'il y a dommage.

Le droit européen ne contient pour sa part aucun fondement général et absolu du droit à une réparation en cas de dommage et aucune règle générale et intangible proclamant l'existence d'un droit à réparation ne saurait en être tirée. Ainsi le droit à réparation affirmé en cas de violation du droit communautaire est-il limité à cette seule hypothèse et la Convention européenne n'a aucunement pour corollaire l'affirmation d'un principe de responsabilité de la puissance publique pour les dommages causés aux particuliers[6]. Le droit à un tribunal qui est reconnu tant par la Cour de Strasbourg que

---

[1] L. Duguit, *Traité de droit constitutionnel*, 3ème édition, Paris, De Boccard, 1930, t II, p. 69.

[2] Section de l'intérieur au sujet de la question de savoir si les textes relatifs aux plans d'aménagement des villes excluaient ou non tout droit à indemnité, cité par P. Subra de Bieusses, *Les servitudes administratives*, Paris, Berger-Levrault 1976, p. 167.

[3] Décision n° 83-162 des 19-20 juillet 1983 DC, *Rec.* p. 62.

[4] C. Const., décision n° 88-248 DC du 17 janvier 1989, *Rec.* p. 20; décision n° 89-262 DC du 7 novembre 1989, *Rec.* p. 90. Voir plus généralement M.-A. Latournerie, Responsabilité publique et constitution, in *Mélanges René Chapus*, Paris, Montchrestien, 1992, p. 353.

[5] C. Const., décision n° 85- 198 DC du 13 décembre 1985, *Rec.* p. 78.

[6] Ainsi, l'immunité juridictionnelle qui est de mise pour les actes des membres du corps diplomatique fait elle obstacle à la consécration d'un droit à réparation pour les particuliers : Req. n° 24236/94 du 4 décembre 1995, N.C. F. et A.G. c/ Italie, *DR* 84, p. 84.

par la Haute juridiction communautaire n'implique pas davantage un droit intangible à l'existence d'un recours en responsabilité pour tous les dommages dont des particuliers allégueraient l'existence, quelle que soit leur nature et quelle que soit leur ampleur, dans la mesure où la fixation des modalités d'exercice des recours est laissée à l'appréciation des autorités nationales qui disposent d'une certaine marge de manoeuvre[7] ; ce qui n'est pas de nature à remettre en cause le principe selon lequel la responsabilité des services publics n'est ni générale ni absolue.

La protection qu'affiche le droit européen serait-elle en conséquence purement théorique, évanescente et illusoire puisqu'elle ne résisterait pas aux tentatives de circonscrire strictement les possibilités d'engagement de la responsabilité de la puissance publique ? Loin s'en faut et l'absence de principes généraux de responsabilité ou de réparation issus du droit européen ne signifie pas un défaut total d'encadrement des modalités de l'action en responsabilité. Au contraire, le droit à une réparation s'affirme à travers l'action des organes européens en faveur de la réduction de l'irresponsabilité de la puissance publique (Section 1) et du renforcement de l'effectivité de la réparation (Section 2).

SECTION 1- LA REDUCTION DE L'IRRESPONSABILITE

Si le principe suivant lequel les autorités publiques doivent assumer la charge des dommages subis par les particuliers est bien établi en droit français, il peut arriver dans certaines hypothèses que la nature du fait générateur fasse obstacle à la réparation. Ces hypothèses constituent concrètement la zone d'irresponsabilité de la puissance publique. Certes, cette irresponsabilité, au champ fort étendu à la fin du XIXe siècle, est actuellement circonscrite à des hypothèses très réduites[8] ; mais elle trouve de solides explications dans la spécificité de certaines missions exercées par les autorités nationales et le bon fonctionnement de l'action gouvernementale. Pourtant, la concevoir trop largement pourrait revenir à nier l'Etat de droit. Cette idée qui a conduit progressivement à la réduction des îlots d'irresponsabilité, est depuis une dizaine d'années, reprise au niveau européen ; même si ce n'est pas une interdiction pure et simple des régimes d'irresponsabilité mais leur réglementation qui est visée.

Ainsi, le domaine des irresponsabilités publiques fait-il l'objet d'une double attention dans la mesure où ces irresponsabilités ont pour effet de rendre impossible l'octroi d'une réparation en cas de méconnaissance du droit communautaire, de même qu'elles constituent une limitation excessive des droits reconnus aux particuliers par la Convention européenne des droits de l'Homme.

---

[7] cf. par exemple CEDH, 24 octobre 19995, Agrotexim et autres c/ Grèce, série A n° 330, § 73. La subordination de l'exercice d'une action en réparation à la possession d'une certaine qualité est conforme aux principes de la Convention. Il est par conséquent possible que l'exercice d'une action en réparation du fait du préjudice causé par une dépossession soit ouverte à une société bénéficiant de la personnalité morale et non à ses actionnaires pris individuellement.

[8] Sur le phénomène et les motifs de la remise en cause de l'irresponsabilité de la puissance publique : R. Chapus, *Responsabilité publique. Responsabilité privée*, Paris, LGDJ, th. 1952, rééd. 1957, n ° 158 et s. ; M. Deguergue, *Jurisprudence et doctrine dans l'élaboration du droit de la responsabilité administrative*, Paris, LGDJ, BDP t 171, 1994, p. 480 et s.

Sous l'effet du droit européen apparaissent des limitations du recours par l'Etat aux mécanismes d'irresponsabilité qui passent par l'accroissement du contrôle de la mise en oeuvre de ce procédé (§1). De tels mécanismes demeurent rares en droit français. On en trouve toutefois des exemples à travers les principes de non-indemnisation des servitudes administratives (§2) et d'irresponsabilité du fait des actes de gouvernement (§3) auxquels doit être accordée une attention particulière.

§1 - L'ENCADREMENT ACCRU DES REGIMES D'IRRESPONSABILITE

Si il est inadmissible de supprimer toute responsabilité à la charge des entités de droit public, certains aménagements de ses conditions ont été très tôt acceptés en droit français[9]. Ainsi le Conseil constitutionnel admet-il que des normes législatives prévoient des conditions d'engagement différentes selon l'administration ou les circonstances en cause[10] qui sont qualifiées de régimes législatifs spéciaux ou d'irresponsabilité.

Dans ce domaine, le droit communautaire n'exerce qu'une incidence somme toute indirecte, limitée à la seule hypothèse des violations du droit communautaire. Par conséquent, les régimes d'irresponsabilité ne pourront être contestés sur son fondement que dans cette seule situation, puisqu'ils auront pour effet de rendre en pratique impossible ou excessivement difficile l'octroi d'une réparation. Ce n'est donc que dans la mesure où les régimes d'irresponsabilité ou de réduction de responsabilité auront pour effet d'empêcher ou constitueront un obstacle à la réparation d'une violation du droit communautaire qu'ils seront condamnés au regard de la jurisprudence de la Cour de Justice. Si leur remise en cause sur ce fondement est vraisemblable, elle est à ce jour impalpable.

Les organes de Strasbourg ont, en revanche, procédé à un encadrement concret de la possibilité pour les Etats de recourir à ces mécanismes dans la mesure où ceux-ci constituent une atteinte à l'exercice des droits garantis par la Convention et méconnaissent le principe de l'égalité des armes prévu à son article 6, l'action en responsabilité étant dans une telle hypothèse vouée à l'échec. Pourtant, l'encadrement d'ensemble des systèmes d'irresponsabilité par le droit conventionnel constitue un phénomène récent. L'article 6 ne permet que la protection des droits défendables au niveau national, les organes de la Convention refusant de consacrer, par une interprétation trop constructive de cette disposition, un droit qui n'aurait pas d'assise matérielle dans l'ordre interne. Or dans la mesure où un régime d'irresponsabilité correspond à une absence de droit au plan interne, les organes de Strasbourg, se bornant à une analyse littérale de la Convention, ne pouvaient que refuser de reconnaître une quelconque méconnaissance du droit à un procès équitable dans cette situation et admettre implicitement la compatibilité de ce mécanisme avec les exigences de l'Etat de droit. Une telle interprétation, si elle est conforme à une lecture exégétique du texte même de la Convention, n'en est pas moins extrêmement choquante au regard de l'idéal

---

[9] Sur ce point, v. C. Brechon-Moulènes, *Les régimes législatifs de responsabilité publique*, Paris, LGDJ, BDP t 112, 1974.

[10] V. Décision n° 83-162 des 19-20 juillet 1983 DC, *Rec.* p. 62 ; décision n° 87-237 DC du 30 décembre 1987, Loi de finances pour 1987, *Rec.* p. 67.

commun de la protection des droits que doit logiquement défendre le Conseil de l'Europe comme de l'objectif de prééminence du droit qui doit guider son action. La Commission et la Cour se sont en conséquence opposées sur ce point. La première faisait valoir qu'un régime d'irresponsabilité, quelle que soit sa nature, doit toujours se concilier avec l'esprit de la Convention et donc trouver sa justification au regard de la prééminence du droit[11] -on peut croire là à l'application de l'idée selon laquelle toute limitation de la responsabilité ne devrait être qu'une exception strictement entendue trouvant une justification dans des éléments tirés de l'organisation interne des Etats- alors que la Cour préférait adopter une lecture plus littérale de l'article 6[12].

La nécessaire primauté du droit a toutefois été récemment consacrée puisque, à la fin de l'année 1994, la Cour, en raison sans doute du maintien ferme de sa position par la Commission, s'est dans une certaine mesure rapprochée de cette dernière et a considéré que le fait « *qu'un Etat puisse sans réserve ou sans contrôle des organes de la Convention soustraire à la compétence des tribunaux toute une série d'actions civiles ou exonérer de toute responsabilité civile de larges groupes ou catégories de personnes ne se concilierait pas avec la prééminence du droit dans une société démocratique ni avec le principe fondamental qui sous-tend l'article 6 par. 1 -Les revendications doivent être portées devant un juge* » dans la mesure où « *Qu'une personne ait, au plan interne, une prétention pouvant donner lieu à une action en justice peut dépendre non seulement du contenu matériel, à proprement parler, du droit de caractère civil en cause tel que le définit le droit national, mais encore de l'existence de barrières procédurales - procedural bars- empêchant ou limitant les possibilités de saisir un tribunal de plaintes potentielles. Dans cette dernière catégorie d'affaires, l'article 6 par. 1 peut trouver à s'appliquer jusqu'à un certain point* »[13]. En conséquence, dès lors que le particulier peut faire valoir un droit à réparation défendable, c'est à dire reconnu en droit interne, mais ne pouvant être exercé à l'encontre de certaines catégories de personnes ou du fait de certains actes, les limitations procédurales qui lui sont opposées doivent revêtir selon la Cour de Strasbourg certaines caractéristiques : elles ne doivent pas avoir pour effet de porter atteinte à la substance même du droit à un procès équitable, elles doivent poursuivre un but légitime et il doit y avoir un rapport raisonnable entre le moyen employé et le but recherché.

Mais la réglementation conventionnelle des mécanismes d'irresponsabilité ne vise que les hypothèses de restriction de la possibilité d'obtenir réparation dans certains domaines ou à l'encontre de certaines personnes dans la mesure où le régime d'irresponsabilité constitue une barrière procédurale en raison de l'existence d'une défense absolue privant de toute effectivité la demande de dédommagement. Les

---

[11] Req. n° 10475/83, Graham Dyer, décision sur la recevabilité du 9 octobre 1984, *DR* 39, p. 246.

[12] CEDH, 21 février 1990, Powell et Rayner, série A n° 172. Auparavant, dans l'affaire Ashingdane, elle s'était prononcée sur la compatibilité d'un régime législatif de responsabilité avec le principe du droit à un procès équitable, mais n'avait pas explicitement considéré l'article 6 applicable à l'espèce puisque, le gouvernement défendeur contestant ce point, elle n'a pas jugé nécessaire de trancher la controverse dans la mesure où elle a conclu à l'absence de violation de l'article 6, même en le supposant applicable à l'espèce (CEDH, 28 mai 1985, Ashingdane, série A n° 93, § 54).

[13] CEDH, 21 septembre 1994, Fayed c/ R.U., série A n°294-B, § 65. Cette position a par la suite été partiellement reprise par la Commission : Req. n° 24844/94, M. Reeve c/ R.-U., décision sur la recevabilité du 30 novembre 1994, *DR* 79, p. 146.

organes de la Convention se refusent donc, conformément à leur jurisprudence la plus classique, à créer par voie d'interprétation de l'article 6 par. 1 un droit matériel n'ayant aucune base en droit interne[14] et ont donc fait implicitement leur la position du gouvernement britannique selon laquelle c'est à l'Etat qu'il appartient de décider de la substance d'un droit[15]. Pourtant il est en pratique délicat de déterminer quand une barrière est de nature procédurale et quand elle est d'ordre matériel, ce qui implique l'absence de droit. La barrière est bien évidemment d'ordre procédural lorsqu'une action est ouverte à certaines catégories d'individus et non à d'autres ; mais la distinction entre les limitations substantielles et les limitations à caractère procédural devrait dans certaines hypothèses soulever de délicates questions de frontière. Qu'en sera-t-il en effet de l'affirmation d'un droit qui ne sera garanti d'aucune possibilité de voie de recours ou de la possibilité d'une réparation qui, en pratique, ne pourra que rarement aboutir ? N'y a t-il pas un moment où l'atteinte à la possibilité d'exercer procéduralement un droit aboutit à porter atteinte à la substance même de ce droit et à son contenu matériel ? Seule la Cour sera en mesure de trancher, au fil des espèces, ces questions.

Malgré cet encadrement, une importante marge de manoeuvre est laissée aux autorités nationales dans la gestion des régimes d'irresponsabilité et l'on pourrait se demander si l'irresponsabilité alléguée ne doit pas, pour pouvoir être constatée par les organes de Strasbourg, être consacrée juridiquement et non résulter d'une impossibilité de fait d'obtenir réparation. Mais aujourd'hui la Cour appréhende, à travers le prisme du droit à un procès équitable, l'ensemble des barrières procédurales à l'exercice d'un recours en réparation. En conséquence, aucune raison ne devrait permettre aujourd'hui d'assurer une protection variable des particuliers en fonction de l'existence d'une limitation, en droit ou en fait, à l'exercice d'une action en réparation[16].

La réglementation des régimes d'irresponsabilité, bien que limitée à des secteurs particuliers, n'en aboutit pas moins à un contrôle des limitations procédurales à l'ouverture du recours en réparation. Doit-on conclure à une remise en cause générale des régimes d'irresponsabilité ? Tel ne nous paraît pas devoir être le cas, et cela pour plusieurs raisons.

Cette limitation, comme l'ensemble des limitations à l'exercice des droits relatifs garantis par la Convention, doit tendre à un but légitime, sans que l'Etat doive justifier un besoin social pressant[17], et ses moyens de mise en oeuvre doivent être raisonnablement proportionnés par rapport au but visé. Or si la condamnation pour défaut de légitimité de l'intérêt général poursuivi par la mise en place des mécanismes d'irresponsabilité n'est pas exclue, une telle appréciation constitue une ingérence importante dans la détermination des nécessités nationales ; ce qui justifie que la Cour témoigne d'une extrême prudence dans l'interprétation des finalités d'intérêt général des législations nationales. De fait, les organes de Strasbourg entendent largement ce

[14] CEDH, 21 septembre 1994, Fayed c/ R.U., série A n°294-B, § 65.V. toutefois pour une opposition des positions de la Cour et du gouvernement britannique CEDH, 28 octobre 1998, Osman c/ R.-U., , *Recueil des arrêts et décisions*, 1998-VIII, p. 3124.
[15] Mémoire du gouvernement britannique, Doc Cour (94) 5, p. 11.
[16] V. toutefois CEDH, 28 mai 1985, Ashingdane, série A n° 93, § 59.
[17] Req. n° 10475/83, Graham Dyer, décision sur la recevabilité du 9 octobre 1984, *DR* 39, p. 246.

caractère légitime dès lors que les limitations de l'action en réparation visent la bonne exécution des missions gouvernementales où qu'elles répondent au souci d'accorder une protection spécifique à certaines catégories de fonctionnaires. L'irresponsabilité est en conséquence justifiée dès lors qu'elle est limitée à certains services, qu'elle vise au bon fonctionnement du service[18] ou plus généralement au bon déroulement de l'action administrative. Aussi, la considération des risques particuliers auxquels sont exposés les militaires comme des liens de solidarité existant à l'intérieur de ce corps justifient l'existence d'un droit à pension qui évite de remettre en question l'autorité des décisions comme la licéité des engagements pris et donc l'irresponsabilité pour le surplus de l'administration britannique[19]. L'irresponsabilité à raison des actes ou décisions des membres des assemblées parlementaires affirmée en droit anglais est également justifiée par la recherche de la démocratie, la volonté d'une autonomie de pensée et d'une libre expression de ceux-ci et la protection de l'intérêt public à travers le libre jeu du débat parlementaire[20]. Il en va de même en matière de contrôle des entreprises commerciales privées par les inspecteurs indépendants agissant pour le compte d'une autorité ministérielle en Angleterre[21]. Il semble par conséquent plausible que le dispositif spécifique de responsabilité prévu dans le cadre de la réparation des dommages de guerre[22] soit justifié dans son but ; cela d'autant plus qu'en cas de guerre, il est possible aux Etats de déroger dans une certaine mesure à l'encadrement conventionnel[23]. Il devrait en aller de même de l'irresponsabilité dont bénéficient les décisions juridictionnelles passées en force de chose jugée[24] dans la mesure où celle-ci paraît justifiée par des raisons de sécurité juridique qui permettent de limiter l'accès aux tribunaux[25].

Outre un but légitime, l'irresponsabilité doit avoir des conséquences d'un montant relativement important et être entachée d'une disproportion manifeste pour être sanctionnée. Ainsi, la mise en place d'un mécanisme d'irresponsabilité à la suite de condamnations multiples et importantes de l'Etat ne peut être remise en cause sur le fondement de la Convention. Elle l'est en revanche lorsqu'elle s'applique rétroactivement[26], en raison de la disproportion évidente qui se manifeste alors entre la

[18] Ainsi l'irresponsabilité de l'administration des postes du fait des omissions dans la composition d'un annuaire est justifiée par le nécessaire bon fonctionnement du service et par la nécessité d'assurer celui-ci à moindre coût : req. n° 10782/84 H. Wallace-Jones c/ R.-U., décision sur la recevabilité du 12 mai 1986, *DR* 47, p. 157.

[19] Req. n° 10475/83 du 9 octobre 1984, G. Dyer c/ R.-U., *DR* 39, p. 246 ; req. 10096/82 du 9 octobre 1984, K.A. Pinder c/ R.-U, inédit.

[20] Req. n° 3374/67 W. Zachs c/ Autriche, décision sur la recevabilité du 6 février 1969 (implicite.), *Recueil des décisions* 29, p. 29 ; req. n° 25646/94, décision sur la recevabilité du 17 janvier 1996, S. Young c. Irlande, *DR* 84, p. 122.

[21] CEDH, 21 septembre 1994, Fayed c/ R.-U., série A n° 294-B.

[22] L'indemnisation des préjudices découlant des opérations de guerre est en effet exclue à défaut de texte législatif contraire : CE, 31 mai 1961, Compagnie française des cuirs, *Lebon* p. 358 ; CE, Ass., 30 mars 1966, Sté Ignazio Messina, *Lebon* p. 258.

[23] Conformément à l'article 15 de la Convention.

[24] CE, Ass., 29 décembre 1978, Darmont, *Lebon* p. 542.

[25] Les Etats ayant, conformément à une jurisprudence constante de la Commission, la possibilité de réglementer l'accès des justiciables aux tribunaux dès lors que cette réglementation a pour but d'assurer une bonne administration de la justice. Cf. par exemple Req. n° 17090/90, Grepne c/ R.U., décision sur la recevabilité du 1er octobre 1990, *DR* 66, p. 268 ; Req. 12275/86, Les travaux du Midi c/ France, décision sur la recevabilité du 2 juillet 1991, *DR* 70, p. 47.

[26] CEDH, 20 novembre 1995, S.A. Pressos Naviera Compania, série A n° 332.

nécessité de protéger les finances publiques et la protection juridictionnelle des particuliers[27]. La jurisprudence récente témoigne d'ailleurs de la volonté d'un contrôle plus étroit de la proportionnalité à travers la recherche de la possible adaptation du régime d'irresponsabilité aux circonstances de chaque espèce, pour des raisons tenant par exemple à l'équité ; le défaut d'une telle adaptation pouvant entraîner une sanction sur le fondement de l'article 6 nonobstant l'existence d'un but légitime[28].

L'encadrement européen des régimes législatifs de responsabilité ou d'irresponsabilité ne devrait toutefois produire que des effets réduits en droit français. Les mécanismes législatifs qui limitent la réparation à la charge de l'Etat, par exemple le dispositif de pensions dont bénéficient les fonctionnaires, ne sont en rien assimilables à des régimes d'irresponsabilité dans la mesure où les personnels en cause, qui font valoir un intérêt patrimonial afin d'obtenir une réparation, ont la possibilité d'obtenir un dédommagement même s'il n'est que forfaitaire[29] et pourront éventuellement même engager, au cas où ce droit ne pourrait être exercé, une action visant à la reconnaissance de la responsabilité à raison du tort moral qu'ils subissent du fait de cette impossibilité de se voir attribuer une pension[30]. Il est en outre justifié par le bon fonctionnement des services.

Un certain type d'irresponsabilité a toutefois été récemment reconsidéré sous l'effet du droit européen : celui que consacre le droit français en cas d'institution de servitudes d'urbanisme.

§2- La situation particuliere des servitudes d'urbanisme au regard des exigences de la Convention europeenne des droits de l'Homme

En effet, la Convention européenne des droits de l'Homme consacre dans l'article 1 de son premier protocole additionnel le droit pour chaque individu au respect de ses biens, droit dont l'atteinte ouvre droit à une réparation. Dès lors, la décision des autorités publiques de grever des terrains privés de servitudes afin de promouvoir l'intérêt public pourrait devoir s'accompagner du versement d'une indemnité correspondant à l'atteinte à la propriété ; ce qui prendrait le contre-pied du principe posé par l'article L 160-5 du Code de l'urbanisme[31] qui prône l'absence d'indemnisation dans cette hypothèse à moins que l'application de ladite servitude modifie l'état antérieur des lieux ou qu'elle porte atteinte à des droits acquis. Telle était du moins la position

---

[27] Il faut noter que le droit en cause dans cette affaire était le droit de propriété protégé par l'article 1 du premier protocole additionnel de la Convention, ce qui limitait la discussion relative à l'existence ou à l'absence de droits.

[28] Tel a été le cas dans une affaire récente concernant le régime d'immunité dont bénéficient les services britanniques de police dans les poursuites civiles concernant ses actes et ses omissions dans ses fonctions de recherche et de répression des infractions, CEDH, 30 octobre 1998, Osman c/ R.U, préc.

[29] V. F.-P. Bénoit, Forfait de pension et droit commun de la responsabilité administrative, *JCP* 1956, I, n°1290.

[30] CE, 20 mars 1996, M. Lakhdar, req. n° 171159, inédit au recueil Lebon.

[31] Principe par ailleurs fort ancien puisqu'il trouve sa source dans la loi du 15 juin 1943 mais avait été affirmé par la jurisprudence dès le milieu du XIXe siècle : cf. F. Raynaud et P. Fombeur, Chronique de jurisprudence administrative, *AJDA* 1998 p. 553, sp. p. 570.

défendue par le Professeur Liet-Veaux[32] pour qui la confrontation du principe de non indemnisation des servitudes d'urbanisme avec les exigences de la Convention révélerait très certainement la non-conformité des premières et cela en raison de la jurisprudence constructive des organes de Strasbourg en matière de protection de la propriété privée. Cette position, qui pouvait à bon droit être soutenue dans les premiers temps de la jurisprudence de Strasbourg, doit cependant aujourd'hui être fortement nuancée en raison de la conception restrictive de l'atteinte aux biens ouvrant droit à réparation dont ont fait preuve la Cour comme la Commission.

La question de la conformité de ce mécanisme par rapport à la Convention a d'ailleurs été posée à la Cour qui a jugé qu'on ne peut alors voir dans l'institution de servitudes d'urbanisme une expropriation de fait portant atteinte à la substance même du droit de propriété mais seulement une atteinte au droit au respect des biens[33] ou une d'ingérence dans l'exercice de la propriété privée ; cela quand bien même la servitude produirait des effets illimités dans le temps[34]. La régularité de l'instauration de servitudes d'urbanisme n'est donc pas nécessairement conditionnée au versement d'une indemnité.

Mais qu'en est-il alors plus précisément de la compatibilité du principe français de non indemnisation posé par l'article L 160-5 du Code de l'urbanisme au regard de la protection des biens garantie par l'article 1 du premier protocole additionnel ? Cette question a, à plusieurs reprises, été soulevée devant le Conseil d'Etat qui, de manière plus ou moins explicite, a continuellement affirmé la conformité aux exigences conventionnelles. A l'occasion de pourvois formés devant elle, la Haute assemblée a ainsi rejeté le moyen tiré de la méconnaissance du droit au respect des biens par l'instauration d'une interdiction de construire à la suite de la délimitation d'une zone à risque mise en place afin de limiter les conséquences dommageables d'effondrements de terrains sur une falaise. Pour ce faire elle a affirmé ce qui semble tenir lieu de position de principe : un tel moyen ne présente pas un caractère sérieux[35]. Pourtant certaines voix se sont élevées au sein de la Haute assemblée pour faire valoir que la position de la Cour de Strasbourg pourrait contenir une possibilité d'indemnisation des servitudes d'urbanisme lorsque celles-ci ont pour effet de grever de manière définitive, par le biais par exemple d'une interdiction pure et simple de construire, la propriété

[32] G. Liet-Veaux, L'indemnisation des sujétions d'urbanisme prélude à une réforme législative, *RA* 1984, p. 460.
Cf. également F. Bouyssou qui dès le milieu des années quatre-vingt pointait le doigt sur les éventuelles implications de la Convention sur les atteintes aux biens opérées par l'administration : Les garanties supralégislatives du droit de propriété, *D.* 1984, Chro., p. 231.

[33] CEDH, 19 septembre 1994, Katte Klitsche de la Grange c/ Italie, série A n°293-B. Il s'agissait là du classement pour partie d'un bien immobilier parmi les sites à protéger ce qui eu pour effet d'y interdire notamment la chasse, la pêche, l'ouverture de carrière, la coupe d'arbres, et surtout toute construction.

[34] CEDH, 16 septembre 1996, Matos e Silva c/ Portugal, *Recueil des arrêts et des décisions* 1996-IV, p. 1092.

[35] CE, CAPC, 6 janvier 1995, Epoux Picquenard, inédit au recueil Lebon, req. n° 150.830 ; CE, CAPC, 6 janvier 1995, Mme Atighetchi, req. n° 150.832, inédit au recueil Lebon ; CE, CAPC, 3 mars 1995, Epoux Barry, req. n° 132.167, inédit au recueil Lebon. La motivation de cette position est toutefois difficile à cerner, les décisions de rejet formulées par la Commission d'accès au pourvoi en cassation n'étant pas motivées.

privée[36] ; aussi convient-il de faire le point sur la question des implications de l'article 1 du premier protocole additionnel sur le principe de non-indemnisation des servitudes d'urbanisme prévues à l'article 160-5 du Code de l'urbanisme.

L'instauration d'une servitude d'urbanisme ne peut, selon la Cour, être considérée comme une expropriation de fait ou une privation de propriété -cette notion ne visant que les situations ou actes par lesquels l'Etat met la main ou concède à un tiers le droit de mettre la main sur un bien déterminé qui doit servir à la réalisation d'un but d'utilité publique[37]-, mais beaucoup plus vaguement comme une atteinte aux biens[38] ou comme une réglementation de l'usage des biens[39]. Or il est tout d'abord avéré que les hypothèses d'ingérence dans l'usage des biens n'ouvrent pas en tant que telles droit à une indemnisation. De plus, et en tout état de cause, l'institution d'une servitude grevant l'intégralité du bien et empêchant de manière définitive ou pendant une durée illimitée[40] que toute construction y soit érigée ne constitue pas une privation de propriété[41], pour laquelle les Etats ont l'obligation de prévoir une procédure d'indemnisation en droit interne, mais une réglementation de l'usage des biens qui trouve sa justification dans une finalité d'intérêt général. Aussi n'a-t-elle pour corollaire une réparation devant les organes de Strasbourg sur le fondement de la satisfaction équitable que dans certaines hypothèses strictement entendues, au cas où l'atteinte au droit au respect des biens serait qualifiée de disproportionnée[42]. L'existence de servitudes d'urbanisme non indemnisables n'encourt, on le voit, pas *de facto* de sanction immédiate de la part des organes de Strasbourg ; cela d'autant plus que le principe de non-indemnisation des servitudes d'urbanisme connaît des dérogations, tant sur le fondement de l'article L 160-5 lorsque les particuliers peuvent faire valoir une des deux exceptions précédemment mentionnées[43] -même si en pratique elles aboutissent rarement-, qu'en raison de la récente restriction de la possibilité d'opposer l'article L 160-5 aux cocontractants de l'administration souhaitant obtenir réparation en raison d'une servitude d'urbanisme[44].

---

[36] J.-C. Bonichot, Observations sous CEDH, 19 septembre 1994, Katte Klitsche de la Grange c/ Italie, *BJDU* 1995, n° 2, p. 169.

[37] Req. n° 11949/86, D.P. c/ R.-U., décision sur la recevabilité du 1er décembre 1986, *DR* 51, p. 227.

[38] CEDH, 19 septembre 1994, Katte Klitsche de la Grange c/ Italie, préc .; § 40.

[39] CEDH, 16 septembre 1996, Matos e Silva c/ Portugal, préc.

[40] Ce qui est généralement le cas en droit français puisque l'article L 160-5 du Code de l'urbanisme ne limite pas *a priori* la durée de telles servitudes et qu'il en est de même du classement en zone inconstructible dans un plan d'occupation des sols ou des classements en zone à risque par décret ou arrêté préfectoral.

[41] En effet, ainsi que l'a démontré P. Subra de Bieusses, la servitude administrative ne fait pas disparaître le droit de propriété, *Les servitudes administratives*, préc., p. 71 et s.

[42] Sur ce point, cf. Supra Partie I, Titre I, Chapitre II, Section I, §2, B, 1). On doit d'ailleurs relever que la Cour a, à l'occasion de l'affaire Matos e Silva préc, conclu à l'existence d'une telle disproportion en raison de la longue incertitude quant au sort des biens comme quant à la question de l'indemnisation des requérants, § 92.

[43] Lorsque l'application de ladite servitude modifie l'état antérieur des lieux ou porte atteinte à des droits acquis.

[44] Il a en effet décide que le fait que les dispositions nouvelles d'un POS paralysent la mise en oeuvre d'une concession d'endigage ouvre pour le concessionnaire un droit à indemnisation,, nonobstant le principe de non-indemnisation des servitudes de l'article L 160-5 : CE, 27 décembre 1997, Sté civ. Néo-Polders, Req. n° 146753, *DA* 1998, n° 109.

Pour autant, si l'article 1 du premier protocole additionnel ne rend pas obligatoire l'indemnisation des servitudes d'urbanisme, une servitude d'urbanisme grevant définitivement un bien peut, dans certaines circonstances que l'on peut penser rares, eu égard à l'appréciation des organes de Strasbourg[45], constituer une ingérence dans le droit au respect des biens qui, si elle ne s'accompagne pas d'un dédommagement et faute de respecter l'équilibre entre l'intérêt général et la protection des particuliers, pourra être assimilée à une méconnaissance du droit au respect des biens et aboutir à une condamnation de l'Etat français. Aussi le Conseil d'Etat a-t-il montré sa volonté d'éviter une éventuelle condamnation par la Cour de l'absence d'indemnisation des servitudes d'urbanisme en interprétant l'article L 160-5 d'une manière constructive, et en jugeant que cette disposition ne fait pas obstacle à une indemnisation « *dans le cas exceptionnel où il résulte de l'ensemble des conditions et des circonstances dans lesquelles la servitude a été instituée et mise en oeuvre, ainsi que de son contenu, que le propriétaire supporte une charge spéciale et exorbitante hors de proportion avec l'objectif d'intérêt général poursuivi* » ; ce qui lui a permis d'affirmer la compatibilité de la non-indemnisation des servitudes d'urbanisme avec le droit au respect des biens issu de la Convention[46].

Bien évidemment, le principe de non-indemnisation des servitudes d'urbanisme n'en demeure pas moins, en raison des conditions strictes auxquelles l'exception d'indemnisation est subordonnée ; ces conditions étant encore plus sévères que celles applicables en matière de responsabilité pour rupture de l'égalité devant les charges publiques[47]. Mais cette interprétation de l'article L 160-5 du Code de l'urbanisme au regard des prescriptions conventionnelles témoigne d'une plus grande prise en compte des potentialités du droit de la Convention par le juge administratif qui, le cas échéant, n'hésite pas à adopter une attitude anticipatrice afin de ne pas encourir les foudres de la Cour de Strasbourg. Il serait bien évidemment souhaitable que l'aménagement du principe de non indemnisation des servitudes d'urbanisme puisse valoir pour l'ensemble des servitudes dont l'instauration ne peut, à ce jour, ouvrir aux particuliers un droit à réparation alors qu'elles leur imposent de nombreuses sujétions ; telles que celles auxquelles sont assujettis certains voisins d'installations classées conformément à l'article L 421-8 du Code de l'urbanisme.

Outre l'accroissement de l'encadrement des régimes législatifs de responsabilité, le droit européen semble remettre en cause, dans une certaine mesure, l'irresponsabilité des actes de gouvernement.

---

[45] Ceux-ci n'ont en effet considéré l'existence d'une telle disproportion lors de l'examen d'un mécanisme se rapprochant de celui du droit français qu'à une seule occasion : CEDH, 16 septembre 1996, Matos e Silva c/ Portugal, préc.

[46] CE, Sect., 3 juillet 1998, M. Bitouzet, *Lebon* p. 288.

[47] F. Raynaud et P. Fombeur, Chronique de jurisprudence administrative, *AJDA* 1998 p. 553, sp. p. 570, sp. p. 575. Cf. également les conclusions rendues par le commissaire du gouvernement Abraham à l'occasion de cette affaire, *RFDA* 1998, p. 1243.

§3- La remise en cause de l'irresponsabilite du fait des actes de gouvernement

L'irresponsabilité des actes de gouvernement qui subsiste dans notre droit malgré la réduction du champ d'application de cette théorie et les espoirs formulés depuis plus d'un quart de siècle par la doctrine[48], constitue un second obstacle à la réalisation d'une protection effective des particuliers. Ces actes, qui ont trait à l'ordre interne, lorsqu'une autorité exécutive agit dans le cadre de ses rapports avec le législateur, ou à l'ordre international, lorsqu'une autorité exécutive conduit les relations internationales de la France ; sans que l'on puisse les identifier *a priori* faute de définition précise de l'acte de gouvernement[49] échappent à tout recours contentieux.

Les fondements de l'immunité juridictionnelle dont bénéficient les actes de gouvernement sont multiples même si on ne peut que constater qu'aucun ne permet d'expliquer de manière convaincante cette lacune dans notre système de protection juridique. L'irresponsabilité de la puissance publique pour les dommages causés par les actes de gouvernement serait toutefois justifiée par le fait que ces mesures confinent à la souveraineté ou par le caractère discrétionnaire du pouvoir détenu par l'Etat dans l'intérêt public[50] ; mais ces argumentations n'expliquent pas, somme toute, le réel fondement de l'injusticiabilité de ces actes puisque l'administration dispose fréquemment d'un pouvoir discrétionnaire, plus ou moins étendu, pour mener à bien sa mission. Une autre justification, qui nous semble plus convaincante, résulte de la considération qu' *« il est des circonstances où, en vue d'une grande nécessité publique, les ministres prennent des mesures qui blessent les droits privés. Ils en répondent devant le pouvoir politique. Les rendre justiciables du tribunal administratif, ce serait paralyser une action qui s'exerce en vue de l'intérêt commun et créer dans l'Etat un pouvoir nouveau qui menacerait tous les autres»*[51]. C'est donc la qualité d'actes éminemment rattachés à l'exercice de fonctions plus proches du politique que de l'administratif qui justifie l'immunité juridictionnelle des actes de gouvernement tant sur le terrain du contentieux de la légalité que, dans une moindre mesure, celui de la responsabilité[52]. Elle explique l'absence de juge compétent[53].

---

[48] J. Puyssoye, Pour une conception plus restrictive de la notion d'acte de gouvernement, *AJDA* 1965, p. 211 ; G. Soulier, Réflexion sur l'évolution et l'avenir du droit de la responsabilité de la puissance publique, *RDP*, 1969, p. 1039, sp. p. 1068.

[49] Il n'y a en effet qu'une liste jurisprudentielle de l'acte de gouvernement, selon l'expression d'André de Laubadère, *Traité de droit administratif*, Paris, LGDJ, 11ème édition, 1990, t 1, n° 912.

[50] M. A. Sourdat, *Traité général de la responsabilité*, Paris, Marchal et Billard, 1902, 5ème édition, t. II, n° 1305.

[51] M. Vivien, Rapport sur le projet de la future loi organique de 1849, cité par Teissier, *Responsabilité de la puissance publique*, Répertoire de droit administratif Béquet, n° 108.

[52] *« Il est d'évidence que les décisions prises par le pouvoir exécutif lui même, en vertu de ses attributions diplomatiques, que les actes auxquels il participe à ce titre, dérivent essentiellement de sa fonction gouvernementale et qu'ils se rattachent à son pouvoir souverain. Ce ne sont pas, par la suite, de simples actes d'administration, ce sont des actes de gouvernement qui ne peuvent donner lieu à un recours en annulation et au sujet desquels il n'existe aucune action en responsabilité contre l'Etat »*. Teissier, *Responsabilité de la puissance publique*, Répertoire de droit administratif Béquet, n° 119.

[53] même si, selon le Professeur Favoreu, l'incompétence du juge administratif à l'égard de tels actes semble « *difficile à admettre* », compte tenu de son expérience et de la formation de ses membres qui lui donnent pleine capacité pour juger de telles affaires et pour mesurer, par exemple, quelle peut être la part de l'intérêt général dans l'adoption d'un comportement ou la commission d'une illégalité : L. Favoreu, *Du déni de justice en droit public français*, Paris, LGDJ, BDP t 61, 1964, p. 236 et p. 241 et s.

Certes, l'affirmation selon laquelle *« La responsabilité de l'Etat à raison d'un acte de gouvernement échappe traditionnellement à la compétence administrative »*[54] est en partie dépassée puisque depuis 1966, à la suite de nombreuses interventions de la doctrine visant à satisfaire à l'idée moderne de justice[55], une réparation du fait des Conventions internationales régulièrement incorporées dans l'ordre interne est possible sur le fondement de la rupture de l'égalité devant les charges publiques[56]. Toutefois ce mécanisme n'est applicable que dans l'hypothèse d'une activité régulière de l'administration, la responsabilité de l'administration sur le fondement de la faute n'étant envisageable qu'à l'égard des actes détachables de la conduite des relations internationales[57]. Il est en outre limité aux actes de gouvernement liés à l'international[58] et ne trouve pas application aux actes se rattachant à la politique interne, et notamment aux relations du gouvernement et du Parlement.

Pour délicat à affirmer qu'il semble, le principe d'une action en responsabilité du fait des actes de gouvernement permettrait de préserver, dans une certaine mesure, les intérêts de l'administration tout en assurant une protection certaine aux droits des particuliers. En effet, si le juge administratif, dans son oeuvre de réduction du champ d'application de la théorie des actes de gouvernement, agit principalement à travers le contentieux de la légalité -puisque c'est l'annulation de tels actes qui est le plus souvent poursuivie devant lui- l'utilisation de l'action en responsabilité a l'avantage de ne pas remettre en question le bien-fondé de l'action gouvernementale. Une telle évolution serait selon Duez commandée par le principe d'égalité des individus devant les charges publiques[59].

Le principe d'irresponsabilité de la puissance publique du fait des actes de gouvernement fait d'ailleurs l'objet d'une remise en cause par le droit communautaire comme par la Convention européenne des droits de l'Homme.

A- La remise en cause communautaire

L'irresponsabilité de l'Etat du fait des actes de gouvernement est actuellement remise en cause par le droit communautaire à travers l'interdiction pour les voies de droit internes d'avoir pour effet de rendre en pratique quasiment impossible ou

---

[54] CE, 1er Mars 1967, Maugein, *Lebon* p. 97.

[55] G. Jèze, *Principes généraux du droit administratif*, t 1 p. 411, 3ème édition, Marcel Girard, Paris, 1925. Telle était également la position défendue par Aucoc dans ses conclusions sous CE, 9 mai 1867, S 1867, 2, p. 124.

Cf. également M. Stassinopoulos, Responsabilité de l'Etat du fait des actes de gouvernement ayant trait aux relations internationales, in *Mélanges Séfériades*, t II, Athènes 1961, p. 641 ; J. Puyssoye, Pour une conception plus restrictive de la notion d'acte de gouvernement, *AJDA* 1965, p. 211.

[56] CE, 30 mars 1966, Cie générale d'énergie Radio-électrique, *Lebon* p. 257.

[57] Ainsi, à l'occasion d'un litige tendant à la mise en cause de la responsabilité de l'Etat en raison d'une faute commise par l'Etat français qui aurait provoqué l'expulsion d'un de ses agents du Liban, le Conseil d'Etat a considéré que de tels faits ne sont pas détachables de la conduite des fonctions diplomatiques exercées par l'agent et ne peuvent par conséquent être soumis à la juridiction administrative sur le terrain de l'action en réparation : CE, 28 avril 1993, M. Robin, *Lebon* T, p. 543.

[58] Sur ce point, cf. B. Odent, *Actes de gouvernement*, Répertoire Dalloz, Contentieux administratif, § 78 et s.

[59] P. Duez, *La responsabilité de la puissance publique (en dehors du contrat)*, préc., p. 242.

extrêmement difficile l'octroi d'une réparation[60] ; ce qui est précisément la conséquence du système d'irresponsabilité dont bénéficie l'administration dans de telles hypothèses.

Certes, le Conseil d'Etat a, à tout le moins en ce qui concerne les actes d'exécution du droit communautaire, limité le champ d'application du concept d'acte de gouvernement : au lieu de considérer de tels actes comme tournés vers l'international - ce qui aurait pu se concevoir à tout le moins pour ceux dont la légalité est intimement liée à celle des normes communautaires et dans la mesure où ces actes constituent fréquemment des modalités d'exécution des traités-, il les a appréciés au même titre que n'importe quel acte administratif. Cette position ne constituait certes pas une réelle remise en cause de sa jurisprudence puisque dans une telle hypothèse il considère habituellement que l'acte est détachable de la conduite des relations internationales, mais elle traduit le phénomène de réduction de la théorie de l'acte de gouvernement face à l'internationalisation du droit[61].

La réduction des actes de gouvernement devrait également se révéler dans la possible mise en oeuvre de la responsabilité de la puissance publique du fait de la carence du législateur dans l'élaboration des lois permettant la transposition du droit communautaire ou encore de celle du gouvernement dans le dépôt d'un projet de loi alors que ces deux situations sont, conformément à une jurisprudence classique, qualifiées d'actes de gouvernement insusceptibles de faire l'objet d'un recours contentieux quel qu'il soit. Le Conseil d'Etat a en effet rapidement considéré que le retard ou le refus par le gouvernement de présenter un projet de loi[62], quand bien même les particuliers auraient un intérêt certain à ce dépôt, ne peut faire l'objet d'une réparation. Il en va de même de l'inertie du Parlement dans l'adoption d'une loi et le tribunal administratif de Paris s'est ainsi encore déclaré incompétent pour se prononcer sur la carence du législateur dans la transposition d'une directive communautaire[63].

Cette position est justifiée dans la mesure où de tels actes ont trait aux relations entre le gouvernement et le Parlement et concernent à la fois la fonction politique de l'Etat et la souveraineté du législateur qui ne peuvent, en tant que telles, être soumises au contrôle du juge administratif, et cela sur le terrain du contentieux de la légalité comme sur celui de la réparation. Elle paraît néanmoins constituer un point d'achoppement certain avec les prescriptions de la Cour de Luxembourg qui rejette de tels dispositifs d'irresponsabilité *a priori* et pour qui la responsabilité en cas de méconnaissance du

---

[60] V. notamment CJCE, 19 nov. 1991, Andrea Francovich, Danila Bonifaci et autres, Aff C 6/90 et C 9/ 90, *Rec.* p. I-5357.

[61] Nous faisons référence à l'article du Professeur Moreau, Internationalisation du droit administratif français et déclin de l'acte de gouvernement, in *L'internationalisation du droit, Mélanges en l'honneur de Yvon Loussouarn*, Paris, Dalloz 1994, p. 293.

[62] CE, 17 mars 1853, Prince de Wagram, *Lebon* p. 329 ; CE, 17 février 1888, Prévost, *Lebon* p. 149 ; CE, 19 mars 1947, Panaget, *Lebon* p. 114 ; CE, 28 mai 1980, B., *RDP* 1981, p. 777.
Le Conseil d'Etat a d'ailleurs récemment rappelé qu'un tel refus qui se rattache aux rapports du pouvoir exécutif avec le Parlement n'est pas susceptible de faire l'objet d'un recours pour excès de pouvoir : CE 13 janvier 1997, Seidel, *D.* 1997, IR, p. 109).

[63] TA Paris, jugement du 23 mai 1989, Dangeville.

droit communautaire doit être engagée quelle que soit la nature de l'acte et quel que soit son auteur[64].

L'on peut enfin relever que cette contestation communautaire permettrait de rééquilibrer le phénomène de réduction du champ d'application de la théorie des actes de gouvernement qui s'opère essentiellement à travers la branche des actes en liaison avec l'international.

B- LA POSSIBLE REMISE EN CAUSE CONVENTIONNELLE

La remise en cause et la réduction du champ d'application de la théorie de l'acte de gouvernement est amplifiée sous l'effet du droit conventionnel, dans la mesure où cette théorie a pour conséquence de porter atteinte au droit à un recours effectif prévu à l'article 13 de la Convention[65].

Cette incompatibilité ne constitue pas une pure hypothèse d'école, malgré ce qui a pu un temps être affirmé par une partie de la doctrine[66] : mais, dans la mesure où le droit à un recours effectif n'est pas un droit pouvant être invoqué de manière autonome, la méconnaissance par un acte dit de gouvernement du droit à un recours effectif, doit, conformément à la jurisprudence des organes de Strasbourg, et même si cette position n'a à ce jour été clairement affirmée par aucune jurisprudence expresse, être conditionnée par le fait pour le requérant de faire valoir la méconnaissance d'un droit garanti par la Convention. Une affaire relativement récente aurait pu donner l'occasion à la Commission de se prononcer sur ce point[67].

A la suite de la décision du Président de la République de procéder à la reprise des essais nucléaires en France, un groupe de résidents polynésiens a, en effet, saisi la Commission d'un recours visant notamment à faire constater qu'ils n'avaient pu bénéficier d'un recours effectif, ladite décision du Président de la République relevant de la catégorie des actes de gouvernement[68]. La Commission a jugé cette requête irrecevable dans la mesure où les requérants n'ont pas pu prouver avec une certitude

[64] CJCE, 5 mars 1996, Brasserie du pêcheur SA et Bundesrepublik Deutschland, The queen et Secretary of State for transport ex parte: Factortame Ltd e.a., Aff. jtes C 46/93 et 48/93, *Rec.* p. I-1029.

[65] V. not. J.-F. Flauss, Le droit de recours effectif: l'article 13 de la Convention européenne des droits de l'Homme dans la jurisprudence de la commission et de la Cour, in G.A. Baudouin (Dir.), *Vues canadiennes et européennes des droits et des libertés*, Y. Blais, Québec, 1989, p. 255 ; J.-F. Flauss, Le droit à un recours effectif- L'article 13 de la Convention européenne des droits de l'Homme, *RUDH* 1991, p. 324 ; P. Mertens, *Le droit de recours effectif devant les instances nationales en cas de violation d'un droit de l'Homme*, p. 98 et s, p. 112 et s. ; T.A. Wetzel, *Das recht auf eine wirksame beschwerde bei einer nationalen Instanz (art. 13 EMRK) und seine ausgestaltung in der Schweiz*, HuberDruck AG Entlebuch, 1983, sp. p. 82 et s.

[66] R. Abraham faisait en effet remarquer que *« la question ne se pose pas sérieusement pour les actes de gouvernement qui, par leur nature, -actes relatifs à la conduite des relations internationales ou aux rapports entre les pouvoirs publics- ne paraissent guère susceptibles d'entrer dans le champ d'application des articles 6 et 13 »*, Les incidences de la Convention européenne des droits de l'Homme sur le droit du contentieux administratif, *RFDA* 1990, p. 1053, sp. p. 1057.

[67] Req. n° 28204/95 du 4 décembre 1995, N. Tauira et 18 autres c/ la France, *DR* 83-A p. 112. Voir toutefois le commentaire d'E. Decaux, *RGDIP* 1996, p. 741.

[68] CE, 11 juillet 1975, Paris de la Bollardière et autres, *Lebon* p. 423.

suffisante leur qualité de victime[69] ; mais ce faisant, il se pourrait qu'elle ait accepté le principe du recours contre une décision qualifiée en droit interne d'acte de gouvernement[70] qui devait en conséquence bénéficier d'un régime d'irresponsabilité au regard du droit interne[71].

La mise en cause d'un acte dit « de gouvernement » pour méconnaissance d'un droit reconnu par la Convention pourrait donc être ouverte et proliférer dans la mesure où l'on peut imaginer de nombreuses hypothèses dans lesquelles un acte reconnu comme tel par le juge administratif portera atteinte aux droits reconnus par la Convention, droits dont bénéficie chaque personne soumise à la juridiction des Etats parties. Ainsi pourrait-il en aller, par exemple, dans le cas où un particulier, après avoir loué son appartement à un membre du personnel diplomatique, se le voit restituer en mauvais état et ne peut engager la responsabilité de son locataire en raison de l'immunité dont celui-ci bénéficie. Dans cette situation il lui sera bien évidemment possible d'engager la responsabilité du fait la rupture de l'égalité devant les charges publiques qui résulte pour lui de la signature par la France de la Convention de Vienne relative aux immunités diplomatiques, conformément à une jurisprudence classique qui n'aboutit à une indemnisation que dans des situations très exceptionnelles[72], mais il pourrait également obtenir réparation pour violation de l'article 1 du protocole additionnel sur le fondement de l'atteinte aux biens devant les organes de Strasbourg, ce qui lui ouvre de plus grandes chances de succès. Il en irait de même au cas où une entreprise se trouverait dans l'impossibilité d'obtenir l'exécution d'un contrat par un cocontractant étranger en raison du refus du gouvernement français d'engager des négociations, dans le cadre d'une convention judiciaire, avec un Etat étranger. Dans cette hypothèse en effet, l'acte qualifiable « de gouvernement » ne pourra engager la responsabilité sur le terrain du droit français que sur le fondement de la rupture de l'égalité devant les charges publiques[73]. Pourtant, dans la mesure où un tel acte porte atteinte à un de ses droits de créance et donc à un de ses biens, l'abstention du gouvernement français traduit une méconnaissance de l'article 1 du premier protocole additionnel. Certes, le contentieux des actes de gouvernement devant les organes de Strasbourg se produirait principalement en cas d'atteintes à l'environnement ou au droit de propriété ; mais il pourrait constituer une atteinte sérieuse au principe d'injusticiabilité consacré par le droit français.

L'on pourrait également croire à la remise en cause de l'irresponsabilité du fait des actes de gouvernement sur le terrain de l'article 6 de la Convention. En effet, dès lors qu'un acte de gouvernement porte atteinte à un droit reconnu à un particulier, ne serait-il pas possible d'affirmer l'existence d'une contestation en matière civile qui impliquerait nécessairement le droit à un tribunal chargé le cas échéant de se prononcer

---

[69] Il est d'ailleurs à noter que cette qualité pourrait aujourd'hui lui être reconnue puisque des études récentes montrent la pollution qui est apparue en Polynésie à la suite des expérimentations nucléaires en cause *Le Monde*, Samedi 7 février 1998, p 34, Mardi 30 juin 1998, p. 32.
[70] CE, 29 septembre 1995, Association Greenpeace France, *AJDA* 1995, p. 684, *Lebon* p. 347.
[71] Cf. par exemple, CE, 25 mars 1988; Sté Sapvin, *Lebon* p. 133 ; CAA Paris, 28 mars 1995, Sté SOFEMA, n° 93PA00562. Comp. en cas d'acte détachable, CE, 19 février 1988, Scté Robatel S.L.P.I., *Lebon* p. 75.
[72] Cf. CE, Sect. , 29 octobre 1976, Ministre des affaires étrangères c/ Csorts Burgat, *Lebon* p. 452.
[73] Tel était le cas dans l'arrêt CE, 25 mars 1988, Scté Sapvin, *Lebon* p. 133.

sur l'octroi d'une réparation, sous réserve des limitations à l'accès juridictionnel acceptées par la Cour ? Cette dernière n'a toutefois pas, alors qu'elle était amené à la discuter, pris position sur la question de la soumission des actes de gouvernement à l'article 6. Elle devait en effet se prononcer sur la possibilité pour le pouvoir politique d'accorder le renouvellement d'une autorisation d'exploitation de centrale nucléaire et sur ses possibles conséquences pour les requérants du fait des dommages en découlant pour l'environnement, à travers leur droit à l'intégrité physique. Si une telle question n'est pas qualifiée d'acte de gouvernement en droit français, le gouvernement suisse, défendeur, invoquait le caractère politique de l'acte en cause pour le faire échapper au contrôle des organes de Strasbourg, le litige ne pouvant revêtir selon lui le caractère de contestation au sens de l'article 6. La Cour ne s'est pas expressément prononcée sur cet argument et a relevé de manière générale que l'acte en cause s'apparentait davantage à une décision juridictionnelle[74] qu'à une décision de politique générale[75] et qu'il tombait de ce fait dans le champ de l'article 6, même si elle a rejeté l'applicabilité de cette disposition en raison du lien trop ténu entre la décision en cause et le droit invoqué par les requérants qui n'avaient, à aucun moment de la procédure, allégué avoir subi un préjudice du fait dudit acte. Est-ce à dire qu'*a contrario* la Cour se serait reconnue compétente pour le confronter aux exigences de l'article 6 ? On peut croire que oui.

Si la Cour de Strasbourg n'a pas, à l'occasion de cette affaire, pris expressément position sur la possible soumission des actes de gouvernement à l'article 6, l'examen des opinions dissidentes formulées par les juges de Strasbourg à l'occasion de cette affaire révèle deux tendances. La première tendance, exprimée par le juge Foighel, considère que si l'article 6 de la Convention ne peut être applicable aux attributs souverains de l'Etat, rien dans la Convention ou dans la jurisprudence de la Cour n'exclut un contrôle juridictionnel de la question de savoir si le gouvernement a observé les conditions établies par la loi[76] ; ce qui semble ouvrir la possibilité d'un contrôle de légalité et donc une séparation des éléments politiques et des éléments juridiques de la décision -contrôle qui au demeurant semble très délicat à opérer-. La seconde tendance, qui réunit une partie plus importante de la Cour, consiste à distinguer les choix politiques, qui révèlent l'essence même de l'acte de gouvernement, des décisions d'exécution de ces choix politiques ; cela afin de contrôler la raison d'Etat là où elle s'exerce et avant qu'elle cause un dommage aux particuliers[77]. Dès lors, il doit être possible, même dans des domaines sensibles, d'opérer un contrôle juridictionnel de ces décisions d'exécution afin de garantir les droits des particuliers tout en respectant les attributs souverains de l'Etat, le contrôle ne pouvant alors être qu'un contrôle de légalité et non d'opportunité. Les conséquences des actes dits de gouvernement sur les droits des particuliers seraient alors distinguées de l'exercice par l'Etat de ses choix politiques et il pourrait être possible d'en tirer des conclusions sur le terrain du contentieux indemnitaire. Cette deuxième position n'affirme toutefois pas la nécessité d'un recours

---

[74] Cette position a été vivement critiquée par le juge Pettiti : Opinion dissidente de M. le juge Pettiti à laquelle se rallient MM. les juges Gölcüklü, Walsh, Russo, Valticos, Lopes Rocha et Jambrek.

[75] CEDH, 26 août 1997, Balmer-Schafroth et autres c/ Suisse, *Recueil des arrêts et décisions*, 1997-IV, p. 1346. Pour des faits similaires : CEDH, 6 avril 2000, Athanassoglou c/ Suisse, Req. n°27644/95 et l'opinion dissidente des juges Costa, Tulkens, Fiscbach, Casadevall et Maruste.

[76] Opinion dissidente de M. le juge Foighel.

[77] Opinion dissidente de M. le juge Pettiti à laquelle se rallient MM. les juges Gölcüklü, Walsh, Russo, Valticos, Lopes Rocha et Jambrek.

interne contre les actes de gouvernement et il est difficile de dire actuellement comment doit être entendue la notion d'acte d'exécution des décisions politiques.

Le droit conventionnel pourrait donc ouvrir la voie à une remise en cause de l'irresponsabilité des actes de gouvernement. Certes, cette remise en cause n'est à ce jour envisageable que devant les organes de Strasbourg et non devant les juridictions internes ; mais si elle se confirmait, c'est tout l'édifice de l'acte de gouvernement qui, en se voyant retiré une part de sa légitimité, se trouverait ébranlé. Outre la réduction des hypothèses d'irresponsabilité de la puissance publique, le droit européen consacre l'obligation d'une réparation effective.

SECTION 2- LA NECESSAIRE EFFECTIVITE DE LA REPARATION

En effet, si le droit européen a pour conséquence de repousser les limites de l'irresponsabilité, afin d'assurer une meilleure protection des particuliers face aux autorités étatiques, la seule affirmation d'un principe de responsabilité ne peut suffire à assurer sa mise en oeuvre effective et concrète. L'action en réparation peut être aisément privée d'effet par l'interdiction d'un recours contre l'administration défaillante dans l'exécution de son obligation pécuniaire. Il est de même possible que les modalités internes d'obtention d'une réparation s'accompagnent de la mise en place de conditions contraignantes aboutissant à une limitation de fait de la possibilité de réparation. L'affirmation de la responsabilité est donc à elle seule d'un intérêt limité en l'absence de garanties d'effectivité de la réparation et l'on peut même affirmer que le principe de réparation n'est rien sans de telles garanties d'effectivité ; il perd sa raison d'être faute de possibilité pour le particulier de percevoir concrètement une compensation pécuniaire du dommage subi. Aussi convient-il de contrer les éventuels obstacles tant à la mise en oeuvre de l'action en responsabilité qu'à son effectivité et donc d'assurer la possibilité de bénéficier d'une réparation, comme l'étendue et la concrétisation matérielle de celle-ci.

L'effectivité de l'action en responsabilité telle qu'elle est conçue par les systèmes communautaire et conventionnel, passe donc par la recherche, en pratique difficile, de l'amélioration des conditions d'obtention d'une réparation, par la garantie de l'effectivité de l'exécution par l'Etat de ses obligations à caractère pécuniaire et enfin par l'affirmation du droit à une réparation intégrale, ce qui ouvre la porte à un possible cumul d'actions.

§1- UNE REPARATION ASSOUPLIE

La recherche d'une réparation effective implique l'encadrement de ses modalités d'obtention ; cela afin d'éviter que les règles de mise en oeuvre de la responsabilité restreignent l'étendue de la réparation et n'accordent qu'une protection partielle ou inadéquate aux particuliers. Pour autant, l'intervention du droit européen, si elle fixe des limites en dessous desquelles les Etats ne peuvent descendre, ne constitue pas une sorte de boîte de Pandore d'où jaillirait un arsenal de principes interdisant toute limitation aux actions en responsabilité et sa volonté d'améliorer les conditions d'obtention de la réparation n'aboutit pas à la suppression de toutes les restrictions de fait à l'octroi d'un dédommagement. Ainsi, s'il encadre l'étendue dans le temps de la réparation en agissant sur les règles de prescription, il n'oblige pas à une réparation illimitée des particuliers ; de même que s'il remet partiellement en cause la condition de dommage anormal et spécial, il la tolère dans de nombreuses hypothèses. Enfin, s'il réglemente les limitations du montant de la réparation pouvant être accordée, ce n'est que de manière réduite.

A- L'ETENDUE DANS LE TEMPS DE LA REPARATION : L'INFLUENCE LIMITEE SUR LES REGLES DE PRESCRIPTION

La Convention européenne des droits de l'Homme, à travers l'interprétation qui en est faite par les organes de Strasbourg, ne vise pas à faire évoluer les règles de prescription dans la mesure où ces dernières concernent l'encadrement du droit d'accès aux tribunaux, qui est librement fixé par les gouvernements nationaux. Sous réserve que le point de départ du délai de recours soit clairement mentionné et ne permette aucune ambiguïté, la durée de la prescription est donc, jusqu'à aujourd'hui, librement déterminée par les autorités nationales[78]. Le droit communautaire exerce en revanche une influence plus importante puisqu'il peut avoir pour effet une évolution des dispositions applicables au niveau interne en matière de prescription. Telle est d'ailleurs l'implication de la directive « produit défectueux »[79].

La question des délais de prescription en cas de mauvaise transposition ou de défaut de transposition d'une directive communautaire se pose également. En effet, faire courir un délai dans cette hypothèse permet à l'administration de contrer l'adage *nemo auditur turpitudinem allegans* et a des incidences particulièrement conséquentes dans le système juridique français puisque, en l'absence de transposition, les particuliers ne peuvent, en raison du refus du juge national de reconnaître l'invocabilité de substitution des directives, se voir appliquer leurs dispositions et en conséquence exercer leurs droits[80].

Dans de telles hypothèses, il a un temps été considéré que le délai de recours ne pouvait commencer à courir qu'à compter de la mise en conformité avec la légalité communautaire et non à partir du refus de prise en considération des avantages d'origine communautairet[81] mais cette solution doit, au regard des positions ultérieurement adoptées par la Cour, être nuancée puisque celle-ci accepte la possibilité pour les systèmes nationaux de limiter rétroactivement, dans le cadre des actions en payement, l'application du droit issu d'une directive non transposée[82]. Elle a en outre

[78] Ainsi, en matière de responsabilité de droit privé, le juge judiciaire peut rejeter pour cause d'irrecevabilité en raison de l'expiration de la prescription quinquennale une action en responsabilité civile à la suite de l'annulation d'un permis de construire par le juge administratif sans violer les articles 6 par. 1 et 13 de la Convention : C. Cass., 8 février 1995, Gambs c/ Société d'investissements immobiliers de Haguenau et environs et autres, *Revue des loyers et des fermages*, 1995, p. 333.

[79] Directive 85/374 CEE du 25 juillet 1985, Art 11, JOCE 7 août 1985, L 210/29.

[80] Ce principe n'ayant pas été remis en cause par le récent arrêt Tête : CE, Ass. 6 février 1998, M. Tête, Association de sauvegarde de l'ouest lyonnais, *Lebon* p. 30.

[81] CJCE, 25 juillet 1991, Emmot, Aff. 208/90, *Rec.* p. I-4269.

[82] CJCE 6 décembre 1994, Aff. C 410/92, Johnson, *Rec.* p. 5501 ; CJCE, 27 octobre 1993, Aff. C 388/91 Steenhoorst-Neerings, *Rec.* p. I-5475 ; CJCE 23 novembre 1995, Aff. C 394/93, Alonso-Perez, *Rec.*, p. I-4101 ; CJCE 6 juillet 1995, Aff. 62/93, Soupergaz, *Rec*, p. I-1883.

affirmé que le défaut de transposition d'une directive ne prive pas l'administration nationale de la faculté d'opposer dans le cadre d'une action en payement un délai de prescription ; ce délai courant à compter de la date à laquelle ces droits sont opposables à l'Etat lui-même, c'est à dire à compter de la date d'exigibilité des droits en cause[83], et cela alors même que l'individu ne pourrait obtenir, du fait de l'application de ces règles de prescriptions, réparation de l'intégralité du dommage subi du fait de la méconnaissance de ses droits d'origine communautaire[84].

L'action en répétition de l'indu prévue à l'article 36 de la loi de finances rectificative pour 1989 qui a complété l'article L 190 du livre des procédures fiscales[85] pose un problème spécifique. Ce texte vise à fiscaliser les actions en restitution de taxes indues[86] et partant à exclure les règles de la répétition de l'indu posées par la Cour de Cassation[87] selon laquelle le délai pour agir était celui de la prescription trentenaire, sauf application de la déchéance quadriennale prévue par la loi n° 68-1250 du 31 décembre 1968. Avec l'article L 190 du LPF, les actions en répétition de l'indu sont devenues clairement soumises à la déchéance quadriennale et ne relèvent plus du droit commun du contentieux civil. Les intérêts de l'administration se trouvent ainsi protégés.

Si la possibilité de faire évoluer les règles de procédure relève de la seule compétence des gouvernements internes, sous réserve de respecter les principes d'équivalence de traitement juridictionnel et d'effectivité des recours -ce qui rend l'évolution du droit interne licite[88]-, l'examen de cette disposition révèle une interrogation relative à sa compatibilité avec le droit communautaire. En effet, l'alinéa 3 de l'article L 190 du LPF prévoit, lorsque la non-conformité a été révélée par une décision juridictionnelle, que l'action en restitution ne peut porter que sur la période postérieure au 1er janvier de la quatrième année précédant celle au cours de laquelle la décision révélant la non-conformité est intervenue, et cela quand bien même la directive n'aurait pas dans ce délai été transposée correctement en droit interne. Ainsi, quelle que soit la durée du payement indu, un contribuable ne pourrait obtenir réparation que pour les quatre années précédant le constat de la non conformité au droit communautaire. L'on aurait pu de ce fait croire à une incompatibilité du fait de la diminution de l'effectivité que consacre cette disposition. Tel n'est toutefois pas le cas dans la mesure où la Cour de Justice, depuis l'affaire *Steenhorst-Neerings*, a accepté un tel mécanisme[89]

---

[83] CJCE, 2 décembre 1997, Fantask A/S, Aff. C 188/95, *Rec.* I, p. 6783. Cette position a été réaffirmée à l'occasion d'affaires plus récentes : CJCE, 12 mai 1998, Landbrugsministeriet - EF-Direktoratet c/ Steff-Houlberg export E.A., Aff. C 366/1995, *Rec* p. I-2661 ; CJCE, 15 septembre 1998, Ansaldo Ennergia SpA, Aff. jtes, C 279/96, C 280/96, C 281/96, *Rec.* p. I-5025 ; CJCE, 15 septembre 1998, EDIS c/ Ministero delle Finanze, Aff. C 231/96, *Rec.* p.I-4979.

[84] CJCE 17 juillet 1997, Haahr Petroleum Ltd, Aff. C 90/94, *Rec.* p. I-4142, point 50.

[85] L. n° 89-936 du 29 décembre 1989, J.O. p. 16373.

[86] Instruction n° 10-023 D.G.I. BOI 13 février 1990, *Dr. Fiscal*, II, n° 10-023, p. 8673.

[87] Cass. com. 17 janvier 1989, Decelle, *RJF* 3/89, n° 386, Chronique J. Turot p. 115.

[88] C'est du moins ce qu'a conclu la Cour de Cassation à l'occasion de l'arrêt Abelsohn : C.Cass. com. 13 décembre 1994, *RJF* 1995, p. 82, note M. Raynaud.

[89] CJCE, 27 octobre 1993, Aff. C 338/91 Steenhoorst-Neerings, *Rec.* p. I-5491, point 23 ; CJCE 6 décembre 1994, Aff. C 410/92, Johnson, *Rec.* p. I-5501. Dans ces deux affaires la Cour du Kirchberg a considéré que la possibilité de limiter l'effet rétroactif des demandes introduites répond aux exigences d'une bonne administration et à la nécessité de préserver l'équilibre financier. Elle a surtout insisté sur la spécificité du contentieux en question dans l'affaire Emmot et les particularités des régimes contributifs qui n'induit pas un

et a repris cette solution à l'occasion de l'affaire *Fantask*[90]. A moins que, ainsi que l'a avancé M. Dibout, l'article L 190 al. 3 réserve un sort spécifique aux hypothèses de restitution pour méconnaissance du droit communautaire et à celles purement internes[91], il ne paraît en conséquence pouvoir être remis en cause sur le fondement du droit communautaire.

La solution adoptée par la Cour dans l'arrêt *Fantask* amène naturellement à s'interroger sur la possible limitation dans le temps des effets d'une action en réparation en cas de violation du droit communautaire puisque la Cour de Justice a, à l'occasion de l'affaire *Brasserie*, implicitement admis la possibilité pour les Etats de limiter les effets dans le temps d'un arrêt constatant une telle violation, pour des raisons de sécurité juridique[92]. Ainsi, un particulier dont les droits d'origine communautaire auraient été méconnus pendant une certaine durée et qui en aurait subi un préjudice pourrait voir limitée l'étendue dans le temps de son droit à réparation. Une telle solution ne nous semble absolument pas souhaitable, et cela pour deux raisons. Tout d'abord, une telle limitation, pour des motifs tenant à la sécurité juridique des Etats ne semble pas nécessaire. En effet, ceux-ci bénéficient d'ores et déjà d'un filtre à travers la condition de violation suffisamment caractérisée qui, dès lors qu'ils disposent d'une marge de manoeuvre importante dans la mise en oeuvre du droit communautaire, limite l'engagement de leur responsabilité. Tel n'est pas le cas dans l'hypothèse d'un montant perçu indûment puisque quel que soit le motif de la perception indue, mauvaise interprétation purement fortuite ou méconnaissance manifeste des conditions d'encadrement communautaires, le principe d'une restitution est affirmé en tout état de cause. Aussi peut-il être dans cette hypothèse, mais dans cette seule hypothèse, nécessaire de limiter l'engagement dans le temps de la réparation, pour des motifs tirés de la préservation des finances publiques comme de la sécurité juridique. Ensuite, accorder une limitation dans le temps de l'engagement de la responsabilité en cas de violation du droit communautaire revient à porter un coup trop important à l'effectivité de la mise en oeuvre du droit communautaire en tolérant une inexécution pendant un délai éventuellement long, inexécution dont le coût pour les Etats sera éventuellement, de par la limitation de l'obligation de réparation, moins important que l'avantage. La limitation des effets dans le temps ne nous semble donc pas devoir être reprise dans le cadre de la violation du droit communautaire et il paraît important que la Cour de Luxembourg précise sur ce point sa position.

---

traitement différent en fonction des domaines et n'implique pas une dépendance de la compatibilité avec le droit communautaire en fonction de la nécessité ou de l'objet de la règle en question.

[90] CJCE, 2 décembre 1997, Fantask A/S e.a., Aff. C 188/95, *Rec.*, p. I-6783. Elle a confirmé cette position : CJCE, 15 septembre 1998, Edis, Aff. C 213/6, *Rec.* p. I-4951. L'administration fiscale a d'ailleurs pris acte de la position de la Cour de Justice : Note DGI du 8 décembre 1998, BOI 0-8-98, *Droit fiscal* 1998, n° 52, Comm. n° 12116.

[91] P. Dibout, La restitution des taxes perçues en violation d'un directive communautaire et la prescription, CJCE, 2 décembre 1997, Aff. C 188/95, Fantask, *Dr. Fiscal*, 1998, p. 349.

[92] CJCE, 5 mars 1996, Brasserie du pêcheur SA et Bundesrepublik Deutschland, The Queen et Secretary of State for transport ex parte: Factortame Ltd e.a., Aff jtes C 46/93 et 48/93, *Rec.* p. I-1029, point 97. V. également G. Vandersanden, Le droit communautaire, in *La responsabilité des Etats membres en cas de violation du droit communautaire, Etudes de droit communautaire et de droit national comparé*, Bruxelles, Bruylant, 1997, p. 5, sp. p. 57.

L'encadrement de l'étendue dans le temps de la restitution que prévoit le droit communautaire ne permet pas, loin s'en faut, une protection optimale des droits pécuniaires que les particuliers tirent de l'ordre communautaire et, de manière plus générale, le droit européen ne signifie pas l'éclatement de toutes les barrières qui peuvent limiter l'efficacité de l'action en responsabilité. Son intervention a toutefois l'intérêt de poser des bornes à la liberté des Etats et partant des seuils, même s'ils sont souples, à la réduction de l'effectivité de la réparation. On en trouve un nouvel exemple dans l'examen de la condition tenant à l'existence d'un dommage anormal et spécial, outil important de restriction de la possibilité d'obtenir une réparation, qui, si elle ne semble pouvoir faire l'objet d'une remise en cause de principe au regard des exigences européennes, voit son champ d'application limité.

B- La relative remise en cause de la condition de dommage anormal et special

La condition de dommage anormal et spécial qui régit le mécanisme de responsabilité pour rupture de l'égalité devant les charges publiques[93] peut être considérée comme trouvant ses origines dans l'Ancien droit français ; même si cette condition n'a véritablement été exploitée par la doctrine que depuis le premier quart du XXe siècle avec le développement de la responsabilité du fait des activités licites des autorités publiques et des mécanismes de responsabilité reposant sur la solidarité sociale.

La condition de dommage anormal et spécial est justifiée par l'idée de corrélation des avantages et des charges, c'est à dire de profit que l'ensemble de la collectivité, la victime y étant incluse, tire de l'action dans l'intérêt général, qui sous-tend le principe de rupture de l'égalité devant les charges publiques[94]. Elle n'en constitue pas moins un obstacle à l'indemnisation de la victime La condition tenant à l'existence d'un dommage anormal et spécial a en outre pour corollaire une limitation de fait du montant de la réparation -celle-ci étant accordée non pas pour l'intégralité du préjudice mais pour la partie à partir de laquelle il est anormal[95]- ; aussi semble-t-elle peu conforme aux exigences européennes

Il a en effet été observé, dans le cadre de l'examen du mécanisme français de responsabilité du fait des lois avec le droit communautaire[96], que la condition d'anormalité et de spécialité du préjudice, dans la mesure où elle nuit à l'effectivité de la réparation, était écartée par le juge de Luxembourg dans l'hypothèse d'une activité

---

[93] Cf. P. Delvolvé qui considère pourtant que la condition d'anormalité est également présente dans les mécanismes de responsabilité sans faute fondés sur le risque, *Le principe d'égalité devant les charges publiques*, thèse 1966, Paris, LGDJ, BDP t. 88, 1969, p. 259 et s. , pp. 319-320 ; J.-F. Davignon pour sa part considère que cette condition est applicable à l'ensemble de la responsabilité sans faute car même si elle n'est pas explicitement prise en compte par le juge administratif, elle est nécessairement présente : J.-F. Davignon, *La responsabilité objective de la puissance publique*, thèse, Lyon, 1976, SRT Grenoble, p. 78 et s.

[94] P. Delvolvé, *Le principe d'égalité devant les charges publiques*, préc., p. 275.

[95] V. J. Arrigui de Casanova, conclusions sous CE, Ass., Avis, 20 février 1998, Sté études et construction de sièges pour automobiles ; Sté Cie européenne de sièges pour automobiles ; Sté EAK ; Sté Eli-échapppement, Lebon, p. 60.

[96] Cf. supra Partie II, Titre I, Chapitre I, Section 3, §1, A, 1), a.

illicite ; ce qui est de nature à entraîner d'assez importantes évolutions en droit français en raison de la différence de conception du juge communautaire et du juge administratif de l'activité licite[97]. De même a-t-il été relevé que la Commission européenne des droits de l'Homme a pu considérer que la condition tenant au caractère d'exceptionnelle gravité du dommage subi par la victime d'une détention injustifiée et donc contrairement à l'article 5 de la Convention n'était pas justifiée et rendait l'exercice de cette voie de droit inutile faute d'effectivité[98]. Mais il ne semble pas que l'on puisse conclure de cette dernière solution la non-conformité aux exigences conventionnelles de l'application des caractères d'anormalité et de spécialité aux mécanismes de responsabilité du fait d'activités méconnaissant un droit garanti par la Convention. Ainsi, le régime de réparation corollaire de l'atteinte au droit au respect des biens qui est affirmé par l'article 1 du premier protocole additionnel à la Convention européenne des droits de l'Homme et qui correspond à l'indemnisation d'un préjudice subi du fait d'une activité de l'Etat conforme à l'intérêt général peut-il se trouver subordonné en droit français à la condition d'un dommage anormal et spécial[99] sans que cette condition ait, à ce jour, été jugée contraire aux exigences de la Convention et l'appréciation par le juge du Strasbourg des modalités d'octroi d'une réparation ne semble d'ailleurs pouvoir être de nature à entraîner une remise en cause de cette condition puisque la réparation qui peut être accordée aux particuliers vise à ménager un juste équilibre entre les exigences de l'intérêt général et les droits individuels[100]. Plus généralement il ne semble pas, dès lors que l'activité litigieuse est justifiée par l'intérêt général, que l'exigence d'un dommage anormal et spécial puisse être remise en cause sur le fondement de la Convention.

En tout état de cause, dans l'hypothèse d'une activité licite, la condition tenant à l'existence d'un dommage anormal et spécial paraît pouvoir difficilement être remise en cause sur le fondement du droit européen. Cette condition semble en effet tout d'abord conforme au droit conventionnel qui considère que la responsabilité du fait d'un acte licite pris dans l'intérêt général doit être subordonnée aux conditions que d'une part seule une personne ou un nombre limité de personnes subisse le dommage et que d'autre part l'acte soit exceptionnel ou que le dommage soit le résultat exceptionnel de l'acte[101]. La condition tenant à l'existence d'un dommage anormal et spécial en cas d'activité régulière ne saurait davantage être contestée sur le fondement du droit communautaire qui bien au contraire la cautionne en la reprenant dans le cadre du contentieux de la responsabilité extra-contractuelle des Communautés. Ainsi, à l'occasion d'une affaire récente, le tribunal ne première instance a t-il implicitement affirmé l'existence d'un mécanisme de responsabilité, à l'origine de nombreuses

---

[97] Ainsi en ce qui concerne la notion de carence et les difficultés que soulève l'application par le Conseil d'Etat du régime de carence non fautive pour un inaction de l'administration qui peut être considérée par le juge de Luxembourg comme constituant un manquement au droit communautaire, cf. Supra Partie II, Titre I, Section I, §1, B.

[98] Req. n° 17494/90, Ixion c/ France, décision sur la recevabilité du 2 décembre 1992, inédit.

[99] CE, Sect. 23 décembre 1970, Farsat, *Lebon* p. 790.

[100] Conformément à l'objectif poursuivi par les organes de la Convention, CEDH, 23 septembre 1982, Spörrong et Lönnroth, série A n° 52.

[101] Recommandation R (84) 15 relative à la responsabilité des pouvoirs publics du 14 septembre 1984, Principes, II.

discussions au sein de la doctrine communautariste, qui est celui d'une responsabilité sans faute des Communautés dans l'hypothèse d'un acte licite qui serait à l'origine d'un dommage[102] ; régime de responsabilité subordonné à la condition d'un préjudice anormal et spécial qui est traditionnellement de mise pour ce type de responsabilité dans les ordres juridiques des Etats membres[103].

La condition de dommage anormal et spécial ne devrait en conséquence pas disparaître sous l'effet du droit européen.

Le troisième volet de l'encadrement de la réparation pouvant être accordée aux particuliers, qui est principalement le fait de l'ordre communautaire[104], concerne le montant de la réparation en cas d'activité illicite.

C- LE MONTANT DE LA REPARATION EN CAS D'ACTIVITE ILLICITE AU REGARD DU DROIT COMMUNAUTAIRE

L'ensemble des chefs de préjudice doit pouvoir faire l'objet d'une réparation conformément à la jurisprudence européenne et si, sur ce point également, la position de la Cour européenne des droits de l'Homme est relativement vague dans la mesure où celle-ci lorsqu'elle se prononce sur l'octroi d'une satisfaction équitable se contente de distinguer le préjudice matériel du préjudice moral, l'intervention communautaire est très précise. En premier lieu, tous les chefs de préjudice doivent, en effet, en cas de responsabilité résultant d'une violation du droit communautaire donner lieu à réparation, sans qu'il soit possible d'exclure *a priori* certains d'entre eux[105]. En second lieu, afin d'assurer l'effectivité de l'action en responsabilité, la réparation accordée en cas de violation du droit communautaire imputable aux autorités publiques doit être largement entendue ; ce qui implique l'encadrement des limitations du *quantum* de la réparation.

Certes en cas de dommage causé dans un domaine spécifique qui fait l'objet d'une intervention européenne et dans lequel la violation d'une règle communautaire n'est pas directement en cause, des plafonds de réparation justifiés par la nécessité de ne pas rompre l'équilibre des finances publiques pourront être institués. Tel est du moins la possibilité ouverte par le dispositif d'harmonisation de la responsabilité en cas d'atteinte à l'environnement[106] ou du fait des produits défectueux[107]. Mais en cas de

---

[102] Cette possibilité avait été ouverte par la Cour à l'occasion de nombreuses décisions : CJCE, 13 juin 1972, Cie d'approvisionnement et grands moulins de Paris c/ Commission, Aff. 9/71 et 11/71, *Rec.* p. 391 ; CJCE, 31 mars 1977, Cie industrielle du Comté de Lohéac Sainte Rose et a. c/ Commission, Aff. jtes 54/76 à 60/76, *Rec.* p. 645 ; CJCE, 24 juin 1986, Stés de développement et Clemessy c/ Commission, Aff. 267/82, *Rec.* p. 1907.

[103] TPI, 28 avril 1998, Dorsch Consult Ingenieurgesellschaft mbH c/ Conseil et commission, Aff. T 184/95, *Rec.* p. II-667.

[104] Il a précédemment été observé que le droit conventionnel encadrait le montant de la réparation accordée en cas d'atteintes au droit au respect des biens ou à la liberté individuel, même si cet encadrement est réduit. Sur ce point, cf. supra Partie I, Titre I, Chapitre II, Section 1, § 2, B.

[105] CJCE, 5 mars 1996, Brasserie du pêcheur SA et Bundesrepublik Deutschland, The Queen et Secretary of State for transport ex parte: Factortame Ltd e.a., Aff jtes C 46/93 et 48/93, préc.

[106] Cf. le livre vert sur la réparation des dommages causés à l'environnement diffusé le 17 mars 1993 (COM (93) 47). La Convention de Lugano fixe pour sa part qu'aucune limite supérieure au montant de la réparation ne peut être fixée.

méconnaissance des règles communautaires, le principe est tout autre puisqu'alors la réparation accordée à la victime de ce manquement doit être adéquate c'est à dire intégrale -ce qui implique la prohibition des limitations *a priori* de la réparation[108]- et conditionne l'encadrement de la réparation de manière à ce que celle-ci ne soit pas aménagée de manière à rendre extrêmement difficile ou pratiquement impossible l'octroi d'une indemnisation[109]. Aussi, les objections tenant à l'existence de dispositifs prévoyant des plafonds de réparation doivent en tant que tels être rejetées dans le cadre d'un tel recours[110]. Si de tels plafonds existent dans les mécanismes législatifs spéciaux de responsabilité, les situations dans lesquelles cette limitation pourrait se heurter à l'encadrement communautaire semblent néanmoins rares.

L'on peut toutefois s'interroger sur la compatibilité avec le droit communautaire des limitations à l'engagement de la responsabilité résultant de la pratique du juge administratif, telles qu'elles aparaissent en cas de non-respect des règles de passation des marchés. En effet, en cas d'éviction illégale d'un candidat à un marché public, la jurisprudence du Conseil d'Etat tient compte de la chance plus ou moins sérieuse que celui-ci avait d'obtenir le marché pour réduire le montant des dommages-intérêts qui lui seront accordés. Ainsi que l'a fait remarquer le Professeur Terneyre, c'est une véritable typologie qui a été mise en place par la Haute juridiction administrative[111], en fonction du degré plus ou moins sérieux de chances d'obtenir un marché qui est déterminé au regard notamment de l'état d'avancement de la procédure[112]. Lorsque l'entreprise évincée n'a jamais été en état d'obtenir le marché, le candidat malchanceux n'a aucun droit à indemnité[113]. Lorsqu'elle n'était pas dépourvue de toute chance d'obtenir le marché, il a droit à une indemnité correspondant aux frais qu'il a inutilement exposé pour participer au concours[114]. Lorsque l'entreprise avait une chance sérieuse d'emporter le marché, le concurrent non retenu a droit au remboursement des frais inutilement exposés pour participer au concours et à une partie du manque à gagner[115]. Lorsque l'entreprise avait une chance très sérieuse d'emporter le marché, elle a droit au remboursement de l'intégralité du manque à gagner et des frais engagés[116]. Cette fine casuistique n'est pas, en soi, contraire au droit communautaire puisqu'aucune des directives relatives à la passation de marchés ne s'oppose à l'existence d'une typologie

[107] Exposé des motifs de la directive du 25 juillet 1985, JOCE L 210 du 7 août 1985, p. 29: « ... *il semble possible d'admettre qu'un Etat membres puisse déroger au principe de la responsabilité illimitée en prescrivant une limité à la responsabilité globale du producteur pour la mort ou les lésions corporelles causées par des articles identiques présentant le même défaut, à condition que cette limite soit fixée à un niveau suffisamment élevé pour garantir une protection adéquate des consommateurs et le fonctionnement correct du marché commun* ».
[108] CJCE, 2 août 1993, M.H. Marschall et Southampton and South West Hampshire Area Health Authority, Aff C 271/91, *Rec* p. I-4367, points 26 et 29.
[109] CJCE, 5 mars 1996, Brasserie du pêcheur SA et Bundesrepublik Deutschland, The Queen et Secretary of State for transport ex parte: Factortame Ltd e.a., Aff jtes C 46/93 et 48/93, *Rec.* p. I-1029, point 90.
[110] CJCE, 2 août 1993, M.H. Marschall et Southampton and South West Hampshire Area Health Authority, Aff C 271/91, *Rec* p. I-4367, point 29.
[111] P. Terneyre, Marchés publics, Somm., *D.* 1995, p. 124.
[112] Voir sur ce point P. Terneyre, Marchés publics, Somm., *D.* 1995, p. 123-124.
[113] CE, 19 avril 1985, Cne de Vitrolles, *DA* 1985, n° 291.
[114] CAA Lyon, 18 mai 1989, Sté Royat automobiles, *Lebon*, T. p. 777.
[115] CE, 28 mars 1980, CH de Seclin, *Lebon*, T. p. 787.
[116] CE, 10 janv. 1986, Sté des travaux du Midi, *Lebon*, T. p. 717.

entre différentes situations pour l'octroi de dommages-intérêts[117]. Elle soulève néanmoins des interrogations quant à l'effectivité de la protection des droits des concurrents et de la lutte contre les violations des dispositions relatives à la passation des marchés, dans la mesure où l'indemnisation à la charge de la collectivité publique ne vise pas tant à sanctionner la méconnaissance des obligations communautaires qu'à réparer le préjudice subi par le concurrent malheureux et que la qualification par le juge de la situation de ce dernier à l'égard de la passation du contrat peut être sujet à critique. Ainsi, une société a été considérée comme n'étant pas dépourvue de toute chance d'obtenir le marché si le concours s'était déroulé régulièrement alors que son offre avait été retenue à l'issue d'une première phase de sélection ainsi que quatre autres parmi les douze en compétition ; elle a donc été dédommagée des frais exposés pour participer à la sélection mais n'a reçu aucune indemnisation au titre du manque à gagner alors qu'il aurait été possible de croire qu'elle y avait droit en raison de l'existence d'une chance sérieuse d'obtenir le marché[118] ; cela d'autant plus que certaines décisions antérieures traduisaient une plus grande souplesse d'appréciation[119].

Or, bien que la fixation de l'indemnité soit incluse parmi les conditions relatives aux pourvois qui relèvent selon les directives communautaires de 1989 et de 1992 du droit national, ce qui postulerait pour certains auteurs sa compatibilité avec les exigences communautaires[120], il est possible de rester plus circonspect. En effet, une interprétation restrictive du montant de la réparation pouvant être attribuée paraît s'opposer à la règle communautaire selon laquelle la somme à verser doit être fixée à un niveau suffisamment élevé pour dissuader l'entité adjudicatrice de commettre une infraction ou de persévérer dans une infraction[121]. Afin d'apprécier la compatibilité du mécanisme français de réparation avec les exigences communautaires, il convient de distinguer deux types de situations. Au cas où le cocontractant lésé n'était pas dépourvu de toute chance d'obtenir le marché, le dédommagement à la charge de l'administration aura nécessairement un effet dissuasif dans la commission d'une méconnaissance du droit communautaire puisque le remboursement des frais inutilement engagés pour participer au concours qui comprennent les frais d'expertise, d'établissement du devis sont souvent d'un montant élevé. Ainsi, à l'occasion de l'affaire du golf de cognac[122], une indemnité de 102 600 francs a été allouée à ce titre. En revanche, dans l'hypothèse où le cocontractant lésé et auteur du pourvoi serait dépourvu de toute chance d'obtenir le

[117] Il reste toutefois intéressant de remarquer l'apparente contradiction entre le principe selon lequel il peut être exigé du requérant qu'il prouve qu'il avait une chance réelle d'obtenir le marché posé à l'article 2 paragraphe 7 de la directive 92-13 du 25 février 1992 et l'exposé des motifs de cette même directive dans lequel il est précisé que « *Lorsqu'une personne introduit une demande de dommages-intérêts au titre des frais engagés pour la préparation d'une offre ou la participation à une procédure de passation de marché, elle n'est pas tenue, en vue d'obtenir le remboursement de ces frais, de prouver que le marché lui aurait été attribué en l'absence de cette violation* ».

[118] CE, 23 mars 1994, Syndicat intercommunal à vocation unique pour l'étude et pour la réalisation du golf de Cognac c/ Sté Golf conseil, *Lebon* p. 158.

[119] Ainsi le juge administratif a considéré qu'était qualifiable de perte d'une chance sérieuse le fait pour un requérant d'être exclu d'une procédure de passation sur le fondement de faits matériellement inexacts : CE, 28 mars 1980, CH de Seclin, *Lebon*, T. p. 787.

[120] H. Amiel, La transposition des directives recours dans le contentieux administratif français, *RRJ*, 1996, p. 65.

[121] Article 2 paragraphe 5 de la directive 92-13 du 25 février 1992.

[122] CE, 23 mars 1994, Syndicat intercommunal à vocation unique pour l'étude et pour la réalisation du golf de Cognac c/ Sté Golf conseil, *Lebon* p. 158.

marché, aucune indemnisation n'est mise à la charge de l'administration qui bénéficie en conséquence d'une impunité de fait alors même que son comportement est à l'origine d'une méconnaissance du droit communautaire. Si cette dernière hypothèse est dans les faits bien évidemment limitée, elle ne permet pas d'assurer pleinement l'effectivité des directives communautaires relatives à la passation des marchés ; et cela d'autant plus que les cocontractants lésés de l'administration hésitent à former de tels recours, par crainte de représailles qui passeraient par le rejet de leur candidature à l'occasion de marchés futurs. Aussi peut-on poser la question de la compatibilité dans cette hypothèse du mécanisme français de réparation. Pourtant, même dans cette dernière situation, la solution du droit français semble correspondre à la conception des fonctions de la responsabilité défendue par certains membres de la Cour pour qui les exigences communautaires tolèrent l'absence de condamnation pécuniaire en l'absence de préjudice véritable[123].

Le droit européen vise également à assurer l'effectivité de l'obligation de réparation.

§2 - L'EFFECTIVITE DE L'OBLIGATION DE REPARATION

La question du versement effectif par les autorités publiques de la somme qu'elles ont été condamnées à verser aux particuliers semble se poser de manière récurrente dans l'ensemble des Etats européens, même s'il est vrai que cette exécution peut être soumise à des aléas divers et dans son principe plus ou moins facilement mise en oeuvre ; aussi le retard d'exécution bénéficie-t-il d'une compréhension bienveillante du juge administratif alors qu'il ne saurait en être bien évidemment de même du défaut pur et simple d'exécution. Toutefois, le choix des procédés à la disposition des particuliers afin que ces derniers obtiennent l'exécution des décisions de justice qui leurs sont favorables est délicat et relève en premier lieu des seules autorités nationales ; mais dans la mesure où il a des conséquences particulièrement importantes sur l'effectivité de leur recours juridictionnel, il est soumis à un certain contrôle au niveau européen. Ainsi, l'obligation d'exécution de telles condamnations est affirmée, tant par l'ordre juridique communautaire que par les organes de la Convention européenne des droits de l'Homme, comme indispensable à l'efficacité de l'action en réparation.La Cour de Justice a, par exemple, institué un mécanisme d'astreinte[124] visant à contraindre les Etats auteurs d'une méconnaissance du droit communautaire constatée dans le cadre d'un recours en manquement et a, dans l'encadrement du régime de responsabilité des autorités publiques en cas de violation du droit communautaire, condamné les règles rendant impossible ou extrêmement difficile l'octroi d'une réparation, ce qui implique la possibilité d'une réparation effective. De manière similaire, les instances de Strasbourg, après avoir affirmé de manière générale le principe du droit pour chaque individu à

---

[123] V. les conclusions du commissaire du gouvernement Léger sous CJCE, 23 mai 1996, The Queen c/ Ministry of Agricuture, Fisheries and food ex parte Hedley Lomas (Ireland) limited, Aff. C 5/94, préc. , point 140.

[124] V. not. sur ce point: J. Diez-Hochleitner, Le traité de Maastricht et l'inexécution des arrêts de la Cour de Justice par les Etats membres, *RMUE*, 1994, p. 110 ou encore J. Candela Castillo, La loi européenne désormais mieux protégée, Quelques réflexions sur la première décision de la Commission demandant à la Cour de Justice de prononcer une sanction pécuniaire au sens de l'article 171 du traité à l'encontre de certains Etats membres pour violation du droit communautaire, *RMUE* 1997, p. 9.

l'exécution des décisions de justice à l'encontre des personnes publiques et des personnes privées[125] et l'interdiction des immunités d'exécution qui en découle[126] comme la nécessité d'une réparation rapide et efficace, ont récemment posé le principe de l'effectivité du bénéfice de la réparation, faute de quoi le mécanisme du droit à un procès équitable prévu à l'article 6 se trouverait privé de garanties[127].

Le principe du droit à une réparation effective, même si sa portée est variable, est donc affirmé de manière générale par les instances européennes. Or le droit français paraît conforme à ces exigences puisqu'à la différence des systèmes juridiques d'autres Etats européens il n'est plus régi par le système dit d'immunité d'exécution de l'Etat mais prévoit divers dispositifs, tant incitatifs que contraignants, en vue d'assurer une réparation effective des droits des particuliers[128] ; et cela même s'il n'est pas possible pour un particulier d'obtenir l'exécution forcée des décisions rendue à l'encontre d'une personne publique ou de faire saisir ses biens pour des raisons qui tiennent tant au bon fonctionnement des services publics qu'aux prérogatives exorbitantes du droit commun de l'Etat[129]. Le mécanisme d'encadrement de l'exécution des obligations de réparation a connu de récentes évolutions en droit français puisque le législateur, après avoir opté pour une politique d'incitation à l'exécution caractérisée principalement par la procédure d'astreinte telle qu'elle était prévue par la loi du 16 juillet 1980, a, depuis la loi du 8 février 1995, montré la volonté de contraindre, le cas échéant, l'administration à s'exécuter.

Depuis l'entrée en vigueur de la loi du 16 juillet 1980 des astreintes peuvent être prononcées à l'encontre des personnes publiques afin d'amener celles-ci à exécuter leurs obligations[130]. Ces astreintes ne permettent pas de pallier réellement l'inexécution puisqu'elles ont pour vocation de sanctionner la lenteur et le mauvais vouloir dans

---

[125] Ce droit est consacré par l'article 6 de la Convention: CEDH, 23 mars 1994, Silva Pontes c/ Portugal, série A n° 286-A, § 33, CEDH, 19 avril 1994, Van der Hurck, série A n° 288, § 52. Il l'est également, même si la Commission a paru un temps affirmer le contraire - Req. n° 15063/89, SA Luxora et autres c/ Belgique, décision sur la recevabilité du 5 octobre 1990, inédit, sp. p. 7- par le biais de l'article 13 : Req. n° 11966/86, Dierckx c/ Belgique et la résolution intérimaire DH 94/36 adoptée le 9 juin 1994 par le comité des ministres ; et aussi de l'article 1 du protocole additionnel ; CEDH, 28 septembre 1995, Scollo c/ Italie, série A n° 315-C, § 44.

[126] Une telle immunité étant contraire aux articles 6 et 13 de la Convention : Req. n° 22045/93, Beïs en Grèce, décision sur la recevabilité du 11 janvier 1995, inédit.

[127] CEDH, 19 mars 1997, Hornsby c/ Grèce, *« ce droit serait illusoire si l'ordre juridique interne d'un Etat contractant permettait qu'une décision juridique définitive et obligatoire reste inopérante à l'égard dune partie. (...). L'exécution d'un jugement ou d'un arrêt doit donc être considérée comme faisant partie intégrante du procès au sens de l'article 6 »*, CEDH, 19 mars 1997, Hornsby c/ Grèce, *Recueil des arrêts et décisions*, 1997-II, p. 495 (§40). Cette position était sous-entendue dans la jurisprudence antérieure : CEDH 26 septembre 1996, Di Pede c/ Italie, , *Recueil des arrêts et décisions* 1996-IV, p. 1376, CEDH 26 septembre 1996, Zappia c/ Italie, *Recueil des arrêts et décisions* 1996-IV, p. 1403. Cf. aussi L. Sermet, *Convention européenne des droits de l'Homme et contentieux administratif français*, Paris, Economica 1996, pp 193-195.

[128] Pour une étude plus approfondie de ces différents mécanismes en droit français: R. Chapus, *Droit du contentieux administratif*, 4ème édition, Paris, Montchrestien, 1993, n° 935 et s.

[129] C. Cass., 21 décembre 1987, Bureau de recherches géologiques et minières (B.R.G.M.) c/ Société Lloyd Continental, *Bull.* Civ. I, n° 348, p. 249.

[130] Pour un examen des moyens permettant d'obtenir l'exécution avant l'entrée en vigueur de cette loi et une critique du déséquilibre instauré au profit de l'administration : M. Gjidara, *La fonction administrative contentieuse*, Préface de R. Drago, Paris, LGDJ, Bibliothèque de sciences administratives, t. 5, 1972, sp. p. 307 et s.

l'exécution et non de permettre au particulier titulaire d'une décision de justice non exécutée de faire valoir ses droits. La procédure mise en place en 1980, même si elle visait la promotion du respect du droit, n'était d'ailleurs pas de nature à permettre une exécution optimale des décisions de justice. Elle était tout d'abord concentrée au niveau du Conseil d'Etat ; ce qui avait pour effet de compliquer l'obtention de l'exécution en même temps que de l'éloigner du justiciable comme de la juridiction à l'origine de la décision méconnue et donnait l'impression d'une procédure exceptionnelle, exorbitante du droit commun, ouvrant la porte à un traitement juridictionnel à plusieurs vitesses. De plus, elle faisait intervenir le Président de la section du rapport et des études chargé de trouver une solution amiable au différent puis seulement en cas de persistance de l'administration dans son refus d'exécuter, le Conseil d'Etat statuant au contentieux. Elle ne pouvait être mise en oeuvre qu'au bout d'un certain délai d'inexécution, 6 mois, ce qui pouvait être interprété comme une autorisation légale d'inexécution bénéficiant à l'administration pendant ce laps de temps. Une dernière difficulté résultait du fait que lorsque le particulier titulaire d'une décision juridictionnelle lui étant favorable sollicitait de l'administration l'exécution de la décision, et se voyait opposer un refus exprès ou implicite, il devait attaquer ce refus sur le terrain de la légalité faute de quoi l'astreinte ne pouvait être prononcée[131] ; ce qui entraînait une multiplication des actions contentieuses.

La loi du 8 février 1995 révèle une véritable révolution de l'esprit des rapports du juge administratif et de l'administration défaillante en permettant une amélioration considérable de la procédure d'astreinte et en introduisant la possibilité du prononcé d'injonctions.

A- L'AMELIORATION DE LA PROCEDURE D'ASTREINTE

La loi du 8 février 1995 prévoit non seulement la réduction du délai pour saisir le juge administratif afin d'obtenir l'exécution, mais aussi la déconcentration de la procédure de prononcé d'astreinte[132] qui peut dorénavant être le fait des tribunaux administratifs comme des Cours administratives d'appel. Elle a enfin une conséquence qui répond à une double finalité de coercition et de prévention de l'inexécution, puisque l'astreinte peut dorénavant être décidée non seulement *a posteriori* pour pallier l'inexécution, mais également *a priori* lorsque le juge administratif repère une possible inexécution dont il souhaite empêcher la réalisation. Ce dispositif ne permet certes pas une efficacité optimale de la procédure d'astreinte qui connaît des difficultés à la fois en ce qui concerne la détermination des mesures nécessaires à l'exécution des décisions de justice mais également dans la mesure où le juge administratif prononce rarement des astreintes définitives[133] -ce qui a pour effet d'allonger la procédure d'astreinte- et enfin en raison des difficultés dans la liquidation de l'astreinte[134] ; mais l'état du droit français s'en est trouvé grandement amélioré.

---

[131] CE, 2 décembre 1983, Mlle Leroux, *Lebon* p. 482; CE, Sect., 5 mai 1986, Dame David, *Lebon* p. 130.

[132] Art. L 8-4 du code des tribunaux administratifs et des cours administratives d'appel.

[133] Il ne l'a à ce jour fait qu'à une seule occasion : CAA Nantes, plén. 11 décembre 1996, M. Allais, *AJDA* 1997, p. 307, chro. P. Cadenat et al. p. 280.

[134] Cette liquidation est non seulement apparu tardivement dans la jurisprudence du Conseil d'Etat : CE, 2 mars 1988, SA Les tennis Jean Becker, *Lebon* p. 108 ; mais est en outre rare et limitée dans son montant : M.

Il n'en demeure pas moins que la question de savoir si le mécanisme d'astreinte permet une protection efficace des particuliers au regard des exigences conventionnelles a pu être posée par certains auteurs[135]. On pourrait considérer que seule la possibilité d'obtenir l'exécution forcée des décisions de justice rendues à l'encontre des personnes publiques serait de nature à permettre une protection efficace des particuliers puisque la Commission européenne des droits de l'Homme a, à diverses reprises, à l'occasion d'affaires concernant la Belgique[136], affirmé que, dans la mesure où l'exécution forcée ne pouvait être poursuivie à l'encontre des autorités publiques, les requérants ne disposaient d'aucun moyen pour contraindre l'Etat à payer et donc qu'en fait aucun recours efficace n'était à la disposition des particuliers ; et cela alors qu'existe en droit Belge une possibilité, certes plus réduite que celle du droit français, d'obtenir le prononcé d'astreinte à l'encontre des personnes publiques[137]. La formulation de ces décisions n'est toutefois pas assez éclairante pour déterminer si le prononcé d'astreinte issu de la loi de 1980, qui constitue un recours effectif au sens de l'article 13[138], représente aussi un moyen d'obtenir l'exécution d'une autorité publique suffisant au regard de la Convention. La Cour ne s'est du reste pas, à ce jour, prononcée sur ce point dans la mesure où l'ensemble des affaires soumises à la Commission a fait l'objet d'un règlement amiable. Néanmoins il est bien clair que si elle conditionnait le caractère effectif de l'obtention d'une réparation à la seule possibilité de saisir les biens des personnes privées, une atteinte directe serait portée à ce principe bien établi en droit français[139].

B- LE PRONONCE D'INJONCTIONS

En tout état de cause, depuis l'entrée en vigueur de la loi de février 1995, la pression à laquelle est soumise l'administration pour exécuter les décisions de justice s'est accrue puisque le juge administratif s'est vu accorder le pouvoir d'adresser des injonctions à l'administration ; cela dans deux hypothèses bien distinctes : lorsqu'un jugement implique nécessairement qu'une mesure d'exécution soit prise dans un sens déterminé, et donc dans l'hypothèse dans laquelle l'administration dispose d'une compétence liée, ou lorsque le jugement implique que, de nouveau, une décision soit prise après une nouvelle instruction[140]. Ce pouvoir d'injonction a reçu un écho favorable, sinon de l'unanimité de la doctrine, au moins de la juridiction administrative qui en fait

---

Dreyfus, A. Bompard, Du pouvoir comminatoire au pouvoir de sanction: la liquidation de l'astreinte, *AJDA* 1998, p. 3..

[135] L. Sermet, *L'incidence de la convention européenne des droits de l'homme sur le contentieux administratif*, préc., p. 199 et s.

[136] Req. n° 9676/82, Berthe Sequaris c/ Belgique, décision du 14 octobre 1982, *DR* 29, p. 245 ; Req. n° 11698/85; Joanna Leemans-Ceurremans c/ Belgique, décision du 11 décembre 1986, inédit ; Req. n° 11966/86, Consorts J. Dierckx c/ Belgique, décision du 8 décembre 1988, inédit ; Req. n° 19190/91, Eliane Mesmaeker c/ Belgique, décision du 30 novembre 1994, inédit.

[137] V. P. Lewalle, L'astreinte, garantie de l'efficacité des arrêts d'annulation prononcés par le Conseil d'Etat. Examen du droit français et du droit belge, in *Etudes offertes à J.-M. Auby*, Paris, Dalloz, 1992, p. 579.

[138] Req. n° 18185/91, Bastien c/ France, décision du 2 mars 1994, inédit.

[139] La règle suivant laquelle les biens des personnes publiques sont insaisissables constitue en effet un principe général de droit : C. Cass., 21 décembre 1987, Bureau de recherches géologiques et minières (B.R.G.M.) c/ Société Lloyd Continental, *Bull.* Civ. I, n° 348, p. 249.

[140] Article L 8-2 du Code des TA et CAA, Mais en tout état de cause le pouvoir d'injonction appartient aux juges communs du droit administratif.

fréquemment usage dans le domaine de l'excès de pouvoir[141] comme sur le terrain du contentieux indemnitaire[142].

Ces injonctions ont en outre pour conséquence l'atténuation du principe selon lequel la réparation en nature des dommages causés par l'administration, qui correspond à l'idée de restitution *in integrum* que l'on retrouve en droit conventionnel, ne peut être accordée ; principe qui trouve sa justification dans l'interdiction faite au juge de prononcer des injonctions à l'encontre de l'administration et donc de prononcer à son encontre des obligations de faire[143]. La réparation en nature pourrait donc être consacrée au fur et à mesure de la mise en oeuvre de la loi du 8 février 1995 puisque, par le prononcé d'injonction, le juge administratif pourrait ordonner à l'administration la restitution de biens saisis à tort de même que la remise en état d'un patrimoine endommagé. Cette possibilité d'une réparation en nature serait bien évidemment réduite en fonction de ses hypothèses de mise en oeuvre, étant entendu qu'une telle réparation en nature ne peut bien évidemment être de mise pour de nombreux types de dommages : dommages corporels, troubles aux conditions d'existence, préjudice moral notamment ; mais le principe de réparation essentiellement par équivalent qui a longtemps caractérisé le droit de la responsabilité administrative pourrait trouver à évoluer. Sur ce point il est bien évidemment exclu de parler d'influence européenne même si les visées du Conseil de l'Europe se recoupent avec les conséquences de l'intervention du législateur. A tout le moins peut-on encore constater cette communauté d'idées qui semble animer les relations entre les droits français et européens.

Le droit européen enfin, par l'affirmation du droit à réparation intégrale, ouvre la voie à un possible cumul d'actions.

§ 3 - Le droit a une reparation integrale : Le cumul d'actions

Le contentieux administratif est régi par un principe fondamental et fort ancien[144] : celui de la distinction des contentieux et de l'autonomie des voies de recours juridictionnelles qui constitue son corollaire. Ce principe permet de distinguer clairement la différence des pouvoirs du juge selon les contentieux et correspond, selon le Professeur Sandevoir, à la distinction des recours pouvant être entamés à l'encontre des actes d'autorités par rapport à ceux dont peuvent faire l'objet les actes de gestion[145].

---

[141] Ainsi le juge administratif s'est-il reconnu la possibilité d'enjoindre à l'abrogation d'un règlement illégal : CE, 21 février 1997, Calbo, Req. n° 172634, *DA*, 1997, n° 218.

[142] Pour des exemples d'injonctions d'exécution d'une décision condamnant une commune au versement de dommages-intérêts: CAA Lyon, M. Simon, 11 mars 1997, Req. n° 96LY002538, inédit au recueil Lebon ; CAA Bordeaux, 23 juin 1997, M. A. Bonnet, Req. n° 96BX02514, inédit au recueil Lebon.

[143] CE, 2 novembre 1963, Dame Barthélemy *Lebon* p. 548 ; CE, Sect., 6 janvier 1971, Dame Louvet, *RDP* 1971, p. 1471.

[144] Jhering en trouvait les traces dans le droit romain à travers l'impossibilité de cumul des actions que celui-ci consacrait : R. von Jhering, *L'esprit du droit romain dans les différentes phases de son développement*, Bologna Forni editore, t IV, livre II, 1ère partie, Titre III, Chapitre II, Section 3, I. A, par. 61.

[145] P. Sandevoir, *Etudes sur le recours de pleine juridiction*, Paris, LGDJ, BDP t. 56, 1964, p. 414. Cet auteur s'est interrogé sur les motifs qui déterminent le juge dans la qualification des actes administratifs au regard du dualisme des recours. Pour lui, cette distinction est le critère fondamental et déterminant de la distinction des recours dans la mesure où le contentieux de la légalité recouvre une fonction de contrôle qui fait remplir par le juge une fonction administrative en application de l'adage selon lequel juger l'administration c'est administrer alors qu'en pleine juridiction il remplit réellement une fonction juridictionnelle: sur ce point, sp. p. 406 et s.

Mais le principe de distinction des contentieux, qui a bien évidemment un intérêt indéniable en termes de classification, permet principalement d'assigner à certains tribunaux des compétences déterminées et partant de les spécialiser en augmentant leur efficacité pour la résolution de contentieux particuliers. Dès lors ce principe, qui n'est généralement abordé que dans la seule mesure où il régit les rapports entre le recours pour excès de pouvoir et le recours de plein contentieux[146], peut être transposé au coeur même du recours de plein contentieux et mieux encore afin d'opérer des distinctions à l'intérieur du contentieux indemnitaire. La question qui apparaît dès lors nécessairement est celle de savoir quels sont les motifs qui déterminent le juge dans la mise en place d'une telle distinction. Ceux-ci peuvent tout d'abord tenir aux caractéristiques du contentieux en cause. Ainsi certains contentieux spécialisés, tels que les contentieux fiscaux lorsqu'il visent la restitution d'une somme imposée à tort, notamment parce que en méconnaissance des règles supra nationales, sont distingués de la responsabilité de droit commun en raison de leur contexte spécifique[147]. Il en est de même de certains systèmes législatifs de responsabilité[148]. Tel est le cas de l'indemnisation des victimes d'actes de terrorisme ou des transfusés contaminés par le virus du SIDA. De tels régimes constituent en effet de purs régimes d'indemnisation dans la mesure où ils répondent à l'idée selon laquelle il paraît conforme au sentiment de justice que soient aidés ceux qu'un injuste sort a frappés. Ils ne sont donc qu'une expression de la socialisation des risques et se distinguent de la conception étroite de la responsabilité entendue comme l'obligation de réparer le dommage que l'on a causé.

La mise en place de dispositions de réparation spécifiques relève de la plus stricte autonomie nationale dans l'organisation des voies de recours ; aussi devait-elle échapper à l'influence européenne. Néanmoins, deux appréhensions complémentaires du principe de distinction des contentieux pourraient amener à une remise en cause de cette idée. Tout d'abord, la méconnaissance d'une disposition européenne peut entraîner des préjudices distincts rendant nécessaire l'exercice de plusieurs actions contentieuses afin que la réparation soit intégrale. Le cumul de diverses actions en responsabilité semble alors indispensable à la protection des droits des particuliers dans la mesure, bien évidemment, où sont respectées les finalités propres à chaque voie de droit. Mais en poursuivant cette approche fondée sur l'idée d'un droit à une réparation intégrale du préjudice subi, on peut se demander si, outre cette possibilité de cumuler les voies de recours, le droit européen ne postulerait pas la consécration d'un véritable droit au cumul d'actions qui impliquerait la possibilité d'une option entre diverses voies de recours afin de choisir la plus favorable et de dépasser les fréquentes conditions limitatives de mise en jeu de la responsabilité qui existent dans de nombreux dispositifs particuliers de responsabilité ; cela afin d'optimiser la protection juridictionnelle accordée aux individus. Pourrait-on consacrer le droit à une alternative entre plusieurs actions visant à la compensation pécuniaire d'un préjudice, de manière semblable à la

---

[146] P. Sandevoir, *Etudes sur le recours de pleine juridiction*, préc., p. 406 et s.

[147] Sur ce point, CE, 1er avril 1987, M. G. Santoni, *Lebon* T, p. 683 ; *RJF* 1987, n° 5, p. 305, p. 321.

[148] La mise en place de régimes législatifs de responsabilité répond, selon C. Bréchon-Moulènes, à trois situations distinctes : Elle vise à suppléer le régime jurisprudentiel, elle vise à simplifier le régime jurisprudentiel, enfin elle vise à imposer au juge une certaine conception de l'intérêt général. En tout état de cause, elle répond à une finalité précise ; C. Bréchon-Moulènes, *Les régimes législatifs de responsabilité*, préc. p. 213 et s.

possibilité, qui existe depuis l'arrêt *Lafage*, de substituer un recours de plein contentieux à un recours pour excès de pouvoir ?

L'étude du droit européen montre que s'il consacre le principe du cumul d'actions (A), il ne peut en aucun cas servir de fondement à l'affirmation d'un droit au cumul (B).

A- Une consécration du principe du cumul

Le principe d'un cumul d'actions, c'est à dire l'ouverture de plusieurs voies de droit afin de permettre la réparation intégrale des particuliers imputant un dommage à la puissance publique, existe déjà en droit français puisque le législateur comme les juridictions nationales admettent la possibilité de cumuler certains régimes particuliers, d'origine législative, de responsabilité avec la responsabilité de droit commun[149] ; mais les exigences européennes pourraient permettre un élargissement de cette possibilité. En effet, le cumul d'actions semble consacré par le droit européen ainsi que le révèlent les deux exemples de l'indemnisation des hémophiles transfusés et de la restitution de l'indu.

1) L'exemple de l'indemnisation des hémophiles transfusés

L'indemnisation des hémophiles contaminés par le virus du SIDA à la suite d'une transfusion sanguine a soulevé et continue encore de poser de délicats problèmes aux juridictions et aux législateurs nationaux. Comment en effet trouver un mécanisme juste d'indemnisation d'un préjudice causé à grande échelle par un service public dont la mission même était de permettre la survie, par le don de sang, des patients dont il a, à jamais, perturbé l'existence ? Face à l'urgence de la question de la réparation des transfusés contaminés les mécanismes d'indemnisation se sont multipliés de telle manière qu'aujourd'hui c'est un véritable labyrinthe des recours qui s'offre aux victimes[150] ; labyrinthe aux entrées multiples qui mènent fréquemment à des impasses et dont celles qui l'entament ne sont pas certaines de connaître l'issue en raison de la lenteur de l'activité juridictionnelle.

Ces voies de droit diverses, au regard notamment de leur interprétation par les juridictions françaises[151], ont pour objet de permettre l'indemnisation du plus grand nombre ; aussi aurait-on pu conclure à la possibilité pour les victimes d'exercer de manière cumulative plusieurs actions afin bien évidemment d'obtenir une réparation intégrale du préjudice subi, ce qui est la moindre des choses au regard de la nature de

---

[149] Ainsi le Conseil d'Etat a-t-il récemment considéré, dans le domaine de l'indemnisation des victimes de catastrophes naturelles, que ce dispositif spécifique n'excluait pas la possibilité de mettre en oeuvre la responsabilité de l'Etat, pas plus que celle de la commune dans le cadre de l'exercice par le maire de ses pouvoirs de police, et cela quand bien même la nature de la catastrophe -crue d'un torrent- pouvait être assimilée à un cas de force majeure : CAA Lyon, 13 mai 1997, Balusson et autres c/ Mutuelles du Mans IAD et autres, *D.* 1998, p. 11. Sur ce point voir plus généralement C. Bréchon-Moulènes, *Les régimes législatifs de responsabilité*, p. 407 et s.

[150] Pour une mise en relief de la multiplicité, de la diversité et de la complexité des possibilités d'indemnisation pour les victimes : H. Margeat, Sang et droit, L'indemnisation des victimes, *GP* 1993, Doct. p. 977.

[151] Voir par exemple CE, Ass. Csrts Nguyen, Jouan, Pavan, *Lebon* p. 221. Pour la mise en place d'un régime de responsabilité sans faute de l'administration dans le cadre de sa mission de fourniture du sang qui a permis de contourner les difficultés de réparation des personnes ayant été contaminées en dehors de la période pendant laquelle la responsabilité de l'Etat pouvait être engagée pour carence du fait du non-retrait des lots défectueux : CE, Ass. 9 avril 1993, D.G.B, *Lebon* p. 110.

celui-ci et compte tenu du fait que le niveau et la procédure de réparation devant les différents organes, qu'ils s'agissent des juridictions ou du fonds d'indemnisation des transfusés hémophiles, sont loin d'être uniformes, mais surtout afin que cette indemnisation soit conforme à un double souci d'équité et de justice. En effet, le mécanisme de réparation devant le fonds d'indemnisation mis en place en 1991[152], si il a pour mission de témoigner de la solidarité nationale puisque tous les hémophiles transfusés peuvent en bénéficier de manière rapide sans subir le caractère aléatoire d'une procédure juridictionnelle, a longtemps accordé des réparations au montant moins élevé que ces dernières, et surtout parcellise leur octroi en fonction du stade d'évolution de la maladie, selon qu'elle s'est déclarée ou non, ce qui revient à mettre en place un prix de la mort devenue certaine qui s'ajoute à celui versé pour l'atteinte irrémédiable aux conditions d'existence. Ce cynisme, même s'il est légitimé par un souci de bonne gestion des deniers publics, explique la nécessité d'un possible cumul des voies de réparation.

L'esprit dans lequel la loi du 31 décembre 1991 mettant en place le fonds d'indemnisation des transfusés hémophiles a été adoptée impliquait d'ailleurs cette possibilité[153] afin que les victimes obtiennent successivement une indemnisation par le fonds puis, sur le fondement de la responsabilité, une réparation ; l'action devant le fonds et l'acceptation de son offre d'indemnisation n'étant pas exclusives d'une action devant les juridictions de droit commun, civiles ou administratives. Pourtant, si le Conseil d'Etat a préconisé une consécration de ce principe afin qu'à l'indemnisation du fonds s'ajoute la réparation d'une faute commise par l'Etat[154], la Cour de Cassation a refusé d'accueillir les demandes des hémophiles souhaitant obtenir une révision du montant accordé par le fonds ou mettre consécutivement en oeuvre la responsabilité du fonds national de transfusion sanguine devant les juridictions civiles[155]. Elle s'est pour cela fondée sur le principe selon lequel le fonds accorde une réparation « *intégrale* » qui, si elle est acceptée, ne peut plus donner lieu à contestation, la victime n'ayant plus d'intérêt à agir, son préjudice étant de fait intégralement réparé[156]. Cette position revient

[152] Loi n° 91-1406 portant diverses dispositions d'ordre social, J.O. du 4 janvier 1992, p. 178.

[153] Tel est du moins l'idée qui ressort de la lecture de ses travaux préparatoires. cf. le rapport du 5 décembre 1991 présenté à l'assemblée nationale par M. Boulard, l'avis présenté au Sénat au nom de la Commission des lois constitutionnelles par M. Thyraud ainsi que le rapport établi au nom de la commission des affaires culturelles de l'assemblée nationale en date du 2 juillet 1994 qui visait à consacrer le principe de ce cumul. Cf. également P. Frydman, Conclusions sous l'avis du Conseil d'Etat du 15 octobre 1993, Cstrs Jezequel, M. Vallée, *RFDA* 1994, p. 553, sp. p. 560 ; CEDH, 4 décembre 1995, Bellet c/ France, série A n° 333-B, § 18 et s.

[154] Implicitement CE 15 octobre 1993, Cstrs Jezequel, M. Vallée, *RFDA* 1994, p. 553, sp. p. 560; puis de manière expresse, CE, 24 mars 1995, MM. Franck Rabotin et autres, *Lebon* p. 510 ; CE, 16 juin 1997, Assistance publique - Hôpitaux de Paris, *Lebon* p. 242.

[155] Cass. Civ. 2ème, 26 janvier 1994, Bellet, *Bull. II*, p. 23.

[156] Les juridictions judiciaires et administratives avaient en effet fait une interprétation divergente du caractère intégral de la réparation. La première l'entendait comme incontestable quel que soit son montant et donc intégrale par principe alors que a seconde interprétait ce terme comme correspondant au refus d'une réparation symbolique ou forfaitaire (cf. également P. Frydman, conclusions sous l'avis du Conseil d'Etat du 15 octobre 1993, Cstrs Jezequel, M. Vallée, *RFDA* 1994, p. 553, sp. p. 561).

à rendre incontestable l'estimation faite par le fonds du préjudice alors même que la loi prévoit une procédure d'appel contre ses décisions devant la Cour d'appel de Paris[157]

La Cour de Strasbourg a été saisie de litiges opposant des hémophiles, qui faisaient valoir que cette position revenait à leur dénier le droit à un procès équitable, à l'Etat français. Prenant la suite de la Commission, elle a accueilli ces demande en se fondant sur le manque de clarté du système français quant aux modalités d'exercice des recours offerts et aux limitations découlant de leur exercice simultané[158]. Dès lors quand bien même une indemnisation aurait été versée par le fonds d'indemnisation, les requérants n'en conservent pas moins la possibilité de mettre en oeuvre la responsabilité civile des organismes auxquels ils imputent leur contamination. La Cour, par cet arrêt, a, même s'il ne lui incombe pas de se prononcer sur l'interprétation des mécanismes procéduraux français dans la mesure où cela reviendrait pour elle à s'ériger en troisième degré de juridiction[159], consacré le principe d'un cumul d'actions dans l'exercice par les hémophiles transfusés d'une action en responsabilité[160]. L'influence européenne est donc, en ce qui concerne le droit au cumul d'actions des transfusés hémophiles contaminés, de confirmer la position du juge administratif afin qu'elle soit reprise par le juge judiciaire. Le juge civil a, par la suite, semblé faire évoluer sa position en acceptant le principe d'un tel cumul[161] en l'absence d'acceptation de l'offre d'indemnisation du fonds[162], en cas de rejet de la demande d'indemnisation[163] ou en ce qui concerne les préjudices non compris dans l'indemnisation par le fonds.

L'existence d'un principe du cumul semble rejetée par le juge judiciaire dans la mesure où elle impliquerait la possibilité d'une contestation du montant des réparations accordées par des organes spécifiques d'indemnisation. Plus généralement, la juridiction judiciaire rejette -même si sur ce point sa position paraît s'assouplir[164]- l'idée d'une

---

[157] Même si cet appel est limité aux seuls cas où la demande d'indemnisation a été rejetée par le fonds, n'a pas connu de suite dans un délai de trois mois à compter du jour où il reçoit une justification complète des préjudices, ou enfin lorsque la victime a refusé l'offre du fonds : Article 47 de la loi du 31 décembre 1991.

[158] CEDH, 4 décembre 1995, Bellet c/ France, série A n° 333-B, § 36-37 ; CEDH, 30 octobre 1998, F.E. c/ France, *Recueil des arrêts et décisions*, 1998-VIII, p. 3332.

[159] Telle était la position défendue par le gouvernement français dans l'affaire Bellet: *Ibid.*, § 29.

[160] Cette solution a par la suite été confirmée : Req. n° 38212/97, F.E. c/ France, Rapport de la commission adopté le 22 avril 1998, et cela alors même que le gouvernement français invoquait la clarté suffisante du droit interne puisque le requérant avait connaissance de la jurisprudence de la Cour de cassation refusant les requêtes en cas d'acceptation de l'offre du fonds d'indemnisation des transfusés hémophiles. Dans cette affaire, la commission s'est, de même que dans l'affaire Bellet, fondé sur les travaux préparatoires de la loi relative à l'indemnisation des transfusés.

[161] CA Paris, 1ère chambre, 5 janvier 1995, Epoux Carreira c/ Fonds d'indemnisation, *GP* 1995, jur., p. 190.

[162] Cass., Civ. 2ème, 26 janvier 1994, *JCP* 1995, I, n° 3853, n° 18, obs. G. Viney ; Cass. soc., 26 janvier 1995, *JCP* 1995, I, n° 3853, n° 18, obs. G. Viney ; C. Cass., 9 juillet 1996, Csrts X et autres c/ Centre régional de transfusion sanguine, *D.* 1996, jur. p. 613, note Y. Lambert-Faivre ; *JCP* 1996, I, n° 3895, n° 11 et s., Obs. G. Viney ; *Resp. Civ et assur.*, 1996, Com. n° 386, Obs. H. Groutel ; *RTDC* 1997, p. 146, obs. P. Jourdain ; C. Cass. Ass. plén., 6 juin 1997, Fondation Saint-Marc c/ X et autres, *Bull. A.P.* n° 8 ; Civ. 2, 14 janvier 1998, *Bull. II*, , p. 11.

[163] Cass. Civ. 1ère, 28 avril 1998, Epx. C. et autres c/ Centre régional de transfusion sanguine de Bordeaux, *Bull. I*, p. 104.

[164] Puisque qu'elle accepte la possibilité d'actions successives afin de pallier le rejet des demandes par ce dernier et cela pour le même chef de préjudice, cf. Cass. Civ. 1ère, 28 avril 1998, Epx. C. et autres c/ Centre régional de transfusion sanguine de Bordeaux, préc.

action conjointe visant l'indemnisation et la responsabilité civile, les deux logiques ne pouvant être mises en oeuvre qu'alternativement et non cumulativement et l'action en indemnisation ne pouvant être cumulée qu'avec un recours tendant à la reconnaissance de la responsabilité pénale des personnes auxquelles le dommage est imputable[165]. La solidarité sociale exclurait la responsabilité ou l'imputation du dommage. Pourtant, outre le fait que l'existence d'un mécanisme d'indemnisation couvrirait pécuniairement et surtout moralement le dommage causé, il aboutirait, en cas d'impossibilité de le doubler d'un dispositif permettant de stigmatiser la faute, à une déresponsabilisation de fait de l'auteur du dommage. Un tel mécanisme correspond-il réellement aux exigences de l'équité, au droit qu'ont les victimes de pouvoir imputer leur traumatisme à un organe identifié ? On peut en douter et voir dans cette position une pure fiction qui ne réalise même pas la fin qui lui était assignée à savoir la réparation des transfusés dans le respect de leur dignité.

Cela d'autant plus que les dédommagements accordés dans le cadre du mécanisme d'indemnisation par le fonds ne tolèrent pas, selon le juge judiciaire, de remise en cause. La victime d'une contamination qui a obtenu un dédommagement au titre de son préjudice moral ne peut par conséquent solliciter devant la Cour d'appel de Paris la réévaluation du préjudice subi à ce titre par elle[166] puisque son montant est incontestable, mais seulement la reconnaissance d'autres chefs de préjudice. Cette limitation trouve une justification selon le Professeur Lambert-Faivre dans l'idée selon laquelle *« le concept de « réparation intégrale » ne doit pas être une donnée contingente à géométrie variable selon les juridictions, alimentant ainsi une surenchère sans limite et une litigation sans fin»*[167]. Cette argumentation, qui se place dans l'optique de préservation de la bonne administration de la justice, est pourtant contestable à plusieurs points de vue. Tout d'abord, et cela est primordial, elle obère toute possibilité de mettre en cause les services médicaux directement impliqués dans la commission du dommage, par exemple des cliniques privées, à travers le contentieux de la responsabilité alors que les transfusés, comme d'ailleurs de manière plus générale actuellement les victimes, réclament la mise à l'index des responsables[168] et que si cette mise à l'index ne peut aboutir sur le volet civil, comme cela est le cas au regard de la jurisprudence de la Cour de cassation, elle risque d'être tentée sur le volet pénal, ce qui serait encore plus lourd de conséquences. Ensuite, cette position a pour effet d'empêcher la contestation d'une réparation accordée par un fonds qui, certes aujourd'hui octroie des réparations aux montants largement harmonisés avec ceux fixés par des juridictions ordinaires, mais qui peut être raisonnablement sujet à l'erreur. Enfin, si, en cas de troubles physiques, de trouble aux conditions d'existence ou de dommage moral semblables à ceux subis par les transfusés, la réparation est nécessairement satisfactoire, cet état de fait ne peut

---

[165] Y. Lambert-Faivre, *Droit du dommage corporel*, 3ème édition, Paris, Dalloz, 1996, n° 610.

[166] C. Cass., 9 juillet 1996, Association pour la gestion du poste de transfusion sanguine du Havre c/ Mme X et autres, *D.* 1996, jur. p. 610, note Y. Lambert-Faivre.

[167] Y. Lambert-Faivre, Note sous C. Civ., 1ère, 9 juillet 1996, *D.* 1996, II, jur., p. 610, sp. p. 614.

[168] Ainsi F. Ewald remarquait-il que « *La victime ne se suffit pas d'une indemnisation forfaitaire et transactionnelle ; elle a besoin, au moins dans certains domaines et dans certains cas, de pouvoir poursuivre en justice l'auteur de son malheur,* [ce qui implique] *une désignation des responsables et une volonté de sanction.* », Assurance, droit et responsabilité, *Risques*, n° 10, avril-juin 1992, p. 12. On en prendra pour exemple la recherche de la responsabilité pénale des autorités publiques par la Cour de Justice de la République. Pour une vision très critique de cette procédure, v. O. Beaud, Le traitement constitutionnel de l'affaire du sang contaminé, *RDP* 1997, p. 995.

servir de prétexte pour leur refuser toute possibilité d'amélioration de son montant dans ce contentieux humainement très délicat pour des raisons liées à la particularité du dommage subi, dommage collectif dont les répercussions publiques à travers le traumatisme social qui en a découlé ont été très importantes[169].

Le droit communautaire semble également affirmer un cumul d'actions dans le cadre bien différent des dommages causés par des impositions indues.

2) L'exemple de la réparation des dommages causés par des impositions indues

Ce principe de cumul est induit par le droit communautaire et admis par les juges français ; mais il est limité.

Le dédommagement des impositions indues, car fixées en méconnaissance des dispositions supralégislatives, est le fruit depuis 1989 d'une action spécifique, purement fiscale, qui échappe à la fois aux règles du Code civil et à celles relatives à la responsabilité de droit commun de la puissance publique[170] et qui permet la restitution des sommes versées indûment. Elle suffira dans la majorité des cas à constituer un équivalent du dommage subi.

Pourtant il se peut que dans certaines hypothèses la réparation intégrale justifie non seulement le reversement des impositions perçues à tort par l'administration, mais le dédommagement de troubles qui ont pu en découler. Ainsi une entreprise imposée lourdement en violation du droit communautaire pouvant alléguer les conséquences dommageables de cette imposition sur son équilibre financier, sa production, ses résultats, devrait pouvoir exercer cumulativement à l'action fiscale un recours en responsabilité de droit commun, reposant sur l'idée d'illégalité et donc de faute, contre l'Etat. Cette possibilité[171], correspond à l'idée, formulée par la Cour de justice, d'une réparation permettant la mise en oeuvre effective d'un droit communautaire. Plus généralement, au cas où la norme méconnue serait une directive, si l'Etat français manquait à ses obligations de l'introduire dans l'ordre interne, le contribuable pourrait, à la suite d'une action en justice révélant la non conformité de la norme dont il a été fait application, diligenter une action en restitution devant le juge fiscal en même temps qu'une action en réparation des préjudices subis du fait de la non transposition du droit communautaire. Ainsi, si un recours en responsabilité ne se justifie pas lorsque le dommage allégué résulte du seul versement d'une imposition non conforme au droit communautaire, les particuliers doivent pouvoir cumuler, conformément bien évidemment aux dispositions prévues par les législations nationales et dans la mesure

[169] Bien évidemment, une telle augmentation via l'exercice d'un recours de droit commun ne saurait être de mise pour l'ensemble des troubles physiques pouvant être réparés dans le cadre d'une procédure spécifique d'indemnisation ; toutefois elle semble particulièrement nécessaire, pour des raisons humanitaires, en ce qui concerne les transfusés contaminés par le V.I.H.

[170] Tel était d'ailleurs le but recherché par le gouvernement lors de l'élaboration de l'article L 190 du livre des procédures fiscales. Sur ce point : P. Tournès, Paiement d'un impôt indu au regard du droit communautaire. Les règles de procédure devant les tribunaux administratifs interdisent-elles d'obtenir réparation du préjudice subi, *B.F. Francis Lefebvre*, 5/97, p. 317.

[171] Qui a été affirmée par M. Turot dans une chronique célèbre J. Turot, Défaut de transposition d'une directive communautaire; Le choix des armes: la pique ou la masse ? , *RJF* 1992, p. 863 et 955. Elle a par la suite reçu des échos en doctrine : V. Haïm, La jurisprudence sur les directives communautaires: la nécessité d'une évolution, *AJDA* 1995, p.274.

où celles-ci le prévoient, ces voies de droit lorsqu'ils allèguent, outre l'imposition, un préjudice d'un montant supérieur[172].

Le principe du cumul d'actions n'est pas une obligation qui découlerait de la jurisprudence de la Cour de Bruxelles mais participe, lorsqu'il est prévu, à son efficacité ; ce qui implique qu'en cas d'existence au plan national il bénéficie aux victimes de violations du droit communautaire concrétisées par une imposition indue[173]. Il pourrait même déboucher dans certaines hypothèses, ainsi que l'a souhaité l'avocat général Jacobs à l'occasion de l'affaire *Fantask*[174], à une absorption de l'action en payement par l'action en responsabilité pour violation du droit communautaire dès lors que les conditions d'engagement de cette dernière sont réunies, ce qui éviterait les inconvénients liés à la limitation dans le temps de l'action en restitution. Cette alternative entre une action en répétition de l'indu et un recours en responsabilité jouerait en faveur des contribuables et permet d'espérer un nouvel essor du droit de la responsabilité à côté de la répétition de l'indu. L'ordre juridique communautaire, en raison de l'importance de son action pour tout ce qui a trait au domaine pécuniaire, pourrait développer ce phénomène. Là se trouve une nouvelle incidence du droit communautaire sur le droit de la responsabilité.

Telle est d'ailleurs la position consacrée par les juges français. Statuant sur le litige opposant une société qui avait dû verser indûment des droits de fabrication sur les alcools de céréales importés et à l'occasion duquel la société alléguait un préjudice résultant de ce payement indu et plus généralement d'un appauvrissement sur le plan économique, la Haute juridiction judiciaire a considéré que le préjudice allégué ne saurait être réparé par une action en répétition de l'indu[175]. La juridiction administrative a adopté une position analogue puisqu'elle a considéré qu'en cas d'imposition contraire à la législation communautaire, une action en responsabilité du fait de l'illégalité se grevant sur l'action en répétition de l'indu est ouverte[176]. Cette position a récemment été confirmée par le Conseil d'Etat pour qui le cumul est possible lorsque l'action engagée tend à la réparation d'un préjudice distinct du montant de la taxe à laquelle le contribuable a été à tort assujetti[177], par exemple celui correspondant à une perte commerciale, une perte de patrimoine ou des troubles dans les conditions d'existence[178] et cela sans qu'il soit nécessaire que le contribuable ait obtenu la décharge de l'imposition contestée

---

[172] CJCE, 27 février 1980, Just c/ Ministère des impôts et des accises, Aff 68/79, *Rec* p 501 ; CJCE 27 juin 1988, Aff. 106 à 120/87, Asteris, *Rec.* p. 5515 ; CJCE, 16 mars 1996, El Corte Inglès, Aff C 192/94, *Rec* p. I-1281. Plus récemment pour une affaire concernant la France, CJCE, 14 janvier 1997, Comateb, e.a., Aff. jtes C 192/95 à C 218/95, *Rec.* p. I-180, point 35.

[173] CJCE, 14 janvier 1997, Comateb, e.a., Aff. jtes C 192/95 à C 218/95, préc. point 34 de l'arrêt.

[174] Conclusions de l'avocat général Jacobs sous CJCE, 2 décembre 1997, Fantask S/A e.a., Aff. C 188/95, *Rec.* p. I-6783, sp. point 82 et s. Cette position a été reprise par l'avocat général Fenelly dans les conclusions présentées le 12 septembre 2000 à l'occasion des affaires C 397/98 et C 410/98, Metallgesellchaft limited.

[175] Cass. Com 29 novembre 1994, Barton et Guestier, *Bull. IV*, p. 291.

[176] CAA Paris, 12 novembre 1992 (2ème chambre), Scté John Walker and sons Ltd, Scté Taqueray Gordon et CY, Scté United distillers France LTD, *Lebon* T p. 787.

[177] CE, 9 juillet 1996, SCI Saint Michel, *Lebon* p. 269, concl. P. Martin, , *Dr fiscal*, 1996, p. 1638.

[178] Tels sont les cas relevés par le commissaire du gouvernement P. Martin dans les conclusion sur l'affaire SCI Saint Michel, *Dr. fiscal* 1996, n° 1574. En l'espèce le préjudice était constitué par les difficultés financières qu'avait entraînées la vente à perte des immeubles du requérant par voie d'adjudication.

Une difficulté certaine se pose toutefois en ce qui concerne l'éventualité, en cas d'assujettissement indu à un impôt, d'exercer de façon cumulative ou alternative plusieurs voies de droit afin d'obtenir réparation et par exemple d'ouvrir dans cette hypothèse la voie de l'action en restitution et celle de la responsabilité pour illégalité afin de permettre la réparation du seul dommage causé par l'imposition indue. En d'autres termes, un recours en responsabilité ayant pour objet d'obtenir le remboursement de l'impôt serait-il recevable ? Cette idée est rejetée avec vigueur en droit français[179] conformément à l'idée selon laquelle il convient d'éviter « *de redoubler le contentieux fiscal d'un faux contentieux de la responsabilité* »[180]. De deux choses l'une. Soit le juge fiscal n'a pas été saisi et dans ce cas le recours en indemnité est irrecevable[181] soit il a rejeté la demande en décharge et dans ce cas l'autorité de chose jugée sera opposée au contribuable[182]. Cette position, conforme à l'idée de distinction des contentieux, est justifiée par l'idée d'éviter que les règles d'ouverture des recours contentieux, qui sont un élément fondamental de la sécurité juridique, soit sacrifiées à la fantaisie des requérants ; ceux-ci pouvant dans une telle hypothèse exercer un recours en décharge ou en restitution qui sera rejeté au fond puis saisir les juridictions nationales d'un recours tendant à la réparation du préjudice causé par la violation du droit communautaire, préjudice équivalent au montant de l'imposition versé à tort. Elle pourrait toutefois être contestée au regard de l'impératif d'efficacité qui sous-tend les mécanismes permettant la réparation des méconnaissances du droit communautaire. En effet, on peut interpréter ce principe comme supposant non seulement que l'imposition dont la contrariété au droit communautaire a été constatée par la Cour de justice entraîne l'obligation de réparation mais qu'en outre toute violation du droit communautaire, quelle que soit sa nature, qu'elle se concrétise dans une absence de transposition ou dans le recouvrement d'une taxe illicite, implique la responsabilité sur le même fondement : celui de la méconnaissance du droit communautaire. Le régime de la restitution de l'indu serait alors aligné sur celui de la responsabilité pour violation du droit communautaire harmonisé par la Cour de justice depuis le début des années quatre-vingt-dix. Tel ne semble cependant pas devoir être le cas en raison tant des différences de finalité des deux actions[183] que des distinctions que la Cour du Kirchberg opère entre elles.

Le principe selon lequel le droit interne doit permettre la réparation des méconnaissances du droit communautaire pourrait de même difficilement, au regard de la jurisprudence récente de la Cour, ouvrir la voie à une contestation de la règle selon laquelle l'action en responsabilité ne peut être exercée à la place d'un recours fiscal voué à l'échec. En effet, si la Cour de Justice affirme de manière itérative que l'exercice

---

[179] CE, 11 octobre 1978, Delphin, *Lebon* p. 360 ; CE, 1er avril 1987, M. G. Santoni, *Lebon* T, p. 683.

[180] M. F. Bernault, conclusions sur CAA Paris, 1er juillet 1992, Dangeville cité par J. Turot, Défaut de transposition d'une directive communautaire; Le choix des armes: la pique ou la masse ? , préc.

[181] CAA Lyon, Plén., 21 juillet 1993, Scté Les trois résidences Hestia, Req. n° 93-2011, *Dr. fiscal*, n° 38, comm. n° 1787; *RJF* 11/95, n° 1294.

[182] CE, 3 juin 1991, Scté anonyme Etablissements Bernstein, *Lebon* T p. 827, *D. fiscal*, 1992, n° 16, Comm. 823, Concl. N. Chahid-Nouraï.

[183] Puisque la Cour de Justice semble conditionner l'exercice d'une action en responsabilité parallèlement à une action en restitution de l'indu au fait à l'existence d'un préjudice distinct du reversement de l'impôt indu: Voir notamment CJCE 27 juin 1988, Aff. 106 à 120/87, Asteris, *Rec.* p. 5515 ; CJCE, 14 janvier 1997, Comateb, e.a., Aff. jtes C 192/95 à C 218/95, *Rec.* p. I-180

des voies de recours internes ne doit pas avoir pour effet de rendre extrêmement difficile ou quasiment impossible l'octroi d'une réparation, elle accepte des limitations dans le temps ayant pour effet d'empêcher tout ou partie de la restitution[184]. Il ne semble donc pas que l'action en responsabilité de droit commun puisse suppléer l'impossibilité d'exercer un recours par le biais de la seule action en restitution, par exemple au cas où les délais de recours seraient expirés. Néanmoins, au cas où le recours interne empêcherait concrètement toute protection effective du particulier, en raison de sa brièveté ou des très faibles garanties qu'il procurerait aux particuliers, la voie de droit commun pourrait être ouverte.

Le Conseil d'Etat, qui a toujours différencié très strictement les deux actions[185], a pour sa part récemment dans l'arrêt Dangeville rejeté la possibilité, ouverte par la Cour d'appel de Paris[186], d'une substitution d'un recours en responsabilité fondé sur une violation du droit communautaire à un recours fiscal inefficace. Le Conseil d'Etat a alors estimé que le principe de distinction des recours tout comme celui de l'autorité de chose jugée impliquaient l'irrecevabilité de l'action en responsabilité. Cette interprétation, qui est conforme à l'état du droit interne tant en ce qui concerne la notion d'objet dans le contentieux de pleine juridiction[187] qu'à la conception de l'autorité de chose jugée, implique l'impossibilité pour les particuliers, à la suite d'un recours fiscal infructueux, de chercher une réparation pour le même préjudice sur le fondement de la responsabilité. Le cumul d'actions n'est donc, selon les juridictions nationales, possible dans une hypothèse de violation du droit communautaire qu'en cas de préjudice distinct du versement de l'impôt indu ou -sous réserve de précision allant en ce sens des juridictions nationales et de la Cour de Justice- d'impossibilité d'obtenir de manière effective une réparation en raison de l'aménagement des voies de droit internes.

Est-ce à dire, comme l'a envisagé un membre de la juridiction administrative[188] que pourrait émerger en droit français une nouvelle exception de recours parallèle alors que celle-ci était à l'origine cantonnée au seul contentieux de l'excès de pouvoir ? Seul l'avenir permettra réellement de le dire mais il est certain que dans la mesure où le contrôle de la légalité, notamment par rapport aux normes internationales est plus poussé, l'existence d'une voie de droit permettant d'aboutir à la réparation spécifique d'une imposition indue sera plus fréquemment invoquée par les juridictions nationales pour justifier l'irrecevabilité de la requête. L'exercice cumulé de plusieurs voies de droit afin d'obtenir la réparation intégrale d'un dommage étant aujourd'hui fréquent et trouvant une consécration, l'on peut se demander si les particuliers n'auraient pas aujourd'hui un véritable droit au cumul d'actions.

---

[184] CJCE, 17 juillet 1997, Haahr Petroleum Ltd, Aff. C 90/94, *Rec.* p. I-4142, point 50.

[185] A l'instar des juridictions administratives ; ainsi une action en responsabilité ne peut être jointe à une demande visant à la décharge ou à la réduction d'impôt ; les deux actions étant jugées selon des règles de procédure différentes : CAA Nantes, 2 mai 1996, Société brestoise du rein artificiel, 2 mai 1996, *Lebon* T p. 1154.

[186] CAA Paris, plén. 1 juillet 1992, Société Jacques Dangeville, *Lebon* p. 558.

[187] Et non de cause, la cause étant le statut juridique sous la protection duquel la victime entend se placer pour engager la responsabilité de la puissance publique et pour obtenir réparation du préjudice souffert ; cf. J. Moreau, La cause de la demande en justice dans le contentieux de la responsabilité administrative extra-contractuelle, *in* Mélanges Stassinopoulos, LGDJ, 1974, Athènes, p. 77.

[188] P. Martin, Concl. sous CE, 9 juillet 1996, SCI Saint Michel, *Dr. fiscal* 1996, n° 1574.

B - Vers un droit au cumul d'actions ?

Ce droit pourrait résulter de la nécessité pour les justiciables d'optimiser leur possibilité d'obtenir une réparation. Son affirmation n'en est pas moins aujourd'hui, eu égard aux jurisprudences européennes comme à la position du Conseil d'Etat, extrêmement délicate et ne paraît pas susceptible d'entraîner une aggravation du contentieux en raison de l'interdiction du cumul de réparations qui, en tout état de cause le sous-tendrait.

1) Un droit à l'affirmation délicate

Dans le contentieux du payement des droits pécuniaires que les particuliers tirent de l'ordre juridique communautaire, le cumul d'actions est, au regard de l'encadrement par la Cour de Justice, limité. Il ne semble pas davantage pouvoir être impliqué, malgré ce qui a pu être affirmé[189], par le droit à un recours effectif. Celui-ci, en effet, ne fait pas obstacle à un encadrement de l'accès à un tribunal dès lors que cet encadrement est conforme à la satisfaction d'un intérêt général. Or il semble évident que des motifs intérêt général font obstacle à une substitution inconditionnée de l'action en responsabilité pour violation du droit communautaire à l'action en payement. La limitation du cumul d'actions est en effet justifiée par un souci de bonne administration de la justice puisqu'elle évite qu'un même contentieux, fondé sur des moyens similaires et ayant une cause identique, soit soumis dans le cadre de deux recours successifs aux juridictions internes. Elle assure de plus une certaine sécurité juridique à l'Etat qui connaît par avance l'étendue de ses obligations en cas d'imposition déclarée contraire au droit communautaire. Elle permet enfin la préservation des finances publiques[190]. Pour toutes ces raisons elle ne paraît pas pouvoir être remise en cause sur ce fondement. Il ne semble donc pas que l'on puisse affirmer l'existence d'un droit au cumul d'une action en restitution de l'indu -ou plus généralement d'une action en payement- et d'une action en responsabilité, à moins que la première soit aménagée de manière en rendre en pratique impossible ou extrêmement difficile l'octroi d'une réparation, les limitations à l'exercice de la réparation qui découleraient de la législation spécifique ne devant pas être aménagées de manière à porter atteinte à la substance même du droit à réparation[191]. Telle est d'ailleurs la position adoptée à bon droit par la Cour administrative d'appel de Paris[192].

Il en est de même en droit conventionnel. Si l'on se réfère à l'arrêt *Bellet* dans lequel la Cour de Strasbourg a affirmé la possibilité pour un particulier d'exercer concurremment une action fondée sur le droit commun de la responsabilité de la puissance publique et une autre devant le fonds d'indemnisation des transfusés hémophiles, puis à l'affaire *F.E.* qui l'a suivie, cette position était justifiée par les

---

[189] P. Tournès, Paiement d'un impôt indu au regard du droit communautaire. Les règles de procédure devant les tribunaux administratifs interdirent-elles d'obtenir réparation du préjudice subi, *B.F. Francis Lefebvre*, 5/97, p. 317.

[190] On notera avec intérêt que la Cour de Strasbourg, statuant sur une affaire de restitution de taxes indûment perçues a validé une intervention législative empêchant de ce fait le dédommagement des requérants, CEDH, 23 octobre 1997, National and provincial building society, Leeds permanent building society c/ R.-U, préc.

[191] Pour des affirmations récentes de ce principe, voir par exemple, CEDH, 27 août 1991, Philis c/ Grèce, série A n° 209 ; CEDH, 21 septembre 1994, Fayed c/ R.-U., série A n° 293.

[192] CAA Paris, 19 décembre 1996, Gras, Savoye et Diot, Req. n° 3125, 3196, *RJF* 4/97, n° 372.

circonstances particulières de la cause comme par le manque de clarté de la disposition en question et l'absence de garanties suffisantes pour éviter un malentendu quant aux modalités d'exercice des recours offerts et aux limitations découlant de leur exercice simultané. La situation particulière de l'indemnisation des victimes du V.I.H. nécessite en effet un droit à réparation largement ouvert en raison de considérations humanitaires[193] et c'est ce premier objectif qui a poussé la Cour à conclure à un possible cumul de l'action devant le fonds d'indemnisation des transfusés hémophiles et devant un organe juridictionnel. De plus, conformément à sa jurisprudence relative aux restrictions de l'accès à un tribunal à travers les mécanismes législatifs d'irresponsabilité, elle a confirmé la possibilité de limiter sous certaines conditions le droit à un recours juridictionnel, mais n'a fait que constater l'existence en droit français d'un tel recours juridictionnel sans s'interroger sur sa nécessité au regard des exigences de la société démocratique, nécessité dont elle a d'ailleurs affirmé ne pas devoir connaître. Elle n'a donc pas postulé de manière générale un droit absolu au cumul des recours, quelle que soit l'hypothèse de réparation en cause ou un droit intangible à un recours juridictionnel qui devrait nécessairement faire suite à une procédure devant un organisme spécifique attribuant une réparation sur le fondement d'un mécanisme de garantie collective. Si elle a sanctionné la France à l'occasion de l'arrêt *Bellet*, c'est parce que le recours juridictionnel ouvert en droit français n'offrait pas de garanties suffisantes de l'accès à un tribunal, le droit d'accès à un tribunal impliquant une information précise quant aux conditions d'exercice simultané de plusieurs recours. C'était donc essentiellement la lisibilité du droit français qui était en cause dans cette affaire, la lettre de la loi de 1991, qui donne lieu à deux interprétations divergentes par les juridictions administratives et judiciaires, ne permettant pas aux particuliers de connaître réellement l'étendue de leurs droits et de prévoir l'issue de leurs actions juridictionnelles.

La Cour de Strasbourg dans cette décision a essentiellement cristallisé sa critique sur la législation française et sur les impératifs propres à la réparation des victimes du SIDA. Mais il est bien entendu que les voies de droit internes permettant la réparation doivent être clairement établies -conformément à l'idée bien ancrée dans la jurisprudence de la Cour selon laquelle les individus doivent disposer de possibilités claires et concrètes de contester un acte constituant une ingérence dans leurs droits[194]- et assurer un caractère équitable au recours des particuliers, faute de quoi l'article 6 de la Convention européenne pourrait impliquer la mise en jeu d'une action sur le fondement du droit commun de la responsabilité, quand bien même celle-ci ne serait pas prévue par le droit national.

Le droit à un procès équitable pas plus que le principe du recours effectif n'impliquent donc de manière absolue la possibilité d'exercer une action sur le fondement du droit commun lorsqu'un recours spécifique entamé par un justiciable a été rejeté par les juges nationaux dans la mesure où le droit à un recours effectif ne signifie

[193] Selon l'expression du juge Pettiti dans son opinion dissidente sous CEDH, 30 octobre 1998, F.E. c/ France, préc., opinion dissidente à laquelle a déclaré se joindre le juge Gölcüklü.
[194] CEDH, 16 décembre 1992, Geouffre de la Pradelle, série A n° 253-B, § 34.

pas le droit à un recours à l'issue favorable[195]. L'affirmation d'un droit intangible au cumul d'actions ne découle donc pas du droit européen et il semble, au regard des positions développées tant par la juridiction judiciaire que par la juridiction administrative, particulièrement délicat à affirmer en raison tant du principe de distinction des recours que de la nécessité d'éviter l'instabilité qui ne manquerait pas d'en découler pour l'action de l'administration.

Si le principe d'un cumul d'actions s'affirme dans certains domaines, on est en conséquence bien loin de l'instauration d'un droit au cumul qui permettrait au justiciable fantaisiste, inattentif ou dont l'action aurait été rejetée d'obtenir une réparation. Néanmoins quand bien même une telle possibilité de cumul de recours pour la réparation d'un même préjudice serait consacrée, il ne faudrait pas y voir une dérive induisant l'explosion du montant des réparations accordées dans la mesure où l'interdiction du cumul des réparations est prônée par les organes européens.

2) L'interdiction du cumul de réparations

Le principe indemnitaire postule que la réparation d'un préjudice n'aboutisse pas à un enrichissement de la victime[196]. Or ce principe, à tout le moins en ce qui concerne ses implications, fait l'objet d'appréciations divergentes de la part de la Cour de Cassation et du Conseil d'Etat, et cela à la suite de l'arrêt rendu par la Cour européenne des droits de l'Homme à l'occasion de l'affaire *Bellet*. Dans cette affaire, la Cour a alloué au requérant la somme de 1 000 000 de francs qui s'ajoutaient à la somme, d'un montant comparable, déjà versée par le fonds d'indemnisation ; une telle « explosion » de la somme allouée a fait rebondir la question du non-cumul par la victime des indemnités de réparation et a suscité des réactions diverses des juges administratif et judiciaire.

Cette décision a été considérée par une partie de la doctrine civiliste comme marquant l'admission par la Cour de Strasbourg de la possibilité pour la victime de recevoir, à plusieurs titres, des indemnités dont le montant global dépasse le montant réel du dommage et donc comme ouvrant la voie à un cumul de réparations qui entraînerait un enrichissement de la victime[197]. Pourtant une telle idée ne paraît pas acceptable. Tout d'abord, la condamnation imposée à la France dans cette affaire correspondait à la méconnaissance du délai raisonnable de la procédure devant les juridictions internes et non au préjudice résultant de la contamination et si son montant était plus élevé que celui alloué par la Cour dans des hypothèses de dépassement du délai raisonnable de même durée, c'est uniquement parce que, compte tenu de la gravité extrême de leur situation et du caractère aléatoire du temps qui reste à vivre aux victimes de contamination par le virus du SIDA dans le cadre de transfusions sanguines, les juridictions nationales doivent à leur égard témoigner d'une diligence toute

---

[195] Voir également pour une position analogue: CAA Nancy, 20 juillet 1995, Req. n° 94NC00170, S.A. Cabinet André Lezeau et autres, inédit au recueil *Lebon*. Recours tendant à la substitution de la juridiction administrative à la juridiction judiciaire qui avait rejeté au fond la demande du requérant.

[196] V. Y. Lambert-Faivre, *Droit du dommage corporel*, préc., n° 610.

[197] V. J.-P. Marguénaud, L'influence de la Convention européenne des droits de l'Homme sur le droit français des obligations, in *Le renouvellement des sources du droit des obligations*, Paris, LGDJ, Association Henri Capitant, Journées nationales, Lille 1996, Tome I, 1996, p. 45, sp. p. 51 ; Y. Lambert-Faivre, *Droit du dommage corporel*, préc., n° 610.

particulière. La Haute juridiction administrative considère pour sa part que dans le cadre de l'indemnisation des transfusés contaminés par le V.I.H., dès lors que la victime a obtenu une réparation dite intégrale de tous ses préjudices, elle peut tenter d'obtenir davantage en utilisant une autre voie de recours[198]. Pourtant, le juge administratif réfute purement et simplement une possibilité de cumul des indemnisations. A l'occasion d'une importante série d'affaires, il a en effet affirmé que, lorsqu'il est saisi d'une demande de réparation du préjudice résultant de la contamination par le V.I.H. et qu'il entend faire droit à cette demande, il doit d'office déduire du montant du préjudice indemnisable les sommes dont il est informé qu'elles ont été versées, qui ont déjà indemnisé ce préjudice[199]. Cette idée, qui était déjà sous-entendue par l'avis de 1993, a depuis été reprise[200]. Le cumul d'actions n'implique donc en aucune manière un droit ou même une possibilité de cumul de réparations. On peut en conséquence se demander ce qui aujourd'hui sépare la position du juge administratif de celle du juge judiciaire.

*

* *

Le droit européen incite et en même temps révèle d'importantes évolutions des modalités de mise en oeuvre de la responsabilité publique. Tel est tout d'abord le cas des règles de la responsabilité publique, qui passent par un assouplissement, une critique qui suscite nécessairement des interrogations sur les mécanismes actuels, ou bien même par une remise en cause qui ont tous pour objectif et pour effet l'accroissement de la protection des particuliers face à l'Etat. Parallèlement le droit européen encadre l'action en réparation, à travers la réduction et l'encadrement des hypothèses d'irresponsabilité comme le souci d'assurer l'effectivité du dédommagement accordé, d'une manière telle que semble s'affirmer, dans une mesure certes encore limitée et par bribes, la consécration européenne d'un droit à réparation en cas de dommage causé par une entité étatique qui vient se superposer à la construction progressive du juge administratif et permet là encore d'améliorer la protection des personnes privées face aux autorités publiques.

Les relations du droit européen et de la responsabilité administrative en France sont donc, loin d'être placées sous le sceau de l'indifférence, des relations actives qui, en raison de la meilleure prise en compte du droit européen par les autorités nationales, seront nécessairement riches en incidences et en réflexions pour l'adaptation voire le perfectionnement du droit français. Mais les évolutions que le droit européen est de nature à induire dans le domaine de la responsabilité publique ne concernent pas seulement ses modalités de mise en oeuvre mais, de manière plus fondamentale, ses caractères.

---

[198] CE, 15 octobre 1993, Cstrs Jezequel, M. Vallée, *Lebon* p. 280 ; CE, 16 juin 1997, Assistance publique - Hôpitaux de Paris, *Lebon* p. 242.

[199] CE, 24 mars 1995, M. Franck Rabotin et autres, *Lebon* p. 140, rendu conformément aux conclusions du commissaire du gouvernement P. Frydman.

[200] CE, 31 janvier 1996, Leterme, Revemont et autres, rendu conformément aux conclusions du commissaire du gouvernement Descoing, *RDSS*, 1996, p. 518, note J.-C. Cayla ; CE, 16 juin 1997, Assistance publique - Hôpitaux de Paris, *Lebon* p. 242.

TITRE II- L'EVOLUTION DES CARACTERES DE LA RESPONSABILITE PUBLIQUE

A travers l'évolution des caractères de la responsabilité publique, ce sont les modifications des traits propres au droit de la responsabilité et de ses caractéristiques fondamentales qui sont recherchées. Le droit français de la responsabilité publique détient en effet certaines particularités. C'est tout d'abord un droit essentiellement jurisprudentiel qui, de ce fait, bénéficie d'une homogénéité certaine puisque ses principes font l'objet des interventions unificatrices du juge administratif qui a construit un édifice cohérent[1]. Le droit de la responsabilité publique se caractérise aussi par la conciliation qu'il recherche entre la protection des droits des administrés et la mise en oeuvre de l'intérêt général à travers l'action publique ; conciliation qui passe par une adaptation de ses règles en fonction des domaines d'intervention comme des nécessités sociales. Il répond à une logique propre, distincte de celle du droit civil, qui est l'établissement d'un équilibre dans les relations des pouvoirs publics et des administrés, sans pour autant que ces relations puissent être qualifiées d'égalitaires.

L'on pourrait douter de la réalité d'une intervention européenne sur les traits fondamentaux du droit français de la responsabilité publique. Une chose est d'affecter les règles du droit de la responsabilité ; une autre est d'imprimer au droit de la responsabilité une logique affectant les règles qui le dirigent et les principes directeurs qui le coordonnent[2]. C'est pourtant plus une différence de degré que de nature de l'harmonisation qu'il faudrait en déduire, à travers l'émergence non seulement de règles communes aux Etats européens mais aussi de dialectique partagée en matière de responsabilité, dialectique conduisant à des transformations du droit français.

Par l'évolution des caractères du droit de la responsabilité publique, ce sont les grands traits des changements que le droit européen suscite en droit français que l'on perçoit. Les transformations qui en découlent ne sont pas nécessairement actuelles, dans le sens où elles n'ont pas toujours fait l'objet d'une réception ou d'une intégration en droit français ; même si elles se situent le plus souvent dans le prolongement de tendances déjà présentes dans l'ordre interne. Notre analyse se place donc dans une démarche prospective qui constitue une réflexion sur un droit en mouvement. A ce titre, on doit relever que le droit européen aboutit à une évolution de la structure du droit de la responsabilité (Chapitre I), à un renouvellement de sa conception au regard de ses fonctions et de ses fondements (Chapitre II), enfin il induit une remise en cause de l'autonomie de la responsabilité publique par rapport à la responsabilité privée (Chapitre III).

---

[1] Sur ce point, cf. S. Belaid, *Essai sur le pouvoir normatif créateur et normatif du juge*, Paris, LGDJ, Bibliothèque de philosophie du droit, t. 17, 1974, pp. 221-229.

[2] Nous envisageons en effet le régime pris dans son sens étymologique: Lat. *Regimen* de *regere* (diriger).

CHAPITRE I- L'EVOLUTION DE LA STRUCTURE DU DROIT DE LA RESPONSABILITE

Le droit européen pousse en effet à s'interroger sur le bien-fondé de la structure actuelle du droit de la responsabilité, c'est à dire sur la manière dont il est construit, et sur la nécessité de l'adapter à un contexte nouveau.

Le droit de la responsabilité est essentiellement, mais non exclusivement, d'origine jurisprudentielle ; ce qui signifie qu'il laisse une place à des normes écrites dans des domaines spécifiques qui constituent les régimes législatifs de responsabilité publique. La structure du droit de la responsabilité révèle donc la coexistence de règles de droit écrites, à l'origine largement minoritaires, et de principes jurisprudentiels qui constituent son socle. Or, sous l'effet du droit européen est, de nouveau, mise en exergue l'hétérogénéité du droit de la responsabilité publique et la diversité de ses régimes qui avaient déjà été relevés il y a une vingtaine d'années[3]. L'affirmation d'un droit écrit de la responsabilité publique agissant en parallèle d'interventions jurisprudentielles conforte le droit français dans sa structure, mais elle participe à la consécration de sa parcellisation (Section 1). Une seconde réflexion induite par le droit européen concerne la subdivision classiquement opérée entre la responsabilité contractuelle et la responsabilité non-contractuelle puisque les interventions européennes suggèrent un relatif rapprochement des deux types de responsabilité (Section 2).

SECTION 1- L'HETEROGENEITE DU DROIT DE LA RESPONSABILITE PUBLIQUE

L'utilisation d'un double substrat dans l'élaboration du droit de la responsabilité publique est reprise par le droit européen qui harmonise les droits nationaux, tant par la jurisprudence[4] que par l'utilisation de mécanismes écrits. Ces derniers s'expliquent par la prédominance du droit écrit dans de nombreux systèmes juridiques européens[5], mais aussi par la discussion qui les précède et qui permet de garantir les intérêts nationaux. L'intervention jurisprudentielle procure, pour sa part, une souplesse certaine tout en restant liée aux évolutions des droits internes. La question que pose l'utilisation de mécanismes écrits au niveau européen est celle de la parcellisation des régimes de responsabilité qu'elle consacre, c'est à dire de la fragmentation d'un droit de la responsabilité relativement homogène en divers mécanismes spécifiques mus par des

[3] C. Bréchon-Moulènes, *Les régimes législatifs de responsabilité*, Paris, LGDJ, thèse BDP t 112, 1974.

[4] L'exemple le plus topique étant l'intervention de la Cour de Justice en matière de responsabilité pour violation du droit communautaire, mais on a également pu observer que la soumission de la responsabilité aux principes de la Convention, et notamment de son article 6 était le fait de la Cour de Strasbourg.

[5] Tel est par exemple le cas en Allemagne et en Italie. Sur ce point, v. R. David, C. Jauffret-Spinosi, *Les grands systèmes de droit contemporains*, Paris, Dalloz, 10ème édition, 1992.

finalités propres (§ 1), mais aussi celle de l'articulation des mécanismes spécifiques de réparation à la fois entre eux et avec le droit commun jurisprudentiel (§ 2).

§ 1 - La consécration de la parcellisation du droit de la responsabilité

Le droit européen de la responsabilité publique, comme le droit européen en général, lorsqu'il repose sur un *instrumentum* écrit, revêt deux formes bien distinctes d'intervention. Il peut tout d'abord avoir pour objet de poser les bases d'une harmonisation générale du droit de la responsabilité. Tel est le cas spécifique de la recommandation R (84) 15 relative à la responsabilité publique. Ce mécanisme, à ce jour unique, ne parvient toutefois, par sa souplesse et son caractère indicatif, qu'à influencer très faiblement les droits nationaux. Parallèlement se multiplient les dispositifs spéciaux de responsabilité dont on peut approximativement fixer la naissance au début des années quatre-vingts. Ils se superposent aux multiples régimes législatifs de responsabilité publique qu'a toujours connus le droit français[6] et sont susceptibles d'y exercer des implications immédiates. C'est donc sur eux qu'il convient de concentrer notre attention. La mise en place de régimes spécifiques de responsabilité répond en droit français à une pluralité d'exigences relevées par le Professeur Bréchon-Moulènes[7]. Elle peut tout d'abord correspondre à une volonté de déroger aux critères de droit commun de répartition des compétences. Elle peut ensuite viser la réalisation de dispositifs originaux et ainsi dépasser les positions jurisprudentielles. Enfin il se peut qu'elle recherche la mise en place d'un dispositif particulier de réparation.

L'intervention européenne répond pour sa part à un objectif principal qui est l'harmonisation des régimes de responsabilité dans des domaines précis afin de pallier les difficultés d'encadrement, voire les carences des droits internes. Elle aboutit à la mise en place de dispositifs spécifiques qui, bien qu'ils ne produisent leurs effets que dans des domaines particulièrement circonscrits (A), ont pour effet de favoriser la fragmentation et l'éclatement du droit de la responsabilité (B).

A- Un champ d'intervention à ce jour ponctuel

Si les régimes législatifs de responsabilité se comptent par dizaines et exercent leur influence dans les domaines les plus divers, sur les relations de l'Etat et de ses agents[8] comme sur celles de l'administration et de certaines catégories de particuliers[9], les dispositifs européens n'exercent à ce jour leurs effets que dans des secteurs ponctuels que l'on peut regrouper en deux ensembles.

1) La protection des droits et des libertés des individus

La protection des droits et des libertés des individus a amené les instances du Conseil de l'Europe à élaborer une convention relative au dédommagement de victimes

---

[6] C. Bréchon-Moulènes a mis en exergue le véritable foisonnement de ces mécanismes en droit français, *Les régimes législatifs de responsabilité publique*, préc. p. 19 et s.

[7] C. Bréchon-Moulènes, *Les régimes législatifs de responsabilité publique*, préc.

[8] Ainsi en ce qui concerne les accidents de service, cf. l'article 11 de la loi n° 83-534 du 13 juillet 1983 portant droits et obligations des fonctionnaires.

[9] Par exemple en ce qui concerne les dommages causés du fait d'une vaccination obligatoire, loi du 1er juillet 1964.

d'infractions violentes[10] qui vise à éviter que des particuliers victimes de telles infractions ne puissent obtenir réparation du dommage qu'ils subissent soit parce que l'auteur de l'infraction est inconnu ou sans ressources, soit plus largement lorsque la réparation ne peut être entièrement obtenue par d'autres moyens tels que l'assurance. Ce système d'indemnisation, qui a relayé le droit français en même temps que ce dernier l'a conforté[11], bénéficie aux victimes directes de certaines infractions, ainsi qu'aux personnes à leur charge en cas de décès[12].

Les deux ordres européens ont également prévu des dispositifs spécifiques en cas d'atteintes à l'environnement à travers le livre vert[13] sur la réparation des dommages causés à l'environnement, diffusé le 17 mars 1993[14] et la convention du Conseil de l'Europe sur la responsabilité civile des dommages résultant d'activités dangereuses pour l'environnement adoptée le 8 mars 1993 dite Convention de Lugano. Ces deux textes, qui concernent les dommages pouvant trouver leur origine dans une activité publique, sont extrêmement proches dans leurs principes[15]. Ils visent à diriger la responsabilité sur une personne prédéterminée, à savoir la personne qui détient la connaissance technique de la dangerosité de la matière qui a causé un préjudice, de manière à ce que les victimes puissent bénéficier d'une indemnisation efficace. Ils prônent une large mise en oeuvre de la responsabilité en prenant en considération le fait que les règles classiques de la responsabilité civile ne peuvent suffire, en tout état de cause, à indemniser l'ensemble des dommages causés à l'environnement en raison de la nécessité d'identifier l'auteur du dommage et de prouver l'existence d'un lien de causalité entre l'activité et le préjudice subi. Leur résultat apparaît néanmoins mitigé. La convention du Conseil de l'Europe a, en effet, jusqu'à ce qu'elle entre en vigueur, une portée limitée. Elle n'a, en outre, pour l'instant été signée que par un petit nombre d'Etats européens[16] mais non ratifiée et il semble bien que de nombreux pays[17] ne soient pas disposés à le faire. Le livre vert, pour sa part, a, dès sa parution, provoqué les réactions les plus diverses, qui ont reflété, notamment au niveau des Parlements nationaux mais également d'organes communautaires, une volonté de ne pas voir des règles trop précises, de nature à maximiser la mise en oeuvre d'actions en réparation, aboutir.[18].

---

[10] Convention élaborée au sein du Conseil de l'Europe par un comité d'experts gouvernementaux sous l'autorité du comité européen pour les problèmes criminels (CDPC) et ouverte à la signature le 24 novembre 1983.

[11] La loi du 3 janvier 1977 prévoyait en effet un dispositif d'indemnisation de la victime qui ne pouvait obtenir réparation de l'auteur du dommage. Elle a par la suite été modifiée par la loi n° 83-608 du 8 juillet 1983.

[12] Les infractions ouvrant droit à indemnisation sur son fondement sont cependant les seules infractions intentionnelles, en raison de leur gravité particulières, violentes, qui portent atteinte à la vie, à l'intégrité corporelle ou à la santé: Rapport explicatif de la Convention, points 16 et 17.

[13] Il ne s'agit pas d'une directive ou d'une quelconque norme communautaire, mais d'un ouvrage de réflexion pour les Etats membres.

[14] COM (93) 47.

[15] Même si le livre vert de la commission prévoit un mécanisme qui, compte tenu de la généralité de ses termes et de sa vocation à constituer tout d'abord une base de réflexion, est loin d'être achevé.

[16] Finlande, Grèce, Italie, Luxembourg et Pays-Bas.

[17] La Grande-Bretagne, l'Allemagne, la France, le Danemark, l'Espagne ou l'Irlande.

[18] Aussi le Parlement européen, dans son rapport sur la prévention et la réparation des atteintes à l'environnement publié le 8 avril 1994 a-t-il souligné la nécessité d'instituer une responsabilité purement

Le droit européen s'est également attaché à instaurer des principes et des régimes de responsabilités spécifiques dans certains domaines touchant à la protection des consommateurs.

2) La protection des consommateurs

L'intervention européenne dans le secteur de la responsabilité des produits s'est concrétisée dans deux dispositions complémentaires : la convention européenne sur la responsabilité du fait des produits en cas de lésions corporelles ou de décès[19] et la directive 85/374 CEE[20] du 25 juillet 1985 relative au rapprochement des dispositions législatives, réglementaires et administratives des Etats membres en matière de responsabilité du fait des produits défectueux[21]. Cette dernière vise l'amélioration du grand marché. Ces deux textes n'harmonisent pas de la même manière les règles de responsabilité applicables -la convention du Conseil de l'Europe restant relativement en deçà de la directive communautaire- ; mais ils posent, de manière générale, le principe de l'obligation de réparation par le producteur des dommages résultant d'un décès ou de lésions corporelles causés par un défaut de son produit, le défaut du produit étant entendu comme le fait pour le produit, de ne pas offrir la sécurité à laquelle on peut légitimement s'attendre[22]. La directive communautaire étend même la réparation aux dommages aux biens lorsque ceux-ci constituent des choses d'usage privé ou de consommation privée[23].

Le droit communautaire s'est également intéressé à la responsabilité du prestataire de services dans la mesure où la disparité des solutions applicable au niveau national en matière de responsabilité des prestataires de service est de nature à freiner la réalisation d'un espace européen d'échanges et justifiait une intervention générale dans ce domaine[24]. Celle-ci s'est traduite dans une proposition de directive présentée le 9 novembre 1990 par la Commission de Bruxelles. Mais cette démarche n'a pas, en raison de l'opposition des Etats membres, pu aboutir.

Pour extrêmement ponctuelles qu'elles soient, les interventions européennes n'en ont pas moins pour effet d'accentuer le phénomène de parcellisation du droit de la responsabilité.

---

civile, en partant cependant d'une responsabilité liée au risque avec renversement de la charge de la preuve s'agissant du lien de causalité . Doc A3-0232/94; PE 208.092/déf.

[19] Convention du 22 février 1977, Série des traités européens, n° 91.

[20] JOCE 7 août 1985, L 210/29 entrée en vigueur le 31 juillet 1988.

[21] Pour une étude approfondie de cette directive : J.-L. Fagnart, La directive du 25 juillet 1985 sur la responsabilité du fait des produits, *CDE* 1987, p. 3.

[22] Convention Art. 2 c) ; Directive 85/374 CEE, préc. Art. 6.

[23] Directive 85/374 CEE, préc. Art. 9 b).

[24] Un régime spécifique au domaine de la construction a, un temps, été envisagé, en raison des particularités propres à ce secteur dans l'ensemble des Etats membres, mais il n'a pas non plus abouti. H. Périnet Marquet, La responsabilité des constructeurs en droit communautaire: enjeux et débat, *Rev. Dr. Imm.*, 1992, p. 457.

B- PARCELLISATION ET ECLATEMENT DE LA RESPONSABILITE

Comme tout dispositif spécifique de responsabilité, ceux qui découlent de l'intervention européenne exercent, par nature, leurs effets dans un domaine précis et particulier du droit[25]. Il n'ont absolument pas pour conséquence de substituer au régime élaboré par la jurisprudence du Conseil d'Etat un nouveau régime de droit commun, mais n'en exercent pas moins une influence immédiate sur l'ensemble du droit de la responsabilité publique en favorisant sa parcellisation, c'est à dire la fragmentation, la division en plusieurs éléments épars et hétérogènes.

Dans sa préface à la thèse de Mme Bréchon-Moulènes, le Professeur Vedel remarquait déjà qu'*« alors que la division du travail normatif entre le législateur et le juge ne nuit pas en droit civil à la cohérence du droit de la responsabilité et ne met pas obstacle à une théorie vraiment générale de la matière, la division du travail normatif entre le législateur et le juge administratif conduit à des résultats contraires et (...) à une irréductible dichotomie entre la responsabilité publique selon la théorie générale et les responsabilités publiques selon les régimes particuliers d'origine législative »*[26]. En effet, la première, caractérisée par son ampleur et sa cohérence, s'oppose aux secondes, spécifiques et plurielles ; mais surtout, ce qui distingue la responsabilité publique de droit commun et les régimes législatifs de responsabilité est le fait que ces derniers prévoient des dispositions à tout le moins distinctes ou franchement originales par rapport au caractéristiques du droit commun. Cette tendance s'accentue sous l'effet du droit européen. Celui-ci, en effet, prévoit non seulement des régimes spécifiques qui ont pour effet de substituer à une source jurisprudentielle de responsabilité un fondement écrit faisant l'objet d'un type particulier de réparation, mais fixe en outre des règles d'action en réparation ou de la réparation elle-même qui s'opposent aux modalités habituellement prévues, ces modalités originales ne trouvant à s'appliquer que dans certains secteurs déterminés. Il n'y a donc pas tant une multiplication des régimes spécifiques de responsabilité qu'un *véritable phénomène de sectorisation*, c'est à dire une spécificité des règles applicables en matière de responsabilité en fonction de l'activité à l'origine du dommage, *et* une tendance à la *parcellisation*, c'est à dire à la division du droit de la responsabilité en petites unités ; mouvements qui sont confortés par l'intervention européenne.

Ainsi la directive du 25 juillet 1985 relative à la responsabilité du fait des produits défectueux prévoit-elle une harmonisation des conditions de l'action en réparation qui se différencie fortement de celles habituellement de mise dans la mesure où celle-ci doit se prescrire dans un délai de trois ans à compter du jour où le demandeur a eu, ou aurait dû normalement avoir eu, connaissance du dommage, du défaut et de l'identité du producteur[27] et doit, à peine de déchéance, être intentée dans un délai de dix ans à compter de la date à laquelle le producteur a mis en circulation le produit qui a causé le dommage[28] sans préjudice des recours pendants[29]. Ce délai de trois ans permet

---

[25] Ce ne sont que des lois « d'occasion » selon l'expression de C. Bréchon-Moulènes.
[26] *in* C. Bréchon-Moulènes, *Les régimes législatifs de responsabilité publique*, préc., p. XII.
[27] Convention Art. 6 ; Directive 85/374 CEE, préc. Art. 10.1.
[28] Convention Art. 7 ; Directive 85/374 CEE, préc. Art. 11.

d'échapper à la traditionnelle déchéance quadriennale qui régit le droit commun de la responsabilité. Elle s'en distingue d'autant plus que son point de départ n'est pas fixé par rapport à la seule considération de la survenance du dommage. Cette originalité a été poursuivie dans la proposition de directive sur la responsabilité du fait des prestataires de services[30]. L'idée d'un régime particulier de réparation a été reprise dans d'autres textes européens tels que la Convention sur la responsabilité des dommages résultant d'activités dangereuses pour l'environnement[31] qui réserve l'application du droit national à la suspension et à l'interruption des délais[32] et pour le reste prévoit un dispositif spécial. Elle présente en outre l'originalité d'envisager une limitation de la possibilité d'exercice de l'action en réparation lorsque l'événement qui a causé le dommage consiste en un fait continu ou une succession de faits -l'action ne pouvant plus être exercée à l'expiration d'un délai de trente ans à compter de la fin de ce fait[33]- ; ce qui traduit bien la mise en place de règles spéciales applicables à un secteur déterminé et ne trouvant pas d'équivalent dans le régime général de la responsabilité.

Ces mécanismes spécifiques ont en commun de ne tenir que très peu compte de la qualité de l'auteur du dommage, d'instaurer une certaine harmonisation sur l'ensemble de l'espace communautaire, mais surtout de fixer les conditions de mise en jeu de la responsabilité qui paraissent les plus adaptées au regard des secteurs d'activité en cause, sans se fonder essentiellement sur l'existence d'une règle de droit commun. C'est une logique d'efficacité qu'ils poursuivent. Mais ils ont pour conséquence l'émergence de mécanismes de réparation fortement distincts du droit commun de la responsabilité publique, de ce que le Professeur Chapus appelle les « règles de portée générale » de la responsabilité de la puissance publique[34], et donc le développement d'un démembrement du droit de la responsabilité qui serait non seulement composé de normes superposées et de nature distinctes, car telle est l'hétérogénéité des sources qui actuellement le caractérise, mais perdrait également de sa cohérence. A trop vouloir privilégier l'adaptation du droit de la responsabilité à des secteurs particuliers à travers ses aspects les plus techniques, quelle que soit la nature, publique ou privée, de l'activité à l'origine du dommage, il est en effet évident que c'est l'économie générale du droit de la responsabilité publique, économie générale qui se caractérise par la mise en oeuvre de règles adaptées à la spécificité de l'activité publique, qui est en cause. L'éloignement des dispositions régissant la réparation pourrait donc avoir pour effet un éclatement du droit de la responsabilité et donc à son explosion en plusieurs éléments nouveaux et distincts.

---

[29] Il est à noter que cette disposition est calquée sur le texte de la Convention du Conseil de l'Europe relative à la responsabilité du fait des produits en cas de lésions corporelles ou de décès, articles 6 et 7.

[30] Celle-ci prévoyait l'expiration des droits conférés par les systèmes nationaux au bout de " *cinq ans à compter de la date à laquelle le prestataire a fourni le service qui a causé le dommage, à moins que durant cette période, la victime n'ait engagé une procédure judiciaire, administrative ou arbitrale contre celui-ci* ". Le délai était d'ailleurs porté à dix et vingt ans lorsque le service portait sur la conception ou la construction d'immeubles : Proposition de directive du Conseil sur la responsabilité du prestataire de services, Com (90) 482 final -Syn 308, articles 9 et 10.

[31] Convention de Lugano, Série des traités européens, n° 150.

[32] Article 17-1 de la Convention.

[33] Article 17-2 de la Convention.

[34] R. Chapus, *Droit administratif général*, t. I, 12ème édition, Paris, Montchrestien, Domat-Droit public, n° 1404 et s.

Cela d'autant plus que le mouvement observé au niveau européen de parcellisation des mécanismes de responsabilité agit parallèlement à la tendance, qui peut être observée en droit français depuis une vingtaine d'années, au recours toujours plus fréquent à des mécanismes spécifiques de réparation[35]. L'utilisation de ces dispositifs spéciaux connaît une véritable explosion puisque, encore plus récemment, ils ont été mis en place afin de protéger les personnes qui se prêtent à des recherches biomédicales[36] et surtout, compte tenu de l'ampleur de ce dispositif, d'assurer l'indemnisation des transfusés hémophiles contaminés par le V.I.H[37]. La multiplication de ces régimes spécifiques semble d'ailleurs loin d'être achevée puisqu'il a été préconisé d'utiliser un mécanisme analogue à celui mis en oeuvre par le F.I.T.H. dans le cadre de la réparation de la contamination par le virus de l'hépatite C[38]. Il n'y a pas, à proprement parler, accentuation de ce mouvement sous l'effet du droit européen qui ne préconise pas la multiplication des mécanismes spécifiques de responsabilité issus d'un encadrement du législateur communautaire mais ne met en place ces derniers qu'en cas de nécessité pour la protection des droits des particuliers ou pour la réalisation des objectifs communautaires. Toutefois le droit européen conforte une tendance à la parcellisation déjà présente en droit français et c'est en tant que tel qu'il doit être appréhendé comme un facteur d'influence de la structure de ce dernier.

Ces deux phénomènes convergents dans le sens de la multiplication des mécanismes particuliers de responsabilité soulèvent plusieurs interrogations. Tout d'abord, si elle a pour effet d'accroître les potentialités de l'action en réparation, se pose la question de savoir dans quelle mesure la prolifération de ces mécanismes, si elle se poursuit, pourra coexister avec le régime de responsabilité habituellement mis en oeuvre ; c'est à dire celui fixé par le juge administratif. Ensuite, si le droit européen ne fait que conforter la structure actuelle du droit de la responsabilité, puisque le juge administratif voit son rôle d'élaborateur des normes de droit commun maintenu, les dispositifs écrits ne visant que l'harmonisation dans des domaines très spécifiques, il pourrait remettre en question fortement sa cohérence.

Le droit européen, par l'intervention de mécanismes spécifiques de responsabilité, entraîne un renouvellement des mécanismes spécifiques de responsabilité. Parallèlement, dans la mesure où il induit une complication des règles de responsabilité, est soulevée la question de sa combinaison avec les autres dispositifs applicables.

---

[35] Par exemple dans le domaine des vaccinations obligatoires, art. L 10-1 C. santé publique, ou des accidents nucléaires, loi du 30 octobre 1968 modifiée par la loi du 16 juin 1990 relative à la responsabilité civile dans le domaine de l'énergie nucléaire.

[36] Art. 209-7 du code de la santé publique, issu des lois du 20 décembre 1988 et du 23 janvier 1990.

[37] Même s'il s'agit alors d'un mécanisme d'indemnisation et donc de garantie, ce dispositif correspond à la contrepartie non satisfaite d'une obligation de l'Etat, même s'il ne s'agit que d'une obligation de précaution.

[38] Tel semble en effet être le souhait du Conseil d'Etat, Réflexions sur le droit de la santé, *Rapport public 1998, EDCE* n° 49, sp. p. 264 et s.

§2- La combinaison des regimes speciaux de responsabilite: nouveau facteur de complication pour le juge interne

Face à la multiplication des régimes spéciaux de responsabilité, le juge se doit d'organiser et de hiérarchiser les rapports des mécanismes spécifiques avec l'ensemble de l'ordonnancement juridique. Sous cet angle, il est bien évident que les normes européennes comme la jurisprudence du Conseil d'Etat ne sont pas, actuellement, suffisamment développées pour qu'une tentative de systématisation soit ébauchée. Certaines pistes doivent cependant, même si à ce jour elles ne trouvent pas d'écho dans les positions juridictionnelles, être envisagées tant en ce qui concerne la combinaison des mécanismes spéciaux de responsabilité entre eux (A) qu'avec le droit commun de la responsabilité (B).

A- La combinaison des regimes speciaux de responsabilite entre eux

Les dispositifs spéciaux prévus par le droit européen s'appliquent sans préjudice des droits dont la victime peut se prévaloir au titre d'un régime spécial de responsabilité. Ainsi, la directive communautaire relative à la responsabilité du fait des produits défectueux a-t-elle prévu que ses dispositions ne portent pas atteinte aux droits dont la victime peut se prévaloir au titre d'un régime spécial de responsabilité existant au moment de sa notification[39]. Mais la difficulté principale que ces dispositifs soulève est qu'ils ne définissent pas de règles d'interaction en cas de superposition de leur invocabilité pour un même type de litige. Aussi se pose la question de savoir comment combiner certains régimes spéciaux de responsabilité entre eux, à la fois en ce qui concerne les régimes spéciaux prévus par le droit européen et ces derniers avec ceux existant en droit français.

Là encore, aucune systématisation ne peut être envisagée ; cela d'autant que le droit européen ne fournit qu'un seul cas de coexistence : celui de la réparation en cas d'atteinte à l'environnement avec la responsabilité du fait des produits défectueux. La possibilité même d'une interaction entre ces deux réglementations du droit de la responsabilité est contestée dans la mesure où les causes de pollution, et notamment les déchets, ne sont généralement pas susceptibles d'être assimilées à des produits mis dans le commerce comme tels, si l'on retient une conception étroite de la notion de produit mis en circulation excluant ceux ayant subi une première transformation[40]. Pourtant, la directive entend le terme « produit » comme désignant tout meuble, à l'exception des matières premières agricoles[41] et des produits de la chasse[42] -en raison semble-t-il des transformations que peuvent subir ces derniers- ; tandis que les dispositions

---

[39] Article 13 de la directive du 25 juillet 1985, *JOCE* L 210 du 7 août 1985.

[40] Telle est la conception retenue par la Commission pour les produits agricoles et ceux de la chasse : v. J. Huet, Jcl Europe, fasc. 2020, *La responsabilité du fait des produits défectueux*, n° 26 et s.

[41] Cette exception devrait d'ailleurs disparaître puisque de récents travaux révèlent la volonté des organes européens d'intégrer les produits agricoles primaires dans la notion de produit. Il est d'ailleurs possible d'y voir une conséquence de la crise dite de la vache folle : v. COM (97) final C4-05003/97, 97/0244 (COD) du 1er octobre 1997, avis du comité économique et social 28-29 janvier 1998, CES 115/98, rapport du Parlement du 28 septembre 1998, PE 225-962/DEF, Doc FR/RR/362/362084, A4-0326/98.

[42] Article 2 de la directive du 25 juillet 1985, *JOCE* L 210 du 7 août 1985. Cette définition a été reprise par la loi n° 98-389 du 19 mai 1998 relative à la responsabilité du fait des produits défectueux, art. 4, devenu l'article 1386-3 du Code civil.

européennes relatives à la réparation des dommages causés à l'environnement entendent les nuisances de manière très extensive puisqu'elles recouvrent toute substance ou tout objet dont le détenteur se débarrasse ou est tenu de se débarrasser en application de la loi nationale[43] ou toute opération effectuée sur des substances dangereuses, c'est à dire sur celles constituant un risque significatif pour l'homme, l'environnement ou les biens[44].

Par ces conceptions larges tant de la notion de produit que de celle d'atteinte à l'environnement et par conséquent de produit portant atteinte à l'environnement et donc de déchet, la question de l'exercice conjoint des mécanismes de réparation prévus par le droit européen devrait se poser aux juridictions internes. En effet, le stockage de déchets toxiques dans un container, si les déchets n'ont pas été conditionnés de manière à éviter tout risque de nocivité ou si leur degré de nocivité n'a pas été suffisamment réduit pour que l'on puisse les conditionner sans créer un risque, peut constituer une nuisance portant atteinte à l'environnement ou à l'intégrité d'une personne physique et donc ouvrir droit à réparation sur le fondement de la Convention de Lugano ; mais en même temps, en tant que produit défectueux, il pourrait entraîner la responsabilité sur le fondement de la directive du 25 juillet 1985 que le dommage soit issu du container ou du produit lui-même[45].

La question qui se pose est alors de savoir quelle pourra être la politique menée par le juge administratif, en comparaison et au regard de celle qu'il fait habituellement jouer pour concilier les mécanismes de responsabilité. L'alternative entre ces deux régimes de responsabilité semble, *a priori*, d'un intérêt limité puisque grossièrement ils permettent aux particuliers d'obtenir réparation des mêmes dommages : la directive relative aux produits défectueux permet la réparation des dommages physiques et des atteintes aux biens, tandis que la Convention de Lugano permet d'obtenir réparation à la fois des dégradations causées à l'environnement, mais également des dommages corporels ou des atteintes aux biens lorsqu'ils sont en relation avec un dommage écologique. De même, les deux dispositifs prévoient la possibilité de mettre en place des plafonds de réparation afin de limiter l'indemnisation. En attendant d'éventuelles précisions, européennes ou internes, de leurs modalités de mise en oeuvre, il semble donc assez délicat pour le requérant de choisir entre l'application de ces régimes de responsabilité. La détermination de la voie de droit à utiliser risque finalement d'être opérée par le juge ou par le législateur national qui, comme il le fait dans le cadre des dispositifs purement nationaux, optera pour l'un des deux -ce qui paraît être plus délicat dans la mesure où il est difficile *a priori* de mesurer l'intérêt de préférer une de ces deux voies de droit qui permettent d'aboutir à des résultats comparables- ou décidera de faire bénéficier le requérant de l'exercice cumulé de deux voies de droit complémentaires, c'est à dire « *puiser à la fois dans deux systèmes distincts pour mener à bien son projet* »[46]. Laissera-t-on le justiciable libre d'entamer une action sur le fondement de son choix ou encadrera-t-on l'exercice des voies de recours ? Il semble, pour des raisons de

---

[43] Directive 75/442 relative aux déchets du 15 juillet 1975, *JOCE* L 194 du 25 juillet 1975.

[44] Article 2 de la Convention du Conseil de l'Europe sur la responsabilité civile des dommages résultant d'activités dangereuses pour l'environnement.

[45] Article 5 de la directive de la directive du 25 juillet 1985, *JOCE* L 210 du 7 août 1985 et article 1386-8 du code civil.

[46] C. Bréchon-Moulènes, *Les régimes législatifs de responsabilité*, préc., p. 306.

souplesse, que le libre choix de l'utilisation des recours contentieux doit primer une éventuelle volonté d'encadrement ; mais les possibilités de superposition des mécanismes spécifiques de responsabilité élaborés au niveau européen sont trop limitées pour que l'on puisse aujourd'hui préconiser une ligne de conduite. Il en va différemment de leur coexistence avec les mécanismes spécifiques de réparation qui sont d'origine purement interne.

La superposition de régimes issus de normes spécifiques européennes et des régimes particuliers de responsabilité français pourrait devenir, sinon banale, du moins très fréquente. Le législateur français a décidé, lors de la transposition de la directive relative à la responsabilité du fait des produits défectueux, d'entendre largement son champ d'application en y incluant, après de houleux débats[47], les dommages causés par un élément du corps humain ou par les produits issus de celui-ci[48]. Dès lors, les principes de responsabilité qui en découlent se trouvent en concurrence avec le régime particulier d'indemnisation des transfusés hémophiles contaminés par le virus du SIDA. Ils devraient également interférer avec le régime d'indemnisation des personnes qui se prêtent à des recherches biomédicales prévu par l'article L 209-7 du Code de la santé publique qui prévoit que pour les recherches biomédicales sans bénéfice individuel direct, le promoteur, quel que soit sa nature juridique, qu'il s'agisse d'un organe de droit public ou de droit privé, assume l'indemnisation des conséquences dommageables de la recherche pour la personne qui s'y prête ; en cas de bénéfice individuel direct, le régime de responsabilité applicable est un régime de responsabilité pour faute présumée. Là encore se posera la question de savoir comment pourront être aménagés ces mécanismes et comment articuler les différentes règles applicables en matière de réparation.

Si la question de la combinaison des régimes spéciaux de responsabilité soulève des difficultés qui ne pourront être résolues que grâce à l'intervention clarificatrice du juge ou du législateur, celle de la combinaison des régimes spéciaux avec le droit commun de la responsabilité est plus actuelle.

B- La combinaison des regimes speciaux avec le droit commun de la responsabilite

Les dispositions européennes consacrent la coexistence d'une responsabilité de droit commun et d'un mécanisme particulier de réparation qui se superpose à elle. Se pose alors la question de savoir si la voie à une influence plus générale des dispositifs spécifiques sur l'ensemble de la responsabilité n'est pas ouverte.

En effet, le droit européen, lorsqu'il consacre l'existence de dispositifs spécifiques de responsabilité, prévoit toujours, à tout le moins implicitement, leur relation avec le droit commun de la responsabilité, ne serait ce que pour préciser leur caractère supplétif[49]. Mais l'organisation de ce rapport apparaît depuis quelques années de telle

---

[47] Et notamment le dernier débat précédant son adoption à l'Assemblée nationale entre le député Mme Catala et le garde des sceaux, Mme Guigoux, Compte rendu des débats, 2nde séance du 30 avril 1998, *J.O. Débats AN*, p. 3333 et s.

[48] C'est du moins ce qu'a souhaité le législateur français lorsqu'il a procédé à sa transposition : cf. Art. 1386-12 du Code civil issu de la loi n° 98-389 du 19 mai 1998.

[49] Cf. Convention européenne relative au dédommagement des victimes d'infractions violentes, art. 2.

manière que semble émerger un véritable principe de superposition des régimes spécifiques et du droit commun jurisprudentiel de la responsabilité. Ainsi la directive relative à la responsabilité du fait des produits défectueux ne porte pas atteinte aux droits dont la victime peut se prévaloir au titre des fondements traditionnels que sont les responsabilités contractuelle et non-contractuelle[50]. Plus généralement, il a été observé que les juridictions européennes entendent largement la mise en oeuvre de la responsabilité sur le fondement du droit commun, et cela alors même qu'un régime particulier pourrait être appliqué[51]. Ce phénomène, qui existe en droit français et ne devait rester qu'exceptionnel[52], devrait connaître un important développement. Reste alors à savoir comment s'articulera cette coexistence.

Le Professeur Bréchon-Moulènes, dans sa thèse, relevait deux possibilités de cumul des régimes législatifs de responsabilité avec le droit commun jurisprudentiel : d'une part le cumul avec option, les deux régimes pouvant être cumulativement appliqués dans le cadre d'un même affaire ; d'autre part le cumul sans option, c'est à dire l'application au sein d'un litige pouvant être soumis aux deux mécanismes de l'un ou l'autre des régimes de responsabilité, le justiciable devant opter entre les règles de droit commun et les dispositions législatives, sans possibilité de cumuler les avantages des unes et des autres. Dans l'actualité jurisprudentielle analysée, l'auteur relevait que le second apparaissait beaucoup moins fréquent dans la jurisprudence que le premier[53]. Néanmoins, il a été remarqué que l'utilisation de chacun de ces principes de superposition dépend autant d'une interprétation du droit que d'une véritable politique jurisprudentielle, des considérations d'ordre subjectif troublant la rigueur du raisonnement du juge, fondé à l'origine sur une interprétation stricte de la loi[54]. Qu'en sera-t-il dans le cadre européen ?

Au regard des développements précédents[55] on peut présumer une préférence européenne pour la mise en place de dispositifs cumulés de responsabilité en vue d'assurer une réparation intégrale aux victimes de dommages mais tel ne saurait être nécessairement le sens des positions internes. Il n'en demeure pas moins qu'en cas de dommage causé par un produit défectueux, les particuliers disposent de la possibilité de mettre en jeu la responsabilité, à titre principal, sur le fondement du régime spécifique issu de la directive de 1985, mais également, s'ils le souhaitent, d'utiliser une action de droit commun, qu'elle soit de nature contractuelle ou non. Tel est en effet l'intention du législateur qui n'a, par la mise en place de l'article 1386-1 du Code civil, souhaité mettre en place qu'un dispositif purement optionnel qui peut être cumulé avec d'autres actions en responsabilité[56].

Les régimes spécifiques pourraient avoir un effet plus large sur l'ensemble du droit de la responsabilité en lui faisant subir une véritable « *contamination* »[57] au cas où le

---

[50] Article 13 de la directive de la directive du 25 juillet 1985, *JOCE* L 210 du 7 août 1985.

[51] V. supra, les développements relatifs au cumul d'actions Partie II, Titre I, Chapitre II, Section II, § 3.

[52] C. Bréchon-Moulènes, *Les régimes législatifs de responsabilité*, préc. p. 327.

[53] *Ibid.*, p. 401 et s.

[54] *Ibid.*, p. 420.

[55] V. supra, Partie II, Titre I, Chapitre II, Section II, § 3.

[56] Débats parlementaires, Assemblée Nationale, séance du 25 mars 1998, J.O. débats parlementaires 2131 ; Article 1386-18 C. civ.

[57] Ce terme est de Mme Bréchon-Moulènes.

législateur comme le juge s'inspireraient des principes européens pour donner de nouvelles orientations au droit de la responsabilité.

Il est en effet envisageable que certains des dispositifs justifiés par le souci d'assurer une protection efficace en cas de risque spécifique voient leur champ d'application d'origine élargi de fait et consacrée une transposition de leur application, de leurs dispositions et de leurs principes à d'autres domaines, à l'initiative du législateur par exemple ; de même qu'ils pourraient inspirer le législateur français lors de l'édiction de régimes particuliers de responsabilité. Tel nous semble pouvoir être le cas du droit européen dans la mesure où ses interventions complètent des tendances déjà présentes au plan interne et pourraient agir en faveur de leur développement.

Ainsi la multiplication des fonds de garantie à laquelle celui-ci ouvre la voie, tant dans le domaine de l'indemnisation des victimes d'infraction que de la réparation des dommages causés à l'environnement ou du fait des produits défectueux, et la mise en place de dispositifs d'assurance s'inscrivent dans un mouvement de garantie sociale qui caractérise l'évolution récente du droit français, dans le secteur de l'indemnisation des transfusés hémophiles contaminés par le virus du SIDA notamment. Cette utilisation fréquente des fonds d'indemnisation par les organes européens pourrait conduire les autorités nationales à multiplier ces mécanismes, qui sont moins coûteux pour les finances publiques et permettent de garantir à la victime un niveau minimum d'indemnisation, et donc amener à la mise sur pied d'une responsabilité assurantielle. Telle est d'ailleurs semble-t-il l'option en faveur de laquelle le Conseil d'Etat s'est prononcé afin de mettre sur pied un dispositif d'indemnisation des transfusés contaminés par le virus de l'hépatite C[58] et plus généralement d'étendre les mécanismes législatifs de responsabilité dans les hypothèses, de risque sériel[59]. Ces idées reprennent celles sous-tendant le projet, à une époque évoqué, de mettre en place un fonds d'indemnisation des victimes d'accidents thérapeutiques. L'assouplissement des mécanismes de responsabilité que la mise en place de ces mécanismes consacre[60], qui répond lui aussi à un phénomène déjà présent en droit français, pourrait d'une manière identique, dans l'élan européen, être étendu à d'autres secteurs que ceux ayant fait l'objet d'une harmonisation conventionnelle ou communautaire.

Pour autant, la phagocytose du droit commun d'origine jurisprudentielle par les règles de responsabilité issues des dispositions législatives spécifiques semble peu souhaitable dans la mesure où elle pourrait avoir pour effet d'appauvrir le droit de la responsabilité. En effet, un droit d'origine jurisprudentielle recèle une souplesse et une diversité qui ne peuvent être atteintes de manière identique dans le cadre de l'interprétation d'une norme écrite. Il n'en demeure pas moins qu'en favorisant la prévention et l'information tout en incitant à une plus grande précaution, cette préoccupation semblant vouée à prendre une place de plus en plus importante puisqu'elle fait l'objet d'études du Conseil d'Etat[61], et donc en opérant une responsabilisation accrue des autorités publiques comme cela s'est passé en matière de

---

[58] Réflexions sur le droit de la santé, *EDCE* 1998, p. 266.

[59] *Ibid.*, sp. p. 263 et s.

[60] Infra, Titre II, Chapitre II, section I.

[61] Réflexions sur le droit de la santé, *EDCE* 1998, p. 256.

responsabilité du fait des prestataires de service, il est possible d'imaginer que l'évolution du droit de la responsabilité sous l'influence du droit communautaire passera par une diminution du contentieux de la responsabilité, au sens de réparation d'un dommage imputable au débiteur de l'obligation de réparation, qu'il s'agisse de la responsabilité pour faute, de la responsabilité pour rupture de l'égalité devant les charges publiques ou de la responsabilité pour risque[62].

Une prise en compte généralisée des principes découlant des systèmes spécifiques de responsabilité à l'initiative du législateur est donc loin d'être inconditionnée et semble d'autant moins possible que le législateur, lorsqu'il légifère en matière de responsabilité tient compte des nécessités propres à chaque secteur. Si les organes européens s'inscrivent dans la mouvance consacrant la multiplication de fonds de garantie que connaît le droit français, on doit voir là une trace d'action parallèle mais certainement pas d'influence.

L'intégration des mécanismes spécifiques dans le droit commun de la responsabilité semble toutefois en bonne voie puisque le juge administratif paraît prédisposé à en appliquer les principes, le cas échéant en surmontant l'absence de transposition de ces mécanismes par le législateur.

L'exemple le plus topique de cette affirmation concerne la directive relative à la responsabilité du fait des produits défectueux. Le Conseil d'Etat, alors même que cette directive n'était pas transposée, a néanmoins semble-t-il accepté d'en appliquer les principes dans un domaine qui n'était pas clairement inclus dans son champ d'application et dont l'intégration au sein du dispositif prévu par la directive a donné lieu à de nombreux débats tant devant l'Assemblée Nationale que devant le Sénat : celui du sang et de ses produits dérivés. En effet, à l'occasion de l'examen du régime de responsabilité applicable du fait de la fourniture de sang contaminé, le Conseil d'Etat a été invité par son commissaire du gouvernement, M. Daël, à considérer que ce régime lié à la défectuosité du sang était un régime de responsabilité sans faute, dans la mesure notamment où cette substance, tout comme ses produits dérivés ou le plasma, rentre dans le champ d'application de la directive relative aux produits défectueux[63]. Si cette décision n'est pas, à proprement parler, fondée sur la directive de juillet 1985, l'esprit qui l'anime semble avoir en partie amené la haute juridiction à l'adopter ; le commissaire du gouvernement ayant souligné à quel point le dispositif mis en oeuvre était à même de répondre à la satisfaction équitable des intérêts des victimes et aux exigences d'un Etat solidariste, et cela alors même qu'il n'avait pas été transposé en droit français.

Il est aujourd'hui clair que les « *produits* » en question, c'est à dire le plasma, le sang et ses dérivés tombent dans le champ d'application de la directive, mais cette décision semble clairement montrer la volonté du commissaire du gouvernement Daël d'imprimer des effets concrets aux évolutions découlant des interventions européennes, alors même que le législateur n'aurait pas procédé à leur transposition et surtout que l'intention du législateur d'en appliquer le régime à un domaine déterminé était loin

---

[62] Pour une analyse relative aux effets de cette évolution en droit civil, G. Martin, Précaution et évolution en droit, *D.*, 1995, Chro p.299.

[63] CE, Ass. 26 mai 1995, N'Guyen, *Lebon* p. 221 ; conclusions Daël, *RFDA* 1995, p. 748, sp. p. 756.

d'être établie[64]. C'est donc à une interprétation très constructive des textes et de leur mise en oeuvre que le commissaire du gouvernement s'est livré dans cette affaire ; interprétation qui, si elle est reprise par l'ensemble de la juridiction administrative, augure une bonne intégration des principes contenus dans les dispositifs spécifiques de responsabilité élaborés par les organes européens, en même temps qu'elle semble révéler un changement d'attitude des membres du Conseil d'Etat face au droit communautaire.

Le droit européen pourrait également avoir pour effet d'assouplir la distinction entre les responsabilités contractuelle et extra-contractuelle.

SECTION 2- L'ASSOUPLISSEMENT DE LA DISTINCTION ENTRE RESPONSABILITES CONTRACTUELLE ET EXTRA-CONTRACTUELLE DE L'ADMINISTRATION

La responsabilité contractuelle, c'est à dire celle qui peut être mise en cause sur la base d'un contrat administratif, est traditionnellement opposée de manière catégorique à la responsabilité délictuelle ou quasi-délictuelle dans la plupart des systèmes juridiques. Ces deux branches de la responsabilité sont d'ailleurs dotées d'un champ d'intervention différent qui se concrétise par le principe du non cumul ou de primauté de la responsabilité contractuelle sur la responsabilité délictuelle ; ce qui signifie que lorsque les conditions de recevabilité de la responsabilité contractuelle sont réunies, la victime d'un dommage ne peut se placer que sur ce terrain ; elle ne peut engager concurremment une action en responsabilité extra-contractuelle ou encore exercer une option entre les deux actions. Les relations entre ces deux pans de la responsabilité pécuniaire de l'administration sont donc régies par un principe d'autonomie qui confine à la stricte partition.

La responsabilité contractuelle, qui a été la première branche de l'obligation de dédommagement en cas de préjudice découlant pour un particulier de l'action administrative[65], a, en raison de l'émergence d'un droit de la responsabilité au service de l'Etat de droit visant la mise en place d'une protection juridictionnelle du particulier face à l'arbitraire gouvernemental, connu un recul croissant et est devenue un secteur dont l'importance en droit français paraît sous-estimée[66]. Le contentieux né de l'inexécution, des difficultés d'exécution ou de la mauvaise exécution d'un contrat, marginalisé a ainsi, peu à peu, été exclu du concept de responsabilité par une part importante de la doctrine; même si Teissier[67], Sourdois[68] puis les Professeurs Drago[69] ou

---

[64] On doit d'ailleurs relever que le juge judiciaire a ultérieurement adopté le même raisonnement avant même la transposition de la directive de 1985 : Cass. Civ. 1ère, 28 avril 1998, Epx. C. et autres c/ Centre régional de transfusion sanguine de Bordeaux, *Bull. I*, p. 104.

[65] J.-L. Mestre, *Un droit administratif à la fin de l'ancien régime: Le contentieux des communautés de Provence*, Paris, LGDJ 1976, BDP t 121, p. 173 et s.

[66] V. sur ce point la préface du Professeur Moderne à la thèse de P. Terneyre relative à la responsabilité contractuelle des personnes publiques en droit administratif.

[67] G. Teissier faisait rentrer les dommages causés par les actes administratifs dans le cadre de situations contractuelles dans les dommages causés par la puissance publique dans l'exercice de la fonction exécutive et plus particulièrement dans l'exercice de la fonction administrative : *Responsabilité de la puissance publique*, n° 163 à 174.

encore le Président Braibant[70] ont inclus la responsabilité contractuelle dans la responsabilité plus générale de la puissance publique. A cela plusieurs raisons qui tiennent aux caractéristiques propres à chacun de ces mécanismes. La première tient à la limitation des pouvoirs du juge qui existe dans le contentieux contractuel dans la mesure où les clauses du contrat figurent parmi les éléments qui vont déterminer la solution du litige. Le juge devra les appliquer. Il ne dispose donc pas dans le contentieux contractuel de la même marge de manoeuvre que celle dont il bénéficie en matière extra-contractuelle[71]. La seconde découle du principe d'autonomie de la responsabilité car, même si le droit administratif de la responsabilité contractuel est différent du droit civil en raison des particularités de l'action étatique et de la nécessaire inégalité qui régit les relations entre les deux parties au contrat administratif, la théorie civile des obligations contractuelles va jouer en partie au moins indirectement ; alors que la responsabilité quasi-délictuelle de la puissance publique est une création originale et propre à la jurisprudence administrative[72]. La responsabilité contractuelle serait ensuite trop peu développée, ce qui empêcherait de la systématiser en tant que telle et de l'insérer dans un ensemble général constituant le droit de la responsabilité de la puissance publique[73]. A ce jour, même si l'idée d'une responsabilité contractuelle de l'administration apparaît plus fortement, celle-ci n'est encore pas toujours clairement assimilée à la responsabilité civile de l'administration.

Dans l'hypothèse où l'idée d'une responsabilité administrative composée d'un volet contractuel et d'un autre extra-contractuel est admise, les responsabilités contractuelle et extra-contractuelle font office de *summa divisio*, c'est à dire de distinction majeure[74] pour ne pas dire incontournable, de classification apte à appréhender l'ensemble des hypothèses qui peuvent donner lieu à la naissance d'une obligation de réparation ; classification à la fois intangible, inébranlable et ne pouvant connaître de situation intermédiaire, chaque hypothèse de réparation ne pouvant être soumise qu'à l'une ou à l'autre. Cette idée est consacrée par l'établissement d'une typologie entre le

---

[68] J. Sourdois, *La responsabilité de l'Etat agissant dans l'exercice de la puissance publique*, thèse, Cadoret, Bordeaux, 1908, p. 152 et s.

[69] R. Drago incluait dès 1951 la responsabilité contractuelle, c'est à dire celle qui peut lui incomber en raison des dommages causés au cours de l'exécution d'un contrat ou à la suite de l'inexécution d'un contrat qui la lie à d'autres personnes privées ou publiques, dans la responsabilité administrative, *La responsabilité administrative en droit comparé*, Cours de la Faculté internationale pour l'enseignement du droit comparé, Strasbourg, Printemps 1966, n° 551-552, p. 8 et s.; cf. également Paradoxes sur les contrats administratifs, in *Etudes Flour*, Répertoire du notariat Defrénois, Paris, 1979, p. 151.

[70] G. Braibant, *Le droit administratif français*, 4ème édition, Paris, FNSP - Dalloz, Amphithéatre, 1997, p. 272.

[71] Cette remarque semble toutefois contenir une objection plus formelle que réelle en raison des pouvoirs croissants du juge dans le contentieux contractuel.

[72] R. Drago, *La responsabilité administrative en droit comparé*, préc., p. 9. Le Professeur de Laubadère a toutefois montré l'originalité de la responsabilité contractuelle des personnes publiques :A. De Laubadère, Les éléments d'originalité de la responsabilité contractuelle de l'administration, in *Mélanges A. Mestre*, Paris, Sirey, 1956, p. 383 et s.

[73] Pourtant la doctrine a su montrer la cohérence de ce pan du droit administratif et l'existence d'une véritable théorie de la responsabilité administrative contractuelle qui peut être étudiée en tant que telle, indépendamment à la fois du droit privé et de la responsabilité délictuelle ou quasi délictuelle de droit public. V. notamment A. De Laubadère, Les éléments d'originalité de la responsabilité contractuelle de l'administration, préc.

[74] Selon le vocabulaire juridique de l'association Henri Capitant.

« contractuel » et le « non-contractuel » ; tout ce qui ne rentre pas dans le premier étant automatiquement inclus dans le second.

Or cette double caractéristique de *summa divisio* et d'autonomie qui régit de manière absolue la relation entre les volets contractuel et extra-contractuel est en partie remise en cause par le droit européen dont certaines positions révèlent une atténuation de la distinction entre les volets contractuels et extra-contractuels.

Cette distinction, aujourd'hui appréhendée par la majeure partie de la doctrine comme ayant une valeur de principe est fortement critiquable, à tout le moins dans la rigidité de la séparation qu'elle implique (§1) ; elle est aussi remise en cause au niveau européen (§2).

§1- Une distinction critiquable

Rares sont les systèmes européens qui ne pratiquent ou du moins ne reconnaissent une distinction entre le domaine contractuel et le domaine non contractuel en matière de responsabilité[75]. Celle-ci semble en effet inhérente à tout système juridique tant il est logique de différencier le dommage subi du fait de la méconnaissance d'une obligation librement acceptée et consacrée de celle découlant d'un pur fait. On pourrait d'ailleurs considérer que les responsabilités contractuelle et non contractuelle sont différentes par nature. Le principe d'une responsabilité contractuelle complétant un dispositif extra-contractuel a ainsi été consacré par le droit communautaire dans l'alinéa 1er de l'article 215 du traité de Rome[76] et, même si il n'a pas attiré l'attention de la doctrine[77], prend une place de plus en plus importante avec le développement de la contractualisation de la politique communautaire.

Mais outre cette première justification tenant au fait générateur du dommage et à la nature de la norme juridique méconnue, une autre argumentation, purement formaliste, semble avoir séduit de nombreux auteurs. Celle-ci repose sur l'idée que la responsabilité contractuelle ne constituerait qu'un élément de la théorie générale des contrats et ne pourrait de ce fait être rattachée de quelque manière que ce soit au contentieux de la responsabilité publique. Cette thèse, défendue par les plus éminents théoriciens du droit de la responsabilité[78], paraît fondée sur l'idée d'un dédoublement des obligations

---

[75] Pour un aperçu, v. L. J. Constantinesco, *Inexécution et faute contractuelle en droit comparé*, Stuttgart, W. Kohlhammer Verlag, 1960, 555 p.

[76] Art. 215 al. 1: *« La responsabilité contractuelle de la Communauté est régie par la loi applicable au contrat en cause ».*

[77] Voir cependant Kremlis, *De quelques clauses d'élection de for et de droit applicable stipulées dans des contrats de droit privé conclus par les Communautés européennes dans le cadre de leurs activités d'emprunt et de prêt*, 1986, Dsc, p. 777 ; T. Heunkels, The contractual liability of the european community, in *The action for damages in community law*, Kluwer law international, 1997, p. 89.

[78] Implicitement L. Duguit, *Traité de droit constitutionnel*, Paris, de Boccard, 1924, t III, n° 81 ; M. Hauriou, *Précis de droit administratif*, Paris, Sirey 1933, p. 294 ; H. Berthélémy, *Traité élémentaire de droit administratif*, Paris 1933, p. 95. De même, Laferrière envisageait distinctement dans le cadre du recours de plein contentieux les contrats et la responsabilité qui, divisée en responsabilité pour dommage et en responsabilité pour faute ne recouvrait pas les questions d'inexécution ou de défaillance contractuelle : *Traité des recours contentieux*, réimp., Paris, LGDJ, 1989, t. II, p. 114 et s. Explicitement P. Duez, *La responsabilité de la puissance publique (en dehors du contrat)*, p. 7 ; J. Rivero, J. Waline, *Droit administratif*, Paris, précis Dalloz, 17ème édition, 1998, n° 271 ; G. Vedel et P. Delvolvé, *Droit administratif*, Paris, Thémis, 12ème

pécuniaires de l'administration : d'une part, face aux particuliers en dehors de tout cadre juridique préétabli, dans un mécanisme assimilable à celui des actes d'autorité, la responsabilité aurait pour fonction la défense de l'individu face à l'Etat et l'affirmation de l'Etat de droit ; d'autre part, face aux cocontractants de l'administration qui, du fait de la gestion de l'activité publique, subissent un préjudice, le préjudice serait directement rattachable au contrat et ne trouverait aucune explication dans le fonctionnement défectueux d'un service. Il y aurait en conséquence deux sortes de responsabilité pécuniaire de l'administration. L'une, noble, constituant le corollaire de l'action étatique, tandis que la seconde serait tellement assimilable à l'activité des personnes privées, puisque réalisée dans un cadre contractuel, qu'elle ne pourrait en rien lui être comparée et qu'en outre, rien ne pourrait la rattacher à la responsabilité. Les fondements de la distinction seraient donc fermement posés, à la fois logiques et inébranlables.

L'intangibilité de cette distinction n'en est pas moins contestable : les régimes des responsabilités contractuelle et extra-contractuelle peuvent être rapprochés à deux titres. Tout d'abord, leur mise en oeuvre est subordonnée à des conditions analogues à la fois en ce qui concerne le préjudice, le lien de causalité et l'étendue de la réparation ; mais surtout, la particularité des deux régimes est sujette à discussion tant en ce qui concerne les conditions d'engagement de la responsabilité auxquelles elles sont soumises, leurs modalités de mise en oeuvre et leurs fondements.

Tout d'abord, la responsabilité contractuelle ne découle pas du droit à l'exécution correcte du contrat car elle ne permet pas de remédier à l'inexécution, la seule voie ouverte dans cette hypothèse étant celle d'une injonction adressée au cocontractant défaillant. La responsabilité contractuelle, bien qu'éminemment liée au contrat puisqu'elle résulte de sa mauvaise exécution, trouve sa source dans l'obligation de réparer le dommage subi du fait de la défaillance dans l'exécution du contrat[79]. Cette obligation se situe dans le prolongement du contrat mais s'en détache du fait de la mauvaise exécution qui contredit les attentes logiques des parties lors de sa conclusion. Elle est consécutive à un manquement à la loi des parties, au même titre que la méconnaissance de la légalité. De ce fait, la faute contractuelle est fortement assimilable à la faute du service. Duez a défini cette dernière comme engageant la responsabilité lorsque le service n'a pas fonctionné, mal fonctionné ou enfin lorsqu'il a fonctionné tardivement, la faute du service résultant de manière générale d'un manquement aux obligations du service[80]. Pourquoi ne pourrait-on faire entrer dans cette définition pour le moins extensive la faute contractuelle qui est entendue comme celle découlant de la

---

édition, 1992, p. 432 ; R. Odent, *Contentieux administratif*, Les cours de droit, 1977-1978, p. 1325 ; J. Moreau, *Principes généraux de la responsabilité*, Jcl Adm Fasc. 700, n° 16, l'auteur note que la limitation à la responsabilité extra-contractuelle est un point de vue communément partagé mais qui ne repose sur aucune base solide ; C. Debbasch, *Droit administratif*, Paris, Cujas 1971, p. 394 ; A. de Laubadère, J.-C. Venezia, Y. Gaudemet, *Traité élémentaire de droit administratif*, t. 1, Paris, LGDJ, 1990, n° 1222 ; M. Rougevin-Baville, *La responsabilité administrative*, Paris, Hachette, coll. Les fondamentaux 1992, p. 2.

[79] Sur ce point, v. pour une analyse de droit privé P. Jourdain, Réflexion sur la notion de responsabilité contractuelle, in *Les métamorphoses de la responsabilité*, sixièmes Journées René Savatier, Poitiers, 15 et 16 mai 1997, P.U.F., Paris, 1997, p. 65.

[80] Des fautes anonymes impliquant le mauvais agencement général du service : P. Duez, *La responsabilité de la puissance publique (en dehors du contrat)*, Paris, Dalloz, 1938, p. 22, p. 27 et s.

mauvaise exécution d'une obligation contractuelle[81] ? En effet, en cas d'inexécution ou de défaillance contractuelle, la faute administrative sera bien assimilée au manquement à une obligation préexistante et soumise à un régime de responsabilité relativement similaire[82]. Cet état de fait a amené le Professeur Chapus à affirmer que la responsabilité contractuelle est d'une originalité extrêmement peu marquée par rapport à la responsabilité délictuelle[83], ce qui lui permit d'appréhender les deux de front dans sa thèse.

Mais la responsabilité contractuelle sans faute qui se traduit dans la théorie du fait du prince[84] révèle aussi des similitudes avec la responsabilité non-contractuelle fondée sur la rupture de l'égalité devant les charges publiques[85]. En effet, le fait du prince correspond à l'imposition par l'administration à des particuliers, qui sont certes liés à elle contractuellement, d'une surcharge particulière correspondant à la satisfaction d'un intérêt général et tenue pour régulière. Cette surcharge que supporte le cocontractant, qui d'ailleurs pour entraîner une réparation doit être suffisamment lourde, le place non seulement dans une position délicate, dans la mesure où elle alourdit ou rend plus difficile l'exécution de ses obligations contractuelles, mais en outre correspond à l'utilisation par l'administration de prérogatives qui lui ont été conférées dans un but d'intérêt public et qui ont pour effet, si elles visent la satisfaction de l'intérêt de l'ensemble de la collectivité, de compromettre gravement la situation financière du cocontractant en raison des obligations qui découlent du cadre contractuel. Dans les deux hypothèses de fait du prince et de rupture de l'égalité devant les charges publiques, l'action dans l'intérêt de tous a pour conséquence l'aggravation des charges pour certains individus. Aussi, autant qu'à rétablir l'équilibre financier du contrat, ce qui constitue pour de nombreux auteurs le fondement de la théorie du fait du prince[86], la responsabilité contractuelle sans faute vise à compenser les conséquences dommageables d'une action dans l'intérêt général. Pour autant, elle bénéficie d'une indéniable spécificité par rapport à la responsabilité pour rupture de l'égalité devant les charges publiques, dans la mesure où le préjudice résulte spécifiquement de la relation contractuelle qui a été instaurée entre le cocontractant « victime » et l'administration.

Les responsabilités contractuelle et extra-contractuelle connaissent également un rapprochement certain dans leurs modalités de mise en oeuvre puisque la faute contractuelle est soumise comme la faute délictuelle à une certaine forme de gradation. Si une faute lourde n'est pas, en principe, nécessaire pour mettre en jeu la responsabilité

---

[81] D. Chabanol, *Responsabilité contractuelle et quasi-contractuelle*, Jcl Adm., fasc. 854, n° 9 et s; P. Delvolvé, *Responsabilité contractuelle*, Répertoire Dalloz, Responsabilité de la puissance publique, n° 1 et s.

[82] Cf. R. Chapus, *Responsabilité publique, Responsabilité privé, Les influences réciproques des jurisprudence administrative et judiciaire*, 2ème édition, Paris, LGDJ, 1957, n° 373.

[83] *Ibid.*

[84] Sur ce point, cf. A. De Laubadère, Les éléments d'originalité de la responsabilité contractuelle de l'administration, in *Mélanges A. Mestre*, Paris, Sirey, 1956, p. 383 et s. ; F.P. Bénoit, *Le droit administratif français*, Paris, Dalloz, 1968, n° 1136 et s ; A. de Laubadère, F. Moderne, P. Delvolvé, *Traité des contrats administratifs*, Paris, LGDJ, 1984, t. 1, n° 766-767 ; P. Terneyre, *La responsabilité contractuelle des personnes publiques en droit administratif*, Paris, Economica, 1989, p. 7 et s. ; L. Richer, *Droit des contrats administratifs*, Paris, LGDJ, 1995, p. 227 ; P. Delvolvé, *Responsabilité contractuelle*, Répertoire Dalloz, Responsabilité de la puissance publique, § 219 et s.

[85] Ainsi en cas de décision individuelle légale causant un dommage : P. Delvolvé, *L'égalité devant les charges publiques*, préc., p. 242 et s.

[86] V. P. Terneyre, *La responsabilité contractuelle des personnes publiques en droit administratif*, préc., p. 163.

contractuelle de l'administration, le degré de gravité de l'action administrative exigé par le juge pour engager la responsabilité peut varier selon les espèces et la nature du litige, en fonction de la dénomination qu'il utilise pour caractériser le comportement de l'administration. Ainsi en est-il en cas de mauvais vouloir caractérisé ou en fonction de l'étendue des obligations -selon qu'il s'agit d'obligations de moyens ou de résultat- pesant sur l'administration[87]. Dans ces hypothèses, il n'y a pas à proprement parler de gradation de la faute mais une qualification de faute variable en fonction de la gravité des faits qui lui sont imputables. Parallèlement, les conditions de mise en oeuvre de la responsabilité non-contractuelle de l'administration se sont tout au long du vingtième siècle assouplies de telle manière qu'il n'est aujourd'hui plus possible d'affirmer que l'action en responsabilité non-contractuelle est beaucoup plus aléatoire que l'action en responsabilité contractuelle.

En outre, de manière plus générale, la distinction entre la responsabilité contractuelle et non-contractuelle semble vouée à s'atténuer dans la mesure où les deux reposent sur des fondements communs[88]. Elles peuvent en effet, ainsi que cela a été précédemment observé, trouver une explication dans la rupture de l'égalité devant les charges publiques comme dans le respect d'obligations préexistantes. Il n'est plus aujourd'hui possible d'affirmer comme l'a fait R. E.S. Chasseriau dans son étude des rapports entre la responsabilité contractuelle et la responsabilité non-contractuelle qu'elles s'opposent en raison d'une dualité de fondements, la responsabilité contractuelle étant fondée uniquement sur le respect de la règle *pacta sunt servanda* tandis que la responsabilité non contractuelle ne pourrait être que la conséquence du principe de corrélation des avantages et des charges ou de l'égalité devant les charges publiques[89].

On le voit, nombreux sont les facteurs qui pourraient permettre une reconsidération de la distinction entre la responsabilité contractuelle et la responsabilité extra-contractuelle ; mais l'idée d'unité de la responsabilité ne semble pas, à ce jour, être d'actualité pour la doctrine administrative française. Cette certitude du bien-fondé de la dualité de responsabilité contraste nettement avec les vives discussions qui animent régulièrement le droit privé et qui opposent les partisans de la dualité[90] de la responsabilité civile et ceux qui prônent le dépassement de cette distinction, pénalisante pour la victime d'un dommage, qui ne permet pas d'aborder avec réalisme l'ensemble des hypothèses de réparations[91]. Certains des éléments de cette discussion pourraient être repris avec profit en droit public. Le droit européen participe à ce mouvement en procédant à une atténuation de cette distinction.

---

[87] V. P. Terneyre, *La responsabilité contractuelle des personnes publiques en droit administratif*, préc. p. 134 ; A. de Laubadère, F. Moderne, P. Delvolvé, *Traité des contrats administratifs*, Paris, LGDJ, 1984, t. 1, n° 763.

[88] R. E.S. Chasseriau a rejeté l'existence d'un fondement commun : *Les rapports de la responsabilité contractuelle et de la responsabilité extra-contractuelle en droit administratif*, thèse, Paris, 1952, p. 184 et s.

[89] *Ibid*. p. 168 et s. Cet auteur atténuait toutefois la dualité de fondement entre la responsabilité contractuelle et la responsabilité non-contractuelle en considérant que les deux correspondent à une unique fonction d'assurance : couvrir les dommages subis par les particuliers, sp. p. 186.

[90] Notamment B. Starck, H. Roland, L. Boyer, *Obligations 1) Responsabilité délictuelle*; Paris, Litec, 5ème édition, 1996, n° 11 ; A. Weill, et F. Terré, *Les obligations*, Paris, Précis Dalloz, 6e édition, 1996, n° 647.

[91] P. Malaurie, L. Aynès, *Droit civil, Les obligations*, Paris, Cujas, 6e édition, 1996, n° 812 ; G. Viney, *La responsabilité: conditions*, Traité de droit civil, sld. J. Ghestin, t IV, Paris, LGDJ, 1995, 2nde édition, n° 238.

§2- UNE REMISE EN CAUSE EUROPEENNE

La remise en cause européenne de la distinction des responsabilités contractuelle et extra-contractuelle résulte d'une conception globalisante de la responsabilité et de la création de régimes intermédiaires entre le secteur contractuel et extra-contractuel.

La globalisation de la responsabilité passe par le prisme uniformisant de l'article 6 de la Convention ainsi que par la recommandation de 1985 relative à la responsabilité des pouvoirs publics.

L'article 6 appréhende largement les hypothèses de responsabilité sous le terme de « *droits et obligations à caractère civil* ». Cette notion, qui fait l'objet d'une interprétation évolutive de la part des organes de la Convention, permet d'englober la plupart des hypothèses de responsabilité de la puissance publique qu'elles soient fondées sur la faute ou sur la rupture de l'égalité devant les charges publiques, à moins qu'elles concernent le coeur même des prérogatives souveraines de l'Etat ou qu'elles soient liées à la solution d'un litige présentant un caractère de droit public. Par conséquent, la responsabilité, qu'elle soit de nature contractuelle ou non, fait l'objet d'une appréhension commune de la part des organes de Strasbourg, sans que les moyens tirés du caractère exorbitant du droit commun de la réparation, de la particularité des relations avec les sujets de droit qu'elle traduit ou du cadre unilatéral dans lequel elle se produit ne puissent être invoqués. Ainsi, le litige résultant d'un contrat étroitement lié au fonctionnement des services publics tombe-t-il dans le champ de l'article 6 au même titre que celui résultant d'un refus de concours de la force publique[92]. La nature particulière des relations dans lesquelles l'obligation s'inscrit est donc relativement indifférente à l'affirmation de son caractère civil dans la mesure où la Cour s'attache principalement à sa traduction pécuniaire. A travers le prisme de l'article 6, les responsabilités contractuelle et délictuelle sont donc soumises aux mêmes principes concernant les règles de fond et de procédure puisqu'elles sont conçues de manière homogène en tant qu'hypothèses dans lesquelles l'intérêt de l'Etat pourra s'opposer à ceux des particuliers, ce qui est le critère d'intervention des organes de Strasbourg, et non en fonction de l'existence d'un contrat alors que cet aspect du litige est généralement celui retenu en droit administratif français. Mais surtout, par cette conception unificatrice des deux volets de la responsabilité et par l'identité des principes européens qui doivent les régir, le droit conventionnel consacre l'idée selon laquelle la différence entre les deux systèmes de responsabilité est une différence de détail[93].

L'on trouve une approche similaire dans la recommandation relative à la responsabilité des pouvoirs publics de 1985[94] dont le champ s'exerce indistinctement sur l'ensemble du droit de la responsabilité, dès lors que les pouvoirs publics utilisent des prérogatives dépassant les droits ou les facultés des personnes ordinaires[95]. La

---

[92] CEDH, 28 septembre 1995, Scollo c/ Italie, série A n° 315-C ; CEDH, 28 septembre 1995, Spadea et Scalabrino c/ Italie, série A n° 315-B.

[93] Nous renvoyons à l'idée formulée par le Professeur Chapus dans sa thèse : *Responsabilité publique, Responsabilité privée*, Les influences réciproques des jurisprudence administrative et judiciaire, préc. n° 373.

[94] Recommandation R (84) 15 du comité des ministres des Etats membres relative à la responsabilité publique, adoptée par le comité des ministres le 18 septembre 1984.

[95] Annexe Champ d'application et définitions, I :

responsabilité contractuelle de l'administration tombe donc également dans son champ dès lors que le contrat en question se caractérise par son caractère exorbitant du droit privé qui le fait, de fait, échapper à la réparation de droit commun. Plus qu'à la nature de la responsabilité, la recommandation s'attache, on le voit, au contexte de la responsabilité de l'administration et au point de savoir si elle agit en utilisant des prérogatives qui lui sont propres ou au même titre qu'un particulier. Dès lors les deux pans de la responsabilité sont soumis à des règles d'harmonisation identiques, même si bien évidemment les difficultés qui peuvent être rencontrées dans les contentieux contractuels et extra-contractuels sont différentes.

Les volets contractuel et extra-contractuel font donc l'objet d'une appréhension globalisante de la part des organes du Conseil de l'Europe ; appréhension globalisante qui semble reposer sur l'idée que d'autres critères de distinction, plus efficients que ceux tirés de la nature des relations entre l'auteur et la victime du dommage, peuvent être utilisés pour opérer une classification au sein de la responsabilité de l'Etat et des collectivités publiques.

Le droit communautaire a pour sa part pour effet de viser la mise en place de régimes intermédiaires entre les volets contractuel et non-contractuel qui se développent en parallèle à eux mais ne relèvent réellement d'aucun. Tel est le cas de la responsabilité du fait des produits défectueux. La directive du 25 juillet 1985 qui instaure un dispositif unique et intermédiaire, qui n'est véritablement rattachable à aucun des deux volets de la responsabilité, peut être mis en oeuvre parallèlement à l'un ou à l'autre et qui assure une réparation identique quelle que soit la nature du lien existant entre l'individu ayant subi un dommage et l'administration, conformément à la logique de primauté de la nature de l'activité à l'origine du dommage sur son contexte[96].

Une telle solution est bien évidemment adaptée à la question de la réparation du risque face auquel peuvent se trouver aussi bien les usagers des services publics, les cocontractants de l'administration, que les tiers qui confrontés à un même dommage bénéficieraient au moins en partie d'un traitement indemnitaire identique et non clairement différencié. Elle permet en outre de traiter de manière similaire, dans un souci d'égalité, les dommages causés du fait de certaines activités et donc de mieux garantir le danger ; mais bien évidemment un tel mécanisme ne peut être utilisé qu'afin de répondre des risques spécifiques et sa mise en place doit être justifiée par l'existence de considérations de fait. L'avantage d'un tel système est qu'il permet d'aplanir les différences de traitement juridictionnel pouvant découler de la nature du lien existant entre la victime et l'administration tout en tenant compte des particularismes propres à chaque mécanisme de responsabilité puisqu'il ne s'agit pas d'un dispositif de substitution mais de superposition[97].

« *La présente recommandation s'applique à la responsabilité de la puissance publique, c'est à dire à l'obligation des pouvoirs publics de réparer les dommages causés par leurs actes, soit par une indemnisation, soit par tout autre moyen approprié* ».

[96] L'article 13 de cette directive prévoit que « *La présente directive ne porte pas atteinte aux droits dont la victime d'un dommage peut se prévaloir au titre du droit de la responsabilité contractuelle ou extra-contractuelle ou au titre d'un régime spécial de responsabilité existant au moment de la notification de la présente directive* ».

[97] On peut remarquer avec profit que l'obligation de sécurité, sur laquelle repose la directive relative à la responsabilité du fait des produits défectueux, a permis un rapprochement des notions de faute contractuelle et

Une difficulté réside cependant dans le fait que le régime de responsabilité plus spécifiquement applicable aux usagers du service public est fondé sur l'idée que, hormis l'hypothèse d'une faute, ils ne peuvent solliciter la mise en oeuvre de la responsabilité de la puissance publique dans la mesure où, bénéficiaires des prestations du service, ils acceptent nécessairement les dommages qui constituent une contrepartie normale des avantages qu'ils tirent du bon fonctionnement du service[98]. Aussi peut-on se demander si les modalités spécifiques de fonctionnement du service public ne justifieraient pas que de tels mécanismes intermédiaires de responsabilité ne puissent trouver à s'appliquer. A cette question, l'on peut répondre que la mise en oeuvre de ces dispositifs de réparation correspond au traitement d'un dommage spécifique apprécié indépendamment de la situation de la victime mais au regard d'une occurrence particulière qui se révèle de manière analogue, que le cadre dans lequel le dommage se produit soit de droit public ou de droit privé, ce qui justifie qu'ils puissent trouver à s'appliquer dans un contexte de service public. Il n'en demeure pas moins que les mécanismes de responsabilité intermédiaires, s'ils étaient amenés à se multiplier, devraient y être mis en place avec parcimonie, afin de répondre à des difficultés de réparation caractéristiques de l'action publique.

De tels dispositifs intermédiaires qui se superposent aux régimes, contractuel ou non-contractuel, traditionnellement applicables ont pour conséquence de porter sérieusement atteinte à la *summa divisio* qu'ils constituent dans la mesure où, sans renier son existence, ils postulent la mise en place d'un système de responsabilité ne rentrant dans aucune catégorie prédéterminée et mieux adapté : mieux adapté aux caractéristiques du dommage et à son fait générateur, le mécanisme étant centré sur eux, mieux adapté à la victime dans la mesure où celle-ci est assurée d'un dispositif de responsabilité propre à son cas et dans le cadre duquel elle pourra cumuler des actions fondées sur un mécanisme spécifique et sur le droit commun de la responsabilité, le tout en respectant les dispositifs de droit interne qui ne subiront pas de modification directe.

Parallèlement, les mécanismes intermédiaires de responsabilité induisent un certain rapprochement des responsabilités contractuelle et non contractuelle à travers les préjudices dont elles peuvent assurer la réparation puisque pourront être réparés sur le fondement d'une action essentiellement contractuelle des dommages qui auparavant étaient inhabituels dans ce type de responsabilité tels que la douleur morale ou le dommage corporel[99].

L'appréhension commune du droit de la responsabilité ainsi que la remise en cause de la *summa divisio* constituée par les responsabilités contractuelle et extra-contractuelle qui sont le fait du droit européen amènent tout naturellement à une interrogation sur la mise en place d'un régime partiellement commun ; pourtant la distinction des sphères contractuelle et non contractuelle demeure, en matière de responsabilité, nécessaire en raison des caractéristiques mêmes des mécanismes en cause. Certes, une appréhension

---

délictuelle avant même que la directive soit transposée : Cass. Civ. 1ère, 17 janvier 1995, Scté planet Watthon c/ CPAM du Morbihan et autres, *Bull. I*, p. 29.

[98] Tel est du moins le résultat de l'étude du régime de responsabilité des collaborateurs bénévoles du service public.

[99] Pour un constat de la rareté de leur invocation mais l'affirmation d'une possibilité de réparation sur leur fondement, v. P. Delvolvé, *Responsabilité contractuelle*, Répertoire Dalloz Responsabilité de la puissance publique, § 174 et s.

commune de la responsabilité contractuelle et de la responsabilité extra-contractuelle pourrait avoir pour conséquence une banalisation de la responsabilité contractuelle et cette banalisation se doublerait de la tendance, perceptible depuis peu, du juge français à accroître le champ d'application du dispositif contractuel de responsabilité[100].

Mais l'on ne saurait pour autant faire abstraction de la distinction opposant responsabilité contractuelle et extra-contractuelle pour choisir une nouvelle *summa divisio*, plus pertinente au regard du droit européen, opposant par exemple la responsabilité sans faute et la responsabilité pour faute. En effet, la communauté entre les deux volets de la responsabilité publique ne peut avoir qu'un champ d'application limité car ils ne poursuivent pas les mêmes fonctions. La responsabilité extra-contractuelle vise à permettre une réparation toujours plus aisée de la victime en multipliant le recours à l'objectivation, dans un souci de justice sociale, ce qui lui fait remplir en quelque sorte une fonction d'assurance en même temps, et peut être aujourd'hui davantage, que de sanction. En revanche, la responsabilité contractuelle a principalement pour vocation d'être mise en jeu en cas de méconnaissance par l'administration de ses obligations contractuelles et subsidiairement en cas de dommage anormal et particulier, le tout afin de réparer l'atteinte portée aux droits du cocontractant en même temps que de sanctionner le comportement administratif. La première a une vocation de « garantie sociale » de plus en plus affirmée tandis que la seconde est principalement centrée autour de la sanction du cocontractant défaillant. La communauté de régime qui est consacrée ne peut donc avoir qu'un champ limité en raison des finalités propres à chaque volet de la responsabilité et ne saurait utilement conduire à une conception unique de cette dernière. A tout le moins le droit européen oeuvre-t-il pour l'intégration de la responsabilité contractuelle à l'intérieur de la responsabilité publique.

L'évolution de la structure de la responsabilité publique se double du renouvellement de sa justification et de ses finalités, c'est à dire de ses fondements et de ses fonctions.

[100] Ainsi le Conseil d'Etat a-t-il récemment considéré que les fautes commises par l'Etat en tant que prestataire de service engagent sa responsabilité sur le terrain contractuel et non extra-contractuel, alors même que la convention s'effectuait sous l'autorité du maître d'ouvrage, à savoir un hôpital départemental : CE, 14 mars 1997, Hôpital départemental des petits prés c/ Ministre de l'équipement, du logement, des transports et de l'espace, *AJDA* 1997, p. 899, note F. Rolin.

CHAPITRE II- LE RENOUVELLEMENT DES FONCTIONS ET DES FONDEMENTS DE LA RESPONSABILITE

Le rôle de l'action en responsabilité dans un Etat de droit et dans la problématique générale des relations entre gouvernants et gouvernés n'est pas nécessairement le même selon qu'il est analysé au plan européen ou national. En effet, la poursuite d'objectifs spécifiques dans la réalisation du droit européen implique une conception différente de celle de l'Etat lorsqu'il réglemente les relations avec les autres sujets de droit. Dès lors, les fondements pratiques de l'action en réparation sont variables selon que cette action est envisagée par les organes européens ou français.

L'identification du responsable d'un dommage et sa condamnation pécuniaire sont, dans les rapports entre les individus et la puissance publique, ressenties comme un besoin d'ordre social, le principe de responsabilité étant indispensable au rétablissement d'un équilibre économique rompu par la puissance publique au détriment d'un particulier[1]. Cette volonté est concrétisée dans le droit européen puisque l'existence d'un recours en responsabilité y est considérée comme un élément indispensable de la protection juridictionnelle des particuliers, au même titre que la possibilité d'obtenir l'annulation ou le sursis à l'exécution d'une décision administrative. L'action en responsabilité participe par conséquent à la réalisation d'un Etat de droit au même titre que tout autre mécanisme contentieux. Aussi un recours en réparation constitue-t-il pour les organes européens un moyen efficace d'obtenir la protection des droits des particuliers, sous réserve que la mise en oeuvre d'une telle action suffise à mettre fin à l'atteinte aux droits individuels[2]. L'approche très pragmatique qu'ont les organes européens du recours en réparation en tant que voie de droit permettant de rétablir l'équilibre rompu par l'action étatique s'oppose dans une certaine mesure à la conception française, plus politique. La possibilité pour un individu d'obtenir réparation par la collectivité publique des dommages qu'il subit y a longtemps été envisagée davantage comme un palliatif à l'absence de recours pour excès de pouvoir qu'en tant que réelle garantie des droits individuels[3].

La préférence pour l'action en responsabilité dans certains domaines peut être aisément expliquée. Tout d'abord cette action respecte davantage la souveraineté des

---

[1] V. P. Duez, *La responsabilité de la puissance publique en dehors du contrat*, préc. p. 9.

[2] Ce qui explique que l'existence d'un seul recours aboutissant à la condamnation de la puissance publique à une réparation en cas de détention irrégulière ne puisse suffire pour les organes européens et que l'épuisement d'un tel recours ne puisse être requis par les organes de Strasbourg : Req. n° 12747/87, décision sur la recevabilité du 12 décembre 1989, Drozd et Janouzek c/ France et Espagne, *DR* 64, p. 97.

[3] V. P. Sandevoir, *Etudes sur le recours de pleine juridiction*, Paris, LGDJ, BDP t 56, 1994, p. 405 et s. ; C. Guettier, *La responsabilité administrative*, Paris, LGDJ, coll. Systèmes, 1996, p. 37.

organes étatiques dans la mesure où son exercice, au lieu d'être sanctionné par le juge qui sera conduit à y porter un jugement de valeur, sera échangé contre une somme d'argent et donc monnayé. Cette considération justifie que l'action en responsabilité ait pu dans certains domaines sensibles ou devant par nature échapper à la compétence du juge administratif, tels que le contentieux de certains actes de gouvernement ou la responsabilité du fait des lois, voir son existence affirmée afin de contourner l'impossibilité d'exercer un recours en annulation. Assimilée à un palliatif du recours pour excès de pouvoir, l'action en responsabilité s'est en outre longtemps vu implicitement refuser le statut de voie de droit de nature à permettre une protection effective des particuliers. Si le recours pour excès de pouvoir a été apprécié comme constituant l'arme de défense par excellence des particuliers face à l'Etat[4], l'action en réparation n'a pas connu les mêmes faveurs. Elle était jusqu'à peu assez fermée -la réparation du dommage subi par la victime par ricochet étant relativement récente[5]- et n'était pas considérée indispensable à la protection des particuliers.

L'intérêt d'une interrogation sur les fonctions et les fondements de la responsabilité est de savoir si le droit européen a pour effet d'entraîner une évolution du lien social, c'est à dire de la conception des rapports entre les individus qui composent la société à travers la représentation collective de leurs intérêts généraux qui est l'Etat. Il apparaît qu'il a pour effet de susciter une interrogation sur les fonctions de l'action en responsabilité (Section 1), et d'ouvrir la porte à un nouveau fondement de l'obligation de réparation par la collectivité des dommages causés aux individus (Section 2).

Section 1- Le renouvellement des fonctions de l'action en responsabilite

La question des fonctions de l'action en responsabilité connaît un certain regain d'intérêt de la doctrine depuis le début des années quatre-vingt dix en raison des évolutions de la responsabilité publique qui voit ses modalités de mise en oeuvre s'assouplir ; mais elle a, de tout temps, suscité des recherches dans la mesure où elle expliquerait en partie l'originalité de la responsabilité de droit public par rapport à celle de droit privé.

Nous ferons notre la conception de la fonction juridique de la responsabilité civile entendue au sens de responsabilité pécuniaire qui a été proposée par Eisenmann comme répondant à la question suivante: *« A quelles fins, dans quelles vues, le législateur impose-t-il une obligation de réparation à des sujets donnés ? Quels objectifs poursuit-il ce faisant, quels résultats se propose-t-il d'atteindre ?» »*[6]. La fonction est donc différente de l'objet de l'action, à savoir l'obtention d'une compensation pécuniaire. Partant de cette définition, Einsemann identifiait trois fonctions de la responsabilité tant en droit public qu'en droit privé : la responsabilité sanction, la responsabilité-assurance

---

[4] J. Rivero, Le Huron au Palais Royal ou réflexions naïves sur le recours pour excès de pouvoir, *D.* 1962, chro. p. 37.

[5] CE, Ass., 28 juillet 1951, Bérenger, *Lebon* p. 473.

[6] C. Eisenmann, Sur le degré d'originalité du régime de la responsabilité extra-contractuelle des personnes (collectivités) publiques, Le droit public et le droit privé de la responsabilité extra-contractuelle diffèrent-ils foncièrement ?, *JCP* 1949, I n° 751.

et la responsabilité prix d'une faculté ou d'une activité, la première étant la plus fréquente en droit privé et absente du domaine public[7]. Si le droit européen, dont les interventions sont, nous l'avons démontré, ponctuelles et finalisées, ne s'est pas expressément attaché aux fonctions assignées à la responsabilité, le sens de son action permet de dégager certaines tendances générales. Tout d'abord, la responsabilité n'y exerce que rarement une fonction de prix, et les seuls contre-exemples qui puissent être fournis sont ceux de l'indemnité devant être versée en cas d'expropriation ou d'atteinte aux biens[8] et de la réparation au cas où une charge excessive serait supportée par un particulier dans l'intérêt commun[9]. Cet attrait limité pour la responsabilité-prix d'une faculté ou d'une activité est apparemment dû à la difficulté d'imposer un principe général de responsabilité du fait des activités étatiques régulières. En revanche tant la responsabilité-sanction que la responsabilité-assurance sont au centre des préoccupations européennes dans leur volonté duale de condamner les méfaits des autorités publiques et de garantir une protection pécuniaire aux particuliers. Se trouvent ainsi confortées les fonctions réparatrices de la responsabilité (§1) en même temps qu'est atténuée sa fonction sanctionnatrice (§2).

§1- La confortation des fonctions reparatrices de la responsabilite

Les fonctions réparatrices de la responsabilité sont amplifiées par une double influence européenne visant à faciliter l'engagement de la responsabilité, ce qui accentue l'objectivation de la responsabilité (A), tout en favorisant le passage d'un droit de la responsabilité à un droit de l'indemnisation (B).

A- La volonte de faciliter l'engagement de la responsabilite : l'objectivation du droit de la responsabilite

Le terme d'objectivation recouvre le phénomène de déclin de la place accordée à la faute subjective en tant qu'elle implique une intention malveillante ou à tout le moins une analyse du dommage en fonction de sa gravité et par conséquent au regard de son auteur. Il correspond à une évolution qui marque toujours plus le droit civil français, et a, à ce titre, été caractérisé par le Professeur Viney de *« trait qui a le plus vivement frappé tous les auteurs qui ont cherché à décrire l'évolution du droit de la responsabilité civile au cours du XXe siècle »*[10]. On pourrait objecter à l'éventualité de la reproduction de ce phénomène en droit administratif le fait que la faute du service est une faute « objective » dont l'existence est appréciée au regard des lois du service et

---

[7] *Ibid.* A la lumière des changements qu'a connus l'ensemble du droit de la responsabilité devant les juridictions civiles, une telle position ne peut plus être soutenue, la responsabilité individuelle dans sa fonction de peine privée ayant connu un réel déclin tandis que les évolutions récentes du droit public empêchent de dénier l'existence d'une fonction sanctionnatrice de la responsabilité : G. Viney, *Le déclin de la responsabilité individuelle*, Paris, LGDJ, BDPrivé, t 53, 1965 ; S. Carval, *La responsabilité civile dans sa fonction de peine privée*, Paris, LGDJ, BDPrivé, t. 250, 1991.

[8] Sous réserve de la conception extrêmement limitée qu'a la Cour européenne de l'obligation d'indemnisation dans de telles hypothèses. Sur ce point, cf. supra Partie I, Chapitre II, Section I, § 2, B, 1).

[9] Recommandation R (84) 15 sur la responsabilité publique.

[10] G. Viney, *La responsabilité: conditions*, Traité de droit civil, sld. J. Ghestin, préc., n° 22.

non de leur auteur[11] ; mais une telle position est manifestement erronée. En effet, le caractère intentionnel entre en considération pour apprécier l'existence d'une faute personnelle de l'agent qui déchargerait le service[12]. Surtout, la mise en oeuvre de la responsabilité est subordonnée à l'existence d'une faute et plus encore à la possibilité d'exiger un certain degré de faute pour caractériser le manquement de l'administration à ses obligations. Le droit français de la responsabilité de la puissance publique constitue en conséquence un champ intéressant d'étude du processus d'objectivation, qui s'exerce sur lui principalement depuis la fin des années quatre-vingts[13]. Cette tendance correspond à une logique de garantie des particuliers victimes en vue de faciliter la mise en jeu de la responsabilité et par voie de conséquence leur dédommagement, dans un contexte d'évolution de la responsabilité qui tend de plus en plus à exercer des fonctions réparatrices ; ce qui implique une adaptation de « l'équation de responsabilité » : dommage, fait générateur et lien de causalité. Elle est le reflet de la nécessité qu'ont actuellement les particuliers de trouver un garant dans l'Etat. Le mouvement vers l'objectivation et la réduction de la prise en compte du comportement de l'auteur du dommage n'est cependant pas propre à la France et avait amené l'avocat général Tesauro, lors de l'analyse comparatiste effectuée dans le cadre de ses conclusions relatives à l'affaire *Brasserie du pêcheur*, à affirmer que *« la faute (...) a fini par perdre toute connotation subjective »*[14].

Le droit européen consacre ce phénomène d'objectivation du droit de la responsabilité qui passe par un renouveau conditionné de la responsabilité sans faute, par la potentielle relance des mécanismes de présomption de faute qui toutes deux postulent l'absence d'appréciation subjective de la situation dommageable et donc l'objectivité et par la réduction de la place de la faute lourde, qui pour sa part implique une appréciation moins subjective et donc un accroissement de l'appréciation objective .

1) Un renouveau conditionné de la responsabilité sans faute

Ce renouveau est bien évidemment ponctuel en raison des réticences des autorités nationales à voir leur responsabilité engagée trop facilement ; ce qui ne manquerait d'arriver en cas de généralisation des hypothèses de responsabilité sans faute puisque, dans un tel mécanisme, l'affirmation de la responsabilité n'a aucunement pour corollaire la recherche du véritable auteur du dommage mais celle d'un patrimoine susceptible d'indemniser la victime. En conséquence, la recommandation relative à la responsabilité publique ne tend qu'à inciter les Etats à intégrer ce type de responsabilité dans leurs droits internes de peur que, face à une éventuelle pression européenne, ces derniers, qui ne sont résolument pas prêts à se voir imposer de tels sacrifices eu égard notamment à la nécessité de préserver leurs finances publiques, rejettent toute possibilité

[11] La notion principale de faute consistant dans le manquement à un obligation tandis qu'à la marge elle recouvre l'intention coupable de l'agent: v. L. Richer, *La faute du service public dans la jurisprudence du Conseil d'Etat*, Paris, Economica, 1978, p. 5 à 101.

[12] R. Chapus, *Responsabilité publique, responsabilité privée*, préc., § 357.

[13] V. notamment J. Waline, L'évolution de la responsabilité extra-contractuelle des personnes publiques, *EDCE* 1994, p. 459.

[14] Conclusions sous les affaires jointes C 46 et 48/93, point 86, *Rec.* p. I-1029.

d'harmonisation. Pourtant, on peut constater une tendance de recours aux mécanismes de responsabilité sans faute dans certains secteurs techniques.

Tel est le cas en matière de responsabilité du fait des produits défectueux[15] ou dans le cadre de la réparation des dommages résultant d'activités dangereuses pour l'environnement, le principe étant celui de la responsabilité de l'exploitant d'un site, d'une installation, d'une activité dangereuse au moment où survient le dommage[16]. Ces mécanismes visent à diriger la responsabilité sur une personne déterminée, à savoir celle qui détient la connaissance technique, afin que les victimes puissent bénéficier d'une indemnisation facilitée au niveau de l'imputation. Ils consacrent un accroissement relatif des hypothèses de responsabilité sans faute afin d'améliorer la protection juridictionnelle des particuliers tout en développant le recours à l'assurance, conformément à une logique de *socialisation des risques*.

Il n'est toutefois pas possible d'en déduire une réelle augmentation de la charge pesant en matière de réparation sur les autorités nationales -et les études menées montrent d'ailleurs que tel n'a pas été le cas pour l'application de la directive relative aux produits défectueux[17]-. Certes, l'intervention européenne dans ces domaines n'entraîne pas d'avancée notable en droit administratif français dans la mesure où elle est ponctuelle et cantonnée à certaines situations. Sous réserve de ses extensions au secteur médical à travers le sang, le plasma et leurs produits dérivés, la directive relative à la responsabilité du fait des produits défectueux s'applique, par exemple, principalement aux services publics industriels et commerciaux dont on sait que les règles de responsabilité sont celles du droit privé[18]. Elle n'est donc pas susceptible d'entraîner des effets immédiats et globaux sur le droit de la responsabilité. De même, en matière d'atteinte à l'environnement, la responsabilité objective est déjà, au regard du droit purement interne, relativement fréquente puisqu'en cas de dommages de travaux publics ou résultant d'un ouvrage public, c'est le régime prévu par la loi du 28 pluviôse an VIII qui s'applique ; l'on peut estimer que dans une telle hypothèse la responsabilité mise en oeuvre trouve de manière générale un fondement dans la théorie du risque danger. Il n'en demeure pas moins que cette pression traduit selon nous les prémices de la mise en oeuvre d'un devoir de surveillance et de sécurité qui incomberait à l'Etat, au même titre qu'il incombe aux entrepreneurs privés[19]. Les mécanismes de responsabilité sans faute, et principalement ceux fondés sur le risque, qui caractérisent le droit communautaire, font d'ailleurs l'objet d'un regain d'intérêt de la part du juge administratif qui semble consacrer une obligation de sécurité au profit des particuliers.

---

[15] JOCE 7 août 1985, L 210/29 entrée en vigueur le 31 juillet 1988. Pour une étude approfondie de cette directive : J.-L. Fagnart, La directive du 25 juillet 1985 sur la responsabilité du fait des produits, *CDE* 1987, p. 3.

[16] V. le livre vert sur la réparation des dommages causés à l'environnement, diffusé le 17 mars 1993 (COM (93) 47) et la convention du Conseil de l'Europe sur la responsabilité civile des dommages résultant d'activités dangereuses pour l'environnement adoptée le 8 mars 1993, dite Convention de Lugano.

[17] Cf. le premier rapport concernant l'application de la directive du Conseil relative à la responsabilité du fait des produits défectueux. Bruxelles, le 13 décembre 1995, Com (95) 617 final agence Europe 16 décembre 1995, p. 9.

[18] Sur ce point, v. J-B. Auby, L'émergence d'un droit européen de la sécurité et de la responsabilité des services publics, *DA*, octobre 1993, p. 21.

[19] Directive n° 92/59/CE du 29 juin 1992 relative à la sécurité générale des produits, J.O. L 228, p. 24.

Tel est du moins le constat auquel conduit l'examen de la jurisprudence récente du Conseil d'Etat[20].

L'inclinaison européenne favorable à la mise en place de mécanismes de responsabilité sans faute ne produit que des effets relatifs mais qui viennent compléter le droit interne. En effet, si les juridictions nationales n'ont pas systématiquement ou automatiquement repris les possibilités offertes par le droit européen, leurs préoccupations semblent analogues. Ainsi le juge administratif qui n'a pas choisi de se fonder sur la directive de 1985 relative aux produits défectueux pour assouplir le régime applicable en matière de transfusion sanguine, a soumis les centres de transfusion sanguine dans le cadre de leur activité de contrôle à un mécanisme de responsabilité sans faute résultant pour le Conseil d'Etat de l'utilisation d'un produit dangereux[21]. Cette concordance de vues entre les objectifs européens et les positions du Conseil d'Etat peut n'être que pure coïncidence, mais elle met en exergue la prédisposition des organes internes à prendre en compte des mécanismes de responsabilité sans faute sous réserve que ces mécanismes aillent dans le sens des règles juridiques auxquelles ils ont déjà contribué. Il pourrait bien évidemment, au contraire, en aller différemment au cas où les organes européens viseraient la généralisation des mécanismes de responsabilité sans faute ou bien leur mise en place pour des activités traditionnellement soumises à la preuve d'une faute.

Le développement sous l'effet du droit européen de mécanismes de responsabilité sans faute afin de garantir une réparation s'ajoute aux divers régimes d'indemnisation correspondant à l'idée de risque social ou de solidarité nationale indépendamment de l'idée de responsabilité qui existent en droit français et qui constituent une expression, selon les termes du Professeur Davignon, du développement de la responsabilité objective comme technique d'assurance[22]. En tout état de cause, si les organes européens multipliaient le recours à ce mécanisme, la responsabilité sans faute pourrait voir son d'un champ d'application, déjà large, s'accroître davantage. Une telle extension semble néanmoins exclue en raison tant du caractère ponctuel des interventions européennes que de la volonté du juge comme du législateur français de ne pas effectuer de trop rapides avancées dans ce domaine. On en prendra pour exemple la longue démonstration qu'a dû développer Mme Dreyfus pour amener le Conseil d'Etat à élargir le champ d'application de la responsabilité pour risque à l'aléa médical[23] ainsi que les difficultés qu'a connues la transposition de la directive relative aux produits défectueux.

L'idée d'une objectivation est corroborée par l'évolution que connaît le secteur de la présomption de faute.

---

[20] CE, 3 novembre 1997, Hôpital Joseph Imbert d'Arles, *Lebon*, p. 412. C'est de notre point de vue dans cette décision que le Conseil d'Etat a montré sa volonté de « garantir » et non uniquement d'indemniser les particuliers, largement entendus, victimes de dommages anormaux du fait de l'activité médicale. Auparavant, cette tendance était beaucoup plus particularisée, principalement en fonction de la nature du dommage : CE, 26 mai 1995, Csrts. N'Guyen, Jouan., *Lebon* p. 221 ; CE, 9 avril 1993, Bianchi, *Lebon* p. 126.

[21] CE, 26 mai 1995, Csorts N'Guyen, Jouan, préc.

[22] J.-F. Davignon, *La responsabilité objective de la puissance publique*, préc., p. 267 et s. Il faisait plus spécifiquement référence aux dispositifs d'indemnisation des catastrophes naturelles et des victimes d'émeutes ou d'infractions criminelles.

[23] CE, 3 novembre 1997, Hôpital Joseph Imbert d'Arles, *Lebon*, p. 412.

2) La potentielle relance des mécanismes de présomption de faute

En effet, de manière parallèle, le mécanisme de présomption de faute semble devoir se renouveler consécutivement au souci d'alléger la charge de la preuve incombant aux requérants dans le cadre d'un recours en réparation.

Ce souci se traduit tout d'abord par l'intervention de la Cour de Justice en matière de responsabilité pour violation du droit communautaire, puisqu'elle prévoit dans ce cadre une possibilité de responsabilité automatique lorsque la marge de manoeuvre reconnue à l'administration pour la mise en oeuvre du droit communautaire est réduite, au regard de la nature de ses obligations ou des précisions apportées par les autorités communautaires afin de l'aider à les remplir. Dans ce cas, du fait du contexte dans lequel la méconnaissance est commise, celle-ci est présumée puisqu'il y a qualification automatique de violation suffisamment caractérisée ; alors que dans l'hypothèse où la marge de manoeuvre reconnue à l'Etat est plus large, la victime d'un préjudice devrait prouver l'existence d'un comportement contraire au droit communautaire.

Mais l'accroissement du recours aux présomptions se caractérise principalement à travers les mécanismes spécifiques de responsabilité. La directive du 24 octobre 1995 relative à la protection des personnes physiques à l'égard du traitement des données à caractère personnel et à la libre circulation de ces données[24], par exemple, met en oeuvre un régime de réparation qui repose sur une présomption de responsabilité du responsable du traitement. Ce dernier ne peut s'exonérer de sa responsabilité qu'en cas de renversement de la présomption et donc en prouvant son absence de faute, c'est à dire que *« le fait qui a provoqué le dommage ne lui est pas imputable »*[25] tandis que la victime n'a à établir que le préjudice subi. La présomption qui régit la responsabilité en l'espèce est donc une présomption mixte. Un tel mécanisme de réparation est plus favorable que celui, assuré en droit français, qui est fondé sur la faute prouvée de l'administration[26] conformément aux dispositions les plus classiques du droit administratif. C'est donc à une réelle amélioration du sort de la victime que procède le droit européen dans de telles hypothèses. La proposition de directive du 9 novembre 1990 sur la responsabilité du prestataire de services allait dans la même direction et donc était de nature à élargir considérablement le champ de la responsabilité administrative puisqu'elle préconisait l'application d'un régime de responsabilité pour faute présumée à toutes les situations dans lesquelles les services publics[27] provoquent des dommages physiques aux personnes et aux biens, meubles ou immeubles, de ces personnes et donc aurait eu pour effet de faire basculer de nombreux secteurs encore soumis à l'exigence d'une faute prouvée, te le secteur hospitalier, dans un régime de faute présumée[28].

---

[24] Dir. 95/46/CE du Parlement européen et du Conseil, JOCE L 281/31, du 23 novembre 1995. Cette directive est entrée en vigueur le 25 octobre 1998.

[25] Dir. 95/46/CE, préc., Chapitre trois, Article 23.2.

[26] Même si la responsabilité civile peut se doubler d'une responsabilité pénale. Sur ce point L. Imbert, Informatique et liberté, Jcl administratif, fasc. 274, n° 197 et s.

[27] A l'exception des services visant le maintien de la sécurité publique et de ceux concernant les déchets : alinéa 2 de l'article 2 de la directive.

[28] On pourrait déceler un nouvel exemple du recours à un mécanisme de présomption de faute dans la directive 97/80/CE du 15 décembre 1997 qui pose, à son article 4, le principe d'un renversement de la charge

On ne peut bien évidemment déduire de ces exemples un réel essor du mécanisme de présomption de faute dans la mesure où aucun mouvement d'ensemble allant dans ce sens n'est aujourd'hui perceptible. A tout le moins, un renouveau de ce système de responsabilité, qui est resté longtemps cantonné à des secteurs très précis -certains dommages de travaux publics ou certaines hypothèses de responsabilité hospitalière ou enfin en cas de responsabilité pour défaut de surveillance-[29], apparaît aujourd'hui.

Il est vrai que la présomption est une construction intellectuelle qui, en raison de son incidence sur la charge de la preuve et de son aptitude à faciliter le travail de la victime du dommage, doit être utilisée avec d'autant plus de délicatesse qu'une faute est effectivement alléguée. Aussi, à la différence de la responsabilité sans faute, il s'agit d'une fiction qui vise à établir la culpabilité[30]. Elle repose sur une censure morale, ce qui rend son utilisation parfois injuste au regard de la situation réelle des auteurs du dommage. Pourtant, le recours à un mécanisme de faute présumée a l'avantage de constituer une solution médiane entre, d'une part, une déculpabilisation résultant des dispositifs de responsabilité sans faute et, d'autre part, l'inconvénient de prouver la faute, qui peut parfois rendre la réparation impossible pour la victime, puisqu'il revient à provoquer « *un déplacement de l'objet de la preuve d'un fait inconnu générateur du droit invoqué à un fait connu en général voisin ou connexe* »[31]. Les exemples tirés du droit européen sont d'ailleurs sur ce point particulièrement topiques puisque la preuve d'un dommage comme de son imputabilité, lorsque celui-ci résulte d'une activité complexe telle la diffusion d'une information à caractère privée qui, dans une époque d'explosion des techniques de communication notamment informatiques peut être utilisée par différents individus, de manière régulière ou non, peut parfois être extrêmement délicate. Le recours au dispositif de la présomption permet alors de faciliter l'identification d'une personne à qui le dommage sera imputable en même temps qu'elle a pour conséquence de garantir les particuliers en accroissant les obligations à la charge des Etats.

L'avantage d'un tel mécanisme est d'ailleurs plus fréquemment perçu par les juridictions nationales qui l'utilisent semble-t-il plus volontiers, bien évidemment sans que sur ce point une quelconque influence européenne ne soit *a priori* concevable, et cela à la fois en ce qui concerne les présomptions de causalité[32] et les présomptions de

---

de la preuve d'une discrimination fondée sur le sexe. Pourtant, l'alinéa 3 de cet article affirme l'absence de remise en cause des règles de preuve lorsque l'instruction des faits incombe à la juridiction interne, ce qui est le cas dans le cadre de la procédure administrative contentieuse. Les règles de preuve appliquées par le juge administratif dans ce domaine semblent en conséquence conformes aux exigences communautaires et ne devraient pas être remises en cause sur son fondement.

[29] V. F. Llorens-Fraysse, *La présomption de faute dans le contentieux de la responsabilité*, Paris, LGDJ, BDP, t. 145, 1984 p. 216 et s.

[30] La distinction entre la responsabilité sans faute et la responsabilité pour faute présumée a toutefois été à l'origine de débats passionnés de la doctrine : F. Llorens-Fraysse, *La présomption de faute dans le contentieux de la responsabilité*, préc. pp. 116-178.

[31] *Ibid.* p. 53.

[32] En ce qui concerne ce phénomène, la tendance a été consacrée par la récente décision du Conseil d'Etat du 14 février 1997, CHR de Nice dans laquelle le juge administratif a considéré qu'une amniocentèse effectuée dans des conditions anormales qui n'avait pas révélé l'affection chromosomique d'un foetus a un lien direct

faute qui sont récemment développées principalement en matière médicale[33] afin de répondre à la question de l'indemnisation de dommages particulièrement graves[34] ou dont la preuve matérielle serait particulièrement délicate à apporter[35]. Ce raisonnement paraît également s'étendre dans le secteur de l'assistance éducative[36]. Le renouveau actuel de ce mécanisme constitue un progrès certain pour le droit de la responsabilité publique, à l'instar de la réduction des hypothèses de faute lourde qui l'accompagne. Là encore, les tendances du droit français et les visées européennes se recoupent.

Parallèlement, la place de la faute lourde devrait se réduire sous l'influence du droit européen.

3) La réduction de la place de la faute lourde

Le mécanisme de responsabilité fondé sur l'exigence d'une faute lourde fait l'objet d'une remise en cause européenne à plusieurs niveaux. Tout d'abord il a été précédemment montré, à travers l'exemple de la responsabilité du fait de l'activité juridictionnelle, que le droit européen, qu'il soit conventionnel ou communautaire, suppose une évolution de la notion même de faute lourde telle qu'elle est actuellement retenue en droit français[37]. Mais outre l'assouplissement de ce concept, c'est la réduction des hypothèses de mise en oeuvre de la responsabilité pour faute lourde qui est impliquée par le droit européen.

a- Une faible remise en cause par le droit conventionnel

La critique du droit conventionnel porte à la fois sur la compatibilité du régime de faute lourde avec l'article 6 de la Convention européenne des droits de l'Homme et sur la qualité de recours efficace des actions conditionnées par cette exigence.

---

avec le préjudice subi par les parents du fait de la naissance de leur enfant handicapé. Son raisonnement repose sur la considération que si les parents de l'enfant avaient été informé de l'état réel du foetus, ils auraient procédé à une interruption volontaire de grossesse : CE, Sect. 14 février 1997, Centre hospitalier régional de Nice c/ Epoux Quarez, *Lebon* p. 44. Cette tendance a d'ailleurs été reprise par les juridictions du fond à l'occasion d'affaires concernant des personnes contaminées par le V.I.H. : CAA Paris, Ass., 24 mars 1998, Csorts X, Req. n° 95PA03115 ; CAA Paris, 5 mai 1998, Min. Emploi et solidarité, Req. n° 95PA02529, *D.A.* 1998, n° 291. De même en matière de contamination par le virus de l'hépatite C, CAA Paris, Plén., 12 février 1998, X. et Y., Req. n° 95PA02814, *D.A.* n° 293.

[33] Sur ce point, voir notamment C. Debouy, Le droit français de la responsabilité administrative : métamorphose ou permanence ?, *CJEG* 1997, p. 327.

[34] Tel a été le cas dans l'affaire CE, 9 décembre 1988, Cohen, *Lebon* p. 431 : Le patient avait été victime d'une affection méningée compliquée d'une lésion de la moelle osseuse à la suite d'une intervention chirurgicale.

[35] Par exemple, CE, 15 avril 1983, Epoux Rousseau, *Lebon* p. 156 : chute d'un enfant souffrant de troubles cérébraux alors qu'il avait été couché sur un lit ordinaire.

[36] En effet, la Cour administrative d'appel de Bordeaux a récemment décider de soumettre la responsabilité des personnes publiques du fait des dommage causés aux tiers par des mineurs placés sous son contrôle lorsque lesdits mineurs font l'objet d'une mesure d'assistance éducative prise en vertu des articles 375 à 375-8 du Code civil à un régime de responsabilité pour faute présumé : CAA Bordeaux, 2 février 1998, Cstrs Fraticola c/ Département de l'Aude, *JCP* II, n° 10041, note D. Peano. Elle a ainsi rejeté le régime de la faute prouvée qui régit traditionnellement ces dommages : CE, 11 avril 1973, département de la Marne, *Lebon* p. 1101.

[37] Cf. Supra Partie II, Titre I, Chapitre I, Section 3.

Il est possible de considérer que l'exigence d'une faute lourde constitue une modalité procédurale de nature à rendre le procès inéquitable qui est par nature contraire à l'article 6 de la Convention. Cette position a été soutenue dès le début des années quatre-vingt-dix par le Professeur Paillet[38]. Rien n'est pourtant aujourd'hui moins sûr. Certes, l'instauration d'un régime de faute lourde peut être considérée propre à rompre le principe de l'égalité des armes entre les parties dans la mesure où le requérant doit apporter la preuve non seulement d'une irrégularité constitutive d'une faute, mais en outre du caractère grossier de cette irrégularité ; et cela alors même que, dans les domaines dans lesquels la faute lourde subsiste en droit français, notamment en matière pénitentiaire ou d'activité de police, l'accès aux informations et aux documents afin d'apprécier la normalité d'un comportement est souvent malaisé. Mais les organes de la Convention européenne des droits de l'Homme n'ont pas, cela est affirmé avec vigueur tant par la Commission que par la Cour, vocation à réglementer les régimes de preuve au niveau national[39]. Aussi, quand bien même un mode de preuve serait de nature à rendre un recours inefficace, le droit d'accès aux tribunaux n'en serait pas moins respecté[40]. En conséquence, le régime de la faute lourde ne va pas à l'encontre des préceptes de l'article 6. La Cour européenne a pourtant récemment précisé que les limitations procédurales à l'exercice des voies de recours ne doivent pas porter atteinte de manière injustifiée ou disproportionnée à la substance même du droit garanti par l'article 6[41] ; mais elle conçoit assez largement les hypothèses dans lesquelles de telles atteintes sont proportionnées. Aussi peut-on considérer, eu égard à la particularité des missions confiées aux autorités nationales dans les hypothèses dans lesquelles la condition de la faute lourde s'applique, que la Convention ne condamne pas *in abstracto*, et condamnerait rarement *in concreto*, les mécanismes de responsabilité reposant sur une telle condition. C'est du moins la conclusion à laquelle l'étude de la jurisprudence des organes de Strasbourg nous permet d'aboutir, sans qu'il soit possible d'avoir de certitude sur ce point dans la mesure où les particuliers qui les ont saisi de recours contre la France n'ont pas, à ce jour invoqué le moyen de l'incompatibilité de ce régime de responsabilité avec l'article 6.

Le droit conventionnel aborde la question de la faute lourde sous un second angle en prenant en considération le fait que cette exigence a pour conséquence de limiter, voire dans certaines hypothèses d'empêcher concrètement toute mise en oeuvre de la responsabilité. De ce fait, les recours en responsabilité conditionnés à la preuve d'une faute lourde qui aboutissent à créer une voie de droit illusoire au profit des particuliers sont considérés par les organes de la Convention comme ne constituant pas des voies de droit efficaces devant être mises en oeuvre dans le cadre de la condition d'épuisement

---

[38] M. Paillet, Vers un renouveau des sources de la responsabilité administrative en droit français, in *Etudes offertes à J-M. Auby*, Paris, Dalloz, 1992, p. 259.

[39] F. Gölcüklü, Le procès équitable et l'administration des preuves dans la jurisprudence de la Cour européenne des droits de l'Homme, in *Présence du droit public et des droits de l'Homme, Mélanges offerts à J. Velu*, t III, Bruxelles, Bruylant, 1992, p. 1361.

[40] Req. n° 7443/76, décision sur la recevabilité du 10 décembre 1976, X. c/ R.-U., *DR* 8, p. 216. Pour une action en dommages-intérêts entre personnes privées : Req. n° 15533/89, décision sur la recevabilité du 8 avril 1994, A. Englund et autres c/ Suède, *DR* 76, p. 10.

[41] CEDH, 21 septembre 1994, Fayed c/ Royaume-Uni, série A n° 294-B ; CEDH, 20 novembre 1995, Pressos Compania Naviera et autres c/ Belgique, série A n° 332.

des voies de recours internes[42]. C'est alors moins le principe que les conséquences de la mise en oeuvre d'un système de responsabilité fondé sur une telle exigence qui sont critiqués au plan conventionnel. Une telle critique n'oblige pas les Etats membres à modifier le régime de responsabilité et n'impose pas une réduction des hypothèses de faute lourde mais doit être inscrite dans un mouvement d'ensemble qui agit dans ce sens.

b- Une remise en cause réelle sous l'effet du droit communautaire

La remise en cause des mécanismes de faute lourde par le droit communautaire est plus franche.

Au regard des principes posés par la Cour de Justice en matière de responsabilité pour violation du droit communautaire tout d'abord, on peut aisément considérer une telle condition comme rendant parfois « *extrêmement difficile* » l'obtention d'une réparation puisque la faute lourde, réductrice de la responsabilité de l'administration, a pour conséquence de rendre les condamnations pécuniaires de cette dernière plus rares. Aussi, le principe général posé à l'occasion de l'affaire *Francovich* semble-t-il prohiber dans certaines hypothèses les mécanismes internes de faute lourde et les précisions apportées par la Cour de Justice à l'occasion des arrêts de 1996 ne nous paraissent pas de nature à permettre un infléchissement de ce point de vue. En effet, quand bien même la cristallisation du fait générateur dans une violation suffisamment caractérisée serait transposée du secteur des activités normatives, où elle est à ce jour cantonnée, à l'ensemble des situations de méconnaissance du droit communautaire, cette notion ne paraît pas assimilable à une faute lourde compte tenu de la flexibilité qu'elle implique. Loin de nous le rejet de l'idée selon laquelle la notion de faute lourde permet de moduler l'octroi d'une réparation. Nous croyons au contraire avec le Professeur Chapus que cette condition permet dans de nombreuses hypothèses une conciliation habile des droits des particuliers avec les exigences administratives puisqu'elle constitue une alternative intéressante à l'exigence d'une faute simple dont la mise en oeuvre automatique aboutirait à une censure trop rapide de l'action administrative et pourrait parfois amener le juge à nier, de façon déconcertante, l'existence d'une telle faute. La condition d'une faute lourde évite de telles difficultés de comportement[43] ; mais dans la mesure où elle n'est pas toujours modulée au regard de la difficulté réelle d'exécution de l'action administrative, elle ne recouvre pas nécessairement, dans sa forme actuelle, la notion de violation suffisamment caractérisée.

Comment cette condamnation des mécanismes de faute lourde influe-t-elle aujourd'hui ou est-elle de nature à influer, à l'avenir, sur le droit français ? Là est la question à laquelle nous devons maintenant répondre. Pour ce faire il convient de se référer aux domaines dans lesquels la preuve d'une faute lourde est encore exigée. Ceux-ci sont en constant décroît ; la jurisprudence la plus récente du Conseil d'Etat en

---

[42] Article 35 de la Convention européenne des droits de l'Homme telle qu'amendée par le protocole n° 11, anciennement article 26. Tel a été le cas en matière de responsabilité du fait du service pénitentiaire : CEDH, 21 décembre 1999, Demirtepe c /France, req . n° 34821/97.

[43] R. Chapus, *Droit administratif général* t I, n° 1261, 1).

témoigne[44]. Concernant la responsabilité du fait des activités juridictionnelles tout d'abord, nous avons précédemment observé que la Cour de Cassation a pu, à ce jour, éluder la question de la conformité au droit communautaire du recours à un mécanisme de faute lourde en constatant son automaticité en cas de refus de prise en compte par l'autorité juridictionnelle d'une position européenne[45]. Cette position, qui mériterait d'être confirmée et reprise par la juridiction administrative, satisfait en soi aux exigences communautaires. Mais d'autres dispositifs internes pourraient entrer en conflit avec le droit communautaire.

Tel est le cas de la responsabilité des services fiscaux. Il est indéniable que d'ores et déjà l'évolution du droit français, grâce à l'important arrêt *Bourgeois*[46], va dans le sens d'une réduction des hypothèses de faute lourde en limitant cette exigence aux activités d'assiette et de recouvrement lorsque leurs conditions de mise en oeuvre révèlent une difficulté particulière[47]. La faute lourde en matière fiscale est donc aujourd'hui loin d'être synonyme d'irresponsabilité. Néanmoins, les situations dans lesquelles une telle condition continue d'être exigée[48], pourraient sembler critiquables au regard de l'exigence de mise en oeuvre effective du droit communautaire. En effet, les dysfonctionnements dans l'application du droit communautaire à travers le contentieux de la T.V.A. qui se produisent dans le cadre des services d'assiette ou de recouvrement sont généralement jugés par l'administration fiscale comme s'inscrivant dans un contexte difficile impliquant la soumission à un régime de responsabilité pour faute lourde[49]. Une telle solution nuit bien évidemment à l'effectivité de l'encadrement communautaire et à sa mise en oeuvre correcte ; pourtant elle ne nous semble pas pouvoir être remise en cause sur le fondement du droit communautaire. Dans de telles hypothèses, en effet, l'exigence d'une faute lourde est modulée, ce qui signifie qu'en cas d'illégalité apparente et *a fortiori* évidente la responsabilité sera mise en jeu sur le fondement de la faute simple. Lorsqu'elle sera conditionnée à l'exigence d'une faute lourde, cette exigence trouvera sa justification dans les circonstances et les difficultés particulières, en raison assez souvent du comportement dissimulateur des contribuables, auxquelles se trouvent confrontés les services fiscaux et leur action dans de telles hypothèses, quand bien même elle serait qualifiée d'irrégulière, révèle davantage une difficulté matérielle concrète qu'une violation du droit communautaire. Ce mécanisme semble donc de nature à satisfaire au respect du droit communautaire et conclure à l'inverse serait aller bien au delà de ses exigences.

Le droit communautaire pourrait en revanche conduire à une réduction des hypothèses dans lesquelles une faute lourde est exigée lors d'activités de contrôle. En effet, l'ordre communautaire fait peser sur les administrations nationales d'importantes

---

[44] V. notamment CE, Sect. 20 juin 1997, Theux, *Lebon*, p. 253 ; CE, Sect., 13 mars 1998, M. Améon et autres, *Lebon*, p. 82.
[45] Cass com. 21 février 1995, Société United Distillers c/agent judiciaire du trésor, *Bull. IV*, n° 52.
[46] CE, 27 juillet 1990, Bourgeois, *Lebon* p. 242.
[47] Le Conseil d'Etat a repris par la suite cette position : CE 31 oct. 1990, Champagne, *Lebon* p. 309.
[48] CE, Sect., 29 décembre 1997, Commune d'Arcueil, *Lebon* p. 513.
[49] Ainsi en est-il de l'erreur commise par l'administration fiscale sur la possibilité de soumettre un contribuable à la TVA en lui demandant de verser le montant de la taxe puis en lui remboursant et enfin en lui demandant de la restituer, CE, 9 juillet 1996, SCI Saint Michel, *Lebon* p. 269.

charges de contrôle dans le cadre de la libre circulation des produits et des services ; importantes charges qui devraient s'accompagner, afin que la protection des consommateurs comme des utilisateurs du grand marché soit assurée efficacement, d'un engagement de la responsabilité sinon harmonisé du moins ne rendant pas la réparation trop difficile à obtenir. Or les activités de contrôle sont traditionnellement soumises à un régime de faute lourde. Aussi doit-on se demander si le droit communautaire ne sous-tendrait pas nécessairement une évolution dans le sens de l'assouplissement du régime de responsabilité dans le cadre du contrôle des produits alimentaires[50], de la circulation des données informatiques[51] ou des agréments bancaires dans le cadre de la politique de libre circulation des services[52] et en conséquence une réduction de l'exigence d'une faute lourde en droit interne dans de telles hypothèses ? La faute lourde dans le cadre des activités matérielles de contrôle[53], dans la mesure où elle a pour effet de réduire les possibilités concrètes de réparation par l'administration ce qui peut porter atteinte au bon fonctionnement du marché, pourrait donc être réévaluée et réaménagée, même si dans le contexte communautaire le juge administratif semble retenir plus facilement son existence.

Cet assouplissement s'inscrirait dans la tendance contemporaine à la réduction de l'application de la faute lourde dans le cadre des activités de contrôle, par exemple en cas de méconnaissance de la légalité[54]. Cette tendance est clairement identifiable dans le secteur du contrôle des produits alimentaires en raison de l'importance des obligations communautaires qui, si elles sont méconnues, entraîneront la responsabilité plus aisément dans la mesure où le fait générateur du dommage sera qualifiable d'illégalité. Ainsi, la Cour administrative d'appel de Nantes a considéré en matière de responsabilité de l'Etat du fait des activités de contrôle des douanes que la lenteur à l'origine d'un préjudice pour un importateur de vin engageait la responsabilité de l'Etat sur le fondement d'une faute simple[55], et a donc fait prévaloir le retard subi par le particulier,

---

[50] Directive 89/397 JOCE L 186 du 30 mai 1989 ; Directive 93/43 JOCE L 175 du 19 juillet 1993.

[51] Dir. 95/46/CE du Parlement européen et du Conseil, JOCE L 281/31, du 23 novembre 1995.

[52] Directive 89/646 du 15 décembre 1989, JOCE 30 décembre 1989.

[53] Voir par exemple, CE, 29 décembre 1978, Sieur Andréani, req. n° 96005, inédit; CE, 29 décembre 1978, Sieur Puech, Req. n° 96200, référencées sous CE, 29 décembre 1978, Darmont, *Lebon* p. 542.

[54] Ainsi en est-il en cas d'autorisation de licenciement par l'inspecteur du travail d'un salarié protégé irrégulière : CE, Sect., 9 juin 1995, Ministre des affaires sociales et de l'emploi c/ M. L'esprit, *Lebon p.* 239. Il convient cependant d'insister sur le fait que le bénéfice de cette jurisprudence est limité aux salariés protégés. Pour un exemple récent concernant la contrariété d'une note avec une directive communautaire : CE, 26 novembre 1999, Société martiniquaise de concession, Req. n° 154053, 154054, à paraître dans les tables du recueil Lebon.

[55] CAA Nantes, 20 juin 1991, SA Duault c/ ministre de l'économie, des finances et du budget, *Lebon* T p. 1182. Il s'agissait là du retard dans le cadre d'un contrôle de vin importé qui dans la mesure où elle correspondait à une attitude systématique de l'administration française constituait une restriction quantitative aux échanges et donc une violation de l'article 30 (nouvel article 28) du traité de Rome qui avait été constatée par la Cour de justice dans un arrêt du 22 mars 1983. Mais la responsabilité pour faute simple a été étendue aux hypothèses dans lesquelles la violation n'avait pas été constatée par la Cour du Kirchberg : TA Dijon, 15 avril 1986, Société vinicole Bérard, *Lebon* p. 311 ; CAA Nancy, 9 juillet 1991, Ministre des finances et du budget c/ Sté Lefebvre et autres, *Lebon* T p. 1188 ; CE, 30 janvier 1995, Fourrures Maurice, *Lebon* p. 55. Il est bien évidemment en outre possible pour la juridiction administrative d'affirmer la responsabilité de l'administration non seulement en cas de retard constituant ou fondé sur une incompatibilité avec le droit communautaire, mais également dans l'hypothèse où un tel retard dépasserait le délai raisonnable d'exécution : TA Strasbourg, 5 juin 1984, Sté Tresch-Alsacaves, *CMLR* 1986, p. 629.

assimilable à une méconnaissance du principe de libre circulation des marchandises, sur l'activité de surveillance exercée par l'administration[56]. La violation directe du droit communautaire par les autorités administratives dans le cadre de leurs activités de contrôle est donc de nature à engager la responsabilité sur le fondement de la faute simple. De même la jurisprudence la plus récente en matière de contrôle des produits agricoles semble procéder à un assouplissement du régime de responsabilité puisque la condition de faute lourde y a été abandonnée alors même que l'activité de contrôle confiée à l'administration s'exercerait dans des conditions délicates, dans la mesure où elle concernait des produits destinés à l'alimentation humaine[57]. Ces positions entraînent un réel bouleversement du régime de responsabilité applicable aux activités de contrôle dans la mesure où celles-ci, à la différence de la logique qui les sous-tendait auparavant, sont axées non seulement autour de l'idée de réparation du particulier, mais également, et peut être même principalement, autour de l'étendue des obligations incombant aux autorités administratives. Elles visent une mise en relation entre la nature et les conditions d'exercice de l'activité, les obligations, sociales ou textuelles, incombant à l'administration et le dommage subi par un particulier. De fait, cet assouplissement du régime de responsabilité applicable, bien que révélé à l'occasion d'une affaire dans laquelle le droit communautaire était en cause, a par la suite été étendu à des contentieux purement internes[58]. Il doit être mis en parallèle avec d'autres évolutions du régime de responsabilité applicable en matière de contrôle qui révèlent le déclin progressif de la faute lourde dans ce domaine[59] et s'il n'implique pas spécifiquement un élargissement de la mise en oeuvre de la responsabilité lorsqu'une norme communautaire est en cause, il aboutit à un résultat équivalent.

Tel n'est cependant pas le cas dans la plupart des autres domaines dans lesquels un organe autonome qualifiable d'autorité administrative indépendante exerce pour le compte des autorités publiques une activité de contrôle. Ces organes effectuent une double mission pour le compte de l'Etat, à la fois de réglementation par la production de normes à caractère général et de régulation de certains secteurs techniques. Certains peuvent méconnaître les dispositions communautaires de ces deux points de vue : à la fois dans le cadre de l'élaboration de normes et dans celle de la régulation des secteurs. Une telle hypothèse de contradiction entre leurs activités et les normes européennes est particulièrement vraisemblable aujourd'hui dans la mesure où les secteurs gérés par ces

---

[56] Conformément à la classique jurisprudence relative aux retards : CE, Sect., 6 juillet 1934, Sté Van Outryve, *Lebon* p. 788.

[57] CAA Paris, 17 octobre 1991, SA Hellot c/ ministre de l'agriculture, *Lebon* p. 569. Il s'agissait dans cette affaire d'une contrôle sanitaire exercé dans des conditions habituelles mais à l'occasion duquel l'administration avait fourni un certificat erroné.

[58] CAA Nancy, 5 mars 1992, Delattre, *Lebon* p. 1289 : responsabilité du fait du dommage causé à un agriculteur du fait de l'obligation pour lui d'abattre des animaux atteints de Bruxellose et déclarés indemnes dès lors que les certificats les ayant déclarés indemnes avaient été établis dans des conditions non-conformes aux dispositions réglementaires. Cf. également CAA Lyon, 21 décembre 1993, Ministre de l'agriculture et de la forêt c/ M. Berger, *Lebon* T, p. 1019.

[59] CE, Ass., 9 avril 1993, D., G. B., *Lebon* p. 110 concernant la responsabilité de l'Etat du fait de l'activité de contrôle de la transfusion sanguine ; CE, 25 mars 1994 Comm. de Kintzheim, *Lebon* p. 162 concernant l'activité de surveillance des forêts incombant à l'ONF. Plus récemment encore CE, Sect., 13 mars 1998, M. Améon et autres, *AJDA* 1998, p. 461, concernant la responsabilité de l'Etat du fait des activités de contrôle technique des navires.

autorités font l'objet de réglementations communautaires particulières[60]. Pourtant, s'agissant tant de la partie réglementaire que de celle concernant la régulation et le contrôle des activités des opérateurs économiques, les décisions prises par ces organes bénéficient d'un régime de responsabilité fondé sur la preuve d'une faute lourde[61]. Ainsi en est-il par exemple des décisions de la Commission des opérations de bourse dans le cadre de ses activités de surveillance des opérations boursières[62], quand bien même le préjudice allégué ne résulterait que de l'illégalité de la décision prise[63].

Le maintien du régime de responsabilité pour faute lourde quel que soit le degré de l'illégalité semble à la fois contraire aux exigences communautaires et incohérent au regard des standards actuels de la responsabilité pour illégalité. De deux choses l'une en effet. Ou bien la nature de l'activité exercée par l'autorité administrative, c'est à dire le contrôle, prime et implique d'irrévocables conséquences sur le régime de responsabilité applicable qui devra en tout état de cause reposer sur l'exigence d'une faute lourde. Alors, le nécessaire respect de la légalité sera toujours, dans ces domaines, subsidiaire par rapport à l'activité, et cela quelque soit le degré de clarté du texte méconnu. En schématisant, ce régime revient à amener la légalité à s'effacer devant la nature de l'activité sans qu'il y ait, et là est la différence majeure de ce système avec la condition de violation suffisamment caractérisée posée par la Cour de justice, de modulation en fonction de la marge de manoeuvre dont bénéficie l'administration ; ce qui aboutit à rendre l'octroi d'une réparation aux particuliers extrêmement difficile. Ou alors, le respect de la légalité doit primer, conformément à la logique soutenue par une jurisprudence constante du juge administratif. Tel a d'ailleurs été le cas dans d'autres domaines, par exemple dans l'hypothèse d'un refus irrégulier des services des douanes d'accorder une autorisation d'exportation[64]. Pourtant, la différence de traitement dont bénéficient les Autorités administratives indépendantes semble trouver une explication dans leur autonomie par rapport à l'Etat et dans les difficultés pour lui de les contrôler d'une manière identique que les services vétérinaires ou les services des douanes. La faute lourde est alors utilisée comme un moyen de limiter la responsabilité de l'Etat, qui est engagée en l'absence de personnalité morale distincte de ces organimes, en raison de cette indépendance ; aussi sa disparition dans cette hypothèse semble-t-elle devoir être délicate à accepter.

---

[60] Par exemple en ce qui concerne les produits d'investissement : Directive 94-19 CE du 30 mai 1994 relative au contrôle interne des garanties de dépôt bancaire. En matière de circulation de données informatiques : Dir. 95/46/CE du Parlement européen et du Conseil, JOCE L 281/31, du 23 novembre 1995.

[61] V. par exemple : CE, 12 février 1960, Kampmann, *Lebon* p. 107 ; CE, 29 décembre 1978, Darmont, *Lebon* p. 542.

[62] Pour une illustration récente : CA Paris, 28 février 1997, Adevic c/ COB, Affaire Europe Pierre Ier, *Banque et Droit*, Mars-avril 1997, p. 35, note H. de Vauplane. Il s'agissait là d'une décision de la COB concernant une augmentation de capital d'une société civile de placement immobilier.

[63] C. Cass, 6 avril 1994, Delcourt, *GP*, 1994, jur., p. 343. jur., p. 344 ; Cass. Com. 9 juillet 1996, Mizon ès Qual. c/ Agent judiciaire du Trésor, *Bull. IV* p. 174. Sur la question plus générale du régime de responsabilité du fait de l'activité de la COB : N. Decoopman, Le contrôle juridictionnel de la COB, à propos de l'affaire Compagnie diamantaire d'Anvers, *RFDA* 1994, p. 1139. La faute lourde est en la matière strictement entendue, v. CA Paris, 15 janvier 1993, *D.* 1993, jur, p. 273, note C. Ducouloux-Favard ; CA Paris, 28 février 1997, Lezeau et autres c/ Agent judiciaire du Trésor, *D.* 1998, Somm. p. 67, obs. I. Bon-Garcin.

[64]. CAA Nancy, 9 juillet 1991, Ministre des finances et du budget c/ Sté Lefebvre et autres, *Lebon* T p. 1188.

Le droit communautaire qui apprécie les relations entre les services et les usagers au même titre que celles de droit privé qui interviennent entre consommateurs et entreprises privées peut enfin remettre en cause les régimes de responsabilité pour faute lourde dont bénéficient certains services publics. Telle a été son influence spécifique sur le régime de responsabilité des télécommunications. Ces services bénéficiaient en effet depuis 1984 d'un régime de faute lourde prévu par l'article L 37 du Code des postes et télécommunications[65] qui a connu une véritable mutation sous l'effet du droit communautaire[66]. En effet, la loi 96-659 du 26 juillet 1996 de réglementation des télécommunications[67] semble avoir implicitement mis fin à ce régime puisque le nouvel article L 33-4 du Code des postes et télécommunications inclut parmi les droits des usagers des télécommunications celui au respect, dans le cadre de la publication libre des listes d'abonnés, de la protection des personnes concernées. Cette disposition, qui consacre la reconnaissance de droits au bénéfice des usagers des télécommunications, implique la suppression de l'irresponsabilité sauf faute lourde de l'administration des télécommunications dans les secteurs non soumis à la concurrence, c'est à dire ceux dits de « service public »[68]. Cette évolution du régime de responsabilité applicable est la conséquence de la volonté des autorités de Bruxelles de faire de l'usager du service public un consommateur à part entière. Ce dernier doit se détacher de sa situation légale et réglementaire pour devenir un client et réclamer des garanties non seulement de qualité dans l'exécution du service, mais également d'action en cas de défaillance de ce dernier[69]. Dès lors, bien que les différentes directives communautaires d'intervention dans le secteur des télécommunications n'aient pas expressément mentionné la nécessité d'une évolution des régimes de responsabilité, celle-ci était nécessaire. A terme, en raison du débat actuel relatif aux services d'intérêt général en Europe, on peut se demander si la responsabilité pour faute lourde ne pourrait pas être purement et simplement éradiquée des services publics soumis à concurrence ou devant l'être dans

[65] La mise en place d'un dispositif de faute lourde faisait suite aux positions du juge administratif pour qui le régime d'irresponsabilité mis à l'origine en place cédait en cas de faute lourde des services des postes : CE, 12 mai 1976, Bogas, *Lebon* p. 247 ; CE, 15 janvier 1982, Ozanne, *Lebon* p. 744; CE, 5 novembre 1982, Cassard, *Lebon* p. 744 ; CE, 10 mars 1989, Ministère des PTT c/ Sté immobilière et hôtelière du Bas du fort, *Lebon* p. 86. Sur cette question, nous ne pouvons que renvoyer à l'article de P. Bon : La responsabilité du fait du service public des télécommunications, *RFDA* 1985, p. 282.

[66] Dir. 95/62 CE du parlement européen et du Conseil du 13 décembre 1995 relative à l'application de la fourniture d'un réseau ouvert (ONP) à la téléphonie mobile. Dir. 96/19 CE de la Commission du 13 mars 1996 modifiant la directive 90/388 CEE en ce qui concerne la réalisation de la pleine concurrence sur le marché des télécommunications.

[67] J.O. 27 juillet 1996, p. 11384.

[68] Les régimes soumis à concurrence n'étaient en effet plus soumis au régime de faute lourde, les activités de service l'étaient restés malgré la réforme des télécommunications. Ainsi, à l'occasion de la réforme du 2 juillet 1990, le principe d'irresponsabilité, sauf faute lourde des postes a été maintenu, et cela par le biais de l'interdiction d'un amendement allant dans le sens de la consécration d'un principe général de responsabilité des exploitants, dans la mesure où un tel principe de responsabilité à la fois paraissait inadapté à la nature des prestations offertes par la poste et France télecom et était de nature à mettre en péril l'équilibre financier des exploitants publics. Sur ce point : J. Chevallier, La mutation des postes et télécommunications, *AJDA* 1990, p. 667, sp. p. 680

[69] Il convient à cette occasion de souligner la particularité de l'intervention communautaire par rapport à celle du Conseil de l'Europe qui, cela a été précédemment observé, accepte les limitations de responsabilité et même les irresponsabilités de l'Etat en matière de postes dans la mesure où il est fréquent qu'une telle activité bénéficie d'un régime de responsabilité aménagé dans les droits nationaux : cf. la recommandation sur la responsabilité publique R (84) 15 précitée.

lesquels elle subsiste, à savoir principalement le service des postes[70] .Même si ce régime se justifie pour faire échec à un régime d'irresponsabilité légal, ce qui implique pour certains auteurs son absence de remise en cause[71], son adaptation semblerait logique au regard de l'objectif de réponse aux attentes des citoyens-consommateurs qui est affiché par la Commission européenne[72].

Sous l'influence européenne, la tendance à l'objectivation du droit de la responsabilité ne semble pouvoir que se conforter, mais dans la seule mesure où elle correspond à une position déjà établie en droit interne, c'est à dire dès lors qu'elle s'inscrit dans une mouvance interne. L'amélioration des conditions d'engagement de la responsabilité afin de faciliter la réparation d'un dommage est au centre des préoccupations européennes et ce souci est conforté par le passage d'une logique de responsabilité à une logique d'indemnisation.

B- DE LA RESPONSABILITE A L'INDEMNISATION

La responsabilité revêt en droit public un double aspect ; celui de la prise en charge des dommages imputables à l'Etat qui ont été causés dans l'intérêt général et celui de préservation de l'ordre social en assurant une sorte de garantie conformément à l'idée selon laquelle il est normal de faire bénéficier de la solidarité nationale celui qu'un injuste sort a frappé. Les deux idées, qui peuvent être regroupées dans la notion de réparation, se distinguent dans la mesure où l'une a trait à la responsabilité *stricto sensu*, assimilable à celle régie par l'article 1382 du Code civil, et l'autre correspond à un logique indemnitaire. Pourtant elles s'inscrivent dans la même finalité de responsabilité, c'est à dire d'obligation de répondre d'un dommage, d'assurer une réparation. L'idée selon laquelle « *la responsabilité de la puissance publique est fille du triomphe des doctrines interventionnistes* »[73] en raison de la multiplication des activités dommageables pouvant être imputées à l'Etat est depuis longtemps dépassée et les rapports pécuniaires pouvant être noués entre les collectivités publiques et les particuliers en cas de dommages causés à ces derniers ne sont plus limités aux seules hypothèses dans lesquelles le dommage subi serait imputable à l'Etat puisque la logique de socialisation des risques et l'idée de justice commutative ont abouti, en droit privé comme en droit public, à la mise en place de systèmes de réparation assimilables à des formes de garantie sociale, les victimes devenant titulaires d'une créance de réparation[74]. Cette orientation a pu amener certains auteurs à s'interroger sur les liens pouvant exister entre la responsabilité, l'indemnisation et la réparation et notamment sur le point de savoir si « *l'indemnisation doit rester une fonction de la responsabilité ou si, au*

---

[70] Puisque les dispositions du Code des postes et télécommunications relatives à la perte des objets de correspondance ordinaire ou au mauvais fonctionnement du service des chèques postaux sont interprétées par le juge administratif comme conditionnant la responsabilité à la preuve d'une faute lourde : Art. L 7 et L 108 du Code.

[71] Cf. par exemple F. Raynaud et P. Fombeur, chronique de jurisprudence administrative, sous CE, Sect., 13 mars 1998, M. Améon et autres, *AJDA* 1998, p.418, sp. p. 422.

[72] Cf. porte parole de la Commission, 3 octobre 1996, Ref : IP/96/883 ; Avis de la Commission 96/C 281/03, JOCE C 281 du 26 septembre 1996, p. 3.

[73] P. Duez, *La responsabilité de la puissance publique (en dehors du contrat)*, préc., p. 9.

[74] V. Y. Lambert-Faivre, L'évolution de la responsabilité civile d'une dette de responsabilité à une créance d'indemnisation, *RTDC*, 1987, p. 1.

contraire, la responsabilité ne doit plus être qu'une fonction de l'indemnisation »[75] ; hypothèse corroborée par l'accroissement récent de l'objectivation. Définie strictement, l'indemnisation est opposée à l'idée de responsabilité, au sens d'obligation de réparation des dommages causés de son propre fait ; mais les deux notions concourent à l'attribution à la victime de la meilleure réparation possible[76].

Une mutation importante a été constituée par cette coexistence de deux logiques : celle de responsabilité *stricto sensu*, qui voudrait que l'Etat ne soit responsable que des dommages résultant de son propre fait, et celle d'indemnisation. Si elles n'ont pas fusionné, responsabilité, au sens de peine privée, et indemnisation, au sens de garantie d'un dédommagement, se sont rapprochées et constituent aujourd'hui deux facettes d'une ampleur analogue de la réparation pouvant être accordée aux victimes d'un dommage. Une des questions que soulève l'intervention européenne est de savoir dans quelle mesure et jusqu'à quand cet équilibre pourra être maintenu puisque la logique d'indemnisation, qui dépasse la volonté de trouver un responsable coupable d'avoir porté atteinte à un tiers, y est consacrée à la fois par la place principale accordée à la nécessité de réparer un dommage et par la mise en place ou le développement de mécanismes de garantie sociale.

1) Le dommage à réparer au coeur de la responsabilité

L'utilisation de la notion de préjudice permet de procéder à une analyse du lien de réparation en fonction d'une personne déterminée et donc subjectivement par rapport à l'auteur et à la victime du dommage[77]. A l'inverse, le terme « dommage » permet d'élargir le champ des tributaires de l'obligation de réparation et de diversifier les possibilités d'obtenir cette réparation, sans qu'il soit nécessairement fait appel à un mécanisme de responsabilité *stricto sensu.*

Le principe de responsabilité s'inscrit classiquement dans un schéma triangulaire mettant en relation un dommage, un auteur et une victime, chacun de ces trois éléments étant également indispensable à la mise en oeuvre du mécanisme de responsabilité et leur présence conjointe entraînant une obligation de réparation. Or le droit européen a pour effet d'accentuer la fonction réparatrice de la responsabilité non seulement par l'accroissement du phénomène d'objectivation de la responsabilité, la mise en cause de l'auteur étant facilitée en raison de la spécificité du dommage ou de l'action sans qu'il y ait nécessairement de réelle discussion sur la participation effective à la réalisation du dommage, mais également et même surtout en mettant l'accent sur un élément principal du triptyque : le dommage. Cette tendance ne transparaît bien évidemment pas dans les

---

[75] F. Ewald, *Le problème français des accidents thérapeutiques, Enjeux et solutions*, Rapport à M. B. Kouchner, Ministre de la santé et de l'action humanitaire, Paris, La documentation française, Sept. 1992, p. 18.

[76] M. Sousse pour sa part rattache la réparation au domaine de la responsabilité et à l'idée de causalité alors que l'indemnisation renverrait à la notion de réparation tout en démontrant que l'idée de réparation s'est développée de telle manière qu'elle recouvre à la fois une obligation individuelle et une obligation collective: *La notion de réparation de dommages en droit administratif français*, Paris, LGDJ, BDP, t 174, 1994, pp. 9-10.

[77] Sur ce point : F.-P. Bénoit, Essai sur les conditions de la responsabilité en droit public et en droit privé (problèmes de causalité et d'imputabilité), *JCP* 1957, I, n°1351 ; M. Sousse, *La notion de réparation de dommages en droit administratif français*, préc., p. 1 et s et la doctrine mentionnée.

mécanismes dans lesquels le fait générateur est le manquement à une obligation préexistante. Dans ces hypothèses, seront nécessaires au même titre l'existence d'un fait générateur, d'un dommage et d'un lien de causalité. Tel est le cas en matière de violation du droit communautaire puisque ces trois éléments, communs à l'ensemble des systèmes nationaux et à l'ordre communautaire[78], ont été repris par la Cour de Justice qui, si elle ne s'est pas attardée sur les caractères que doit revêtir le dommage, postule nécessairement son existence tout en insistant sur le fait que l'existence d'un acte imputable à l'Etat[79] tout comme le lien de causalité sont des conditions « *nécessaires et suffisantes* » pour engendrer auprès des particuliers un droit à obtenir réparation[80]. Tel est également le système organisé par la recommandation R (84) 15 du Conseil de l'Europe. Mais dans d'autres hypothèses, l'élément principal d'octroi de la réparation repose principalement sur le dommage sans pour autant que les autres conditions de mise en oeuvre de la responsabilité disparaissent. Cet accent mis sur la volonté de réparer un dommage se retrouve dans certains mécanismes spécifiques de responsabilité et notamment en matière d'atteinte à l'environnement ou du fait des produits défectueux. Le recours à ces dispositifs spécifiques du droit de la responsabilité répond en effet à une double finalité. La première, plus immédiate, est de protéger les victimes dans des situations revêtant un certain degré d'exceptionnalité. L'autre, plus latente, mais non moins importante, est de réduire les potentielles difficultés des juridictions internes pour accorder une telle réparation et donc de garantir la réparation d'un dommage.

Dans ces dispositifs, le préjudice subi par la victime est, plus que tout autre élément, indispensable, primordial. Il prime toutes les autres conditions d'existence de la responsabilité, à un point tel qu'il les éclipse : un dommage est survenu et il est nécessaire de le réparer. Ainsi, en matière de réparation des dommages causés à l'environnement, c'est en raison de l'atteinte tout d'abord au milieu naturel lui-même et ensuite aux droits ou aux biens des particuliers et du préjudice qui en découle que le droit européen pose l'obligation de réparation. Il en est de même dans le cadre de la responsabilité du fait des produits défectueux[81]. Le fait générateur et le lien de causalité sont, pour leur part, plus souplement entendus puisque le champ d'application de ces dispositifs est extrêmement large, tant au regard de la notion d'atteinte à l'environnement[82] que de celle de produit[83], et qu'ils reposent sur des régimes objectifs. Dès lors qu'un dommage répondant à des conditions préétablies -pour nos exemples, les atteintes aux biens, à la personne ou à l'environnement- est la conséquence d'un fait dont les caractéristiques sont également préétablies et qui est objectivement identifiable,

[78] Dans le cadre de la mise en oeuvre de la responsabilité non-contractuelle des Communautés.

[79] Qui doit, nous l'avons vu, revêtir un certain nombre de caractères.

[80] CJCE, 5 mars 1996, Brasserie du pêcheur, Factortame III, Aff. jtes C 46/93 et C 48/93, point 66, *Rec.* p. I-1029.

[81] Ainsi l'exposé des motifs affirme-t-il que « *la protection du consommateur exige la réparation des dommages causés par la mort et par les lésions corporelles ainsi que la réparation des dommages aux biens* ».

[82] La convention du Conseil de l'Europe s'applique à toutes les pollutions résultant d'activités dangereuses.

[83] Tout meuble même s'il est incorporé dans un autre meuble ou immeuble à condition qu'il ait subi une transformation et donc qu'il ne soit pas à l'état naturel (Art. 2 de la directive du 25 juillet 1985). La convention s'applique pour sa part aux produits désignés comme « *tout meuble, naturel ou industriel, qu'il soit brut ou manufacturé* » (Convention, Art. 2 a)).

la réparation pourra avoir lieu sur le fondement des dispositifs européens, le dommage ouvrant droit à réparation quelle que soit la nature de celle-ci.

L'objectif de réparation d'un dommage et d'autant plus important qu'à cette fin il est possible de prévoir un double mécanisme : tout d'abord un système de responsabilité objective visant à déterminer un responsable, quand bien même il ne serait pas directement à l'origine du dommage ; ensuite, à défaut de responsable ou même de manière complémentaire, un dispositif d'indemnisation reposant sur la solidarité sociale. La double logique d'indemnisation et de responsabilité pourra en conséquence être présente dans un même dispositif. Tel est le cas des deux mécanimes susmentionnés puisque en matière de responsabilité du fait des produits défectueux les particuliers ont la possibilité d'obtenir un dédommagement en ayant recours à un mécanisme d'indemnisation, et parallèlement d'agir directement contre l'auteur du dommage. Il en est de même en matière d'environnement puisque le mécanisme d'indemnisation par le biais d'un fonds de garantie se double de la possibilité d'entamer un recours contre le pollueur. Les deux mécanismes se superposent donc. Cette superposition laisse entrevoir un nouveau rôle pour la solidarité sociale : celui non seulement de palliatif, de substitut, mais également de conjoint de l'exercice d'une action contre l'auteur du dommage. C'est également un nouveau type de mécanisme particulier de responsabilité qui émerge, mécanisme justifié par le souci d'assurer la plus efficace protection pécuniaire aux particuliers. Cette tendance est plus largement consacrée par l'ensemble des dispositifs spécifiques de responsabilité d'origine européenne. Quels que soient leur champs ou leur domaine d'intervention, ceux-ci ne visent en effet qu'à assurer une réparation concrète et adaptée, sans se soucier de questions plus techniques telles que la détermination de la juridiction compétente pour se prononcer sur certains types particuliers de dommages alors que là s'est longtemps situé un des critères essentiels du recours aux dispositifs législatifs de responsabilité[84].

La volonté d'assurer la réparation d'un dommage est accentuée par la mise en place de fonds afin d'instaurer une garantie collective de la réparation.

2) La recherche d'une garantie collective

Les rapports de responsabilité de droit public, même lorsque l'Etat assure la charge des dommages imputables à ses agents, n'étaient longtemps en rien assimilables à ceux pouvant survenir entre personnes privées. Dans cette dernière hypothèse, en effet, chacun n'agit habituellement que pour son propre compte, ne représente que son propre intérêt et non celui de la collectivité. Cette conception des rapports de responsabilité a évolué en droit privé[85]. En droit public, le dommage commis l'est pour le compte et dans l'intérêt de la collectivité, suivant l'idée que la responsabilité de l'Etat ne peut reposer que « *sur l'idée d'une assurance sociale supportée par la caisse collective au profit de ceux qui subissent un préjudice provenant du fonctionnement des services publics, lequel a lieu en faveur de tous* »[86]. La responsabilité publique laisse par conséquent naturellement une place importante à la collectivité puisque c'est celle-ci qui, *in fine*,

[84] V. C. Bréchon-Moulènes, *Les régimes législatifs de responsabilité publique*, préc. p. 87 et s.
[85] Par le biais notamment du développement de l'assurance et de la mise en place de fonds tels que le fonds d'indemnisation des victimes d'accidents de la circulation.
[86] L. Duguit, *Traité de droit constitutionnel*, Paris, E. de Boccard Editeur, 1927, t 3, p. 469.

même si ce n'est qu'indirectement, supporte la charge de la réparation ; elle n'est qu'une responsabilité collective qui se cristallise sur une personne fictive, l'Etat, représentant des intérêts généraux. La réparation accordée par l'intermédiaire des personnes publiques est donc, plus généralement, une réparation de la collectivité, qu'elle soit opérée dans le cadre d'une action en responsabilité *stricto sensu* ou d'une action plus proprement indemnitaire ; réparation qui repose toujours sur la solidarité sociale et qui constitue une forme de garantie collective c'est à dire d'instrument de protection de chacun par la collectivité, la collectivité étant institutionnalisée à travers les personnes publiques.

La garantie collective que recouvre toute forme de réparation accordée par les autorités publiques, si elle n'a longtemps été qu'implicite, est de plus en plus fortement affirmée par les organes européens, notamment lorsque la réparation constitue le pendant d'un dommage causé dans l'intérêt général ; ainsi en est-il des atteintes à la propriété pour lesquelles la responsabilité exerce à la fois une fonction de prix et d'assurance. Mais surtout, la collectivisation de la charge de la réparation est accrue par le fait que de semblables mécanismes seront le fait de fonds de garantie. Là réside sans doute la plus importante part d'originalité des dispositifs européens de réparation. Un fonds spécialement constitué sera alors appelé à payer sans même que le bénéficiaire de cette garantie ait à établir l'existence d'un lien de causalité entre le préjudice subi et une activité publique. D'ores et déjà le droit français offre l'exemple de fonds d'indemnisation, notamment en cas de dommages causés par les attroupements, de ceux subis par les victimes de certaines infractions pénales[87] ou encore de ceux éprouvés par les personnes atteintes de SIDA post-transfusionnel[88]. Cette volonté est reprise de manière topique par la Convention européenne relative au dédommagement des victimes d'infractions violentes qui stipule, face à la détresse psychologique et matérielle de la victime d'une telle infraction, qu'une indemnisation lui soit apportée non seulement afin d'atténuer, tant que faire se peut, les souffrances subies par elle, mais aussi pour apaiser le conflit social produit par l'infraction et faciliter l'application d'une politique criminelle rationnelle et efficace. Aussi, dans la mesure où l'action en réparation contre l'auteur du dommage ne produit pas d'effets suffisants, prône-t-elle la nécessaire contribution de l'Etat dans l'indemnisation, cette contribution étant fondée sur le principe de solidarité sociale puisque certains citoyens peuvent être davantage exposés ou avoir subi un dommage que d'autres auraient pu supporter. Cette idée justifie que leurs dommages soient réparés par la participation de toute la collectivité[89]. Ce dispositif d'indemnisation est toutefois conditionné à l'impossibilité d'indemnisation intégrale de la victime à un autre titre[90] et à l'examen de la situation financière du requérant -qui peut justifier une réduction ou même une suppression du dédommagement[91]-. Le législateur en a tiré comme conséquence la mise en place d'un fonds unique dit « de garantie des victimes des actes de terrorisme et d'autres infractions » (F.G.V.A.T.) dont relève la compétence pour indemniser de telles

[87] L. 3 janvier 1977 modifiée en 1990.
[88] L. 31 décembre 1991, article 47.
[89] Ce principe sous-tendait déjà la résolution R (77) 27 du Conseil de l'Europe.
[90] Art. 2 de la Convention.
[91] Art. 7 de la Convention.

infractions[92]. Ce fonds est alimenté par un prélèvement sur les contrats d'assurance de biens. Il n'est donc pas financé directement, même partiellement, par l'Etat, mais révèle la volonté du législateur d'assurer la solidarité sociale par la mise en place d'un mécanisme de prélèvement. Le fait pour les particuliers d'y avoir recours leur permet d'obtenir directement, rapidement et complètement satisfaction. Ce mécanisme de recours à un fonds de garantie a été repris dans les autres dispositifs d'origine européenne, qu'il s'agisse de la Convention sur la responsabilité du fait des produits en cas de lésions corporelles ou de décès ou de la directive relative à la responsabilité du fait des produits défectueux puisque les deux textes prévoient la possibilité pour les Etats de remplacer, en tout ou en partie, à titre principal ou subsidiaire, la responsabilité du producteur par la responsabilité d'un fonds de garantie ou par une autre forme de garantie collective, à la condition que la victime reçoive à tout le moins une protection équivalente à celle qu'elle aurait reçue en vertu du régime de responsabilité du producteur. De même, les dispositifs organisant la réparation des atteintes à l'environnement s'accompagnent de la mise en place d'un principe d'indemnisation collective pour le cas où la responsabilité civile ne permettrait pas de résoudre la réparation, soit parce que l'auteur du dommage ne peut être désigné, soit parce qu'il est insolvable, et impliquent la création d'un fonds spécifique d'indemnisation[93]. Les fonds de garantie collective sont donc pratiquement toujours présents ou, à tout le moins, toujours tolérés dans les mécanismes européens. Tous, qu'ils soient financés directement ou non, en tout ou en partie, par l'Etat -ce qui est le cas du fonds d'indemnisation des transfusés hémophiles qui est alimenté en partie par des subventions de l'Etat- révèlent la volonté du législateur de mettre en place un mécanisme reposant sur la solidarité nationale, c'est à dire sur la prise en charge par la société civile du dommage causé à un individu. La multiplication de ces fonds de garantie constitue le pendant d'une logique d'indemnisation et correspond non pas à une logique de charité mais, ainsi que l'a démontré le Doyen Savatier, à un sentiment de justice et d'équité[94]. Ils traduisent donc la généralisation de la fonction de garantie collective, d'assurance du risque que revêtent, avec une accentuation certaine depuis le milieu des années quatre-vingts[95] les régimes particuliers de réparation. Ce faisant, bien évidemment, ils impliquent d'éventuelles atténuations du montant de la réparation accordée afin de l'adapter aux requérants et aux ressources de la collectivité[96]. Ainsi la Convention relative au dédommagement des victimes d'infractions violentes accepte les éventuelles limitations de responsabilité accordées en raison de la situation financière de la victime comme, et là se révèle l'intérêt général, de la nécessité de préserver les finances publiques. De même, si la réparation des dommages subis du fait de l'utilisation d'un produit défectueux doit être totale, un plafonnement des

[92] Loi du 3 janvier 1977 modifiée par la loi du 6 juillet 1990.

[93] D'autres exemples peuvent être mentionnés dans des secteurs encore plus spécifiques. Ainsi le parlement et le Conseil ont prévu un système d'indemnisation des investisseurs: directive 97/9/CE, JOCE du 26 mars 1997, p. 22.

[94] R. Savatier, Vers la socialisation de la responsabilité et des risques individuels, *D.* 1931, préc.

[95] Sur ce point, M. Sousse, *La notion de réparation de dommages en droit administratif français*, préc., p. 329 et s. ; D. Lochak, Réflexion sur les fonctions sociales de la responsabilité administrative, in *Le droit administratif en mutation*, CURAPP, 1993, p. 275 ; C. Debouy, Le droit français de la responsabilité administrative : métamorphose ou permanence ?, *CJEG* 1997, p. 327.

[96] L'idée d'un plafonnement est bien établie en droit français. Ainsi en est-il par exemple des dommages causés dans le cadre de l'exploitation d'une centrale nucléaire (L. n° 90-488 du 16 juin 1990).

indemnisations peut être fixé[97], sous réserve qu'il fasse l'objet d'un contrôle au niveau européen[98]. Les mécanismes qui reposent sur un tel fondement, comme tout dispositif de garantie, ne postulent donc pas la mise en place d'un dispositif de réparation à tout va.

Ce développement ne saurait cependant être sans limite. Certes, par l'accroissement des garanties apportées à la réparation et par le recours à des mécanismes de solidarité sociale, la réparation est optimisée ; mais à travers ce mouvement, on peut raisonnablement se demander si la socialisation et la dépersonnalisation de la responsabilité[99] ne cachent pas quelques risques.

Le premier et le plus évident, même s'il est gênant de parler de risque pour un phénomène existant en droit français depuis plus d'un siècle, serait tout d'abord non pas l'apparition mais l'accentuation d'un phénomène de dilution de la responsabilité dans l'assurance[100] qui s'accompagne d'une mutation de la fonction d'assurance et de garantie sociale qui incombe à l'Etat par la prise en charge des dommages subis par les particuliers dans l'intérêt de la collectivité. Cette évolution participe à un recentrage des fonctions de l'Etat qui devient régulateur plus qu'intervenant et constitue le pendant du mouvement d'assurance qu'avait relevé en droit civil il y a déjà plus d'une cinquantaine d'années un éminent privatiste[101]. En effet, l'Etat ne participe pas toujours au financement de la réparation par le biais de fonds de garantie qui peut être, par exemple, perçue sur certains contrats d'assurance ; tel est le cas actuellement du régime d'indemnisation des victimes d'actes de terrorisme et l'on peut raisonnablement croire qu'il devrait en aller de même dans le domaine des atteintes à l'environnement et des produits défectueux puisqu'il semblerait logique qu'ils soient financés par les professionnels eux-mêmes directement, même si parmi ces derniers on pourra trouver des autorités publiques[102]. C'est donc une nouvelle forme de garantie collective qui se substitue à celle assurée par l'Etat : une garantie collective reposant directement sur la société civile, sans intermédiation publique. Si telle n'est pas la finalité immédiate des divers mécanismes européens que nous avons mentionnés, l'accentuation de ce phénomène pourrait en être une conséquence. Il n'est bien évidemment pas possible d'en déduire une réduction des fonctions sociales de la responsabilité administrative qui caractérisent les récentes évolutions de ce droit[103], mais la consécration d'une tendance généralisée à la socialisation du risque, que la sphère dans laquelle le dommage se produit soit publique ou privée[104].

---

[97] Tel ne semble toutefois pas, au regard des travaux parlementaires, devoir être le cas du mécanisme de réparation en cas de dommage causé du fait des produits défectueux : débats parlementaires, Assemblée Nationale, séance du 25 mars 1998, J.O. Débats, p. 2135.

[98] Convention, Rapport explicatif § 54, Exposé des motifs p. 30.

[99] Nous faisons bien évidemment référence à l'article de René Savatier, Personnalité et dépersonnalisation de la responsabilité civile, in *Mélanges Laborde-Lacoste*, Bordeaux, Editions Bière, 1963, p. 321.

[100] Sur ce point : D. Lochak, Réflexion sur les fonctions sociales de la responsabilité administrative, préc., p. 275.

[101] R. Savatier, Vers la socialisation de la responsabilité et des risques individuels, *D.* 1931, Chro. p. 3.

[102] Le financement de fonds d'indemnisation de risques professionnels dans un cadre corporatif constitue d'ailleurs une implication logique du droit communautaire qui multiplie de tels mécanismes, par exemple dans le secteurs des activités d'investissement boursier ou dans celui des activités de tourisme.

[103] Cf. D. Lochak, Réflexion sur les fonctions sociales de la responsabilité administrative, préc.

[104] Ce qui a en tant que tel été critiqué par René Savatier qui y a vu un dévoiement de la responsabilité civile, R. Savatier, *Du droit civil au droit public à travers les personnes, les biens et la responsabilité civile*, Paris, 2e édition, LGDJ, 1950, sp. p. 160 et s.

Le second écueil est le risque d'une victimisation accrue et de revendications de réparation qui réduirait l'autonomie et la liberté de l'individu, accroîtrait la situation de dépendance dans laquelle il se situe à l'égard du corps social tout en consacrant une parcellisation de la société puisque l'individu pourrait se sentir davantage titulaire de droits-créances que de devoirs.

Un autre danger serait celui de la mise en place d'une société dans laquelle les auteurs de dommages pourraient être déresponsabilisés puisque ces dispositifs aboutissent à la mise à la charge de la collectivité d'un dommage sans faute ni culpabilisation de son auteur et non à pallier l'impossibilité pour la victime d'obtenir de l'auteur du dommage une réparation[105]. On peut s'interroger sur le bien-fondé de la prévalence de la démarche indemnitaire, puisque telle est véritablement la tendance suggérée, sur celle aboutissant à la démonstration de la responsabilité, même si elle est facilitée, et même la craindre au regard des conséquences qu'a provoquées le système américain de « *no fault* ». Ce système a été appliqué notamment au secteur des accidents de la circulation et prévoit qu'en dessous d'un certain plafond la réparation ne peut être accordée que par le biais d'un mécanisme d'assurance ; à la suite de sa mise en place, il a été possible de constater un accroissement du nombre d'accidents et une réduction du niveau des indemnisations, même si l'indemnisation des victimes est devenue beaucoup plus rapide[106]. Pourtant il est délicat de conclure de manière péremptoire que le recours à des dispositifs d'assurance produira toujours des effets comparables puisqu'un mécanisme similaire mis en place en Belgique afin d'indemniser les victimes d'accidents thérapeutiques n'a pas entraîné ces effets pervers[107].

Enfin, la garantie de la réparation et la multiplication des dispositifs d'indemnisation exclusifs de toute action contentieuse vont, cela a été dit, à l'encontre de l'éthique de la responsabilité qui ne peut supporter que, pour des dommages graves, la victime n'ait pas la possibilité d'entamer une action visant la reconnaissance de la responsabilité, au moins civile, sinon pénale[108] de son auteur.

L'ensemble de ces craintes pourrait néanmoins dans une large mesure être relativisé au regard de l'état de l'intervention européenne qui prévoit, quand bien même un recours spécifique existerait, une possibilité d'action sur le fondement du droit commun. Il y a donc un partage entre les deux conceptions de la réparation, la responsabilité et l'indemnisation, et on ne peut que souhaiter qu'un choix véritable soit laissé aux instances nationales, qui sont plus à même d'estimer les besoins et les moyens de les satisfaire au plan interne, pour exercer une option, et cela notamment dans les secteurs sensibles. C'est d'ailleurs ce choix qu'ont exercé les instances communautaires lorsqu'elles ont mis fin à leur velléité d'intervention en matière de responsabilité hospitalière, à travers le mécanisme de responsabilité du prestataire de service[109] ; mais tous les arguments que nous venons de mentionner vont en faveur de l'acceptation par

---

[105] A l'exception de la Convention relative au dédommagement des victimes d'infractions violentes.

[106] D. Sénéquier, Note sur l'expérience « *No-fault* » aux Etats-Unis, la fin de la faute, *Droits* 1987, p. 117.

[107] J.-L. Fagnart, Indemnisation des victimes d'accidents médicaux en droit belge, in *L'indemnisation des accidents médicaux*, Actes du colloque du 24 avril 1997 organisé par le centre de droit des obligations de Paris I en la grande chambre de la Cour de Cassation, sld. G. Viney, BDPrivé, t. 289, p. 41.

[108] Cette problématique a été développée afin de rejeter le projet de dispositif législatif relatif à la réparation des accidents thérapeutiques par le biais d'un fonds de garantie : Réflexions sur le droit de la santé, *EDCE* 1998, n° 49, p. 255.

[109] Com. (90) 482 final, JOCE série C 12 p. 8 du 18 janvier 1991.

les juridictions françaises du principe du cumul d'actions et cela afin d'éviter un déclin réel de la responsabilité.

En tout état de cause, l'orientation vers un droit de la réparation et la recherche d'un garant de la réparation qui l'accompagne devraient signifier une augmentation de la charge de l'assurance pour les auteurs potentiels de dommages et partant, ajoutée à l'accroissement des obligations d'origine européennes que nous avons précédemment relevé, soulèvent la question de la capacité de certaines personnes publiques, et notamment des collectivités locales de faible taille de répondre aux charges pécuniaires qui pourraient leur être exigées, cela de plus en plus aisément en raison du phénomène d'objectivation, et de s'assurer correctement. L'on peut en outre craindre qu'un mécanisme de réparation soumis au règne de l'assurance aboutisse à une inégalité de traitement des victimes selon l'identité de l'auteur du dommage et ses moyens financiers. Le droit européen a également pour conséquence d'atténuer la fonction sanctionnatrice de la responsabilité.

§2- L'ATTENUATION DE LA FONCTION SANCTIONNATRICE DE LA RESPONSABILITE

Eisenmann affirmait au milieu de ce siècle que la responsabilité civile en droit public n'est jamais une responsabilité-sanction dans la mesure où l'obligation de réparation mise à la charge des autorités publiques ne l'est jamais pour les inciter à suivre une règle à la violation de laquelle elle serait attachée, la responsabilité ne pouvant être la conséquence juridique de l'infraction à une règle[110].

Cette position a été dans une certaine mesure dépassée par l'évolution du droit. En effet, dans la société actuelle, la demande d'une réparation accrue s'accompagne de la recherche des responsables de comportements dommageables à travers la multiplication des mises en cause de la responsabilité pénale d'agents publics[111]. Surtout, l'idée d'une fonction sanctionnatrice de la responsabilité civile semble aujourd'hui, malgré quelques discussions doctrinales[112], bien acceptée et passe tant par l'élargissement des hypothèses de mise en cause de la responsabilité de l'Etat afin de le rendre responsable de l'ensemble de ses actes que par l'assimilation de la réparation à une sanction pécuniaire à la charge de l'administration défaillante, ce qui est notamment le cas en matière de responsabilité pour illégalité, la réparation, du montant symbolique d'un franc, étant alors accordée en présence d'un préjudice minime ou inexistant[113]. La fonction sanctionnatrice de la responsabilité apparaît peu à travers les mécanismes instaurés par le droit européen. En effet, celui-ci n'envisage pas la condamnation en l'absence d'un

[110] C. Eisenmann, Sur le degré d'originalité du régime de la responsabilité extra-contractuelle des personnes (collectivités) publiques, Le droit public et le droit privé de la responsabilité extra-contractuelle diffèrent-ils foncièrement ?, *JCP* 1949, n° 751, § 23.

[111] Sur cette question, v. E. Breen, *Responsabilité pénale des agents publics*, Jcl. Adm., fasc. n° 809.

[112] Mentionnées par C. Guettier, *La responsabilité administrative*, Paris, LGDJ, systèmes, 1996, p. 169.

[113] Cette tendance avait été relevée par Michel Paillet, *La faute du service public en droit administratif*, Paris, LGDJ, BDP, t 136, 1980, sp. p. 383, notes 37 et 38. Ainsi une commune qui avait refusé de nommer un agent chargé d'assurer une fonction d'inspection en matière d'hygiène et de sécurité a été condamnée à verser un dédommagement d'un franc à un syndicat en réparation du préjudice subi : CE, 30 juillet 1997, Commune de Wallers, Req. n° 152911, inédit au recueil Lebon.

préjudice qui doit être certain, direct et réel (A) et s'il suscite des interrogations quant à la notion de faute, c'est dans le sens de son objectivation (B).

A- Une responsabilité strictement conditionnée par l'existence d'un préjudice

Bien évidemment, dans le cadre des mécanismes spécifiques de réparation qui ont été mentionnés, l'existence du dommage est un élément indispensable de la réparation puisque le dommage est au coeur du dispositif et il en va de même lorsqu'il est imputable à un individu et donc constitue un préjudice. La preuve d'un préjudice réel est, dans ce cadre, une condition indispensable à la réparation ; ce qui est parfaitement logique compte tenu de la finalité des dispositifs en cause. Mais c'est principalement à travers les mécanismes plus généraux de responsabilité que l'exigence d'un préjudice apparaît le plus expressément et atténue la fonction sanctionnatrice qui pouvait être attribuée à la responsabilité.

Ainsi la recommandation R (84) 15 du Conseil de l'Europe relative à la responsabilité publique conditionne-t-elle la réparation en cas de dommages causés par l'Etat à la preuve d'un fait dommageable, d'un préjudice et d'un lien de causalité entre les deux ; mais la condition du préjudice revêt une importance particulière puisqu'à défaut de préjudice réel, certain et direct, il ne saurait y avoir de réparation. Par conséquent, la seule violation d'une norme juridique ne saurait, au sens de la recommandation, être une condition suffisante pour mettre en jeu la responsabilité des pouvoirs publics[114]. La responsabilité est en effet conçue comme l'obligation des pouvoirs publics de réparer les dommages causés par leurs actes ; elle ne peut donc être utilisée à la seule fin de sanctionner le comportement d'une autorité publique, en raison de son illégalité ou de son inadéquation à une situation déterminée.

L'exigence d'un préjudice constitue également, au regard des modalités d'encadrement préconisées par la Cour de Justice, une condition fondamentale de l'octroi d'une réparation en matière de responsabilité pour violation du droit communautaire. Certes, la Cour du Kirchberg, lorsqu'elle a encadré cette action, n'a pas expressément fait de l'existence d'un préjudice une condition indispensable à la mise en jeu de la responsabilité ; ces conditions étant que la règle violée ait pour effet de conférer des droits aux particuliers, que la violation soit suffisamment caractérisée et qu'il existe un lien de causalité direct entre la violation de l'obligation qui incombe aux autorités nationales et le dommage subi par les personnes lésées. Mais le préjudice y est implicitement mentionné comme une condition nécessaire puisqu'un dommage lié causalement au fait générateur doit être invoqué[115]. A ce jour, la Cour de Justice n'a toutefois pas précisé quels doivent être les caractères de ce préjudice, même si elle a, contrairement à l'opinion émise par certains gouvernements nationaux,[116] affirmé qu'il

[114] Exposé des motifs, point 22.

[115] CJCE, 5 mars 1996, Brasserie du pêcheur SA et Bundesrepublik Deutschland, The Queen et Secretary of State for transport ex parte: Factortame Ltd e.a., Aff jtes C 46/93 et 48/93, *Rec.*, p. I-1029, point 51.

[116] Ainsi le gouvernement allemand estimait possible de limiter la responsabilité à l'atteinte à certains biens individuels. Le gouvernement français faisait pour sa part valoir une conception large du préjudice indemnisable en affirmant que peut être reconnue la possibilité d'un préjudice moral, pourvu que celui-ci résulte directement de la violation constatée : Rapport d'audience, point 73 à 75, *Rec.* p. I-1034.

devait être réparé dans son intégralité. Si on se réfère par analogie au régime de responsabilité extra-contractuelle des Communautés, il apparaît que celui-ci doit être réel, direct et certain[117]. Il ne serait donc pas conforme à l'esprit de l'harmonisation opérée par la Cour de justice d'utiliser ce mécanisme de responsabilité pour sanctionner une illégalité[118]. Le droit à réparation est le corollaire de l'effet utile du droit communautaire et de la méconnaissance d'un droit entré dans le patrimoine juridique des particuliers et non une voie de droit permettant d'obtenir la sanction d'une illégalité ; sanction qui peut être obtenue dans un cadre plus politique par le biais d'un recours en constatation de manquement. L'exigence d'un préjudice a d'ailleurs été précisée par la jurisprudence de la Cour de Luxembourg, qui refuse implicitement l'octroi d'une réparation par le biais d'une action en responsabilité de droit commun si la méconnaissance du droit communautaire par une autorité étatique n'a pas causé de préjudice dans le chef d'un particulier. Ainsi, en cas de manquement constitué par l'absence de mise en oeuvre dans les délais d'une disposition communautaire, la Cour du Kirchberg a accepté qu'une réparation adéquate soit obtenue par l'application rétroactive des dispositions en cause et donc, par exemple, par l'attribution pour le passé de droits ou la restitution de ceux indûment perçus. L'absence de mise en place par les autorités italiennes des modalités d'exécution de la directive relative au fonds d'indemnisation des travailleurs privés d'emploi a ainsi pu être palliée[119]. Dans ces hypothèses, la responsabilité délictuelle de l'Etat pour violation du droit communautaire ne peut être mise en jeu puisqu'une réparation adéquate, c'est à dire de nature à assurer une protection effective des droits des particuliers lésés, peut être obtenue du fait de la remise en état rétroactive. L'action fondée sur le droit commun ne pourra être entamée qu'au cas où, malgré cette remise en état, un préjudice spécifique a été subi par les individus, par exemple du fait qu'ils n'ont pu bénéficier à temps des droits garantis[120].

L'octroi d'une réparation est bien le strict corollaire d'un préjudice subi et l'équivalent pécuniaire d'un droit d'origine communautaire. Pourtant, la logique sanctionnatrice, jusque là éludée tant par le Conseil de l'Europe que par les Communautés, semble poindre à travers la possibilité qu'a ouvert la Cour de Justice de prononcer des dommages-intérêts exemplaires à l'encontre de l'administration défaillante. En effet, à l'occasion de la désormais célèbre décision *Brasserie du pêcheur - Factortame III*, la Haute juridiction communautaire a considéré possible l'octroi de tels dommages-intérêts qui, s'ajoutant à la réparation du préjudice subi, visent

[117] F. Fines, *Etude de la responsabilité extra-contractuelle de la communauté économique européenne*, Paris, LGDJ, Bibliothèque de droit international, t 101, 1990, p. 410 et s.

[118] Cette opinion est confortée par la position adoptée par l'avocat général Léger qui a, à l'occasion des conclusions rendues sous l'affaire Hedley Lomas, affirmé qu'en l'absence de préjudice ou d'influence néfaste sur le fonctionnement du marché commun, la violation du droit communautaire se trouvait excusée et donc que la responsabilité de l'Etat ne pouvait être engagée, conc. sous CJCE, 23 mai 1996, The Queen c/ Ministry of Agriculture, Fisheries and food ex parte Hedley Lomas (Ireland) limited, Aff. C 5/94, *Rec.*, p. I-2553, point 160.

[119] CJCE, 10 juillet 1997, Aff. C 373/95, F. Maso e.a. et G. Gazzetta e.a. c/ I.N.P.S. et République italienne, point 40 et s., *Rec.* p. I-4051. Dans le même sens, CJCE 10 juillet 1997, Aff C 94/95 et C 95/95, Danila Bonifaci et W. Berto c/ I.N.P.S, *Rec.* p. I-3969.

[120] CJCE, 10 juillet 1997, Aff. C 373/95, F. Maso e.a. et G. Gazzetta e.a. c/ I.N.P.S. et République italienne, point 40 et s., *Rec.* p. I-4051, point 41 et s. Dans le même sens, CJCE 10 juillet 1997, Aff C 94/95 et C 95/95, Danila Bonifaci et W. Berto c/ I.N.P.S, *Rec.* p. I-3969, point 51 et s.

expressément à sanctionner le comportement arbitraire ou inconstitutionnel des autorités publiques ; comportement qui est de nature à constituer une violation du droit communautaire ou à l'aggraver[121]. Un dédommagement visant à sanctionner la seule attitude de l'administration nationale se superpose ainsi à la réparation du préjudice subi ; et cela alors même que, ainsi que les gouvernements britannique et irlandais n'ont pas manqué de le rappeler, il n'existe aucun principe de droit communautaire selon lequel les Etats membres doivent octroyer une telle réparation en plus de l'indemnisation du dommage subi[122]. Mais ce n'est pas en tant que principe général du droit que la Cour de justice a souhaité affirmer l'octroi de dommages exemplaires puisqu'aucune obligation d'en introduire la possibilité n'est prévue. Bien au contraire, la condamnation à des dommages-intérêts exemplaires n'est envisageable que lorsque de tels dommages-intérêts peuvent être alloués dans le cadre d'une réclamation ou d'une action semblable fondée sur le droit interne[123] et leur prononcé sera limité aux seuls systèmes juridiques qui en ont consacré l'existence. Le champ de cet élément d'une fonction sanctionnatrice est donc extrêmement limité et ne remet pas en cause la finalité essentiellement réparatrice de l'action harmonisée par la Cour de Justice. Pourtant, si cette possibilité est restreinte à un petit nombre de systèmes juridiques, il faut souhaiter quelle ne s'étende pas à d'autres Etats européens. En effet, il ne serait pas opportun que le mécanisme de responsabilité pour violation du droit communautaire cumule une double fonction de réparation et de sanction alors que le recours en manquement est spécifiquement prévu afin de répondre à ce dernier impératif. Une telle sanction serait d'autant moins appropriée que le mécanisme d'astreinte visant à conduire les Etats à mettre en oeuvre le droit communautaire connaît des avancées significatives qui permettent de croire à son efficacité à venir[124]. Eu égard à l'absence de tradition de condamnation des administrations pour abus de pouvoir dans les autres Etats européens et notamment en France, on peut raisonnablement penser que la confusion entre les finalités réparatrice et sanctionnatrice de la responsabilité pour violation du droit communautaire devrait n'avoir qu'un champ d'application réduit et le préjudice semble devoir conserver sa place d'élément indispensable à l'obtention d'une réparation.

Outre que la responsabilité est fondée sur l'existence d'un préjudice, ce qui atténue ses fonctions sanctionnatrices, le comportement des autorités étatiques à l'origine du dommage paraît faire l'objet d'une analyse de plus en plus objective de la part des organes européens ; ce qui pourrait conduire à une évolution de la notion de faute.

---

[121] CJCE, 5 mars 1996, Brasserie du pêcheur SA et Bundesrepublik Deutschland, The Queen et Secretary of State for transport ex parte: Factortame Ltd e.a., Aff jtes C 46/93 et 48/93, *Rec.*, p. I-1029, point 84. La cour européenne des droits de l'homme semble elle-même, selon certains auteurs, avoir admis les dommages-intérêts punitifs : J.-F. Flauss, Actualité de la Convention européenne des droits de l'Homme, *AJDA* 2000, p. 1006, sp. p. 1009-1010.

[122] Rapport d'audience, *Rec.* p. I-1034, point. 76

[123] CJCE, 5 mars 1996, Brasserie du pêcheur SA et Bundesrepublik Deutschland, The Queen et Secretary of State for transport ex parte: Factortame Ltd e.a., Aff jtes C 46/93 et 48/93, *Rec*, p. I-1029, point 89.

[124] Ainsi l'adoption de la loi relative à la responsabilité du fait des produits défectueux qui transpose la directive du 25 juillet 1985 était-elle en partie motivée par la volonté d'éviter une telle condamnation qui aurait pu être chiffrée à trois millions de francs par jour selon l'estimation du garde des Sceaux.

B- DE LA FAUTE A L'ILLICITE ?

Dans un système de responsabilité où la réparation accordée doit être la plus large possible alors que la recherche de l'auteur d'un dommage continue d'être une préoccupation constante pour les victimes, la notion de faute est amenée à évoluer. Depuis plus d'une dizaine d'années, la doctrine s'est fait écho d'un mouvement de déclin de la faute en raison de l'importance de la réparation ; à tel point que l'idée d'une fin de la faute entendue comme un élément de sanction d'un manquement à des règles d'ordre moral a été émise[125]. Il est avéré que la faute, qui reste dans de nombreuses hypothèses un élément déterminant de l'obtention d'une réparation, correspond aujourd'hui davantage à une condition de mise en oeuvre de la responsabilité qu'à une réelle qualification du comportement de l'auteur du dommage. Elle n'est plus tant, et cela a été principalement marqué en droit privé, un élément de réprobation qu'une condition de réparation. Ainsi a-t-on pu remarquer que la faute lourde peut recouvrir des situations dans lesquelles le comportement imputé à l'administration n'est pas caractérisé par une particulière gravité en même temps que sont qualifiés en droit public de fautifs des faits qui ne répondent pas à une intention délictueuse de la part de leur auteur.

Pour autant la notion de faute en droit administratif français pourrait sembler correspondre en tout point aux exigences européennes dans la mesure où celle-ci est traditionnellement, dans la plupart des hypothèses, entendue objectivement et non en fonction du comportement du service à l'origine du dommage. En poussant l'analyse plus avant, il est cependant possible de constater que la faute, même objectivement entendue, est difficilement compatible avec certaines hypothèses de méconnaissance du droit communautaire.

Tout d'abord, le concept de faute pourrait évoluer afin de correspondre davantage à la réalité selon laquelle la faute n'est en fait que la traduction d'un comportement illicite ou d'une illégalité plus ou moins grave. Or le lien de quasi-automaticité qui est établi entre le constat d'une illégalité et l'existence d'une faute est non seulement, comme nous l'avons précédemment montré, inadapté au contexte des violations du droit européen[126], mais en outre inadapté à la réalité de la responsabilité en cas d'illégalité. En effet, la méconnaissance d'une règle de droit, qui est qualifiée d'illégalité, n'est pas nécessairement en soi fautive dans la mesure où elle peut correspondre à la méconnaissance d'une règle de droit non encore fermement et clairement établie au moment où elle a été méconnue ; dans une telle situation à quelle obligation l'administration nationale manque-t-elle ? Sûrement pas à celle d'interpréter le droit européen conformément à ce que décideront ultérieurement les Cours de Strasbourg et de Luxembourg. De plus, ainsi que nous l'avons remarqué, certaines méconnaissances de la légalité peuvent être justifiées par l'intérêt général. Dans un tel contexte, la connotation morale et réprobatrice de la notion de faute semble inadaptée, ce qui devrait amener à soumettre les actions en responsabilité à un régime fondé sur la rupture de l'égalité devant les charges publiques puisque l'objectif d'intérêt général exclut la faute. Dans cette hypothèse, la qualification de faute revient à nier la possibilité pour l'Etat de

---

[125] Voir le numéro de la revue *Droits* intitulé : Fin de la faute ?, 1987.

[126] Sur ce point, supra, Partie II, Chapitre I, Section 1, Titre I, §1, B, 3).

poursuivre un intérêt général qui pourrait contredire les principes communautaires et conventionnels dès lors que l'on se situe dans le contexte européen et à refuser de lui reconnaître une liberté d'appréciation qui est nécessaire à l'expression de son autonomie de vue et même à l'adaptation au contexte national des positions européennes. Sans conclure que dans de telles hypothèses l'Etat doit être impuni, il apparaît que la qualification de fautif d'un acte ou d'une action même incompatible avec les normes supérieures de légalité, dans certains cas, peut ne pas être adéquate ou propre à permettre une sanction efficace des méconnaissances du droit européen.

Bien au contraire d'ailleurs, le maintien du couple illégalité et faute pourrait limiter la mise en cause de la responsabilité publique. En effet, l'évolution de la notion de faute est particulièrement importante dans le domaine de la responsabilité déclenchée par le truchement des organes dits plus spécifiquement d'expression de la souveraineté, tels que le législateur qui traditionnellement ne met en jeu la responsabilité de l'Etat que sur le fondement de la rupture de l'égalité devant les charges publiques ; et le rejet de l'idée d'une action fautive -une telle qualification étant contraire, cela a été observé, à la tradition constitutionnelle française en même temps qu'elle porte directement atteinte à une des dernières expressions de la souveraineté nationale réellement palpable dans le contexte européen- pourrait amener les juges français à multiplier les hypothèses de réglement-écran afin de préserver l'irresponsabilité du législateur sur le fondement de la faute, voire même d'interpréter strictement cette condition afin de ménager l'action administrative. Le concept de faute n'étant pas adapté à certains cas de méconnaissance du droit européen, reste à trouver un terme susceptible de le remplacer en revêtant la même signification de défaillance de l'autorité publique, mais dénué de sa connotation négative.

A la suite de l'harmonisation communautaire du droit de la responsabilité publique et de sa réception hésitante par le Conseil d'Etat dans le cadre de l'arrêt *Arizona Tobacco Products*, l'idée d'avoir recours à une notion remplaçant la faute afin de la détacher de sa connotation subjective, la faute évoquant dans la conscience commune l'idée de culpabilité, a été formulée par la doctrine. Mme Dantonel-Cor proposait ainsi l'utilisation du terme d'illégalité lorsque l'acte dommageable est contraire à une législation communautaire postérieure à son édiction et d'erreur lorsque la norme communautaire lui est antérieure[127], l'avantage commun des deux notions étant de ne pas porter de jugement de valeur sur l'attitude des autorités publiques et partant d'objectiver au maximum la réparation. L'idée même de l'objectivation ne peut qu'être approuvée dans la mesure où elle permet de préserver le déroulement de l'action administrative tout en ouvrant la voie à une condamnation juridictionnelle plus aisée en l'absence de toute appréciation péjorative du comportement de l'administration. Pour autant cumuler alternativement deux notions en fonction du contexte de la méconnaissance du droit communautaire tendrait à rendre plus complexe le droit de la responsabilité ; et cela d'autant plus si l'on considère que le régime en question ne pourra valoir que dans les cas de méconnaissance du droit communautaire et non de violation d'une disposition interne. Il est de plus possible de s'interroger sur le caractère véritablement objectif de

---

[127] N. Dantonel-Cor, La mise en jeu de la responsabilité de l'Etat français pour violation du droit communautaire, *RTDE.*, 1995, p. 471, sp. p. 505.

la notion d'erreur ; celle-ci ne pouvant être appréciée que par rapport à un comportement déterminé. Surtout, l'auteur visait par cette évolution de la notion de faute la responsabilité de l'administration ; or si l'objectivation de la notion de faute paraît souhaitable en cas de responsabilité pour illégalité, et cela quel que soit l'organe à l'origine de l'illégalité, elle l'est encore plus lorsque celui-ci est le législateur, étant entendu que la généralisation de la distinction entre la faute et l'erreur aux activités administratives, pour « déculpabilisatrice » qu'elle soit, accroîtrait la complexité au sein du droit de la responsabilité.

Nombreux sont néanmoins les termes susceptibles de traduire une telle objectivation : l'illégalité mais également l'illicite. L'illicite est fréquemment utilisé par les droits étrangers, principalement dans la sphère privée, pour résoudre la question de la responsabilité et de la réparation de dommages[128] ; alors, l'élément de faute est supprimé pour ne conserver que l'exigence de l'acte illicite[129] qui est déterminée en toute objectivité du seul fait d'un préjudice découlant d'une action contraire au droit et donc par le constat d'un écart entre un comportement effectif et une norme déclarée. Le terme d'illicite n'est pas inconnu en droit administratif français, il est même présenté comme propre au contentieux de la responsabilité étant entendu qu'un acte illégal au sens du recours pour excès de pouvoir peut ne pas être un acte illicite au sens de la responsabilité[130]. Il n'y est cependant pas fréquemment utilisé ; ce qui a amené le Professeur Boulouis à affirmer que le droit public est imperméable à ce concept[131]. L'illicéité recouvre les hypothèses dans lesquelles l'autorité publique agit contrairement au droit et en cela découle directement du droit romain par le concept de *damnum injuria datum* issu de la *lex aquilia*[132]. Dans ce cas de figure, il n'était pas exigé que l'auteur du dommage ait commis la moindre faute[133], même si l'action entamée visait davantage la sanction de l'auteur du dommage que la réparation de sa victime[134]. Ce faisant il est possible d'affirmer que l'illicite donne paradoxalement une idée plus précise de l'attitude administrative que celle de faute puisqu'il est difficile de concevoir comment une personne morale pourrait manquer à ses obligations[135] ; pourtant, il est tout autant difficile d'admettre qu'une personne morale méconnaisse une règle de droit. L'illicéité peut recouvrir la violation d'une obligation de comportement, comme celle

---

[128] J. Limpens, La faute et l'acte illicite en droit comparé, in *Mélanges J. Dabin*, Paris, Sirey, 1963, t II, p. 723 et s ; G. Marty, Illicéité et responsabilité, in *Etudes juridiques offertes à Léon Julliot de la Morandière*, Paris, Dalloz, 1964, p. 33.

[129] G. Marty, Illicéité et responsabilité, préc.

[130] Y. Weber, Illicéité et responsabilité administrative en France, *Journées de la société française de législation comparée*, 1984, vol. 6, p. 27.

[131] J. Boulouis, L'illicéité comme élément de la responsabilité en droit français, *Journées de la société française de législation comparée*, 1984, vol. 6, p. 16.

[132] A. Cumenge, *La loi aquilia*, Paris, A. Rousseau, 1891.

[133] Même si les jurisconsultes ont fait de la faute un élément distinct dans la commission du dommage qui résulte des circonstances objectives qui l'entourent : R. Monier, *Manuel élémentaire de droit romain*, t. II, Les obligations, réimpression de la 5ème édition, 1954, Scientia Verlag Aalen, 1970, sp. p. 60 ; J. Macqueron, *Histoire des obligations, Le droit romain*, Aix-en-Provence, 2e édition, 1975, Publications du centre d'histoire institutionnelle et économique de l'antiquité classique - Série Mémoires et travaux, n° 1, sp. p. 313 et s et les références mentionnées.

[134] J. Macqueron, *Histoire des obligations, Le droit romain*, sp. p. 303 et s.

[135] V. Y. Weber, Illicéité et responsabilité administrative en France, *Journées de la société française de législation comparée*, 1984, vol. 6, p. 27.

d'une règle de droit ; M. Weber en a même fait un élément fédérateur de la responsabilité transposable aux hypothèses de responsabilité sans faute puisqu'elle répondrait à l'obligation d'assurance[136]. Sans approfondir cette idée, la notion d'illicite, par son caractère objectif, pourrait remplacer celle de faute et le Professeur Combacau faisait remarquer dès 1987 que « *le mot de faute, dans sa plus grande compréhension, ne désigne rien de plus en droit que l'illicéité, pourvu qu'elle soit imputable à son auteur* »[137].

Doit-on aveuglément croire en l'objectivité de ce concept ? Cela semble délicat dans la mesure où en matière de responsabilité, une appréciation est toujours portée sur les modalités de survenance du dommage et donc sur le comportement de son auteur, même si celui-ci est souplement apprécié. L'utilisation de cette notion présente toutefois un double avantage : tout d'abord bien évidemment elle gomme l'aspect réprobateur qu'implique la qualification de faute ; mais surtout, cette notion est assez vague pour laisser une grande latitude au juge administratif dans sa mise en oeuvre[138]. Même s'il est possible de lui objecter précisément ce caractère vague pour contester l'efficacité de sa mise en oeuvre comme la réduction de la sécurité juridique qui pourrait en découler, l'utilisation du concept d'illicite pourrait constituer une piste intéressante notamment dans le cadre de l'examen de la responsabilité du législateur.

Le concept d'illicéité semble d'ailleurs avoir fait des adeptes au sein des juridictions administratives puisque la Cour administrative d'appel de Paris, à l'occasion de l'arrêt *Dangeville*, a conclu que la responsabilité de l'Etat pouvait être engagée du fait du comportement illicite de plusieurs de ses organes dans la mesure où parmi les obligations découlant du droit communautaire qui s'imposent à l'Etat se trouve « *celle d'effacer les conséquences illicites d'une violation du droit communautaire soit directement, soit, à défaut, en assurant la réparation effective des préjudices qui en ont résulté* »[139]. Si certains auteurs en ont, sans doute rapidement, conclu que la famille des faits générateurs s'était agrandie[140] et que parallèlement à la responsabilité pour faute et à la responsabilité sans faute, une responsabilité pour illicéité pointant l'index sur une déviance, plus que sur une atteinte à la normativité était apparue, la portée de cette innovation doit être nuancée. En effet, il est patent que, dans cette affaire, les faits étaient extrêmement complexes et rendaient difficile l'imputation de la méconnaissance du droit communautaire à une administration déterminée tant étaient imbriquées les interventions administrative, juridictionnelle et même législative. Ce premier élément a sans doute incité à la qualification d'illicite du comportement de l'administration. Mais surtout le commissaire du gouvernement Bernault a, à cette occasion, insisté sur la nécessité de fonder la responsabilité sur la notion d'illicéité ou de « *situation illicite à*

---

[136] *Ibid.* Une démonstration comparable avait été effectuée par Jean Puech dans sa thèse : *L'illicéité dans la responsabilité civile contractuelle*, Paris, LGDJ, BDPrivé, t 129 , 1973.
[137] J. Combacau, L'illicite et le fautif, La fin de la faute ?, Revue *Droits*, 1987, p. 1.
[138] Ainsi le concept d'illicite en droit international permet-il à de nombreux Etats d'échapper à l'obligation de réparer les dommages qui leurs incombent : P.-M. Dupuy, Faute de l'Etat et « fait internationalement illicite », in Fin de la faute, *Droits* 1987, p. 51.
[139] CAA Paris, plén. 1 juillet 1992; Dangeville, concl Bernault *Dr. fiscal* 1992 p. 1420, sp. p. 1423; *AJDA* 1992, p. 768.
[140] T. Trottier, La responsabilité de la puissance publique en matière fiscale, *Dr. Fiscal*, 1994, n° 1095.

réparer » pour des motifs d'opportunité sans doute davantage qu'en raison de la nécessité de s'adapter aux exigences européennes[141] ; ces motifs d'opportunité ayant trait tant à la nature des normes en cause qu'à « *la prudence réactionnelle du Conseil d'Etat* » dont il était nécessaire, en l'espèce, de tenir compte[142]. La formulation adoptée dans cette affaire laisse d'ailleurs entendre que le terme illicite n'a été retenu que pour des raisons pratiques ; ce qui révèle davantage une originalité de langage de la Cour administrative d'appel que la véritable acceptation d'un nouveau concept et fait générateur de la responsabilité. En tout état de cause, cette position qui n'a pas été reprise par le Conseil d'Etat statuant en cassation paraît délicate à consacrer dans la jurisprudence administrative. En effet, la décision *Dangeville* est caractérisée par un flou, un certain impressionnisme qui, s'il a le mérite de donner droit au requérant, ne rentre dans aucune des catégories chères aux juristes. Elle a d'ailleurs été très critiquée, certains y voyant la preuve d'une véritable frénésie et critiquant une solution particulièrement aventureuse[143]. L'intégration de la notion d'illicéité dans la jurisprudence administrative pourrait être relativement difficile. Pourtant elle propose un intéressant compromis entre le respect de la légalité européenne, la marge de manoeuvre accordée aux autorités nationales et la révérence due au législateur.

Par l'atténuation de l'aspect sanctionnateur de la responsabilité, on peut percevoir une orientation favorable à la réduction de la responsabilité civile des personnes publiques à des seules fonctions de réparation pécuniaire tandis que l'aspect sanctionnateur relèverait du juge pénal. Cette tendance, qui est relevée par la doctrine privatiste depuis plus d'une dizaine d'années[144], ne gagnerait cependant pas à être étendue. En effet, la responsabilité administrative est une responsabilité du fait d'autrui dont le responsable *in fine* est une personne morale à l'égard de laquelle la responsabilité pénale ne s'appliquera pas toujours[145]. De plus, la responsabilité pénale des agents publics a montré à quel point la perspective de poursuites peut être paralysante pour l'action administrative, particulièrement au niveau local[146]. Le recentrage de la responsabilité autour de fonctions réparatrices n'en demeure pas moins un phénomène commun au droit public et au droit privé.

C'est également à un renouvellement de la discussion des fondements de la responsabilité que conduit le droit européen.

---

[141] L'arrêt Francovich reposant lui-même sur cette notion d'illicite puisque parmi les obligations juridiques s'imposant aux Etats se trouve celle « *d'effacer les conséquences illicites d'une violation du droit communautaire* », CJCE, 19 nov. 1991, Andrea Francovich, Danila Bonifaci et autres, Aff C 6/90 et C 9/ 90, *Rec* p. I-5357, point 36.

[142] Conclusions du commissaire de gouvernement Bernault sous l'arrêt Dangeville, *Dr. fiscal* 1992 p. 1420, sp. p. 1427.

[143] X. Prétot, note sous l'arrêt Dangeville, *AJDA* 1992, p. 768

[144] Y. Flour, Faute et responsabilité civile : Déclin ou renaissance ?, in Fin de la faute ? *Droits*, 1987, p. 29 ; G. Viney, La responsabilité, *APD*, t 35, 1990, p. 275.

[145] En effet, celle-ci, si elle s'applique aux autres personnes publiques, ne s'applique pas à l'Etat.

[146] V. Conseil d'Etat, La *responsabilité pénale des agents publics en cas d'infractions non-intentionnelles*, Paris, Documentation française, 1996.

SECTION 2- LE RENOUVELLEMENT DE LA DISCUSSION DES FONDEMENTS DE LA RESPONSABILITE

La question du fondement de la responsabilité est loin d'être primordiale dans l'analyse des hypothèses pratiques dans lesquelles l'Etat pourra être condamné à attribuer à un individu une réparation. Eisenmann le remarquait déjà dans les cours de droit administratif qu'il dispensait : c'est un élément dont le juriste ne tient guère compte pour qualifier les règles de droit pas plus que les rapports de droit dans la mesure où ceux-ci ne résultent que de leur contenu[147]. Pourtant son étude permet de comprendre les justifications de la responsabilité. S'attaquer à la question des fondements de la responsabilité consiste à s'interroger sur les données morales, politiques ou sociales qui en sont la justification[148] en même temps qu'à chercher l'explication du régime de responsabilité[149] Elle n'est donc pas sans intérêt. Pour autant elle revêt une certaine vanité. En effet, combien d'auteurs se sont déjà penchés sur cette question ? Combien d'analyses, complémentaires ou contradictoires, de divergences, de débats doctrinaux en ont découlé[150] ?

Compte tenu de l'ampleur de son intervention, il est logique de s'interroger sur l'effet du droit européen sur les fondements de la responsabilité ; les évolutions du régime de responsabilité qu'il est de nature à entraîner reposent-elles sur une transformation de la justification de la responsabilité ? L'étude de cette question révèle le maintien des fondements traditionnels regroupés dans ce qui a été qualifié par le Professeur Deguergue de *« principe supérieur traduit juridiquement par l'idée d'égalité »*[151] (§1). Toutefois, le droit européen traduit une certaine originalité en faisant reposer la responsabilité sur une justification renouvelée : le respect des droits reconnus aux particuliers (§2).

§1- LE MAINTIEN DES FONDEMENTS TRADITIONNELS

Au début de ce siècle le principe d'égalité, fondement de la responsabilité, signifiait qu'il devait y avoir une garantie de l'ensemble du corps social en matière de responsabilité ; en application des principes d'équité et de sécurité qui justifiaient le dédommagement. Cette idée de garantie sociale, afin d'assurer la réparation d'un dommage qui, à défaut, n'aurait pas pu l'être ou présentait des caractéristiques telles qu'une intervention solidariste de l'Etat en fonction des capacités de chacun était

---

[147] C. Eisenmann, *Cours de droit administratif*, Paris, LGDJ, 1983, T II, p. 800.

[148] Ce qui se rapproche de la notion de fondement médiat développée par le Professeur Eisenmann, Sur le degré d'originalité de la responsabilité extra-contractuelle des personnes publiques, *JCP*, 1949, n° 751, § I-A.

[149] Telle est la conception des fondements développée par Francis Paul Bénoit, Le régime et le fondement de la responsabilité de la personne publique, *JCP* 1954, II, n° 1178, § 3.

[150] Pour un éclairant et synthétique passage en revue des différents fondements avancés par la doctrine, v. M. Deguergue, *Jurisprudence et doctrine dans l'élaboration du droit de la responsabilité administrative*, Paris, LGDJ, BDP, t 171, 1994, 884 p, p. 683 et s, p. 688 et s. Pour une approche critique de chacun de ces fondements : P. Amselek, La responsabilité sans faute des personnes publiques d'après la jurisprudence administrative, in *Recueil d'études en hommage à Charles Eisenmann*, Paris, Cujas, 1975, p. 233, sp. p. 253 et s.

[151] M. Deguergue, *Jurisprudence et doctrine dans l'élaboration du droit de la responsabilité administrative*, préc., p. 688.

nécessaire, a par la suite été supplantée par les principes d'égalité devant les charges publiques[152] et de corrélation des avantages et des charges[153]. Elle nous semble devoir connaître un renouveau sous l'effet du droit européen qui consacre les deux principes d'équité et de sécurité.

Si le principe de sécurité n'apparaît pas expressément dans les interventions européennes, il en sous-tend un certain nombre. Ainsi a-t-on pu observer que le régime de responsabilité du fait des produits défectueux vise à permettre l'indemnisation d'un dommage mais également à instaurer une obligation de sécurité matérielle et corporelle qui, si elle n'est pas respectée, impliquera la réparation par l'auteur lui même ou par le corps social. L'idée de sécurité se retrouve dans la garantie contre le risque social, qui justifie le régime d'indemnisation des victimes d'actes terroristes. Cette justification de la responsabilité pourrait étendre ses effets en droit administratif français en raison de l'incursion du principe de précaution, par le biais notamment de la directive relative aux produits défectueux et de la réparation des dommages causés en cas de risques de développement. Les deux concepts de sécurité et de précaution ne sont en fait que des dérivés du fondement du risque bien établi en droit français, mais ils l'élargissent puisque celui-ci ne vise traditionnellement qu'à régir certaines situations imprévues et non l'ensemble de l'imprévisible[154]. Leur introduction devrait conduire à un accroissement sensible de la possibilité pour les particuliers de mettre en oeuvre la responsabilité de l'Etat, principalement en raison de leurs implications dans le secteur hospitalier. De plus, à travers le principe de précaution, l'on assiste à une mutation de l'idée de responsabilité fondée sur la sécurité. Celle-ci n'implique plus seulement la réparation des dommages causés mais la prévention de ceux à venir. Telle est la finalité de la Convention de Lugano relative à la réparation des atteintes à l'environnement qui, dans son article 1, affirme ces deux objectifs. En procédant à la désignation d'un responsable *a priori*, elle a pour effet tant de réparer que de prévenir les atteintes à l'environnement en sensibilisant à l'évitement des risques par la connaissance des conséquences des lacunes de la prévention. La responsabilisation -au sens comportementaliste- se conjugue donc avec la responsabilité -au sens juridique- ; ce qui traduit une évolution de la conception et de la justification de la responsabilité, entendue comme l'obligation de répondre[155]. L'idée d'assurance mutuelle contractée contre le risque des accidents administratifs, qui a été avancée par les Doyens Hauriou[156] et Duguit[157] ou par le Professeur Bénoit, pour qui l'obligation de sécurité n'était qu'une traduction du principe de sécurité[158], avant d'être ultérieurement reprise par la

[152] P. Duez, *La responsabilité de la puissance publique (en dehors du contrat)*, 2ème éd., 1938, Dalloz, p. 185.
[153] C. Eisenmann, , Sur le degré d'originalité de la responsabilité extra-contractuelle des personnes publiques, *JCP*, 1949, I, n° 751, § 10 à 12.
[154] V. J.-M. Cotteret, Le régime de la responsabilité pour risques en droit administratif, *in* Etudes de droit public, Cujas, 1964, p. 377 et s., sp. p. 396.
[155] Nous renvoyons aux développements relatifs à la polysémie de la notion de réparation qui figurent en introduction.
[156] M. Hauriou, Les actions en indemnité contre l'Etat pour les préjudices causés dans l'administration publique, *RDP* 1896, p. 51 à 57.
[157] Sur ce point : M. Deguergue, *Jurisprudence et doctrine dans l'élaboration du droit de la responsabilité administrative*, préc., p. 690 et les références mentionnées.
[158] F-P. Bénoit, Le régime et le fondement de la responsabilité de la puissance publique, *JCP*, 1954, I, n°1178.

doctrine[159], connaît donc un nouvel essor en raison de l'effet croisé du droit européen et des juridictions internes qui semblent, après une période de relative désaffection, lui montrer un regain d'intérêt[160].

Le principe d'égalité, s'il est remis en cause à travers le régime de responsabilité sans faute qui l'accompagne[161] et dont la qualité de fondement du droit de la responsabilité a été contestée par le Professeur Chapus[162], transparaît également dans les positions européennes dans le cadre du mécanisme d'indemnisation en cas d'erreur judiciaire prévu à l'article 3 du septième protocole additionnel à la Convention. Mais il est surtout repris à travers une idée sans doute trop floue et subjective, ce qui a justifié son déclin en droit français : l'idée d'équité. « *L'équité n'est jamais qu'une approximation de la justice pure : elle est de la justice sociale* »[163]. Elle est le lien entre l'idée de justice et la réalité des faits et donc permet d'assouplir l'idée de justice. Le principe d'équité n'est donc qu'une facette du principe d'égalité, interprété de manière à assurer une égalité réelle. Toutefois, s'il a été affirmé que l'idée d'équité était un instinct du juriste[164], ce qui semble difficilement contestable, sa mise en oeuvre est aléatoire[165]. En effet, l'idée de justice équitable implique une prise en compte de considérations morales et en fait du droit naturel qui peut sembler à la fois délicate à réaliser et en même temps trop subjective pour correspondre à la mise en oeuvre efficace et égalitaire de la justice[166]. Le principe d'équité n'en était pas moins sous-tendu dans les affirmations de Romieu, mais également de Laferrière et de Teissier[167], pour qui le principe de responsabilité serait la conséquence de l'idée d'équité[168]. C'est cette idée d'équité qui aurait justifié la loi sur les accidents du travail ou sur la réparation des dommages de guerre[169] et qui de manière plus générale aurait joué un rôle important dans l'élaboration du droit français de la responsabilité publique[170]. Le droit européen assure un certain renouveau de ce concept. Même si ces idées n'ont pas été reprises dans un droit français traditionnellement soucieux de préserver une égalité juridique avant

---

[159] C. Blaëvoet, De l'inadaptation de la faute et du risque comme fondements de la responsabilité des collectivités en droit public, *JCP* 1958, I, n° 1406, § 25.

[160] Regain d'intérêt qui se traduit par exemple par l'assouplissement du régime de responsabilité sans faute dans le secteur médical sur la base de l'idée de méthode dangereuse qui a été opéré par le Conseil d'Etat en matière d'aléa médical : CE, 3 novembre 1997, Hôpital Joseph-Imbert d'Arles, *Lebon* p. 412.

[161] V. la critique de T. Debard précédemment mentionnée en matière de responsabilité du fait du législateur.

[162] R. Chapus, *Responsabilité publique et responsabilité privée*, préc.

[163] C. Dessens, *Essai sur la notion d'équité*, Toulouse, Boisseau, 1934, p. 101.

[164] Ce qui est la conception de F. Geny, *Méthode d'interprétation et sources en droit privé positif*, Paris, LGDJ, 1919, réimp. 1995, t II, n° 163.

[165] Ce qui n'empêche pas certains auteurs de se montrer favorable à sa consécration en tant que source du droit de la responsabilité : J.-P. Gilli, La responsabilité d'équité de la puissance publique, *D.* 1971, chro. p. 125.

[166] Hauriou lui même distinguait l'équité et la justice : CE, 28 mars 1919, Regnault-Desroziers, *La jurisprudence administrative*, t. 1, p. 686, note p. 688.

[167] G. Teissier, *Responsabilité de la puissance publique*, Répertoire Béquet, 1906, vol. 23, n° 2 : « *Les principes les plus certains de l'équité exigeraient que la réparation fut due pour tous ces dommages par ce qu'il n'est pas juste que les citoyens d'un pays aient à souffrir, dans une proportion inégale, des actes de la puissance publique et du fonctionnement des services d'intérêt général établis pour le bien de tous* »

[168] Sur l'affirmation de cette idée puis son abandon par la doctrine : M. Deguergue, *Jurisprudence et doctrine dans l'élaboration du droit de la responsabilité administrative*, préc., p. 689 et les références mentionnées.

[169] C. Dessens, *Essai sur la notion d'équité*, préc., p. 105 ; F. Ewald, *Histoire de l'Etat providence*, Paris, P.U.F., biblio-essai, 1996, p. 187 et s.

[170] M. Combarnous, L'équité et le juge administratif, *Justices*, janv.-mars 1998, p. 77.

d'assurer une égalité de fait, certains dispositifs européens fondés sur l'idée de garantie sociale reposent en effet sur le principe selon lequel la réparation accordée peut être modulée en fonction du niveau des ressources de la victime et de la gravité particulière du dommage. Ainsi en est-il de la convention relative au dédommagement des victimes d'infractions violentes. De même, la recommandation R (84) 15 relative à la responsabilité publique prévoit que, dans l'hypothèse où une réparation serait assurée au cas où il serait manifestement injuste que la personne lésée supporte seule un dommage anormal, spécial et exceptionnel, elle peut ne couvrir qu'une partie du dommage, selon des critères d'équité[171]. Dans cette hypothèse, la réparation accordée ne serait pas modulée en fonction du niveau de ressources de la victime mais fonction du caractère grave et exceptionnel du dommage ainsi que de l'injustice manifeste de faire supporter à une seule personne la charge d'un tel dommage ; elle sera donc finalement partielle mais cela en raison de considérations d'équité. Si les fondements traditionnels de sécurité et d'équité sont présents dans l'intervention européenne, son originalité est surtout d'inciter à une réflexion sur l'apparition d'un nouveau fondement de la responsabilité qui serait le respect des droits reconnus aux particuliers.

§2- LE RESPECT DES DROITS RECONNUS AUX PARTICULIERS : LA REAPPARITION D'UN FONDEMENT DE LA RESPONSABILITE PUBLIQUE

Le droit européen attribue une place spécifique à l'individu auquel il reconnaît des droits qui entrent dans son patrimoine et sont opposables à l'Etat. En droit conventionnel comme en droit communautaire, le particulier est en effet un élément central de l'ordre juridique. La multiplication de la reconnaissance par les instances européennes de droits au profit des individus ouvre une discussion sur l'émergence d'un fondement de la responsabilité qui serait le respect des droits qui leurs sont reconnus (A). Mais ces droits, dont le respect est imposé à l'Etat et dont la méconnaissance entraîne sa responsabilité, soulèvent la question de l'articulation des relations entre administration et particuliers dans ce cadre c'est à dire de la banalisation de la responsabilité publique (B).

A- UN FONDEMENT RENOUVELE

L'on ne peut que constater la multiplication des droits reconnus aux individus face à l'Etat ; droits qui, certes, asseyent l'Etat de droit mais parallèlement portent atteinte à la souveraineté et à l'idée d'un Etat supérieur, concédant quelques avantages aux particuliers dans le cadre d'une autolimitation strictement entendue. Cette multiplication des droits reconnus aux particuliers qui traduit le passage de l'Etat de droit à « *l'Etat des droits de l'Homme* »[172] constitue le pendant d'un phénomène qui peut être remarqué en droit interne.

Les droits reconnus aux particuliers par les diverses instances européennes sont d'une hétérogénéité remarquable en même temps qu'ils se multiplient de manière

---

[171] Recommandation R (84) 15, Titre V.

[172] Y. Madiot, De l'évolution sociale à l'évolution individualiste du droit contemporain, in *Les orientations sociales du droit contemporain*, Paris, P.U.F., 1992, écrits en l'honneur de J. Savatier, p. 353.

presque exponentielle. Ainsi sont consacrés tant par le droit communautaire que par la Convention européenne des droits de l'Homme des droits qui revêtent le caractère de droits fondamentaux[173] à caractère civil, tels que la liberté d'aller et venir, social, tels que le droit syndical, ou encore de la troisième génération qui est garanti par la Convention européenne des droits de l'Homme, ou encore de droits de la troisième génération, tels que le droit à l'environnement -la protection de l'environnement devant être intégrée aux politiques communautaires-. Sont également reconnus aux particuliers des droits à moins grande valeur symbolique et qui revêtent principalement des aspects patrimoniaux sans avoir nécessairement pour contrepartie l'affirmation d'un droit fondamental ; tel est le cas de la création d'un fonds de garantie des travailleurs momentanément privés d'emploi, qui constitue pourtant il est vrai une certaine forme de solidarité sociale.

Ce qui caractérise et est commun à l'ensemble de ces droits est qu'ils sont reconnus aux individus par le droit européen, sans que les Etats interviennent directement et parfois sans même qu'ils interviennent indirectement[174] ; ils entrent dans le patrimoine juridique des administrés et leur sont accordés afin de satisfaire leurs intérêts propres même si cette satisfaction vise en même temps à permettre la réalisation des objectifs européens. Pour autant cette qualité de droits peut être plus ou moins souplement entendue. Ainsi, si les droits reconnus par la Convention européenne des droits de l'Homme ont un débiteur évident qui est l'Etat, l'ordre communautaire peut être plus imprécis et parfois accorder des droits dont le débiteur n'est pas identifié et qui ne pourront donc pas être exercés directement mais pour autant entreront dans leur patrimoine juridique[175]. Mais même dans cette hypothèse, c'est bien un droit, certes dépourvu d'effet direct, qui sera reconnu et qui devra nécessairement être protégé.

Sans chercher à qualifier ces droits, ce qui nous entraînerait dans de longues digressions[176], force est de constater la consécration à un niveau supranational de droits

---

[173] Sur la notion de droits fondamentaux, v. E. Picard, L'émergence des droits fondamentaux en France, in Les droits fondamentaux : une nouvelle catégorie juridique ?, *AJDA* numéro spécial 1998, p. 6.

[174] Tel est le cas des créations prétoriennes des cours européennes, les Etats n'intervenant alors pas dans la pris de décision .

[175] Dans l'arrêt Francovich, la Cour de Justice des Communautés européennes a, au sujet des directives, considéré que quand bien même certaines de leurs dispositions seraient dépourvues d'effet direct puisque insuffisamment claires -dans cette affaire en raison de l'imprécision concernant le débiteur de l'obligation d'indemnisation des salariés privés d'emploi-, des droits n'en était pas moins reconnus aux particuliers dès lors que le résultat prescrit par la directive comporte l'attribution de droits au profit du particulier et que le contenu de ces droits peut être identifié sur le fondement de la directive : CJCE, 19 nov. 1991, Andrea Francovich, Danila Bonifaci et autres, Aff C 6/90 et C 9/ 90, *Rec* p. I-5403. V. également M. Ruffert, Rights and remedies in european law : a comparative view, *CMLRev.*, 1997, p. 307, sp. p. 312 et s.

[176] L'on pourrait en effet tenter de faire entrer ces droits dans une catégorie du droit français et tout d'abord dans la catégorie des droits subjectifs, notion issue du droit privé qui a été adaptée au droit public par le droit allemand mais également en droit français principalement sous la plume de Bonnard et Barthelemy, à travers le concept des droits publics subjectifs qui implique la possibilité pour les particuliers d'agir en justice contre l'Etat afin de voir respecter leurs droits de la même manière qu'ils peuvent agir à l'encontre d'autres personnes privées dans le cadre de la préservation de leurs droits privés subjectifs. Pourtant, la notion même de droit subjectif a fait l'objet de divergences doctrinales et de définitions hétérogènes en droit public mais également au sein de la doctrine privatiste qui est pourtant à son origine (Cf. notamment P. Roubier, *Droits subjectifs et situations juridiques*, Paris, Dalloz, Coll. philosophie du droit, 1963, sp. p. 67 et s.) ; les auteurs mettant l'accent soit sur le fond du droit, soit sur la possibilité d'exercer un recours juridictionnel afin de le garantir. V. sur ce point R. Von Jhering, *L'esprit du droit romain dans les diverses phases de son*

reconnus aux personnes, droits qui entrent dans leur patrimoine juridique. Tous, de par leur qualité de droits accordés aux individus, doivent trouver une protection dans les ordres nationaux chargés au premier chef de la mise en oeuvre des droits communautaire et conventionnel ; leur méconnaissance, dès lors qu'elle cause un préjudice, a pour conséquence nécessaire et immédiate l'obligation pour l'Etat d'accorder une réparation. Ainsi, au cas où un Etat violerait de manière suffisamment caractérisée un droit reconnu aux particuliers par le droit communautaire, l'atteinte à ce droit justifie-t-elle la mise en place d'un régime de responsabilité particulier et facilité. De même, au cas où un organisme étatique porte une atteinte à certains droits reconnus par la Convention, cette méconnaissance ouvre le bénéfice d'une action en réparation. La multiplication des droits reconnus aux particuliers a donc pour effet une évolution nécessaire du rapport de responsabilité entre l'Etat et les particuliers. Le respect des droits affirmés et garantis au niveau européen constitue de ce fait un principe métajuridique qui explique une évolution des conditions techniques d'engagement de la responsabilité. En cela il constitue un fondement de la responsabilité publique.

Certes la violation d'un droit n'est plus considérée par le juge administratif comme une condition de la responsabilité[177] mais seulement comme un élément de caractérisation du préjudice[178]. Il n'en demeure pas moins que le respect des droits reconnus aux particuliers constitue une intéressante justification de la responsabilité qui repose sur l'idée selon laquelle, dans un Etat de droit, les particuliers sont, dans certaines hypothèses, reconnus au même titre que l'Etat et donc traités de manière plus égalitaire. Cette idée n'a pu pourtant pendant longtemps être admise en raison de la spécificité des rapports entretenus entre l'administration et les administrés. Le droit de la responsabilité était en effet alors caractérisé par l'éminente souveraineté de l'Etat, souveraineté qui se propageait à l'ensemble de l'action publique. De plus, ces rapports ont toujours été, et le sont encore aujourd'hui pour la plupart, envisagés dans un cadre inégalitaire ; la puissance publique dictant ses règles aux personnes privées comme elle l'entendait et acceptant de se soumettre au droit dans la mesure où elle le souhaitait par un phénomène d'autolimitation volontaire bien connu et qualifié de « *miracle* » [179] du droit administratif. Quelles que soient les évolutions, quel que soit leur sens, le droit de la responsabilité publique a longtemps été appréhendé en droit administratif français

---

développement, Bologna, Forni editore, 1969, t. I, Chapitre I, définition du droit, § 70 et s. ; R. Bonnard, Les droits publics subjectifs des administrés, *RDP* 1932, p. 695, sp. p. 699-706 ; R. Bonnard, *Le contrôle juridictionnel de l'administration, Etude de droit comparé*, Paris, Librairie Delagrave, Bibliothèque de l'institut international de droit public, Vol. 6, 1934, p. 36 et s ; L. Duguit, *Traité de droit constitutionnel*, Paris, Bonnard, 1923, t. I, p. 274 et s.

L'on pourrait également être tenté de les qualifier de droit publics individuels au sens de droits publics accordés aux particuliers et qui entrent dans leur patrimoine juridique. Toutefois cette notion a été utilisée en droit français dans la première moitié du XXe siècle afin de désigner de manière plus spécifique les droits reconnus à la personne humaine (Cf. P. Duez, Esquisse d'une définition réaliste des droits publics individuels, in *Mélanges Carré de Malberg*, p. 113 ou le Professeur Chapus, *Responsabilité publique et responsabilité privée. Les influences réciproques des jurisprudences administrative et judiciaire*, n° 127), ce qui recouvre le terme de libertés publiques ou de droits fondamentaux qui ne forment qu'une partie des droits reconnus à l'individu par le droit européen.

[177] CE, Ass., 28 juillet 1951, Bérenger, *Lebon* p. 473.

[178] G. Gest, Violation d'un droit et atteinte à une situation juridiquement protégée dans le contentieux de la responsabilité publique, *RDP* 1981, p. 1645.

[179] P. Weil, *Le droit administratif*, Paris, P.U.F., Que-sais-je ?, 14e édition, 1991, p. 3.

comme caractérisant une pure concession de l'Etat plutôt qu'une obligation à laquelle il se devait de répondre. Au lendemain de l'affirmation d'un principe de responsabilité de l'Etat, qui certes n'était ni général ni absolu, alors même que Duez affirmait que « *le principe de la responsabilité de la puissance publique est difficilement compatible avec la conception impérialiste et métaphysique de l'Etat (...)* »[180], celui-ci n'était pas considéré comme une garantie des droits des particuliers[181] ; et aujourd'hui encore, il est principalement justifié par l'idée d'égalité devant les charges publiques et donc par l'imposition d'une charge injuste à certains des membres du corps social. Le principe fondateur de la responsabilité est davantage l'idée de justice reposant sur l'égalité devant les charges publiques que le respect de droits individuels et privés opposables à la souveraineté. Cette appréciation n'est pas sans intérêt : le principe d'égalité devant les charges publiques fait de l'individu un sujet relativement passif puisque tributaire du comportement de l'Etat ; ce qui est largement expliqué par l'existence d'un rapport fondamentalement déséquilibré entre l'intérêt particulier et l'intérêt général, le droit de la responsabilité visant à concilier les droits de l'Etat avec les droits privés par application d'un droit spécial. Cette conception inégalitaire est révélée notamment dans les travaux du Professeur Bénoît pour qui si le régime de responsabilité est variable en fonction de la qualité des victimes et donc selon qu'elles sont agents de l'administration, usagers, tiers ou égaux de l'administration, cette dernière situation d'égalité des administrés avec l'administration est pour le moins rare dans le cadre d'un rapport de responsabilité puisqu'elle ne se retrouverait qu'en matière d'accidents de la circulation[182] ; le droit reconnu étant alors le seul droit à la prudence. Le « beau geste » de la puissance publique, même après s'être transformé en obligation juridique de réparation, ne s'inscrit par conséquent pas moins dans un cadre inégalitaire[183]. Le respect des droits reconnus aux particuliers était d'ailleurs considéré beaucoup trop vaste et flou pour pouvoir constituer un fondement utile de la responsabilité publique ; aussi était-il plutôt assimilé à une conséquence, presque accidentelle, de la possibilité d'exercer une action en réparation.

M. Bénoit, cependant, avait mis en exergue un fondement unique de la responsabilité qui cadre particulièrement bien avec le contexte d'européanisation du droit. Selon lui, en effet, « *le fondement de toute responsabilité est constitué par le droit dont elle est la sanction. Les rapports de l'auteur d'un dommage et de la victime ne sont pas autre chose que des rapports de sanction entre le sujet passif d'une obligation et le titulaire actif du droit correspondant, la responsabilité est aux droits reconnus aux particuliers ce qu'est la sanction dans le cadre du contrat* »[184]. Pour autant, la responsabilité ne revêtirait pas principalement une fonction sanctionnatrice. Bien au

[180] P. Duez, *La responsabilité de la puissance publique (en dehors du contrat)*, Paris, Dalloz, 2e édition, 1938, p. 10.
[181] *Ibid.*, p. 11.
[182] F.-P. Bénoit, *Le droit administratif français*, Paris, Dalloz, 1968, n° 1242 et s. Egalement J. Moreau, *L'influence de la situation et du comportement de la victime sur la responsabilité administrative*, Paris, LGDJ, BDP, t. VII, 1957, p. 93 et s.
[183] Telle est la conclusion à laquelle D. de Béchillon a pu aboutir concernant la responsabilité sans faute : Changer dans le cadre. Genèse et structure de la responsabilité sans faute de l'Etat en droit administratif français, *Droits et cultures*, 1997, n° 34, p. 73.
[184] F.-. Bénoit, *Le droit administratif français*, Paris, Dalloz 1968, n° 1250 et s.

contraire, elle permettrait d'assurer pleinement la réparation du préjudice subi par la victime en lui attribuant un équivalent de la méconnaissance de son droit. Par la suite, l'idée de la méconnaissance des droits des particuliers - fondement de la responsabilité - semble avoir été abandonnée par la doctrine.

Aujourd'hui, en raison de leur multiplication mais également du passage à un Etat moderne, à un Etat de droit au service des particuliers, l'idée selon laquelle le respect des droits constitue un fondement de la responsabilité surgit dans la réflexion sur les justifications de l'existence d'une action en responsabilité. L'objectif poursuivi par l'ensemble des interventions européennes en matière de responsabilité est, en effet, la garantie pécuniaire de droits accordés aux particuliers. C'est dans la mesure où un droit accordé à un particulier -droit à l'environnement, au respect de sa liberté individuelle, de ses biens par exemple- a été méconnu, que l'obligation de réparation naît. L'on pourrait alors entendre l'action en responsabilité comme un moyen parmi d'autres de préserver un droit objectif dont le respect sera la finalité immédiate, sans que la garantie des droits des particuliers constitue le véritable fondement de la réparation, mais cette objection ne saurait être retenue. En effet, toutes les interventions européennes sont axées sur la nécessaire protection des droits dont la méconnaissance est à l'origine d'un dommage et l'action en responsabilité, plus qu'un argument de dissuasion de l'atteinte à ces droits, vise l'attribution d'une contrepartie pécuniaire à leur méconnaissance. Elle constitue donc l'équivalent de la violation d'un droit entré dans le patrimoine à l'origine d'un préjudice, droit dont le respect est imposé aux organes étatiques. De ce fait, l'affirmation de droits reconnus aux particuliers par le droit européen permet de dépasser le schéma inégalitaire traditionnel puisque les droits d'origine européenne, à la différence des concessions et autolimitations de l'Etat, transcendent le rapport entre celui-ci et les particuliers dans la mesure où ils sont directement accordés par des instances tierces -celles des Communautés et du Conseil de l'Europe- sans que les Etats aient à faire montre de leur consentement de quelque manière que ce soit et s'imposent à eux.

Fondement de la responsabilité, le respect des droits reconnus aux particuliers peut être rattaché à d'autres concepts phares. Il peut, dans une certaine mesure, être assimilé à un démembrement du principe d'égalité et de son corollaire l'interdiction des discriminations qui permet une relative protection des droits individuels, même si il les dépasse en créant des obligations positives, dans la mesure où il revient à prôner le respect de l'ensemble des droits individuels, quel que soit leur titulaire et quelle que soit la personne qui leur porte atteinte. L'idée de responsabilité afin de pallier la méconnaissance des droits individuels se traduit également en droit français dans un certain nombre de situations telles que les hypothèses de réparation en cas de voie de fait ou dans le cadre des différentes formes d'emprise.

Au regard de ce dernier aspect et des développements que lui avait consacrés M. Bénoit, le respect des droits individuels n'est pas à proprement parler un nouveau fondement de la responsabilité publique ; pourtant dans le contexte européen, il se révèle dans une dimension et une ampleur nouvelles. Le danger est alors qu'il mène à une banalisation de la responsabilité publique.

B- LA BANALISATION DE LA RESPONSABILITE PUBLIQUE

La justification de la responsabilité publique dans l'existence de droits reconnus aux particuliers n'est en effet pas sans conséquences. Elle aboutit tout d'abord à un nécessaire effacement de l'action de l'Etat représentant l'action publique face à des individus titulaires de créances de réparation, qui bien évidemment ne remplissent pas un rôle social identique à celui de l'Etat. Partant elle révèle un paroxysme et un paradoxe de l'Etat de droit puisque le respect des droits individuels a pour conséquence la négation de la spécificité des missions de l'Etat. En même temps elle a pour effet de provoquer une véritable rupture avec les conceptions traditionnellement développées en matière de relation Etat - administrés et de fait implique une redéfinition du rôle de l'Etat.

En effet, en droit français, l'idée d'Etat de droit s'est concrétisée très tardivement[185] en raison d'une préférence nettement marquée pour l'idée d'Etat-nation selon laquelle l'Etat, représentant de l'intérêt général, agit pour le bien de chacun et en vue de l'épanouissement de l'individu et celle d'Etat légal postulant que si l'administration doit agir dans le respect des lois et des règlements, les particuliers n'en sont pas moins dans une situation de nécessaire obéissance face à elle, cela afin d'assurer le bien commun. L'Etat de droit qui s'est, par la suite, affirmé en droit français, s'il a permis une entière soumission des divers organes de l'Etat au droit, n'a en rien modifié le contexte des rapports entre l'Etat et les individus puisque l'Etat souverain devait conserver un régime particulier lui permettant de faire échec aux revendications de ces derniers. Malgré l'obligation d'accorder une réparation, les relations de l'Etat avec les particuliers demeuraient déséquilibrées. Or c'est une modification profonde de cet état d'esprit que suppose l'affirmation du respect des droits individuels comme fondement de la responsabilité puisque le contexte inégalitaire des relations entre l'Etat et les particuliers évolue et s'estompe par l'attribution de droits individuels qui s'imposent aux Etats comme aux particuliers et qui transcendent leurs rapports. De ce fait, ce n'est plus l'Etat qui en s'autolimitant fixe le cadre de son obligation de responsabilité ; ce n'est pas plus le juge interne qui traduit cette autolimitation au regard de sa conception de l'activité publique, mais c'est une instance tierce qui va instaurer, de l'extérieur, des droits et des obligations dont l'origine externe place de fait la relation entre l'Etat et le particulier en dehors de ce contexte intrinsèquement inégalitaire[186].

Outre ce changement, l'objectif de respect des droits des individus comporte un certain nombre de dangers.

Le premier est bien évidemment la conséquence de l'évolution que nous venons de mentionner c'est à dire un changement du concept de responsabilité publique en raison de l'évolution des rapports entre l'Etat et les particuliers. Celle-ci devient un droit pour les particuliers à obtenir le rétablissement d'un équilibre rompu. Elle se trouve, du fait de la multiplication des droits des particuliers, réduite à une obligation pécuniaire. La question majeure que soulève cette évolution est celle de savoir dans quelles limites la

---

[185] Sous l'influence principalement du droit allemand : D. Boutet, *Vers l'Etat de droit. La théorie du droit et de l'Etat*, Paris, L'Harmattan, coll. Logiques juridiques, 1991, sp. p. 222 et s.

[186] L'on peut remarquer que l'attribution de droits aux individus afin d'assurer un rééquilibrage de leurs relations avec l'Etat se traduit dans d'autres domaines tels que le droit des étrangers, par l'accroissement des garanties qui leurs sont accordées.

banalisation de la responsabilité, puisque c'est bien cela qui est en jeu car tout aspect tenant à la mission particulière -qui est dévolue dans l'intérêt de tous- remplie par l'auteur du dommage est gommé, pourra s'opérer. Peut-on concevoir que pour des activités assez topiques de l'exercice de la souveraineté, telles que celle du législateur, le non-respect des droits des particuliers puisse justifier la responsabilité sans que soit prise en compte, de quelque manière que ce soit, la nature de l'institution à l'origine du dommage[187] ? Cet écueil doit être évité. En effet, s'il est fondamental de garantir les droits issus des ordres juridiques européens dans la mesure où ils sont les conséquences de traités librement ratifiés par la France et donc d'ouvrir droit à une action en réparation, réduire la responsabilité publique à une simple obligation monétaire, au seul corollaire d'un droit individuel méconnu au même titre que la réparation pouvant naître entre personnes privées, reviendrait à nier le rôle de l'Etat et des autorités publiques dans la vie sociale. Quel que soit le régime de responsabilité applicable, il est indispensable que l'idée d'un intérêt général supérieur, auquel les personnes privées ont non seulement l'obligation de se soumettre mais qui exige en outre des sacrifices de leur part, soit préservée.

A défaut, un second danger pourrait se confirmer, celui du recul de la cohésion de la société civile. Ainsi que le remarquait M. Braconnier dans sa thèse, dans le mécanisme européen de garantie des droits placé sous le contrôle de la Cour européenne des droits de l'Homme, l'individu devient un « *acteur renforcé du droit administratif* », même si les conséquences de ses droits sont soumises à une appréciation variable de la part de la Cour de Strasbourg[188]. Cette tendance appelle un renouvellement du droit administratif dans le sens d'une réflexion sur les moyens permettant de garantir plus efficacement les droits des individus et implique selon l'auteur un « *processus cognitif nouveau* »[189]. Nous avons montré à quel point cette analyse se révélait exacte dans le domaine de l'action en responsabilité. De même, nous avons remarqué que, dans le contexte européen, l'octroi de droits et notamment de droits pécuniaires aux particuliers était une des finalités principales afin de mettre en place un espace commun où des droits minimums seraient garantis à tous. La question est alors de savoir jusqu'où peut aller la consécration de l'individualisme face à l'Etat en même temps que face à la société civile. Ce phénomène constitue le pendant d'une évolution que révèle notre époque qui est celle de l'explosion, de la pulvérisation[190] du droit en droits privés subjectifs. Il est légitime de s'en effrayer car le règne de l'individualisme implique nécessairement le recul de l'Etat en même temps que l'affirmation de droits qui ne trouvent pas de pendant dans la consécration de devoirs[191] et il est nécessaire de trouver des solutions

---

[187] Pour une vision critique de la question de la banalisation de la responsabilité des pouvoirs publics à travers la pénalisation du droit constitutionnel dans le cadre de l'affaire du sang contaminé et les effets pervers de l'extension croissante du champ d'application de l'article 6 par. 2 de la Convention, v. O. Beaud, Le traitement constitutionnel de l'affaire du sang contaminé, *RDP* 1997, p. 995.

[188] S. Braconnier, *Jurisprudence de la Cour européenne des droits de l'Homme et droit administratif français*, Thèse, 1995, Bruxelles, Bruylant 1997, p. 464 et s.

[189] *Ibid.* p. 514.

[190] Cette expression est de J. Carbonnier, *Droit et passion du droit sous la cinquième république*, Paris, Forum - Flammarion, 1996, p. 121.

[191] Sur cette problématique, v. notamment la convaincante démonstration du Professeur Madiot, *Considérations sur les droits et les devoirs de l'Homme*, Bruxelles, Bruylant, 1998.

afin que l'émiettement du droit de la responsabilité en droits à réparation n'ait pas pour effet une réduction de l'idée de corps social[192].

La conception française de l'action en responsabilité est remise en cause par le droit européen, et parallèlement celui-ci conforte des réflexions persistantes depuis un certain nombre d'années sur l'autonomie du droit de la responsabilité.

---

[192] Sur ce point, R. Sève, La loi au défi de l'individualisation, in *L'amour des lois. La crise de la loi moderne dans les sociétés démocratiques*, Paris, Les presses de l'Université de Laval - L'Harmattan, 1996, p. 469.

CHAPITRE III- LA REMISE EN CAUSE DE L'AUTONOMIE DU DROIT DE LA RESPONSABILITE

Le principe de l'autonomie de la responsabilité administrative constitue la pierre angulaire du droit administratif. Consacré plutôt qu'affirmé par le Tribunal des Conflits à la fin du XIXe siècle, il trouve sa justification tant dans l'histoire de nos institutions[1] que dans la conception française de la séparation des pouvoirs et surtout dans la spécificité des fonctions incombant à l'Etat. Ce dernier élément, fort développé par la doctrine, justifierait l'absence de soumission, de quelque manière que ce soit, de la responsabilité publique au droit civil[2]. Droit public et droit privé lorsqu'ils sont opposés par la doctrine le sont en effet essentiellement à travers le contentieux de la responsabilité. L'autonomie de la responsabilité publique par rapport au droit civil serait établie à un triple niveau. Tout d'abord à un plan formel, l'autonomie serait une autonomie de sources[3], quel que soit le sens dans lequel ce terme est retenu -au regard de l'organe qui l'élabore ou du texte dans lequel une norme est incluse-. L'autonomie serait également une autonomie de fond puisque considérées dans leur contenu normatif, les règles du droit administratif seraient originales, autonomes par rapport à celles du droit privé[4]. L'autonomie serait enfin une autonomie juridictionnelle puisque le contentieux de la responsabilité publique serait soumis à un ordre juridique distinct de l'ordre judiciaire.

La théorie de l'autonomie du droit de la responsabilité publique a néanmoins fait l'objet de diverses critiques fondées notamment sur le rapprochement et les influences réciproques des droits public et privé[5]. Ces interrogations trouvent un pendant dans les positions européennes.

Notre thèse est que le droit européen doit logiquement conduire à une remise en cause de ce principe d'autonomie dans le sens du recentrage autour de ce qui doit faire

---

[1] Cf. F. P. Bénoit, *Les fondements de la justice administrative*, Mélanges Waline, 1974, p. 283.

[2] Telle était la conclusion de F.-P. Bénoit, Juridiction judiciaire et juridiction administrative, *JCP* 1964, I, n° 1838.

[3] C. Eisenmann, Un dogme faux : l'autonomie du droit administratif, in *Perspectivas del derecho publico in la segunda mitad del siglo XX, Homenaje a Enrique Sayagues-Laso*, Madrid, 1969, T. IV, p. 419, sp. p. 420 .

[4]Sur ce concept C. Eisenmann, Sur le degré d'originalité de la responsabilité extra-contractuelle des personnes publiques, *JCP*, 1949, n° 742 et 751 ; C. Eisenmann, Un dogme faux : l'autonomie du droit administratif, préc., p. 421.

[5] V. C. Eisenmann, Sur le degré d'originalité de la responsabilité extra-contractuelle des personnes publiques, préc.; C. Eisenmann, Droit public, droit privé (En marge d'un livre sur l'évolution du droit civil français du XIXe au XXe siècle), *RDP* 1952, p. 903 ; C. Eisenmann, Un dogme faux : l'autonomie du droit administratif, préc. ; R. Chapus, *Responsabilité publique et responsabilité privée*, Les influences réciproques des jurisprudence administrative et judiciaire, Paris, LGDJ, 2e édition, 1957 ; J.-B. Auby, Le mouvement de banalisation du droit des personnes publiques et ses limites, in *Etudes offertes à J.-M. Auby*, Paris, Dalloz, 1992, p. 3 ; J-B. Auby, L'autonomie du régime de la responsabilité des personnes publiques en droit français, L'état du dossier, in *Les obligations en droit français et en droit belge*, Bruxelles, Bruylant-Dalloz, 1994, p. 299.

la spécificité de la responsabilité publique. L'autonomie entendue dans le sens d'originalité ne devrait valoir que pour des activités spécifiquement de droit public alors que, pour le reste, il peut sembler à la fois souhaitable et conforme aux tendances européennes qu'il y ait une assimilation au droit commun. Cette aspiration se manifeste à travers une orientation qui va dans le sens d'une relative identité des sources (Section 1), des règles de fond (Section 2), mais, hormis ce phénomène, le droit européen ne remet pas directement en cause la dualité de juridiction (Section 3).

SECTION 1- LE RAPPROCHEMENT DES SOURCES DU DROIT DE LA RESPONSABILITE

Le principe d'autonomie des sources du droit de la responsabilité publique et de la responsabilité privée réside, même si la portée de son affirmation a été contestée, dans l'arrêt Blanco du Tribunal des conflits du 24 février 1873[6]. En décidant que *« la responsabilité qui peut incomber à l'Etat pour les dommages causés aux particuliers par le fait des personnes qu'il emploie dans le service public ne peut être régie par les rapports qui sont établis dans le Code civil pour les rapports de particulier à particulier; [elle] a ses règles spéciales... »*, il a en effet reconnu la non-application de principe des règles du droit civil au contentieux de la responsabilité découlant d'une activité publique ; et cela en raison de la particularité des obligations qui s'imposent aux personnes publiques agissant en vue de satisfaire l'intérêt général à un niveau non-comparable à celui des personnes privées. Pourtant, et ce point a constitué un élément essentiel de la vigoureuse critique du principe d'autonomie effectuée par Eisenmann, la non-application de règles du Code civil ne présente aucun caractère absolu. Bien au contraire, elle peut être le droit commun pour certaines activités -les services publics à caractère industriel et commercial-, tandis que le dommage pouvant apparaître dans la rencontre de deux personnes privées peut lui-même être soumis au droit public[7]. Il n'en demeure pas moins que le droit de la responsabilité publique est soumis à des règles spécifiques, c'est à dire *« posées spécialement en ce qui concerne leur édiction, leur création, la façon dont elles sont posées »*[8].

Mais cette idée semble vouée à une remarquable évolution sous l'effet du droit européen, dans la mesure où celui-ci multiplie les mécanismes de responsabilité applicables à l'identique aux activités des personnes privées et à celles des personnes publiques et les soumet au respect des mêmes normes. L'idée du droit de la responsabilité dérogatoire au droit commun du fait de la différence des obligations pouvant être imposées aux personnes publiques et aux personnes privées paraît de ce fait s'évanouir, tant en raison de l'effet horizontal du droit européen qui soumet les personnes publiques et les personnes privées aux mêmes obligations (§1) que de la possible application d'une norme unique dans le cadre des dispositifs spécifiques de responsabilité (§2).

---

[6] TC, 8 février 1873, Blanco, *Lebon* 1er supplt 61, Conc. David.
[7] Ainsi dans l'hypothèse où une personne privée chargée de la gestion d'un service public causerait un dommage à une autre personne privée dans le cadre de l'exercice de prérogatives de puissance publique.
[8] C. Eisenmann, *Cours de droit administratif*, t II, p. 813.

§1- LA QUESTION DE L'EFFET HORIZONTAL DU DROIT EUROPEEN

La théorie de l'effet horizontal repose sur le constat que certaines normes internationales, nonobstant la spécificité de leur origine et le fait qu'elles ne doivent théoriquement produire des effets qu'entre les sujets de droit international et éventuellement entre ces derniers et les personnes privées, peuvent trouver à s'appliquer dans des rapports de pur droit privé et partant être opposables entre personnes privées. Appliquée au droit européen, elle recouvre le fait que ce dernier peut créer des droits et des obligations pour les particuliers dans le cadre de leurs rapports juridiques interpersonnels. La possibilité d'une telle incidence n'est pas neutre au regard de la question des sources du droit de la responsabilité puisque soumise à des obligations similaires ayant leur origine dans les mêmes dispositions, l'autonomie quant au texte fondateur de la responsabilité se trouverait sérieusement remise en cause, le droit européen source directe d'obligations transcendant la distinction droit public - droit privé. Or c'est à tout le moins à une telle remise en cause que procède ou est en voie de procéder le droit européen.

A- L'EFFET HORIZONTAL DU DROIT COMMUNAUTAIRE[9]

Le droit communautaire reconnaît l'effet direct à un nombre important de dispositions[10] telles que celles inscrites dans le traité de Rome relatives à la libre concurrence[11], à la libre circulation des marchandises[12] ou des personnes, à la non-discrimination sur le fondement de la nationalité ou du sexe[13] et de manière plus générale celles qui visent les personnes prises comme destinataires des obligations qu'elles énoncent ou qui par leur nature même sont destinées à produire des effets dans les relations entre personnes privées et personnes publiques[14]. Cet effet bénéficie également aux règlements communautaires, dans la mesure où ils sont directement applicables et produisent de ce fait automatiquement des droits dans le patrimoine juridique des particuliers et aux décisions individuelles adressées aux particuliers qui créent des droits au profit de leurs destinataires mais également des tiers. Toutes ces normes peuvent être invoquées à l'encontre des personnes privées de la même manière qu'à l'encontre des personnes publiques et en conséquence créent des obligations identiques [15]. Sont également d'effet direct les dispositifs européens de responsabilité qui résultent d'interventions spécifiques. Dans toutes ces situations, une même règle est opposable aux personnes publiques et aux personnes privées qui pourront au même titre voir leur responsabilité mise en jeu sur le fondement d'une unique disposition. Il y a donc unité de source. Tel est le cas des dispositifs relatifs aux produits défectueux ou à

---

[9] V. Notamment A. Bleckmann, L'applicabilité directe du droit communautaire, in *Les recours des individus devant les instances nationales en cas de violation du droit européen*, Bruxelles, Editions Maison F. Larcier, 1978, p .85 et s. ; L.-J. Contantinesco, *L'applicabilité directe du droit de la CEE*, Paris, LGDJ, 1970 ; R Kovar, Ordre juridique communautaire- immédiateté du droit communautaire, Jcl Europe fasc. 432.

[10] Sur l'ensemble de la question D Simon, *L'ordre juridique communautaire*, Paris, P.U.F , 1996, n°265 et s.

[11] Article 85 et 86 T. CE qui sont devenus les articles 81 et 82 depuis l'entrée en vigueur du traité d'Amsterdam.

[12] CJCE, 22 janvier 1981, Dansk Supermarked A/S contre A/S Imerco, Aff 58/80, *Rec* p 181.

[13] CJCE, 8 avril 1976, Defrenne c/ Sabena, Aff 43/75, *Rec* 455.

[14] CJCE, 30 janvier 1974, BRT/Sabam, Aff 127/73, *Rec* p. 51.

[15] CJCE, 12 décembre 1974, Walrave c/ Union cycliste internationale, Aff 36/74, *Rec* p. 1405; CJCE, 10 oct. 1973, Variola, Aff 34/73, *Rec* p. 981 et s.

la protection de l'environnement, mais également du régime de réparation des discriminations fondées sur le sexe, la Cour ayant estimé que la sanction de telles discriminations, est applicable entre particuliers dans le cadre de leurs relations interpersonnelles d'employeur et de salarié comme entre les Etats membres et les individus[16].

Le droit communautaire, par les obligations qu'il fait peser de manière identique sur les personnes publiques comme sur les personnes privées, multiplie les sources communes de responsabilité, sources qui sont beaucoup plus précises et immédiates que celles que l'on peut retrouver en droit français à travers notamment la théorie des bases constitutionnelles de la responsabilité[17]. Un pan important de la production normative des Communautés ne peut toutefois être invoquée à l'encontre des particuliers. Il s'agit de l'ensemble des directives communautaires qui n'ont pas fait l'objet de mesures de transposition en droit interne[18] dans la mesure où une directive ne peut pas, par elle-même, créer d'obligation juridique dans le chef d'un particulier[19] puisqu'elle n'est obligatoire que vis à vis de l'Etat et uniquement en ce qui concerne le résultat qu'elle prescrit[20]. Malgré les critiques toujours plus nombreuses dont elle fait l'objet à l'intérieur même de la Cour de Justice[21] en raison tant de la négation de l'effet utile du droit européen que de l'obstacle à la mise en oeuvre d'une véritable citoyenneté européenne qu'elle constitue[22], l'absence d'effet direct horizontal, continue aujourd'hui de s'imposer[23] ; mais hormis cette hypothèse, le droit communautaire permet une unification des sources du droit de la responsabilité, qu'elle soit publique ou privée.

De manière plus générale, il semble que le mouvement vers une appréhension globale d'une source unique de responsabilité se précise. Ainsi, si la Cour de justice n'a pas effectivement eu l'occasion de se prononcer en ce sens, il lui a été proposé de décider que la responsabilité pour violation du droit communautaire trouve son fondement dans l'ordre juridique communautaire, que cette violation soit le fait d'une

---

[16] CJCE, 10 avril 1984, Von Colson et Kamann, Aff. 14/3, *Rec.* p. 1908 ; CJCE, 10 avril 1984, Harz, Aff. 79/83, *Rec.* p. 1921.

[17] V. M.-A. Latournerie, Responsabilité publique et constitution in *Mélanges René Chapus*, Paris, Montchrestien, 1992, p. 353.

[18] CJCE, 26 février 1986, Marshall c/ Southampton et South West Hampshire area health authority, Aff 152/84, *Rec* p 723 ; CJCE 14 juillet 1994, Faccini Dori, Aff C 91/82, *Rec* p. I-3325 ; CJCE, 16 mars 1996, El Corte Inglès, Aff C 192/94, *Rec* p. I-1281 ; CJCE, 8 octobre 1997, Kolpinghuis Nijmegen, Aff 80/86, *Rec.* p. I-3969 et s.

[19] CJCE, 26 février 1986, Marshall c/ Southampton et South West Hampshire area health authority, Aff 152/84, préc.

[20] Pour un passage en revue des autres arguments opposés à l'effet horizontal des directives, cf. W Van Gerven, conclusions sous Faccini Dori, Aff C 91/82, préc., *Rec* p. I-3328, p. I-3338 et s.

[21] Cf. W Van Gerven, Conclusions sous CJCE 2 août 1993, Marshall II, Aff C271/91, *Rec.* I-4367, point 12 des conclusions ; M Jacobs, conclusions sous CJCE 27 janvier 1994, Vaneetveld, Aff C 316/93, *Rec* p I-763, point 15 et suivants de ses conclusions ; C. O. Lenz, Conc dans CJCE, Faccini Dori, 14 juillet 1994, *Rec.* p. I-3328, point 43 et s.

[22] Cf. C. O. Lenz, Conc sous CJCE, Faccini Dori, 14 juillet 1994, *Rec.* p. I-3328, point 43 et s.

[23] Conclusions de C.O. Lenz sous l'arrêt El Cortès Inglès du 7 décembre 1995, point 16 et la jurisprudence mentionnée en bas de page. Cf. également F. Emert, M. Pereira de Azevedo, L'effet horizontal des directives, *RTDE* 1993, p. 503 ; R. Kovar, Observations sur l'intensité normative des directives, in *Du droit international au droit de l'intégration, Liber amicorum Pierre Pescatore*, Nomos Verl. Baden-Baden, 1987, p. 425 ; P. Manin, L'invocabilité des directives : quelques interrogations, *RTDE* 1990, p. 669 ; C. Boch et R. Lane, European community law in national courts : a continuing contradiction, *LJIL*, 1992, p. 171.

entité étatique ou d'un particulier[24] à condition bien évidemment que la norme méconnue soit une norme d'effet direct[25] et quelle que soit sa nature ; ce qui consacrerait l'abstraction faite entre la source publique d'une part et la source privée d'autre part. Ce faisant, elle répondrait aux aspirations d'une partie de la doctrine qui voit dans l'extension du principe de l'arrêt *Francovich* un moyen d'assurer l'effet utile[26].

Le droit français accepte le principe d'un tel effet horizontal dans le domaine du droit de la responsabilité puisque la Cour de Cassation n'hésite pas à mettre en cause la responsabilité des particuliers pour méconnaissance des dispositions communautaires d'effet direct. Ainsi en est-il des dispositions du traité puisqu'elle a admis dans le cadre d'un recours fondé sur la responsabilité contractuelle d'une société la validité du moyen fondé sur la méconnaissance de l'article 85 alinéa 1 du traité de Rome[27]. Il en va de même dans le contentieux de la responsabilité extra-contractuelle[28]. Toutefois, le problème de l'effet horizontal des directives non transposées reste posé puisque la haute juridiction judiciaire, se fondant sur la jurisprudence constante de la Cour de justice, refuse habituellement de consacrer cette possibilité[29].

B- Le potentiel effet horizontal de la Convention europeenne des droits de l'Homme

Certaines dispositions conventionnelles qui résultent d'interventions spécifiques du Conseil de l'Europe sont de nature à produire des effets entre personnes privées et visent même essentiellement à produire de tels effets[30]. Pourtant la question de l'effet horizontal des dispositions de la Convention est très controversée[31] ; en effet, l'objet de la Convention est de garantir un certain nombre de droits fondamentaux dans la visée immédiate de les opposer à l'autorité qui était considérée, à la fin de la seconde Guerre Mondiale, comme la plus susceptible de leur porter atteinte, à savoir l'Etat. A la fin du XXe siècle, on ne peut que constater à quel point ce schéma a évolué en raison de la place et du pouvoir croissant des personnes privées, regroupées le plus fréquemment en associations, lobbies ou entreprises, qui non seulement forment un réel contrepoids face à l'Etat représentant l'intérêt général mais en outre peuvent, dans la réalisation de leurs

---

[24] CJCE, 12 avril 1994, Banks c/ British coal corporation, Aff C 128/92, *Rec.* p. I-12.

[25] Conformément aux critères précisés par la jurisprudence de la Cour de Justice, cf. CJCE, 5 avril 1979, Ratti, Aff. 148/78, *Rec.* p. 1629 ; CJCE, 19 janvier 1982, Becker c/ Finanzamt Münster-Innenstadt, Aff. 8/21, *Rec.* p. 53.

[26] F. Emmert, M. Perreira de Azevedo, L'effet horizontal des directives, la jurisprudence de la CJCE : un bateau ivre, *RTDE* 1993, p. 503, s. p. 524.

[27] Cass. Com., 4 juillet 1995, Chavinier, pourvoi n° 93-20.202, arrêt n° 1501.

[28] Cass. Com. 9 juillet 1996, Mizon ès Qual. c/ Agent judiciaire du Trésor, *Bull. IV* p. 174.

[29] V. Cass. Com., 27 février 1996, PSCI Fermani, *Bull. IV* p. 50.

[30] Tel est le cas de la convention européenne sur la responsabilité civile en cas de dommages causés par des véhicules à moteur des 14-15 juin 1973 ou de la Convention européenne de 1966 portant loi uniforme en matière d'arbitrage.

[31] Sur cette question, M.-A. Eissen, La convention européenne des droits de l'Homme et les obligations de l'individu : une mise à jour, *in* René Cassin, Amicorum liber, III, p. 151 et s. ; M.-A. Eissen, La convention et les devoirs de l'individu, *in* La protection internationale des droits de l'Homme dans le cadre européen, Paris, Dalloz, 1961, p. 164, sp. p. 173. Pour l'auteur, l'effet horizontal est une idée féconde et généreuse : La convention européenne des droits de l'Homme et les obligations de l'individu : une mise à jour, in *René Cassin, amicorum disciplorumque liber, III, La protection des droits de l'Homme dans les rapports entre personnes privées*, Paris, Pedone 1971, p. 151 et s.

activités propres, gravement méconnaître les différentes libertés reconnues par les organes de Strasbourg[32]. Certes il peut sembler extrêmement délicat dans cette dernière hypothèse d'opposer la Convention à des personnes privées qui n'y sont pas directement visées en tant que titulaires de devoirs, mais uniquement comme bénéficiaires de droits[33]. Pour autant exclure l'applicabilité de la Convention aux relations interpersonnelles reviendrait à sacrifier une partie importante de l'effectivité de la protection des droits qu'elle affirme. Aussi est apparue assez rapidement l'idée selon laquelle la Convention était de nature à produire des effets dans le cadre des relations des personnes privées entre elles.

L'idée d'un tel effet horizontal peut se concrétiser à deux niveaux. Tout d'abord par la consécration de la possibilité immédiate pour les individus d'invoquer et d'opposer les prescriptions conventionnelles dans le cadre de leurs rapports purement interpersonnels mais également par la possibilité de poursuivre l'Etat qui n'aura pas mis en oeuvre les dispositifs propres à assurer la préservation des droits reconnus par la Convention aux particuliers dans le cadre de leurs relations privées[34].

L'effet horizontal de la Convention a, comme l'effet horizontal du droit communautaire, pour conséquence de procéder à une unification relative des sources du droit de la responsabilité, que l'auteur du dommage relève du droit public ou privé, dans la mesure où les normes conventionnelles seront dans les deux hypothèses applicables. Il a de la même manière pour effet de transcender la *summa divisio* interne entre application du droit privé et application du droit public, entre la source civile et celle, plus hétérogène, qui régit les relations administratives.

Le fait de faire jouer la Convention à l'encontre d'une personne publique et non directement d'une entité de droit privé peut sembler ne revêtir qu'un intérêt limité du point de vue de l'unification des sources du droit de la responsabilité ; pourtant cela revient à imposer à l'Etat la mise en oeuvre des principes de la Convention dans le cadre de rapports de droit privé comme cela doit l'être dans le cadre des rapports publics et devrait avoir pour conséquence un aménagement dans un sens uniforme des droits publics et privés de la responsabilité afin de les faire correspondre aux exigences uniques qui émanent de l'ordre européen.

Ce rapprochement semble devoir plus précisément concerner l'harmonisation des règles de procédures devant les deux ordres de juridictions dans la mesure où les prescriptions conventionnelles des articles 6 et 13 de la Convention sont applicables quelle que soit la nature de la juridiction saisie et le droit applicable au niveau national. L'harmonisation des règles de procédure en droit public et en droit privé sous l'effet du

---

[32] A. Khol formait dès 1971 une opinion allant dans le même sens : The protection of human rights in relationships between private individuals : The austrian situation, in *René Cassin, amicorum disciplorumque liber, III, La protection des droits de l'Homme dans les rapports entre personnes privées*, préc., p. 195, sp. p. 203.

[33] Ainsi l'article premier de la Convention stipule-t-il que « *Les hautes parties contractantes reconnaissent à toute personne relevant de leur juridiction les droits et libertés définis au titre I de la présente Convention* ».

[34] Sur la question plus générale de la *Drittwirkung* : D. Spielmann, *L'effet potentiel de la convention européenne des droits de l'Homme entre personnes privées*, Bruxelles, Bruylant, 1995.

droit européen est d'autant plus intéressante que c'est un nouvel aspect de la convergence des deux régimes qui peut ainsi être mis en exergue[35].

La possibilité pour les particuliers d'invoquer directement, dans le cadre de rapports de responsabilité strictement interpersonnels, la Convention aboutit à imposer le respect de règles identiques par les personnes privées comme par les personnes publiques. Mais toutes les dispositions de la Convention ne sont pas susceptibles de faire naître des obligations dans le cadre de rapports strictement privés[36] ; l'application de certains articles a toutefois été consacrée par la juridiction judiciaire[37] qui a notamment accepté l'invocabilité de l'article 8 dans le cadre du contentieux de la réparation pour diffamation[38] et celle de l'article 10 dans le cadre d'une action en responsabilité pour atteinte à la liberté d'expression[39] ou encore l'article 1 du premier protocole additionnel. Ainsi la Cour de Cassation l'a-t-elle appliqué tant dans le cadre des relations entre les personnes publiques et les particuliers[40] que dans celles purement interpersonnelles qui peuvent survenir sur le terrain de la responsabilité. Tel a été le cas notamment de deux types spécifiques de contentieux : celui de la liquidation judiciaire[41] et celui de l'éviction des actionnaires minoritaires[42].

L'existence d'une source unique est également consacrée par les interventions spécifiques en matière de responsabilité.

§2- UNE SOURCE UNIQUE EN CAS DE REGLES SPECIFIQUES : L'EXEMPLE DE L'ENVIRONNEMENT

En effet, les dispositions spécifiques d'origine européenne prévoient un traitement unique du recours en responsabilité, que celui-ci soit intenté devant les juridictions civiles ou administratives. Ainsi en est-il en matière de responsabilité du fait des produits puisque les principes posés à l'article 1386 du Code civil qui transpose la directive européenne devraient pouvoir être opposables tant aux personnes privées qu'aux autorités publiques, ce qui constitue un véritable bouleversement dans l'histoire du droit administratif. Il en est de même de l'utilisation dommageable de fichiers à la

---

[35] Il a toutefois pu être observé que les deux types de procédures pourraient se rapprocher sous l'effet notamment de l'article 6 de la Convention : B. Pacteau, Dualité de juridictions, dualité de procédure, *RFDA* 1990, p 752.
[36] D. Spielmann, *L'effet potentiel de la convention européenne des droits de l'Homme entre personnes privées*, préc., sp. p. 34 et s.
[37] D. Spielmann, *L'effet potentiel de la convention européenne des droits de l'Homme entre personnes privées*, préc. sp. p. 54 et s. Pour quelques exemples variés de l'application des dispositions de la Convention lors de contentieux civils : V. N. Pacaud, Le statut de la Convention européenne des droits de l'Homme devant les juridictions judiciaires françaises, in *dix ans d'application de la Convention européenne des droits de l'Homme devant les juridictions judiciaires françaises*, Kehl, Strasbourg, Arlington, Engel Verlag, 1985, p. 31, sp. p. 43 et s.
[38] Cass. Civ. 3ème, 18 mai 1989, Maubleu, pourvoi n° 87-70.221.
[39] C. Cass. Crim., 14 mai 1996, pourvoi n° 94-82.440, *Bull. Crim.* p. 578.
[40] Sur ce point, voir supra, Première partie, Titre I, Chapitre II, Section 1, §2, B, 1).
[41] Cass. Com., 11 mars 1997, Sté Norbail c/ Soinne, *Bull. IV*, p. 61.
[42] Cass. Com., 29 avril 1997, ADAM / Sogenal, pourvoi n° 95-156.220, *Bull. IV*, p. 94.

suite de la directive relative au traitement des données à caractère personnel[43] ou de l'activité de contrôle de l'administration qu'il s'agisse de celui des services d'investissement ou des produits alimentaires[44], le principe de réparation étant posé à l'identique, quelle que soit la nature juridique de l'utilisateur ou du contrôleur, sous réserve de précisions par les droits internes.

L'analyse de l'harmonisation potentielle des règles de responsabilité en matière d'activités dangereuses pour l'environnement est exemplaire du point de vue de la rencontre de deux systèmes de réparation que rien ne pouvait permettre de distinguer objectivement et qui pourtant s'opposaient : celui des droits civil et administratif. Elle montre l'approche fondamentalement pragmatique du droit de la responsabilité que propose le droit européen, cette approche pragmatique se distinguant des considérations plus théoriques dont procède le droit français.

La responsabilité du fait des dommages causés à l'environnement trouve en effet classiquement sa source dans deux mécanismes bien distincts : le droit privé d'une part et le droit public d'autre part. Dans les deux systèmes la spécificité du dommage écologique a été lente à consacrer et le recours aux dispositions traditionnellement applicables en droit commun a été préconisé afin d'assurer rapidement la réparation[45].

Le dommage causé à l'environnement, que pourtant rien ne permet *a priori* de distinguer, selon que son auteur relève du droit public ou du droit privé, peut être soumis à deux ordres juridiques distincts et partant à un régime variable. Pourtant, en pratique, droit civil et administratif ne sont pas contradictoires, les positions adoptées par les deux ordres de juridiction se recoupent sur certains points et si le juge judiciaire et le juge administratif mettent en oeuvre des régimes juridiques distincts dans la réparation des atteintes à l'environnement, ils suivent une politique jurisprudentielle comparable, ce qui dénote d'une véritable convergence dans l'appréhension du dommage écologique[46].

Depuis peu le souhait d'uniformiser, dans une mesure restreinte, les mécanismes de responsabilité quel que soit l'auteur du dommage s'est concrétisé, à l'initiative du législateur, dans des hypothèses très précises telles que les dommages causés du fait des installations classées, ceux en matière nucléaire[47], les dommages causés par les exploitants d'aéronefs[48] ou les installations, quelles qu'elles soient, source de pollutions atmosphériques[49]. Mais pour le reste, responsabilités privée et publique en cas d'atteinte à l'environnement ont des sources distinctes ; et cela sans que l'on puisse dans l'ensemble des hypothèses justifier l'existence de règles spécifiques en droit administratif.

Certes dans certains cas le régime de responsabilité de l'administration pour atteinte à l'environnement ne peut être calqué sur le droit privé en raison de la particularité des missions incombant aux autorités publiques ou du secteur d'activité en cause. Tel est le cas notamment des activités de surveillance et de police de l'environnement qui sont

---

[43] Dir. 95/46/CE du Parlement européen et du Conseil, JOCE L 281/31, du 23 novembre 1995.

[44] Directive 89/397 JOCE L 186 du 30 mai 1989 ; Directive 93/43 JOCE L 175 du 19 juillet 1993.

[45] V. P. Girod, *La réparation du dommage écologique*, Paris, LGDJ, BDP t 120, 1974, sp. p. 39 et s.

[46] *Ibid.* p. 45 et s.

[47] Lois du 12 novembre 1965.

[48] Art. L 141-2 du code de l'aviation civile.

[49] Loi n° 61-842 du 2 août 1961.

assurées par l'Etat et qui par leur nature -puisqu'elles sont spécifiquement publiques et participent de la mise en jeu de prérogatives exorbitantes du droit commun- comme par leur contexte -dans la mesure où leur mise en oeuvre est délicate-, justifient un dispositif particulier qui ne saurait être celui applicable aux simples personnes privées, mais dans d'autres domaines, et principalement en ce qui concerne les dommages causés directement à l'environnement du fait de l'activité publique, la mise en place d'un régime exorbitant du droit commun est délicate à expliquer. En effet, quel que soit le fondement de la responsabilité, le fait générateur en cas d'atteinte directe à l'environnement du fait d'une activité matérielle, qu'elle soit d'origine publique ou privée, est identique. C'est une activité similaire qui est à l'origine d'un dommage causé à l'environnement. Tel est le cas par exemple dans l'hypothèse d'un dommage causé du fait d'une installation polluante ou de celui résultant d'un aménagement causant un dommage à l'environnement.

Cette différence de régime discutable est, en ce qui concerne plus particulièrement le cas des atteintes directes à l'environnement, remise en cause par le droit européen, qui prévoit un dispositif applicable à la fois aux personnes publiques et aux personnes privées trouvant sa source dans une même norme. Le livre vert sur la réparation des dommages causés à l'environnement[50] comme la Convention de Lugano sur la responsabilité civile des dommages résultant d'activités dangereuses pour l'environnement, adoptée le 8 mars 1993, prévoient un mécanisme unique de responsabilité pour les personnes qui dans le cadre de leur activité produisent des déchets, contrôlent ou exploitent une activité dangereuse qui porte atteinte à l'environnement en le dégradant ou sont à l'origine d'un dommage corporel ou d'une atteinte aux biens en relation avec des dommages écologiques. Ces dispositifs excluent par conséquent les activités spécifiquement publiques qui peuvent être à l'origine d'une atteinte à l'environnement telles que les activités de surveillance de l'environnement en même temps qu'ils préconisent un régime unique de responsabilité trouvant sa source dans une seule norme, quelle que soit la nature juridique de l'auteur du dommage.

Cette norme unique trouve sa justification dans la finalité poursuivie par ces deux textes qui est la protection de l'environnement, les caractères du dommage en question important davantage que la qualité de son auteur.

C'est également l'autonomie des règles de fond de la responsabilité qui est en partie remise en cause par le droit européen.

SECTION 2- LE RAPPROCHEMENT DES REGLES DE FOND

De l'autonomie du droit de la responsabilité découle l'idée selon laquelle les règles applicables aux activités publiques seraient nécessairement distinctes de celles régissant les relations privées. Cette représentation a été contestée en raison de l'utilisation, voire de la transposition, des mécanismes de droit privé en droit administratif par certains

---

[50] COM (93) 47.

auteurs tels que les Professeurs Eisenmann[51] ou Chapus[52] et a donné lieu à bon nombre de polémiques concernant l'existence d'un fondement commun, et surtout d'influences réciproques[53]. Depuis le premier quart de ce siècle, les interrogations portant à la fois sur la particularité des règles applicables dans le cadre de la responsabilité administrative, mais également sur le champ d'application du droit public se sont en effet multipliées[54]. De tels questionnements ne devraient logiquement pas être suscités par le droit européen qui, du fait de l'autonomie procédurale reconnue aux ordres juridiques nationaux, n'a pas vocation à s'immiscer dans le domaine de la nature du droit applicable. D'ailleurs, le droit européen ne doit absolument pas être interprété comme impliquant à court terme une totale unification des deux régimes de responsabilité, mais il relance, par la nature et les conséquences de ses interventions, le débat de la justification de l'existence de règles distinctes de responsabilité en droit public et privé.
L'autonomie des règles de fond est en effet vivement remise en question par le droit européen, tant communautaire (§ 1) que conventionnel (§2) qui prône une identité certes relative, mais beaucoup plus large qu'elle ne l'est actuellement en assimilant largement l'Etat aux particuliers et en appréciant restrictivement les justifications de la mise en oeuvre d'un régime de responsabilité dérogatoire au droit commun.

§1- Le rapprochement au plan communautaire

Le droit communautaire européen agit en faveur d'une unification du droit applicable aux personnes publiques et aux personnes privées en banalisant la responsabilité de l'administration lorsqu'elle agit dans le secteur économique (A), conformément à sa finalité première qui est la réalisation d'une Europe économique libérée des entraves aux échanges pouvant être développées par des Etats soucieux de préserver leur économie interne. L'on peut également s'interroger sur la possibilité d'appliquer un unique principe de responsabilité aux personnes publiques et aux personnes privées dans l'hypothèse d'une violation du droit communautaire ; et en conséquence sur une certaine banalisation de la responsabilité de l'Etat lorsque son activité révèle la détention de prérogatives de puissance publique (B).

A- La banalisation de la responsabilite de l'Etat dans le secteur economique

L'Etat joue un rôle primordial d'intermédiaire économique dans le cadre de la communauté européenne puisqu'il doit à la fois satisfaire l'intérêt général et servir de relais aux politiques communautaires. Or la responsabilité pouvant résulter de ses fonctions dans ce cadre est banalisée par le droit communautaire qui a tenté de réduire l'application d'un régime exorbitant du droit commun en soumettant la responsabilité des personnes publiques à des règles identiques à celles applicables aux personnes

---

[51] C. Eisenmann, Sur le degré d'originalité de la responsabilité extra-contractuelle des personnes publiques, *JCP*, 1949, p. 742 et 751.

[52] R. Chapus, *Responsabilité publique et responsabilité privée*, Paris, LGDJ, 2ème édition, 1957.

[53] Sur ces deux points : M. Deguergue, *Jurisprudence et doctrine dans l'élaboration du droit de la responsabilité administrative*, préc. p. 696 et s.

[54] Nous renvoyons sur ce point notamment aux contributions du Professeur Eisenmann, mais également à l'importante thèse de Just Luchet, *L'arrêt Blanco. La thèse de la compétence administrative en matière de responsabilité civile de l'Etat*, Les presses modernes, Paris, 1935, pour qui la compétence de la juridiction administrative doit être exceptionnelle, sp. p. 405 et s., p. 446 et s.

privées. Cette ingérence dans les modalités internes d'organisation du droit est cependant délicate et cette tendance s'est toutefois soldée dans le cadre spécifique du contentieux de la répétition de l'indu par un échec.

1) L'assimilation de l'Etat aux particuliers dans le secteur économique

L'activité de l'Etat en tant que prestataire des services publics fournis aux particuliers afin d'assurer la satisfaction de l'intérêt général se trouve banalisée, la jurisprudence communautaire entendant sous le terme d'entreprise « *toute entité exerçant une activité économique, indépendamment du statut juridique de cette entité et de son mode de financement* »[55] dès lors que l'organe exerce une activité susceptible d'être exercée en principe par une entreprise à but lucratif[56] et cela que l'activité en question soit gérée par l'administration elle-même ou déléguée à un tiers[57]. Mais en outre, ce sont plus directement les régimes de responsabilité qui sont unifiés par le droit communautaire. Un des points communs à l'ensemble des dispositifs spécifiques de responsabilité issus de l'ordre juridique communautaire est, en effet, le traitement unique réservé aux autorités publiques et aux organes de droit privé[58].

Ainsi, la directive du 24 octobre 1995 relative à la protection des personnes physiques à l'égard du traitement des données juridiques à caractère personnel et à la libre circulation de ces données[59] affirme un principe de réparation du préjudice subi du fait d'un traitement illicite ou de toute action incompatible avec les dispositions nationales prises en application de ladite directive[60] qui s'applique au responsable du traitement, celui-ci étant entendu comme « *la personne physique ou morale, l'autorité publique, le service, ou tout autre organisme qui seul ou conjointement avec d'autres, détermine les finalités et les moyens du traitement de données à caractère personnel* »[61]. Il concerne, en conséquence et au même titre, la responsabilité des personnes publiques, et celle des personnes privées. Il en est de même de la responsabilité du fait des produits défectueux[62] qui met en oeuvre un régime de responsabilité applicable aussi bien aux producteurs-personnes privées qu'à ceux relevant du droit public car le droit communautaire, cela est connu, répugne à distinguer la situation d'usager d'un service public et celle de client du secteur privé en parlant plus généralement de

---

[55] CJCE, 23 avril 1991, Höfner et Elser, Aff. C 41/90, *Rec.* p. I-1979, point 21 à 23 ; CJCE, 17 février 1993, Poucet et Pistre, Aff jtes C 159/91 et C 160/91, *Rec.* p. I-637 ; CJCE, 19 janvier 1994, SAT Fluggesellschaft, Aff C 364/92, *Rec.* p. I-55, point 16.
La Cour a, ce faisant, rompu avec sa jurisprudence antérieure : CJCE, 27 septembre 1988, Etat belge c/ Humbel, Aff. 263/86, *Rec.*, p. I-5365.

[56] CJCE, 17 février 1993, Poucet et Pistre, Aff jtes C 159/91 et C 160/91, *Rec.* p. I-637, Conc. de l'avocat général Tesauro p. 658, sp. p. 660.

[57] CJCE, 16 juin 1987, Commission c Italie, Aff. 118/85, *Rec.* p. 2599, sp. points 6 à 10.

[58] Mais dans la plupart des cas, la responsabilité des personnes publiques n'est envisagée qu'implicitement ; ce qui amène à penser que le droit communautaire évite d'intervenir de manière directe en fixant des règles qui court-circuiteraient, en quelque sorte, les législations nationales dans le domaine de la responsabilité du fait des organes exécutifs.

[59] Dir. 95/46/CE du Parlement européen et du Conseil, JOCE L 281/31, du 23 novembre 1995.

[60] *Ibid.* Chapitre trois, Article 23.

[61] *Ibid.* Chapitre premier, Article 2 d).

[62] Directive 85/374 CEE du 25 juillet 1985 relative au rapprochement des dispositions législatives, réglementaires et administratives des Etats membres en matière de responsabilité du fait des produits défectueux entrée en vigueur le 31 juillet 1988, JOCE 7 août 1985, L 210 p. 29.

consommateur[63] ; ce qui rapproche de fait le régime de responsabilité de droit public et celui de droit privé. Il sera sur ce point intéressant de savoir comment les juridictions civiles et administratives vont interpréter cette disposition dans le cadre de la réparation des dommages causés par la transfusion de sang contaminé. Enfin, la proposition de directive relative à la responsabilité du prestataire de service[64] ne comportait aucune restriction tenant à la nature du prestataire, au caractère contractuel ou non de la relation entre le prestataire de services et le bénéficiaire, pas plus qu'elle ne posait que la prestation en question doive avoir nécessairement un caractère payant. Elle avait donc vocation à concerner l'ensemble des services publics au même titre que les activités privées[65] ; et même après son retrait par la Commission[66], le principe d'une intervention unique sur les régimes public et privé semble maintenu puisque celle-ci passerait par le développement de codes de bonne conduite de nature à préciser l'attente légitime du consommateur à l'égard des différentes prestations de service, qu'elles proviennent du secteur public ou du secteur privé.

Plus encore que le seul traitement indifférencié des acteurs publics et privés, dans l'ensemble de ces dispositifs la spécificité de l'action étatique est éludée puisque est rarement mentionnée la particularité des missions pouvant incomber aux autorités publiques en leur qualité de défenderesses de l'intérêt général et de détentrices de pouvoirs de souveraineté impliquant des prérogatives exorbitantes du droit commun. Certes la directive relative à la protection des personnes privées face au traitement et à l'utilisation des données à caractères personnel excluait de son champ d'application les traitements de données constituées par des sons et images mis en oeuvre à des fins de sécurité publique ou pour l'exercice des activités de l'Etat relatives à des domaines du droit pénal et la proposition relative à la responsabilité du prestataire de service excluait de son intervention les services publics visant le maintien de la sécurité publique compte tenu de leur caractère tout particulier[67] ; mais aucune disposition précise ne permet de cerner plus exactement le champ d'application d'un régime spécifique devant bénéficier aux autorités publiques au regard du droit européen.

2) La soumission temporaire aux règles du droit civil : la répétition de l'indu

Le contentieux de la répétition de l'indu, qui a été le premier terrain de l'interventionnisme juridique de la Cour de justice des Communautés européennes, a été conditionné par la double exigence d'efficacité des recours nationaux et d'équivalence de traitement du contentieux national et du contentieux communautaire[68]. Les actions en restitution de l'indu résultant d'une méconnaissance du droit communautaire ne doivent pas être aménagées de manière à rendre extrêmement difficile ou quasiment impossible l'octroi d'une réparation et elles ne doivent pas être moins favorables que celles concernant des recours similaires de nature interne. Bien qu'il ne remette pas *a priori* en

[63] C. Barbier, L'usager est-il devenu client du service public?, *JCP* 1995, I, n°3816.
[64] Proposition présentée par la commission le 9 novembre 1990 : Com (90), 482 final-syn 308, 91/C 12/11 C12/8, JOCE 18 janv. 1991.
[65] Note d'information du porte parole de la commission, Bruxelles le 24 octobre 1990, P - 79.
[66] Communication du 23 juin 1994 : COM (94) 260, agence Europe n° 6259 du 25 juin 1994.
[67] Article 2 alinéa 2 de la proposition de directive.
[68] CJCE, 9 novembre 1983, Administration des finances de l'Etat italien c/SpA San Giorgio, Aff. 199/82, *Rec* p. 3595.

question l'application des règles de droit public à de tels contentieux, cet encadrement a été interprété par le Professeur Amselek dans un article consacré à la répétition de l'indu payé aux personnes publiques comme aboutissant nécessairement à l'assimilation des règles de droit administratif et de droit civil. En effet, en exigeant des modalités nationales d'encadrement des voies de droit et des procédures qu'elles ne soient ni dérogatoires au droit commun ni de nature à rendre extrêmement difficile ou quasiment impossible la réparation, « *le droit communautaire empêche le droit public interne de se démarquer trop abusivement des règles du Code civil et protège, en définitive, l'ensemble de ceux qui acquittent à l'intérieur de l'Etat des prélèvements publics indus* »[69].

Cette conclusion paraît hâtive puisqu'il semble que nulle part dans les conclusions des avocats généraux relatives à des questions de répétition de l'indu n'est envisagée la soumission de ces contentieux aux règles du droit commun, à tout le moins en ce qui concerne leurs modalités procédurales. On ne peut en tirer la conséquence que les autorités communautaires souhaitent limiter le recours à un dispositif juridique exorbitant du droit commun. Pourtant au fond l'analyse fournie est convaincante puisque, si pour que ce recours soit conforme au droit communautaire il n'est pas nécessaire de transposer les règles du droit privé, l'aménagement de droit administratif ne doit pas être si exorbitant du droit commun qu'il ait pour effet de rendre impossible l'octroi d'une réparation et de priver d'effet le droit communautaire. Aussi, si l'utilisation des principes du droit civil n'est pas préconisée par la Cour de Justice, les juridictions de l'ordre judiciaire ont interprété l'encadrement communautaire comme impliquant une substitution du droit civil au droit administratif au cas où celui-ci ne permettrait pas au particulier d'obtenir réparation, et partant constituerait un encadrement de nature à rendre celle-ci impossible. Dans une telle hypothèse donc, le droit civil doit, selon la Cour de Cassation, remplacer le droit administratif et les règles applicables en matière de responsabilité seront identiques.

Cette position a été défendue par les juridictions judiciaires dès le milieu des années quatre-vingts pour écarter la loi n° 85-695 du 11 juillet 1985 qui avait pour effet de réduire, pour certaines demandes, les possibilités de restitution et rendait de ce fait partiellement impossible cette restitution[70]. Cette solution qui s'inspirait du droit communautaire[71] avait pour effet de substituer aux règles du droit public celles du droit privé et de faire de l'action en restitution de l'indu devant les juridictions judiciaires une action autonome, indépendante à la fois de la responsabilité extra-contractuelle de l'Etat pour illégalité et de l'action fiscale. L'action en répétition de l'indu n'était ni fiscale ni indemnitaire, mais elle constituait une troisième voie de recours et selon les règles

---

[69] P. Amselek, La répétition de l'indu payé aux personnes publiques, in *Mélanges René Chapus*, Paris, Montchrestien, 1992, p. 5.

[70] TGI Angers, 3 février 1987, Decelle, *RJF* 1987, n° 716 ; TGI Chambéry, 11 juin 1987, Gorlier, *GP* 1988, I, p. 61 ; Cass. Com. 17 janvier 1989, Decelle, *Bull. IV*, p. 15 ; Cass. Com., 7 novembre 1989, Dubois, Feldain, Francheschini, *Bull. IV*, p. 190.

[71] Et notamment de l'interprétation de la jurisprudence de la Cour de Justice selon laquelle les possibilités d'agir en restitution des taxes qui ont été indûment perçues en vertu d'une législation contraire au droit communautaire ne peuvent être réduites postérieurement à un arrêt de la Cour constatant la contrariété au droit communautaire : CJCE, 29 juin 1988, M. C. Deville / Administration des impôts, Aff. 240/87, *Rec.* p. 3513, sp. point 13

posées par la Haute juridiction judiciaire, conformément à l'article 1235 du Code civil qui est devenu de fait applicable aux personnes publiques, le délai pour agir était celui de la prescription trentenaire, sauf application de la déchéance quadriennale prévue par la loi n° 68-1250 du 31 décembre 1968[72].

Il est vrai que l'application de règles autonomes au contentieux de la restitution de l'indu semble étonnante au regard de la maîtrise qu'en a le droit privé et de l'absence de justification autre que la volonté d'une autonomie de fait dans la consécration d'un régime propre au droit public[73]. L'action en restitution de l'indu repose d'ailleurs selon le juge judiciaire, sur des principes communs en droit public, privé et communautaire[74]. Dès lors pourquoi leur appliquer des régimes distincts ?

La position de la Cour de Cassation semblait à la fois logique et cohérente au regard des exigences communautaires. Pourtant par sa portée et par l'accroissement très important des délais pour obtenir réparation qu'elle impliquait, elle menaçait très sérieusement les finances publiques et a été purement balayée par l'intervention du législateur. L'article 36 de la loi de finances rectificative pour 1989[75] vise à fiscaliser les actions en restitution de taxes indues[76] et une instruction de l'administration fiscale du 10 mai 1990 range dans le champ de l'application de la procédure fiscale les « *actions en reprise de l'indu et la restitution des sommes acquittées sans émission d'un titre exécutoire* ». Cette intervention a permis d'exclure les règles de la répétition de l'indu posées par la Cour de Cassation dans l'arrêt *Decelle*[77], conformément à la volonté affichée par le ministre des finances de l'époque[78]. Avec l'article L 190 du LPF, les actions en répétition de l'indu sont devenues clairement soumises à la déchéance quadriennale et elles ne relèvent plus du droit commun de la procédure civile, ce qui assure une meilleure protection des intérêts de l'administration. Pour s'en tenir à la jurisprudence développée par la Cour de Cassation, avant la réforme législative, l'exemple du contentieux de la répétition de l'indu montre que le droit européen, même indirectement, peut inciter à un rapprochement des règles publiques et privées de la responsabilité.

---

[72] Cass. Com., 17 janvier 1989, Decelle, *Dr. fiscal* 1989, n° 754.

[73] Ainsi l'encadrement des règles de la restitution de l'indu en droit administratif s'inspire-t-il fortement du droit civil comme le remarquait le commissaire du gouvernement Rivet à l'occasion de ses conclusions sous CE, 25 novembre 1921, Savonneries Henri Olive, *RDP* 1922, p. 107 qui invitait le Conseil d'Etat à créer sa propre jurisprudence en matière de quasi-contrat en s'inspirant « *du souci de concilier les droits de l'Etat et les principes généraux d'équité, et en ne tenant les règles du code civil que dans la mesure où l'application en est compatible avec les nécessités de la vie collective* ».

[74] V. Cass. Com., 16 décembre 1980, *D.* 1981, p. 380, note Berr ; Cass. Com. 12 novembre 1986, *D.* 1986, IR p. 458.

[75] L. n° 89-936 du 29 décembre 1989, J.O. p. 16373.

[76] Instruction n° 10-023 D.G.I. BOI 13 février 1990, *Dr. Fiscal*, II, n° 10-023, p. 8673.

[77] Cass. com. 17 janvier 1989, Decelle, préc.

[78] M. Charasse justifiait en effet l'opposition à de telles demandes de remboursement de la prescription quadriennale dans un souci de bonne administration face à l'extension par la Cour de cassation de la règle de prescription trentenaire au contentieux de la répétition de l'indu : Travaux parlementaires du Sénat, séance du 19 décembre 1989, J.O. débats p. 5242.

B- LA RELATIVE PERTE DE SPECIFICITE DE LA RESPONSABILITE DE L'ETAT DETENTEUR DE PREROGATIVES DE PUISSANCE PUBLIQUE

C'est en tant que détenteur de la puissance publique que la spécificité du régime de responsabilité applicable à l'Etat est la plus marquée. La question que sous-tend l'activité de l'Etat dans ce cadre est de savoir si dans le contexte communautaire il sera toujours possible de lui appliquer un régime de responsabilité exorbitant du droit commun. Au regard tant de la jurisprudence de la Cour de Justice que des positions des organes politiques de Bruxelles, il n'est pas possible de déterminer quelle place doit être réservée à la mise en oeuvre des règles dérogatoires au droit commun applicables aux organismes publics. Toutefois les positions adoptées en matière de violation du droit communautaire permettent de relever certaines orientations récentes dans le sens d'une relative assimilation des conditions de mise en jeu de la responsabilité en cas de méconnaissance du droit communautaire, que celle-ci soit le fait de personnes publiques ou de personnes privées. En effet, les violations du droit communautaire, qu'elles soient le fait d'une personne publique ou d'une personne privée, peuvent aboutir à des conséquences dommageables d'ampleur équivalente. Aussi pourraient-elles être soumises à un même principe de responsabilité qui serait d'ailleurs la seule solution véritablement de nature à rétablir un équilibre rompu du fait d'une méconnaissance du droit communautaire dans la mesure où le principe de responsabilité permet non seulement d'enregistrer le manquement mais de réparer les dommages subis et ainsi d'assurer une protection adéquate des droits des particuliers. Plus généralement, il serait logique qu'un tel principe soit affirmé en tant que conséquence nécessaire du traité et de ses principes fondamentaux et soit donc qualifié d'inhérent au système même du traité, à l'instar de ce que la Cour avait décidé pour la responsabilité des Etats à l'occasion de l'affaire *Francovich*, afin d'assurer l'effectivité du droit communautaire dans le cadre de relations interpersonnelles, à tout le moins en ce qui concerne les normes pouvant être invoquées dans le cadre de tels rapports c'est à dire les normes d'effet direct.

Le principe de responsabilité des personnes privées pour violation du droit communautaire aurait d'ailleurs pu être consacré par la Cour de Justice qui a eu l'occasion de se prononcer sur l'existence d'une obligation pour les juridictions nationales, en cas de violation de dispositions d'effet direct par des personnes privées, d'accorder des dommages-intérêts. Dans l'affaire *Banks et Co c/ British coal*, une société invoquait la violation par une autre entreprise de dispositions communautaires dotées d'effet direct[79]. Si la juridiction communautaire n'a pas saisi l'occasion qui lui était donnée de préciser les obligations des personnes privées dans une telle hypothèse, les conclusions développées par l'avocat général Van Gerven révèlent la volonté d'affirmer l'obligation pour les personnes privées de réparer les violations du droit communautaire d'effet direct qui leur sont imputables, le cas échéant en mettant en place une régime uniforme inspiré de la responsabilité extra-contractuelle des Communautés, sous réserve que les personnes privées ne puissent bénéficier des conditions applicables aux autorités étatiques en cas d'activité normative[80]. Les personnes privées auxquelles une violation du droit communautaire serait imputée

[79] CJCE, 13 avril 1994, Banks et Co Ltd c / British Coal, Aff C 128/92, *Rec* p. I-1209 et s.
[80] Conclusions de l'avocat général Van Gerven, point 46 et s., point 49 et s.

devraient en conséquence être soumises à une obligation de réparation dès lors que leur comportement est à l'origine d'un dommage réel, qu'existe un lien de causalité entre le préjudice invoqué et le comportement reproché et que ce comportement est illégal, ces trois conditions étant celles mentionnées par la Cour de Justice à l'occasion de l'arrêt *Francovich*.

Si ces conclusions oeuvrent en faveur d'une relative harmonisation des règles applicables aux personnes privées et aux personnes publiques en cas de violation du droit communautaire, il ne faut bien évidemment pas en déduire la mise en place à tout prix d'un unique régime de responsabilité. La Cour ne s'est, en premier lieu, pas prononcé sur ce point ; en second lieu, on ne peut traiter, sur le terrain de la responsabilité, de manière identique une personne privée et un organe de souveraineté, tel que le législateur, en raison de l'incontestable différence d'activité qui les sépare. Il n'en demeure pas moins qu'il serait théoriquement possible de soumettre à un même régime de responsabilité les activités publiques et les activités privées en cas de violation du droit communautaire résultant d'un comportement matériel et donc en dehors de l'activité normative. Le débat est bien évidemment loin d'être clos et l'idée d'un régime unique de responsabilité en cas de violation du droit communautaire semble faire son chemin ; toutefois si l'extrême diversité des régimes privés de responsabilité dans l'Union européenne et d'autonomie des juridictions internes soulève, ainsi que l'a remarqué le gouvernement du Royaume-Uni[81], de réelles difficultés quant à l'harmonisation des mécanismes de responsabilité des personnes privées pour violation du droit communautaire sur l'ensemble du territoire européen[82].

Une relative uniformisation n'est donc concevable qu'à long terme, toutefois, elle est relancée dans le contexte communautaire. Il en est de même sous l'effet du droit conventionnel.

§2- Le rapprochement au plan conventionnel

En raison de sa finalité harmonisatrice plus qu'intégratrice et de la préservation de l'autonomie nationale qui l'anime, le droit conventionnel a adopté une attitude particulièrement souple d'assimilation de l'Etat aux particuliers.

La recommandation de 1985 relative à la responsabilité des pouvoirs publics prévoit dans ce domaine des modalités spécifiques d'encadrement mais surtout retient une conception de la responsabilité dont le champ est délimité en fonction du critère de l'exercice de prérogatives de puissance publique. La responsabilité publique y est définie comme l'obligation des pouvoirs publics entendus comme toute entité de droit public ou toute personne privée lorsqu'elles exercent des prérogatives de puissance publique, de réparer les dommages causés par leurs actes[83]. Or en droit administratif

---

[81] Point 37 des conclusions.

[82] Sur ce point, voir également, J.-H. Herbots, La responsabilité délictuelle des personnes privées pour violation du droit communautaire, *JTDE* 1996, p. 225 ; W. Van Gerven, European Court of Justice case law as a mean of unification of private law, *FILJ*, 1997, p. 86 ; W. Van Gerven, La jurisprudence récente dans le domaine de la responsabilité extracontractuelle vers un *ius commune* européen, in *Droit européen I, Cours et travaux de l'Institut des hautes études internationales de Paris*, Université Panthéon-Assas, Paris, Pédone 1998, p. 61.

[83] Recommandation R (84) 15, champ d'application et définitions, Art. 1 et 2.

français, si les éléments permettant de déterminer le droit applicable sont multiples[84] et tiennent à la nature juridique de l'auteur du dommage, à la gestion publique ou privée, à l'exercice d'une activité de service public, ou à l'objet de l'acte litigieux[85], les critères d'application d'un droit autonome en matière de responsabilité publique sont d'abord celui tenant à la nature juridique de la personne dont la responsabilité est recherchée puis ceux relatifs à l'existence d'un service public et à sa nature et celui de la détention de prérogatives de puissance publique ou de l'exécution d'un travail public. La soumission de la responsabilité administrative à des règles exorbitantes du droit commun y est donc la conséquence de l'exécution d'une mission de service public et de l'activité à l'origine du dommage par application de la méthode synthétique de détermination de la compétence et du régime contentieux[86]. Si l'activité à l'origine du dommage est une activité de service public, elle doit être considérée en principe comme relevant du droit public et soumise au droit administratif, à moins que le service en question revête un caractère industriel et commercial. Il y a donc, *a priori*, un décalage entre la conception téléologique retenue par les organes du Conseil de l'Europe, qui trouve sa justification dans la répartition fondée sur l'exercice de pouvoirs exorbitants du droit commun que l'on retrouve dans la plupart des systèmes juridiques européens, et la conception française du champ d'application de la responsabilité publique dans laquelle la soumission au droit public serait de principe et celle au droit privé plus marginale.

Mais ce décalage n'est que superficiel. En effet, si l'on dépasse les seuls termes et l'analyse exégétique de cette définition, il semble bien que, en droit français comme pour le Conseil de l'Europe, ce qui caractérise la responsabilité publique est la place particulière tenue par l'Etat dans la société, qui implique un traitement différencié pour certaines de ses activités et qui justifie la mise en place d'un régime spécifique. Ainsi les services industriels et commerciaux voient-ils leur responsabilité engagée sur le fondement du droit privé dans la mesure où ils sont supposés agir dans le cadre de relations analogues à celles existant en droit privé avec les particuliers. Aussi une unique idée de recherche des rapports inégalitaires pouvant être établis entre les particuliers et l'administration justifie dans les deux systèmes la soumission à un régime particulier. La définition conventionnelle de la responsabilité publique n'amène pas moins à se demander si aujourd'hui il n'est pas nécessaire de repenser la distinction selon laquelle le service public serait le critère du droit administratif et la puissance publique celui du contentieux administratif[87]. Si le cadre de notre recherche ne nous autorise pas à nous engager dans cette digression, la question mérite d'être posée, même si bien évidemment la définition fournie par le Conseil de l'Europe n'est qu'indicative.

Encore une fois, c'est à travers le concept de droits et obligations à caractère civil que la remise en cause du champ d'application de la responsabilité administrative et la soumission à un droit autonome est la plus importante.

---

[84] V. J. Rivero, Existe-t-il un critère du droit administratif ?, *RDP* 1953, p. 290.

[85] Pour une étude des principes généraux de compétence : J.-M. Auby, R. Drago, *Traité de contentieux administratif*, Paris, LGDJ, 1984, 3ème édition, t. I, n° 393 et s.

[86] J.-M. Auby, R. Drago, *Traité de contentieux administratif*, préc., n° 405 et s.

[87] Distinction mise en avant par le Professeur Chapus, Le service public et la puissance publique, *RDP* 1968, p. 235.

Si la Convention européenne des droits de l'Homme est indifférente à la distinction droit public-droit privé[88], elle procède, ainsi que l'a remarqué le Professeur Delmas-Marty, à un « *enlèvement des bornes* »[89] et partant l'atténue de fait. Il a en effet été précédemment observé que rentrent dans cette notion l'ensemble des hypothèses dans lesquelles une autorité étatique se trouve placée dans une situation de débiteur d'une créance de responsabilité ; que cette créance résulte d'une activité *jure gestionnis* ou *jure imperi*, c'est à dire quelle que soit sa nature dans le cadre des attributions incombant aux autorités publiques, qu'elle corresponde ou non à une situation analogue en droit privé. Une part très importante du droit de la responsabilité publique se trouve donc soumise à cette disposition. De fait, les organes de la Convention montrent bien l'assimilation du droit public au droit privé à laquelle ils procèdent ; assimilation justifiée par la nécessité de rapports contentieux correspondant aux exigences de l'Etat démocratique et donc conformes aux règles du procès équitable. Ils banalisent la responsabilité publique. Pour autant, cette assimilation au contentieux civil ne peut en aucune manière déboucher automatiquement sur un alignement des autorités françaises sur la définition de l'obligation à caractère civil retenue au plan européen et cela pour deux raisons. Tout d'abord parce que la notion de droit à caractère civil est une notion générique qui, en matière de responsabilité, renvoie, même si ce renvoi est critiqué dans la mesure où il constitue un dévoiement de la fonction de la Convention qui est la protection des droits de l'Homme et non des intérêts patrimoniaux des particuliers[90], au qualificatif de patrimonial et non à celui de privé par opposition à public[91]. Ensuite, parce que les concepts développés par la Cour de Strasbourg sont autonomes par rapport à ceux du droit français et n'obligent pas à une adaptation du droit national. Aussi nous ne suivons pas le Professeur Flauss lorsqu'il considère que la qualification de droit civil est de nature à perturber l'ordonnancement juridique à travers la traditionnelle liaison de la compétence et du fond[92]. La qualification de droit à caractère civil des actions en réparation pouvant être exercées à l'encontre de personnes publiques, quel que soit le contexte dans lequel l'obligation est née, ne signifie en effet pas la soumission au droit privé pas plus qu'elle ne justifie de quelque manière que ce soit la compétence du juge judiciaire ; de plus la théorie de la liaison de la compétence et du fond, notamment en matière de responsabilité publique, ne correspond pas, loin s'en faut, à un principe absolu[93].

Toutefois la qualification de droit civil permet, et c'est dans cette mesure que nous considérons qu'elle remet en cause le champ d'application d'un régime de responsabilité dérogatoire au droit commun, de toucher du doigt un paradoxe, voire une incongruité de notre système juridictionnel. Elle réduit la responsabilité publique à son aspect immédiat qui est la compensation pécuniaire d'un dommage causé et il est bien

---

[88] P. Tavernier, La Convention européenne des droits de l'Homme et la distinction droit public - droit privé, in *Liber amicorum, M.-A. Eissen*, Bruxelles, Bruylant, 1995, p. 400.

[89] M. Delmas-Marty, Pour un droit commun, Seuil, Paris, 1994, cité par P. Tavernier, La Convention européenne des droits de l'Homme et la distinction droit public - droit privé, préc.

[90] P. Tavernier, La Convention européenne des droits de l'Homme et la distinction droit public - droit privé, préc.

[91] Même si la jurisprudence moins affirmée du milieu des années soixante-dix avait pu inciter certains auteurs à conclure en sens inverse : D.J. Harris, The application of article 6 (1) of the european convention on human rights to administrative law, *British Yearbook of International Law*, vol. 47, 1974-1975, p. 157.

[92] J.-F. Flauss, Droit administratif et Convention européenne des droits de l'Homme, *AJDA* 1992, p. 416.

[93] Cass. Civ., 23 novembre 1956, Trésor public c/ Giry, *Bull*, II, p. 407.

certain que réduite à ce seul aspect, la responsabilité publique ne peut être distinguée de la responsabilité privée.

En raison des caractéristiques intrinsèques de la responsabilité publique, de la justification de l'atteinte qui peut résider dans l'intérêt général ou la particularité de la mission accomplie et dans le cadre de laquelle a été causé le dommage, cette réduction ne saurait aboutir à l'application automatique du droit privé[94]. Mais elle oblige nécessairement à s'interroger sinon sur la pertinence des justifications actuellement apportées à l'existence d'un droit administratif autonome du moins sur son champ d'application car il y a bien des situations dans lesquelles l'activité poursuivie par la collectivité est analogue à celle pouvant exister dans le cadre du droit privé et pourtant la responsabilité sera soumise à des règles exorbitantes du droit commun. La réponse à cette question du bien-fondé de la soumission du droit de la responsabilité à des règles spécifiques saurait difficilement être trouvée dans la jurisprudence relative à l'article 6 qui concerne la plupart des hypothèses dans lesquelles un particulier est titulaire d'une créance de réparation[95] ; mais il est indispensable que la banalisation de la responsabilité publique à travers l'article 6 se voit fixer des limites strictes dans la mesure où l'« *enlèvement des bornes* » et l'effacement de la spécificité du droit public soulève d'importantes difficultés au regard de la particularité même des fonctions, d'intérêt général, incombant aux autorités publiques, la représentation nationale, la satisfaction des intérêts de la collectivité et la poursuite du bien commun justifiant un traitement spécifique. La question est alors de savoir où replacer la borne et le développement du dialogue entre les juges nationaux, notamment le juge français, et la Cour de Strasbourg semble sur ce point particulièrement nécessaire.

Pour autant, le droit européen n'entraîne pas de remise en cause directe de la répartition des compétences contentieuses entre le juge administratif et le juge judiciaire.

SECTION 3- L'ABSENCE DE REMISE EN CAUSE DE LA REPARTITION DES COMPETENCES CONTENTIEUSES

Au regard des évolutions tant de la jurisprudence que de la doctrine, il est clair que l'affirmation du principe de compétence d'une juridiction spéciale, la juridiction

---

[94] Le Professeur Bénoit adoptait pour sa part une attitude beaucoup plus radicale qui était celle de l'exclusion par principe du droit privé de la responsabilité pouvant être engagée du fait du fonctionnement des services publics : F.-P. Bénoit, Juridiction judiciaire et juridiction administrative, *JCP* 1964, I, n° 1838.

[95] Sur le champ d'application de l'article 6 de la Convention au contentieux de la responsabilité publique, cf. supra, Partie I, Titre I, Chapitre II, Section II, §1, A.

L'idée d'un statut particulier dans l'application de l'article 6 pour le droit administratif a certes déjà été envisagée. Ainsi, à l'occasion du colloque de Salzbourg, F. Matscher avait soulevé la question de l'opportunité d'exclure des garanties de l'article 6 certains actes administratifs tels que ceux ayant trait au domaine militaire, politique, ou les examens scolaires (F. Matcher, Rapport introductif, *in* Garanties judiciaires pour les procédures administratives, N.P. Engel Verlag, Kehl am Rheine, Straßburg, Arlington, Publication of the austrian Human rights Institute, edited by Franz Matscher, vol. I, 1989, p. 9 et s.) ; mais sa mise en oeuvre a été reportée (Feuille d'information n° 27, Conseil de l'Europe, doc H/inf. 91 1, p. 84) et bien que l'on en trouve des échos dans certaines jurisprudences de la Cour (v. par exemple CEDH, 17 mars 1997, Neigel c/ France, *Recueil des arrêts et décisions* 97-II, p. 399), il est probablement aujourd'hui passé aux oubliettes.

administrative, pour connaître des litiges mettant en cause les relations de l'Etat et des particuliers, particulièrement dans le domaine de la responsabilité, n'est pas allée de soi[96]. La juridiction judiciaire a d'ailleurs tenté d'appliquer les articles 1382 et suivants du Code civil aux organes publics et notamment aux collectivités locales jusqu'à une date en fait assez peu éloignée[97]. Mais l'affirmation de la compétence administrative, fondée sur les principes de l'Etat-débiteur et de séparation des autorités a rapidement inversé la tendance puisque, après que le Conseil d'Etat eût affirmé que les juridictions judiciaires pouvaient connaître des actions tendant à déclarer l'Etat débiteur dans les cas prévus par la loi[98], le Tribunal des conflits lui a peu à peu permis d'adopter une attitude hégémonique en considérant que tout litige devant être jugé en application des règles de droit public devait être soumis à sa compétence[99]. Les évolutions postérieures des principes du droit administratif, par le biais notamment de la distinction entre les services administratifs et les activités industrielles et commerciales, de même que la recherche par la doctrine d'un critère de compétence de la juridiction administrative ont brouillé les cartes et dans de nombreux domaines, tels que les atteintes à la liberté individuelle, à la propriété immobilière, le contentieux des services industriels et commerciaux dans une large part et même de certains services administratifs[100], la compétence de la juridiction judiciaire pour se prononcer sur le contentieux de la réparation est aujourd'hui clairement établie.

On a précédemment constaté que le droit européen ne vise pas à remettre en cause les principes même de la dualité. Pourtant, il y est conduit indirectement. Cette évolution ne tient pas seulement à l'harmonisation des règles de fond puisque, en vertu des principes d'autonomie des concepts en droit interne et en droit européen et d'autonomie procédurale, les autorités nationales sont seules habilitées à déterminer la juridiction compétente, nonobstant l'instauration d'un droit unique et le cas échéant l'application du régime de la responsabilité civile. Aligner le régime de responsabilité civile et administrative résulte du seul choix des pouvoirs publics, sous réserve de respecter les prescriptions européennes. Pour autant l'harmonisation des règles de fond provoquée par le droit européen conduit, indirectement mais inévitablement, à une interrogation sur le bien-fondé du maintien de la dualité de juridiction telle qu'elle existe aujourd'hui en matière de responsabilité et les arguments traditionnellement avancés pour justifier la compétence d'une juridiction spécifique pour connaître des litiges opposant l'Etat aux particuliers en matière de responsabilité paraissent dans une certaine mesure dépassés. Ainsi, l'application de règles originales par rapport à celles issues du Code civil ne permet pas de justifier aujourd'hui la dualité de juridiction en matière de contentieux de la responsabilité puisque le principe de liaison de la

[96] Sur ce point, M. Deguergue, *Jurisprudence et doctrine dans l'élaboration du droit de la responsabilité administrative*, Paris, LGDJ, BDP t 171, 1994, p. 46 et s.

[97] Cette compétence ne lui ayant été refusée par le tribunal des conflits qu'au début de ce siècle : TC, 29 février 1908, Feutry, *Lebon* p. 208, Conc. Teissier.

[98] Notamment CE, 26 août 1835, Clament-Zuntz, *Lebon* p. 540.

[99] Ainsi en ce qui concerne le contentieux , certes particulier, opposant l'Etat à un de ses agents, le tribunal des conflits a affirmé que le litige « *ne peut trouver sa solution que dans les principes du droit public et que la juridiction administrative a seule qualité pour en connaître* ». TC, 26 mai 1954, Moritz, *Lebon* p. 708.

[100] Dans le cas des dommages subis ou causés par des élèves du service public d'enseignement : Art. 2, Loi du 5 avril 1937.

compétence et du fond qui justifie cette dichotomie, même s'il est difficile à cerner[101], n'est plus à la fin du XXe siècle qu'une règle générale aux contours flous et aux dérogations nombreuses[102]. Il n'y a de même plus de danger à confier au juge judiciaire le contentieux de la réparation dans la mesure où le niveau des réparations qu'il fixe est aujourd'hui comparable à celui du juge administratif[103] et où il est autant que ce dernier à même de mener une politique jurisprudentielle adaptée à la nécessité de préserver les finances publiques puisque, notamment à l'occasion de litiges concernant la contamination par le virus du SIDA, il a montré qu'il pouvait tenir des positions plus restrictives des droits des particuliers que celles du juge administratif et protéger les deniers de l'Etat dans le cadre d'un contentieux indemnitaire[104]. Enfin, l'argument longtemps présenté de manière classique[105] selon lequel la dévolution du contentieux de la responsabilité des pouvoirs publics devrait être réservée à une juridiction sensibilisée aux difficultés de gestion des services publics et à la pratique administrative semble à la fois dépassé au regard des orientations de la jurisprudence administrative qui traduit davantage la volonté de juger l'administration pour la faire progresser en érigeant de nouveaux principes que celle de protéger l'administration en entérinant ses actions, mais aussi inadapté au cadre européen qui, même si ce n'est que dans une certaine mesure, banalise l'action étatique à travers les services publics.

On le voit, les obstacles qui auraient pu être traditionnellement opposés à la modification des règles de compétence en matière de responsabilité publique ne peuvent être recevables. Pourtant le droit européen, s'il stigmatise les inconvénients pratiques et de la difficultés de mise en oeuvre de la dualité de juridiction de telle manière qu'il amène à la repenser, ne remet pas en cause directement les principes de répartition des compétences contentieuses.

Les règles de dévolution de compétence entre le juge judiciaire et le juge administratif qui gouvernent le contentieux de la responsabilité peuvent rendre le chemin menant les particuliers au prétoire long et semé d'embûches dans la mesure où elles sont extrêmement subtiles ; rares sont ceux qui en maîtrisent les détails. La jurisprudence du Tribunal des conflits ne simplifie en rien la tâche puisque celui-ci les fait occasionnellement évoluer par le biais de présomptions de compétence[106] ou, plus régulièrement, les précise[107]. Leur extrême complexité est de plus en plus fréquemment

---

[101] Ce qui justifie qu'il a donné lieu à d'importantes discussions doctrinales : M. Waline, A propos du rapport entre la règle de droit applicable au jugement d'un procès et l'ordre de juridictions compétent, *RDP* 1961, p. 8.

[102] C. Debbasch et J. C. Ricci l'ont d'ailleurs caractérisé de « *médiocre critère de délimitation des compétences* » : *Contentieux administratif*, Paris, Dalloz, 6e édition, 1994 n° 101.

[103] Ce constat avait déjà été fait il y a une vingtaine d'années par le Professeur Delvolvé, *Le principe d'égalité devant les charges publiques*, Paris, LGDJ, t 88, 1969, sp. p. 403 et s.

[104] Sur ce point, voir supra Partie II, Titre I, Chapitre II, Section 2, § 3, A.

[105] J. Chevallier, *L'élaboration historique du principe de la séparation de la juridiction administrative et de l'administration active*, Paris, LGDJ, 1970, t 97, sp. p. 43 et s ; F.-P. Bénoit, Juridiction judiciaire et juridiction administrative, *JCP* 1964, I, n° 1838.

[106] V. par exemple TC, 24 novembre 1997, SA de Castro, Burcy et A, Conc. R. Abraham, *CJEG* 1998, p. 100. En cas de marché de travaux publics, présomption de la compétence administrative en matière de responsabilité des constructeurs sauf si les parties sont unies par un contrat de droit privé.

[107] Pour ne nous en tenir qu'à un exemple tiré de l'actualité juridictionnelle récente : Les actions visant à déterminer la responsabilité du C.B.V. à la suite d'une suspension d'activité sont de la compétence du juge judiciaire alors que les décisions à caractère réglementaire ou en matière disciplinaire qu'il prend relèvent de

mise en exergue par la doctrine[108] ou par les parlementaires[109] qui, ce faisant, relèvent le caractère non-fonctionnel[110] du dualisme juridictionnel en France ; dualisme qui tend à se compliquer du fait du possible empiétement du juge judiciaire sur la compétence du juge administratif qui a été consacré par l'article 92 du Nouveau Code de procédure civile[111], et cela notamment en matière de voie de fait, en raison de la conception large du juge judiciaire de sa compétence[112], dans le secteur de la responsabilité hospitalière[113] ou dans celui des atteintes à la propriété privée puisque le contentieux de l'expropriation a été présenté par le Professeur Lemasurier comme une cacophonie juridique du fait de la dualité conflictuelle de juridiction qu'il révèle[114].

Certes, il a été précédemment remarqué que l'intervention européenne dans le secteur de la répartition des compétences entre la juridiction administrative et la juridiction judiciaire est rendue délicate en raison des règles d'autonomie procédurale et de respect des voies de droit internes qui, aujourd'hui encore, ont valeur de principe dans la mesure où la désignation des juridictions compétentes relève des ordres juridiques nationaux. Mais les lenteurs résultant des modalités actuelles de répartition des compétences entre les deux ordres de juridiction sont de nature à nuire à la mise en oeuvre rapide et effective du droit communautaire comme du droit conventionnel, ainsi qu'à la protection des droits des particuliers ; ce qui justifie qu'elles soient critiquées au niveau européen.

Il ne semble pas aujourd'hui possible de remettre en cause les modalités internes de répartition des compétences juridictionnelles par le biais du droit communautaire puisque l'allongement des délais de recours ou les multiples péripéties dont les requérants peuvent être les acteurs n'empêchent la réparation d'être obtenue pas plus qu'ils ne la rendent aléatoire. La volonté de respecter l'organisation judiciaire et la répartition des compétences juridictionnelles dans les différents Etats membres est en effet caractéristique de l'intervention communautaire en matière d'aménagement des voies de droit nationales qui laisse les Etats maîtres en ce domaine[115], sous réserve que

---

la compétence du juge administratif, TC, 24 octobre 1994, note H. de Vauplane, *LPA* 5 mai 1995, p. 18. Selon l'auteur, la transposition de la directive relative aux produits financiers devrait amener à une harmonisation des règles de compétence.

[108] Pour ne citer qu'un article : L. Dubouis, Interrogations sur de récentes conquêtes de la compétence des juridictions administratives, in *Mélanges Pelloux*, 1980, p. 108.

[109] H. Haenel, J. Arthuis, *Rapport de la commission d'enquête sur le fonctionnement de l'ordre administratif et l'exécution de leurs décisions ainsi que sur les services chargés du contentieux administratif dans les administrations publiques*, J.O., DOC Sénat, 1991/1992, n° 400, p. 123 et s.

[110] Nous faisons référence à l'article de F. Julien-Laferrière, La dualité de juridiction, un principe fonctionnel ? in *L'unité du droit - Mélanges en hommage à Roland Drago*, Paris, Economica 1996, p. 395.

[111] Cet article n'ouvre qu'une *possibilité* pour la juridiction judiciaire de se déclarer incompétente au cas où l'affaire qui lui est soumise relève de la compétence d'une juridiction administrative.

[112] A propos de la rétrogradation d'un club de football, v. TC, 13 janvier 1992, Préfet de la région Aquitaine c/ Association nouvelle des girondins de Bordeaux, *Lebon* p. 473.

[113] Sur la diversité de régime contentieux et le rapprochement des droits applicables en matière hospitalière, P. Sandevoir, Unité et diversité du contentieux administratif et du contentieux judiciaire dans le droit de la responsabilité hospitalière, in *L'unité du droit, Mélanges en hommage à Roland Drago*, préc., p. 459.

[114] J. Lemasurier, La cacophonie juridique du contentieux de l'expropriation, in *L'unité du droit, Mélanges en hommage à Roland Drago*, préc., p. 427.

[115] L'évolution des règles de répartition des compétence peut toutefois être le résultat de l'interprétation des missions confiées à des autorités exerçant des activités administratives dans le cadre de la réglementation communautaire. V. pour un exemple : Cass., Civ. 1ère, 13 avril 1999, OFIVAL, pourvoi n° 96-21-486, *Bull.* I,

les ressortissants des autres Etats membres disposent de la même voie de recours que celle ouverte aux nationaux, ce principe étant parfois souplement entendu[116].

Toutefois le droit communautaire pourrait impliquer certains aménagements des règles de compétence au cas où ces dernières rendraient impossible sa mise en oeuvre devant les juridictions nationales. Déjà en 1980, à l'occasion de l'affaire *Pécastaing* relative aux voies de recours pouvant être exercées en application de la directive 64/221 relative à la liberté de circulation des personnes contre les décisions d'entrée, de refus de délivrance ou de refus de renouvellement du titre de séjour ou contre la décision d'éloignement du territoire et à la possibilité d'obtenir la suspension des effets de ces décisions, la Cour de Justice avait estimé que « *si dans un Etat membre, le juge administratif n'était pas investi du pouvoir de suspendre une décision administrative, mais qu'un tel pouvoir serait reconnu aux juridictions ordinaires, cet Etat membre aurait l'obligation de permettre aux personnes relevant du champ d'application de la directive d'introduire une demande de suspension devant ces juridictions dans les mêmes conditions que les nationaux* »[117]. Ainsi, à défaut de possibilité de recours devant le juge compétent au regard des règles internes de dévolution des compétences, celles-ci pourront être aménagées afin d'assurer l'effectivité du droit communautaire[118]. L'encadrement communautaire de l'exercice des voies de recours nationales pourrait donc signifier, dans certaines hypothèses, la remise en cause des modalités de dévolution de la compétence contentieuse. Son intervention pourrait donc aller assez loin. Il n'en demeure pas moins que les hypothèses dans lesquelles les règles de compétence contentieuse pourraient évoluer sous l'effet du droit communautaire sont réduites. En effet, elles sont conditionnées par l'impossibilité d'obtenir devant les organes nationaux une voie de droit effective ; or cette notion de voie de droit effective, bien qu'encadrée par la Cour du Kirchberg, est d'un contenu relativement limité puisqu'elle recouvre la possibilité d'introduire un recours ainsi que l'examen du bien-fondé de ce recours[119]. Le droit communautaire n'implique donc pas le recours devant l'ordre juridictionnel assurant la meilleure protection des droits des particuliers mais simplement qu'au cas où l'ordre compétent ne serait pas de nature à permettre la garantie effective des droits issus de l'ordre communautaire, une entorse aux règles de répartition des compétences soit opérée. En matière plus précisément de responsabilité,

---

p. 90.

[116] CJCE 17 juin 1997, The Queen c/ Secretary of State for Home department, ex parte Mann Singh Shingara et ex parte Abbas Radiom, Aff jtes C 65/95 et C 111/95, *Rec.*, p. I-3343, point 24 et s. Dans cette affaire étaient mises en parallèle la possibilité pour les nationaux d'exercer un recours contre les décisions concernant leur entrée sur le territoire, dont l'utilisation avait été étendue aux non-nationaux, et celle organisée contre les actes administratifs. La Cour de Justice a considéré qu'alors même que le premier recours pouvait être utilisé par les non-nationaux, le droit anglais pouvait refuser son utilisation en cas de refus d'entrée motivé par le bien public et prescrire une voie de recours particulière en raison de la spécificité du motif en question qui ne pouvait être opposé de manière similaire, compte tenu notamment de ses implications en termes d'expulsion du territoire, aux nationaux.

[117] CJCE, 5 mars 1980, Pécastaing c/ Belgique, Aff. 98/79, *Rec.* p. 691, sp. point 11.

[118] Cette décision a depuis été confirmée par le juge communautaire : CJCE 17 juin 1997, The Queen c/ Secretary of State for Home department, ex parte Mann Singh Shingara et ex parte Abbas Radiom, Aff jtes C 65/95 et C 111/95, *Rec.*, p. I-3343, point 24, voir également les conclusions de l'avocat général Ruiz Javabo Colonner qui reprend le *dictum* de l'arrêt Pécastaing, point 59.

[119] C. Haguenau, *L'application effective du droit communautaire en droit interne. Analyse comparative des problèmes rencontrés en droit français, anglais et allemand*, Bruxelles, Bruylant, 1995, p. 334 et s.

l'impossibilité d'obtenir une réparation devant les juridictions administratives alors que celle-ci pourrait l'être devant le juge judiciaire pourrait autoriser une remise en cause des règles de compétence. Toutefois, on ne peut que constater que dans ce domaine le juge administratif dispose de pouvoirs plus importants que ceux du juge judiciaire à la fois pour condamner pécuniairement l'administration et pour obtenir l'exécution de cette condamnation ; aussi ne semble-t-il pas que les règles de dévolution des compétences entre les deux ordres de juridiction puissent évoluer sur le fondement de l'encadrement communautaire.

La Cour européenne des droits de l'Homme pour sa part, si elle ne remet pas en cause les modalités de répartition des compétences contentieuses, critique implicitement les inconvénients de la dualité de juridiction.

En effet, si les difficultés résultant de la dualité française de juridiction ne sont pas de nature en justifier le rejet des voies de droit interne sur le fondement de leur absence d'efficacité[120], la Cour européenne des droits de l'Homme a récemment condamné ses dysfonctionnements à travers la lenteur de la procédure juridictionnelle qui en découle à l'occasion de l'examen d'une affaire d'expropriation[121]. A l'occasion de cette affaire, le principe même de la dualité de juridiction a été implicitement accepté par la Cour de Strasbourg mais cette dernière a considéré qu'il ne peut être utilisé par les Etats membres comme alibi pour des procédures dont la lenteur serait dépourvue de caractère raisonnable. Au contraire, la dualité de juridiction doit inciter les Etats à régler les procédures rapidement afin d'éviter les contrariétés de jugement. Si l'idée d'une dualité de juridiction est envisageable dans le cadre européen, la Cour européenne, par cette décision, en a stigmatisé les inconvénients, et il y a fort à parier que cette solution ne se limite pas au seul contentieux de l'expropriation mais concerne l'ensemble des litiges dans lesquels les règles croisées de répartition des compétences réduiront l'efficacité d'un recours juridictionnel.

Indirectement donc la Cour de Strasbourg amène à s'interroger sur la possibilité d'éviter les conséquences dommageables de la dualité de juridiction et à limiter l'allongement des procédures qu'elle implique. L'aménagement de la dualité de juridiction que le Professeur Drago appréciait dès 1990 comme étant une conséquence logique de l'intégration européenne[122] pourrait passer par trois mécanismes.

Tout d'abord par le biais d'une fusion des ordres administratif et judiciaire en matière de responsabilité, c'est à dire en la réunion des deux ordres de juridictions en une juridiction unique divisée en chambres aux attributions multiples et disposant notamment de chambres administratives[123]. Cette idée[124] a rallié une partie de la

---

[120] Ces mêmes règles de répartition des compétences entre les deux ordres de juridiction, par leur complexité, pourraient être considérées comme limitant l'efficacité des voies de droit et par conséquent ne rendant pas leur exercice nécessaire au sens de l'article 27 de la Convention européenne des droits de l'Homme, mais la Commission a décidé le contraire : Req. n° 18578/91, décision sur la recevabilité du 19 mai 1995, inédit ; Req. n° 23075/93 J.-C. S. c/ France, décision sur le recevabilité du 16 janvier 1996, inédit.

[121] CEDH, 21 février 1997, Guillemin c/ France, *Recueil des arrêts et décisions* 97-I, p. 149.

[122] R. Drago, Actualité du principe de séparation en France et dans les Etats de la C.E.E., *RFDA* 1990, p. 581.

[123] Principe développé par le Professeur Truchet (D. Truchet, Fusionner les juridictions administrative et judiciaire, in *Etudes offertes à J.M. Auby*, 1992, p. 335 ; D. Truchet, Mauvaises et bonnes raisons de mettre fin au dualisme juridictionnel, *Justices* janv.- juin 1996, p. 53) puis repris par les Professeurs Drago et Frison-

doctrine[125]. Elle ne semble toutefois pas être des plus satisfaisantes puisque les problèmes de répartition des compétences, s'ils pourraient dans ce cadre être réglés plus rapidement, ne disparaîtraient pas mais seraient transférés à l'intérieur du même ordre de juridiction[126]. Il est en outre possible de craindre que le juge judiciaire soit plus timide que son homologue administratif dans la soumission de l'administration au droit puisque telle est la difficulté que révèle l'observation de certains systèmes étrangers[127]. Surtout, l'unicité de juridiction ne supprime pas l'ensemble des problèmes de compétence contentieuse. Comment, en effet, classer le contentieux de la responsabilité pour illégalité ? Son aspect objectif devra-t-il prévaloir sur ses conséquences subjectives ou bien la solution inverse devra-t-elle être retenue ? Dans les pays qui pratiquent l'unité de juridiction dans le domaine du contentieux des droits, le partage des compétences entre les deux ordres de juridiction n'a pas été sans difficultés[128]. L'unification des compétences contentieuses en matière de responsabilité publique pourra être une solution adéquate mais certainement pas idéale. En tout état de cause, si son principe progresse dans les mentalités, elle risque d'être longue à consacrer en France, le principe d'unité de juridiction étant essentiellement la conséquence de facteurs historiques[129].

Une autre solution résiderait dans l'accroissement de la coopération juridictionnelle entre l'ordre administratif et l'ordre judiciaire qui permettrait à chaque ordre de juridiction de se familiariser avec des difficultés propres à l'autre mais pouvant se transmettre à lui[130]. La coopération permettrait d'harmoniser les solutions jurisprudentielles en provoquant des discussions préalables à l'apparition d'une divergence des solutions adoptées. La nécessité de la collaboration entre les deux ordres de juridiction a également été mise en exergue par le Professeur Lemasurier dans le

---

Roche, Mystères et mirages des dualités des ordres de juridictions et de la justice administrative, *APD* 1997, Le public et le privé, p. 135.

[124] envisagée par la commission d'enquête sur le fonctionnement des juridictions de l'ordre administratif et l'exécution de leurs décisions qui préconisait un recentrage de la compétence administrative autour du contentieux de la légalité et donc du recours pour excès de pouvoir en transférant le contentieux indemnitaire aux juridictions judiciaires, juge de « droit commun » dans la mesure où ce transfert au juge judiciaire permettrait de mieux préserver les droits subjectifs. Cette commission d'enquête considérait toutefois qu'alors le transfert de compétence juridictionnelle devait s'accompagner de l'application des règles du code civil, même celle-ci n'était pas automatique : H. Haenel, J. Arthuis, *Rapport de la commission d'enquête sur le fonctionnement de l'ordre administratif et l'exécution de leurs décisions ainsi que sur les services chargés du contentieux administratif dans les administrations publiques*, J.O., DOC Sénat, 1991/1992, n° 400, p. 148 et s.

[125]. D. Truchet, Fusionner les juridictions administrative et judiciaire, préc. ; D. Truchet, Mauvaises et bonnes raisons de mettre fin au dualisme juridictionnel, préc.

[126] J.-M. Woehrling, Réflexions sur une crise : la juridiction administrative à la croisé des chemins, in *Mélanges R. E. Charlier*, 1981, p. 341.

[127] Sans envisager les difficultés bien connu du mécanisme britannique, on mentionnera les conceptions restrictives des droits individuels et des droits subjectifs que l'on peut relever dans deux systèmes qui pratiquent la soumission du contentieux des droits subjectifs au juge judiciaire : le système belge et le système italien : J.-C. Escarras, *Les expériences belges et italiennes d'unité de juridiction*, Préf. J. Boulouis, BDP, t. 54, LGDJ, Paris, 1972, sp. p. 71 et s.

[128] J.-C. Escarras, *Les expériences belges et italiennes d'unité de juridiction*, préc., p. 327 et s., p. 361 et s.

[129] *Ibid.*, p. 9 et s.

[130] L'exemple du contentieux de la corruption est de ce point de vue topique, puisque la mise en exergue de ce phénomène dans la sphère administrative à travers le délit de favoritisme et l'ouverture de sanctions pénales est récente. Ce contentieux montre à quel point la coopération des deux ordres de juridiction et notamment des juridictions financières ou administratives avec des juridictions civiles ou pénales pourrait à la fois améliorer les connaissance de certaines questions et faciliter le traitement de dossiers ponctuels.

cadre d'un plaidoyer visant le contentieux de l'expropriation puisqu'alors l'absence de communication de l'Etat des procédures peut aboutir à de réelles solutions de déni de justice[131].

Les inconvénients de la dualité de juridiction pourraient enfin être palliés par le développement de la transaction qui connaît depuis quelques temps un véritable essor dans le contentieux de la responsabilité[132], conformément à la volonté affirmée par le gouvernement français et reprise dans une moindre mesure par le Parlement européen[133], dès lors qu'il apparaît clairement compte tenu des circonstances de fait et de droit que l'Etat a causé un préjudice et doit l'indemniser[134]. La transaction permet de faire échapper une partie importante des litiges en matière de responsabilité de la compétence juridictionnelle et donc contribuer à un désengorgement des juridictions administratives ainsi qu'à une réduction des inconvénients de la dualité de juridiction[135], mais également de donner un visage plus humain à la mise en pratique du droit que la seule procédure juridictionnelle puisque les recours ne sont alors pas examinés sous le seul angle du droit mais avec la volonté de parvenir à un arrangement satisfaisant dans tous les cas où cela est juridiquement possible et conforme aux intérêts généraux dont le service public à la charge[136], ce qui ouvre la perspective d'un règlement des litiges prenant davantage en compte des considérations d'équité.

*

*   *

Loin d'avoir pour seule incidence une évolution des règles applicables en matière de responsabilité, le droit européen pousse à une multiplication des interrogations sur certaines questions essentielles du droit de la responsabilité qui concernent ses bases même telles que sa structure, ses fonctions ou ses fondements. Il participe à un mouvement de réflexion sur l'essence même du droit de la responsabilité.

Les interventions législatives comme les évolutions jurisprudentielles traduisent d'ores et déjà d'importants changements du droit de la responsabilité publique en France[137], mais l'intérêt du droit européen, qu'il soit conventionnel ou communautaire, est qu'il donne une nouvelle impulsion à cette rénovation en fournissant de nouveaux

---

[131] La collaboration passerait alors par un échange d'informations entre les deux ordres de juridiction sur l'Etat des procédures pendantes devant elles afin d'éviter que dans le cadre de contentieux d'espèce, l'annulation d'un arrêté d'expropriation soit sans effet puisqu'intervenant après que le transfert de propriété ait eu lieu et soit devenu incontestable. Cf. J. Lemasurier, La cacophonie juridique du contentieux de l'expropriation, préc.

[132] Sur la transaction en droit administratif, V. A. Lyon-Caen, Sur la transaction en droit administratif, *AJDA* 1997, p. 48.

[133] Celui-ci a en effet invité les Etats membres à développer l'arbitrage pour la résolution des conflits juridiques, Rapport sur la promotion du recours à l'arbitrage pour la résolution des conflits d'ordre juridique, 27 avril 1994, A3-0318/94, PE 208.445.

[134] Circulaire du 6 février 1995, J.O. 15 février 1995, p. 2518.

[135] Elle a été institué dans le secteur hospitalier : article L 710-1-2 al. 2 du Code de la santé publique issu de l'ordonnance n° 96-346 du 24 avril 1996 portant réforme de l'hospitalisation publique et privée.

[136] Circulaire du 9 février 1995, J.O. 15 février 1995, p. 2522 cité par A. Lyon-Caen, Sur la transaction en droit administratif, préc., sp. p. 49.

[137] Cf. R. Romi, Sur les tendances modernes en matière de réparation, *LPA*, 30 juillet 1997, p. 12.

éléments de réflexion sur sa logique et sa portée. Le droit européen ouvre donc d'intéressantes perspectives d'évolution à un droit de la responsabilité qui, à la fin du vingtième siècle se trouve à la croisée des chemins ; perspectives d'évolutions qui, conformément à l'idée phare de l'ensemble des interventions européennes, ont pour axe central le renforcement de la place des particuliers face à l'administration et partant le développement de la protection dont ils bénéficient.

CONCLUSION DE LA SECONDE PARTIE

LE DEVELOPPEMENT DE LA PROTECTION DES PARTICULIERS

L'accroissement de la protection juridictionnelle des particuliers est en effet au centre des préoccupations européennes à travers l'assouplissement des conditions de mise en oeuvre de la responsabilité comme l'orientation vers une fonction toujours plus sociale de la réparation. C'est autour d'elle que s'articulent les transformations que le droit européen est amené à faire connaître au droit français. ; ce qui traduit une évolution de la conception de la responsabilité administrative au regard de l'organisation des rapports entre les particuliers et l'administration. Le droit administratif de la responsabilité n'est plus, dans la conception européenne, aménagé essentiellement de manière à « *concilier les droits de l'Etat avec les droits privés* », mais sa finalité principale est la défense contre l'Etat des droits et des intérêts privés[1]. Elle postule en conséquence un rééquilibrage afin de conforter les seconds et de limiter l'expression du pouvoir discrétionnaire de l'Etat. Outre le seul domaine de la responsabilité, ce phénomène, qui est généralisé à l'ensemble du droit administratif[2], peut être inscrit dans un mouvement de renouveau et de transformation de l'Etat.

De ce point de vue les incidences du droit européen de la responsabilité publique reprennent une idée qui est bien évidemment déjà présente en droit français, mais surtout consacrent le triomphe de la pensée individualiste chère aux anglo-saxons. L'idée qui les anime tranche avec la conception classique des fonctions juridiques de l'Etat, qui selon Duguit se résumait dans un rapport de commandeur à commandé, ainsi qu'avec celle de souveraineté ; ces deux notions impliquant pour Duguit un dépassement de l'individu au nom de la collectivité, le particulier s'affirmant d'abord en tant qu'être social avant de le faire en tant qu'entité individuelle et n'existant que comme « *cellule composante du corps social* »[3]. En effet, le droit européen implique une affirmation de l'individu en tant qu'entité face à l'Etat et la mise en place d'importants mécanismes de garantie en cas d'atteinte par la collectivité à ses droits. Cette conception européenne de l'individualisme, qui est d'inspiration libérale et correspond à une évolution généralisée de la place de l'individu dans les sociétés

---

[1] Ainsi que le souhaitait dès le début des années quatre-vingt-dix le Professeur Chapus : v. R. Chapus, Dualité de juridictions et unité de l'ordre juridique, *RFDA* 1990, p. 53, sp. p. 58.

[2] Puisque les organes du Conseil de l'Europe visent de manière plus générale l'encadrement du pouvoir discrétionnaire de l'Etat dans ses relations avec les particuliers, cf. Résolution (77) 31 sur la protection de l'individu au regard des actes de l'administration adoptée 28 septembre 1977. Cf. également Direction des affaires juridiques, *L'administration et les personnes privées : principes de droit administratif concernant les relations entre les autorités administratives et les personnes privées : un manuel*, Editions du Conseil de l'Europe, 1997.

[3] L. Duguit, *Des fonctions de l'Etat moderne, Etude de sociologie juridique*, extrait de la Revue internationale de sociologie, 1894, Paris, Giard et E. Brière, sp. p. 12 et s. Cf. également M.-J. Redor, *De l'Etat légal à l'Etat de droit. L'évolution des conceptions de la doctrine publiciste française, 1879-1914*, Paris, Economica-PUAM, Collection droit public positif, 1992, p. 60 et s.

occidentales, n'est pas sans risques si elle ne se conjugue pas avec la réaffirmation du rôle du corps social représenté par l'Etat, mais les organes européens eux-mêmes semblent conscients d'un tel danger puisqu'ils affirment le nécessaire maintien de la dimension communautaire de l'Homme en acceptant des limitations de l'action en réparation au niveau national et en affirmant un mécanisme de responsabilité fondé sur la rupture de l'égalité devant les charges publiques aux conditions de mise en oeuvre restrictives[4] ; l'idée de corrélation entre les avantages reçus du fait de l'appartenance à la collectivité et les charges subies dans l'intérêt public est donc maintenue.

Le développement de la protection des particuliers soulève la question, qui a d'ailleurs déjà été envisagée au regard des évolutions du droit français[5] mais à laquelle l'examen du droit européen donne un nouvelle perspective, de savoir de quelle place peut disposer la responsabilité publique dans un système dans lequel la réparation se développe ? Cette interrogation rejoint celle déjà posée de savoir si la responsabilité publique n'en viendrait pas d'une certaine manière à se fondre dans l'indemnisation[6] ? A l'opposée, face à la dissociation fréquente de l'imputabilité du dommage et de l'obligation de réparation et donc au développement d'une certaine idée de la garantie sociale qui ne serait plus nécessairement assumée par l'Etat mais dans le cadre de mécanismes privés et même parfois sectoriels de réparation, par le biais de fonds d'indemnisation par exemple, l'on peut se demander quel est peut être le rôle de la responsabilité publique ? En effet, la multiplication du recours à des fonds en cas de dommages causés à des personnes privées, comme cela pourrait être le cas de par la multiplication des fonds de réparation à laquelle pousse le droit européen, se traduit en pratique, et telle est en tout cas l'évolution que connaît le droit français depuis une quinzaine d'années, par une certaine forme de désengagement des autorités publiques de la garantie de la solidarité nationale puisque est privilégiée une régulation par la société civile elle-même, une régulation par le marché qui participe elle-aussi d'une logique néolibérale individualiste et de dérégulation, même si la garantie par le fonds privé résulte nécessairement d'une initiative publique. Ce désengagement de l'Etat ne doit pas être interprété comme un recul de la responsabilité publique. Bien au contraire, il oeuvre pour son recentrage autour de ses fonctions de réparation propres, à savoir sur la réparation du préjudice causé de son propre fait. De manière plus générale, et sans rentrer dans le détail de ce phénomène qui pourrait faire l'objet de travaux approfondis, il semble que, et le droit européen en faisant valoir sa propre conception participe à ce mouvement, c'est la notion même de responsabilité publique qui est, en cette extrême fin de siècle, en redéfinition.

L'assouplissement des conditions de mise en oeuvre de la responsabilité publique que consacre le droit européen soulève enfin une dernière question qui est celle des limites matérielles de la réparation. La multiplication des fonds d'indemnisation

[4] Recommandation n° R (84) 15 du comité des ministres aux Etats membres relative à la responsabilité publique adoptée par le comité des ministres le 18 septembre 1984, Principe II, point 1, v. également exposé des motifs p. 16 point 27.

[5] V. M. Sousse, *La notion de réparation de dommages en droit administratif français*, BdP, t. 174, LGDJ, Paris, 1994.

[6] Sur ce point, cf. supra, Partie II, titre II, Chapitre II, Section 1; §1, B, 2) : La recherche d'une garantie collective.

implique en effet un plafonnement inévitable des réparations accordées en fonctions des sommes allouées à titre indemnitaire auxdits fonds. De plus, si les conditions de mise en oeuvre de la responsabilité publique s'assouplissent afin d'améliorer la garantie des particuliers, les fonds publics ne sont pour leur part pas extensibles et il ne semble pas concevable de lever de nouveaux impôts pour faire face à un accroissement de l'engagement de la responsabilité difficilement évitable. La question est bien évidemment plus simple pour les personnes publiques autres que l'Etat qui peuvent recourir à l'assurance, même si se posera alors la question de l'augmentation du montant de leurs primes, mais en ce qui concerne l'Etat, la libéralisation des conditions de mise en oeuvre de la responsabilité à laquelle pousse le droit européen nécessite une prise de conscience des autorités nationales, et notamment du juge administratif, qui doivent profiter de la marge de manoeuvre qui leur est reconnue par les instances européennes pour éviter qu'elle aboutisse à une paralysie de l'action publique.

CONCLUSION GENERALE

L'heure est venue de répondre aux interrogations que nous avons soulevées en introduction quant à la nature et aux effets de l'influence du droit européen sur la responsabilité publique en France.

En ce qui concerne sa nature tout d'abord, il est fondamental de relever que les relations qu'entretiennent le droit européen et le droit français ne peuvent se résumer en une simple reprise du premier dans le second. Plus qu'un phénomène d'action, elles traduisent tout d'abord une véritable interaction, le droit français ayant été utilisé, et continuant à l'être à travers le recours au droit comparé, pour l'élaboration du droit européen tout en en subissant en retour les effets.

Mais outre ce phénomène de « rétroaction »[1], l'influence du droit européen sur la responsabilité publique en France entraîne une sorte d'effet « boomerang » puisqu'elle reprend le plus souvent en leur donnant une nouvelle impulsion des tendances déjà existantes en droit français, qu'il s'agisse de la réduction des hypothèses de faute lourde, de l'affirmation de fonctions plus sociales de la responsabilité publique ou de la multiplication de régimes particuliers de responsabilité. Le droit européen a donc principalement pour effet de redynamiser le droit français en amplifiant les tendances qui s'y expriment. C'est en conséquence ensemble qu'ils agissent sur la responsabilité publique, mais de manière centrifuge puisqu'ils vont sous l'influence l'un de l'autre extrapoler certaines orientations du droit interne. Le droit européen peut également agir en synergie avec le droit français afin que tous les deux aboutissent à un phénomène ignoré en droit interne malgré des velléités de le consacrer, tel est le cas en ce qui concerne la responsabilité pour faute du fait des lois. Ainsi le droit européen agit-il sur le droit français moins comme un vecteur immédiat d'évolution, un révélateur de changement, c'est à dire en incitant *ex nihilo* à la transformation de l'ordre juridique national que comme un accompagnateur, un accélérateur et un amplificateur des orientations déjà présentes en matière de responsabilité, en même temps qu'il invite à une réflexion sur la nécessité de les poursuivre, de les développer ou de les maintenir.

L'on ne saurait toutefois en conclure que le droit européen et le droit français de la responsabilité publique sont dans une relation d'émulation réciproque allant dans le sens de l'assouplissement des conditions de mise en oeuvre de la responsabilité publique par un phénomène de surenchère puisque le droit européen n'agit que dans la limite des évolutions nécessaires à son effectivité[2] et qu'il laisse une latitude certaine aux Etats dans la mise en oeuvre de ses implications. C'est donc à ces derniers de fixer des bornes

---

[1] Selon l'expression de J. Schwarze, Tendances vers un droit administratif commun en Europe, *RTDE* 1993, p. 234.

[2] Sur ce point, cf. supra L'européanisation de la responsabilité publique, conc. de la Partie I.

à cet assouplissement, sous réserve de respecter les standards européens, et cela d'autant plus que ces standards ne sont pas intangibles et qu'il est tout à fait possible, à tout le moins en théorie, aux organes européens à l'origine de leur mise en place d'atténuer ou de revenir sur les principes affirmés, toujours bien évidemment dans une mesure compatible avec la mise en oeuvre effective du droit européen. Il n'en demeure pas moins que le niveau minimal de protection affirmé par le droit européen ne saurait être moins exigeant et moins protecteur des droits des particuliers que celui reconnu par les droits nationaux, ainsi que l'a récemment affirmé devant la Cour de Strasbourg le juge Pettiti[3], ce qui implique nécessairement un effet cliquet.

Quant aux effets, on peut en dégager deux. Le premier est la concurrence par le droit européen de l'oeuvre et même de la politique jurisprudentielle[4] menée par le juge administratif depuis près de deux siècles. Son intervention soulève donc la question du rôle des juridictions européennes, Cour de Justice et Cour européenne des droits de l'Homme, et de son articulation avec celui des juridictions nationales.

Plusieurs options sont offertes. La première, assez radicale, serait de lier les secondes aux premières dans un rapport de subordination, les instances européennes constituant un troisième ordre de juridiction auquel les juridictions nationales devraient se soumettre, ce qui ferait échapper une partie du droit de la responsabilité de leur contrôle. Cette solution semble *a priori* assez éloignée de la conception que les organes européens eux-mêmes se font de la coopération en matière juridique et notamment de la coopération juridictionnelle, à travers le mécanisme de renvoi préjudiciel en droit communautaire comme, de manière plus générale, l'idée de dialogue des juges[5].

La seconde option, plus souple et bien évidemment préférable, serait celle d'une cohabitation des juridictions nationales et européennes, mais sa réalisation dépend essentiellement de l'attitude des juridictions françaises.

Tel sera le cas si les juridictions nationales acceptent de collaborer à la mise en oeuvre du droit européen et de discuter les positions européennes c'est à dire de s'ouvrir et de participer activement à la vie du droit européen de la responsabilité publique. Alors le droit européen, loin de constituer un facteur de remise en cause de la place du droit français de la responsabilité, et plus généralement du droit administratif français, parmi les droits nationaux en Europe, pourrait constituer à la fois un défi et une chance, défi de l'adaptation à un cadre institutionnel et d'exercice des compétences juridictionnelles nouveau et chance de retrouver la place prédominante, à tout le moins

---

[3] Dans une opinion dissidente à laquelle se sont joints MM. Gölcüklü, Valticos, Lopes Rocha et Jambrek à l'occasion de l'arrêt du 26 août 1997, Balmer-Schafroth et autres c/ Suisse, « *Les droits nationaux européens ont porté le « standard » de protection judiciaire à un niveau très élevé et (...) le « standard » du système de protection de la Convention européenne ne saurait lui être inférieur* » : CEDH, 9 juillet 1997, Balmer-Schafroth, *Recueil des arrêts et décisions*, 1997-IV, p. 1346.

[4] Pour une étude de ce phénomène, cf. D. Lochak, *Le rôle politique du juge administratif français*, Paris, LGDJ, Bibliothèque de droit public, t. 107, 1972, sp. p. 81 et s. ; P. Weil, Le Conseil d'Etat statuant au contentieux: politique jurisprudentielle ou jurisprudence politique ?, *Annales de la faculté de droit et des sciences économiques d'Aix-en-Provence*, nouvelle série, n° 51, 1959, p. 281-290. En ce qui concerne plus précisément le contentieux de la responsabilité M. Deguergue, Le contentieux de la responsabilité: politique jurisprudentielle et jurisprudence politique, *in* Le droit administratif, *AJDA* n° spécial 1995, p. 211.

[5] V. notamment R. Lecourt, *L'Europe des juges*, Bruxelles, Bruylant, 1976.

au sein des systèmes romano-germaniques, qui était auparavant la sienne. En effet, en participant activement à la discussion de l'interprétation des dispositions de la Convention européenne des droits de l'Homme ou des traités communautaires, à l'élaboration des différentes normes du Conseil de l'Europe, fussent-elles d'une portée simplement programmatoire, ou des Communautés en matière de responsabilité, le juge administratif dispose de la possibilité d'orienter les décisions dans le sens qui lui semble opportun en même temps qu'il diffuse ses conceptions propres et donc la connaissance du droit français, ce qui participe au rayonnement du droit administratif français en Europe et accroît ses potentialités d'influence sur les droits conventionnel et communautaire comme, directement ou indirectement, sur les droits des autres Etats européens. Cette attitude permettrait en outre au Conseil d'Etat, et c'est un avantage supplémentaire qu'a relevé le Professeur Flauss, de contrecarrer les interventions du Conseil constitutionnel dans le droit administratif[6].

En revanche, si le juge administratif refuse de s'impliquer dans la mise en oeuvre du droit européen dans une attitude, sinon de rejet systématique qui n'est plus de mise, mais de passivité, il sera alors voué à subir les évolutions induites par le droit européen, évolutions elles-mêmes fortement empreintes des droits étrangers, allemand et anglais notamment.

Une attitude plus dynamique du juge administratif à l'égard du droit européen de la responsabilité est, en conséquence, à la fois souhaitable et nécessaire. Certes, elle impliquerait inévitablement une perte de spécificité du droit administratif français de la responsabilité par son ouverture aux principes issus des autres Etats européens repris en droit conventionnel ou communautaire -ainsi l'évolution du droit de la responsabilité afin d'accroître la garantie des droits des particuliers est-elle propre au système anglais axé sur le particulier et au système allemand prônant le respect des droits subjectifs des personnes privées et la notion de délai raisonnable du recours en justice pouvant engager la responsabilité du fait de l'activité juridictionnelle provient de l'*Equity*[7]- ; néanmoins elle se situerait dans la perspective d'une évolution logique du droit interne, évolution sous-entendue par des positions jurisprudentielles ou doctrinales, et ne révélerait par conséquent pas de véritable bouleversement puisque le droit de la responsabilité publique poursuivrait une orientation déjà entamée[8]. Une attitude plus ouverte du juge administratif à l'égard du droit européen de la responsabilité passe toutefois par un changement de sa conception des rapports avec les juridictions supranationales de Strasbourg et de Luxembourg. En effet, le droit européen semble longtemps avoir été envisagé par le Conseil d'Etat comme une influence extérieure venant sans autorisation s'immiscer dans la gestion des affaires internes.

---

[6] J.-F. Flauss, Rapport français in J. Schwarze, *Le droit administratif national sous l'influence de l'Europe Une étude sur la convergence des ordres juridiques administratifs nationaux dans l'Union européenne*, Baden-Baden, Nomos Verlagsgesellscheft - Bruylant, 1996, p. 31 et s., sp. p. 105

[7] P.V. Bakers - P. St J. Langan, *Snell's Equity*, 29th edition, London, Sweet and Maxwell, 1990, Chap. 3, The maxims of Equity.

[8] Telle est la position de J.-F. Flauss concernant la question plus générale de l'influence du droit européen sur le droit administratif : J.-F. Flauss, Rapport français in J. Schwarze, *Le droit administratif national sous l'influence de l'Europe Une étude sur la convergence des ordres juridiques administratifs nationaux dans l'Union européenne*, préc., sp. p. 114.

L'attitude adoptée par la Haute Assemblée ces dernières années témoigne cependant d'importants changements qui vont à la fois dans le sens de la limitation des divergences entre ses propres conceptions des implications du droit européen d'une part et les positions des juridictions de Strasbourg et du Kirchberg d'autre part et dans celui du maintien d'un rôle subsidiaire du contrôle européen par rapport au contrôle juridictionnel national.

La limitation des divergences passe par la recherche d'un terrain d'entente entre les juridictions européennes et les positions du Conseil d'Etat. Tel a été le cas en matière de responsabilité pour violation du droit communautaire même si des lacunes subsistent notamment en ce qui concerne la question de la responsabilité du fait des lois[9], mais l'évolution la plus topique concerne la perception par le juge administratif des implications de la Convention et son attitude face à la jurisprudence de Strasbourg. Ainsi, à l'occasion de l'arrêt *Bitouzet* concernant la question de la compatibilité du principe français de non indemnisation des servitudes d'urbanisme avec les exigences tirées de l'article 1 du premier protocole additionnel à la convention relatif au respect des biens, le Conseil d'Etat a-t-il opté pour une attitude profondément novatrice dans sa mise en oeuvre du droit conventionnel et l'appréciation de la compatibilité du droit national avec celui-ci en interprétant le droit français au regard des exigences de la Convention. Il a donc adopté une solution médiane mais tout à fait satisfaisante quant à l'effectivité du respect de la Convention qu'elle assure. Les conclusions rendues à cette occasion par le commissaire du gouvernement Abraham[10] traduisent clairement la volonté d'anticiper une éventuelle condamnation par la Cour de Strasbourg, mais elles montrent surtout que face à trois stratégies possibles : le rejet des implications conventionnelles, le constat de non-conformité de la solution française et la mise en conformité du droit français par une attitude pour le moins constructive d'interprétation tant des potentialités de la Convention en droit français que des moyens présents dans l'ordre interne pour assurer une mise en compatibilité, le juge français a choisi la dernière solution qui lui permet d'éviter une condamnation nécessairement mal vécue.

La volonté de limiter les divergences avec les positions européennes s'est plus généralement manifestée à l'occasion d'autres décisions dont le champ ne se limite pas au contentieux de la responsabilité concernant notamment la question de la conformité des validations législatives avec l'article 6 de la Convention[11] ou celle du respect des principes du procès équitable devant les juridictions disciplinaires[12].

Le juge administratif, à l'occasion de ses positions récentes, témoigne également de la volonté d'affirmer le caractère subsidiaire du contrôle et de l'interprétation du droit administratif français par les organes européens, qu'ils soient communautaires, cela va alors de soit tant le contrôle est rare et indirect, que conventionnel et tel était le cas à l'occasion de l'affaire *Bitouzet* qui a d'ailleurs permis au Conseil d'Etat de se réaffirmer en tant que moteur essentiel de l'évolution comme de l'interprétation du droit administratif puisqu'il est intéressant de relever qu'à l'occasion de cette affaire il n'a pas hésité à compléter une disposition législative en faisant preuve d'une interprétation audacieuse.

---

[9] Sur ces questions, cf. supra Partie II, Titre I, Chapitre I, section III.
[10] CE, Sect., 3 juillet 1998, M. Bitouzet, conc. R. Abraham, *RFDA* 1998, p. 1243.
[11] Avis CE, Ass. 5 décembre 1997, Mme Lambert, *Lebon* p. 460, *AJDA* 1998, p. 149, conc. C. Bergeal.
[12] V. notamment CE, Ass., 14 février 1996, Maubleu, *Lebon* p. 34.

La période actuelle paraît constituer une étape charnière dans l'appréhension par la juridiction administrative des influences externes et notamment du droit européen. Cette dernière semble dorénavant souhaiter, c'est ce qui résulte de la lecture de conclusions de certains de ses membres, et c'est un tournant dans sa conception de l'intervention européenne au niveau interne, que l'influence entre le droit français et le droit conventionnel soit plus activement, notamment à travers le dialogue des juges, à double sens[13].

Le second effet de l'influence du droit européen sur la responsabilité publique est une nécessaire interrogation sur la mise en place, ou à tout le moins sur ce qui constitue les prémices de la mise en place, d'un droit commun de la responsabilité publique en Europe ; mais avant tout il est nécessaire de s'entendre sur le terme même de droit commun. Celui-ci doit être entendu comme le droit concernant tous les membres d'un groupe, à savoir les Etats européens membres des Communautés et/ou du Conseil de l'Europe. Au regard de cette définition le droit européen de la responsabilité publique apparaît bien comme un droit commun permettant le rapprochement des différents systèmes juridiques. Mais l'observation de ce droit commun montre sa grande originalité, originalité qui réside dans sa souplesse puisqu'il procède souvent d'une harmonisation *a minima* par le biais de principes généraux. Il n'empêchera pas les solutions locales là où elles sont nécessaires et donc le maintien de particularismes nationaux dès lors qu'ils sont compatibles avec les exigences et les orientations générales fixées au niveau européen. Il s'agit donc d'un nouveau type de régulation juridique qui s'intègre dans l'émergence d'un droit « flou »[14].

L'émergence d'un droit de la responsabilité publique constituant un droit commun aux Etats européens révèle un phénomène de globalisation du droit ; ainsi en matière de responsabilité extra-contractuelle ce sont les mêmes principes qui s'appliquent aux Communautés et aux Etats membres et, de manière plus vaste, les principes applicables en matière de responsabilité visent l'ensemble des pays membres. Ce phénomène de globalisation n'est bien évidemment *a priori* pas généralisable *ipso facto* à l'ensemble du droit administratif, mais il est intéressant à observer car il révèle comment des systèmes juridiques appartenant à des familles distinctes, romano-germanique et de *Common Law*, peuvent voir leurs droits connaître, pour des raisons qui tiennent à facteurs politiques et économiques, des orientations analogues. Tel était ainsi le constat qu'a dressé à la fin des années soixante-dix le Professeur David à l'occasion d'un colloque organisé par l'Institut universitaire européen en constatant les conséquences du passage à l'Etat providence, au *Welfare state*, sur les droits des pays d'Europe[15].

---

[13] V. les conclusions rendues par le commissaire du gouvernement Schwartz au sujet du respect des principes d'impartialité et de publicité affirmés à l'article 6 de la CEDH dans lesquelles il invite la juridiction administrative à participer activement à l'interprétation du droit conventionnel et donc à *« interpréter de façon raisonnable et fidèle les stipulations de l'article 6-1 et* [à] *leur donner une portée dans le strict respect de l'esprit conventionnel »*, afin le cas échéant, de faire évoluer la jurisprudence de la Cour, conc. R. Schwartz sous CE, 7 janvier 1998, M. Trany, Req. n° 163581, *AJDA* 1998, p. 445, sp. p. 449.

[14] Sur ce point, v. M. Delmas-Marty, *Pour un droit commun*, Librairie du XXème siècle, Paris, Seuil, 1994, sp. p. 121 et s.

[15] V. R. David, Le droit continental, la *Common Law* et les perspectives d'un jus commune européen, in *Nouvelles perspectives d'un droit commun de l'Europe* sld. de M. Cappelletti, Leyden, Sitjhoff-Bruylant, 1978, p. 113 et s., sp. p. 135.

Compte tenu de ce phénomène de globalisation lié à l'existence de finalités et de moyens comparables dans les Etats européens on peut se demander si l'ouverture à l'Est ne pourrait pas être de nature à constituer un obstacle à l'harmonisation des droits de la responsabilité en Europe ? De ce point de vue le caractère extrêmement souple de l'harmonisation permet de réduire le risque de fracture entre les Etats nouvellement accédants aux systèmes juridiques européens et ceux d'Europe de l'Ouest. Le droit commun de la responsabilité pourrait cependant avec leur arrivée sur la scène européenne être pendant quelque temps un droit à deux vitesses.

L'on peut également se demander jusqu'où pourrait aller la régionalisation du droit. En effet, les pays occidentaux poursuivent aujourd'hui des objectifs similaires et sont liés par des intérêts communs. Est-ce à dire que l'évolution du droit applicable sera comparable et orientée dans la même direction dans les pays de l'Europe occidentale et aux Etats-Unis et consacrerait une sorte de mondialisation du droit[16] ?

Quelle que soit la réponse apportée à cette dernière question il n'en demeure pas moins que l'étude de l'influence du droit européen sur la responsabilité publique en France met en exergue les évolutions auxquelles le droit administratif français doit faire face dans un contexte de régionalisation du droit, conformément à l'idée selon laquelle le droit administratif est une matière intimement liée au temps, ce qui exclut toute interprétation statique[17]. La marche vers un droit administratif commun semble bel et bien, à travers l'exemple de la responsabilité, amorcée. Pour autant la mise en place d'un droit administratif véritablement commun sera longue, mais le droit européen permet de passer, selon l'expression de M. Flauss, à un « *autre* » droit administratif, celui du XXIe siècle[18], qui implique l'abandon d'une conception de la légalité juridique purement nationale ; ce qui est le cas à travers la mise en place d'un *corpus juris* commun aux Etats européens regroupant « *les thèmes juridiques fondamentaux à partir desquels les droits nationaux broderaient leurs variations* »[19].

---

[16] L'idée d'un droit mondial est assez ancienne puisqu'elle a été développée dans les travaux de Levy-Ullmann, cf. P. Lepaulle, H. Levy-Ullmann et le droit mondial in *L'oeuvre juridique de Lévy-Ullmann, Contribution à la doctrine moderne sur la science du droit et le droit comparé*, Ouvrage publié sous la direction de L. Julliot de la Morandière et M. Ancel, Paris, CFDC-Editions de l'épargne, 1955, p. 111 ; M. Ancel, La doctrine universaliste dans l'oeuvre de Levy-Ullmann in *L'oeuvre juridique de Lévy-Ullmann*, préc., p. 181 . Cette idée a récemment été reprise par M. Delmas-Marty, *Trois défis pour un droit mondial*, Paris, Seuil-essais, 1998. V. également, A.J. Arnaud, Entre modernité et mondialisation, Cinq leçons d'histoire de la philosophie du droit et de l'Etat, Leçon n° 2, *Le droit, de l'universalisme à la globalisation dans l'histoire de la pensée juridique occidentale*, Paris, LGDJ, Coll. droit et société; 1998, p. 47 et s.

[17] Cf. J. Schwarze, *Le droit administratif national sous l'influence de l'Europe Une étude sur la convergence des ordres juridiques administratifs nationaux dans l'Union européenne*, Baden-Baden, Nomos Verlagsgesellscheft - Bruylant, 1996, Introduction p. 21.

[18] J.-F. Flauss, Rapport français in J. Schwarze, *Le droit administratif national sous l'influence de l'Europe Une étude sur la convergence des ordres juridiques administratifs nationaux dans l'Union européenne*, Baden-Baden Nomos Verlagsgesellscheft - Bruylant Bruxelles, 1996, p. 31 et s., sp. p. 121.

[19] J. Rivero, Vers un droit commun européen : nouvelles perspectives en droit administratif, in M. Cappelletti Dir. *Nouvelles perspectives d'un droit commun de l'Europe*, Leyden, Sitjhoff, 1978, p. 389.

BIBLIOGRAPHIE ET ANNEXES

BIBLIOGRAPHIE

Afin de ne pas alourdir la bibliographie, celle-ci ne reprend que les principaux articles signalés en notes de bas de page et non les articles et notes non directement liés au sujet qui ont servi à illustrer notre propos. Elle intègre en revanche des références générales (ouvrages ou articles) nécessaires à la bonne compréhension du sujet et qui ont été utilisées par l'auteur lors du travail de rédaction.

I- OUVRAGES GENERAUX

ABRAHAM R., *Droit international, droit communautaire et droit français*, Paris, Hachette, 1989, 223 p.

ARNAUD A.-J., BELLEY J.-G., CARTY, J.-A., *Dictionnaire encyclopédique de théorie et de sociologie du droit*, Paris, LGDJ, 1993, 758 p.

AUBY J.-M., DRAGO R., *Traité de contentieux administratif*, 2 tomes, 3ème édition, Paris, LGDJ, 1984, t 1 1014 p., t 2 718 p.

AUBY J.-M., DRAGO R., *Traité des recours en matière administrative*, Paris, Litec, 1992, 686 p.

BARAV A., PHILIP C., *Dictionnaire juridique des communautés européennes*, Paris, P.U.F, 1993, 1181 p.

BENOIT F.-P., *Le droit administratif français*, Dalloz, Paris, 1968, 898 p.

BRAIBANT G., *Le droit administratif français*, Paris, FNSP - Dalloz, Amphithéâtre, 4ème édition, 1997, 567 p.

CHAPUS R., *Droit administratif général*, t 1, 10ème édition, Paris, Montchrestien, 1996, 725 p.

CHAPUS R., *Droit du contentieux administratif*, 4ème édition, Paris, Montchrestien, 1993, 1045 p.

COHEN-JONATHAN G., *La Convention européenne des droits de l'Homme*, Paris, Economica - PUAM, coll. Droit public positif, 1989, 606 p.

CONSEIL DE L'EUROPE, *Droits de l'Homme en droit international*. Textes de base, Strasbourg, Conseil de l'Europe, Section des publications, 1985, 483 p.

DARCY G., *Responsabilité de l'administration*, Paris, Dalloz, Connaissance du droit, 1996, 157 p.

DAVID R., JAUFFRET-SPINOSI C., *Les grands systèmes du droit contemporain*, 10ème édition, Paris, Dalloz, 1992, 523 p.

DE LAUBADERE A., MODERNE F., DELVOLVE P., *Traité des contrats administratifs*, 2 tomes, 2ème édition, Paris, LGDJ, t 1 1983, 808 p., t 2 1984., 1124 p.

DEBBASCH C., *Droit administratif*, Paris, Cujas, 1971, 624 p.

DEBBASCH C., RICCI J.-C., *Droit du contentieux administratif*, 4ème édition, Paris, Dalloz, 1985, 1013 p.

DELVOLVE P., *Le droit administratif*, Paris, Dalloz, Coll. Connaissance du droit, 1994, 134 p.

DRAGO R. (DIR.), *Répertoire Dalloz - Responsabilité de la puissance publique* (mise à jour périodique).

Dubois J.-P., *La responsabilité administrative*, Paris, La Découverte, 1996, 124 p.
Duguit L., *Traité de droit constitutionnel*, 3ème édition, 3 tomes, Paris, De Boccard, 1927-1930, t 1 763 p., t 2 888 p., t 3 856 p.
Eisenmann C., Cours de droit administratif, 2 tomes, Paris, LGDJ, 1983, t 1 786 p., t 2 908 p.
Guettier C., *La responsabilité administrative*, Paris, LGDJ, coll. Systèmes, 1996, 191 p.
Hauriou M., *Précis de droit administratif*, 12ème édition, Paris, Sirey, 1933, 1150 p.
Isaac G., *Droit communautaire général*, 4ème édition, Paris, Masson, Coll. Droit Science économique, 1994, 328 p.
Jeze G., *Principes généraux du droit administratif*, 3ème édition, 3 tomes, Paris, Marcel Girard, 1925, t 1 445 p., t 2 848 p., t 3 519 p.
Joliet R., *Le droit institutionnel des communautés européennes, le contentieux*, Liège, Université de Liège, 1981, 302 p.
Lafferiere E., *Traité de la juridiction administrative et des recours contentieux*, 2 tomes, (1ère édition 1887), Paris, réimp. LGDJ, 1989, t 1 670 p., t 2 675 p.
Legendre P., *Trésor historique de l'Etat en France, l'administration classique*, Paris, Fayard, rééd., 1992, 638 p.
Madiot Y., *Droits de l'Homme*, 2ème édition, Paris, Masson, 1991, 230 p.
Manin P., *Les communautés européennes, l'Union européenne*, 2ème édition., Paris, Coll. Etudes internationales, Pédone, 1996, 429 p.
Maurer H., *Manuel de droit administratif allemand*, traduit par M. Fromont, Paris, LGDJ, 1995, 421 p.
Mayer O., *Le droit administratif allemand*, Edition française par l'auteur, 4 tomes, Paris, Edition Giard et Brière, 1883-1906, t 1 318 p., t 2 317 p., t 3 322 p., t 4 405 p.
Mazeaud H., Mazeaud L., Chabas, F., *Leçons de droit civil*, t 2, vol 1 théorie générale des obligations, 8ème édition, Paris, Montchrestien, 1991, 1355 p.
Moreau J., *Droit administratif*, Paris, P.U.F., coll. Droit fondamental, P.U.F., 1989, 576 p.
Moreau J., *La responsabilité administrative*, 2ème édition, Que sais-je?, Paris, P.U.F., 1995, 120 p.
Nguyen Quoc Dinh, P. Daillier, A. Pellet, *Droit international public*, 4ème édition, Paris, LGDJ, 1992, 1269 p.
Odent R., *Contentieux administratif*, 4 vol., Paris, Les cours de droit, 1978, 1601 p.
Paillet M., *La responsabilité administrative*, Paris, Cours Dalloz, 1996, 287 p.
Pettiti L.-E., Decaux E., Imbert P.-H., *La Convention européenne des droits de l'Homme*. Commentaire article par article, Paris, Economica, 1995, 1230 p.
Richer L., *Droit des contrats administratifs*, Paris, LGDJ, 1995, 492 p.
Rideau J., *Manuel de droit institutionnel de l'Union et des Communautés européennes*, 2ème édition, Paris, LGDJ, 1996, 1011 p.
Rivero J., Waline J., *Droit administratif*, Paris, précis Dalloz, 17ème édition, 1998, 529 p.
Rolland L., *Précis de droit administratif*, 2ème édition, Paris, coll. Petits précis Dalloz, Dalloz, 1928, 508 p.
Rougevin-Baville M., *La responsabilité administrative*, Paris, Hachette, coll. Les fondamentaux, 1992, 159 p.

Rougevin-Baville M., Denoix de Saint-Marc R., Labetoulle D., *Leçons de droit administratif*, Paris, Hachette, coll. Supérieur, 1989, 639 p.
Rousseau D., *Droit du contentieux constitutionnel,* Paris, Montchrestien, Coll. Domat-Droit public, 4ème édition, 1995, 438 p.
Simon D., *Le système juridique communautaire*, P.U.F, coll. Droit fondamental, 1997, 536 p.
Sourdat M.-A., *Traité général de la responsabilité*, 2 tomes, 5ème édition, Paris, Marchal et Billard, 1902, t 1 856 p., t 2 930 p.
Sudre F., *Droit international et européen des droits de l'Homme,* Paris, PUF, coll. Droit fondamental, 1989, 304 p.
Sudre F., *La Convention européenne des droits de l'Homme*, 3ème édition, Paris, PUF, Que sais-je ?, 1994, 127 p.
Teitgen P.-H., *Droit institutionnel communautaire,* Paris, Les cours de droit, 1971, 453 p.
Vedel G., Delvolve P., *Droit administratif*, 2 tomes, 12ème édition, Paris, coll. Thémis, P.U.F, 1992, t 1 416 p., t 2 802 p.
Velu J., Ergec R., *La convention européenne des droits de l'Homme*, extrait du répertoire pratique du droit belge, complément, t 7, Bruxelles, Bruylant, 1990, 1185 p.
Viney G., *Introduction à la responsabilité : évolution générale, responsabilité civile et responsabilité pénale, responsabilité contractuelle et responsabilité délictuelle*, 2ème édition, Paris, LGDJ, 1995, 471 p.
Wade H.W.R., *Administrative Law*, Oxford, Clarendon Press, 1961, 290 p.
Waline M., *Traité de droit administratif*, 8ème édition, Paris, Sirey, 1959, 920 p. et une mise à jour.
Weil P., *Le droit administratif*, 14ème édition, Paris, Que-sais-je ?, P.U.F., 1991, 127 p.
Weill A., Terre F., *Droit civil, Introduction générale*, 4ème édition, Paris, Précis Dalloz, 1979, 500 p.

II- THESES, MONOGRAPHIES ET OUVRAGES SPECIAUX

Andriantsimbazovina J., *L'autorité des décisions de justice constitutionnelles et européennes sur le juge administratif français*, BDP t 192, Paris, LGDJ, 1998, 662 p.
Archives de philosophie du droit, *La responsabilité*, Tome 22, 1979, 320 p.
Ardant P., *La responsabilité de l'Etat du fait de la fonction juridictionnelle*, Thèse, Paris, LGDJ, 1956, 294 p.
Arnaud A.-J., *Pour une pensée juridique européenne*, Paris, P.U.F., Les voies du droit, 1991, 304 p.
Association Henri Capitant, Journees nationales, *Le renouvellement des sources du droit des obligations*, Journées nationales, t 1, Lille, 1996, Paris, LGDJ, 1997, 189 p.
Atias C., *Epistémologie du droit*, Que sais-je ?, Paris, P.U.F., 1994, 127 p.
Auby J.-M., Fromont M., *Les recours juridictionnels contre les actes administratifs dans les pays de la Communauté économique européenne*, Paris, Dalloz, 1971, 473 p.

AUBY J.-M., FROMONT M., *Les recours juridictionnels contre les actes administratifs spécialement économiques dans le droit des Etats membres de la Communauté économique européenne*, Rapport final, Bruxelles, Collection Etudes, série Concurrence, rapprochement des législations, n° 12, 1971, 63 p.

AUDRETSCH H. A. H., *Supervision in european community law*, 2nd revised edition, Deventer, Kluwer, 1986, 782 p.

BARAV A., *La fonction communautaire du juge national*, Thèse Strasbourg III, Dactyl., 1983, 612 p.

BELAID S., *Essai sur le pouvoir créateur et normatif du juge*, Paris, LGDJ, Bibliothèque de philosophie du droit t 17, 1974, 360 p.

BELL J., BRADLEY A. W., *Governmental liability : a comparative study*, United Kingdom national committee of comparative law, vol. 13, London, 1991, 294 p.

BLECKMANN A., DELANNAY P., GOLSONG H., KOVAR R., MERTENS P., LOUIS J.-V., VELU J., *Les recours des individus devant les instances nationales en cas de violation du droit européen, Communautés européennes - Convention européenne des droits de l'Homme*, Colloque organisé par l'Institut d'études européennes, Université Libre de Bruxelles, Bruxelles, Editions Maison F. Larcier, 1978, 347 p.

BONNARD R., *Le contrôle juridictionnel de l'administration. Etude de droit administratif comparé*, Paris, Librairie Delagrave, coll. Bibliothèque de droit international public, t 6, 1934, 266 p.

BRACONNIER S., *Jurisprudence de la Cour européenne des droits de l'Homme et droit administratif français*, Thèse, 1995, Bruxelles, Bruylant, 1997, 590 p.

BRECHON-MOULENES C., *Les régimes législatifs de responsabilité*, Thèse BDP t 112, Paris, LGDJ, 1974, 559 p.

BRUNET J.-F., *De la responsabilité de l'Etat législateur*, Thèse, 1936, Université de Paris, Faculté de droit, 165 p.

BUFFET-TCHACKALOFF M.-F., *La France devant la Cour de Justice des communautés européennes*, Paris, Economica-PUAM, 1985, 404 p.

BURGOGUE-LARSEN L., *L'Espagne et la Communauté européenne. L'Etat des autonomies et le processus d'intégration européenne*, Université de Bruxelles, Bruxelles, Coll. Etudes européennes, 1995, 471 p.

C.N.R.S. - I.F.S.A., *Trentième anniversaire des tribunaux administratifs*, Paris, Editions du CNRS, 1986, 377 p.

C.E.R.A.P., *Le contrôle juridictionnel de l'administration: bilan critique*, Economica, 1991, 259 p.

C.U.R.A.P.P., *Le droit administratif en mutation*, Centre universitaire de recherches administratives et politiques de Picardie, Paris, P.U.F., 1993, 321 p.

CAPELLETTI M., *Nouvelles perspectives d'un droit commun en Europe, institut universitaire européen*, Londres-Bruxelles, Sitjhoff Bruylant, 1978, 406 p.

CARBONNIER J., *Droit et passion du droit sous la Ve République*, Forum, Paris, Flammarion, 1996, 296 p.

CARRE DE MALBERG R., *Contribution à la théorie générale de l'Etat*, 2 tomes, Sirey, 1920, reproduction, CNRS, 1962, t 1 839 p., t 2 638 p.

CHAPUS R., *Responsabilité publique et responsabilité privée*, Les influences réciproques des jurisprudence administrative et judiciaire, 2ème édition, Paris, LGDJ, 1957, 592 p.

CHASSERIAU R.E.S., *Les rapports de la responsabilité contractuelle et de la responsabilité extra-contractuelle en droit administratif*, Thèse, Paris, 1952, 171 p.

CHEVALLIER J., *L'élaboration historique du principe de séparation de la juridiction administrative et de l'administration active*, BDP, t 97, Paris, LGDJ, 1970, 319 p.

CHEVALLIER J., *L'Etat de droit*, 2ème édition, Paris, Montchrestien, coll. Clefs politiques, 1994, 158 p.

COLLECTIF, *Le Conseil d'Etat. Livre jubilaire pour commémorer son cent cinquantième anniversaire 4 nivôse an VIII - 24 décembre 1949*, Paris, Sirey, 1952, 695 p.

COMMISSION POUR LE DROIT EUROPEEN DU CONTRAT (PDT O. LANDO), *Les principes du droit européen du contrat, L'exécution, l'inexécution et ses suites*, version française par G. Rouhette, I. de Lamberterie et D. Tallon, Paris, La documentation française, 1997, 293 p.

CONSEIL D'ETAT (COMITE DU RAYONNEMENT FRANÇAIS), *Quel droit en Europe ? Quel droit pour l'Europe ?*, Paris, La documentation française, 1990, 223 p.

CONSEIL DE L'EUROPE, *La responsabilité de l'Etat et des collectivités publiques régionales et locales pour les dommages causés par leurs agents et leurs services administratifs*, Actes du 9ème colloque de droit européen, Université de Complutense, Madrid, 2-4 octobre 1979, Strasbourg, Editions du Conseil de l'Europe, 1981, 185 p.

CONSEIL DE L'EUROPE, *Pouvoir judiciaire et responsabilité publique pour les actes juridictionnels*, Actes du 9ème colloque de droit européen, Bordeaux, 17-19 juin 1985, Strasbourg, Editions du Conseil de l'Europe, 1986, 149 p.

CONSEIL DE L'EUROPE, *La protection des individus à l'égard des actes de l'administration; jurisprudence des organes de la convention européenne des droits de l'Homme et recommandations du comité des ministres*, doc H (95) 13, 137 p.

CONSEIL DE L'EUROPE, *Responsabilité pénale et responsabilité civile des professionnels - Actualité et avenir des notions de négligence et de risque*, 22ème colloque de droit européen, La Laguna, 17 -19 novembre 1992, Strasbourg, Editions du Conseil de l'Europe, 1995, 392 p.

CONSEIL DE L'EUROPE, *Pouvoir discrétionnaire et problèmes de responsabilité, 25ème colloque de droit européen*, Oxford, R.-U., 27-29 septembre 1995, Strasbourg, Editions du Conseil de l'Europe, 1997, 214 p.

CONSEIL DE L'EUROPE, *L'administration et les personnes privées - Principes de droit administratif concernant les relations entre les autorités administratives et les personnes privées - Un manuel*, Strasbourg, Editions du Conseil de l'Europe, 1997, 566 p.

CONSTANT B., *De la liberté chez les modernes*, textes choisis, Paris, Le livre de poche, coll. Pluriel, 1980, 703 P.

CONSTANT B., *Principes de politique*, 1806-1810, rééd. Pluriel, Paris, Le livre de poche, 1997, 447 p.

CORNU G., *Etude comparée de la responsabilité délictuelle en droit privé et en droit public*, Paris, Matot-Braine, 1951, 296 p.

DABIN J., *La philosophie de l'ordre juridique positif spécialement dans ses rapports de droit privé*, Paris, Sirey, 1929, 791 p.

DAVIGNON J.-F., *La responsabilité objective de la puissance publique*, thèse, Lyon, Grenoble S.R.T., 1976, 416 p.

DE BECHILLON, *Qu'est-ce qu'une règle de droit ?*, Paris, Editions Odile Jacob, 1997, 302 p.

DE GASTINES L., *Les présomptions en droit administratif*, Paris, LGDJ, 1991, 140 p.

DE WITTE B., *Le droit commun de l'Europe et l'avenir de l'enseignement juridique*, Deventer, Kluwer, 1992, 764 p.

DEBBASCH C.(DIR.), *Administration et administrés en Europe*, Actes du colloque, Le contrôle juridictionnel et les nouveaux modes de protection en Europe, tenu à Aix en octobre 1983, Paris, éditions du CNRS, 1984, 352 p.

DEGUERGUE M., *Jurisprudence et doctrine dans l'élaboration du droit de la responsabilité administrative*, Paris, LGDJ, BDP t 171, 1994, 884 p.

DELMAS-MARTY M., *Raisonner la raison d'Etat - Vers une Europe des droits de l'Homme*, Paris, PUF, Coll. Les voies du Droit, 1989, 512 p.

DELMAS-MARTY M., *Pour un droit commun*, Paris, Librairie du XXème siècle, Seuil, 1994, 305 p.

DELMAS-MARTY M., *Trois défis pour un droit mondial*, Paris, Seuil-essais, 1998, 201 p.

DELMAS-MARTY M., TEITGEN-COLLY C., *Punir sans juger, de la répression administrative au droit administratif pénal*, Paris, Economica, 1992, 191 p.

DELVOLVE P., *Le principe d'égalité devant les charges publiques*, Thèse 1966, Paris, LGDJ, 1969, 468 p.

DESSENS A., *Essai sur la notion d'équité*, Thèse, Boisseau, Toulouse, 1934, 256 p.

DORLENCOURT-DETRAGIARCHE D., *Contribution à une théorie de la carence*, Thèse, 2 tomes, Paris II, 1972, 984 p.

DRAGO R., *La responsabilité administrative en droit comparé*, Cours de la Faculté internationale pour l'enseignement du droit comparé, Strasbourg, Printemps 1966, n° 551-552, 78 p.

DUBOUIS L., *La théorie de l'abus de droit et la jurisprudence administrative,* t 45, Paris, LGDJ, BDP, 1962, 472 p.

DUEZ P., *Les actes de gouvernement*, Paris, Sirey, Bibliothèque de droit international public, t 7, 1935, 215 p.

DUEZ P., *La responsabilité de la puissance publique (en dehors du contrat)*, 2ème édition, Paris, Dalloz, 1938, 343 p.

DUGUIT L., *Le droit social, le droit individuel et la transformation de l'Etat*, Conférences faites à l'Ecole des Hautes Etudes Internationales, 3ème édition revue et augmentée, Paris, F. Alcan, 1908, 160 p.

DUGUIT L., *Des fonctions de l'Etat moderne, Etude de sociologie juridique*, extrait de la Revue internationale de sociologie, Paris, Giard et E. Brière, 1894, 37 p.

DUGUIT L., *Les transformations du droit public*, Paris, A. Colin, 1913, 285 p.

DURAND C., *Les rapports entre les juridictions administratives et judiciaires*, Nancy, Société d'impression typographique, 1954, 506 p.

EWALD F., *Le problème français des accidents thérapeutiques, Enjeux et solutions*, Rapport à M. B. Kouchner, Ministre de la santé et de l'action humanitaire, Sept. 1992, La documentation française, 260 p.

EWALD F., *Histoire de l'Etat providence - Les origines de la solidarité*, Paris, Le livre de poche, coll. Biblio essais, 1996, 317 p.

FAIRE F., *Les transformations des principes de la responsabilité en droit public et* *privé*, Thèse, Paris, 1923, 168 p.

FAVOREU L., *Le déni de Justice en droit public français*, Paris, LGDJ, BDP, t 61, 1964, 583 p.

FINES F., *Etude de la responsabilité extracontractuelle de la communauté économique européenne: de la référence aux " principes généraux communs " (art. 215 al. 2) à l'édification jurisprudentielle d'un système autonome*, Paris, LGDJ, Bibliothèque de droit international, t 101, 1990, 501 p.

FLOGAÏTIS S., *Administrative law et droit administratif*, Thèse, Paris, LGDJ, 1986, 250 p.

FRASELLE (ED.) N., *La responsabilité du prestataire de services et du prestataire de soins de santé, une proposition de directive européenne*, Bruxelles, Académia Bruylant, 1992, 289 p.

FROMONT M., *La répartition des compétences entre les tribunaux civils et administratifs en droit allemand*, Paris, LGDJ, BDP, t. 33, 1960, 305 p.

GAUDEMET Y., *Les méthodes du juge administratif*, Paris, LGDJ, BDP, t 108, 1974, 323 p.

GENY F., *Méthode d'interprétation et sources en droit privé positif*, Paris, LGDJ, 1919, réimp. 2 tomes, 1995, 410 p.

GJIDARA M., *La fonction administrative contentieuse. Etude de science administrative*, t 5, Paris, LGDJ, coll. Bibliothèque de science administrative, 1972, 483 p.

GOHIN O., *La contradiction dans la procédure administrative contentieuse*, Paris, LGDJ, BDP t 151, 1988, 495 p.

HAGUENAU C., *L'application effective du droit communautaire en droit interne. Analyse comparative des problèmes rencontrés en droit français, anglais, et allemand*, Bruxelles, Editions Bruylant - Editions de l'Université de Bruxelles, 1995, 619 p.

HELIN J.-C., *Faute de service et préjudice dans le contentieux de la responsabilité pour illégalité*, Thèse 1969, Ronéo, 618 p.

HEUKELS T., MCDONNELL A., *The Action for Damages in Community Law*, Kluwer Law international, 1997, 451 p.

HUSSON L., *Les transformations de la responsabilité, Etude sur la pensée juridique*, P.U.F., Paris, 1947, 544 p.

JOURNEES RENE SAVATIER, *Les métamorphoses de la responsabilité, sixièmes journées René Savatier, Poitiers, 15 et 16 mai 1997*, Colloque commun aux Facultés de droit de l'Université de Montréal, de l'Université catholique de Nimègue et de l'université de Poitiers, Publications de la Faculté de droit et des sciences sociales de Poitiers, Paris, P.U.F., 1997, 242 p.

KASTANAS E., *Unité et diversité: notions autonomes et marge d'appréciation des Etats dans la jurisprudence de la Cour européenne des droits de l'Homme*, Bruxelles, Bruylant, 1996, 480 p.

KELSEN H., *Théorie générale du droit et de l'Etat*, traduit de l'allemand par V. Faure, Paris, LGDJ-Bruylant, 1997, 517 p.

KELSEN H., *Théorie pure du droit*, adaptée de l'allemand par H. Thévenaz, 2nde édition, Etre et penser, Cahiers de philosophie, Neufchâtel, Suisse, Editions de la Baconnière, 1988, 296 p.

KOECHLIN F., *La responsabilité de l'Etat en dehors des contrats de l'an VIII à 1873*,

Paris, LGDJ, BDP t. 12, 1957, 170 p.

LARZUL T., *Les mutations des sources du droit administratif*, Thèse, Paris, L'Hermès, 1994, 445 p.

LECOURT R., *L'Europe des juges*, Bruxelles, Bruylant, 1976, 321 p.

LLORENS-FRAYSSE F., *La présomption de faute dans le contentieux de la responsabilité*, Thèse, Paris, LGDJ, BDP, t 145, 1984, 380 p.

LOCHAK D., *Le rôle politique du juge administratif français*, Paris, LGDJ, Bibliothèque de droit public t 107, 1972, 351 p.

LUCHET J., *L'arrêt Blanco. La thèse de la compétence administrative en matière de responsabilité civile de l'Etat*, Thèse Nancy, Paris, Les presses modernes, 1935.

MACDONALD R. ST. J., MATSCHER F., PETZOLD H., *The european system for the protection of human rights*, Dordrecht, Nijhoff, 1993, 1993, 940 p.

MADIOT Y., *Considérations sur les droits et les devoirs de l'Homme*, Bruxelles, Bruylant, 1998, 264 p.

MARCOU G.(DIR.), *Les mutations du droit de l'administration en Europe - Pluralismes et convergences*, Paris, L'Harmattan, Coll. Logique juridique, 1995, 351 p.

MATHIEU B., *Les validations législatives : Pratique législative et jurisprudence constitutionnelle*, Paris, Economica-Puam, coll. Droit public positif, 1987, 329 p.

MAX PLANCK-INSTITUT FÜR AUSLÄNDISCHES ÖFFENTLICHES RECHT UND VÖLKERRECHT, *La Responsabilité de l'Etat pour le comportement illégal de ses organes*, Köln-Berlin, Carl Heymanns Verlag, KG, 1967, 899 p.

MERTENS P., *Le droit à un recours effectif devant les instances nationales en cas de violation d'un droit de l'Homme. Analyse des incidences de l'article 13 de la Convention européenne de sauvegarde des droits de l'Homme et des libertés fondamentales*, Bruxelles, Editions de l'Université de Bruxelles, Collection Thèses et travaux juridiques, 1973, 161 p.

MESTRE A., *Le Conseil d'Etat, protecteur des prérogatives de l'Administration*, Paris, LGDJ, BDP t 116, 1974, 305 p.

MODERNE F., *Les quasi-contrats administratifs*, Paris, Sirey, Collection Droit public, 1995, 132 p.

MONTANE DE LA ROQUE P., *L'inertie des pouvoirs publics*, Thèse Toulouse, 1948, Paris, Dalloz, 1950, 546 p.

MOREAU J., *L'influence de la situation et du comportement de la victime sur la responsabilité administrative*, Paris, LGDJ, BDP, t 7, 1957, 263 p.

NEGRIN J.-P., *Contentieux de l'excès de pouvoir et contentieux de pleine juridiction. De la dualité ou de l'unité du contentieux administratif français*, Aix-en-Provence, Centre de recherches administratives, 1976, 208 p.

PAILLET M., *La faute du service public en droit administratif*, Paris, LGDJ, BDP, t 136, 1980, 434 p.

PESCATORE P., *Le droit de l'intégration, Emergence d'un phénomène nouveau dans les relations internationales selon l'expérience des Communautés européennes*, Genève, Sijthoff - Leyden, Institut universitaire des hautes études internationales, 1972, 100 p.

POTVIN L., *L'effet des jurisprudences européennes sur la jurisprudence du Conseil d'Etat*, Thèse Paris II, 2 tomes, 1994, Dactyl., 970 p.

RIALS S., *Le juge administratif français et la technique du standard*, Paris, LGDJ, BDP t 135, 1980, 564 p.

RICHER L., *La faute du service public dans la jurisprudence du Conseil d'Etat*, Paris, Economica 1978, 183 p.

RIDEAU J., TORELLI M., CHEVALLIER R.-M., GERBET P., *La France et les communautés européennes*, Paris, LGDJ, 1975, 1070 p.

ROBERT J., *Les violations de la liberté individuelle commises par les agents publics et le problème des responsabilités*, Paris, LGDJ, BDP t 1, 1955, 328 p.

ROBINSON O. F., FERGUS T. D., GORDON W. M., *An introduction to European legal history*, Londres, Professional Books limited, 1985, 570 p.

ROSANVALLON P., *La crise de l'Etat providence*, Paris, rééd. Points Seuil, 1994, 183 p.

ROUBIER P., *Droits subjectifs et situations juridiques*, Paris, Dalloz, Coll. philosophie du droit, 1963, 452 p.

SABOURIN P., *Recherches sur la notion d'autorité administrative en droit français*, Paris, LGDJ, BDP, t 69, 1966, 395 p.

SANDEVOIR P., *Etudes sur le recours de pleine juridiction*, Paris, LGDJ, BDP t 56, 1964, 461 p.

SAVATIER R., *Du droit civil au droit public à travers les personnes, les biens et la responsabilité civile*, Paris, LGDJ, 1950, 179 p.

SCHERMERS H. G., HEUKELS T., MEAD P., *Non contractual liability of the european communities*, Martinus Nijhoff publishers, Europa Institut, University of Leyden, 1988, 243 p.

SCHERMERS H. G., WAELBROCK D., *Judicial protection in the european communities*, Europa institut, University of Leyden, 5th edition, Denventer, The Netherlands, Kluwer Law and taxation, 1992, 585 p.

SCHWARTZ B., *French administrative law and the common law of europe*, préf. A.T. Vanderbilt, New York, New-York university press, 1954, 367 p.

SCHWARZE J., *Droit administratif européen*, 2 tomes, Office des publications officielles des Communautés européennes, Bruxelles, Bruylant, 1994, 1631 p.

SCHWARZE J., *Le droit administratif national sous l'influence de l'Europe Une étude sur la convergence des ordres juridiques administratifs nationaux dans l'Union européenne*, Baden-Baden, Nomos Verlagsgesellscheft - Bruylant, 1996, 845 p.

SENKOVIC P., *L'évolution de la responsabilité de l'Etat législateur sous l'influence du droit communautaire*, Thèse Paris II, 1998, Dactyl., 491 p.

SERMET L., *Convention européenne des droits de l'Homme et contentieux administratif français*, Coll. Coopération et développement, Paris, Economica 1996, 450 p.

SIMON D., *L'interprétation judiciaire des traités d'organisations internationales*, Publications de la RGDIP n° 37, Paris, Pédone, 1981, 936 p.

SINGH M. P., *German administrative law in common law perspective*, Heidelberg, Springer-Verlag Berlin, 1985, 194 p.

SOURDOIS J., *La responsabilité de l'Etat agissant dans l'exercice de la puissance publique*, Thèse, Bordeaux, Cadoret, 1908, 179 p.

SOUSSE M., *La notion de réparation de dommages en droit administratif français*, Paris, LGDJ, BDP t 174, 1994, 541 p.

STASSINOPOULOS M., *Responsabilité civile de l'Etat du fait des actes de gouvernement ayant trait aux relations internationales*, Paris, LGDJ, 1961, 53 p.

STRUILLOU J.-F., *Protection de la propriété privée immobilière et prérogatives de puissance publique. Contribution à l'étude de l'évolution récente du droit français au* *regard des principes dégagés par le Conseil constitutionnel et la Cour européenne des droits de l'Homme*, Paris, L'Harmattan, 1996, 523 p.

Subra de Bieusses P., *Les servitudes administratives*, Paris, Berger-Levrault, 1976, 372 p.

Sudre F., *Le droit français et la Convention européenne des droits de l'Homme*, 1974-1992, Strasbourg, ENGEL, 1994, 315 p .

Teisseire M., *Essai d'une théorie générale sur le fondement de la responsabilité - Etude de droit civil*, Thèse, Marseille, 1901, Paris, Rousseau, éditeur, Librairie nouvelle de droit, 1901, 333 p.

Terneyre P., *La responsabilité contractuelle des personnes publiques en droit administratif*, Paris, Economica, 1989, 344 p.

Thouroude J.-J., *La faute qualifiée dans la jurisprudence administrative*, Thèse Caen 1974, Ronéo, 326 p.

Tirard P., *De la responsabilité de la puissance publique : essai d'une théorie générale*, Paris, Rousseau, 1906, 262 p.

Touscoz J., *Le principe d'efficacité dans l'ordre international*, Paris, LGDJ, coll. Bibliothèque de droit international, t 26, 1964, 280 p.

Truchet D., *Les fonctions de la notion d'intérêt général dans la jurisprudence du Conseil d'Etat*, Paris, LGDJ, BDP t 125, 1977, 394 p.

Vandersanden G., Dony M., *La responsabilité des Etats membres en cas de violation du droit communautaire, Etudes de droit communautaire et de droit national comparé*, Bruxelles, Bruylant, 1997, 413 p.

Vasak K., *La Convention européenne des droits de l'Homme*, Paris, LGDJ, coll. Bibliothèque constitutionnelle et de science politique, t 10, 1964, 328 p.

Vedel G., Delvolve P., *Le système français de protection des particuliers contre l'Administration*, Paris, Sirey, coll. Droit public, 1991, 280 p.

Viney G., *Le déclin de la responsabilité individuelle*, Thèse, Préf. A. Tunc, Paris, LGDJ, Bibliothèque de droit privé, t 53, 1965, 416 p.

Von Jhering R., *L'esprit du droit romain dans les diverses phases de son développement*, 2 tomes, Bologna, Forni editore, 1969, t 1 360 p., t 2 309 p., t 3 369 p., t 4 457 p.

Waline M., *L'individualisme et le droit*, Paris, Domat-Montchrestien, 1945, 426 p.

Weisse-Marchal C., *Le droit communautaire et la responsabilité extra-contractuelle des Etats membres : principes et mise en oeuvre*, Thèse Metz, 1996, Dactyl., 432 p.

Zampini F., *La responsabilité de l'Etat du fait du droit communautaire*, Thèse Lyon III, 1992, Dactyl., 729 p.

III- ETUDES, ARTICLES, NOTES

Abraham R., Les incidences de la Convention européenne des droits de l'Homme sur le contentieux administratif français, *RFDA* 1990, pp. 1053-1064.

Abraham R., Les incidences de la CEDH sur le droit constitutionnel et administratif des Etats parties, *RUDH* 1992, pp. 409-418.

Abraham R., Le juge administratif français et la Cour de Strasbourg, in *Quelle Europe* *pour les droits de l'Homme? La Cour de Strasbourg et la réunion d'une Europe plus étroite: 35 années de jurisprudence: 1959-1994*, Bruxelles, Bruylant, 1996, pp. 235-247.

ALBERTON G., Le régime de responsabilité du fait des lois confronté au droit communautaire : de la contradiction à la conciliation, *RFDA* 1997, pp. 1017-1038.

AMIEL H., La transposition des directives recours dans le contentieux administratif français, *RRJ* 1996, pp. 65-82.

AMSELEK P., La détermination de la personne responsable d'après la jurisprudence administrative in *Etudes de droit public*, Paris, Cujas, 1964, pp. 289-376.

AMSELEK P., La responsabilité sans faute des personnes publiques d'après la jurisprudence administrative, in *Mélanges Charles Eisenmann*, Paris, Cujas, 1975, pp. 233-262.

AMSELEK P., La répétition de l'indu payé aux personnes publiques, in *Mélanges René Chapus*, Paris, Montchrestien, 1992, pp. 5-37.

ANCEL M., La fonction du droit comparé dans la société contemporaine, *in* tendencies and functions of comparative law in contemporary society, table ronde de Budapest des 9-12 septembre 1969, Acta juridica Academiae Scientiarum Hungaricae, tome 13 (1-2) 1971, pp. 187-199.

ANCEL M., Les nouveaux aspects de l'unification des droits, in *Miscellanea W. J. Ganshof van der Meersch, Studia ab discipulis que honorem egregii professoris edita, t 2*, Bruxelles, Bruylant, 1972, pp. 695-710.

ANCEL M., Rapprochement, unification ou harmonisation des droits ?, in *Mélanges dédiés à Gabriel Marty*, Université des sciences sociales de Toulouse, 1978, pp. 1-13.

ANDRANTSIMBAZOVINA J., Quel avenir pour la jurisprudence Couitéas ? La responsabilité pour refus de concours de la force publique en question, *Droit administratif*, octobre 1998, pp. 4-10.

ANDRE J.-M., La responsabilité du fait de divers engagements non contractuels de l'administration,
AJDA 1976, pp. 20-29.

AUBY J.-B., Le mouvement de banalisation du droit des personnes publiques et ses limites, in *Etudes offertes à J.-M. Auby*, Paris, Dalloz 1991, pp. 3-16.

AUBY J.-B., Observations sur certaines conséquences de la non-transposition des directives communautaires, *DA*, février 1992, pp. 1-3.

AUBY J.-B., L'émergence d'un droit européen de la sécurité et de la responsabilité des services publics, *DA*, Octobre 1993, pp. 21-24.

AUBY J.-B., L'autonomie du régime de la responsabilité des personnes publiques en droit français, L'état du dossier, in *Les obligations en droit français et en droit belge*, Paris, Bruylant-Dalloz, 1994, pp. 299-308.

AUBY J.-B., Le droit administratif européen: entre l'observation et l'hypothèse, in Droit administratif et droit communautaire, *AJDA* 1996, numéro spécial, pp. 189-192.

AUBY J.-M., La responsabilité de l'Etat en matière de justice judiciaire, *AJDA* 1973, pp. 4-12.

AUVRET P., La notion de droit acquis en droit administratif français, *RDP* 1985, pp. 53-101.

BARAV A., Failure for member states to fulfil their obligations under community law, *CMLRev.*, 1975, pp. 369-383.

Barav A., La répétition de l'indu dans la jurisprudence de la Cour de Justice des Communautés européennes, *CDE* 1981, pp. 507-538.

Barav A., Damages in the domestic courts for breach of Community law by national public authorities, in *Non contractual liability of the european communities*, sld de H.G. Schermers, T. Heukels, P. Mead, Leyden, Martinus Nijhoff publishers, Europa Institut, 1988, t 2, pp. 149-168.

Barav A., La plénitude de compétence du juge national en sa qualité de juge communautaire, in *L'Europe et le droit*, Mélanges J. Boulouis, Paris, Dalloz, 1991, pp. 1-20.

Barav A., Simon D., La responsabilité de l'Administration nationale en cas de violation du droit communautaire, *RMC* 1987, pp. 165-174.

Benoit F.-P., Le régime et le fondement de la responsabilité de la puissance publique, *JCP* 1954, I, n° 1178.

Benoit F.-P., Essai sur les conditions de la responsabilité en droit public et en droit privé (problèmes de causalité et d'imputabilité), *JCP* 1957, I, n° 1351.

Berger V., La protection du droit de propriété par la Cour européenne des droits de l'Homme, *D.* 1988, chro. pp. 71-78.

Berger V., Le règlement amiable devant la Cour européenne des droits de l'Homme, in *Protection des droits de l'Homme: la dimension européenne - Mélanges G. J. Wiarda*, Cologne, Carl Heymanns Verlag KG, 1988, pp. 55-63.

Berlia G., Essai sur les fondements de la responsabilité civile en droit public français, *RDP*, 1951, pp. 687-704.

Bermann G.A., Comparative Law in administrative law, in *L'Etat de droit, Mélanges en l'honneur de Guy Braibant*, Paris, Dalloz, 1996, pp. 29-36.

Bertrand C., La responsabilité des Etats membres en cas de non transposition des directives communautaires, *RDP* 1994, pp. 1507-1527.

Blaevoet C., De l'inadaptation de la faute et du risque comme fondements de la responsabilité des collectivités en droit public, *JCP* 1958, I, n° 1406.

Bleckmann A., Le droit européen commun dans le domaine du droit administratif, in *The common Law of Europe and the future legal education*, Deventer, Kluwer, 1992, pp. 161-170.

Bonichot J.-C., Le droit communautaire et le droit administratif français in Droit administratif et Droit communautaire, *AJDA* 1996, numéro spécial, pp. 15-19.

Bonichot J.-C., La Cour de Justice des communautés européennes, la Cour européenne des droits de l'Homme et l'intégration de l'Europe, in *Quelle Europe pour les droits de l'Homme?*, P. Tavernier, Bruxelles, Ed-Bruylant, 1996, pp. 93-101.

Bonnard R., Les droits publics subjectifs des administrés, *RDP* 1932, pp. 695-728.

Boulouis J., A propos de la fonction normative de la jurisprudence - Remarques sur l'oeuvre jurisprudentielle de la Cour de Justice des communautés européennes, in *Le juge et le droit public, Mélanges offerts à M. Waline*, Paris, LGDJ, 1974, pp. 149-162.

Boulouis J., L'illicéité comme élément de la responsabilité en droit français, *Journées de la société de législation comparée*, 1984, vol. 6, pp. 13-16.

Braibant G., Le rôle du Conseil d'Etat dans l'élaboration du droit, in *Mélanges René Chapus*, Paris, Montchrestien, 1992, pp. 91-102.

Braibant G., Du simple au complexe : quarante ans de droit administratif, 1953-1993, *EDCE* 1993, pp. 409-420.

Capelli F., Migliazza M., Recours en indemnité et protection des intérêts individuels: Quels sont les changements possibles et souhaitables, *CDE* 1995, pp. 585-659.
Cappelletti M. Who watches the watchmen ?, A comparative study on judicial responsability, *American Journal of Comparative Law*, 1983, pp. 1-62.
Caranta R., Governmental liability after Francovich, *CLJ* 1993, pp. 271-297.
Caranta R., Judicial protection against member states: a new jus commune takes shape, *CMLRev.* 1995, pp. 703-726.
Cassese S., Le problème de la convergence des droits administratifs vers un modèle administratif européen, in *L'Etat de droit, Mélanges en l'honneur de Guy Braibant*, Paris, Dalloz, 1996, pp. 47-55.
Chapus R., Dualité de juridictions et unité de l'ordre juridique, *RFDA* 1990, pp. 739-744.
Chapus R., L'administration et son juge, ce qui change, *EDCE* 1991, pp. 259-276.
Chevallier J., L'Etat de droit, *RDP* 1988, pp. 313-380.
Cohen-Jonathan G., Responsabilité pour atteinte aux droits de l'Homme, in *La responsabilité dans le système international*, SFDI, colloque du Mans, Paris, Editions Pédone, 1991, pp. 100-135.
Cohen-Jonathan G., Quelques considérations sur l'autorité des arrêts de la Cour européenne des droits de l'Homme, in *Liber Amicorum Marc-André Eissen*, Bruxelles, Bruylant, 1995, pp. 39-64.
Cohen-Tanugi L., L'avenir de la justice administrative, *Pouvoirs*, 1988 (n° 46), pp. 13-20.
Combacau J., L'illicite et le fautif, *Droits*, 1987, Fin de la faute ?, pp. 3-8.
Combarnous M., L'équité et le juge administratif, *Justices*, janv.-mars 1998, pp. 77-85.
Constantinesco L., La spécificité du droit communautaire, *RTDE* 1966 pp. 1-30.
Constantinesco V., L'article 5 de la bonne foi à la loyauté communautaire, in *Liber Amicorum P. Pescatore*, Baden Nomos Verl., 1987, pp. 97-137.
Constantinesco V., Le principe de subsidiarité: un principe obligé vers l'Union européenne? in *L'Europe et le Droit, Mélanges en hommage à J. Boulouis*, Paris, Dalloz 1991, pp. 35-45.
Cotteret J.-M., Le régime de la responsabilité pour risques en droit administratif, in *Etudes de droit public*, Cujas, 1964, pp. 377-407.
Coussirat-Coustere V., Le juge administratif et le droit communautaire, Difficultés anciennes et résistances nouvelles, *Pouvoirs* 1988, Droit administratif - Bilan critique, pp. 85-96.
Coussirat-Coustere V., Convention européenne des droits de l'Homme et droit interne: primauté et effet direct, in *La Convention européenne des droits de l'Homme, Actes de la journée d'étude organisée à Lille le 16 novembre 1991*, Bruxelles, Némésis, 1992, pp. 11-23.
Cousy H., Evolution comparée des droits européens de la responsabilité, *Risques* n° 10, avril-juin 1992, pp. 41-57.
Couzinet J.-F., La notion de faute lourde administrative, *RDP* 1977, pp. 283-334.
Curtin D., Mortelmans K., Application and enforcement of community law by the member states: Actors in search of a third generation script, in *Institutional dynamics*

of european integration, Essays in honour of H. G. Schermers sld de H.G. Schermers, T. Heukels, P. Mead, Leyden, Martinus Nijhoff publishers, Europa Institut, University of Leyden, 1988, t 2, pp. 423-466.

Dal Farra T., Procédures et voies de recours internes permettant une meilleure application du droit communautaire de l'environnement, in *Le droit communautaire de l'environnement, mise en oeuvre et perspectives*, sld. de J. Dutheil de la Rochère, Paris, La documentation française, notes et études documentaires, 1998, pp. 99-114.

Dalcq R.O., Hanotiau B., Philippe D., Tendances du droit de la responsabilité, *RDIDC* 1983, n° 1-2, pp. 31-52.

Dantonel-Cor N., La mise en jeu de la responsabilité de l'Etat français pour violation du droit communautaire, *RTDE* 1995, pp. 471-501.

Dantonel-Cor N., La violation de la norme communautaire et la responsabilité extracontractuelle de l'Etat, *RTDE* 1998, pp. 75-94.

David R., Le droit continental, la Common Law et les perspectives d'un jus commune européen, in *Nouvelles perspectives d'un droit commun de l'Europe* sld. de M. Cappelletti, Bruxelles, Sitjhoff-Bruylant, 1978, pp. 113-135.

de Bechillon D., Changer dans le cadre. Genèse et structure de la responsabilité sans faute de l'Etat en droit administratif français, *Droits et cultures*, 1997, n° 34, pp. 73-94.

de Bechillon D., De quelques incidences du contrôle de la conventionnalité internationale des lois par le juge ordinaire (Malaise dans la Constitution), *RFDA* 1998, pp. 225-242.

de Gastines L., La responsabilité extracontractuelle des personnes morales publiques, *RDP* 1992, pp. 135-169.

de Laubadere A., Les éléments d'originalité de la responsabilité extra-contractuelle de l'administration in *L'évolution du droit public, études offertes à A. Mestre*, Paris, Sirey, 1956, pp. 383-394.

De Soto J., L'individu comme sujet du droit des gens, in *Mélanges Georges Scelle*, Paris, Pédone, 1950, pp. 687-716.

Debard T., L'égalité des citoyens devant les charges publiques: fondement incertain de la responsabilité administrative, *D.* 1987, chro. pp. 157-163.

Debbasch C., Le droit administratif, droit dérogatoire au droit commun ?, in *Mélanges René Chapus*, Paris, Monchrestien, 1992, pp. 127-133.

Debouy C., Le droit français de la responsabilité administrative: métamorphose ou permanence, *CJEG* 1997, pp. 327-348.

Deguergue M., Le contentieux de la responsabilité : politique jurisprudentielle et jurisprudence politique, in *Le droit administratif, AJDA* numéro spécial 1995, pp. 211-226.

Delbez L., De l'excès de pouvoir comme source de responsabilité, *RDP* 1932, pp. 441-490

Delmas-Marty M., Vers une autre logique juridique: à propos de la jurisprudence de la Cour européenne des droits de l'Homme, *D.* 1988, Chro., pp. 221-224.

Delmas-Marty M., Fécondité des logiques juridiques sous-jacentes, in *Raisonner la raison d'Etat*, P.U.F., 1989, p. 465-494.

Delmas-Marty M., Réinventer le droit commun, *D.* 1995, Chro., pp. 1-4.

Delvolve P., La responsabilité du fait d'autrui en droit administratif, in *Mélanges G.*

Marty, Presses universitaires de Toulouse, 1978, pp. 407-447.

Delvolvé P., Les nouveaux pouvoirs du juge administratif dans le contentieux des contrats in *Mélanges Perrot*, Paris, Dalloz, 1995, pp. 85-98.

Delvolvé P., Droit de propriété et droit public: l'Etat de droit, in *l'État de droit, Mélanges en l'honneur de Guy Braibant*, Paris, Dalloz, 1996, pp. 149-167.

Denoix de Saint Marc R., Labetoulle D., Les pouvoirs d'instruction du juge administratif, *EDCE* 1970, pp. 69-91.

Dony M., La responsabilité de l'Etat pour faute du pouvoir judiciaire, in *La responsabilité des pouvoirs publics*, Bruxelles, Bruylant, 1994, pp. 363-382.

Drago R., Paradoxes sur les contrats administratifs, in *Etudes Flour*, Paris, Répertoire du notariat Defrénois, 1979, pp. 151-162.

Drago R., Actualité du principe de séparation en France et dans les Etats de la CEE, *AJDA* 1990, pp. 581-584.

Drago R., Frison-Roche M.-A., Mystères et mirages des dualités des ordres de juridictions et de la justice administrative, in *Le public et le privé*, *APD* 1997, pp. 135-148.

Drzemczewski A., Tavernier P., L'exécution des " décisions " des instances internationales de contrôle dans le domaine des droits de l'Homme, in *La protection des droits de l'Homme et l'évolution du droit international, 30ème colloque de la S.F.D.I.*, Strasbourg, 29, 30 et 31 mai 1997, Paris, Pédone, 1998, pp. 197-270.

Dubouis L., Le juge administratif français et les règles du droit international, *AFDI* 1971, pp. 9-60.

Dubouis L., Les rôles respectifs du juge administratif et du technicien dans l'administration de la preuve, in *Les rôles respectifs des juges et des techniciens dans l'administration de la preuve, Xème colloque des instituts d'études judiciaires*, Poitiers, 26-28 mai 1975, Paris, P.U.F., 1976, pp. 83-106.

Dubouis L., Le rôle de la Cour de justice des Communautés européennes: objet et portée de la protection, *RIDC* 1982, pp. 601-623.

Dubouis L., La responsabilité de l'Etat pour dommages causés aux particuliers par la violation du droit communautaire, *RFDA* 1992, pp. 1-9.

Dubouis L., Le juge français et le conflit entre norme européenne et norme constitutionnelle, in *L'Europe et le droit, Mélanges en l'honneur de Jean Boulouis*, Paris, Dalloz, 1992, pp. 205-209.

Dubouis L., Directive communautaire et loi française : primauté de la directive et respect de l'interprétation que la Cour de Justice a donné de ses dispositions, *RFDA* 1992, pp. 425-430.

Dubouis L., Droit administratif et droit communautaire, in Le droit administratif, *AJDA* numéro spécial, 1995, pp. 66-75.

Dubouis L., Le service public et la construction communautaire - présentation, *RFDA* 1995, pp. 291-294.

Dubouis L., La responsabilité de l'Etat législateur pour les dommages causés aux particuliers par la violation du droit communautaire et son incidence sur la responsabilité de la Communauté, *RFDA* 1996, pp. 583-601.

Dubouis L., La " guerre de la fraise ": L'impuissance publique sous la toise du droit communautaire, A propos de l'arrêt de la Cour de justice des Communautés

européennes du 9 décembre 1997, Commission c/ République française, Aff. C 265/95, *RFDA* 1998, pp. 120-134.
DUGUIT L., De la responsabilité pouvant naître à l'occasion de la loi, *RDP* 1910, pp. 637-666.
DUEZ P., Esquisse d'une définition réaliste des droits publics individuels, in *Mélanges Carré de Malberg*, Paris, Sirey, 1933, pp. 113-133.
DUGRIP O., SUDRE F., Du droit à un procès équitable devant les juridictions administratives : l'arrêt de la Cour européenne des droits de l'Homme du 24 octobre 1989, *RFDA* 1990, pp. 203-223.
DUGRIP O., L'applicabilité de la CEDH aux juridictions administratives, RUDH 1991, pp. 336-351.
DUPUY P.-M., Faute de l'Etat et " fait internationalement illicite ", in *Fin de la faute ?*, Revue *Droits* 1987, pp. 51-63.
DUTHEIL DE LA ROCHERE J., Le principe de responsabilité de l'Etat pour violation du droit communautaire: une garantie nouvelle pour les justiciables, *JCP E.* 1996, I, n° 604.
EISENMANN C., Sur le degré d'originalité de la responsabilité extra-contractuelle des personnes publiques, *JCP* 1949, I, n° 742 et 751.
EISENMANN C., Un dogme faux: l'autonomie du droit administratif, in *Perspectivas del derecho publico in la seganda mitad del sigle XX, Homenaje a Enrique Sayagues-Laso*, Madrid, 1969, t IV, pp. 419-438.
EISSEN M.-A., La Convention européenne des droits de l'Homme et les obligations de l'individu : une mise à jour, in *René Cassin, amicorum disciplorumque liber III, Problèmes de protection internationale des droits de l'Homme*, Paris, Pedone, 1969, pp. 151-162.
EÖRSI G., Private and governmental Liability for the torts of employees and organs, in *International Encyclopedia of Comparative Law*, vol. XI, Torts, Chap. 4, 1972, 343 p.
ERRERA R., La juridiction administrative française et l'application de la Convention européenne des droits de l'Homme, *EDCE* 1992, pp. 325-332.
EWALD F., La faute civile, droit et philosophie, in *La fin de la faute ?, Droits*, 1987, pp. 45-50.
EWALD F., Responsabilité, solidarité, sécurité - la crise de la Responsabilité en France à la fin du XXème siècle, in *Risques* n° 10, avril-juin 1992, pp. 9-24.
EWALD F., CHAUMET F., Autour de la précaution, *Risques* n° 11, juillet-septembre 1992, pp. 99-104.
FAGNART J.-L., La directive du 25 juillet 1985 sur la responsabilité du fait des produits, *CDE* 1987, pp. 3-68.
FAVOREU L., L'acte de gouvernement: acte provisoirement et accidentellement injusticiable, *RFDA* 1987, pp. 544-547.
FINES F., Quelle obligation de réparer pour la violation du droit communautaire?, *RTDE* 1997, pp. 69-101.
FLAUSS J.-F., Le juge administratif français et la CEDH, *AJDA* 1983, pp. 386-401.
FLAUSS J.-F., Les effets pervers de la jurisprudence de la Cour européenne des droits de l'Homme, *GP* 11 et 12 décembre 1987, pp. 10-12.
FLAUSS J.-F., Des incidences de la Convention européenne des droits de l'Homme sur le contrôle de constitutionnalité des lois en France, *LPA* 9 décembre 1988, pp. 3-7.

Flauss J.-F., La Convention européenne des droits de l'Homme au secours des voisins des installations classées, *LPA* 8 février 1989, pp. 4-7.

Flauss J.-F., Des répercussions de l'article 13 de la Convention européenne des droits de l'Homme sur le droit du contentieux administratif, *LPA* 4 août 1989, pp. 26-31.

Flauss J.-F., Les incidences du droit européen sur les théories du droit administratif français, *LPA* 28 novembre 1989, pp. 21-25.

Flauss J.-F., Le contentieux administratif français et l'article 6 de la CEDH, *LPA* 18 décembre 1989, pp. 10-17.

Flauss J.-F., Le droit de recours effectif: l'article 13 de la Convention européenne des droits de l'Homme dans la jurisprudence de la commission et de la Cour, in *G.A Baudouin (Dir.), Vues canadiennes et européennes des droits et des libertés*, Québec, Y. Blais, 1989, pp. 255-292.

Flauss J.-F., Le délai raisonnable au sens des articles 5 § 3 et 6 § 1 de la CEDH dans la jurisprudence française, *RTDH* 1991, pp. 49-57.

Flauss J.-F., Le droit à un recours effectif. L'article 13 de la Convention européenne des droits de l'Homme, *RUDH* 1991, pp. 324-336.

Flauss J.-F., Le droit à un recours effectif contre les nuisances d'un aéroport, *RTDH* 1991, pp. 241-260.

Flauss J.-F., Le droit de recours individuel devant la Cour européenne des droits de l'Homme, *AFDI* 1991, pp. 507-519.

Flauss J.-F., Convention européenne des droits de l'Homme et réparation des dommages de pollution: Les enseignements de l'arrêt Powell et Rayner, *LPA,* 6 juin 1991, pp. 17.

Flauss J.-F., La satisfaction équitable devant les organes de la Cour européenne des droits de l'Homme, Développements récents, *Europe,* juin 1992, pp. 1-4.

Flauss J.-F., Les droits de l'Homme comme élément d'une constitution et de l'ordre européen, *LPA* 30 avril 1993, pp. 8-15.

Flauss J.-F., L'octroi d'intérêts moratoires par la Cour européenne des droits de l'Homme, *RTDH* 1993, pp. 580-586.

Flauss J.-F., Le protocole n° 11 de la CEDH: côté cour, *LPA* 24 mai 1995, pp. 23-27.

Flauss J.-F., Les modifications récentes du règlement de la Cour européenne des droits de l'Homme, *RTDH* 1995, pp. 5-12.

Flauss J.-F., La Convention européenne des droits de l'Homme: une nouvelle interlocutrice pour le juriste d'affaires, *RJDA* 1995, pp. 524-545.

Flauss J.-F., L'influence du droit communautaire sur le droit administratif français, *LPA* 9 janvier 1995, pp. 4-16, 16 janvier 1995, pp. 4-17.

Flauss J.-F., Droit communautaire, Convention européenne des droits de l'Homme et droit administratif, in Droit administratif et droit communautaire, *AJDA* numéro spécial 1996, pp. 156-167.

Flauss J.-F., La banalisation du contentieux indemnitaire devant la Cour européenne des droits de l'Homme, *RTDH* 1996, pp. 92-100.

Flauss J.-F., La réparation due en cas de violation de la Convention européenne des droits de l'Homme, *JTDE* 1996, pp. 8-15.

Flauss J.-F., Addendum, *JTDE* 1996, p. 48.

Flauss J.-F., Les nouvelles frontières du procès équitable *in* Les nouveaux développements du procès équitable au sens de la Convention européenne des droits de l'Homme, Université R. Schuman Strasbourg - Cour de cassation, Actes du colloque du 23 mars 1996 en la grande chambre de la Cour de cassation, Bruxelles, Nemesis, , 1997, pp. 81-102.

FLAUSS J.-F., Rapport français, in *Le droit administratif sous l'influence de l'Europe*, Baden-Baden, Nomos Verlagsgesellschaft, 1996, pp. 30-121.

FLOUR Y., Faute et responsabilité civile : Déclin ou renaissance ?, in *Fin de la faute ?, Droits*, 1987, pp. 29-43.

FROMONT M., La justice administrative en Europe: convergences, in *Mélanges René Chapus*, Paris, Montchrestien, 1992, pp. 197-208.

FROWEIN J. A., The protection of Property *in* The european system for the protection of human rights, in *The european system for the protection of Human rights*, R. St. Macdonald et al., Dordrecht, Nijhoff, 1993, 1993, pp. 515-530.

GALMOT Y., Réflexions sur le recours au droit comparé par la Cour de justice des Communautés européennes, *RFDA* 1990, pp. 255-262.

GALMOT Y., L'apport des principes généraux du droit communautaire à la garantie des droits dans l'ordre juridique français, *CDE* 1997, pp. 67-79.

GANSHOF VAN DER MEERSCH W.-J., Quelques aperçus de la méthode d'interprétation de la Convention de Rome du 4 novembre 1950 par la Cour européenne des droits de l'Homme, in *Mélanges offerts à R. Legros*, Bruxelles, Editions de l'Université de Bruxelles, Faculté de droit, 1985, pp. 207-234.

GANSHOF VAN DER MEERSCH W.-J., Le caractère " autonome " des termes et la " marge d'appréciation " des gouvernements dans l'interprétation de la Convention européenne des droits de l'Homme, in *Protection des droits de l'Homme: la dimension Européenne - Mélanges G. J. Wiarda*, Cologne, Carl Heymanns Verlag KG, 1988, pp. 201-220.

GANSHOF VAN DER MEERSCH W.-J., La référence au droit interne des Etats contractants dans la jurisprudence de la Cour européenne des droits de l'Homme, *RIDC* 1980, pp. 317-335.

GAUDEMET P.-M., Réflexions sur le principe d'égalité devant les charges publiques. Grandeurs et misères d'un principe, in *Mélanges Stassinopoulos*, Paris, LGDJ, 1974, pp. 337-346.

GAUDEMET Y., Crise du juge et contentieux administratif en droit français, in *Lenoble Jacques (Ed), La crise de juge*, Bruxelles et Paris, Ed. Story Scientis et LGDJ, 1991, pp. 87-105.

GAZZANIGA J.-L., Notes sur l'histoire de la faute, *in* Fin de la faute ?, *Droits*, 1987, pp. 17-28.

GENEVOIS B., Le Conseil d'état et l'ordre juridique communautaire, *EDCE*, 1979/1980, pp. 73-93

GENY F., Risques et responsabilité, *RTDC* 1902, pp. 812-849.

GEST G., Violation d'un droit et atteinte à une situation juridiquement protégée dans le contentieux de la responsabilité publique, *RDP* 1981, pp. 1645-1685.

GILLI J.-P., La responsabilité d'équité de la puissance publique, *D.* 1971, chro. pp. 125-130.

GOHIN O., La responsabilité de l'Etat en tant que législateur, *RIDC* 1998, pp. 595-610.

GOLSONG H., Quelques réflexions à propos du pouvoir de la Cour européenne des droits de l'Homme d'accorder une satisfaction équitable, in *René Cassin, amicorum* *disciplorumque liber I, Problèmes de protection internationale des droits de l'Homme*, Paris, Pedone, 1969, pp. 89-94.

GREVISSE F., BONICHOT J.-C., Les incidences du droit communautaire sur l'organisation et l'exercice de la fonction juridictionnelle dans les Etats membres in *l'Europe et le droit, Mélanges J. Boulouis*, Paris, Dalloz 1991, pp. 297-310.

GUGLIELMI G., Le rôle du Conseil d'Etat dans la constitution de la distinction entre le droit public et le droit privé, *RFDA* 1996, pp. 305-312.

HAURIOU M., Les actions en indemnité contre l'Etat pour les préjudices causés dans l'administration publique, *RDP* 1896, pp. 51-57.

HAURIOU M., Note de jurisprudence sous CE, 29 avril 1921, *S.* 1923, III, pp. 41-42.

HECQUART-THERON M., La notion d'Etat en droit communautaire, *RTDE* 1990, pp. 693-711.

HEERS M., La sécurité juridique en droit administratif français: vers une consécration du principe de confiance juridique, *RFDA* 1995, pp. 963-969.

HENRIOT J., Note sur la date et le sens de l'apparition du mot " responsabilité ", *APD* 1977, pp. 59-62.

HERBOTS J.-H., La responsabilité délictuelle des personnes privées pou violation du droit communautaire, *JTDE* 1995, pp. 225-235.

HOSTIOU R., La non-indemnisation des servitudes d'urbanisme, *AJDA* numéro spécial 1993, Urbanisme, pp. 27-32.

HUBEAU F., La répétition de l'indu en droit communautaire, *RTDE* 1981, pp. 442-470.

HUBEAU F., Le principe de protection de la confiance légitime dans la jurisprudence de la Cour de justice des Communautés européennes, *CDE* 1983, pp. 143-162.

HUGLO J.-G., La répétition de l'indu dans la jurisprudence de la Cour de cassation française, *RTDE* 1995, pp. 1-10.

JACQUE J.-P., Le rôle du droit dans l'intégration européenne, *Philosophie politique*, n° 1, L'Europe, 1991, pp. 119-134.

JEAMMAUD, Unification, uniformisation, harmonisation, de quoi s'agit-t-il ? in *vers un code européen de la consommation*, Bruxelles, Bruylant, 1998, pp. 35-55.

JEZE G., Responsabilité pécuniaire de l'Etat pour préjudice causé par une loi générale, *RDP* 1938, pp. 87-92.

JULIEN-LAFERRIERE F., La dualité de juridiction, un principe fonctionnel ? in *L'unité du droit - Mélanges en hommage à Roland Drago*, Paris, Economica, 1996, pp. 395-426.

KAHN J., L'évolution de la jurisprudence relative à la responsabilité du fait des lois, *EDCE* 1962, pp. 63-65.

KESSEL B., MORTELMANS K., Decentralized government and community law: conflicting institutional developments, *CMLRev.* 1993, pp. 905-937.

KOVAR R., Le Conseil d'Etat et le droit communautaire: des progrès mais peut mieux faire, *D.* 1992, chro. pp. 207-213.

KOVAR R., La contribution de la Cour de Justice à l'édification de l'ordre juridique communautaire, in *Collected Courses of the Academy of European Law*, vol. IV, t 1, 1993, pp. 15-122.

KRÜGER H.-C., Reflections on some aspects of just satisfaction under the european convention on human rights, in *Liber amicorum M.-A. Eissen*, Bruxelles, Bruylant, 1995, pp. 255-269.

L'Huillier J., Une conquête du droit administratif français: Le contentieux de la Communauté européenne du charbon et de l'acier, *D.* 1953, chro. pp. 63-66.

Labayle H., L'effectivité de la protection juridictionnelle des particuliers, le droit administratif français et les exigences européennes, *RFDA* 1992, pp. 619-642.

Labetoulle D., Remarques sur l'élaboration des décisions du Conseil d'Etat statuant au contentieux, in *Mélanges René Chapus*, Paris, Montchrestien, 1992, pp. 333-341.

Lachaume J.-F., Les incidences des jurisprudences des Cours de Luxembourg et de Strasbourg sur le droit administratif français, in *Les incidences des jurisprudences internationales sur les droits néerlandais et français, notamment sur les droits de l'Homme*, Paris, PUF, Publications de la Faculté de droit de Poitiers, vol. 21, 1992, pp. 83-91.

Lavialle C., La responsabilité des personnes publiques du fait de l'activité dommageable des personnes privées gérant un service public, *LPA* 9 mars 1983, pp. 15-18 ; 11 mars 1983, pp. 12-18.

Lavigne P., Risque social et charges sociales, *D.* 1948, chro. pp. 89-92.

Lecourt R., Le rôle unificateur du juge dans la communauté, in *Etude de droit des communautés européennes*, in *Mélanges en l'honneur de P.-H. Teitgen*, Paris, Pédone, 1984, pp. 222-237.

Legrand P., European legal systems are not converging, *ICLQ*, 1996, pp. 52-81.

Lerousseau B., La responsabilité des personnes privées gérant un service public administratif, *AJDA* 1977, pp. 403-416.

Leroy M., La responsabilité de l'Etat législateur, *JT,* 1978, pp. 321-329.

Liet-Veaux G., L'indemnisation des sujétions d'urbanisme prélude à une réforme législative, *RA* 1984, pp. 460-465.

Limpens J., La faute et l'acte illicite en droit comparé, in *Mélanges en l'honneur de Jean Dabin*, t 2, Paris, Sirey, 1963, pp. 723-741.

Llorens-Fraysse F., Le poids de la faute dans la responsabilité administrative, in Fin de la faute ?, *Droits*, 1987, pp. 3-76.

Lochak D., Le droit administratif rempart contre l'arbitraire, *Pouvoirs*, 1988, n° 46, pp. 43-55.

Lochak D., Réflexion sur les fonctions sociales de la responsabilité administrative, in *Le droit administratif en mutation*, CURAPP, Paris, P.U.F., 1993, pp. 275-316.

Lombard M., La responsabilité du fait de la fonction juridictionnelle et la loi du 5 juillet 1972, *RDP* 1972, pp. 585-634.

Long M., Regard sur soixante quinze ans d'histoire de la juridiction administrative française, in *Les transformations de la justice administrative*, Paris, Economica, publications de l'IDL, 1995, pp. 23-35.

Louis J.-J., Le droit international au secours de l'équité, in *Les transformations de la justice administrative, Actes du 75ème anniversaire du tribunal administratif de Strasbourg*, 9-10 décembre 1994, sous la direction de J.-M. Woehrling, Paris, Economica IDL, 1995, pp. 223-241.

Madiot Y., De l'évolution sociale à l'évolution individualiste du droit contemporain, in *Les orientations sociales du droit contemporain, écrits en l'honneur de J. Savatier*, Paris, PUF., 1992, pp. 353-365.

Madiot Y., Qualité du droit et protection des droits fondamentaux, in *Mélanges offerts à Jorge Campinos*, Paris, PUF, Publications de la Faculté de droit de Poitiers, vol. 29, 1996, pp. 57-83.

Mahieu M., Illégalité et responsabilité en droit communautaire, in *Mélanges R.O. Dalcq, Responsabilité et assurances*, Bruxelles, Editions Larcier, 1994, pp. 387-406.

Mahoney P., Judicial activism and judicial self-restraint in the european court of human rights : two sides of the same coin, *HRLJ*, 1990, pp. 57-88.

Manin P., De l'utilisation des directives communautaires par les personnes physiques ou morales, *AJDA* 1994, pp. 259-269.

Marcou G., L'évolution récente du fédéralisme allemand sous l'influence de l'intégration européenne et de l'unification, *RDP* 1995, pp. 883-919.

Martinez-Lopez-Muniz J.-L., Vers un droit administratif commun européen, in *The common Law of Europe and the future legal education*, Deventer, Kluwer, , 1992, pp. 149-159.

Marty G., Illicéité et responsabilité, in *Etudes juridiques offertes à Léon Julliot de la Morandière*, Paris, Dalloz, 1964, pp. 339-350.

Matscher F., Methods of interpretation of the Convention, in *The european system for the protection of human rights, R. St. J. Macdonald et al.*, Dordrecht, Nijhoff, 1993, pp. 63-81.

Mazeres J.-A., La responsabilité de la puissance publique du fait des services d'intervention économique, *Ann. fac. Dr. de Toulouse,* 1971, pp. 32-81.

Melchior M., Notions " vagues " ou " indéterminées " et " lacunes " dans la Convention européenne des droits de l'Homme, in *Protection des droits de l'Homme: la dimension européenne - Mélanges G. J. Wiarda*, Cologne, Carl Heymanns Verlag KG, 1988, pp. 411-419.

Mertens de Wilmars J., L'efficacité des différentes techniques nationales de protection juridique contre les violations du droit communautaire par les autorités nationales et les particuliers, *CDE* 1981, pp. 379-409.

Mestre J.-L., Les fondements historiques du droit administratif français, *EDCE*, 1982/1983, pp. 63-80.

Michoud L., De la responsabilité de l'Etat à raison des fautes de ses agents - III - De la responsabilité de l'Etat à raison des actes d'autorité, *RDP* 1895 II, pp. 251-285.

Michoud L., De la responsabilité de l'Etat à raison des fautes de ses agents - II - Des cas dans lesquels l'Etat est soumis aux règles de la responsabilité du droit privé, *RDP* 1895 II, pp. 1-31.

Mignon M., La socialisation du risque, *D.* 1947, chro. pp. 37-40.

Mignon M., La socialisation généralisée de la réparation des conséquences dommageables de l'action administrative, *D.* 1950, chro. pp. 53-56.

Moderne F., Illégalité et responsabilité pour faute de service: vers de nouvelles relations, *RA* 1974, pp. 29-32.

Moderne F., La durée des instances *in* trentième anniversaire des tribunaux administratifs, Actes du colloque tenu à Grenoble les 15 et 16 mars 1984, Editions du C.N.R.S., 1986, 377 pp., pp. 61-71.

Moderne F., Le juge administratif français et les règles du procès équitable, in Le juge administratif français et la CEDH, Actes du colloque tenu à Montpellier les 14/15 décembre 1990, *RUDH* 1991, pp. 352-368.

Montane de la Roque P., Essai sur la responsabilité du juge administratif, *RDP* 1952, pp. 609-661.

Morand-Deviller J., Les méthodes : la spécificité des méthodes du juge administratif et du juge judiciaire, in *Le contrôle juridictionnel de l'administration Bilan critique*, Paris, Economica, 1991, pp. 183-201.

Morange G., L'irresponsabilité de l'Etat législateur (évolution et avenir), *D.* 1962, chro. n° 28, pp. 163-168.

Moreau J., Les choses dangereuses en droit administratif français, in *Travaux de l'association Henri Capitant*, t 19, Dalloz 1967, pp. 256-290.

Moreau J., La cause de la demande en justice dans le contentieux de la responsabilité administrative extra-contractuelle, in *Mélanges Stassinopoulos*, Athènes, LGDJ, 1974, pp. 77-94.

Moreau J., L'influence de la construction européenne sur le droit français de la responsabilité de la puissance publique, in *L'Europe et le droit, Mélanges J. Boulouis*, Paris, Dalloz, 1991, pp. 409-420.

Moreau J., Internationalisation du droit administratif français et déclin de l'acte de gouvernement, in *L'internationalisation du droit, Mélanges en l'honneur de Yvon Loussouarn*, Paris, Dalloz, 1994, pp. 293-301.

Moreau J., La responsabilité des magistrats et de l'Etat du fait de la justice - L'apport du droit administratif, *Justices*, 1997, pp. 39-48.

Mosler H., L'influence du droit national sur la Convention européenne des droits de l'Homme, in *Miscellanea W. J. Ganshof van der Meersch, Studia ab discipulis que honorem egregii professoris edita*, t 1, Bruxelles, Bruylant, 1972, pp. 521-543.

Mourgeon J., Remarques sur les fondements de la responsabilité de la puissance publique, *Ann. fac. Droit Toulouse*, 1971, pp. 17-31.

Oppetit B., Droit commun et droit européen, in *L'internationalisation du droit, Mélanges en l'honneur de Y. Loussouarn*, Paris, Dalloz, 1994, pp. 311-319.

Ost F., Originalité des méthodes d'interprétation de la Cour européenne des droits de l'Homme, in *Raisonner la raison d'Etat*, Paris, PUF, 1989, pp. 405-463.

Ost F., La jurisprudence de la Cour européenne des droits de l'Homme : amorce d'un nouveau " ius commune " ?, in *Le droit commun de l'Europe et l'avenir de l'enseignement juridique, B. de Witte et C. Forder*, Deventer, Kluwer, 1992, pp. 683-720.

Paillet M., Vers un renouveau des sources de la responsabilité administrative en droit français, in *Etudes offertes à J-M. Auby*, Paris, Dalloz, 1992, pp. 259-276.

Pauliat H., Le droit de propriété devant le Conseil constitutionnel et la Cour européenne des droits de l'Homme, *RDP* 1995, pp. 1445-1494.

Payre J.-P., Faute et fait de la victime dans le contentieux de la responsabilité administrative extra-contractuelle, *AJDA* 1980, pp. 398-406.

Pelloux R., Le contentieux de l'indemnité devant la Cour européenne, in *Mélanges Stassinopoulos*, Paris, LGDJ, 1974, pp. 397-404.

Pescatore P., Les objectifs de la communauté européenne comme principes d'interprétation dans la jurisprudence de la Cour de Justice, Contribution à la doctrine de l'interprétation téléologique des traités internationaux, in *Miscellanea W. J. Ganshof van der Meersch, Studia ab discipulis que honorem egregii professoris edita*, t 2, Bruxelles, Bruylant, 1972, pp. 325-363.

Pescatore P., Responsabilité des Etats membres en cas de manquement aux règles communautaires, *Il Foro Padano*, 1972 Parte Quarta, pp. 10-22.

Pescatore P., Rôle et chance du droit et des juges dans la construction de l'Europe, *RIDC* 1974, pp. 9-22.

Pescatore P., Le recours dans la jurisprudence de la Cour de justice des Communautés européennes à des normes déduites de la comparaison des droits des Etats membres, *RIDC* 1980, pp. 317-359.

Picard E., La juridiction administrative et les exigences du procès équitable, in *Le droit français et la Convention européenne des droits de l'Homme, 1974-1992, actes du colloque de Montpellier*, février 1993, sld. de F. Sudre, NP Engel 1994, pp. 217-283.

Poirot-Mazeres I., La notion de préjudice en droit administratif, *RDP* 1997, pp. 519-566.

Pontier J.-M., Le législateur, l'assureur et la victime, *RFDA* 1986, pp. 98-112.

Pretot X., Réflexions sur la justice administrative, *D.* 1986, chro. pp. 271-274.

Pretot X., Non transposition d'une directive et la responsabilité de l'Etat, *RJS* 1992, Etudes et Doctrine, pp. 21-24.

Pretot X., Les validations législatives. De la Constitution à la Convention européenne des droits de l'Homme, *RDP* 1998 pp. 11-22.

Puyssochet J.-P., " Vous avez dit confiance légitime? " (le principe de confiance légitime en droit communautaire), in *L'Etat de droit, mélanges en l'honneur de Guy Braibant*, Paris, Dalloz, 1996, pp. 581-596.

Puyssoye J., Le principe d'égalité devant les charges publiques comme fondement direct de la responsabilité, *AJDA* 1964, pp. 140-146.

Rideau J., Le contentieux de l'application du droit communautaire par les pouvoirs publics nationaux, *D.* 1974, chro. XIX, pp. 147-156.

Rideau J., Le rôle de la Cour de justice des Communautés européennes, techniques de protection, *RIDC* 1982, pp. 583-599.

Rideau J., Communauté de droit et Etats de droit in *Humanité et droit international, Mélanges R-J Dupuy*, Paris, Pédone, 1991, pp. 249-269.

Rigaux F., La réception des droits étrangers et des normes non étatiques dans l'ordre juridique international, *RRJ* 1993, pp. 591-601.

Rivero J., Droit public ou droit privé: conquête ou statu quo ?, *D.* 1947, Chro. pp. 69-72.

Rivero J., A propos des métamorphoses de l'administration d'aujourd'hui: démocratie et administration, in *Mélanges René Savatier*, Paris, Dalloz, 1965, pp. 821-833.

Rivero J., Le problème de l'influence des droits internes sur la Cour de justice de la CECA, *AFDI* 1958, pp. 295-308.

Rivero J., Le Huron au Palais Royal ou réflexions naïves sur le recours pour excès de pouvoir, *D.* 1962, chro. pp. 37-40.

Rivero J., Les phénomènes d'imitation des modèles étrangers en droit administratif, in *Miscellanea W. J. Ganshof van der Meersch, Studia ab discipulis que honorem egregii professoris edita*, vol. III, Bruxelles, Bruylant, 1972, pp. 619-639.

Rivero J., Réflexions sur l'étude comparée des sources des droits administratifs, in *Mélanges Stassinopoulos*, Paris, LGDJ, 1974, pp. 135-146.

Rivero J., Vers un droit commun européen : nouvelles perspectives en droit administratif, in M. Cappelletti Dir. *Nouvelles perspectives d'un droit commun de l'Europe*, Sitjhoff, Leyden, 1978, pp. 389-406.

Rivero J., Etat de droit, état du droit, in *l'Etat de droit, Mélanges en l'honneur de Guy Braibant*, Paris, Dalloz, 1996, pp. 609-614.

Rodiere R., Etudes sur la dualité des régimes de responsabilité, première partie, La réalité de la distinction entre responsabilité contractuelle et responsabilité délictuelles, *JCP* 1950, I n° 861.

Rolland P., L'interprétation de la Convention, *RUDH* 1991, pp. 280-288.

Romi R., Sur les tendances modernes en matière de réparation, *LPA*, 30 juillet 1997, pp. 12-15.

Roques F., L'action récursoire dans le droit administratif de la responsabilité, *AJDA* 1991, pp. 75-90.

Sabourin P., Le Conseil d'Etat face au droit communautaire, Méthodes et raisonnement, *RDP* 1993, pp. 397-430.

Savatier R., Vers la socialisation de la responsabilité et des risques individuels, *D.* 1931, chro. pp. 3-12.

Savatier R., Personnalité et dépersonnalisation de la responsabilité civile, in *Mélanges Laborde-Lacoste*, Bordeaux, Editions Bière, 1963, pp. 321-344.

Schockweiler F., Le dommage causé par une violation du droit communautaire par l'autorité publique et sa réparation en droit luxembourgeois, *Pasicrisie Luxembourgeoise*, 1990, pp. 35-45.

Schockweiler F., Wievenes G., Godart J.-M., Le régime de la responsabilité extracontractuelle du fait d'actes juridiques dans la communauté européenne, *RTDE* 1990, pp. 27-74.

Schockweiler F., La responsabilité de l'autorité nationale en cas de violation du droit communautaire, *RTDE* 1992, pp. 27-50.

Schockweiler F., La Cour de justice des Communautés européennes dépasse-t-elle les limitesde ses attributions ?, *JTDE* 1995, pp. 73-80.

Schwarze J., Tendances vers un droit administratif commun en Europe, *RTDE* 1993, pp. 234-245.

Schwarze J., Convergences et divergences des droits administratifs de l'Union européenne, in Droit administratif et droit communautaire, *AJDA*, numéro spécial, juin 1996, pp. 140-155.

Scoffoni G., Le contentieux des organismes nationaux chargés en France de l'application des politiques communautaires, *CDE* 1990, pp. 574-619.

Simon D., Les exigences de la primauté du droit communautaire: continuité ou métamorphoses?, in *L'Europe et le droit, Mélanges J. Boulouis*, Paris, Dalloz, 1991, pp. 481-493.

Simon D., Une étape décisive dans la protection des droits des justiciables communautaires: la responsabilité des Etats membres en cas de non-transposition des directives, *Europe*, 1991, n° 2, pp. 1-3.

Simon D., Le Conseil d'Etat et les directives communautaires: du gallicanisme à l'orthodoxie, *RTDE* 1992, pp. 265-283.

Simon D., Le Conseil d'Etat, la directive, la loi, le droit: " ad augusta per augusta ", *Europe*, avril 1992, pp. 1-4.

Simon D., Droit communautaire et responsabilité de la puissance publique. Glissements progressifs ou révolution tranquille?, *AJDA* 1993, pp. 235-243.

Simon D., La responsabilité de l'Etat saisie par le droit communautaire, *AJDA* 1996, pp. 489-499.

Simon D., Barav A., La responsabilité de l'administration en cas de violation du droit communautaire, *RMC* 1987, pp. 165-174.

Simon D., Rigaux A., L'arrêt Marshall II et l'effet des directives : une solution d'espèce à une question de principe, *Europe*, Octobre 1993, pp. 1-3.

Smith-Aßmann E., Les influences réciproques entre droits administratifs nationaux et droit administratif européen, in Droit administratif et droit communautaire, *AJDA* 1996 numéro spécial, pp. 146-154.

Soulier G., Réflexion sur l'évolution et l'avenir du droit de la responsabilité de la puissance publique, *RDP* 1969, pp. 1039-1103.

Stassinopoulos M., Responsabilité civile de l'Etat du fait des actes de gouvernement ayant trait aux relations internationales, in *Mélanges Sériades*, t II, Athènes, Panteios, 1961, pp. 641-681.

Stirn B., Le Conseil d'Etat et l'Europe, in l'Etat de droit, in *Mélanges en l'honneur de Guy Braibant*, Paris, Dalloz, 1996, pp. 653-671.

Strasser W., The relationship between substantive rights and procedural rights guaranteed by the European Convention on Human Rights, in *Protection des droits de l'Homme: la dimension Européenne - Mélanges G. J. Wiarda*, Cologne, Carl Heymanns Verlag KG, 1988, pp. 595-604.

Sudre F., La protection du droit de propriété par la Cour européenne des droits de l'Homme, *D.* 1988, chro. pp. 71-78.

Sudre F., Convention européenne des droits de l'Homme et ordre juridique interne in *Les droits de l'Homme et la nouvelle architecture de l'Europe, Institut du droit de la paix et du développement*, UFR de l'Université de Nice-Sophia Antipolis, 1991, pp. 42-63.

Sudre F., Les obligations positives dans la jurisprudence européenne des droits de l'Homme, *RTDH*, 1995, pp. 363-384.

Sudre F., Droits intangibles et/ou droits fondamentaux: y a-t-il des droits prééminents dans la Convention européenne des droites de l'Homme?, in *Liber Amicorum Marc-André Eissen*, Bruylant, Bruxelles, 1995, pp. 381-398.

Sudre F., La communauté européenne et les droits fondamentaux après le traité d'Amsterdam : vers un nouveau système européen de protection des droits de l'Homme, *JCP G*, 1998, I, n° 100.

Tallon D., Droit communautaire et droit comparé, in *Miscellanea W. J. Ganshof van der Meersch, Studia ab discipulis que honorem egregii professoris edita*, t 2, Bruxelles, Bruylant, 1972, pp. 943-956.

Tavernier P., La Convention européenne des droits de l'Homme et la distinction droit public - droit privé, in *Liber amicorum, M.-A. Eissen*, Bruxelles, Bruylant, 1995, pp. 400-414.

Tavernier P., La Cour européenne de droits de l'Homme applique-t-elle le droit international ou un droit de type interne ?, in *Quelle Europe pour les droits de l'Homme ?*, P. Tavernier, Bruxelles, Bruylant, 1996, pp. 17-37.

Terneyre P., La détermination des personnes responsables des dommages causés par l'interventionnisme économique de la puissance publique, *JCP E*, Cahiers du droit de l'entreprise, 1987, pp. 33-36.

Tesauro G., Responsabilité des Etats membres pour violation du droit communautaire, *RMUE* 1996, n° 3, pp. 15-34.

Teissier G., Responsabilité de la puissance publique, Répertoire Béquet, 1906, vol. 23, pp. 103-197.

Trotabas, La responsabilité de l'Etat en droit interne, *RDP* 1932, pp. 679-694.

Truchet D., Fusionner les juridictions administrative et judiciaire ?, in *Etudes offertes à J.-M. Auby*, Paris, Dalloz, 1992, pp. 335-345.

Truchet D., Mauvaises et bonnes raisons de mettre fin au dualisme juridictionnel, *Justices* janv.- juin 1996, pp. 53-63.

Turot J., Défaut de transposition d'une directive communautaire; Le choix des armes: la pique ou la masse ?, *RJF* 1992, chro. pp. 863-867 et 955-961.

Van Gerven W., Non-contractual liability of member States, Community Institutions and Individuals for breaches of community Law with a view to a Common Law for Europe, *Maastricht Journal*, 1994, pp. 6-40.

Van Gerven W., Bridging the gap between community and national laws: Towards a principle of homogeneity in the field of legal remedies ? *CMLRev.*, 1995, pp. 679-702.

Van Gerven W., Bridging the unbridgeable : Community and national tort laws after Francovich and Brasserie, *ICLQ*, 1996, pp. 507-544.

Van Gerven W., European Court of Justice case law as a mean of unification of private law, *FILJ*, 1997, pp. 680-698.

Van Gerven W., La jurisprudence récente dans le domaine de la responsabilité extracontractuelle vers un ius commune européen, in *Droit européen 1, Cours et travaux de l'Institut des hautes études internationales de Paris*, Paris, Université Panthéon-Assas, Pédone 1998, pp. 61-81.

Van Gerven W., Prendre l'article 215 du traité C.E. au sérieux, in *Droit européen 1, Cours et travaux de l'Institut des hautes études internationales de Paris*, Paris, Université Panthéon-Assas, Pédone 1998, pp. 83-100.

Vedel G., Les droits de l'Homme: quels droits? Quel Homme?, in *Mélanges René-Jean Dupuy*, Paris, Pédone, 1991, pp. 349-362.

Velu J., Rapport sur les responsabilités incombant aux Etats parties à la Convention européenne, in *Actes du sixième colloque international sur la Convention européenne des droits de l'Homme organisé par le secrétariat général du Conseil de l'Europe en collaboration avec les universités de la communauté autonome d'Andalousie*, Dordrecht, Martin Nijhoff publishers, 1988, pp. 533-705.

Velu J., A propos de l'autorité jurisprudentielle des arrêts de la Cour européenne des droits de l'Homme : vues de droit comparé sur les évolutions en cours, in *Mélanges Rigaux*, Bruxelles, Bruylant, 1993, pp. 527-562.

Venezia J.-C., Les idées de Charles Eisenmann en matière de responsabilité de l'administration, in *La pensée de Charles Eisenmann*, Paris, Economica, 1983, pp. 207-217.

Villey M., Esquisse historique sur le mot responsable, in *La responsabilité à travers les âges*, Paris, Economica, 1989, pp. 75-88.

Viney G., De la responsabilité personnelle à la répartition des risques, *APD* 1977, pp. 5-22.

Viney G., La responsabilité, *APD*, t 35, 1990, pp. 275-292.

Vis W., La réparation des violations de la Convention européenne des Droits de l'Homme, in *La protection internationale des Droits de l'Homme dans le cadre européen, colloque organisé par la faculté de droit de Strasbourg*, Paris, Dalloz, 1961, pp. 279-286.

Waelbroeck M., La garantie du respect du droit communautaire par les Etats membres. Les actions au niveau national, *CDE* 1985, pp. 37-48.

Waelbroeck M., Effets internes des obligations imposées à l'Etat, in *Miscellanea W.J. Ganshof van der Meersch : studia ab discipulis amicisque in honorem egregii professoris edita*, Bruxelles, Bruylant, Paris, LGDJ, 1972, t 2, pp. 573-583.

Waelbroeck D. F., Treaty violations and liability of members states and the europeann Community : convergence or divergence, in *Institutional dynamics of European Integration, essays in honour of Henry G. Schermers*, t. 2, Deirdre Curtin, Ton Heukels, Dordrecht, Martinus Nijhoff Publishers, 1994, pp. 467-483.

Waline J., L'évolution du contrôle de l'administration depuis un siècle, *RDP* 1984, pp. 1327-1349.

Waline J., L'évolution de la responsabilité extra-contractuelle des personnes publiques, *EDCE* 1994, pp. 459-477.

Waline M., A propos du rapport entre la règle de droit applicable au jugement d'un procès et l'ordre de juridictions compétent, *RDP* 1961, pp. 8-20.

Waline M., La théorie civile des obligations et la jurisprudence du Conseil d'Etat, in *Mélanges Julliot de la Morandière*, Paris, Sirey, 1964, pp. 631-643.

Wathelet M., Van Raepenbush S., La responsabilité des Etats members en cas de violation du droit communautaire. Vers un alignement de la responsabilité de l'Etat sur celle de la communauté ou l'inverse ?, *CDE* 1997, pp. 13-65.

Weber Y., Illicéité et responsabilité administrative en France, *Journées de la société française de législation comparée*, 1984, vol. 6, pp. 27-50.

Weil P., Le Conseil d'Etat statuant au contentieux: politique jurisprudentielle ou jurisprudence politique ?, *Annales de la faculté de droit et des sciences économiques d'Aix-en-Provence*, nouvelle série, n° 51, 1959, pp. 281-290.

Woehrling J.-M., L'évolution du rôle du droit dans l'action administrative, *RFAP* 1983, n° 26, pp. 134-153.

Woehrling J.-M., Le contrôle juridictionnel de l'administration en Europe de l'Ouest, Particularismes et convergences, *REDP* 1994, pp. 339-389.

Woehrling J.-M., La redécouverte du plein contentieux, in *Le juge administratif à l'aube du XXIème siècle, Actes du colloque du 40ème anniversaire des tribunaux administratifs organisé les 11 et 12 mars 1994 par la section Rhône-Alpes de l'I.F.S.A.*, sld de G. Garvadaud et H. Oberdorff, PUG, 1995, pp. 247-267.

Woehrling J.-M., Vers la fin du recours pour excès de pouvoir ?, in *L'Etat de droit, Mélanges Braibant*, Paris, Dalloz, 1996, pp. 777-791.

ANNEXE

LISTE DES DECISIONS, RAPPORTS ET RESOLUTIONS

I- JURISPRUDENCE EUROPEENNE

• **DECISIONS DES JURIDICTIONS COMMUNAUTAIRES**

DECISIONS DE LA CJCE

CJCE, 12 juillet 1957, Algera, Aff. 7/56, 7/57, *Rec.* p. 81.
CJCE, 16 décembre 1960, Humblet, Aff. 6/60, *Rec.* p. 1125.
CJCE, 22 mars 1961, SNUPAT, Aff. jointes 42, 49/59, *Rec.* p. 101.
CJCE, 5 février. 1963, Van Gend en Loos, Aff. 26/62, *Rec.* p. 3.
CJCE, 15 juillet 1964, Costa c/ Enel, Aff. 6/64, *Rec.* p. 1141.
CJCE, 16 juin 1966, Lütticke, Aff. 48/65, *Rec.* p. 28.
CJCE, 14 juillet 1967, Kampffmeyer e.a., Aff. 5/66, 7/66, 13 à 24/66, *Rec.* p. 317.
CJCE, 10 juillet 1969, Sayag et a. c/ Leduc et a. Aff. 9/69, *Rec.* p. 329.
CJCE, 17 février 1970, Commission c/ Italie, Aff. 31/69, *Rec.* p. 33.
CJCE, 5 mai 1970, Commission des communautés européennes c/ Royaume de Belgique, Aff. 77/69, *Rec.* p. 237.
CJCE, 18 novembre 1970, Commission des communautés européennes c/ République italienne, Aff. 8/70, *Rec.* p. 961.
CJCE, 8 juin 1971, Deutsche Grammophon, Aff. 70/80, *Rec.* p. 499.
CJCE, 2 décembre 1971, Aktien Zückerfabrik Schöppenstedt c/ Conseil, Aff. 5/71, *Rec.* p. 975.
CJCE, 13 juin 1972, Cie d'approvisionnement et grands moulins de Paris c/ Commission, Aff. 9/71 et 11/71, *Rec.* p. 391.
CJCE, 7 février 1973, Commission c/ République italienne, Aff. 39/72, *Rec* p. 101.
CJCE, 10 octobre 1973, Variola, Aff. 34/73, *Rec.* p. 981.
CJCE, 30 janvier 1974, BRT/Sabam, Aff. 127/73, *Rec.* p. 51.
CJCE, 14 mai 1974, Nold, Aff. 4/73, *Rec.* p. 491.
CJCE, 12 décembre 1974, Walrave c/ Union cycliste internationale, Aff. 36/74, *Rec.* p. 1405.
CJCE, 22 octobre 1975, Meyer Burckardt, Aff. 9/75, *Rec.* p. 1171.
CJCE, 28 octobre 1975, Rutili, Aff. 36/75, *Rec.* 1975, p. 1219.
CJCE, 22 janvier 1976, Carmine Russo, Aff. 60/75, *Rec.* p. 45.
CJCE, 8 avril 1976, Defrenne c/ Sabena, Aff. 43/75, *Rec.* p. 455.
CJCE, 21 mai 1976, Roquette, Aff. 26/74, *Rec.* p. 677.
CJCE, 22 septembre 1976, Commission c/ République italienne, Aff. 10/76, *Rec.* p. 1359.
CJCE, 16 décembre 1976, Comet BV et. Produktschap voor Siergewassen, Aff. 45/76, *Rec.* p. 2043.
CJCE,16 décembre 1976, Rewe c/ Landwirtschaftskammer Saarland, Aff. 33/76 et 45/76, *Rec.* p. 1989.
CJCE, 16 mars 1977, Commission des Communautés européennes c/ République

française, Aff. 68/76, *Rec.* 1977 p. 0515.

CJCE, 31 mars 1977, Cie industrielle du Comté de Lohéaç Sainte Rose et a. c/ Commission, Aff. jtes 54/76 à 60/76, *Rec.* p. 645.

CJCE, 27 octobre 1977, Bouchereau, Aff. 30/77, Rec. p. 1999, Conc. Av. Gén. Warner, p. 2015, sp. p. 2020.

CJCE, 9 mars 1978, Simmenthal, Aff. 106/77, *Rec.* p. 609.

CJCE, 3 mai 1978, Töpfer, Aff. 112/77, *Rec.* p. 1019.

CJCE, 25 mai 1978, Bayerische HNL e.a., 83 et 94/76, 4/77, 15/77 et 40/77, *Rec.* p. 1209.

CJCE, 13 février 1979, Granaria B.V., Aff. 101/78, *Rec.* p. 623.

CJCE, 13 février 1979, Hoffman la Roche c/ Commission , Aff. 85/76, *Rec.* p. 461

CJCE, 5 avril 1979, Ministère public c/ Ratti, Aff. 148/78, *Rec.* p. 1629.

CJCE, 26 juin 1979, Pig and Bacon c/ Mc Carren, Aff. 177/78, *Rec.* p. 2161.

CJCE, 27 septembre 1979, Eridania c/ Ministère de l'agriculture, Aff. 230/78, *Rec.* 1979, p. 2749.

CJCE, 4 octobre 1979, Dumortier et frères e. a. c/ Conseil, Aff. 64/76, 113/76, 167/78, 239/78, 27/79, 28/79, 45/79, *Rec.* p. 3091.

CJCE, 13 décembre 1979, Hauer, Aff. 44/79, *Rec.* 1979, p. 3727.

CJCE, 27 février 1980, Commission des communautés européenne c/ République Française, Aff. 168/78, *Rec.* p. 347.

CJCE, 27 février 1980, Hans Just c/ Ministère des impôts et des accises, Aff. 68/79, *Rec.* p. 501

CJCE, 5 mars 1980, Pécastaing c/ Belgique, Aff. 98/79, *Rec.* p. 691

CJCE, 27 mars 1980, Denkavit italiana, Aff. 61/79, *Rec.* p. 1126.

CJCE, 28 mars 1980, Commission c/ Etat français, Aff. R 24/80 et 97/80, *Rec.* p. 1329.

CJCE, 12 juin 1980, Express dary food, Aff. 130/79, *Rec.* p. 1889.

CJCE, 10 juillet 1980, Ariete, Aff. 811/79, *Rec.* p. 2545.

CJCE, 10 juillet 1980, Mireco, Aff. 826/79, *Rec.* p. 2559.

CJCE, 10 juillet 1980, Commission c/ France, Aff. C 152/78, *Rec.* p. 2299.

CJCE, 22 janvier 1981, Dansk Supermarked A/S contre A/S Imerco, Aff. 58/80, *Rec.* p. 181.

CJCE, 7 juillet 1981, Rewe Handelgesellshaft Nord Gmbh I, Aff. 158/80, affaire dite des " croisières du beurre ", *Rec.* p .1805.

CJCE, 19 janvier 1982, Becker c/ Finanzamt Münster-Innenstadt, Aff. 8/21, *Rec.* p. 53.

CJCE, 10 juin 1982, Cie Interagra S.A. c/ Commission, Aff. 217/81, *Rec.* p. 2233.

CJCE, 15 juillet 1982, Commission des communautés européennes c/ Royaume Uni de Grande-Bretagne et d'Irlande du Nord, Aff. 40/82, *Rec.* p. 2793.

CJCE,19 mai 1983, Mavridis, Aff. 289/81, *Rec.* p.173.

CJCE, 9 novembre 1983, Administration des finances de l'Etat italien c/Spa San Giorgio, Aff. 199/82, *Rec.* p. 3595.

CJCE,10 avril 1984, Sabine Von Colson et Elisabeth Kamman c/ Land Nordhein-Westfalen, Aff. 14/83, *Rec.* p. 1891.

CJCE, 10 avril 1984, Harz, Aff. 79/83, *Rec.* p. 1921.

CJCE, 18 octobre 1984, Eurico S.R.L., Aff. 109/83, *Rec.* p. 3581.

CJCE, 20 février 1986, Commission c/ République italienne, Aff. 309/84, *Rec.* 1986 p. 599.

CJCE, 26 février 1986, Marshall c/ Southampton et South West Hampshire area health authority, Aff. 152/84, *Rec.* p. 723.
CJCE, 15 mai 1986, Mme Johnston c/ Chief constable of the royal Ulster Constabulary, Aff. 222/84, *Rec.* p. 1651.
CJCE, 24 juin 1986, Sociétés de développement et Clemessy c/ Commission, Aff. 267/82, Rec. p. 1907.
CJCE, 5 novembre 1986, Commission c/ Italie, Aff. 52/75, *Rec.* p. 277.
CJCE, 10 mars 1987, Commission c/ Italie, Aff. 199/85, *Rec.* p. 1039
CJCE, 12 mars 1987, Commission c/ Allemagne, Aff. 178/84, *Rec.* p. 1227.
CJCE, 15 octobre 1987, Union nationale des entraîneurs et cadres techniques professionnels de football c/ Heylens, Aff. 222/86, *Rec.* p. 4097.
CJCE, 14 janvier 1988, Commission c/ Belgique, Aff. 227, 228, 229, 230/85, *Rec.* p. 0001.
CJCE, 25 février 1988, Raffeissen c/ Balm, Aff. 199/86, *Rec.* p. 1169.
CJCE, 25 février 1988, Les fils de Jules Bianco SA c/ directeur général des douanes et droits indirects, Aff. jointes 331, 376 et 378 /85, *Rec.* p.1099.
CJCE, 24 mars 1988, Commission c/ Grèce, Aff. 240/86, *Rec.* 1988 p. 1835.
CJCE, 27 juin 1988, Asteris, Aff. 106 à 120/87, *Rec.* p. 5515.
CJCE, 29 juin 1988, Deville c/ Administration des impôts Aff. 240/87, *Rec.* p. 3513.
CJCE, 30 juin 1988, Commission c/ France, Aff. C 138/86, *Rec.* p. 3559
CJCE, 20 septembre 1988, Beentjes c/ Pays-Bas, Aff. 31/87, *Rec.* p. I-4643
CJCE, 27 septembre 1988, Etat belge c/ Humbel, Aff. 263/86, Rec., p. I-5365.
CJCE, 30 mai 1989, Roquette frères c/ Commission, Aff. 20/88, *Rec.* p. 1553.
CJCE, 22 juin 1989, Fratelli Constanzo c/ Milan, Aff. 103/88, *Rec.* p. 1839.
CJCE, 17 octobre 1989, Danfoss, Aff. C 109/88, *Rec.* p. 3199.
CJCE, 18 janvier 1990, Commission c/ Grèce, Aff. 287/87, *Rec.* p. I-125.
CJCE, 19 juin 1990, The queen et secretary of state of transport exparte Factortame et autres, Aff. C. 213 /89, *Rec.* p. I-2433.
CJCE, 12 juillet 1990, Forster e.a, Aff. C 188/89, *Rec.* p. I-3313.
CJCE,20 septembre 1990, Plén., Commission c/ R.F.A., Aff. 5/89, *Rec.* p. I-3437.
CJCE, 8 novembre 1990, Dekker, Aff. 177/88, *Rec.* p. I-3941.
CJCE, 21 février 1991, Zuckerfabrik Süderdithmarschen, Aff. jointes C 143/88 et C 92/89, *Rec.* p. I-415.
CJCE, 23 avril 1991, Höfner et Elser, Aff. C 41/90, *Rec.* p. I-1979.
CJCE, 7 mai 1991, Vlassopoulou, Aff. C 340/89, *Rec.* p. I-2357.
CJCE, 11 juin 1991, Commission c/ Belgique, Aff. C 290/89, *Rec.* p. I-2851.
CJCE, 11 juillet 1991, Verholen, Van Wetten, Van Uden et Heiderijk, Aff. 87/90, 88/90 et 89/90, *Rec.* I 3757.
CJCE, 25 juillet 1991, Factortame, Aff. 221/89, *Rec.* p. I-3905.
CJCE, 25 juillet 1991, T. Emmot c/ minister of social Welfare et a, Aff. C 208.90, *Rec.* p. I-4269.
CJCE, 4 octobre 1991, Society for the protection of unborn children Ireland, Aff. C 159/90, *Rec.* p. I-4685.
CJCE, 19 novembre 1991, Andrea Francovich, Danila Bonifaci et autres, Aff. C 6/90 et C 9/ 90, *Rec.* p. I-5357.
CJCE, 31 mars 1992, Commission c/ Danemark, Aff. 52/90, *Rec.* p. I-2187.

CJCE, 7 mai 1992, Borrell, Aff. C 104/91, *Rec.* p. I-2093.
CJCE, 19 mai 1992, Mulder e.a. c/ Conseil et Commission, Aff. C 104/89 et C 37/90, *Rec.* p. I-3061.
CJCE, 13 janvier 1993, Aff. C 193/91, Commission des communautés européennes c/ République française, *Rec.* p. I-0001.
CJCE, 17 février 1993, Poucet et Pistre, Aff. jtes C 159/91 et C 160/91, *Rec.* p. I-637.
CJCE, 2 août 1993, M.H. Marschall et Southampton and South West Hampshire Area Health Authority, Aff. C 271/91, *Rec.* p. I-4367.
CJCE, 27 octobre 1993, Enderby c/ Frenchay Health Authority, Aff. C 127/92, *Rec.* p. I-5535.
CJCE, 27 octobre 1993, Steenhoorst-Neerings, Aff. C 388/91, *Rec.* p. I-5475.
CJCE, 16 décembre 1993, Wagner Miret c/ Fondo di garantia salarial, Aff. C 334/92, *Rec.* p. I-6911.
CJCE, 19 janvier 1994, SAT Fluggesellschaft, Aff. C 364/92, *Rec.* p. I-55.
CJCE, 12 avril 1994, Banks c/ British coal corporation, Aff. C 128/92, *Rec.* p. I-12.
CJCE, 14 juillet 1994, Paola Faccini Dori, Aff. C 91/92, *Rec.* p. I-3325.
CJCE,14 juillet 1994, Faccini Dori, Aff. C 91/82, *Rec.* p. I-3325.
CJCE, 6 décembre 1994, Johnson, Aff. C 410/92, *Rec.* p. I-5501.
CJCE, 31 mai 1995, Royal Copenhagen, Aff. C 400/93, *Rec.* p. I-1275.
CJCE, 6 juillet 1995, Soupergaz, Aff. 62/93, *Rec.* p. I-1883.
CJCE, 23 novembre 1995, Alonso-Perez, Aff. C 394/93, *Rec.* p. I-4101.
CJCE, 14 décembre 1995, Peterbroeck, Aff. C 313/93, *Rec.* p. I-4599.
CJCE, 5 mars 1996, Brasserie du pêcheur SA et Bundesrepublik Deutschland, The queen et Secretary of State for transport ex parte: Factortame Ltd e.a., Aff. jtes C 46/93 et 48/93, *Rec.* p. I-1029.
CJCE, 16 mars 1996, El Corte Ingles, Aff. C 192/94, *Rec.* p. I-1281.
CJCE, 26 mars 1996, British Telecom (The Queen c/ H.M. Treasury, ex parte British Telecommunications PLC), Aff. C 392/93, *Rec.* p. I-1631.
CJCE, 23 mai 1996, The Queen c/ Ministry of Agricuture, Fisheries and food ex parte Hedley Lomas (Ireland) limited, Aff. C 5/94, *Rec.* p. I-2553.
CJCE, 11 juillet 1996, Syndicat Français de l'Express International (S.F.E.I.) c/ La Poste, Aff. C 39/94, *Rec.* p. I-3547.
CJCE, 8 octobre 1996, Dillenkoffer e.a. c/ R.F.A., Aff. C 178/94, C 179/94, Aff. C 188/94, C 189/94, C 190/94, *Rec.* p. I-4845.
CJCE, 17 octobre 1996, Denkavit International BV e.a., Aff. jtes C 283, 291 et 292/94, *Rec.* p. I-5063.
CJCE, 14 janvier 1997, Comateb, E.A., Aff. jtes C 192/95 à C 218/95, *Rec.* p. I-180
CJCE, 22 avril 1997, Nils Draehmpaehl / Urania Immobilienservice OHG, Aff. C 180/95, *Rec.* p. I-2195.
CJCE, 22 avril 1997, The Queen / Secretary of state for social Security, ex parte: Eunice Sutton, Aff. C 66/95. *Rec.* p. I-2163.
CJCE, 29 mai 1997, Friedrich Kremzow c/ République d'Autriche, Aff. C 299/95, *Rec.* p. I-2629.
CJCE, 29 mai 1997, Commission c/ Royaume-Uni, Aff. C 300/95, *Rec.* p. I- 2649.
CJCE, 17 juin 1997, The Queen c/ Secretary of state for Home department, ex parte Mann Singh Shingara et ex parte Abbas Radiom, Aff. jtes C 65/95 et C 111/95, *Rec.*

p. I-3343.
CJCE, 10 juillet 1997, D. Bonifaci et W. Berto c/ I.N.P.S., Aff. C 94/95 et 95/95, *Rec.* p. I-3969.
CJCE,10 juillet 1997, Rosalba Palmisani, Aff. C 261/95, *Rec.* p. I-4025.
CJCE, 10 juillet 1997, F. Maso e.a. et G. Gazetta e.a. c/ I.N.P.S. et République italienne, Aff. C 373/95, *Rec.* p. I-4051.
CJCE, 17 juillet 1997, Haahr Petroleum Ltd, Aff. C 90/94, *Rec.* p. I-4142.
CJCE, 17 juillet 1997, GT Link A/S v Danske Statsbaner DSB, Aff. C 242/95, *Rec.* p. I-4453.
CJCE, 8 octobre 1997, Kolpinghuis Nijmegen, Aff. 80/86, *Rec.* p. I-3969.
CJCE, 27 novembre 1997, Commission c/ R.F.A., Aff. C 137/96, *Rec.* p. I-6749.
CJCE, 2 décembre 1997, Fantask A/S e.a., Aff. C 188/95, *Rec.* p. I-6783.
CJCE, 4 décembre 1997, Verband deutscher Daihatsu Händler, Aff. C 97/96, *Rec.* p. I-6843.
CJCE, 9 décembre 1997, Commission c/ République française, Aff. C 265/95, *Rec.* p. 6959.
CJCE, 18 décembre 1997, Inter-environnement Wallonie ASBL et région, Aff. C 129/96, *Rec.* p. I-7435.
CJCE, 12 mars 1998, Commission c. R.F.A., Aff. C 344/96, *Rec.* p. I-1165.
CJCE, 12 mars 1998, Commission c/ République italienne, Aff. C 313/97, *Rec.* p. I-1191.
CJCE, 2 avril 1998, Norbrook Laboratories Ltd c/ Ministry of Agriculture, Fisheries and Food, Aff. C 127/95, *Rec.* p. I-1566.
CJCE, 12 mai 1998, Landbrugsministeriet - EF-Direktoratet c/ Steff-Houlberg export E.A., Aff. C 366/1995, *Rec.* p. I-2661.
CJCE, 17 juin 1998, Commission c/ République portugaise, Aff. C 214/97, *Rec.* p. I-3839.
CJCE, 2 juillet 1998, A. Kapasakalis, D. Skiathitis et A. Kougiagkas c/ Etat hellénique, Aff. C 225/95, C 226/95 et C 227/95, *Rec.* p. I-4243.
CJCE, 15 septembre 1998, Ansaldo Energia SpA, Aff. jtes, C 279/96, C 280/96, C 281/96, *Rec.* p. I-5025.
CJCE, 15 septembre 1998, EDIS c/ Ministero delle Finanze, Aff. C 231/96, *Rec.* p. I-4979.
CJCE, 24 septembre 1998, W. Tögel, Aff. C 76/97, *Rec.* p. I-5388.
CJCE, 24 septembre 1998, Brinkmann Tabakfabriken GmbH c/ Skatteministeriet, Aff. C 319/96, *Rec.* p. I-5270.
CJCE, 1er juin 1999, Konle, aff. C 302/97, *Rec.* p. I-399.
CJCE, 4 juillet 2000, Salomone Haim et Kassenzahnnärztliche Vereinigung Nordrhein, Aff. C 424/97, non encore publié.

JUGEMENTS DU TPI

TPI, 27 mars 1990, J.-L. Chomel c/ Commission, Aff. T 123/89, *Rec.* p. II-131.
TPI, 15 avril 1997, A. Schröder et K. J. Thaman, Aff. T 390/94, *Rec.* p. II-0501.
TPI, 25 juin 1997, Francesco Perillo c/ Commission, Aff. T 7/96, *Rec.* p. II-1061.
TPI, 17 décembre 1997, Odette Nicos c/ Commission, Aff. T 152/95, *Rec.* p. II-2429.
TPI, 17 février 1998, Pharos c/ Commission, Aff. T 105/96, *Rec.* p. II-0285.

TPI, 28 avril 1998, Dorsch Consult Ingenieurgesellschaft GmbH c/ Conseil et commission, Aff. T 184/95, *Rec.* p. II-667.

• DECISIONS DES ORGANES DE STRASBOURG

ARRETS DE LA COUR EUROPEENNE DES DROITS DE L'HOMME

CEDH,16 juillet 1971, Ringeisen, série A n° 13.
CEDH, 10 mars 1972, De Wilde, Ooms et Versyp, série A n° 16.
CEDH, 22 juin 1972, Ringeisen, série A n° 15.
CEDH, 23 juin 1973, Ringeisen, série A n° 16-S.
CEDH, 21 février 1975, Golder c/ Royaume-Uni, série A n° 18.
CEDH, 18 janvier 1978, Marckx, série A n° 25.
CEDH, 28 juin 1978, König c/R.F.A., série A n°27.
CEDH, 6 septembre 1978, Klass et autres c/ R.F.A., série A n° 28.
CEDH, 13 mai 1980, Artico, série A n° 37.
CEDH, 13 août 1981, Young et autres c/ Royaume-Uni, série A n° 44.
CEDH, 22 octobre 1981, Dudgeon c/ Royaume-Uni, série A n° 45.
CEDH, 23 septembre 1982, Sporrong et Lönnroth, série A n° 52.
CEDH, 18 octobre 1982, Young, James et Webster, série A n° 55.
CEDH, 25 mars 1983, Silver et autres, série A n° 61.
CEDH, 21 juin 1983, Eckle, série A n° 65.
CEDH, 28 juin 1984, Campbell et Fell, série A n° 80.
CEDH, 25 mars 1985, Barthold c/ R.F.A., série A n° 90.
CEDH, 28 mai 1985, Ashingdane c/ R.-U., série A n° 93.
CEDH, 21 février 1986, James et autres, série A n° 98.
CEDH, 8 juillet 1986, Lithgow, série A n° 102.
CEDH, 18 décembre 1986, Bozano c/ France, série A n° 111.
CEDH, 26 mars 1987, Leander, série A n° 116.
CEDH, 23 avril 1987, Ettl c/ France, série A n° 117.
CEDH, 8 juillet 1987, Baraona, série A n° 122.
CEDH, 27 octobre 1987, Boden, série A n° 125.
CEDH, 29 février 1988, Bouamar c/ Belgique, série A n° 129.
CEDH, 27 avril 1988, Boyle et Rice, série A n° 131.
CEDH, 26 octobre 1988, Martins Moreira c/ Portugal, série A n° 143.
CEDH, 26 octobre 1988, Norris c/ Irlande, série A n° 142.
CEDH, 29 novembre 1988, Brogan, série A n° 145-B.
CEDH, 27 avril 1989, Affaire Neves e Silva, série A n° 153-A.
CEDH, 24 octobre 1989, H. c/ France, série A n°162.
CEDH, 25 octobre 1989, Allan Jacobsson c/ Suède, série A n° 163.
CEDH, 21 février 1990, Hakansson et Sturesson c/ Suède, série A n° 171-A.
CEDH, 21 février 1990, Powell et Rayner c/ Royaume-Uni, série A n° 172.
CEDH, 24 avril 1990, Huvig et Kruslin c/ France, série A n° 176 A et B.
CEDH, 27 septembre 1990, Wassink c/ Pays-Bas, série A n° 185-A.
CEDH, 23 octobre 1990, Darby c/ Suède, série A n° 187.
CEDH, 20 février 1991, Vernillo c/ France, série A n° 198.

CEDH, 26 juin 1991, Letellier c/ France, série A n° 207.
CEDH, 27 août 1991, Philis c/ Grèce, série A n° 209.
CEDH, 28 août 1991, Brandstetter, série A n° 211.
CEDH, 26 février 1992, Biondi et Listini, série A n° 228-C.
CEDH, 26 mars 1992, Editions Périscope c/ France, série A n° 234-B.
CEDH, 31 mars 1992, X c/ France, série A n° 234-C.
CEDH, 27 juillet 1992, Gardarelli c/Italie, série A n° 229-G.
CEDH, 27 juillet 1992, Serrentino c/Italie, série A n° 231-F.
CEDH, 27 août 1992, Tomasi c/ France, série A n° 241-A.
CEDH, 26 novembre 1992, Francesco Lombardo c/Italie, série A n° 249-B.
CEDH, 16 décembre 1992, de Geouffre de la Pradelle, série A n° 253-B.
CEDH, 25 février 1993, Crémieux c/ France, série A n° 256-B.
CEDH, 26 février 1993, Billi c/Italie, série A n° 257-H.
CEDH,22 avril 1993, Polys Modinos, série A n° 259.
CEDH, 14 juin 1993, Papamichalopoulos et autres c/ Grèce, série A n° 260-B.
CEDH, 22 juin 1993, Melin c/ France, série A n° 261-A.
CEDH, 25 août 1993, Sekanina, série A n° 266-A.
CEDH, 26 octobre 1993, Darnell c/ R.-U., série A n° 272.
CEDH, 23 novembre 1993, Navarra, série A n° 273-B.
CEDH, 23 novembre 1993, Scopelliti c/Italie, série A n°278.
CEDH, 24 février 1994, Bendenoun, série A n° 284.
CEDH, 23 mars 1994, Silva Pontes c/ Portugal, série A n° 286-A.
CEDH, 26 avril 1994, Vallée c/ France, série A vol. 289-A.
CEDH, 26 août 1994, Karakaya c/ France, série A vol. 289-B.
CEDH, 21 septembre 1994, Fayed c/ R.-U., série A n° 293.
CEDH, 27 octobre 1994, Katte Klitsche de la Grange c/ Italie, série A n° 293-B.
CEDH, 24 novembre 1994, Beaumartin, série A n° 296-B.
CEDH, 9 décembre 1994, Stran et Stratis Andreadis c/ Grèce, série A n° 301-B.
CEDH, 31 janvier 1995, Schuler Zgraggen c/ Suisse, série A n° 305-A.
CEDH, 10 février 1995, P. Allenet de Ribemont c/ France, série A n° 308.
CEDH, 24 février 1995, Mc Michael c/ Royaume-Uni, série A n° 307-B.
CEDH, 8 juin 1995, Jamil c/ France, série A n° 320.
CEDH, 3 juillet 1995, Hentrich c/ France, série A n° 322.
CEDH, 23 septembre 1995, Scollo c/ Italie, série A ° 315-B.
CEDH, 23 septembre 1995, Spadea et Scalabrino c/ Italie, série A n° 315-C.
CEDH, 28 septembre 1995, Masson et Van Zon, série A n° 327-A.
CEDH, 24 octobre 1995, Agrotexim et autres c/ Grèce, série A n° 330.
CEDH, 20 novembre 1995, S.A. Pressos Naviera Compania c/ Belgique, série A n° 332.
CEDH, 4 décembre 1995, Bellet, série A n° 333-B.
CEDH, 8 février 1996, A. et autres c/ Danemark, *Recueil des arrêts et décisions*, 1996-I, p. 85.
CEDH, 20 février 1996, Vermeulen c/ Belgique et Lobo Machado, *Recueil des arrêts et décisions* 1996-II, p. 195.
CEDH, 24 avril 1996, Phocas c/ France, *Recueil des arrêts et décisions* 1996-II, p. 519.
CEDH, 25 juin 1996, Amuur c/ France, *Recueil des arrêts et décisions* 1996-III, p. 826.
CEDH, 7 août 1996, P. Allenet de Ribemont *Recueil des arrêts et décisions*, 1996-III, p.

903.
CEDH, 26 septembre 1996, Di Pede c/ Italie, , *Recueil des arrêts et décisions* 1996-IV, p. 1376.
CEDH, 26 septembre 1996, Zappia c/ Italie, *Recueil des arrêts et décisions* 1996-IV, p. 1403.
CEDH, 23 octobre 1996, Levages prestations services c/ France, *Recueil des arrêts et décisions* 1996-V, p. 1530.
CEDH, 5 novembre 1996, Tsomtsos et autres c/ Grèce, *Recueil des arrêts et décisions* 1996-V, p. 1699.
CEDH, 15 novembre 1996, Katikaridis et autres c/ Grèce, *Recueil des arrêts et décisions* 1996-V, p. 1673.
CEDH, 17 décembre 1996, Vacher c/ France, *Recueil des arrêts et décisions*, 1996-VI, p. 2138.
CEDH, 21 février 1997, Guillemin c/ France, *Recueil des arrêts et décisions* 1997-I, p. 149.
CEDH, 17 mars 1997, Neigel c/ France, *Recueil des arrêts et décisions* 1997-II, p. 399.
CEDH, 18 mars 1997, Mantovanelli c/ France, *Recueil des arrêts et décisions*, 1997-II, p. 424.
CEDH, 19 mars 1997, Honsby c/ Grèce, *Recueil des arrêts et décisions*, 1997-II, p. 495.
CEDH, 29 mai 1997, Georgiadis c/ Grèce, *Recueil des arrêts et décisions*, 1997-III, p. 949.
CEDH, 1er juillet 1997, Rolf Gustaffson c/ Suède, *Recueil des arrêts et décisions*, 1997-IV, p. 1149.
CEDH, 9 juillet 1997, Akkus, *Recueil des arrêts et décisions*, 1997-IV, p. 1300.
CEDH, 9 juillet 1997, Balmer-Schafroth, *Recueil des arrêts et décisions*, 1997-IV, p. 1346.
CEDH, 21 octobre 1997, J.-P. Pierre-Bloch c/ France, *Recueil des arrêts et décisions*, 1997-VI, p. 2206.
CEDH, 23 octobre 1997, National and provincial building society, Leeds permanent building society c/ R.-U, *Recueil des arrêts et décisions*, 1997-VII, p. 2325.
CEDH, 24 novembre 1997, Szücs c/ Autriche, *Recueil des arrêts et décisions*, 1997-VII, p. 2468.
CEDH, 26 novembre 1997, Sakik et autres c/ Turquie, *Recueil des arrêts et décisions*, 1997-VII, p. 2609.
CEDH, 16 décembre 1997, Camenzind, *Recueil des arrêts et décisions*, 1997-VIII, p. 2880.
CEDH, 31 mars 1998, Reinhardt et Slimane Kaïd c/ France, *Recueil des arrêts et décisions*, 1998-II, p. 640.
CEDH, 22 avril 1998, Paillot c/ France, *Recueil des arrêts et décisions*, 1998-II, p. 787.
CEDH, 23 avril 1998, Doustaly c/ France, *Recueil des arrêts et décisions*, 1998-III, p. 850.
CEDH, 29 avril 1998, Leterme c/ France, *Recueil des arrêts et décisions*, 1998-III, p. 987.
CEDH, 29 avril 1998, M. Henra c/ France, *Recueil des arrêts et décisions*, 1998-III, p. 965.
CEDH, 23 septembre 1998, Aka c/ Turquie, *Recueil des arrêts et décisions*, 1998-VI, p.

2668.
CEDH, 28 octobre 1998, Osman c/ R.-U., *Recueil des arrêts et décisions*, 1998-VIII, p. 3124.
CEDH, 28 octobre 1998, Aït-Mouhoub c/ France, *Recueil des arrêts et décisions*, 1998-VIII, p. 3214.
CEDH, 30 octobre 1998, F.E. c/ France, *Recueil des arrêts et décisions*, 1998-VIII, p. 3332.
CEDH, 18 février 1999, Waite et Kennedy c/ Allemagne, req. n° 26083/94.
CEDH, 28 octobre 1999, Zielinski et Pradal et Gonzalez et autres c/ France, req. n° 24846/94 et 34165/96 à 34173/96.
CEDH, 8 décembre 1999, Pellegrin c/ France, req. n° 28541/95.
CEDH, 14 décembre 1999, AC c/ France, req. n° 37547/97.
CEDH, 21 décembre 1999, Demirtepe c /France, req. n° 34821/97.
CEDH, 6 avril 2000, Athanassoglou c/ Suisse, req. n°27644/95.
CEDH, 23 mai 2000, Barelli c/ France, 46246/99.
CEDH, 27 juin 2000, Frydlender c/ France, req. n° 30979/96.
CEDH, 26 octobre 2000, Kudla c/ Pologne, req. n° 30210/96.
CEDH, 7 novembre 2000, Greta Van Der Kar et Greta Lissaur Van West c/ France, req. n° 44952/98 et 44953/98.

Décisions et rapports de la Commission

Req. n° 434/58, Szwabowicz c/ Suède, décision du 30 juin 1959, *Ann.* 2, p. 371.
Req. n° 1140/61, décision sur la recevabilité du 19 décembre 1961, *Rec.* 8, p. 63.
Req. n° 1870/63, X. c/ R.F.A., décision du 16 décembre 1965, *Ann.* 8, p. 218.
Req. n° 2122/64, Wemhoff c/ R.F.A., Avis Comm. 1er avril 1966, Série B, vol. 5, p. 90.
Req. n° 3374/67, W. Zachs c/ Autriche, décision sur la recevabilité du 6 février 1969, *Rec.* 29, p. 29.
Req. n° 4505/70, X. c/ R.F.A., décision du 2 octobre 1970, *Rec.* 39, p. 51.
Req. n° 4523/70, X. c/ R.F.A., décision du 23 juillet 1970, *Rec.* 38, p. 115.
Req. n° 4618/70, décision sur la recevabilité du 21 mars 1972, X. c/ R.F.A., *Ann.* 15, p. 361 ; *Rec.* 40, p. 11.
Req. n° 5258/71, X. c/ Suède, décision du 8 février 1973, *Rec.* 43, p. 71.
Req. n° 5560/72, X. c/ Autriche, décision du 31 mai 1973, *Ann.* 16, p. 173.
Req. n° 7014/75, X c/ R.F.A., décision de la commission du 21 mai 1976, *DR* 5, p. 134.
Req. n° 6821/74, Huber c/ Autriche, décision du 5 juillet 1976, *DR* 6, p. 65.
Req. n° 5573/72, n° 5670/72, F.R.G. c/ R.F.A., décision du 16 juillet 1976, *DR* 7, p. 8.
Req. n° 7443/76, X. c/ R.-U., décision du 10 décembre 1976, *DR* 8, p. 216.
Req. n° 7341/76, Eggs c/ Suisse, décision du 11 décembre 1976, *DR* 6, p. 170.
Req. n° 7629/76, Heinz Krzycki c/ R.F.A., décision du 14 juillet 1977, *DR* 9, p. 175.
Req. n° 7806/77, Ronald Roger Webster c/ R.-U., décision du 3 mars 1978, *DR* 12, p. 168.
Req. n° 7987/77, Andorfer Tonwerke c/ Autriche, décision du 13 décembre 1979, *DR* 18, p. 31.
Req. n° 8407/78, X. c/ Suisse, décision du 6 mai 1980, *DR* 20, p. 179.
Req. n° 8363/78, X. c/ R.F.A., décision du 12 mai 1980, *DR* 20, p. 163.
Req. n° 7598/76, Kaplan c/ Royaume-Uni, rapport du 17 juillet 1980, *DR* 21, p. 58.

Req. n° 8646/79, décision du 16 octobre 1980, inédit.
Req. n° 9676/82, Berthe Sequaris c/ Belgique, décision du 14 octobre 1982, *DR* 29, p. 245.
Req. n° 10000/82, H. c/ Royaume-Uni, décision du 4 juillet 1983, *DR* 33, p. 247.
Req. n° 9661/82, B. c/ Autriche, décision du 14 juillet 1983, *DR* 34, p. 127.
Req. n° 9613/81, X. c/ Autriche, décision du 12 octobre 1983, *DR* 34, p. 117.
Req. n° 9920/82, M.G. Naldi c/ Italie, décision du 13 mars 1984, *DR* 37, p. 75.
Req. n° 10319/83, Eggs c/ Suisse, décision du 12 juillet 1984, *DR* 39, p. 225.
Req. n° 10096/82, K.A. Pinder c/ R.-U, décision du 9 octobre 1984, inédit.
Req. n° 10475/83, G. Dyer c/ R.-U., décision du 9 octobre 1984, *DR* 39, p. 246.
Req. n° 10259/83, s.p.r.l, Anca et autres c/ Belgique, décision du 10 décembre 1984, inédit.
Req. n° 10612/83, Genia Rotenstein c/ R.F.A., décision du 10 décembre 1984, *DR* 40, p. 276.
Req. n° 9486/81, Karl Adler c/ Suisse, rapport du 15 mars 1985, *DR*, 46, p. 36.
Req. n° 10406/83, S. c/ France, décision du 6 mai 1985, *DR* 42, p. 133.
Req. n° 10673/83, Bauer c/ France, décision du 7 mai 1985, *DR* 42, p. 237.
Req. n° 9920/82, M.G. Naldi c/ Italie, rapport du 11 mai 1985, *DR* 42, p. 63.
Req. n° 11098/84, B. c/ Pays-Bas, décision du 1er juillet 1985, *DR* 43, p. 198.
Req. n° 11122/84, Victor Welter c/ Suède, décision du 2 décembre 1985, *DR* 45, p. 246
Req. n° 11352/85, K. c/ R.F.A., décision du 10 décembre 1985, *DR* 45, p. 173.
Req. n° 10782/84, H. Wallace-Jones c/ R.-U., décision du 12 mai 1986, *DR* 47, p. 157.
Req. n° 10865/84, Rachel Blay c/ R.F.A., décision du 12 mai 1986, *DR* 47, p. 186
Req. n° 10857/84, Georges et Louise Bricmont c/ Belgique, décision du 15 juillet 1986, *DR* 48, p. 106.
Req. n° 10794/84, Société technogram c/ France, décision du 18 juillet 1986, inédit.
Req. n° 11949/86, D.P. c/ R.-U., décision du 1er décembre 1986, *DR* 51, p. 227.
Req. n° 11698/85, Joanna Leemans-Ceurremans c/ Belgique, décision du 11 décembre 1986, inédit.
Req. n° 10868/84, G. Woukam Moudefo c/ France, décision du 21 janvier 1987, *DR* 51, p. 62.
Req. n° 10881/84, X c/ Suisse, décision du 4 mars 1987, *DR* 51, p. 83.
Req. n° 11037/84, Van Hal International Piershil B. c/ Pays-Bas, rapport du 9 mars 1987, *DR* 51, p. 104.
Req. n° 10668/83, E. c/ Autriche, décision du 13 mai 1987, *DR* 52, p. 177.
Req. n° 11296/84, Moreira de Azevedo, décision du 14 avril 1988, *DR* 56, p. 115.
Req. n° 13194/87, L. et J. c/ France, décision du 4 juillet 1988, inédit.
Req. n° 10965/84, B. S. c/ France, décision du 6 juillet 1988, *DR* 56, p. 62.
Req. n° 11256/84, F. Egue c/ France, décision du 5 septembre 1988, *DR* 57, p. 47.
Req. n° 11941/86, G c/ France, décision du 5 octobre 1988, *DR* 57, p. 100.
Req. n° 10828/84, Funke c/ France, décision du 6 octobre 1988, *DR* 57 p. 5.
Req. n° 12164/86, Félix Agneessens c/ Belgique, décision du 12 octobre 1988, *DR* 58, p. 63.
Req. n° 10882/84, Godard et Egron c/ France, décision du 18 janvier 1989, inédit.
Req. n° 12816/87, George Wearncombe, Werner Herbot, Lothar Clemens, Ellen Spielhague c/ Royaume -Uni et R.F.A., décision du 18 janvier 1989, *DR* 59, p. 186.

Req. n° 12810/87, Lars Lorenius c/ Suède, décision du 18 janvier 1989, *DR* 59, p. 172
Req. n° 11471/85, Crémieux c/ France, décision du 19 janvier 1989, *DR* 66, p. 92.
Req. n° 11282/84, A. Jaxel c/ France, décision du 13 mars 1989, *DR* 54, p. 70.
Req. n° 12000/86, Robert Malcom Weeks c/ R.-U., décision du 10 juillet 1989, *DR* 61, p. 163.
Req. n° 12624/87, Wolf-Israël Berler c/ R.F.A., décision de la commission du 10 juillet 1989, *DR* 62, p. 207.
Req. n° 12518/86, Argiller, décision du 4 octobre 1989, *DR* 62, p. 189.
Req. n° 11954/86, Sebag c/ France, décision du 11 octobre 1989, inédit.
Req. n° 11660/85, Joao José da Silva Macedo c/ Portugal, rapport du 6 novembre 1989, *DR* 69, p. 80.
Req. n° 12747/87, Drozd et Janouzek c/ France et Espagne, décision du 12 décembre 1989, *DR* 64, p. 97.
Req. n° 12659/87, Gama Da Costa c/ Portugal, décision du 5 mars 1990, *DR* 65, p. 136.
Req. n°11889/85, Vernillo c/ France, décision du 10 mars 1990, *DR* 59, p. 96.
Req. n° 12719/87, Frederiksen and others c/ Danemark, décision du 3 mai 1990, *DR* 56, p. 237.
Req. n° 12766/87, Tinelli c/ France, décision du 16 mai 1990, *DR* 65, p. 155.
Req. n° 14992/89, Kemmache c/ France, décision sur la recevabilité du 7 juin 1990, *DR* 66, p. 247.
Req. n° 13249/87, P. c/ Portugal, décision du 2 juillet 1990, *DR* 66, p. 148.
Req. n° 13091/87, J.-P. Leperlier c/ France, décision partielle du 1er octobre 1990, inédit.
Req. n° 17070/90, Grepne c/ UK, décision du 1er octobre 1990, *DR* 66, p. 268.
Req. n°12661/87, Miaihle c/ France, décision du 3 octobre 1990, *DR* 59, p. 67.
Req. n° 15063/89, SA Luxora et autres c/ Belgique, décision du 5 octobre 1990, inédit.
Req. n° 12766/87, Joëlle Tinelli c/ France, rapport du 5 novembre 1990, *DR* 67; p. 158.
Req. n°14225/88, Ulla-Brita Nordh et autres c/ Suède, décision du 3 décembre 1990, *DR* 69, p. 223.
Req. n° 13193/87, J.C. c/ France, décision du 5 mars 1991, inédit.
Req. n° 13194/87, W. c/ France, décision du 5 mars 1991, inédit.
Req. n° 12275/86, Les travaux du Midi c/ France, décision du 2 juillet 1991, *DR* 70, p. 47.
Req. n° 15891/90, G. Epler c/ France, décision du 13 février 1992, inédit.
Req. n° 17078/90, SCI de Boumois, 13 février 1992, inédit.
Req. n° 19203/91, Casanovas c/ France, décision du 2 septembre 1992, inédit.
Req. n° 17494/90, Ixion c/ France, décision du 2 décembre 1992, inédit.
Req. n° 16598/90, Philis c/ Grèce, décision du 11 décembre 1992, *DR* 66, p. 260.
Req. n° 19932/92, Riter c/ France, décision du 1er avril 1993, inédit.
Req. n° 18095/91, Aupiais c/ France, décision du 1er septembre 1993, inédit.
Req. n° 18725/91, F.N. c/ France, décision du 10 octobre 1994, inédit.
Req. n° 21292/93, L.P. V. c/ France, décision sur la recevabilité du 17 octobre 1994, inédit.
Req. n° 19619/92, M. Ledrut c/ France, décision du 18 octobre 1994, inédit.
Req. n° 19380/92, Benham c/ R.-U., décision du 29 novembre 1994, inédit.
Req. n° 23038/93, Claudel c/ France, décision du 30 novembre 1994, inédit.

Req. n° 24844/94, M. Reeve c/ R.-U., décision du 30 novembre 1994, *DR* 79, p. 146.
Req. n° 20944/92, S. c/ France, décision du 20 février 1995, *DR* 85, p. 80.
Req. n° 21629/93 J.-P. G. c/ France , décision du 22 février 1995, inédit.
Req. n° 21063/92, A. Weinborn c/ France, décision du 5 avril 1995, inédit.
Req. n° 22093/93, Loiseau c/ France, décision du 6 avril 1995, inédit.
Req. n° 24581/94, G. Christopoulos et 3333 autres commissaires en douane c/ Grèce, décision du 6 avril 1995, *DR* 81, p. 123.
Req. n° 26115/95, G. Kokoghlanian c/ France, décision du 11 avril 1995, inédit.
Req. n° 18578/91, décision sur la recevabilité du 19 mai 1995, inédit.
Req. n° 20365/92, Alkin c/ Autriche, rapport du 28 juin 1995, inédit.
Req. n° 23777/94, D. Lorentz c/ Suisse, décision du 28 juin 1995, inédit.
Req. n° 24948/94, Y. M. c/ France, décision sur la recevabilité du 28 juin 1995, inédit.
Req. n° 22034/93, M. Afshar-Malayeri, N. Abedi et F. Takhti c/ Autriche, décision du 18 octobre 1995, inédit.
Req. n° 25062/94, Honsik c/ Autriche, décision du 18 octobre 1995, *DR* 83, p. 77.
Req. n° 22885/93, J.-B. Bernard c/ France, décision du 18 octobre 1995, inédit.
Req. n° 24236/94, N.C. E. et A.G. c/ Italie, décision du 4 décembre 1995, *DR* 84, p. 84.
Req. n° 28204/95, N. Tauira et 18 autres c/ la France, décision du 4 décembre 1995, *DR* 83-A, p. 112.
Req. n° 23075/93, J.-C. S. c/ France, décision du 16 janvier 1996, inédit.
Req. n° 25646/94, S. Young c. Irlande, décision du 17 janvier 1996, *DR* 84, p. 122.
Req. n° 24196/94, Mary O'Reilly c/ Irlande, décision du 22 janvier 1996, *DR* 84, p. 72.
Req. n° 21522/93, A. Georgiadis, rapport du 27 février 1996, inédit.
Req. n° 25338/94, A.R. c/ Danemark, décision du 28 février 1996, inédit.
Req. n° 27518/95, A.S. c/ France, décision du 28 février 1996, inédit.
Req. n° 26256/95, M. Doustaly c/ France, décision du 29 février 1996, inédit.
Req. n° 23930/94, Dobbertin c/ France, décision du 15 mai 1996, inédit.
Req. n° 29114/95, Kehaili c/ France, décision du 15 mai 1996, inédit.
Req. n° 25549/94, H. Cazenave de la Roche, décision du 27 juin 1996, inédit.
Req. n° 20602/92, Z. Szücs c/ Autriche, rapport du 3 septembre 1996, inédit.
Req. n° 27607/95, M. Lopoukhine c/ France, décision du 4 septembre 1996, inédit.
Req. n° 28692/95, J.-M. Bauduin c/ France, décision du 16 octobre 1996, inédit.
Req. n° 28779/95, Tara Cumber c/ R.-U., décision du 27 novembre 1996, inédit.
Req. n° 32695/96, Nancy Disa c/ France, décision du 2 juillet 1997, inédit.
Req. n° 24846/94, B. Zielinski et P. Pradal c/ France, rapport du 9 septembre 1997, inédit.
Req. n° 30297/96, Jacqueline Roche c/ France, décision du 22 octobre 1997, inédit.
Req. n° 40774/98, M. et M. Pereira Carreira c/ France, décision du 15 avril 1998, inédit.
Req. n° 38212/97, F.E. c/ France, rapport du 22 avril 1998, inédit.
Req. n° 36153/97, P. Durand c/ France, décision 20 mai 1998, inédit.
Req. n° 37941/97, J. Catsiapis c/ France, décision du 9 septembre 1998, inédit.

Resolutions du Comite des ministres du Conseil de l'Europe

Rés. DH (95/6), Karakaya c/ France.
Rés. DH (96/568), Necco c/ France.

II- JURISPRUDENCE FRANÇAISE

• ARRETS DU TRIBUNAL DES CONFLITS

TC, 8 février 1873, Blanco, *Lebon* 1er supplt 61.
TC, 29 février 1908, Feutry, *Lebon* p. 208.
TC, 2 février 1950, Radiodiffusion française, *Lebon* p. 652.
TC, 26 mai 1954, Moritz, *Lebon* p. 708.
TC, 12 mai 1997, Préfet de police c/ TGI de Paris, *Lebon* p. 528.
TC, 24 novembre 1997, SA de Castro, Burcy et A, *Lebon* p. 540.

• DECISIONS DE L'ORDRE ADMINISTRATIF

ARRETS DU CONSEIL D'ETAT

CE, 26 août 1835, Clament-Zuntz, *Lebon* p. 540.
CE, 17 mars 1853, Prince de Wagram, *Lebon* p. 329.
CE, 6 décembre 1855, Rotschild, *Lebon* p. 707.
CE, 17 février 1888, Prévost, *Lebon* p. 149.
CE, 21 juin 1895, Cames, *Lebon* p. 509.
CE, 20 juin 1913, Téry, *Lebon* p. 736.
CE, 25 novembre 1921, Sté des Savonneries H. Olive, *RDP* 1922, p. 107.
CE, 30 novembre 1923, Couitéas, *Lebon* p. 789.
CE, 7 janvier 1927, Tribler, *Lebon* p. 25.
CE, 22 novembre 1929, Sect., Compagnie des mines de Siguiri, *Lebon* p. 1023.
CE, 17 juillet 1931, Lorin, *Lebon* p. 801.
CE, Sect., 6 juillet 1934, Sté Van Outryve, *Lebon* p. 788.
CE, Sect., 6 novembre 1936, Arrighi, *Lebon* p. 966.
CE, Ass. 14 janvier 1938, Société anonyme des produits laitiers La Fleurette, *Lebon* p. 25.
CE, 22 mai 1939, La soie artificielle de Valenciennes, *Lebon* p. 346.
CE, Ass., 31 juillet 1942, Monpeurt, *Lebon* p. 239.
CE, 18 février 1944, Société de crédit industriel de Normandie, *Lebon* p. 61.
CE, Sect. 5 mai 1944, Dame Veuve Trompier Gravier, *Lebon* p. 133.
CE, Ass, 21 juin 1944, Caucheteux et Desmont, *Lebon* p. 222.
CE, Ass. 16 mars 1945, Dauriac, *Lebon* p. 53.
CE, 19 mars 1947, Panaget, *Lebon* p. 114.
CE, 2 juin 1948, Quemoun, *Lebon* p. 245.
CE, 15 juillet 1949, Ville d'Elbeuf, *Lebon* p. 359.
CE, 7 février 1950, Ministre de l'agriculture c/ Dame Lamotte, *Lebon* p. 110.
CE, Ass., 28 juillet 1951, Bérenger, *Lebon* p. 473.
CE, Sect., 29 février 1952, Chambre syndicale des détaillants en articles de sport et camping de France, *Lebon*, p. 143.
CE, 25 juin 1954, Syndicat national de la meunerie à seigle, *Lebon* p. 379.
CE, 1er octobre 1954, Algérie, *Lebon* p. 502.
CE, Sect. 20 avril 1956, Consorts Grimouard, *Lebon* p. 168.
CE, Sect. 20 avril 1956, Ep. Bertin, *Lebon* p. 167.

CE, 3 avril 1957, Soleil, *Lebon* p. 236.
CE, 3 janvier 1958, Deschamps, *Lebon* p. 16.
CE, 18 avril 1958, Algérie c/ Herzeg, *Lebon* p. 217.
CE, 10 avril 1959, de Rongé, *Lebon* p. 233.
CE, 8 janvier 1960, Soc. Laiterie Saint-Cyprien, *Lebon* p. 10.
CE, 12 février 1960, Kampmann, *Lebon* p. 107.
CE, 31 mai 1961, Compagnie française des cuirs, *Lebon* p. 358.
CE,13 juillet 1961, Comm. de Thuir, *Lebon* p. 483.
CE, 1er décembre 1961, Lacombe, *Lebon* p. 671.
CE, Ass., 2 mars 1962, Rubin de Servens, *Lebon* p. 143.
CE, 2 mai 1962, Caucheteux et Desmonts, *Lebon* p. 291.
CE, 13 juillet 1962, Kervers-Pascalis, *Lebon* p. 475
CE, Ass., 7 décembre 1962, Association Les forces motrices autonomes, *Lebon* p. 664.
CE, 10 décembre 1962, Sté indochinoise de constructions électriques et mécaniques, *Lebon* p. 676.
CE, Sect., 5 janvier 1963 Ministère de l'Intérieur c/ Bovero, *Lebon* p. 53.
CE, Sect., 22 février 1963, Commune de Gavarnie, *Lebon* p. 113.
CE, 2 novembre 1963, Dame Barthélemy *Lebon* p. 548.
CE, 25 février 1964, Sté Pommier, Gourraud et Cie, *Lebon* p. 69.
CE, Ass., 27 novembre 1964, Ministère des finances c/ Dame veuve Renard, *Lebon* p. 590.
CE, 19 mars 1965, Fouet, *Lebon* p. 183.
CE, Ass., 30 mars 1966, Sté Ignazio Messina, *Lebon* p. 258.
CE, Ass., 30 mars 1966, Cie Générale d'énergie radio électrique, *Lebon* p. 257.
CE, 1er Mars 1967, Maugein, *Lebon* p. 97.
CE, Sect. 26 janvier 1968, Société " Maison Genestal ", *Lebon*, p. 62.
CE, 9 février. 1968, Sté La Foncière des champs Elysées, *Lebon*, p. 109.
CE, 16 juin 1968, Sté des établissements Février, *Lebon* p. 411.
CE, 29 novembre 1968, Tallagrand, *Lebon* p. 607.
CE, 19 décembre 1969, Dame Picard, *Lebon* p. 593.
CE, Sect. 23 décembre 1970, Farsat, *Lebon* p. 790.
CE, Sect., 28 mai 1971, Ville de Saint-Jean de Maurienne, *Lebon* p. 403.
CE, Sect., 26 janvier 1973, Ville de Paris c/ Driancourt, *Lebon* p. 78.
CE, 11 avril 1973, département de la Marne, *Lebon* p. 1101.
CE, 9 octobre 1974, Ballu, *Lebon* p. 476.
CE, 20 décembre 1974, Comm. de Barjols, *Lebon* T p. 1107.
CE, 11 juillet 1975, Paris de la Bollardière et autres, *Lebon* p. 423.
CE, Ass., 13 février 1976, Association de sauvegarde du quartier Notre-Dame, *Lebon* p. 100.
CE, Sect., 19 mars 1976, Min. de l'Intérieur c/ Consorts Danel, *Lebon* p. 170.
CE, 24 mars 1976, Consorts Zolnowski, *RDP* 1976, p. 1395.
CE, 12 mai 1976, Bogas, *Lebon* p. 247.
CE, Sect., 18 juin 1976, Dame Culard, *Lebon* p. 319.
CE, Sect. , 29 octobre 1976, Ministre des affaires étrangères c/ Consorts Burgat, *Lebon* p. 452.
CE, Sect., 4 mars 1977, Min. Equip. c/ S.A. " Construction Simottel " et Min. Equip. c/

Consorts Guillerot, *Lebon* p. 122.
CE, 27 mai 1977, SA Victor Delforge et Cie, *Lebon* p. 252.
CE, 16 décembre 1977, Sté des transports Rapid-Masbry, *Lebon* p. 511.
CE, 28 avril 1978, Société générale, *Lebon* p. 194.
CE, Sect., 9 juin 1978, Sieur Spire, *Lebon* p. 237.
CE, 11 octobre 1978, Delphin, *Lebon* p. 360.
CE, 13 octobre 1978, Ass. départ. pour l'aménagement des structures agricoles du Rhône, *Lebon* p. 368.
CE, 27 octobre 1978, Debout, *Lebon* p. 395.
CE, Ass, 22 décembre 1978, Ministre de l'Intérieur c/ Cohn-Bendit, *Lebon* p. 524.
CE, Ass. 29 décembre 1978, Darmont, *Lebon* p. 542.
CE, 25 mai 1979, Viallefont, *Lebon* p. 881.
CE, 13 juin 1979, SA compagnie de participation, de recherche et d'exploitation pétrolière, *Lebon* p. 319.
CE, Sect., 7 décembre 1979, Société " les fils de Henri Ramel ", *Lebon* p. 457.
CE, Ass., 18 janvier 1980, Syndicat CFDT de Poste et télécommunication du Haut-Rhin, *Lebon* p. 30.
CE, 30 janvier 1980, Min. de l'équipement, c/ Commune de Mortagne sur Gironde, *Lebon* p. 56.
CE, 28 mars 1980, CH de Seclin, *Lebon* T. p. 787.
CE, 28 mai 1980, B., *RDP* 1981, p. 777.
CE, 2 octobre 1981, Min. Env. et cadre de vie c/ Cloatre et A., *Lebon* p. 351.
CE, 15 janvier 1982, Ozanne, *Lebon* p. 744.
CE, 5 novembre 1982, Cassard, *Lebon* p. 744.
CE, 23 mars 1983, Société anonyme Bureau Véritas et autres, *Lebon* p. 133.
CE, 15 avril 1983, Epoux Rousseau, *Lebon* p. 156.
CE, Ass., 19 mai 1983, Club sportif et familial de la Fève et autres, *Lebon* p. 205.
CE, 23 septembre 1983, Société anonyme compagnie générale des travaux d'entreprise, Req. n° 26-254, inédit au recueil Lebon.
CE, 2 décembre 1983, Mlle Leroux, *Lebon* p. 482.
CE, Ass., 23 mars 1984 Alivar, *Lebon* p. 128.
CE, 11 mai 1984, Port autonome de Marseille et Sté Delmas-Vieljeux, *Lebon* p. 178.
CE, 22 juin 1984, Soc. Sealink UK Limited, *Lebon* p. 246.
CE, 27 juillet 1984, Ministre de l'Intérieur c/ Lebeaud, *Lebon* T, p. 728.
CE, 24 octobre 1984, Soc. Claude publicité, *Lebon* p. 338.
CE, 14 décembre 1984, Rouillon, *Lebon*, p. 423.
CE, 19 avril 1985, Commune de Vitrolles, *DA* 1985, n° 291.
CE, Sect., 26 juillet 1985, O.N.I.C., *Lebon* p. 233.
CE, 22 novembre 1985, Benamour, *Lebon* p. 331.
CE, Sect., 13 décembre 1985, Société international Sales and import Corporation, *Lebon* p. 377.
CE, 10 janvier 1986, Sté des travaux du Midi, *Lebon* T. p. 717.
CE, Sect., 5 mai 1986, Dame David, *Lebon* p. 130.
CE, 13 juin 1986, O.N.I.C., Req. n° 53-153, inédit au recueil Lebon.
CE, 25 juillet 1986, Girod de l'Ain, *Lebon* T, p. 567.
CE, 10 décembre 1986, O.N.I.B.E.V. et autres, Req. n° 50861, 50862, 50321, inédit au

recueil Lebon.
CE, 10 décembre 1986, Société anonyme de produits alimentaires Villefranche Aveyron, Req. n° 59321, inédit au recueil Lebon.
CE, 10 décembre 1986, Office national interprofessionnel du bétail et des viandes et autres, Req. n° 50837, inédit au recueil Lebon.
CE, 10 décembre 1986, Office national interprofessionnel du bétail et des viandes et autres, Req. n° 50836, inédit au recueil Lebon.
CE, 25 février 1987, Sect. Société Louis Dreyfus c/ O.N.I.C., *Lebon* p. 71.
CE, 1er avril 1987, M. G. Santoni, *Lebon* T, p. 683.
CE, 15 juin 1987, Sté Delmas-Vieljeux, *Lebon* p. 216.
CE, 10 juillet 1987, Ministre de la culture c/ Consorts Genty, *Lebon*, p. 304.
CE, 23 octobre 1987, Nachfolger navigation company, *Lebon* p. 319.
CE, 20 janvier 1988, M. Aubin, *Lebon* p. 20.
CE, 19 février 1988, Société Robatel S.L.P.I., *Lebon* p. 75.
CE, 2 mars 1988, SA Les tennis Jean Becker, *Lebon* p. 108
CE, 25 mars 1988, Sté Sapvin, *Lebon* p. 133.
CE, 9 décembre 1988, Cohen, *Lebon* p. 431.
CE, Ass., 3 février 1989, Compagnie Alitalia, *Lebon* p. 44.
CE, 10 mars 1989, Ministère des PTT c/ Sté immobilière et hôtelière du Bas du fort, *Lebon* p. 86.
CE, 4 octobre 1989, Mlle Leberche, *Lebon* T p. 451.
CE, Ass., 20 octobre 1989, Nicolo, *Lebon* p. 190.
CE, 11 juin 1990, Congrès du territoire de la Nouvelle-Calédonie et dépendances, Boewa et autres et délégué du gouvernement, Haut commissaire de la République en Nouvelle-Calédonie et dépendances, *Lebon* p. 156.
CE: 27 juillet 1990, Bourgeois, *Lebon* p. 242.
CE,31 octobre 1990, Champagne, *Lebon* p. 309.
CE, Sect., 11 janvier 1991, SA Morgane, *Lebon* p. 9.
CE, 3 juin 1991, Société anonyme Etablissements Bernstein, *Lebon* T p. 827.
CE, 19 juillet 1991, Mlle Boyet-Manet, Req. n° 89.250, n° 90.300, *Lebon*, T. p. 675.
CE, 14 octobre 1991, Société anonyme Sopaluna, Req. n° 66415, inédit au recueil Lebon.
CE, 29 janvier 1992, S.A.R.L. Entreprise Bouthiaux, *Lebon* p. 42.
CE, Ass. 28 février 1992, Société Arizona Tobacco Products et S.A. Philip Morris France, *Lebon* p. 78.
CE, Ass. 10 avril 1992, Epoux V., *Lebon*, p. 171.
CE, 19 juin 1992, Fédération départementale des syndicats d'exploitants agricoles des Côtes-du-Nord, Centre national des jeunes agriculteurs et autres, *Lebon* T, p. 783.
CE, 10 juillet 1992, Société R. J. Reynolds Tobacco France - Société R.J. Reynolds Tobacco G.M.B.H. e. a., Req. n° 57294, 57321, 57322, 57376, 57380, 87295, inédit au recueil Lebon.
CE, 10 juillet 1992, Société Philip Morris Hollande S.A., Société Philip Morris France S.A., Req. n° 87754, inédit au recueil Lebon.
CE, 10 juillet 1992, Société Philip Morris Belgium S.A., Société Philip Morris France S.A., Req. n° 87755, inédit au recueil Lebon.
CE, 10 juillet 1992, Société Turmac Tobacco Company B.V., Société Rothmans

international France, Req. n° 87756, inédit au recueil Lebon.
CE, 10 juillet 1992, Société R.J. Reynolds Tobacco G.M.B.H. e. a., Req. n° 87787, inédit au recueil Lebon.
CE, 2 octobre 1992, Fédération départementale des syndicats d'exploitants agricoles des Côtes-du-Nord, *Lebon* T p. 788.
CE, 16 décembre 1992, Mme Gilot, Req. n° 96.459, inédit au recueil Lebon.
CE, Sect., 29 janvier 1993, Mme Bouilliez, *Lebon* p. 15.
CE, Sect., 26 mars 1993, Mlle Bourgeois, *Lebon* p. 86.
CE, 9 avril 1993, Société des auteurs des arts visuels-spadem, *Lebon* p. 107.
CE, Ass., 9 avril 1993, M. G., B., D., *Lebon* p. 110.
CE, 9 avril 1993, Bianchi, *Lebon* p. 126.
CE, 28 avril 1993, M. Robin, *Lebon* T, p. 543.
CE, 15 octobre 1993, Consorts Jézéquel, M. Vallée, *Lebon* p. 280.
CE, 21 janvier 1994, Sté anonyme Stefal, n° 064167, *Lebon* T, p. 1027.
CE, avis 25 février 1994, Mme Ahutiare Peters, *Lebon* p. 97.
CE, 11 mars 1994, M. Valery, Req. n° 076.461, inédit au recueil Lebon.
CE, CAPC, 23 mars 1994, M. Beaufour, Req. n° 142.974, n° 142.975, inédit au recueil Lebon.
CE, 8 avril 1994, SA Etablissements Charbonneaux-Brabant, *Lebon* p. 187.
CE,10 juin 1994, Rassemblement des opposants à la chasse, *Lebon* p. 313.
CE, 29 juillet 1994, Le beuf, Req. n° 115727, *GP* I, Panor. p. 55.
CE, 30 octobre 1994, SCI Résidence Dauphine, *Lebon* p. 515.
CE, 12 décembre 1994, Colin, *Lebon*, T. p. 1003.
CE, 4 janvier 1995, Ministre de l'Intérieur c/ M. Rossi, *CJEG* 1995, p. 232.
CE, 4 janvier 1995, Soc. Etablissements Guillier, *Lebon* T p. 1020.
CE, CAPC, 6 janvier 1995, Mme Atighetchi, Req. n° 150.832, inédit au recueil Lebon.
CE, CAPC, 6 janvier 1995, Epoux Picquenard, Req. n° 150.830, inédit au recueil Lebon.
CE, 9 janvier 1995, Ministre du budget c/ SCI des vins de la Craffe, *Lebon* p. 18.
CE, 16 janvier 1995, SARL C.I.P.A., *Lebon* p. 35.
CE, 30 janvier 1995, Fourrures Maurice, *Lebon* p. 55.
CE, 15 février 1995, M.B.V., Req. n° 135114, inédit au recueil Lebon.
CE, Ass., 17 février 1995, Marie et Hardouin, *Lebon* p. 82.
CE, CAPC, 3 mars 1995, Epoux Barry, commune de Mortefontaine en-Thelle, Req. n° 132.167, inédit au recueil Lebon.
CE, 24 mars 1995, MM. Franck Rabotin et autres, *Lebon* p. 510.
CE, 28 avril 1995, Ministre de l'agriculture et de la forêt c/ M. Soudain-Dufour, *Lebon* p. 166.
CE, 26 mai 1995, Consorts. N'Guyen, Jouan., *Lebon* p. 221.
CE, Sect., 9 juin 1995, Ministre des affaires sociales et de l'emploi c/ M. Lesprit, *Lebon p.* 239.
CE, Sect., 23 juin 1995, SA Lilly France, *Lebon* p. 257.
CE, 29 septembre 1995, Association Greenpeace France, *Lebon* p. 347.
CE, 27 octobre 1995, Mattio, *Lebon* p. 359.
CE, Sect., 3 novembre 1995, Mme Velluet et autres, *Lebon* p. 389.
CE, 11 mars 1996, S.C.I. du domaine des Figuières, *Lebon* p. 71.

CE, 20 mars 1996, M. Lakhdar, Req. n° 171159, inédit au recueil Lebon.
CE, 16 avril 1996, M. Freymuth et autres, *Lebon* T p. 772.
CE, Ass., 3 juillet 1996, Koné, *Lebon* p. 255.
CE, 9 juillet 1996, SCI Saint Michel, *Lebon* p. 269.
CE, 31 juillet 1996, M. et Mme Feldkirchner, Req. n° 135071, inédit au recueil Lebon.
CE, Ass, 9 octobre 1996, Ministre c/ S.A. Jacques Dangeville, *Lebon* p. 399.
CE, Ass, 30 octobre 1996, SA Cabinet Revert et Badelon, *Lebon* p. 397.
CE, 18 novembre 1996, Préfet des Yvelines c/ M. Merobet, Req. n° 153.956, inédit au recueil Lebon.
CE, 30 décembre 1996, Mme Brockly, *Lebon* p. 526.
CE, 13 janvier 1997, Seidel, *Lebon* p. 109
CE, Sect. 14 février 1997, Centre hospitalier régional de Nice c/ Epoux Quarez, *Lebon* p. 44.
CE, 21 février 1997, Calbo, Req. n° 172634, *DA*, 1997, n° 218.
CE, 14 mars 1997, Hôpital départemental des petits prés c/ Ministre de l'équipement, du logement, des transports et de l'espace, *AJDA* 1997, p. 899.
CE, 28 mai 1997, M. Macabeo, Req. n° 180.726, inédit au recueil Lebon.
CE, Ass., 6 juin 1997, Aquarone, *Lebon* p. 206.
CE, 16 juin 1997, Assistance publique - Hôpitaux de Paris, *Lebon* p. 242.
CE, Sect., 20 juin 1997, Theux, *Lebon*, p. 253.
CE, 9 juillet 1997, Office communautaire d'habitation à loyer modéré de Saint-Priest, Union nationale des fédérations d'organismes H.L.M. et autres, *Lebon*, p. 292.
CE, 3 octobre 1997, Association nationale d'assistance aux frontières pour les étrangers, ANAFE, *Lebon* p. 328.
CE, Ass., 5 décembre 1997, Mme Lambert, *Lebon* p. 460.
CE, Avis, Ass. 5 décembre 1997, Ministre de l'Education nationale, de la recherche et de la technologie c/ Organisme de gestion du collège privé de l'abbaye de Saint-Sauveur-le-Vicomte, *Lebon* p. 464.
CE, 27 décembre 1997, Sté civ. Néo-Polders, Req. n° 146753, *DA* 1998, n° 109.
CE, Sect., 29 décembre 1997, Commune d'Arcueil, *Lebon* p. 513.
CE, 14 janvier 1998, Dagorn, Req. n° 169344, *DA* 1998, n° 176.
CE, 21 janvier 1998, Ministre de l'environnement c/ M. Plan, *Lebon* p. 19.
CE, Ass., 6 février 1998, M. Tête, Association de sauvegarde de l'ouest lyonnais, *Lebon* p .30.
CE, Ass., Avis, 20 février 1998, Sté études et construction de sièges pour automobiles, Sté EAK, Sté Eli-Echappement, *Lebon* p.60.
CE, Sect., 13 mars 1998, M. Améon et autres, *Lebon* p. 82.
CE, 16 mars 1998, Association des parents d'élèves et professeurs des classes, *Lebon* p. 84.
CE, 27 avril 1998, Confédération des syndicats médicaux français et autres, *Lebon* p. 1180.
CE, 4 mai 1998, Mme Theraube, Mlle Theraube, Req. n° 190042.
CE, 1er juillet 1998, Union syndicale autonome de Justice, *Lebon* p. 265.
CE, Sect., 3 juillet 1998, M. Bitouzet, *Lebon*, p. 288.
CE, 29 juillet 1998, Mme Esclatine, *Lebon* p. 320.
CE, Sect., 25 septembre 1998, Association Greenpeace France, *Lebon* p. 342.

CE, Ass., 30 octobre 1998, M. Sarran, M. Levacher et autres, *Lebon* p. 368.
CE, 26 novembre 1999, Société martiniquaise de concession, Req. n° 154053, 154054, à paraître dans les tables du recueil Lebon.
CE, 28 juillet 2000, M. Tête – association du collectif pour la gratuité contre le racket, *AJDA* 2000, p. 854.

ARRETS DES COURS ADMINISTRATIVES D'APPEL

CAA Lyon, 18 mai 1989, Sté Royat automobiles, *Lebon*, T. p. 777.
CAA Paris, 12 décembre 1989, Indicateur Lagrange, *RJF* 1990, n° 72.
CAA Nancy, 13 novembre 1990, SARL Etablissements Beinaert-Toullemonde, Req. n° 89NC01370, inédit au recueil Lebon.
CAA Bordeaux, (Formation plénière), 18 décembre 1990, M. Roger Segalard, Req. n° 89BX00569, inédit au recueil Lebon.
CAA Lyon, 16 février 1989, Bente et Sabatier, *Lebon* T p. 899.
CAA Nantes, 20 juin 1991, SA Duault c/ ministre de l'économie, des finances et du budget, *Lebon* T p. 1182.
CAA Nancy, 9 juillet 1991, Ministre des finances et du budget c/ Sté Lefebvre et autres, *Lebon* T p. 1188.
CAA Paris, 10 octobre 1991 (1ère chambre), M. Heulin, Req. n° 90PA00835, inédit au recueil Lebon.
CAA Paris, 17 octobre 1991, SA Hellot c/ ministre de l'agriculture, *Lebon* p. 569.
CAA Nancy, 5 mars 1992, Delattre, *Lebon* p. 1289.
CAA Paris, 2 avril 1992, Ministre de l'agriculture et de la forêt c/ Société Louis Dreyfus, Req. n° 89PA02809, inédit.
CAA Paris, Formation plénière, 16 juin 1992, M. X, *Lebon* p. 541.
CAA Paris, plén. 1 juillet 1992, Société Jacques Dangeville, *Lebon* p. 558.
CAA Paris, 16 juillet 1992, Mme Yasmine Aga Khan, Syndicat des copropriétaires 14-16 boulevard Flandrin, *Lebon* T, p. 1280.
CAA Paris, 21 septembre 1992, M. Satonnet, *Lebon* T p. 1084.
CAA Paris, 12 novembre 1992 (2ème chambre), Société John Walker and sons Ltd, Société Taqueray Gordon et CY, Société United distillers France LTD, *Lebon* T p. 787.
CAA Lyon, 28 janvier 1993, Mme Janine Boisson, *Lebon* T p. 1095.
CAA Lyon, Plén., 21 juillet 1993, Sté Les trois résidences Hestia, Req. n° 93-2011, *RJF* 1995, n° 1294.
CAA Nantes, 10 novembre 1993, Caisse régionale de crédit mutuel agricole d'Anjou-Mayenne, Req. n° 92NT00189, 92NT00190, inédit au recueil Lebon.
CAA Nantes, 9 décembre 1993, M. Philippe Drouhard, Req. n° 92NT00347, inédit au recueil Lebon.
CAA Lyon, 21 décembre 1993, Ministre de l'agriculture et de la forêt c/ M. Berger, *Lebon* T p. 1019.
CAA Lyon, 1 février 1994, Plan, *Lebon* T p. 1174.
CAA Bordeaux, 22 février. 1994, Ministère de Budget c/ Banque populaire centre atlantique *RJF* 94 n°398.
CAA Bordeaux, 8 mars 1994, Ministère du Budget c/ Caisse régionale de crédit agricole mutuel du Lot, Req. n° 92BX00716, inédit au recueil Lebon.

CAA Paris, 31 mars 1994, Consorts X, *Lebon* T p. 1178.

CAA Nantes, 4 mai 1994, caisse régionale de crédit agricole mutuel du Cher, Req. n° 92NT00380, inédit au recueil Lebon.

CAA Nantes, 4 mai 1994 Caisse régionale de crédit agricole d'Indre et Loire, Req. n° 92NT00381, inédit au recueil Lebon.

CAA Bordeaux, 17 mai 1994, Ministère du Budget c/ Caisse régionale du crédit agricole du Gard, Req. n° 93BX00541, inédit au recueil Lebon.

CAA Bordeaux, 14 juin 1994, M. Roger Poudou, Req. n° 93BX00045, inédit au recueil Lebon.

CAA Paris, 25 octobre 1994, SARL Magasin général Marquisat Industrie, Req. n° 93PA01231, inédit au recueil Lebon.

CAA Paris, 4ème chambre, 21 février 1995, Société civile immobilière Bouvet et autres, M. Hamour, n° 93PA01334, 93PA01367, inédit au recueil Lebon.

CAA Paris, 28 mars 1995, Sté SOFEMA, n° 93PA00562, inédit au recueil Lebon.

CAA Bordeaux, 30 mai 1995, Ministre du budget c/ Caisse régionale de Crédit agricole de la Lozère, Req. n° 94BX00664, inédit au recueil Lebon.

CAA Bordeaux, 30 mai 1995, Ministre du budget c/ Caisse régionale de Crédit agricole du midi, Req. n° 94BX00665, inédit au recueil Lebon.

CAA Nancy, 20 juillet 1995, S.A. Cabinet André Lezeau et autres, n° 94NC00170, inédit au recueil Lebon.

CAA Nantes, 23 novembre 1995, Société Smanor, M. et Mme Segaud, Req. n° 93NT01090.

CAA Nantes (2ème chambre), Société Promagri, 13 mars 1996, Req. n° 95NT01405, inédit au recueil Lebon.

CAA Nantes, 2 mai 1996, Société brestoise du rein artificiel, 2 mai 1996, *Lebon* T p. 1154.

CAA Paris, 17 mai 1996, Office national interprofessionnel des céréales, *Lebon* p. 582.

CAA Paris, 11 juillet 1996, Raoux, *Lebon* T p. 1148.

CAA Paris, 25 juillet 1996, Société Boer Mor Sea Food Ireland Limited, *Lebon* p. 600.

CAA Nantes, plén., 11 décembre 1996, M. Allais, *AJDA* 1997, p. 307.

CAA Paris, 19 décembre 1996, Gras, Savoye et Diot, Req. n° 3125, 3196, *RJF* 4/97, n° 372.

CAA Lyon, 11 mars 1997, M. Simon, Req. n° 96LY002538.

CAA Bordeaux, 23 avril 1997, Mme Madar, Req. n° 95BX00334.

CAA Lyon, 13 mai 1997, Balusson et autres c/ Mutuelles du Mans IAD et autres, *D.* 1998, p. 11.

CAA Bordeaux, 3 juin 1997, SARL Catallan France, Req. n° 95BX01129, inédit au recueil Lebon.

CAA Bordeaux, 23 juin 1997, M. A. Bonnet, Req. n° 96BX02514.

CAA Bordeaux, 2 février 1998, Consorts Fraticola c/ Département de l'Aude, *JCP* II, n° 10041.

CAA Paris, Plén., 12 février 1998, X. et Y., Req. n° 95PA02814, *DA* n° 293.

CAA Paris, Ass., 24 mars 1998, Consorts X, Req. n° 95PA03115.

CAA Paris, 5 mai 1998, Min. Emploi et solidarité, Req. n° 95PA02529, *DA* 1998, n° 291.

JUGEMENTS DES TRIBUNAUX ADMINISTRATIFS

TA Poitiers, 9 février 1979, G.I.E. Vipal et autres, *Lebon* p. 504.

TA Bordeaux, 5 juin 1984, Société Tresh-Alsacaves, *CMLR* 1986, p. 629.

TA Pau, 12 novembre 1985, Steinhauser c/ Ville de Biarritz, *Lebon* T p. 514.

TA Dijon, 15 avril 1986, Société vinicole Bérard, *Lebon* p. 311.

TA Strasbourg, 8 décembre 1994, Entreprise Freymuth c/ Ministère de l'Environnement, *AJDA* 1995 p. 555.

TA Amiens, 8 février 1996, Association pour le protection des animaux sauvages et du patrimoine c/ Préfet de l'Aisne, *Lebon* T p. 775.

TA Amiens, 17 décembre 1996, De Witasse Thezy, Req. n° 961008, *GP.* 1997, Panorama de droit administratif, p. 89.

TA Strasbourg, 9 avril 1997, Caisse régionale de crédit agricole mutuel d'Alsace, Req. n° 90-1769, *Dr. Fiscal*, 1997, n° 1303.

TA Orléans, 29 avril 1997, ADARC et autres c/ Ministre de l'Environnement, Req. n° 96-1305, *B.D.E.I.*, 1998, n° 1, p. 19.

• DECISIONS DE L'ORDRE JUDICIAIRE

ARRETS DE LA COUR DE CASSATION

Cass. Civ., 23 novembre 1956, Trésor public c/ Giry, *Bull. II*, p. 407.

Cass. Crim., 5 décembre 1978, Baroum Cherif, *Bull. Crim.*, n° 346.

Cass. Civ. 1ère, 17 mai 1983, Société civile particulière des chênes c. Prévost, *Bull. I*, p. 131.

Cass. Soc., 3 décembre 1983, juris-data n° 002540.

Cass. Com., 10 décembre 1985, Administration des douanes c/ Roquette, *Bull. IV*, p. 247.

Cass. Com., 12 novembre 1986, Administration des douanes c/ Société anonyme Sogedis Voyages et autres, *Bull. IV*, p. 178.

Cass. Civ. 1ère, 21 décembre 1987, Bureau de recherches géologiques et minières (B.R.G.M.) c/ Société Lloyd Continental, *Bull. I*, n° 348, p. 249.

Cass. Com., 17 janvier 1989, Decelle, *Bull. IV*, p. 15.

Cass. Crim., 7 mars 1989, Pourvoi n° 87-90.500, *Bull. Crim.*, p. 290.

Cass. Civ. 1ère, 20 mars 1989, Epoux Saint-Aubin c/ Agent judiciaire du Trésor, *Bull. I*, p. 786.

Cass. Civ. 3ème, 18 mai 1989, Maubleu, pourvoi n° 87-70.221, arrêt n° 813.

Cass. Com., 7 novembre 1989, Dubois, Feldain, Francheschini, *Bull. IV*, p. 190.

Cass. Civ. 3ème, 17 juillet 1991, Epoux Digonnet c/ Directeur des services fiscaux à Saint-Etienne, *Bull. III*, p. 126.

Cass. Civ. 1ère, 7 janvier 1992, Pouytes c/ Etat français, *GP* 1992, I, p. 95.

Cass. Civ. 3ème, 22 juillet 1992, Girardin c/ Département du Finistère, *Bull. III*, p. 159.

Cass. Civ. 2ème, 21 janvier 1993, *Bull. II*, n° 28.

Cass. Crim., 3 février 1993, Kemmache, *Bull. Crim.*, p. 132.

Cass. Com., 23 février 1993, pourvoi n° 89-19.371, *Bull. IV*, p. 47.

Cass. Crim., 18 octobre 1993, pourvoi n° 92-86.385.

Cass. Civ. 2ème, 26 janvier 1994, Bellet, *Bull. II*, p. 23.

Cass. Com., 29 novembre 1994, Barton et Guestier, *Bull. IV*, p. 291.
Cass. Com., 13 décembre 1994, Abelsohn c/ Directeur général des impôts, *Bull. IV*, p. 313.
Cass. Civ. 1ère, 17 janvier 1995, Société planet Watthon c/ CPAM du Morbihan et autres, *Bull. I*, p. 29.
Cass. Civ. 1ère, 8 février 1995, Gambs c/ Société d'investissements immobiliers de Haguenau et environs et autres, *Bull. I*, p. 291.
Cass. Soc., 15 février 1995, Préfet de la région Lorraine et autres c/ M. Grinswald, *AJDA* 1995, p. 579.
Cass. Com., 21 février 1995, Société United Distillers c/agent judiciaire du trésor, *Bull. IV*, n° 52.
Cass. Soc., 2 mars 1995, M. Claudel et autres, Req. n° 94-43.588.
Cass. Civ. 2ème, 28 juin 1995, pourvoi n° 94-10.398.
Cass. Com., 4 juillet 1995, Chavinier, pourvoi n° 93-20.202.
Cass. Com., 17 octobre 1995, Société Mors, pourvoi n° 94-18.396.
Cass. Civ. 2ème, 22 novembre 1995, Mme Ledrut, pourvoi n° 93-14.389.
Cass. Civ. 1ère, 20 février 1996, Lucas, *Bull. I*, p. 63.
Cass. Com., 27 février 1996, AFIRM et autres, *Bull. IV*, p. 48.
Cass. Com., 27 février 1996, PSCI Fermani, *Bull. IV*, p. 50.
Cass. Crim., 14 mai 1996, pourvoi n° 94-82.440, *Bull. Crim.*, p. 578.
Cass. Ass. Plén, 14 juin 1996, Kloeckner c/ Direction générale des impôts, *Bull. Ass. plén.*, n° 5.
Cass. Civ. 1ère, 9 juillet 1996, Association pour la gestion du poste de transfusion sanguine du Havre c/ M. X. et autres, *Bull. I*, p. 210.
Cass. Civ. 1ère, 9 juillet 1996, Consorts X. et autres c/ Groupe des assurances nationales GAN et autres, *Bull. I*, p. 211.
Cass. Civ. 1ère, 9 juillet 1996, Consorts X et autres c/ Centre régional de transfusion sanguine de Bordeaux, *Bull. I*, p. 214.
Cass. Com., 9 juillet 1996, Mizon ès Qual. c/ Agent judiciaire du Trésor, *Bull. IV*, p. 174.
Cass. Com., 11 mars 1997, Sté Norbail c/ Soinne, pourvoi n° 94-14.437, *Bull. IV*, p. 61.
Cass. Com., 29 avril 1997, Adam / Sogenal, pourvoi n° 95-156.220, *Bull. IV*, p. 94.
Cass. Ass. plén., 6 juin 1997, Fondation Saint-Marc c/ X et autres, *Bull. Ass. Plén.*, n° 8.
Cass. Civ. 1ère, 28 avril 1998, Epoux. C. et autres c/ Centre régional de transfusion sanguine de Bordeaux, *Bull. I*, p. 104.
Cass. Soc. 8 juin 2000, Clinique Ambroise Paré c/ CPAM du Haut Vivarais, Polyclinique Marchand c/ Caisse de Prévoyance et de retraite de la SNCF, *Bull. Civ.*, V, n° 225, p. 175.

ARRETS DES COURS D'APPEL

CA Paris, 1ère section, 10 mai 1983, Trésor public c/ Fuchs, *GP* 1983, I, Somm. p. 197.
CA Paris, 1ère chambre, 21 juin 1989, Epoux Saint-Aubin c/ Etat français, *GP* 1989, II, p. 944.
CA Paris, 15 janvier 1993, *D.* 1993, jur, p. 273.
CA Paris, 1ère chambre, 1er avril 1994, B, *D.* 1994, IR. p. 125.
CA Paris, 1ère chambre, 5 janvier 1995, Epoux Carreira c/ Fonds d'indemnisation, *GP*

1995, jur., p. 190.
CA Paris, 1ère chambre, 6 septembre 1996, Epoux saldovelli c/ agent judiciaire du Trésor, *GP* 1997, II, Jur., p. 495.
CA Paris, 1ère chambre, 29 janvier 1997, Henry Vaney c/ agent judiciaire du Trésor, *GP* 6 juin 1997, p. 19.
CA Paris, 28 février 1997, Lezeau et autres c/ Agent judiciaire du Trésor, *D.* 1998, Somm. p. 67.
CA Limoges, ch. soc., 13 mars 2000, Polyclinique Saint-Damien c/ CMSA de Corrèze, *D.* 2000, IR, p. 127.

JUGEMENTS DES TRIBUNAUX DE GRANDE INSTANCE

TGI Angers, 11 mars 1986, André Briant et autres c/ E.D.F., *JCP* 1987, Jur. n° 20788.
TGI Angers, 3 février 1987, Decelle, *RJF* 1987, n° 716.
TGI Chambéry, 11 juin 1987, Gorlier, *GP* 1988, I, p. 61.
TGI Paris, 6 juillet 1994, C. et A. De Jaeger c/ Agent judiciaire du Trésor public, *GP* 1994, II, p. 589.
TGI Thonon-les-bains, 3 novembre 1994, *GP* 9-10 juin 1995, p. 14.
TGI Paris, 8 novembre 1995, Association alliance générale contre le racisme et pour le respect de l'identité française et chrétienne c/ agent judiciaire du trésor, *D.* 1997, Somm. p. 149.
TGI Paris, 30 avril 1997, La société Estes c/ Agent judiciaire du trésor, Req. n°7137/96.
TGI Paris, 28 janvier 1997, *GP* 15 mai 1997, p. 9.
TGI Paris, 17 septembre 1997, Consorts Bolle c/ Agent judiciaire du trésor, *GP* 1997, II, Somm. p. 410.
TGI Paris, 5 novembre 1997, 1ère Chambre, Gauthier c/ Ministre de la justice et autres, *D.* 1998, Jur., p. 9 .

TABLE DES MATIERES